国风／著

文心夜耕

之一

中国文联出版社

陈寅恪先生在为他的老师王国维撰写的碑铭中说："士之读书治学，盖将以脱心志于俗谛之桎梏，真理因得以发扬。思想而不自由，毋宁死耳。斯古今仁圣所同殉之精义，夫岂庸鄙之敢望先生以一死见其独立自由之意志，非所论于一人之恩怨，一姓之兴亡。呜呼！树兹石于讲舍，系哀思而不忘，表哲人之奇节，诉真宰之茫茫。来世不可知者也，先生之著述，或有时而不章；先生之学说，或有时而可商，惟此独立之精神，自由之思想，历千万祀，与天壤而同久，共三光而永光。"这不禁写出了一个大师对另一个大师的理解，也是寅恪先生对自己胸臆的直抒，道出了作为中华民族文化的托命之人"为天地立心，为生民立命，为往圣继绝学，为万世开太平"的神圣使命和志道热肠，道出了历尽沧桑，"虽百死其犹未悔"的中国知识分子"威武不能屈，宝贵不能淫，贫贱不能移"的浩然气节和宝贵情操。每一个当今的中华儿女都应具有这样的风骨，它是真正的民族魂！

目　录

序：文化传承绽奇葩　　　　　　　　　　　章仲锷

文化传承绽奇葩

——《文心夜耕》读后感（代序）

章仲锷

看了国风先生的文集《文心夜耕》，对于读多了小男小女们耍嗲发腻、矫情强愁的文字，听惯了名流名嘴近乎戏谑、任意发挥的各类讲坛高论的我来说，犹如进入一个别样的新天地，充满惊喜和陌生感。正像久不闻黄钟大吕，充耳只有瓦釜雷鸣，令人怏怏欲绝。忽听得幽谷传来清越的水声泉咽、鸟啭莺啼，不禁怦然心动，赞之曰：郁郁乎雄且奇猗，洋洋乎大而文哉！

这便是我读这部文集后的初步感受。

抛开具体内容，仅看目录，便领略了作者的渊博和丰厚，包括了哲学、历史、宗教、文学，特别是对传统儒学和民族文化，更有精辟的论述和独到的见解。从先秦诸子的解析，魏晋风骨的评介，以迄程朱理学的演绎，无不条陈缕析，头头是道。关于历史，则强调治史的传统和品德，使我们得睹史官的铮铮傲骨；关于文学，则兼收诸般体裁和各个流派的交融互补，探求其内在的精神世界。还有一些比较生僻的论题，例如《四季的神话》、《西北大荒中的诸神》、《僧人的类型》等，其系统专门的评介，有着很大的认识价值，使我们颇开眼界，有所裨益。还有一部分写人的纪传文章，作者的选择也很见其视野和兴趣的广博。不仅有马克思这样的伟人，还有文学巨匠如曹雪芹和蒲松龄，一代宗师如佛门的鸠摩罗什和儒家的朱熹，才子美女如司马相如和西施，艺术大师如梅兰芳，还有当代意大利的时装设计大师范思哲，而且每篇都写得生动详尽，洋洋洒洒，很见功力。

据我所知，作者公务繁忙，凤夜劬劳，却能于业余时间，舍弃了通常的休闲和娱乐工夫，埋头读书，勤奋写作，虽是学理工出身，而有志趣于文史钻研；且不说其文章的质量水平，仅以发表和结集的著作的字数来看，也是相当惊人的。特别耐人寻味的是文集题名《文心夜耕》，"文心"是其探索创作的宗旨和追求，"夜耕"是他辛勤创作的过程和特征，非常契合他的生活状态。这样执著和顽强的精神，值得钦佩。

综观整个文集，我还十分赞赏作者的严谨认真，大量的学术考证，引经据典，一丝不苟。论述或起承转合，旁征博引；或一往情深，感慨抒情；或借人假事，慷慨议论，俱为性情中的文字，实是作者的心声，而非率尔应和之作。我很喜欢那篇《穷乡不长GDP》，对家乡故土的热爱，对世俗偏见的不屑，溢于言表，没有什么敦厚和作态，务去套话和陈词，直截了当，实在是很难得的。他在《史家绝唱》中热情地歌颂了司马迁，特别提到了太史公所追求的"究天人之际，通古今之变，成一家之言"，这实际上也是作者孜孜以求的远大目标。以他的博识和才思，我以为是可以期待的。

从内容上看，首先是它的学术价值。其中关于儒学和史学部分，可谓全面而系统；关于佛教、道家和僧人的论述也很专门。这些文章绝非一知半解的观感，浅薄的趋时趁热之作，而是系统的研究工程。由于我在这方面的生疏和欠缺，只能是作上述这样语焉不详的肯定和评述。

其次是它的文学性，我是给予较高评价的。特别是有几篇论述神话传说以及讲佛理与仙道和文学的关系的文章，可谓别开生面，启迪思悟。不仅道出了各个神话寓言的历史渊源，而且证实其本身就是最早流传的口头或文字表达的文学作品。作者的学术文章并不是讲义式的理性陈述，而是有文采、有摘引、有抒情，穿插着生动故事或传说的美文，读来若行云流水，舒卷自如，很有感染力。至于那些塑造历史人物的篇章和描述风土人情之作，更是以翔实洽博的资料，传神真切的描摹，为我们再现了一系列感人的场景，不仅有可读性，更具美感和思想力量，应该说是富有个性和风格的佳作。

最主要的是它的现实感。"一切历史都是当代史"（克罗齐语），我们阐释历史，传承文化，解析儒学的目的，就在于给今人以启示和教训，服务于现实。对于这一点，作者尤为明确。他把构建和谐社会，建立人天交融的人与自然的和谐关系放在首位，而他对传统文化和儒学的探讨，也是为了确立新的价值体系和道德伦理。因此，尽管谈的是洪荒时期、远古时代，却紧扣现实，贴近生活，不给人以疏离感和钻入故纸堆的繁琐，相反，还带领我们窥见民族文化的堂奥，产生一种深厚充实的自豪之情。

我以为，这都源于作者强烈的民族自尊和爱国情怀，更植根于他对民族文化的热爱和深入研究。只有熟谙它的源远流长，博大精深，才会花力气、下功夫，以传承发扬民族文化为己任，以研究传播新儒学为依归。在社会经济的转型期，在党中央号召构建和谐社会，树立社会主义荣辱观的今天，作者为文和为人的精神，他的"文章合为时而著"的现实主义创作观，都是应该大力提倡的。

对于文集里的大部分论述儒学的文章，我只能报以赞美和折服，限于水平，无从置喙。但是，我却相信"温故而知新"这句老话。某些人对国故、国粹、国学的无知和轻视，或采取虚无主义的态度，显然是错误的；而像作者这样深入就里，去粗取菁，去伪存真，古为今用，拿出自己的主张和见解，面向社会和读者，提供讨论和研究的话题，当然是非常需要的。正是靠了这些有识之士的支撑和努力，新儒学的发展前景才初现生机和兴盛。我想，这种踏踏实实的革故鼎新工作，远比那穿起长衫，叩拜孔子，开办私塾，背诵经书的形式主义做法或是媒体炒作，其推动作用，要切实和有效得多。

对于另外一些有关史学、美学、神学和文学的文章，也是让我难望项背、深受启迪的。底蕴充沛，厚积薄发，做学问则视野广阔，开掘深邃，写专著则聚精会神，论述肯綮，此乃我所概括的作者的学风和文风，也很值得我们学习。正是从这个意义上，我推荐国风先生的这部文集，并把它视作传承民族文化的一枝奇葩。信也夫！

2006.12.10 于京师磨稿斋

人与自然的和谐

人与自然要保持和谐的关系，就必须消除对自然的人为造作和干涉，这就是庄子所谓的"无以人灭天"，与《旧约》圣经所谓的安息日仪式强调"休息"的用意不谋而合。在此安息之日，人不得有任何"工作"的行为，连拔根小草也在禁止之列，甚至有人只为了捡捡柴薪便被判死刑，因为他触犯了安息日的律则。"工作"是人类与物理时间的交涉行动，不论其为建设性或破坏性，"休息"则是人与自然的和谐状态。因此，安息日所象征的是人与自然（包括人与他人）之间的完全和谐。经由"不工作"——亦即经由不干预自然或社会的变迁程序，人便可超越自然时间等束缚而获得绝对的自由。

就人对自然放弃干涉来说，从神话资料看，夸父的追日象征人类追求与日月同光的欲望，其失败则说明无法超越时间的悲运。精卫衔木石以填东海的行为，固然表现了"知其不可为而为之"的悲壮，那永不可能成功的宿命却也证明了遗憾不平之永无消除之日。刑天与天帝之争，死而以乳为目，以脐为口，继续舞干戚抗命到底，其悲剧性精神诚然令人悸动，从另一个角度看，这些神话主题颇与中国人的自然意识不相协调，也因此并未蔚为中国人文精神的主流。

《西游记》一书，可以作为人类追求圣境的心路来看，其中孙悟空大闹天宫一节，撇开政治寓意不谈，那正是表现人与天的对立与抗争。一开始是妥协性的"齐天"，接着便更进一步的反天闹天了，其结果自然是两败俱伤，这正与共工氏之于天帝争，怒而触不周山异曲同工。收拾这种残局，以便恢复原来的宁静秩序的，也只有靠女娲的"补天"，与如来佛的"安天"了。《西游记》第七回描述如来降伏"妖猴"镇于五行山下之后，天上群神齐向如来致谢，准备设宴款待，希望如来为该会立一名号，于是"如来佛领众神之托曰：'今欲立名，可作个安天大会。'各仙老异口同声俱道：'好个安天大会，好个安天大会。'"不错，只有抛弃抗天反天闹天甚至齐天的干涉性行动，而以"安天"的精神静观自然，我们才能在森罗杂陈的万象中发现鸢飞鱼跃本身之美，以及我们内心的鸢飞鱼跃之真。

这种静观自然之自足性而不以人力横加干预其秩序，从而获致人天和谐的感悟，李白《日出入行》一诗有极精彩的表现：

> 日出东方隈，似从地底来。历天又入海，六龙所舍安在哉？
>
> 其始与终古不息，人非元气，安得与之久徘徊？草不谢荣于春风，木不怨落于秋天。谁挥鞭策驱四运？万物兴歇皆自然。羲和！羲和！汝奚汩没于荒淫之波？鲁阳何德？驻景挥戈！
>
> 逆道违天，矫诬实多！吾将囊括大块，浩然与溟涬同科！

本诗以"日"此一自然之运行所显示的无始无终，对照出人类生命的有限性。但李白的着眼点并不放在有限性的感喟上，而是经由这种"有限"的观点，静静地体会自然的真精神，从而发现有如郭象注《庄子》所谓的，自然本就是"暖焉若春阳之自和，故蒙泽者不谢；凄乎如秋霜之自降，故凋落者不怨"，因此草木之荣凋，正意味着生命过程的必然现象，所以无须因生命之改变而对"自然"产生感谢或怨嗟之情。无论是谢是怨均属对自然的扰动。肯定了这种立场，李白应用两个神话或神话式的典故，对干涉自然的行为加以批评。羲和鞭日原指日之运行的自然意象，李白却认为"鞭策"本身已失去了自然意义，而具有催促太阳加速奔行的干涉的意义。同样的，"鲁阳公与韩构难，战酣，日暮，援戈而挥之，日为之反三舍"的迫使时间倒流的现象，也提出与郭璞在《游仙诗》中"愧无鲁阳德，回日向三舍"完全相反的观点。郭璞认为以戈挥日而为之回让三舍的现象，乃人类参赞造化的可贵能力，李白却认为这是对自然的无理干涉，是一种对天道的逆违，是一种充满矫诬的人为造作。因此，人与自然原本应有的和谐关系就被破坏无遗，而人本身的生命也就无法处于圆融自足的状态。为了恢复这种自足的心灵，人必须放弃对自然的任何干涉造作，改以静默的态度去体认自然，这就是诗末"囊括大块，浩然与溟涬同科"所显示含义了。大块指，天地之间，囊括大块，亦即《淮南子·原道训》所谓的"怀囊天地，为道关门"，指掌握天地的根本原理。溟涬，指自然元气。据张衡的解释，乃是一种"幽清玄静，寂寞你冥默，不可为象"的状态；再据葛洪的说法，那种状态乃是"天地日月未具，状如鸡子，混沌玄黄"的浑然不可名状，因此"浩然与溟涬同科"岂不意味着人回归到最原始的混沌和谐的太初世界？这种顺应自然，静观自然，从而与自然一体的精神，正是人与自然极重要的关系之一。

例如王维的《辛夷坞》诗："木末芙蓉花，山中发红梦。涧户寂无人，纷纷开且落。"如果从静观自然的角度去体认，便会发现这是一首颇堪玩味的小诗。题为"辛夷"，首句却言芙蓉，再加上有"木末"字眼，或遂以为这是辛夷坞中不妨有木芙蓉的存在。但就裴迪同咏末两句"况有辛夷花，色与芙蓉乱"看来，芙蓉当只是借以比拟辛夷之花香而美，而木末则状其花之高，次句点明辛夷花开之地乃在山中。结合两句看，由于芙蓉有出污泥而不染之品性，因此辛夷之在山中木末也应含不染世情的一份自得。这一份自得与不染俗情，在三四句表现得更为精彩："涧户寂无人，纷纷开且落。"涧户原应有人而竟无人。从前两句的"自得"之情去体会，则"寂无人"当非仅在描述实质上的人去户空，而是在暗示精神上的毫无人为干扰，然后就在这种自由无疑的气氛中，辛夷纷纷地开放，又纷纷地凋谢。纷纷二字描述出辛夷绽放时的繁盛与尽兴，同样的也是表现出凋谢时"应尽便须尽，无复独多虑"的泰然与宁定。这与苏东坡"空山无人，水流花开"在意境上极为酷似。总而言之，只要人为造作之心一消，则生命中"不知悦生，不知恶死"的超然，与自然中"自荣自落，何怨何谢"的精神，自可互相往来，交融共鸣了。

人天交融的和谐

人与自然要达到圆融和谐的关系，不管是时间的超越、造作的泯消或经验的转化，均需内在心灵生生不息的创进，才能圆满完成。完成之后的精神状态，常见的有四种性情。

一、欣欣此生意，自尔为佳节——自足之乐

人与自然的圆融和谐关系，第一种特征为，其意境较倾向独立自足，不假外求的寂静世界。例如张九龄《感遇》诗云："兰叶春葳蕤，桂华秋皎洁。欣欣此生意，自尔为佳节。谁知林栖者，闻风坐相悦。草木有本心，何求美人折？"非常清楚地说出春兰秋菊，自有本心，虽不妨林栖者相悦共赏，却无须"造作"的干求、"美人"的折供。因为对兰桂而言，美人之"折"虽可高其身份，然而，毕竟如庄子神龟之喻，乃是生命之摧折，因此，最重要的仍是"欣欣此生意，自尔为佳节"那种独立自足的世界，在寂静中自有一份动人的舒畅。

再如刘长卿《寄龙山道士许法棱》云："悠悠白云里，独住青山客。林下尽焚香，桂花同寂寂。"人之暖暖内含光与桂花之寂寂自飘香，非常和谐地衬出青山客在悠悠白云里"独住"之寂静与宁定。

最后再以李白《白鹭鸶》为例，进一步说明：

白鹭下秋水，孤飞如坠霜。

心闲且未去，独立沙洲旁。

首句"白鹭下秋水"以对比手法，使白鹭的形象特别凸出，在天与水明亮而空阔的衬托下，具有空灵透明的效果。次句"孤飞如坠霜"强调辽阔空间之中此单一的动态引人注意。"如坠霜"则一方面暗示洁白无垢之美，另一方面，白鹭与霜之间的类比关系，也暗示了白鹭与自然之间的和谐之美。三四两句是前一动态的终结，也是新的发展。"心闲"意味着"孤飞"的心境并非无助的孤单，而是逍遥的自在。为了使这种感觉有更进一步的酝酿，白鹭暂且停止了飞翔而独立沙洲之旁，成为静止的画面，天地水光为其背景，一点白影寂然不动，意态至为优美。此外，"且未去"既指孤飞之暂时停止，同样也指出沙洲之独立也是暂时的，于是隐含其后的意义便不难窥见：独立之后仍将孤飞，正如孤飞之际时有独立。这不啻把白鹭欲飞则飞，欲止则止的自在生活生命完全表露出来，诗人本身化于其中，同享自足之乐的情趣也就不言而喻了。

二、敲门都不应，倚杖听江声——逍遥之趣

前文提到经验之转化时，曾说生活本身经常是机械而板滞的。事实上，生活中尚充满事与愿违的迷境，而一个人在此迷境中保持宁静的心灵，达到"不以物喜，不为己悲"的境界，主要原因乃是接受自然的启示，让有限的自我化入无限的逍遥里，于是人与自然便在这一刹那间浑然交融了。此一特征在苏东坡的作品中最是耳熟能详。例如《临江仙·雪堂夜饮醉归皋作》的前半阕："夜饮东坡醒复醉，归来仿佛三更。家童鼻息已雷鸣，敲门都不应，倚杖听江声。"以"醒复醉"的疲累，于深夜三更之时，急迫需要的只是一床高枕之

眠，眼见家门在前，耳闻童仆在内，却又"敲门都不应"，真可谓急惊风偏遇慢郎中，斯时斯地，可以顿足，可以捶胸，更可以破门，甚至可以棰童，然而就在那关键时刻，他听到了超乎雷鸣的鼻息之的声音，那是引人想入无限之境的江声——在江声里，眼前的逆境又算什么？尔曹身与名俱灭，不废长江万古流；大江东去，浪淘尽、千风流人物；些许小事，又何足挂怀？于是那种海阔天空的无限之趣，也就油然横生了。

再如南宋杨万里，生性活泼，触境生机，常在一片闲淡自得中表现生命的自在，于是在有限的生活中，随缘超化出无限的妙趣。如《明雨寒》云："莫嫌细雨苦飘萧，正要寒声伴寂寥。杏叶犹疏不成响，且将纸瓦当芭蕉。"这与东坡的"莫听穿林打叶声，何妨吟啸且徐行（《定风波》词），或杜牧的"停车坐爱枫林晚，霜叶红于二月花"（《山行》）的意境实有异曲同工之妙。诚斋另一首《霜晓》，亦具相同机趣："荒荒瘦日作秋晖，稍稍微暄破晓霏。只有江枫偏得意，夜若霜水染红衣。"在一片萧瑟凄冷中，仍能保持一种超然无碍的精神，不客观的有限世界所拘，从而转生灵动不已的妙趣。

这种借自然的动静而获无限之启示，晚明小品文中，亦属常见，例如袁中道《爽籁亭记》一文，叙述结亭泉侧始末，其中有如下之一段："自余之得泉也，旧有热恼之疾——根生于前，蔓生于后，师友不能箴，灵文不能洗——而对冷冷之泉遇，则无涯柴棘，若春日之泮薄冰，而秋风之陨败箨；泉之功德于我者，岂其微哉？泉与余又安可须臾离也。"从胸中充满"师友不能箴，灵文不能洗"的无限尘杂，一变而烦嚣尽落，正因感悟泉音所启示的"泉之喧者，入吾耳而注吾心，萧然冷然，浣濯肺腑，疏沦尘垢，丽丽乎忘身世而一死生，故泉愈喧而吾神愈静也"。所谓"忘身世而一死生"，所谓"神愈静"，充分流露人与天地寂然感通、浑然同化的无限逍遥之情。

三、此中有真意，欲辩已忘言——无言之美

语言本是人类异于其他生物的文化特征，这套符号系统也使人与人之间的关系得以沟通。然而作为一种符号，则符号与其所指涉或蕴含的意义之间，常常不免仍有相当的距离，换言之，语言的运作虽属生活的必要手段，但并不能完全表达心中的意义，尤其这心中之意如果是属于主体性的经验时，则语言所能传达的范围总是极为有限。这种有限性，先秦诸子即已发现，《易传》引孔子语云："书不尽言，言不尽意。"《庄子》云："言者，所以得意也，得意而忘言。"到了六朝，言意之间是否能"尽"的讨论，也颇为激烈，成为玄谈主题之一。

就人与自然的圆融关系而论，这种人天交流的经验当然是主体性的，因此，语言的作用，便相对显得笨拙甚至离题，于是，在表现人天相融的作品里，语言的舍弃便成为重要特性之一。盖人天相对，只能默然相契，实在很难言传。这就是陶宏景《诏问山中何所有赋诗以答》所谓："山中何所有，岭上多白云。只堪自怡悦，不堪持赠君。"之所以不堪持赠，正因为一切的说明均属概念，除非亲自体验，否则所有的答案全属隔靴搔痒。

这正如禅宗之不立文字，并非完全排斥文字，而是想在文字之上更具体地体验纯粹主体性的经验。《晋书·陶渊明传》言其"蓄素琴一张，弦徽不具，每朋酒之会，则抚而和之。曰：'但识琴中趣，何劳弦上声。'"用意也是一样。而他传诵最广的饮酒诗《结庐在人境》，说到得意处——"山气日夕佳，飞鸟相与还"，是一种人与自然相互关注、生息互相通流的感悟，至为动人。但这种体验毕竟需要各自印证，言语实在无法言宣，因此他一方面肯定"此中有真意"，另一方面也承认"欲辩已忘言"。忘言，并非可言而故意忘却，而是意既得便无需赘言。

李白《山中问答》一诗，在这方面更是典型的代表："问余何事栖碧山，笑而不答心自闲，桃花流水遥然去，别有天地非人间。"前去栖碧山的理由，对诗中答者而言既属心灵的具体经验，自然无法言传。这正如赵州从谂开导前来学禅的和尚一样，赵州问他："你吃过早饭没有？"和尚回答说："吃过了。"赵州便说："那么就去洗碗碟吧。"结果那位和尚从此悟道。这则故事暗示，"禅悟"与"吃过饭"、"洗碗碟"原无任何关联，但和尚却经由这两个动作而领悟到"禅"必须经由自己去"体验"，而无法由别人加以"解释"，正像必须自己"吃"过饭才能真正领会"吃饭"的滋味一样。因此，李白的不答，不是没有具体的去栖碧山的理由，而是希望问者舍弃这种言语的沟通方式，"笑"正是笑这种问题的提出显得愚笨，而"心自闲"则表示内心充满"此中有真意"的自在与舒畅。"桃花流水遥然去"一句极富暗示性：遥然，深目状，引申为极目遥望之义，极目遥望桃花流水之去处，自是一片窈冥模糊，眼下所见之花之水就在那一片窈冥模糊之中消失隐退，这正象征着语言的作用隐退消失到世界之外。然而就在桃花流水隐没之处，就在语言作用消失之处，一片崭新的"新"世界出现了，那真是"别有天地"，而非语言的"人间"了。

再如常建的《题破山寺后禅院》："清晨入古寺，初日照高林。曲径通幽处，禅房花木深。山光悦鸟性，潭影空人心。万籁此皆寂，惟闻钟磬音。"此诗"曲径"两联，脍炙人口，所谓"青风翠霭，众鸟亦达天机，以悦其性。潭影澄澈，中无一物，何等洞达，而临潭顾影，不觉中心澄净，与水俱空"。这两句深得禅理，不落色相，这是人与天机交融的写照。末两句尘心俗虑全盘涤尽的暗示，也充分说明人天交融中，万籁中的人籁在此是完全隐退的。

刘长卿在中国自然诗人中，也占有重要的地位，其《寻南溪常道士隐居》一诗云："一路经行处，莓苔见履痕。白云依静渚，青草闭闲门。过雨看松色，随山到水源。溪花与禅意，相对亦忘言。"

前四句指寻南溪常道士不遇，后四句将情境转化，以面对自然景象所获得的禅趣化消了寻人不遇的滞碍，正是前文经验转化的具体印证，而末句"忘言"之结，也精确地道出在一片溪花禅趣中，语言完全失去了作用。

四、只在此山中，云深不知处——素朴之秘

中唐僧人韬光有《谢白乐天招》诗，略谓性好野趣，不堪富贵中人之招邀，更忌声色之俗情，其中有句云："山僧野性好林泉，每向岩阿倚石眠。"充分表现出一个在大自然中获得安顿的出家人，随遇而化，与自然随时保持和谐关系的精神状态。这种精神既单纯可感，又恳切无妄，一切显得那么真诚"自然"，甚至韬光在"每向岩阿倚石眠"的当下，真已属于自然的一景，丝毫无造作之迹，这种素朴的真纯也正是人天交融的另一特征。

反言之，如果有意为之，甚至矫情地表现人与自然和"密切"关系，那便是造作虚伪、附会风雅，不但无关自然，反成俗滥之厌物。晚明袁中道有《书游山豪爽语》一文云："游山次，有友人云：'先上山时，余向草中熟眠一觉，甚快。'予曰：'公欲以一觉点缀山景尔，非真睡也。予亲见公目未合耳。'其人大笑。""欲以一觉点缀山景"，真是针砭此辈与山水无缘，却又强作解人的点睛之笔。同文又记："昔有一友人以豪爽自喜，过数岁，予私问之曰：'卿往年跣足入裂帛湖，可称豪爽。'其人欣然。再问之，予曰：'北方初春，冰雪棱棱，入时俱无小苦耶？幸无欺我。'其人曰：'甚苦，至今冷气入骨，得一脚痛病，尚未痊也。当时自为豪爽为之，不知其害若此！'"这种雅得俗不可耐的行径，真是非徒无益，抑且有害了。

这种故作姿态的不足为法，刘长卿《送方外上人》也有适度的嘲讽："孤云将野鹤，岂向人间住？莫买沃洲山，时人已知处！"换言之，人与自然之间必须在素朴的观照中，永远保持真诚的投入，否

则便是不诚无物了。

其次，素朴真诚一义，尚有另一层重要的作用。

郑因百先生曾谓：陶渊明的作品，有如一片温熙的日光，初看，只是一片白光，仔细品尝体会，便会发现，那一片白光之中原是包含着五颜六色，正如用三棱镜去看日光，自有红橙黄绿蓝青紫七色一样，表面的素朴，并不意味着单薄枯瘠。苏轼《东坡题跋评韩柳诗》亦云："所贵乎枯澹者，谓其外枯而中膏，似澹而实美，渊明子厚之流是也。"又《与苏辙书》云："渊明作诗不多，然其诗质而实绮，癯而实腴。"这与20世纪批评家把自然田园视为一种"寓复杂于素朴"的观念（putting the complex into the simple）可说不谋而合。在本文所讨论过的作品里，不管是自足之乐、逍遥之趣，或无言之美，它们也都具有这种在素朴中富于丰饶复杂之涵蕴的特色。

李白《独坐敬亭山》云："众鸟高飞尽，孤云独去闲。相看两不厌，只有敬亭山。"在短短二十个字中，意象虽然极为单纯，但给人的感受却非常丰美。"鸟"在李白诗中经常是一种自在、活泼的生命象征（这点与陶渊明相同），因此，首句除了表现眼中所见的客观动作外，还隐含一层这一动作象征的意义。从全诗的空间结构上看，此诗只安排了两个场景，一为天上，一为山。首句正是天上场景的演出，这种场景予人的感觉是空旷的，无边无际的，也可以说是一种无限的感受，因此，"众鸟"在此一无限的场景中所表现的动作，自然令人更觉其自由无碍，这无碍之感再经由"高飞尽"的特别限定，遂使整个动作更具深一层的意义。因为，既然是高飞，当其"尽"时，当然是消失在更远的高空，亦即：高飞尽的结果是，众鸟已在诗人的观照中融入长天之中。此外，当鸟天融而为一之后，另一动作接着出现——"孤云独去闲"。云，在李白诗中常被用来象征无牵无挂当下自足的生命形态，例如"有时白云起，天际自舒卷。心中与之然，托兴每不浅"（《望终南山寄紫阁隐者》），"长坡写万古，心与云俱闲"（《金陵凤凰台置酒》）。同样的，此地的"孤云独去闲"也显然是在相同的象征系统里。而且此句所用的是"孤"云,其动作是"独"去,更易造成自在自足的情境。同时,长空唯有"孤"云"独"去的动态,也暗示静观者内心的专注,亦即:云之飘动及其引发的悠"闲"自在,也正是诗人内心的具体经验。总之,这两句表现了物与物(鸟、天)以及物与人(云鸟、诗人)之间交融无间的和谐状态。

后两句的出现,毫无疑问是建立在前两句所引发的"闲"适自在之情上。在此"闲"情中,宇宙天地,山川草木,格外显得亲切动人,人与自然之间完全沐浴在一片互相感通的光辉之下。

此外本诗的题目是《独坐敬亭山》,虽然诗中并未明示"坐"的动作,但我们却必须以"坐"的姿势去了解更动人的"相看两不厌"的情境,即:人之独坐的姿势所造成的安顿于大地之上的形象正与山之独"坐"于大地之上酷似,因此才有"相看"的感悟,而与陶渊明的"悠然见南山"略有不同。其次,"相看"之"看"具有一看再看,莫逆于心的持续性,这又与"悠然见南山"之刹那的发现不同。

可见像李白如此素朴的描述,照样具有丰美的蕴含,确实是人天交融之作极重要的特性。

从另一角度看,此类作品常含警策性的名句,这些名句同样是一方面素朴单纯,另一方面却又充满引人深思冥想的"玄机"。例如王维的《汉江临眺》:"江流天地外,山色有无中。"既是无华的写实,又是语带玄机,令人有飘然直欲飞出尘外的鲲鹏之思。其他像杜甫的"水流心不竞,云生意俱迟"(《江亭》),以"人"之"心"、"意"与"水""云"之"流"、"生"的动态相契合,表现出坦然无争,却又汩汩然"生"机"流"漾的丰富情思。杜甫另一首的"迟日江山丽,春风花草香"(《绝句二首》之一),也把大地一片亮丽,山川草木无不迎风生香的景色,用来暗示诗人内心陶醉之深。其他像宋人石曼卿的"乐意相关禽对语,生香不断树交花"(《题张氏园亭》),胜甫的"野色更无山隔断,天光直与水相连",也丰美无比地把无情世界点化成有情人间。这种含不尽之意见于言外的"尺幅"而具"万里"的特色，正如贾岛在《寻隐者不遇》一诗中，借松下童子纯真之口，轻描淡写所暗示的极为丰富的意义——一种心灵由闭锁而充分开放、又固置而任意活动的、精神之自由状态的体验，那便是——

只在此山中 云深不知处

人间情怀

人间最渊博的一份关怀，应是对有情世界的全然入心。

当思及耶稣从容地以十字架为其正位，以璀璨的鲜血灌溉愚昧的子民时，人们凛然惊动，不只是自己因他而得救赎的感恩，而为了那份从容里包含的无限的爱。

当念起释迦牟尼佛舍离繁华，四处宣法，曼妙的梵音吟唱着大千的苦空，人们豁然下泪，不只是自己因他而有解悟的感激，更为了那份同体大悲，无缘大慈里包容的无尽的情。

在我们的国度里，没有如此呕心沥血的宗教传统，然而两千五百年前，孔子即提出"仁"为人之最高评价，孟子也曾平静地述说："仁者爱人。"一种人心的普遍事实，始终贴切地蕴存于国人的日常言行举止，也在文字中留存他们的真挚。今日，我们来看传统诗文载现的这份普遍的人间关系，与其说是虔敬的宗教情操，不妨更直接地说是生命的开放，以一己推向无限，以一颗热切的心拥抱世界，有如澄天皓月，遍摄一切水月……

黄昏的光晕渐渐消退，轻风拂动，芦荻在岸畔水中画满了蒙眬的乱影，乱影又渐渐没入黑夜的泼墨中。时间悄悄地转移，一缕坚韧而幽柔的乐音占领着浔阳江头的夜色，也占领着白居易与所有旅客的心境，琵琶内结的哀怨，与外发的沉肃，弦弦掩抑中，结合着人心的孤寒沦落之感，流荡复流荡。"东船西舫悄无言，惟见江心秋月白。"江心倒映的秋月以一片清清冷冷的素白，见证着漂泊的旅人在人间道上辗转的清冷。

涨潮的春江，浪潮卷裹着年少的梦幻奔涌向前，依依袅袅地摆动裙裾，一波波地相互追随，便起起落落地画满了温柔的潮痕。初生的月色投映在水面，在涟漪的回轮中，展现着一片浮光跃金的光影。夜渐深了，江水静静地流，婉转而缠绵。斜月依依西行，静定而多情，"斜月沉沉藏海雾，碣石潇湘无限路。不知乘月几人归，落月摇情满江树。"江与月沉静地交会，张若虚所见的春江花月夜，始终是蒙眬的美丽。

中秋的夜里，黛玉与湘云避开凸碧堂的人群，径往凹晶馆行去，池沿上一带竹栏相接，天上一轮皓月，池中一个月影，一缕悠扬凄伤的笛音幽幽勾勒出寒凉的气氛。湘、黛二人聊诗为乐，及至"盈虚轮莫定，晦朔魄空存；壶漏声将涸，窗灯焰已昏；寒塘渡鹤影，冷月葬诗魂"。皓月银光便化成弥天的冰雪，纷纷降临，笼覆过山水池阁，也掩覆了敏锐孤寂的心魂。一种奇谲凄楚的冷艳，是那夜里的月色，也是那夜里的人情。

六朝繁华，金陵王气，曾是一场热闹而浪漫的梦，一如夜夜东升的月色，迷恋地抚触过重阁叠榭连霄汉的宫庭，照临画舫笙歌不绝的秦淮。梦后，景物依旧，山河故我，江水依然有潮汐涨落，"山围故国周遭在，潮打空城寂寞回；淮水东边旧时月，夜深还过女墙来"。水边明月，依然以它浪漫温柔的光色，照临金陵城墙，投映秦淮河中，秦淮河的水月遂经历着金陵王城的繁华与倾颓。

白居易所感伤的清冷，张若虚所思怀的多情，曹雪芹所镂刻的凄艳，刘禹锡所惊讶的沧桑，是一一相殊的月魂呢？还是一月的化身？

"一性圆通一切性，一法遍含一切法，一月普现一切月，一切水月一月摄。"佛偈如斯提示。

浩瀚的宇宙，月只唯一，它照临广漠的空间，也笼罩悠邈的时序。秦时明月可以照映汉时关，也可照映民国的芦沟桥，作每一位热血壮士的见证；秦淮的明月，可以同时在西湖、在洞庭、在有水的千江，觅得它的千千化身。在相殊因缘的会合之下，它们或许有不同的面貌展现；在心思相异的人情感识中，它们或许有不同的联想启引，但是，千古流转，同是唯一不死的月，千江映照，同是唯一多情的月。

而我们更关切的是，我们的人生呢？是否果如"一切水月一月摄"般？"一性圆通一切性"呢？无论刘禹锡所惊讶的沧桑，曹雪芹所镌刻的凄艳，张若虚所思怀的多情，白居易所感伤的清冷，莫非都是同一种生命的本质在相殊境域中所幻化而生的情意吗？所以今日的我们读《石头城》、《红楼梦》、《春江花月夜》、《琵琶行》，或者面临类似的情境，也才有感会他们的沧桑、凄艳、多情、清冷的可能。生命的共通本质为月，我们的身躯是水，我们的私情，原是月印万川，我取一影的水月。

如斯，并不意味吾人生命，情意在发放当下的不得自足与圆满，亦不否认个人生命的风姿相殊。在个人的因缘际遇里，本此共通之性，可以反应以不同之情思举止，全天下一太极，物物亦自是一太极——"一水月配合周遭的环境，自成一片独立的风景"——人性配合时空的境遇，自是独立的风姿。另一方面，它令我们能通过自身的感觉，去体会其他生命，去设想他们的情境，我们的情也才不是封闭的自恋。通过了解、设想涌生真挚的悲悯，一份庄严的生命的共感，结合了有情世界的人、物，超迈时空的隔绝，随着心念的交契，便一路滋生着青青情谊，这是人间情爱的温厚处。

"民吾同胞，物吾与也。"一向是中国士人的怀抱，对于天地万有皆存亲切的认同，在具体的行事上，或是文学艺术的表现，始终是一脉强韧明显的传统。属于大地之歌的《诗经》，或写生民的农桑生活，或写征伐的战绩与心情，甚至男女歌咏，莫不显示着纯朴温厚的胸怀。即以《豳风·七月》为例，写时序推移中，农家的劳动进程与心情，在和缓周详的铺陈里，那不只是一个农民家庭的纪录，仿若便是整个民族都参与了这一个身体与心灵的活动。那押发的寒风、栗烈的寒气便袭击着我们，那汗水与泪珠便滚动在我们的额头、颊上。田间采茶获稻的身影，是每一个强健耐劳的壮丁；埂上提壶携馔的殷勤，是每一家妇子的心情；径旁提笼忘采桑的凝思，是每一位女子的痴情；而岁暮冬藏，举觞称贺的欣喜，更是每一家、每一岁的圆满……广土众民的同命之感，在那时已深深根植。

后代对于众生的关切与悲悯，丝毫不曾稍息，这份观照天地人的心情，发展为二系相殊的情怀：一则着眼于现实世界的困厄流离，一则着眼于自然民情的从容亲爱。

相对于理想世界的现实，总有许多不堪不忍处：生命的衰竭、抑郁与漂泊，亲身领纳，固然是一种伤害，而当我们放眼四周，察觉到无数的生命，正一步步艰难地颠沛在人生道上，悲叹如何能止？哀歌如何能止？汉魏古诗中对于时岁推移所产生的悲情，感慨十分深沉，试读其一：

> 去者日以殊，生者日以亲。
> 出郭门直视，但见丘与坟。
> 古墓犁为田，松柏摧为薪。
> 白杨多悲风，萧萧愁杀人。
> 思还故里闾，欲归道无因。

人来人往，世代冥灭，人生如何能逃离生死的轮转，突破死生大限呢？生、老、病、死原是自然的现象，但在追寻永恒安顿的人世，"夕暮成老丑"、"奄忽随物化"都不是超然可解的现象，而是违拗了人生意愿的变故。尤其死生大变，辞离平生所亲所爱所知所感的一切事物，跌入一团无可知、无可想的空茫中，于是，对于熟稔世界的眷顾，对于未知世界的恐惧，与在时空坐标中遍觅不着定点

——生时的家居与死后的丘坟，俱非永恒的归宿，尽在沧桑之变中流转——的不安，交杂成人们触及"死亡"这一概念时，普遍涌生的悲情，既伤逝者，行自念也，亦是对所有必然步上此途的人群的哀感。

生命本身的成住败坏，已是令人难堪的处境了，若再加上人为破坏因素，伤痕也越发深刻，偏是人类的愚痴一日不灭，彼此的伤害也就不会终止。战乱流离、贫穷困苦，是每个世代不免的悲剧，而对悲苦众生的不忍之情，便世代代流荡在每一位有情人的心怀。汉魏之际，世局扰攘，战乱迭起，建安文人即有许多悲民之作，而王粲的《七哀诗》是我们熟稔的代表作品：

> 西京乱无象，豺虎方遘患。
> 复弃中国去，委身适荆蛮。
> 亲戚对我悲，朋友相追攀。
> 出门无所见，白骨蔽平原。
> 路有饥妇人，抱子弃草间。
> 顾闻号泣声，挥涕独不还。
> 未知身死处，何能两相完。
> 驱马弃之去，不忍听此言。
> 南登霸陵岸，回首望长安。
> 悟彼下泉人，喟然伤心肝。

人谁无戚友，人谁无亲子？生离死别的愁惨，无论发生在自己或路人身上，都同样逼入诗人胸怀。诗人的眼观照着大地的苦难，诗人的心拥抱着大地的生民，诗人的情也包容着苦难大地的生民之忧乐，范仲淹在《岳阳楼记》中自许"先天下之忧而忧，后天下之乐而乐"，与其说是政治家的热诚，毋宁说是文人真切的情怀。

这份文人情怀，在历代的文学作品里都有十分深刻动人的表现。

再以唐代为例，诗圣杜甫所以赢得后人无限敬重，除了创作形式的完美，更重要的是他写实诗风所流露的仁民爱物襟怀。牛逢安禄山之难，亲见乱事始末，对生民的一腔悲悯，使他自然地走向写实路线，《兵车行》、《自京赴奉先县咏怀五百字》、"三吏"、"三别"等都有极其动人的描写。一方面，杜甫的诗作作着事实的描述，如《石壕吏》：

> 暮投石壕村，有吏夜捉人。
> 老翁逾墙走，老妇出门看。
> 吏呼一何怒，妇啼一何苦。
> 听妇前致词：三男邺城戍；
> 一男附书至，二男新战死。
> 存者且偷生，死者长已矣。
> 室中更无人，惟有乳下孙。
> 有孙母未去，出入无完裙。
> 老妪力虽衰，请从吏夜归，
> 急应河阳役，犹得备晨炊。
> 夜久语声绝，如闻泣幽咽。
> 天明登前途，独与老翁别。

直接将史实呈现在读者面前。在现实层面上，诗人无能为力，唯有与王粲"驱马弃之去，不忍听此言"一般，看着悲剧发生，而自己还得走上自己的途程。然而另一方面，诗人也涌现着他蓬勃的济世理想，如《茅屋为秋风所破歌》：

> 安得广厦千万间，大庇天下寒士俱欢颜，风雨不动安
> 如山。

《解忧》：

　　减米散同舟，路难思共济。

　　这份积极意念的燃烧，点燃写实文学的希望，免于绝对悲观晦暗的沉沦。加上"朱门酒肉臭，路有冻死骨"（《自京赴奉先县咏怀五百字》）的对比讽刺，已开启了稍后的元白社会诗派功能观的先声。标举"文章合为时而著，歌诗合为事而作"（《与元九书》）的白居易，力倡社会写实，在《寄唐生》中写道：

　　　我亦君之徒，郁郁何所为？
　　　不能发声哭，转作乐府诗。
　　　篇篇无空文，句句必尽规。
　　　功高虞人箴，痛甚骚人辞。
　　　非求宫律高，不务文字奇。
　　　惟歌生民病，愿得天子知。
　　　……

　　明朗的对生民的悲悯与助益，作为文学存在的唯一理由与目标。在此，笔者无意论辩白氏文学观的偏颇与否，要指出的是：历代写实文学的产生，都是指向生民苦乐的关怀，除却诗文，中国的小说、戏剧、传奇作品，同样漫溢着人世的关爱。

　　对众生的关切与悲悯，除了发展为面对现实世界的困厄流离而生的悲慨，另外一种情怀，则从现实逼仄中觅得一隙超解，着眼于自然民情的从容亲爱，摆落愁苦的污染，肯定澄净生命中存有的平和亲爱，以感激的心情去欣赏、去加入。陶渊明是很好的典型，他将自身归属于自然大我，从容地品会流动于天地之间的生意，淡淡的欣趣，淡淡的人情，却是最深睿渊容的喜悦与情意。且看他的《移居》：

> 春秋多佳日，登高赋新诗。
> 过门更相呼，有酒斟酌之。
> 农务各自归，闲暇辄相思。
> 相思则披衣，言笑无厌时。
> 此理将不胜，无为思去兹。
> 衣食当须几，力耕不吾欺。

表现出对人情、天道赋予全然的信任。陶渊明所以备受后人推崇，不只在平淡，不只在率真，更重要的，应是在他的与天地生民交融合流的境界的提示。

这份对生命的关切，不但施诸今人，尚且上追古人，下被来者，历史上的人事皆是我观照的对象，历史上的缺憾不幸，也牵扯着诗人多感的心魂。无论中外，咏史都是文学的重要题材，而中国的咏史文学却未如西方般发展出一套叙事的传统，反而多转化为咏怀，

而成为中国抒情传统的重要环节，关键在作者投入了浓烈的情绪，抒发情绪的意愿远超过描述史实的兴趣。这种情绪的主要内容，一是以历史事件作为隐喻的自伤，另一便是对古今人事的关切入心了。刘长卿的《长沙过贾谊宅》：

> 三年谪宦此栖迟，万古惟留楚客悲。
> 秋草独寻人去后，寒林空见日斜时。
> 汉文有道恩犹薄，湘水无情吊岂知。
> 寂寂江山摇落处，怜君何事到天涯！

将自伤融入伤古的情绪中，诗人上契贾谊、屈原，交融了三人的悲情，亦是所有逐客的悲情，自怜怜君，"怜"字正道出了咏史诗

中时时荡漾的心情。

最后，试察中国文学中对物的情感。以韩偓《惜花》、王沂孙《齐天乐》为例，一写落花的伤心情态，一写秋蝉的凄苦形貌，作者以旁观之身，作真切的体会。人们常以想象或设拟的修辞法来解释这种超越个人情绪，宣示普遍现象或情感的作品表现，这是从文学作为艺术的一种形态的观点来解说，但笔者更愿指出另一观点：文学是生命的表现，想象与设拟的可能，原是基于生命中联通物我的悲悯情操。

或许有人怀疑：类似《惜花》、《齐天乐》之作品，纯是诗人以自我情绪强加诸物，花何尝伤心？蝉何尝凄苦？如此又得展开一场庄惠鱼乐之辩了，而结论亦终如庄子的回答："我知之濠土也。"庄子见鯈鱼出游从容，揆诸己情，若自己也出游从容，则觉愉悦，故自然感知鱼乐。这份愉乐的色彩，不是由庄子强加于鱼，而是鱼以它的形容，召唤起庄子生命中一缕熟悉的感觉，也唯有开放户牖，与大地生气流转沟通的生命，才能有如此亲切的照会。韩偓、王沂孙的诗作亦复如此。花的零落、蝉的声貌勾起了生命底层的情感，这份情感非我私有，应是所有生命的共同感觉，故花应觉伤心，蝉应觉凄苦，花、蝉的伤心、凄苦，真实地存在风雨中、枝桠上。换言之，诗人即在那枝沦落的花红，惊恨枯瘦的秋蝉身上，去感觉如此生命场景中所普遍存有的感觉。若以生物学的观点，硬去划分人我、物我的界限，一如惠子的名家心态，硬要去询问非人的动植物自身是否有与人一般的心灵运作能力，一般地面对变迁、摧折的反应，无论答案如何，均是绝对无法与作品相应的心态，只因作品的抒发，是出自作家肯认有情世界的温厚情怀。

儿 女 情 长

太极生两仪，两仪生四象，四象生八卦，八卦衍为六十四，以次化生万物，众品纷陈。宇宙的进化，由一而多，由素朴而纷彩，由混沌整合而精微剖分。我们在这一片分裂自整全的残山剩水间穿梭，在分别、认识、思索中，建构着精粗巨细的知识架构，而无论其精粗巨细，一切知识的最终意义，必纳入整体人类文化的大结构中加以观照，始能贞定其意义，亦即一切知识活动，通过细微分殊，必然企图指向人文大统的呈现。我们的性情漂泊在残山剩水间，经历着山一程、水一程的坎坷，领纳着风一更、雪一更的寒凉，何尝不也是在寻求着圆满、单纯的回归呢？

天地如何开辟，人类如何诞生，都是古老难溯的课题。当太极初动，两仪肇分，男、女应是此度大分化中的婴儿，我们不常以男女分属阳阴吗？他们跨出了艰难的第一步，便引动了以后无穷无尽的生生分化，而堪堪迈步之际，他们却也同时展开了寻求对方的漫长旅途。太极中，他们无间地和合为一个圆满。阴阳既分，各自就是残缺的半圆，在阴阴阳阳万劫轮转中，男女穿过纷杂的人群，追寻、发现唯一的对方，重新结合，去回复最初的圆满。

这应是一种最为单纯自然、也最具体直接的圆满的追寻：一阴一阳，回归太极。

弱水三千，我但取一瓢饮。这一瓢正须取得恰如其分，不当属我者，不敢入我瓢，亦不入我瓢。不敢，以其另有归属的主人，不愿，以我尚抱持完满的想望，等待着那恰一的对方，必在面对恰一当下，情爱始作真正全然灿烂的发放。情爱自有因缘所系的主人呢！若无此不敢、不愿之心，来作庄严敬重的护持，每易流为浇薄的草草欢会。因此，《红楼梦》安排软红轻绿的雨下伶官痴痴画蔷，令宝玉痴痴观望后悟得"从此后，只好各人得各人的眼泪罢了"！宝玉必有此悟，始能纯净无愧地接纳黛玉相倾以一生眼泪的回报。

如何在丛叶遮蔽中寻得那唯一的青果？如何在众萍零落中唤醒那唯一的莲心？如何在纷纭错杂的人世间寻识那陌生而又熟悉的伊人，唯一莫可替代的伊人？途程悠远而窈窕。

《诗经·秦风·蒹葭》：

蒹葭苍苍，白露为霜。
所谓伊人，在水一方。
溯洄从之，道阻且长。
溯游从之，宛在水中央。

蒹葭凄凄，白露未晞。
所谓伊人，在水之湄。
溯洄从之，道阻且跻。
溯游从之，宛在水中坻。

蒹葭采采，白露未已。
所谓伊之，在水之涘。
溯洄从之，道阻且右。
溯游从之，宛在水中沚。

委婉回曲的追寻途程，也是凄迷低回的相思情怀。伊人在遥远的彼方，清清淡淡地立着，只在一点情心的认定，他便召唤着我们漂泊的风帆，去追寻他的踪迹。伊人固然可以落实为人世某一特定的对象，然而落实前，心中想着的山际水涯、飘摇仿佛的影象，恐怕是更长期地引领着我们的追寻。他的不定与虚幻，使得追寻之途充满了孤清凄寂，他将完成的无憾情爱，也带来淡淡的预期的温慰，我们遂未驻足。

追寻的步履缩短了双方的距离，在照会的刹那，交迸出喜悦的火花，照亮两张鲜采的容颜，前此种种凄清瞬息隐退，未来种种情境尚未浮升，只交会的当下凸显出来，充满了惊喜与满足。《诗经·郑风·野有蔓草》中有十分率真的描写：

> 野有蔓草，零露溥兮，
> 有美一人，清扬婉兮。
> 邂逅相遇，适我愿兮。
>
> 野有蔓草，零露瀼瀼，
> 有美一人，婉如清扬。
> 邂逅相遇，与子偕臧。

辛稼轩《青玉案》中："众里寻他千百度，蓦然回首，那人却在、灯火阑珊处。"是对"邂逅相遇"的刹那所作的注脚。

然而，邂逅适愿之人是否即是那"众里寻他千百度"的他呢？是否便是可携手交契、完成情爱的伊人呢？有时，我们还须面对另一重摧折：认取之后的舍离。《有所思》的情感可为一例：

> 有所思，乃在大海南。何用问遗君？双珠玳瑁簪，用
> 玉绍缭之。闻君有他心，拉杂摧烧之。摧烧之！当风扬其
> 灰。从今以往，勿复相思！相思与君绝！鸡鸣狗吠，兄嫂

当知之。妃呼豨，秋风肃肃晨风飔，东方须臾高知之。

最初，有一个名字来入居心中，牵萦着每一缕思绪，将心灵的天地填补得圆满，便以最纯真无疑的态度来珍惜养护这份交契。然而沉酣之际，骤接"君有他心"的信息，过往的痕迹便成为今日的嘲讽了。以往信任的圆满，原来只是残败的宇宙，只是愚痴建构的虚幻世界，君有二心的巨斧一举劈开它的完足，情思挣扎在冰冽的锋芒下，陡成暴烈的横决。缺憾本身即带有强烈的破坏力量，再加上主体醒觉后的冷忍，"摧烧之"是最直接当然的回应。既未整全，便让一切——不只是情爱的信物，还有情爱本身，和一向清纯的信任，更有此际情思的挫辱——焚化成灰，辗转作泥，纵使余影灰烬亦不愿稍有沾留。"相思与君绝"的誓词，斩绝了情缘，却也正是对情爱的敬重。

史上许多宫怨诗作，所写恩情中绝的悲怨，亦类似于此爱情假象的破灭。宫廷中的情感，除明皇、贵妃等少数例外，能有"在天愿作比翼鸟，在地愿为连理枝"的真诚誓言，绝大多数皆立于极其悬殊的地位。帝王是绝对的施"恩"者，后妃则敬谨地接受着投付给她的寂寞或赏识，失宠伤废，得宠忧移，生命的尊严压抑不伸。双方既乏共同的诚意，造就的也就不是夫妻的正情正信，只是一段变型的情爱而已。

儿女情爱的交会圆满，是心形的全然结合，即"愿得一心人，白首不相离"的如愿，安顿于"夫妻"的贞定名分上。二人结合为一，精神相依倚，形躯相扶持，在相互依倚归属中，共同前进，迎纳生命的每一重经历，完成自己也完成对方。这是天下有情人的想望，也是世间儿女珍惜的一份平实的幸福。沈复《浮生六记》中载妻陈芸的一段言语：

他年当与君卜筑于此，买绕屋菜园十亩，课仆妪植瓜蔬，以供薪水。君画我绣，以为诗酒之需，布衣菜饭可乐终身，不必作远游计也。

简单地勾勒出家居乐园。布衣菜饭可乐终身，根本缘由还在"君画我绣"夫妻相偕的圆满，有此基础，然后郊野风光为美，素朴生活可乐。"今即府有境地，而知己沦亡，可胜浩叹！"后来沈复的不尽低徊，即在芸娘早逝，人事未全啊！

"月有阴晴圆缺，人有悲欢离合，此事古难全。"人间情爱每每是未全的悲剧，而儿女之情——发动于圆满的渴望，飘零于圆满的追寻，亦唯将安顿于圆满的归宿的一种情爱——面对人世的难全，更是无可回避的冲突与难堪。人世的难全，无论是短暂的离分、死亡的永诀，或是无法觅得正名、正位的抑郁与委屈……——为情爱世界写着一片美丽的哀愁。

缘的交会温暖了客心，使人不再孤独，情便在其中滋长，我们莫不以感激的心怀去养护、去领纳，然而古往今来，奔波江上的商旅、驰骋沙场的战士、走马兰台的士人……不曾歇止他们的步履，别离便也在人世投掷下巨大的阴影，遮覆情爱的阳光，冷却了情爱的温馨。一旦失却具体的相互扶持，往日的回忆、今日的相思、未来偕会的想望，取代了情爱的温暖，如云雾般虚幻无凭，也如云雾般湿冷人心。而离怀别苦，双方是同等的领纳者，这虚幻温寒的相思与等待，却也是双方心魂的通路，循着它，与对方取得精神上的叠会，相互感通与怜惜。杜甫《月夜》正写着这样的情怀：

> 今夜鄜州月，闺中只独看。
> 遥怜小儿女，未解忆长安。
> 香雾云鬟湿，清辉玉臂寒。
> 何时倚虚幌，双照泪痕干。

在文字表现上，想象着妻子闺中相思的景象为主流，自己的相思情怀为伏流，直到末句拈出"双"字，伏流涌出，与主流合为一道相知相怜的情思，将偕会的理想寄托于未来，共同赓续着漫长的等待。

虽说别离之苦，双方是均等的领纳者，而传统的社会形态，女子属于重帏深闺，较少扮演陌上行客，姑不论游子离去有多少的不愿与无奈，但至少那别离的步履是他一步步跨出的，女子则全在静态中一无选择的接纳，自然有深深的委屈和伤怨，相思树、石尤风、望夫石等传说，即是起自对闺中女子的不忍。那寂寞中等待的容颜，更萦系着文人诗客的笔端：

自伯之东，首如飞蓬。
岂无膏沐？谁适为容！

——《诗经·卫风·伯兮》

梳洗罢，独倚望江楼。过尽千帆皆不是，斜晖脉脉水悠悠。肠断白苹洲。

——温庭筠《忆江南》

白狼河北音书断，丹凤城南秋夜长。
谁谓含愁独不见，更教明月照流黄。

——沈佺期《独不见》

最终圆满的等待过程，孤寂是一种摧伤，悬想是一番折磨，心魂的跋涉又是一重艰难。女子一一守下，在霜天暮寒里，斜晖流水中，映鉴着自身守待的姿容。

离分之际，尚有偕会的想望与可能，其间尚存一分慰安，而丝毫慰安也无的死别，是最不可抗拒的别离了。奔涌的泪血滴落于对方冰冷的身躯，悲伤凝结了，恨憾凝冻了，没有未来的悬想，没有牵扯的离思，没有依依的愿望，只在一刹那间，天地堕入暗郁之中，死别的情绪，悲伤二字无法诉说。

"鬒髻归君门，泪血上君堂，抚棺棺不开，白日天茫茫。"钱载《王贞女行》如斯记载。归向君家、登上君堂，鬒髻是新嫁的发饰，泪血是新嫁的啼妆，而君如何相迎，迎娶这沉哀的新娘？棺木紧闭，冷冷地隔断生死，将死者深深沉埋，将生者抛掷于人间，独自去领纳强烈的茫漠，迎向冷寂残缺的未来。新婚儿女以迎向美好的准备面对死亡，不堪之情如此，曾共相扶持的夫妻面对死亡，亦是如此，只是前者纯属感情的拗折，后者则还加上生活的经验内容，所以元稹《遣悲怀》在"闲坐悲君亦自悲"时，回顾贫贱生活中，妻子的温婉淳厚，而有"唯将终夜常开眼，报答平生未展眉"的痴情挚语。当时日将死亡的变故推远，是否往日情谊也随而淡忘？是否死亡的疤痕已然撩不起伤痛？"十年生死两茫茫，不思量，自难忘。"苏轼《江城子》为我们回答着。沧桑阅历，可以使人对人世、对生命有一番透彻的体悟，提炼出宁静澄澈的境界。情，在这劫难历练的过程中，不是被轻轻地摆落了，而是深深地沉淀在心灵的湖海，改易了兼天涌的波浪形式，深静地展现它的重量。

"贞"是扣紧死亡的另一课题。在中国传统中，它往往是赋予女子的最高评价，不幸的是，贞的突显每待不幸的炼火来成就，犹如一只经过烈焰洗礼的火凤凰，灿烂的毛羽却都是泪血的凝化。夫死守节，本是人心自然真诚的表现，弱水三千，只取其一瓢饮。二人既已有最密切的交契，彼此完整地付出，也完整地获得，其间自然再无罅隙容纳第三者，任何一方的辞世，也并未撤走他的情谊，因此，守节实即守护着二人曾有的小小宇宙的完美。然后有日，它成了社会普遍认肯的美德。一旦沾染了美恶的价值批判，它便带有外来的约束力量，于是殉夫守节不只是生命本然的自我应许，也是外来的社会道德的奉行了。后一因素走向极端将产生偏失的现象，固不足取，而前一因素的执著，却令人感动心许。

另有一种情爱，在人世无法觅得正名、正位，在自我生命中，却是一种至深至痛的应允。通过漫长的追寻，在人海中惊识伊人，开展的却不是两心应许的温馨，与共成圆满的期待，不能朗朗唱出这份心境，或者唱出之时，却不敢希求回应，甚且纵得伊人回应，亦不能向世界宣告这份欣怡，亦不敢寄望圆满的具体实现。在情爱的正常途程中，这是一个只有起点、没有终点的故事，无尽回还压抑的心情，发于文字，也就成为极其隐晦委曲的谜面了。李善注《文选》、《洛神赋》论及曹植作《感甄赋》的背景，固然不可信，但这一说法的提出，正缘于人世间有着如此隐晦的一种情感形态。如李商隐的《无题》诗：

相见时难别亦难，东风无力百花残。
春蚕到死丝方尽，蜡炬成灰泪始干。
晓镜但愁云鬓改，夜吟应觉月光寒。
蓬山此去无多路，青鸟殷勤为探看。

历来笺注者或附会上种种寄托，但人们宁愿相信：那是一首深情的歌诗，写着一则美丽而委曲的爱情。它不能揭示真相，真相在心中，它不能在人世有正名、正位的肯认，在心中，却占领着绝对专断的地位。然则这"早知相逢的另一必然是相离"的爱情，果真以残缺终始吗？或许，可以说：在他们极其珍重的心愿中，终点在来生，今生的残缺只是过程，待到来生，上苍将奋臂安排一份圆满的结局吧！

文人疏离的感伤

年少天真的仗剑赴国，是本着一腔浪潮的热情，如果外在的功名不能相对的给予价值肯定，激愤的不平之鸣就可能成为基本的生命情调，或激切、或理性地对政治以强烈的控诉，除非有杜甫宽厚的胸襟，能在个人挫败之后，仍一心系国，愿与天下苍生休戚与共，仍淳朴忠诚地给予君主挚厚的谏诤。但时代不一，个人才质更难逆料，对某些文人而言，激情地向外倾泻个人的焦虑是必要的；于是他在生命的舞台——文学作品上，激荡出动人魂魄的光影，塑造了个人昂扬超拔的生命之姿。但是对某些内省式的文人而言，既然黑暗政治仅带来理想的毁绝，如再向外"露才扬己"恐怕只落得全面的被否定，终至凄烈而亡。再说，生命的意义真的要以世俗的功利来肯定吗？功名又如何撷取？"杨朱泣歧路"，面对生命之路，该有一个抉择吧？那么暂与政治疏离，让自我驰入心灵境域以观照，或许还可以发现安顿之道。阮籍充满疑惑忧伤的诗作最能代表这种生命形态。屈原虽也满怀忧疑，不过和阮籍到底不同，屈原孤傲的生命之歌究竟需要外在成就来肯定，一旦上下求索而终无所获，只有选择牺牲一途以求解脱，所以他跃入汨罗江的悲壮犹如春雷惊动天地，是充满悲剧性的。阮籍则不然，一方面也因为时代的不同造成他行动上的不可能，另一方面则缘于个人的气质。他宁愿退入自己的世界，孤独地反省思索——对个人生命，对历史事件、神话传说，对整个自然界——然后凄怆地自嚼痛苦，因为他还有政治良心。所以同样感悟到时间的流逝、岁月的无常，但是在生命舞台上亮出的姿态终究不同，一个耿耿于修名之不立，一个徘徊于疑惑之途；阮籍以扑朔迷离的语言吟出无奈的情绪，造成"阙旨渊放，归趣难求"。若论其缘起，自然与时代政治有关，毕竟魏晋时的政治迫害是有目共睹的，士人死于非命比比可见，阮籍必以极冷的态度去面对这一场翻天覆地的风暴，故表现了一种对政治的疏离感。"阮公身事乱朝，常恐遇祸，因兹发咏，故每有忧生之叹。虽事在刺讥，而文多隐避，百世而下，难以情测也。"阮籍的"咏怀诗"展现了心灵世界隐晦陆离的一面。

其实阮籍也曾经肯定过一种激昂的人格姿象：

> 壮士何慷慨，志欲威八荒。
> 驱车远行役，受命念自忘。
> 良弓挟乌号，明甲有精光。
> 临难不顾生，身死魂飞扬。
> 岂为全躯士，效命争战场。
> 忠为百世荣，义使令名彰。
> 垂声谢后世，气节故有常。
>
> ——《咏怀》第三十九首

挟弓仗剑，以年少慷慨飞扬的生命之姿，投向战场，以成就一种光华耀眼的不朽形象："英风截云霓，超世发奇声。挥剑临沙漠，饮马九野坰。"（第六十一首）犹如李白向往的宽阔天地，让生命奔驰其上，这是浪漫情怀的展现。但是旗帜飞扬、金鼓悲鸣的战场，除了杀伐、残酷的流血，生命在其间已完全丧失了主题，面对此境，阮籍很快地就否定了这个充满声光的向往。他说："军旅令人悲，烈烈有哀情。念我平常时，悔恨从此生。"（第六十一首）政治、战场等外在的追求是不能安顿自我的，那么什么是生命的本质呢？阮籍醒觉到也许该为自己找寻一个真正的方位吧？诗人乃终夜思索，在清风明月之下，借琴韵的灵锐，探入自我的生存情境，写下《咏怀诗》第一首：

> 夜中不能寐，起坐弹鸣琴。
> 薄帷鉴明月，清风吹我襟。
> 孤鸿号外野，翔鸟鸣北林。
> 徘徊将何见？忧思独伤心。

原来秋深衰飒，一片冷寂萧瑟的野外，只剩孤鸿、翔鸟的号叫回荡其间，是失群？是遭弃？

明月与清风并没有给予答案，茫昧而不可知的前途就逼在眼前，未来将投过来怎样的处境？孤立？冷绝？生命原有这样深邃的困境！沉重的"忧思"如何一人挑起？只是，阮籍的自我省察常呈现出彷徨失据的神色，时而彻底的绝望，时而若有所待，面对时间无情的消逝，不禁怆然泪下。所以"路"在阮籍的《咏怀诗》中是一项重要的意象。但是一路行去，阮籍并没有在生命之路上寻到什么，反而在重重否定下，彷徨惆怅，不知何以自处：

> 北临太行道，失路将如何？
>
> ——《咏怀》第五首

> 黄鹄游四海，中路将安归？
>
> ——《咏怀》第八首

> 出门临永路，不见行车马。
>
> ——《咏怀》第十七首

杨朱泣歧路，墨子悲染丝。

——《咏怀》第二十首

世务何缤纷，人道苦不遑。

——《咏怀》第三十五首

临路望所思，日夕复不来。
人情有感慨，荡漾焉能排？

——《咏怀》第三十七首

步游三衢旁，惆怅念所思。

——《咏怀》第四十九首

　　面临生命的十字路口，阮籍似乎只有陷溺忧疑之中不能行动，既不能肯定，又不愿全然否定，凄怆的问号挂满了《咏怀》八十二首展示的舞台，这可就是冷静观照的结果？

　　时代已如白日西颓，纵有余光，犹兀自反照在秋霜笼覆的荒野，曾经灼灼繁盛的桃李早已零落，驱车远行，只赢得"凝霜沾衣襟"，而"寒风振山冈，玄云起重阴"（第九首），天地已然晦闭了，然则凌云而避世吗？到底"神仙志不符"（第四十一首），或者远游隐居以托寄山水，可是"崇山有鸣鹤，岂可相追寻"（第四十七首）？原来自己是无处可去的，阮籍完全陷入进退失据的局面。面对狂澜般的世尘，自己只有无力感，既不能抗志扬声，"一飞冲青天"，又"岂与鹑　游，连翩戏中庭"（第二十一首），于是任忧苦在心中滋长，以宣告良知的清明，形成凄怆感伤的情调，令人不觉叹欷莫名。

　　从李白奋昂青春的风姿到阮籍自我省察而醒觉无助的心态，中国文人走出了关心政治、参与政治的历程：由外而内，由全力抗衡到悲凉的孤立，理想抒展的境域——政治，终究只是一片凄清孤寒的世界，如九月霜霰下的荒林，人情不能倚暖，苦闷的灵魂仍徘徊在茫茫大地上，谁解此中情？刘长卿以一诗遥契了这千古的忧戚：

三年谪宦此栖迟，万古惟留楚客悲。
秋草独寻人去后，寒林空见日斜时。
汉文有道思犹薄，湘水无情吊岂知？
寂寂江山摇落处，怜君何事到天涯！

——《长沙过贾谊宅》

秋草、寒林、寂寂江山下，悲剧不断上演，只是君何事重蹈？这种怜惜隐含多少幽怨，只要曾经政治的人就自然了然在心了。

只是，文人对人世的关切至此竟成绝路，由全身投入到寂寞自照，由春阳灿灿到秋气萧萧，"仕"所带来的总是不堪回首的历程，只是谁无良知？对现实人世谁无一线企盼？才质的互异使生命的舞台响起了不同的曲调，成就了中国文学多样的风貌。

有情世界的探索

王利用所撰《全真第二代丹阳抱一无为真人马宗师道行碑》曾载全真教主王觅阳语云："汝等欲作神仙，须积功累行，纵遇千魔万难，慎勿退情。"所谓神仙，意指同归本来自然。由人而神，其间困难重重，是以仙乡毕竟难到，凡人皆不免于死亡。就自然生命的万物而言，其难尤甚，他们总在追寻的历程中不断趋向人形，发展人的意识，唯有修成"人身"之后，才具有跨入神界的可能。譬如元杂剧《城南柳》第一折，就借吕洞宾之口说：

> 争奈他土木之物，如何做得神仙？必然成精后方可成
> 人，成人后方可入道。

物须先成精、成人，而后才能成仙，显示了一种入凡再超凡的历程。文学作品中那些花月之妖，狐魅之鬼，无论其可喜可恶，总不能除此定限。

可是鬼魅妖精怎么样才能成"人"呢？一是转世投胎，二是与人发生交往关系，试图经由人的血气润泽，转化为人。转世投胎不仅适用于鬼魅，也适用于妖精，杂剧《升天梦》、《岳阳楼》都曾让桃花老柳托化转胎，彻底绝断自身以获得成人的机会。不过这种情形在元明以前极少，元明以后亦属变例，最常见的情形应是精妖鬼

物幻化为人，与真实人间发生各种程度的关系。但无论其是否有意成仙，求得人形和人的意识，大抵是他们共通的意愿，故中野美代子《从中国小说看中国人的思考方式》说："在中国的化身与怪谈小说里，极少有人类基于某种理由而化身为其他形象的类型；只有鬼怪或其他动物才会化身人形并与人类交往。"

《太平广记》所载六朝隋唐故事中常见的一种情形是：一女鬼与人交往，经一段时间后，偶尔被人识破，悲怨离去。这女鬼多半已渐成人形，例如腰以上已生肉等等。这类故事说明了精物与人交往最常见的途径是情感和性关系的牵系。单纯性方面的沟通可能含有某种目的，如狐之采补；但也有些只是生命本能的热望，虽然化身异类，仍不免鞠意相求！《聊斋志异》所载"嘉平公子"事是最好的例子：

> ……既暮，排去僮仆，女果至，自言小字温姬，且云："妾慕公子风流，遂背媪而至，区区之意，深愿奉以终身。"……公子始知为鬼，而心终爱好之
> ……女曰："诚然。顾君欲得美女子，妾亦欲得美丈夫，各遂所愿足矣，人鬼何论焉。"公子以为然。

不灭的灵魂虽只能留存在另一个渺茫阴冷的世界，却基于两种理由进入人间寻得性关系的媾合：一是内在本能的驱使；一是传统观念中认为唯有夫妇配合，才是完整的人，故有些早夭的精魂遂不得不寻觅人间佳侣以完成某一生命进程。这些发端于性欲冲动的结合，未必发展成爱情，因为有些缘尽则逝，有些根本就只有采补的利用而已。

妖精化形为人，借精液及人气的采挹，以加速、提高修仙的目的，乃是文学中精妖蛊惑类型的常态。此时女性多是主动的诱惑者，但也常见猴狗等精妖淫污女子或摄诱妇人的例子，唐人小说《补江

总白猿传》和唐宋以来许多猿猴故事，可为佐证。无论是有夫之妇或闺中淑女，通常都会对他们的风采和性能力倾倒，以致精怪被识破行藏后，还埋怨人家为什么要杀害她的"情郎"。殊不知这是欲而非情，因为动植物化形为人，在性质上是升格了，它们自不能再像物一样仍以本类配偶，它们想尝试做"人"的滋味，透过拟似爱情的行为，能使它产生"人类"的意识，性事又强化了它们的肉体，所以与人类的接触，会整个改变它们的生理和心理结构。精怪们怀挟这种欲求而来，丰润了自身，却诮尪了对方，经此而成仙的，几乎没有。

幸而它们与人的关系，并不仅限于这个层次，不少精怪都会在相处一阵子之后，"感君之意，不忍相害"，将欲求转化为爱情，由物性意识提升为人性意识，展示中国文学幻想与神话世界中最珍贵的一面：有情的世界。

神话的世界本来就超乎现实之外，鬼狐的介入，不仅丰富了人间的关系面，也搭构了由现实扩展到超现实层面的桥梁。假如人类可以和非人沟通，而且非人是主动以"人"的形式出现，那么，人类的世界即是开展的，向天地间一切"有情"绽放的。爱情，应是人类文化秩序的特征之一，不但不灭的灵魂可以流转于无穷世代，寻觅并完成爱情；一切动植物也都可以不受形体、物种的限制，以情相契，与人发生关系："礼缘情制，情之所在，异族何殊焉。"这些山精、木魅、狐仙、女鬼等异类，最初所能肯定的"人际"关系只是肉体的接触，欲海翻腾之后，却可能发展出共命的爱情，不正显示了由原始生命进人类意识生命的历程吗？官能之刺激与满足之后，随之兴起的乃是人文的世界。

然而，徜徉拥抱在人文爱悦中，即永远不可能归回仙乡，因为仙乡乐土必须是无情的涅槃。

熟悉中国文学的读者可能常会奇怪，所谓天庭，似乎是个只有秩序而没有爱和情的世界。是的，沙和尚失手打碎了一个琉璃盏，便得谪落流沙河中受劫；猪八戒酒后调戏嫦娥也须被罚轮回，堕落人间。可见秩序和爱情都是不容触犯的戒律。《三戏白牡丹》里，月宫嫦娥只因在蟠桃会上向群仙敬酒时，对吕洞宾微微一笑，引动了吕仙的情欲，西王母就将她贬下尘凡。必待吕洞宾下凡与她了尘缘后，才能重返天庭。这一方面是维护天界的清净与威严，一方面也是让思凡的神仙们重新体验人间的苦难，以断除凡念。

偶一动情，即须遭谴，是文学中常见的天庭律则。称为"凡心"，足证爱与情欲都不属仙乡之事业，而是人间的缠系。若要证道，先得"无情"。文学中表现此一观念和过程最精彩的，当数《西游补》。

董说的《西游补》是叙说悟空在三借芭蕉扇之后，化斋途中偶被鲭鱼精所迷的故事。悟空在鲭鱼幻化的世界里颠颠倒倒、昏昏沉沉，最后经由虚空主人一声顿喝，才豁然惊觉。鲭鱼就是情欲，情欲是与宇宙万物同时俱有的，所以"在天地初开时即生鲭鱼"；它又是无所不在的，所以"头枕昆仑山，脚踏幽迷国"。作者把火焰山看成人类欲望之火，悟空用芭蕉扇扇熄了它，只是以外力遏阻而已，并未根除；根本之计，仍在于"走入情内，见得世界情根之虚；然后走出情外，认得道根之实"（《卷首答问》）。为此，悟空即不得不进入鲭鱼幻化的乾坤，了悟情欲的虚幻，以脱离俗世情感的纠缠，探获生命的真理。

若以《西游补》的意旨来解释上文所说，将愈为清晰：天地开辟以来情欲是普遍存在的冲动，因此一切精怪与人类接触时也多以此为基点，进行沟通；可是由生物层面跨入人文意识层面后，单纯的情欲便附着了伦理等文化性格，不再是欲情，而是爱情。然而，就超越的观点看来，一切情根俱属虚假，就像在天命观点下，一切功业与经营俱归空幻一样，只有无情才能入道。

为了配合这个观点，女仙有时不得不变更她们的性别，以免在天庭引起不必要的纠纷。例如何仙姑，《西山群仙会真记》就说她"本男子，姓徐，名圣臣。尝出走，家人敛其尸，乃返，适有何氏女新死，遂附焉"。观世音菩萨也有男身女招的讲法。男女之间情爱的处理如此，人伦间的爱亦然。唐人小说《杜子春》描述杜子春因为痛惜爱子被杀，惊噎出声，遂不能修道成仙，是最鲜明的宣示。所谓"恩爱害道，甚于毒药"，正因恩爱生于心中，其破坏力远胜于外力的一切。

这种由情欲激盎而步入寂灭无情的过程，似乎显示了一桩事实：人类由原始生命中成长，经过秩序的追求与渴望，化自然之秩序为人文之创设，成为真实的人间。这个人间，既非原始神话所代表的世界，亦非无情安净的乐土，人类和那些同出于原始自然的生命（山魈精魅），事实上乃是漂泊歌哭于这两者之间的。精怪们即使能成为人类世界的一分子，仙道境地对它们来说，仍然是遥不可企的"乐土"。它们只能与人类像鱼跟水草一样，相拍击濡沫于江湖之中，化鹏飞去，终究有所不能。有些精魅不甘如此，急于超越成仙，即不免于伤害到同一命运的人类，如《城南柳》中桃柳不欲久居山下，起意杀人：

> （柳云）师父不肯度脱俺去了也，我想师父说教俺老杨家成人，必是老杨在师父跟前唆说不肯度脱咱两个，等老杨上楼来把他迷杀了！

另外有些则根本绝望了，仙道境界既不可求，干脆浪迹人世以自娱，结果却总因破坏了人间秩序而遭到谴杀。进退两难，其处境也真是蹇困极了。

因为精魅与人同命，所以人在爱情无法圆足时，也可以经由物化转形来完成。古诗《孔雀东南飞》、敦煌变文《韩朋赋》、宋以后的《梁祝弹词》都是如此，象征爱情的鸳鸯和蝴蝶，为人间之至情作了美丽而凄艳的见证。不过，在宗教意识的发展下，物化转形自宋以后愈来愈少，轮回因果取而代之。譬如《聊斋志异》"褚遂良"

条记载：一美女自称狐仙，因某书生前身是唐朝褚遂良，有恩于她，所以日相寻觅，荐枕报恩。这份寻觅并完成孽债，不理会岁月流转、躯囊变异的心意，的确叫人感动。又如清朱彝尊有开阕《高阳台》词，叙述他的朋友叶元礼某日偶过垂虹桥，有女子在楼头，见而慕之，单思致死，死时叶才知道，往哭，女目始瞑，事极凄婉。后来张元赓的《张氏卮言》中则说这女子转世化为一后童，与叶氏欢爱之笃，甚于伉俪，后童死，叶亦卒于京城。"忽女忽男，冥缘相续，皆此爱心不忍割舍之所致也。"仙献身，是前世之因果；女子转形，是宿业之轮回。或男或女、或人或物，无不以缘缠系不断。这些，都是化禽神话的替代，在茫茫人世中，诉说一种人类特有的坚持：爱情。

宇宙之大情即是无情

宗教意识介入神话与幻想的世界，其实亦非六朝隋唐以后才有，早期的神幻传说和随之产生的文学作品，也多受巫觋祭祀的影响。例如《诗经·国风·陈风》的《宛丘》和《东门之枌》，据《汉书·地理志》说，即是巫觋歌舞的歌谣。《楚辞》尤不待言，《九歌》既是祭祀降神的仪式剧，其本身更是虞夏九歌的遗迹，和原始神话间的关系不言而喻。《山海经·大荒西经》说禹的儿子启，窃取天帝的乐曲九辩九歌至人间；《楚辞·天问》则说启执戟而舞，并以美女祭天帝才得到这套歌曲，其实质意义并无不同。由此，遂有以下两点。

一、神话并不如某些学者所云，只是一种前宗教的人类行为，因为它们产生自同一人类的基本渴求，而在表现上亦息息相关。所以，随着宗教的不断发展，神话也会产生许多内在的变化。以早期的精灵及转形和隋唐以后的再世轮回相比较，即会发现同一神话结构在不同宗教文化期中不同的表现——化为异物和轮回再世，表面上似有人物之殊，其实乃是展示了生命共同性和一体性的神话原理：原始宗教中即祖先灵魂可借转世而再生于另一个生命个体上的观念，图腾植物和动物也拥有与人同质的生命，所以人才能借此和同一生存时空的万物、和先后异时的精灵相沟通。既然神话与宗教是互浃相变的，那么，中国文学中神话与幻想的世界究竟与仙道思想、宗教背景有何实际关系呢？

关系当然十分复杂，许多跟祭祀有关的文学作品，本身便可能纯属神话的构造，例如《诗经·大雅·生民》，及六朝清商曲辞《神话歌》之类，或属朝廷宗庙郊祀之乐，或属民间祠神之歌，再配合宗教集团特制的音乐辞谣（如"上云乐"、"步虚词"）等，即成为文学作品中丰富的神话库藏。这些神话所述，有些仍属原始神话的形态，有些则步入意识创构的层次了，像六朝上云乐所描绘的仙乡神境就是。它与《游仙诗》的精神或有不同，但对神仙生活的认知、对神境仙乡的描述，实亦含有乐园的向往，那种包含六朝道士对天地结构、仙真类别、道教法术等观念在内的神话世界，其实亦只是一种宗教文化中渴慕的理想世界。明代中叶以后，大量混杂三教的通俗戏剧和小说，亦可以作如是观。《红楼梦》的整个神话结构，皆由茫茫大士、渺渺真人那一僧一道领出，而结尾处又让这一僧一道挟住宝玉，"渺渺茫茫兮，归彼大荒"，不也是这样吗？空空道人在大荒山无稽崖下得到这块顽石后，因空见色，由色生情，再传情入色，由色悟空，遂改名为"情僧"，更说明了僧即是道、道即是僧，小说之神话结构和宗教文化结构是不能分割的。

二、原始神话说夏启自天帝处窃取乐歌以作于人间，而《楚辞》则说启是透过祭祀才获得乐曲的。二者对勘，恰可看出中国神话的特质及人类由原始蒙昧逐渐跨入文化意识宇宙的轨迹。

希腊神话中，人间的光明是由天上窃来的；中国神话则说宇宙要保持光明十分不易，光明与黑暗之争乃是无比艰巨的事业。神话里共工氏、相柳氏、夸父，都是住在幽冥黑暗之国，与地狱王为伍的黑暗之神，他们不断跟代表人间或宇宙秩序与光明的颛顼、禹、太阳战斗。战斗虽然一直显示着光明必定战胜黑暗的真理，但每次总是惨烈异常，暗示着宇宙间盲动的力量，难以驯服。夸父死而邓林存、蚩尤死而枫林在，这些遗迹点出反动的嗜欲之力，终不可能自人间消失，所以一次又一次的战斗即不可避免。共工与颛顼大战失败了，怒撞不周山，闹得天柱折、地维绝之后，他的部下相柳氏又为害天下，禹又杀了他。但相柳血渍所沾濡之处，仍不可以种五谷，禹遂不得不三仞三沮，堙以为奉神之台。这表示早先女娲造人，并炼石补天、积灰止水，是由混沌中初建宇宙的秩序，自颛顼以后，无不就此基础再予经营，但其所成就，皆是宇宙的秩序。直到鲧禹才刻意衡定人间秩序的建立，布土除害，均定九州。因此由太阳、颛顼到禹，恰好代表从原始到人间秩序建创的过程。人间秩序大抵均定之后，启才从天帝处窃来乐曲，作于人间。换言之，自然之秩序既已成型人文之秩序于焉展开。什么是人文之秩序？那就是礼与乐。

启作乐，表示人间除了力与自然生命的活动之外，还开始有了精神的滋养。这不是原始生命形态中所有的，所以要说是窃自天上；《楚辞》更进而说启是透过祭仪而获得，则在乐的精神之外，又有了礼的仪式。礼本身即是秩序的安排，乐本身则是秩序的和谐，二者相结合后，即开启了我国文学中神话与幻想世界充满和谐秩序的精神风貌。

除了禹启这一系之外，其他谱系的神话，亦能表现这种特色。例如《山海经》、《淮南子》所载众神之神的帝，就不是希腊神话中宙斯一型，也与希伯莱的耶和华迥异，乃是文明创造之祖；其他如黄帝、后稷、有巢、燧人、神农、伏羲……无不如此。在中国神话中罕有类似西方神话的矛盾与冲突，诸神亦非人类欲望和情感的向外扩大，反而多有创造音乐、敷布五谷的记载，这到底是因后代人文精神发达，反射到神话世界中才产生的现象呢？还是后代人文秩序的礼乐精神系由神话影响所致？答案当是后者。因为就整个神话与幻想的流程来看，原始神话还保存着从混沌中开辟初级自然秩序的精神，其后才步步踏入人文创设的世界。屈原在《天问》中对原始神话和人物的疑问，即代表了人文意识发展下的心灵，对原始客观秩序世界的疑惑。

屈原本人应是一个人文精神的代表，但他一生似乎总生活在上面所说的困惑中，在混沌中秩序的建构和乐土的追寻中彷徨来往。原始初建的秩序，必不能让人文精神发展后的心灵满意，他必须重新配置，以建立更精致、更完美的秩序，以合乎礼乐的要求，成为人间的乐土。然而，吊诡的是：人总是内在地以为这些努力即是"回归自然"；或者，在进行人文创设时，归返自然的渴望却不断在体内燃烧。于是或寄怀于太古、遥想伏羲葛天，如庄周陶潜；或向往君子之国、昆仑之乡，愿浮桴驾车远游，如孔子屈原。这是因为人文意识一旦展开，人即游离出原始自然跟天地合同的境域，成为生命的畸裂，所以乐土的追寻才会不断涌现。小川环树在《中国小说史之研究》中曾说明中国仙乡故事的特点是：1、到了山中；2、通过洞穴；3、仙药和食物；4、与美女恋爱或结婚；5、道术与赠物；6、怀乡与劝归；7、时间变异之感；8、再归与失败。这一连串历程，刚好可以印证上文所说：原始自然的"乐园"必然是与人文世界隔离的，只有些微孔隙可以让某些机缘凑巧的人偶然进入（只有偶然、无意识才能进入）；进入后与女子交媾暗示了人文与自然一度结合，但这种结合必然得再分开。归来的人，既不再属于人间，又不能再重返自然之仙乡，只好"栖泊无所"地流离于宇宙之间。这些文学作品之所以每每强调时间变异之感和再归的失败，乃在暗示仙境和人间除了空间不同之外，时间亦不相同：一属永恒，一属变灭。而人既脱逸出自然的轨道，想再重返就很困难了。

话虽如此，人类终究是要由自然步向文明的，混沌凿破，人即不可避免地必须将他的生命投射向另一个不可知的未来，神话中早已暗示了这种不可逆的进程。在文学的神话与幻想世界里，这种不可究诘的进程和宇宙秩序建构之原理，就称为天命。《山海经·海内经》有则神话，很能说明此义：

> 洪水滔天，鲧窃帝之息壤以堙洪水，不待帝命。帝令祝融杀鲧于羽郊。鲧腹生禹，帝乃令禹卒布土以定九州。

据《山海经》描述，鲧是天神贵胄、黄帝之元孙，会教人民播种黑黍野藋、建造城廓，又开始"布土均定九州"，这是一位由自然世界中开创人类文明的英雄。但在人文创设的过程中，他不经由天命，擅自取息壤以堙洪水，便不免被殛死。鲧虽死，人文建构的过程却是不可已的，所以他腹生禹，以完成未了的使命；反之，天帝虽杀了鲧，却非意在遏阻人类敷布文明，而仅在惩罚鲧之不遵循天命而已，所以也再命禹完成鲧未竟之功。这里的命，除了系透过人格神来表达之外，与后代文学作品中的天命几无二致，《诗经·商颂·殷武》就说："天命多辟，设都于禹之绩，岁时来辟。"（郑笺："天命乃令天下众君诸侯，立都于禹所治之功，以岁时来朝觐于我殷王。"）不但禹之建功是由天命，殷汤建国，亦属天命所辟。同理，若历史不断流衍、人类不断创造，天命也会一直流行于天地，所谓："命未流行，无物发起其美"（《易》"姤卦象九五疏)"只有天命不断流行，人类才能创构更美好的文化生活，追求更理想的乐土。

不仅如此，天命的认知更可以让人生除了现实世界之外，还与神话幻想世界紧紧衔合，提供超越的人生，不斤斤计较现实人生的得失，而透过天命，去捕抱一份超越观照后的广大和谐人生。这就是为什么我国小说戏剧喜欢以天命起、以天命终的缘故。人类一旦完成了天命的职责，即重归于原始本状的秩序，是石即还归为石，是仙即归位为仙，再无生命中无明的蠢动与生命和谐的裂痕，可以"无憾"。就人间而言，则又具体点出了"天地不仁，以万物为刍狗"的宇宙大情。

宇宙之大情即是无情。这种无情，和精魅鬼怪所表现的情爱牵系，点染在充满礼乐秩序的原始与人文世域中，交融汇聚成一片混声大合唱，似乎就是我国文学中神话与幻想世界最动人的姿貌了。

骨肉的牵执

人间情爱的关注，落实于具体、固定的个人，构成一种恒定的关系，那便是各种伦理之情了，其中，最先建立的，应是我们来入人世，最先亲近的亲人了。孟子曾就现象上提炼隐含的道德精神：

> 人之所不学而能者，其良能也；所不虑而知者，其良知也。孩提之童，无不知爱其亲者，及其长也，无不知敬其兄也。亲亲，仁也；敬长，义也；无他，达之天下也。

指出人对父母兄弟的感情，是天性最自然的牵扯，而这份自然的天性，在道德的指向上，是上扬提携的力量，作为仁、义的根基。我们姑且放下道德价值的评审，这亲亲敬长的良知良能，本身就在天地间写满美丽动人的诗篇。

在某一因缘交会后，我们便携着父亲的赠予来依附母亲，血脉流转，精气交通，分享着母亲生命的膏脂，一滴滴滋荣了血肉，一分分茁长了筋骨，以拥有独立的形躯；这独立后的形躯。血脉中流动的仍是曾在母亲身上的鲜血，精气回荡的仍是父母曾经热切的呼吸，我们的骨与肉，也原是父母身上的骨肉，在舍离的大愿之后，在他们身外，重新组合的结构。我们与父母原是同一骨肉，虽然在人世的因缘际会里，各自成就着殊异的生命风姿，彩绘所依的素质却是同一，所以《吕氏春秋·精通篇》云："父母之于子也，子之于父母也，一体而两分，同气而异息……虽异处而相通，隐志相及，痛疾相救，夏思相感，生则相欢，死则相哀；此之谓骨肉之亲。"也因此咬指心疼的感应，不是漫无依据的想象，不是虚幻无凭的神话，而是人人心中可以经历的悸动。我们对于亲子间的关系，也始终有这骨肉无间的体认，而不止于施恩、报恩的主客体的相对峙。亲子之外，兄弟的关系亦要纳入骨肉之亲的范畴。各人自领一份父母的骨血，而它们原是同属于父母，同一骨肉的分化，传统以"手足"称喻兄弟，十分贴切深刻。父母是躯干，兄弟是手足，共同组成一个不可支解的人——骨肉之亲。

《封神演义》中，哪吒原是太乙真人的弟子，投胎陈塘关李靖为子，作为姜子牙破纣辅周的先行官。他性情刚烈冲动，先后伤死数人，闯下祸端，四海龙君奏准玉帝捉拿李靖夫妇。哪吒凄然落泪："子作灾殃，祸及父母，其心何安？"于是挺身而出，宣言："一人行事一人当……我今日剖腹刳肠，剔骨肉还于父母，不累双亲。"终自剖其腹，刳肠剔骨，散了七魄三魂，一命归泉。

虽是小说家者言，却充分反映了传统群众的心理。纵是神仙界人，要到人间完成一番功业，仍是要先透过人世的伦理关系，为自己寻着一个定位。而这人伦关系的形成，仍是支领父母的骨肉气血，来支撑出一个活泼蹦跳的人。固然哪吒的死含有虚幻的成分，日后又现莲花化身，但"骨肉还于父母"，却是极其严肃的心情。这一自戕的举动可有三重意义：一是杀人偿命，以息人之怒；二是恩情的偿还，这形躯获取之恩，还须以形躯的消逝归还，作为完全的回报；三是父子关系的中绝，如斯则双亲不必受我牵累。然而，父母骨肉既已捐出，我们如何可能重予归还？哪吒之举，只是舍弃了这人世的具体牵扯，恩情偿还固然是虚，而父子的伦常关系，在他的莲花化身之后，也依然延续了下去。作者的安排是颇具巧思的，先以骨肉来贞定父子的具体关系，再进而说明骨肉之亲，超越了骨肉的付与取，超越了恩情的施与报，而是永生永世内在的牵系。

亲子关系最初形成时，必然是子女对双亲的绝对依赖，衣食所需取诸父母，言语举止学习父母，情感的发放、心智的开展亦端赖父母的启引，而童稚的笑语、娇憨的神情是对鞠养之恩不自觉的回报。亲子之际交流着温馨单纯的情意，在平淡中成就着人间的幸福。左思《娇女诗》赏爱女儿的娇憨情态，流露出为人父母者的一片喜悦与自豪。

如若这份单纯的愉悦，缘于某些因素而不可得，父母无法以强壮的双臂扶持儿女平安健康地长成，受伤的不只是幼弱的子女，更是父母的心境。战乱、饥荒种种因素，迫使本应温馨的亲情产生扭曲、变折，人间便时时充塞着这份不得正道发展的悲怨情绪。此一父母对子女抱持的至痛的憾情，便也激涌为一字一泪的诉说，成为文学中的变徵之调。我们试看杜甫《自京赴奉先县咏怀五百字》中的一段文字：

> 老妻寄相县，十日隔风雪。
> 谁能久不顾，庶往共饥渴。
> 入门闻号咷，幼子饿已卒。
> 吾宁舍一哀，里巷亦呜咽。
> 所愧为人父，无食致夭折。

人事的毁变，致幼子夭折，愧为人父到达巅峰，亲子之情的浓烈，在现实无情的横决下，不能顺流渲泄——顺流而下，可以流成一道美丽温柔的长江——唯有回流激撞，卷起一波波憾恨的浪涛。

孩提渐免于怀抱，开始与外界接触，父母除却呵护关爱，纯粹感情的加被外，也开始诱启心智，培养应对世事的能力，与高瞻远瞩的胸怀。"望子成龙，望女成凤"，是天下父母普存的理想。龙、凤不必是固定的某一模式，它代表着人性中可能上扬的最高境界，与蕴藏的能力所能发挥的最大极限。人不都应往高旷处攀升吗？同时，人们也都希望这上升的路途顺遂平安。人世难免风雨，应接之际，父母曾经领纳了身心的疲惫与伤害，总希望子女不再步其后尘，不再尝受这份苦，希望伴着他们的步履，一路有晴朗的丽日和灿烂的花朵。虽然世途坎坷如常、颠踬如常，千年来却不曾稍减父母这份关爱子女的热切。苏轼"唯愿孩儿愚且鲁，无灾无难到公卿"，是一种心境的代表。愚且鲁，则不招神人忌害，君不闻"美服患人指，高明逼神恶"？在愚鲁憨厚的保护下，拥有途程的平安；到公卿，则是对途程标的的指望，亦即"望子成龙"的心情。当自身伶俐敏锐，走过忧患的风涛归来，如此的期望，除却爱的心情，还带一份萧索。

父母对子女的关爱有多深，子女对父母的眷怀便有多深，是同一份情意的双向交流。当子女随着年岁增长，身心日益成熟，不再纯然止于不自觉的娇憨回应，对父母的情感，渐渐地转为主动的表现。无论是一种本然心意的促使，或者透过反省后，所作的自我督责，传统上，则以"孝"来总称此情。它被视为百善之先、万行之首，自有生民以来，被身体力行地在人间践履着，也被热切地在心口咏叹。

《说苑》中有段记载：

> 韩伯瑜有过，其母笞之，泣。母曰：他日未尝泣，今何泣？对曰：他日得笞，尝痛，今母之力不能痛，是以泣也。

泣与不泣未曾在韩伯瑜心中犹豫挣扎。以往有过受罚，是自然的因果，疼痛可以自然地接受、放下，是以不泣；今日有过受罚，疼痛本也可以放下，然而放不下的是受笞之际，陡然感觉出母力减弱的心疼。母亲一向不都是那么果断地裁决是非，那么强健地矫正偏枉？而今一鞭击下，却唤知了母亲的衰弱，这大大违反了子女将永恒属之父母的信念与心愿，"母之力不能痛"的察觉，令韩伯瑜自然下泪了。这是无数子女不忍父母劳苦、衰暮的典型心境，同样的泪潺潺流过天下儿女的心中与脸庞。

每一个人反顾成长的经历，父母生养鞠育之恩，必然是其中主要的内容，也是每一个人必然涌生的感念。《诗经·小雅·蓼莪》："父兮生我，母兮鞠我，抚我育我，长我畜我，顾我复我，出入腹我。"对父母的恩情，已作了十分体贴的反省。"欲报之恩，昊天罔极"的感慨，也随着每一人心的反省涌生着，督促着回报的行动，这一理智的省察结合了本然骨肉的亲爱，作为每一份孝心、孝行的基石，蟠守人心。李密的《陈情表》：

但以刘日薄西山，气息奄奄，人命危浅，朝不虑夕，臣无祖母无以至今日，祖母无臣无以终余年。

读此我们心中涌动的酸楚，绝不止于对李密祖孙的孤寒身世的怜悯。李密对祖母——在他心中，祖母同时兼具父母的身份——衰暮的怜顾，祖孙相互依倚的同命感，恩情领纳的感激，恩情回报的自觉，一一是人心普存的磐石，在退去追逐功名利禄的浪潮后，磊磊地浮现出来。李密《陈情表》为我们挥去了俗尘的浪潮，同时发掘了汩汩泪泉。"读陈情表不哭者，非孝也"，原是针对各人自我发掘的深浅而言。

虽说"谁言寸草心，报得三春晖"，然而勉力行孝却是我们本然有、本应有的心意。日常的晨昏定省、孝食服劳、悦色承欢等，并不是外来强加诸身的教条规范，而是内在发之于心、达于四体的表现，在岁岁月月的、广土众民的践履之后，凝结为一份礼，自然普遍地流露在人间。也因为它的平实，较少被作为特立事件而歌咏，却常常被安排作为其他事件的背景。它虽不惊心醒目，却坚韧沉厚地支柱着人物生命的展现，能孝则堂堂正正地挺立，不孝则为世人共弃。太史公所以信任李陵，为之陈言而被刑，在于李陵有国士之风，而"事亲孝"是其要素之一；吴起有赫赫军功，白居易所以深责"其心不如禽"，在于他"母殁丧不临"，未尽孝道。《镜花缘》中，丰富的想象、深刻的讽喻，固然是作者着力之处，而全书骨干实建立在唐敖离家不返，闺臣千里寻父的事件上；又如东口山逢骆红蕖、君子国遇廉绵枫……——才女的会合，多以"孝"字为因缘，是知孝为《镜花缘》一书之隐脉。

"本是同根生"的认定，兄弟之间的绸缪亲爱，也深深镌刻在每一寸骨肉发肤。兼以生长于同一环境，接受着同样的教育熏染，共同经历忧乐的波动，相亲之外，每还存有相知相惜的情怀。《诗经·小雅·常棣》：

> 傧尔笾豆，饮酒之饫。
> 兄弟既具，和乐且孺。
> 妻子好合，如鼓瑟琴。
> 兄弟既翕，和乐且湛。
> 宜尔室家，乐尔妻帑。
> 是究是图，亶其然乎。

描写兄弟和乐，家室合宜，洋溢着温馨圆满，实为人间乐事。然而人生每多乖意，兄弟虽如手足，终是各自独立的个体，如何能保长相聚首？世事的浮沉、生命的变化，每使兄弟既翕成为悬想。面对别苦的场景，或者便将自己沉浸于哀恻愤激的心情；或者故作豪语，以自宽解；或者从人世无常的磨难中超脱，以一种洞见的智慧来接纳。回应的态度虽异，但兄弟之情的缠绵贞定是共同的。它们可分别以苏轼《辛丑十一月十九日既与子由别》、曹植《赠白马王彪》、苏轼《东府雨中别子由》作代表。

骨肉之亲的分别，若是永久的舍离，通过死亡，将骨肉还归大地，还归最原始的母亲，那么，骨肉之情是否随之中断呢？答案自然是否定的，死者虽已矣，生者长恻恻。在中国文学中，少有父母谢世，直抒悲悼之情的作品，并非亲子之情止于死亡，而是逢遭大变，子女心情横受摧折，在万丈深渊中冷地坠落着，如何提得起椽笔为文？待到平静稍复，才有部分追记父母生平行止的文字出现，如归有光、张惠言之《先妣事略》、欧阳修之《泷冈阡表》。当我们疑惑于悼亲文字的稀少——相对于悼念他人而言——之时，从许多史籍上，人们因丁忧而形销骨立，哀毁逾恒的记载，可以作为适当的辩解。父母祭悼子女的文字更为稀少，白发反送黑发，违折人世之常，当事人心中的悲痛自不待言，而因悲痛转生对天道讹错的愤恨与指控，也常为此类文字的主要内容，彭孙遹的《感事》可以为例。兄弟悼念之文则较常见，潘岳《哭弟文》曰："视不见兮听不闻，逝日远兮忧弥殷，终皓首兮何时忘，情楚恻兮常苦辛。"道出死生乖隔的凄恻。这份永诀的伤痛外，尚有一些成长过程中忧乐的记忆，唯有骨肉之间可与相识会心，而这会心的温慰也随着一方之逝，一并失落了，转为孤凉的凄梗。袁枚《祭妹文》于此有十分深沉的感喟：

> 凡此琐琐，虽为陈迹，然我一日未死，则一日不能忘，旧事填膺，思之凄梗，如影历历，逼取便逝。悔当时不将婴儿情状，罗缕记存。然而汝已不在人间，则虽年光倒流，儿时可再，而亦无与为证印者矣。

生活里唯有亲人参知的细微琐事，每每在无意中驻留心底，成为回忆中闪动着召唤光辉的秘密。骨肉平安和乐，这份召唤原是一片丽日清风；骨肉若有残缺，这召唤便是唤泪的阴风愁雨了。

骨肉之情不止及于父母兄弟，扩而充之，凡亲族尊长，我们莫不存有一份亲敬关爱。在家族观念根深蒂固的中国社会里，亲族之爱是不容忽视的坚实力量，对内护持着每一位成员的平安，对外作为组成国家社会、应对世事的单位，所以修身之后的外王功夫，并不是直接治国、平天下，而须经过齐家的阶段。齐家是亲族之爱中正平和地发展效果，非生硬的理性规制，由人情出发，自然地调适有理，则家齐；情乱而无理，则家不齐。《红楼梦》一书，姑不论其隐去之真事为何，它明白叙说的即为一部家族兴衰史。宝黛情缘的聚散、贾府的鼎盛与式微，是书中两大主线，而一切情节莫不环绕于家族的人际关系展开，家族人情理乱，曹雪芹赋予了最大的关切，也赋予了最深切的感情。

无论是亲子、兄弟或家族的感情，基本上都是对所从出根源的回归与肯认。倘若这项根的认取，不落于固定的个人，而指向沉静厚重的大地，则这骨肉之情便转化为另一种形态：对"故乡"的眷念。

自古，大地的游子，当跨出的步履不再落实于熟悉的故土，当眺望的心眼不再掬满亲切的风物，一首幽幽的恋歌便浮自心底："忧心殷殷，念我土宇。"唱着人心最深挚的一番眷顾，与心眼最急切的一份想望。而后，千百年来的子孙传承着这份思乡的情感，继续在陌生的土地上漂泊，乡愁遂在时空的累积中，酝酿成醉人的醇酒，餍饫着每一位游子的梦魂！

在迤逦多舛的世途上、浩瀚无垠的风雨中浪迹，游子所感受的悲情，一方面起于面对无尽的时空变化，个人的孤孑与不定；一方面起于面对人世种种历练——亦即离乡的因素：游宦、战乱等。在个人的无奈与挫伤交融的寒凉中，家乡是心中燃亮的灯火，是方寸间晴朗的天地，一片也无风雨、也无霜霰的小小宇宙，让生命作最平宁的止息，一如婴儿依倚于母亲的怀抱。所以汉朝乐府在"念吾一身，飘然旷野"的孤凉中，必然"遥望秦川"，渴望家乡的温慰；王安石在"坐感岁时歌慷慨，起看天地色凄凉"的悲慨中，也必然"归梦不知山水长"，期望在家乡稍作安息。

有风云，便有离乡的游子；有流水，便有漂泊的客舫。不归的浪子是自古传下的行业，能如张翰毅然归乡者，毕竟少数，乡愁便也如一阕歌吟不尽的哀曲。现实生活中既未归乡，客地思乡的情怀又无计可消除，便醒则"遥望"、寝则"梦归"了。

梦，超越现实的时空，一夕之间，可以往返千里万里，穿越群山重水，现实种种时空的横阻，遮拦不住魂梦的飞驰，于是积郁的乡愁入梦，催促着归乡的步履，寻访记忆中熟悉的温馨。然而梦终必醒，短暂的温慰喜悦后，还得面对清冷的现实呢！韦庄的《梦入关》：

> 梦中乘传过关亭，南望莲峰簇簇青。
> 马上正吟归去好，觉来江月满前庭。

正是游子归梦的写照！

春朝秋夕、佳节除夜，在奔波的旅途中、清寂的逆旅里、望远的楼台上，游子乡思婉转，愁心不眠，在抬首、低眉之际，乡愁来入人心，无可回避。李白《静夜思》："举头望明月，低头思故乡。"所流露的自然平淡，要从乡思的缠绵入心处体会。"有情知望乡，谁能缜不变？"望乡的心眼，写满对故乡的眷恋；"丛菊两开他日泪，孤舟一系故园心。"思乡的悲泪，也闪烁着对故乡的深情；"乱山残雪夜，孤烛异乡人。"艰难的境遇，固然教人怀乡；"虽信美而非吾土兮，曾何足以少留。"客地纵再繁美易居，乡情源于骨肉血缘的认取，也无可替代。不尽的乡愁，在有情人世传荡，游子两鬓青丝，便在悲情的霜霰中，斑白成萧萧芦荻了。

情 为 何 物

开辟鸿蒙，谁为情种？

传说中，混沌如鸡子的原始黑暗里，盘古孤独地生活了一万八千年，然后他挥动巨斧，劈向黑暗，劈开天与地的分界，便顶立于天地之间了。以后天日高一丈，地日厚一丈，盘古日长一丈，又经过了一万八千年，完成了开天辟地的工作。盘古安慰地躺下了，以他有限的血肉之躯，化作无限的存有，充实了双手开辟出的天地：左眼为日，右眼为月，血泪流成了大地的江河，肌骨化为丰腴的膏壤，皮毛长成人间的草木，汗水挥洒成雨露，斑白的须发在天际闪耀为星辉，温热的气息在人间流通成风云，而那三万八千年未曾言语的声音，化为象征严父的雷霆，守护着天地与子孙……未凿混沌，黑暗中的盘古只是孤独冷静的自我；既凿混纯，盘古便是忙碌多情的人间父母了。将自我全然奉献给天地，这份奉献，是人间情爱的最初基形，不是人与人之间的牵扯，却是极其庄严温厚的全天地的拥抱。

神话里，水神共工反抗黑帝颛顼的统治，与之奋战，败北，怒触不周山。不周山本是支撑天与地的天柱，共工撞倒了它，于是天倾西北，地不满东南，四极废，九州裂，山火蔓延，洪水泛滥，猛兽食人；女娲见此残破世界，遂炼五色石以补天，断鳌足以立四极，杀黑龙以济冀州，积芦灰以止淫水，人类才又获得安居。女娲补天的五色石象征雨过天晴之后，天边一弯五彩缤纷的彩虹，虹的绚美柔丽，不也就是女娲悲悯人类，出人民于水火的不忍之情吗？也是对女娲这份深情的体认，《红楼梦》中百结情缘、闯荡情劫的贾宝玉，在作者安排下，乃是青埂峰下女娲补天所遗留下的一块顽石，一块自始即为情冶炼而成，千百年来执情不化、积情成劫的顽石！

原来，天地的开辟与整建，自始，即是一部发动于情的历史。

《庄子》书中凿混沌的寓言里，混沌死的结局，是令人触目惊心的一记响雷，它不只宣布中央之帝的死亡，更是人类诞生之前，完足自倚之体的死亡。七日凿混沌的过程，一层层剥去素朴的外衣，一寸寸显露七窍的模型，一如今之艺人雕塑人像，在朴木之上施展刀斧，属于原始的素朴随着敲琢的声响、纷落的木屑，一分分消逝，当艺人落下最后的斧凿，朴木不再是自然的朴木，已是人间的艺品。当倏与忽第七日的工作方结束，混沌不复混沌，而是七窍玲珑的人间婴儿了。

人——凿破混沌后的婴儿——除却具有可视、听、食、息的七窍的新形象，同时也具有视、听、食、息的能力与需要，而这份能力的发放与需要的满足，使得人不再是完足自倚的个体，与物有所对待、有所倚附。自此，开展了官能运作的旅程，一路去探访山青水绿的消息，去聆听天籁地韵的音律，去接纳膏壤雨泽的滋养，也去参与风回气转的循环，物色入人，心亦摇焉，心灵遂也是天地间的旅人，把取着万千情缘的交会。感官除却它生理存在的价值，更是人类心灵对外的通道，它的双重身份，将人类与自身之外的世界繁密地绾结在一起。于是人不再蛰伏于混沌如鸡子的亘古黑暗里，从封闭中走出，与新世界照会的刹那，光亮便在一点心念的感知中爆燃，温暖的情是燃烧不尽的薪火，绵绵地传递下永恒的火焰。

然则，情是何物呢？

试看其命名——情——字的意义。《说文解字》中许慎云："人之阴气有欲者，从心青声。"这一解释融合了《礼记·礼运》与《孝经·援神契》的两段文字，《礼运篇》云："何谓人情，喜怒哀惧爱恶欲七者，不学而能。"《援神契》云："性生于阳以理执，情生于阴以系念。"汉代学者喜欢以阴阳立说，而《援神契》的说法相当逼近人们体验上的真实感觉，是十分令人欣喜的。"阴"字给人柔婉缠绵的联想；依形声多兼会意的现象，"青"字也有美好的暗示。此外，王充《论衡·本性篇》："情，接于物而然者也。"《关尹子》："情，波也；心，流也；性，水也。"也各指出情的部分特性。这些解说为我们描绘出"情"字所指的约略轮廓：不学而能的，与外在人、物应接时，所自然萌生的一份美好而缠绵的牵挂，具有喜怒哀惧爱恶欲等的表现形式。

喜怒哀惧爱恶欲是单纯的情绪，它落实在具体的人事关系上，透过各种殊异的人伦关系，交织成繁密的情波，在人海上涌荡。"圣人忘情，最下不及情；情之所钟，正在我辈。"是一桩庄严而澄净的担当。

鸿蒙既辟，人身即是无数情种，本此体悟，我们遂能从不自觉的践履中，稍稍抽离，观照这份庄严的情爱，看它在人世间如何萌生、发放与投射，如何在不同的际遇来往中，作着真诚美好的奉献：面对广土众民，存有温厚的悲悯，一切水月一月摄，一性圆通一切性，以一己的生命，去感通、去拥护天地间一切有情。骨肉之间，是一种植根于生命初胚的情爱，无论独立的形躯如何发展变化，却始终无能拂平这份内在至深的牵扯。朋友的交往，不必先天血缘的维系，在后天的应对中，感知交契的喜悦，情便当下灿然。儿女的情爱，发动于圆满的渴望，漂泊于圆满的追寻，亦唯将安顿于圆满的归宿，在起点与终点之间盘桓，呈现各种姿采。而种种情爱，无论对生民、亲人、朋友、夫妻，以及由他们扩充而出的对象，付出的都是一种永恒的承诺，超越时空的坐标，驻守着恒定的身影。

传统文学作品中，为人间情爱留下无数见证！

仙乡乐土的追寻

宇宙秩序的建构，有时会崩塌，所以须要重建。重建的依凭有时是宗教，有时则是贤人君子苦心思虑的理想世界模型，例如桃花源的故事，就代表了陶渊明观念中理想世界的图像。这一类作品极多，但也有些并不提供人类乐园的蓝图，只是将自我游离出"大道陵夷"的之乡。这些，我们总称为"乐土的追寻"。

乐土是理想中的世界或境界，追寻则是过程。换言之，乐土的追寻，必借"远游"予以完成。

文学中的远游，始自屈原；屈原以后的贤人君子，每遭时俗之迫厄，皆愿学屈原，轻举而远游。《楚辞》中与远游关系最密切的是《离骚》、《远游》和《悲回风》。《离骚》中的屈原在佩带完芳香缤纷的饰物之后，即开始观乎四荒，进入充满魅异、奇幻的神话世界。第一次虽受阻于帝阍，却已历游玄圃、饮马咸池；第二次则登阆风、游春宫，见有娀之佚女、求宓妃之所在；第三次则由巫咸降告和灵氛吉卜开始，"霞氛既告余以吉占兮，历吉日乎吾将行"，驾着飞龙瑶车，西渡流沙、远赴昆仑。其结果则与李商隐《华岳下题西王母庙》诗相同，远游之余，洞悟了"神仙有分岂关情，八马虚追落日情"，以至神仙世界的超举仍然转入人间的眷恋。离世而求净土，诗人毕竟不忍。所以远游并非逃离，只是"泛容与而遐举兮，聊抑志而自弭"（《远游》），是对自我情感超越的提升，以追求完美的真理。《远游》篇提出"道"，王逸认为"远游"是"求道真也"，都是这个缘故。《离骚》和《九章·悲回风》虽不以道为依归，却仍以彭咸之遗则、彭咸之所居、彭咸之造思为依归，也同样表现了诗人理想的追求。这种追求，悠远而深刻，自"献歆之嗟嗟，涕泣交而凄凄"始，以"寤从容以周流兮，聊逍遥以自恃"终。揽虹扪天，漱霜吸露，幻游仙境的结果，则是一片"委蜕大难求净土，伤心最是近高楼"（陈宝琛《落花诗》）的哭声。

这看来似乎是个难堪的困局，士人因为时俗迫厄及内在的渴望，才冀圆遐举超越，跃离浊世，借着幻游仙境以求得精神的纾解和理想的托寄，可是理想和精神的真正实现地仍是人间，仍是浊世，于是乐土的追寻最后必然常归于幻灭，除非它包含了不死的企慕！

以郭璞《游仙诗》来说，正有此两类，一方面咏叹："兰生蓬芭间，荣曜常幽翳"，故而：

> 逸翮思拂霄，迅足美远游。
> 清源无增澜，安得运吞舟？
> 圭璋虽特达，明月难暗投；
> 潜颖怨清阳，陵苕哀素秋。
> 悲来恻丹心，零泪缘缨流！
>
> ——《游仙·其五》

> 六龙安可顿？运流有代谢。
> 时变感人思，已秋复愿夏。
> 淮海变微禽，吾生独不化。
> 虽欲腾丹溪，云螭非我驾。
> 愧无鲁阳德，回日向三舍。
> 临川哀年迈，抚心独悲咤。
>
> ——《游仙·其四》

形成"辞多慷慨,乖远玄宗,乃是坎壈咏怀,非列仙之趣"风格,忧生愤世之情深,远游遁隐之意浅。另一方面,他又常将理想或精神置诸遐邈冥茫中,以神话和幻想点染出无限风情:

> 翡翠戏兰苕,容色更相鲜。
> 绿萝结高林,蒙笼盖一山。
> 中有冥寂士,静啸抚清弦。
> 放情凌霄外,嚼蕊挹飞泉。
> 赤松临上游,驾鸿临紫烟。
> 左挹浮丘袖,右拍洪崖肩。
> 借问蜉蝣辈,宁知龟鹤年。
>
> ——《游仙·其三》

诗是当时对仙隐生活的美感观照与精神向往的代表作,唐朝以后如曹唐《大游仙诗》五十首及《小游仙诗》等,虽承继这个传统,但以大游仙客观地咏歌一些仙道恋爱故事,以小游仙叙述一些人间感情生活韵事,却遗落了解脱生之苦闷的企想,与郭璞游仙的精神不同。郭璞和阮籍等人,似乎是由生命之孤绝寂寞感,激起对神仙世界的渴望,在那里他们才能放情长啸,左挹右拍,摆脱幽独的情怀,逃离死亡的忧惧。因为神仙世界是永恒和平的广大世界,正以其永恒,解除生命本质的悲哀;正以其和平,化解现实存在的危机,享有这个世界的神仙人物,自然成为诗人理想的典型。《游仙》第五首说:"逸翮思拂霄,迅足羡远游。"说明了神仙境域的翱游,即是诗人辛勤追寻的乐土。

乐土当然也可能不在仙境,而在人间,但至少那应是个"拟仙境",像桃花源那样。桃花源,陶渊明自己尚且说是个"奇踪隐五百,一朝敞神界"的世界,后人当然会以列仙之趣求之,譬如清恽恪《题王石谷桃源图》就以海外三神山来比拟桃花源："求桃源如蜃楼海市，在缥缈有无之间，又如三神山反居水底，舟至辄引去。"这种仙境非俗人可到，唯有胸襟心灵能上通造物主奥秘，方能窥见。换言之，桃源不在山巅水涯而在心中。这种解释未必切合陶潜原意，却颇得其趣。因为桃花源只是个理想世界，渔人借着"远游"而寻得，后来郡守及刘子骥的找寻则不得，关键实在是理想世界不易获致，渔人偶以无机心得之而已。乐土虽无法获致，诗人并不因此放弃追求，陶潜《桃花源记》诗最后宣言"愿言蹑轻风，高举寻吾契"，就代表了永不止尽的追寻。

总之，文学家所追寻的乐土，或属仙乡，或为理想的人世建构。追寻仙乡，不但可以游离于人世阢陧之外，超越翱翔，如仲长统《述志》诗所谓"大道虽夷，见几者寡……百虑何为？主要在我……抗志山栖，游心海左，元气为舟，微风为宅……翱翔太清，纵意容冶"；还可以满足不死的渴望，如曹植的《平陵东行》诗所说"间阖开，天衢通，披我羽衣乘飞龙。乘飞龙，与仙期，东上蓬莱采灵芝。灵芝采之可服食，年与王父无终极"。理想的人世建构，虽无此性格，但"追寻"本身却常假神话与幻想而完成。

这种追寻和不死的渴望，实有其神话（及宗教）背景，非时局黑暗四字所能解释——远游本来就是昆仑升天仪礼的一种仪式，不只是凭空想象的幻游，而升天仪式又必与升仙神话有关，所以追寻与求仙经常交缠不可分。以曹植为例，他写了《远游篇》、《五游咏》之后，随之又撰《升天行》、《仙人篇》；更早的秦始皇，命博士作仙真人诗之后，也游行天下。同理，穆王驾八骏西游，既是一场动人心魄的神话之旅，自不能不西会西王母于瑶池，得到她"将子无死"的颂赞。David Hawkes 在"求宓妃之所在"（The Quest of the Goddess）一文中所说

"巡游即是含有礼制意味的旅程，在中国传统中是常见的"，大致可信。因为这不只构成了我国文学绵亘的传统，也与西方英雄追寻历程的原始类型有所差异。西方神话及文学中英雄追寻的母题是叙述一位英雄如何迭经困阻，斩妖除怪，以拯救其国家，其结局多半是：娶得公主。这在中国文学中至为罕见。中国的追寻，毋宁是以仙乡不死的神话结合远游而带来的永恒悸动，不仅在时局黑暗之际才会唱出！

小说中表现此一特色最为明显的是《镜花缘》。此书基本上是个寓言的传奇故事（all gori cromance），书中主角原是百花仙子，因偶动凡心，触犯了天庭森严遍布的秩序，堕落尘凡，投胎为唐敖之女唐小山。故事的主要间架就是叙说唐敖和小山海外远游的神话历程。小山往小蓬莱岛寻父，透过了无尽的追寻，终于回归自然，还原成仙。这种仙——凡——仙的变转，固然包含在一个神谕不可逾越的神话性结构中，然而经由追寻而重返仙界，应可算乐土的追寻类型中极精彩的个例。

与《镜花缘》和《桃花源记》相反的是《三宝太监西洋记》。因为乐土的追寻基本上是超离现世，将意欲和精神投射到另一个旷遐不可搦握的世界里，《三宝太监下西洋记通俗演义》则恰好是把现世当作天堂，企图透过巡行远游，将这个即理想即现实的世界模象推拓出去，于是殊方异域的幻想和神话，便充满了征服的威荣，而没有"安得不死药，高飞向蓬瀛"（李白《游泰山》之四）的想望。

虽然如此，神话的中心仍是有所追求，因为下西洋的主要目的在于寻找传国玉玺（一种人间秩序与权威的象征）。他们驾着宝船在天地间追寻，经历金莲宝象国、爪哇国、女儿国……而来到酆都鬼国。酆都，是人生终站的幽冥世界，玉玺终不可得，理想秩序亦失而不再重获，但由生到死正是一番追寻的完整过程。人生的价值即表现在追寻理想秩序本身，所以这一趟远游仍是值得皇帝嘉勉的。就此而言，此书写的并非某一特定时空及事迹，而是普遍的人生意义，作者罗懋登把故事的发展叙述在"天开于子，地开于丑"之后，正是为了表现这层意义。

追寻理想的乐园而进入鬼域，另一个著名的例子是李贺，他的形象也最奇特。在他看来，人生所追寻的固是一个不存在的天堂，但神仙美境并非永恒乐土：第一、宇宙和谐秩序的安排实不存在，《苦昼行》说："飞光、飞光，劝尔一杯酒。吾不识青天高黄地厚，唯见月寒日暖来煎人寿。食熊则肥，食蛙则瘦，神君何在？太乙安有？"这是对天地秩序主神的怀疑和诘询；而《神弦曲》"旋风吹马马踏云，青狸哭血寒狐死"之类的叙述，则具体描绘出狂暴不安的颠慄宇宙。天地既完全失序，净土安在？第二、人类想象中永生的神仙世界，其实也充满了死亡的阴影："南风吹山作平地，帝遣天吴移海水。王母桃花千遍红，彭祖巫咸几同死。"（《浩歌》）神仙既不可求，即使成为神仙亦不能免于凋瘁，因此对仙境的憧憬只是幻梦，唯有死亡才是永恒。缘此，他的追寻遂由仙乡进入鬼域，魅影幢幢，博得鬼才之称。他和李白的不同，正因李白追寻美丽、欢乐、轻妙的天堂，而他则奔向黄泉！

如果李贺可算是乐土追寻的一个变奏，《蟑螂城》也是。清沈起凤《谐铎》里记载了这个荒谬的幻想寓言，据他说，有位荀生（按：即荀或习凿齿的《襄阳记》说他到别人家中，衣香三不散）遍体芳香，某次偶随商船远游海外，误至一岛，岛上恶气熏人，有座蟑螂城，臭不可遏，荀生几欲呕死。不料城中人也以为荀生带来的是瘴气，群以马溲牛粪防御之。荀生惧其恶臭，返身逃走，不慎坠一粪池中，城中人乃大喜，以为化腐臭为神奇，邀至富商马通家饮宴，食物秽臭无比，饭后，铜臭翁来，赠以赤金数锭而别。归回船上，舟人无不骇其臭恶，入市出金购物，人亦掩鼻大骂，以致于荀生"郁郁抱金以殁"。这篇洋溢着商业气息的小说，虽属远游异迹的记载，用意却显然在讽刺人生。佛家称人间为五浊恶世，苟生远离五浊恶世而来此洞天福地，却遭到价值错谬的困境。蟑螂城不是乐土，而是人间一切秽恶的浓缩总聚，马桶与金银齐飞，运尿虫与铜臭翁共舞，荒唐悠邈，幻构出一出可令人哭可令人笑的荒谬剧。

人间永恒的承诺

　　成住败坏是形器世间历劫的经过，在因缘和合中成形、繁华，而后腐朽、零落，灰飞烟灭，所有物事都不能逃离这一既定的法则。而人世果真如此虚空不定？在形象的渣滓中，提炼不出点滴真淳？在纷然变动中，无法负定一种永恒吗？

　　我们的情，维系着我们对真淳、永恒的渴望和信赖。

　　现实人世有财富、地位的差异，人无可避免拥有贫富、尊卑的附属性质。在社会交往中，它们可能占有重要影响，决定着交往的范围或态度，如常人礼尊斥卑、嫌贫好富的心态，与有意的恶富善贫、弃尊取卑的举止，凡此皆存有财富、地位的顾虑。但在有情天地里，情爱的认取、发放，自有各自的主题，此后情爱途程的阴晴风雨，也各自环绕其主题而开展，贫富尊卑不作为亲疏取舍的考虑条件，自然盛衰潜移、贫富中变，情爱亦无所改。所以贫困的环境里，"老妻画纸为棋局，稚子敲针作钓钩"。杜甫可以沐浴在亲情的春阳里；尊贵的地位，"妾是庶人，不乐宋王"，宋康王终究无能获得何氏的青睐。"他家但愿富贵，贱妾与君共铺糜"的依倚，"有福同享，有难同当"的许诺，一一显示了情爱独立于现实利害之外，保持着它干洁的身姿。

　　现实人世有晨昏的更迭、岁月的流逝，把现在流成过去，把未来流成现在。在时岁的轮转中，花开花谢、花谢花开，新成的花红在沧桑的枝桠上寻不着前身的灿烂；潮起潮落、潮落潮起，新起的波浪在潩漫的水势中已忘却前痕的痛楚。而"丛菊两开他日泪，孤舟一系故园心"的悲情，却正如实地燃热人心。在时间的消逝中，情爱并不消逝，反而逐日累积起来，沉甸而深厚地驻留着，在每一个新之今日，都是一份真切的内容。"十年来，深恩负尽，死生师友"的痛切，未尝稍息地磨难着顾贞观的心魂；"此情若是久长时，又岂在朝朝暮暮"的肯定，慰解着天下未能偕会的有情人，只因情爱是超越于晨昏时岁轮转之外的一种永恒的天色。

现实人世有生死变故，死亡终止了人的言行活动，划开了生死两个世界，我们的形躯无法跨越生死的鸿沟，我们的情爱却坚实如桥，毫无犹豫地拾上那一玄邈世界的土地，一路滋荣开去，每一位具体的人，每一缕虚幻的魂，都是真切的践履者。"延陵季子西聘晋，带宝剑以过徐君，徐君观剑不言，而色欲之。延陵季子为有六国之使，未献也，然其心许之。反则徐君已死，于是脱剑致之嗣君，嗣君曰：先君无命，孤不敢受。于是季子以剑挂徐君墓树而去。"一旦"其心许之"，不因对方死亡而终止，挂剑墓树，情谊也穿越冰冷的墓石，去依附那曾亲切的身躯。一方的死亡如此，主客双方的死亡也不是情爱的中止、舍离，虽然他们沉静地安眠了，没有丝毫言行表示，但有情的人间，仍然相信黄泉道上的情谊，于是物化的传说将这抽象的信任具体化了。《孔雀东南飞》中，刘兰芝与焦仲卿相殉后："两家求合葬，合葬华山傍。东西植松柏，左右种梧桐。枝枝相覆盖，叶叶相交通。中有双飞鸟，自名为鸳鸯；仰头相向鸣，夜夜达五更。"韩凭夫妻的故事也有类似的结局，家喻户晓的梁祝故事，以二人化蝶双飞作结，都是人心对情爱不死以抗衡死亡的渴望和信赖，同时也带着些对现实缺憾的补偿心理，生时孤寒，死后反而是永恒的偕会了。七世夫妻的传说，更进一步指出：生生死死的不尽轮转，情爱却坚持地延续下来，追寻它最后的圆满，将它作一完整的事件看，六度生死只是转换着人情之流的不同历程，在沿岸呈现着相殊的风景，而河流贯串着它们，绳绳续续地前去。

设若天地倾绝，回归混沌，什么是最后的坚持？崇峻的高山失去了它的棱线，一座座崩溃夷平，浩荡的江流枯竭了它的水源，一道道裸现它的河床；原本平静的冬之天野，却传来阵阵鞭挞人心的响雷，原本炎热的夏之大地，却降覆着一层层酷寒凝冻的冰雪；宇宙的次序急速地变异迁换，造成全然的混乱，盘古撑开的天地一日日地接近黏合，要去回复最后的混沌。当年混沌初凿的婴儿，已是今日沧桑历尽的耆老，他放弃了山，放弃了水，放弃了空间的领土，放弃了时间的规则，双手却紧紧握持了一份人间之物——从盘古遗传下来的礼物，直要到天地复合、同归混沌的霎时，才松开紧握的双手。《上邪》的宣誓，是所有情爱共同的一份坚持，与天、地、人同生同死，只因"身在情长在"的应许，人身不尽，情爱长流便也滚滚滔滔流向永恒。

不知在那最终的究竟里，情爱果真实践了它永恒的承诺了吗？

文学世界中不死的探求

道教对于不死的探求，固然经由各类内、外丹的修炼，造成修真者不死的信念。但对于奉首者以及一般民间社会，他们以文字或口头的传播方式，一再复述一些神仙传说：从早期的游仙诗到宋元的度脱剧，以至明清的神仙小说，除了提供离奇的情节，造成丰富的想象，更满足对于时空飘忽的无常感。所以文学世界中所刻画的游历仙境、度脱成仙等主题，在优美的情境里，更具体而微地流露出人类意识深处"不死"的愿望。

游仙诗的不死情境

诗歌中最能表现对于神仙世界的向往的，以游仙诗为其典型。它源于原始巫俗文学，像《楚辞》中的《离骚》、《远游》等，以原始宗教升天仪礼的仪式与神话为背景，表达人类希冀超脱时间、空间的限制，超升至绝对自由、逍遥的神仙世界。这种游仙思想弥漫于两汉社会：汉镜图样、铭文与各种古器物，以细腻的线条、图案，寄托神仙之思；而汉赋中远游性质的文学：像司马相如的《大人赋》、乐府中的游仙诸什，以丰富的想象、奇幻的歌诵，描摹神仙之境。纹样中只能在尺幅或片断中具现神仙的形象、神仙的世界，而诗歌则较能拓开一片远邈的想象空间，其中最动人心弦之处，还在成仙的渴望与怀疑之间所形成的冲突，充分表现人性的弱点。

游仙诗的基本结构，大概可简化为：

1、游仙的动机（空间的迫厄、时间的短暂）

2、游仙的历程（出发、舆驾、仙境的呈现）

3、游仙的愿望（变化成仙、与仙人偕游）

4、游仙的疑虑（同归人间、或怀疑其可能）

这一结构为"出发——历程——回归"，所有游仙诗大抵遵循这种母题（motif），而各有变化。道教成立时期，游仙诗达于极盛：先有曹氏父子（操，丕及植），继有嵇康、阮籍，至西晋以后，大家有郭璞、陶潜等借游仙诗以抒发现实的感慨，都极富于神奇的想象：

> 九州不足步，愿得凌云翔。
> 逍遥八纮外，游目历遐荒。
> 披我丹霞衣，袭我素霓裳。
> 华盖芬晻蔼，六龙仰天骧。
> 曜灵未移景，倏忽造昊苍。
> 闾阖启丹扉，双阙曜朱光。
>
> 徘徊文昌殿，登陟太微堂。
> 上帝休西棂，群后集东厢。
> 带我琼瑶佩，漱我沆瀣浆。
> 踟蹰玩灵芝，陆倚弄华芳。
> 王子奉仙药，羡门进奇方。
> 服食享遐纪，延寿保无疆。

据说曹植这首《五游咏》的写作时期，正当与曹丕争王位之时，因不满现实社会，乃因袭《远游》、《乐府》而抒发心中的郁闷。其中呈现的仙人、仙境，以及经由服食而变化成仙，成为游仙诗的正统。乐府与铭文的末句采祝寿形式，实为善颂善祷的贺意，乃为吉祥语。郭璞《游仙诗》就较具有修仙的时代背景，因他对于修真成仙熟稔其事，也深具信心，故能结合隐遁、仙道为一，成为新风格之作：

> 翡翠戏兰苕，容色更相鲜。
> 绿箩结高树，蒙笼盖一山。
> （先烘托修真场景）
> 中有冥寂士，静啸抚清弦。
> 放情凌霄外，嚼蕊挹飞泉。
> （次述修炼过程）
> 赤松临上游，驾鸿临紫烟。
> 左挹浮丘袖，右拍洪崖肩。
> （次述游历仙境）
> 借问蜉蝣辈，宁知龟鹤年。
> （结以成仙愿望）

南北朝游仙诗除了继续模拟以外，已因道教的普遍，而有道教化的倾向。当时乐府中与道教有关的，有清商曲辞的神弦歌、上云乐，及杂曲歌辞的步虚。神弦歌为吴声，为滨海地域的宗教祀歌，用于民间祠庙，其中已有部分道教化，属于原始巫祝道与道教混合时期；上云乐则为乐工依梁武帝旨意改制而成的新曲，曲调据民间的三洲曲、江南弄，也参有部分胡乐。因梁武帝本就奉道，沾染道教音乐的习惯，因此上云乐的歌词，固然以游仙诗为基干，但采用许多茅山道派的神仙观念，演奏于道观，与佛寺梵乐并用，成为一代新声。这类作品的风格如：

> 少室堪学道，明光可学仙。

丹绘碧林宇，丝玉黄金篇。

云车了无辙，风马钜须鞭。

灵桃恒可饵，几回三千年。

——蔺文帝《升仙篇》

和云：方诸上，可怜欢乐长相思。方诸上，上云人，掌守红，纵全集瑶池，步光礼玉晨。霞盖容长肃，清虚任列真。

——上云乐

这类歌词，出现少室、方诸，都是宇内名山，为茅山道派常见的道教故事。上云乐采用三洲曲的和声技巧，在音乐所造成的游仙气氛中，产生飘飘欲仙的感觉。这种道教化游仙诗与初期作品具有不同的情调，成为诗、歌融合的道教艺术。

笔记小说的仙境游历

仙境游历与游仙诗同时盛行于魏晋社会，其基本结构也循"出发——历程——回归"发展，但因传说具有近代（时间）、现实世界（空间）的世俗性格，较为平实化，这种口语文学（folklore）经采录后就呈现出不同的版本。依据当时流行的服食成仙、洞天福地观念，而具有不同的类型：服食仙药、仙境观棋、人神恋爱及隐遁思想等，虽各有偏重，但都是以人间之人进入仙境游历为其母题，充分表现出尘世之人对于神仙世界的向往。

这类仙境游历传说，流传广泛，其中最典型的例子出现在滨海地域的会稽一带，两位主角《搜神后记》说是袁相、根硕，《幽明录》说是刘晨、阮肇，都是在特殊的机缘下，经由洞穴或桥梁误入仙境——如袁、根因逐山羊，经一石桥，渡向绝崖，穿过石穴，然后历经神仙世界——与两位仙女结婚，得遂婚姻的欲望。其他类型或如《搜神后记》的坠穴人，经围棋者指引，饮玉浆、食石髓；或如《述异记》的王质，观童子下棋，而食仙枣。这些故事充分表现了对于服食成仙的愿望，或满足人世间缺憾的幻境，在仙境奇缘之后，结局又多为回归——袁相、根硕重返人间。而最具震撼性的感受，常是"天上只一日，人间已千年"的人事全非之感，因而顿悟生命的虚幻，出家学道。

民间社会乐于渲染游仙的传奇，因此不同的时代、地域就各具不同色彩，唐人传奇或宋元话本都有。如唐张文成的《游仙窟》，假借仙境、仙女，影射当时士人游历秦陇一带艺妓艳薮的狭邪传奇，恰是娼妓文学的典型。又如《醒世恒言》的《李道人独步云门》，以通俗化笔调，写求仙者的成仙奇遇，确有市井说话的琐细情节；至如《绿野仙踪》之类，更集合仙境游历中的多种成分，驳杂而丰富地表达世人对于仙境所具有的梦幻似的"遂愿"（wish fulfillment）心理，可说是另一种形式的探求神仙不死。

道教内部对于神仙传说深信不疑，他们可能还制作一些仙境情节作为自我教育之用。如上清经派所编的《汉武内传》，以斋戒之后进入幻境，产生遇仙幻象的宗教背景，虚构汉武帝与下降的西王母大谈修炼成仙的细节，其中服食名目、修道仪节等，实在具有教内作品的暗示，不似一般民间传说较着重在神奇的情节，引人惊诧。

度脱剧的度化成仙

戏剧为大众艺术的类型，观剧的功能，就是透过舞台效果表达观众的心理需求，因此神仙剧中的"度脱剧"为典型的对于度化成仙的一种愿望。明人朱权的《太和正音谱》以故事内容分杂剧为十二科，"神仙道化"居第一，而近人分类仍将与道教有关者列于首位。

因为元剧产生时代恰是新道教时期，尤其全真道势力最盛，度化思想正可满足异族统治下的文士。就以马致远为例，现存七种杂剧，其中三种属度脱剧，另有非度脱剧的神仙道化剧，则占了五种（《西华山陈抟高卧》、《半夜雷轰荐福碑》、《吕洞宾三醉岳阳楼》、《马丹阳三度任风子》、《邯郸道省悟黄粱梦》），均表现人生无常、希冀成仙，而明剧就较少这类度脱成仙的作品。

度脱传说为极具趣味性的戏剧情节，它所具有的救度、济度观念应与佛教救济思想有关，因为这种度脱情节原先出现在黄粱梦等一类梦境游历传说中，固然已逐渐突现道士为智慧老人的形象，但较为素朴；直到新道教兴起后才有较为强烈的度脱思想。话本中也有些度脱小说，像《吕洞宾飞剑斩黄龙》，提到吕洞宾要到世间度化世人；又有《福禄寿三星度世》（《警世通言》），为度化精物成仙，不过，将度脱成仙的思想作最生动演出的，仍首推元杂剧。

杂剧中度人者的角色，最常见的为太白金星、东华帝君；钟离权、吕洞宾、铁拐李，以及马丹阳，为全真神仙；被度者都指具神仙福分者，像吕洞宾、蓝采和，；以及岳寿、陈季卿、任风子等，乃基于星命思想，有神仙缘分者才能被度。两者之间所构成的度脱情节，极为曲折有趣——由始渡、经试炼过程，以种种实境、幻境或梦境，制造被度者逐渐悟道，然后度人者现身说法，借机默化。杂剧四折形式中，二、三折极力铺张、制造诸般情境——所谓恶境头，逼使被度者心理进入了悟的情境。类似的悟道过程实与新道教，尤其全真道吸收禅宗思想有关，但又巧妙转化为道教"开劫度人"的模式。道教对于求仙者的引逗，实可满足尘俗世界的营营众生对于超时空世界的一种憧憬。至少在趣味性的当场欢笑之后，残留一些诸如人生无常的课题，让人思索，这是神仙道教对于中国人的一种启示。

不死的探求是每一个民族都有的愿望，神仙与永生世界更是一个梦境，在神仙之梦中，人类获得绝对的自由、逍遥。中国人也曾拥有这样的梦：长寿永生的生命与和谐安乐的乐园，道教正是满足这种梦境的一种宗教形式，与儒家致力解决现实社会的诸般困扰，刚好相辅相成：一个想在有限的生命中为现世建立理想社会，一个则希求延长生命，在比较缥缈的境地中建立神仙乐园，所以同是中华文化中巧妙的组合。

道教凭着神话的幻境、宗教的狂热，在科学犹未十分发达的时代，想延长人的寿命，确是一场剧力万钧的搏斗。在古老的中国，存在着大自然界的各种灾害：水灾、旱灾以及各类瘟疫；也存在着人为的生存危机：外族的入侵、政治的苛暴、物质条件的匮乏。因此道教提供了一个梦境：饮食无忧、无疾无病、人兽祥和、苛政绝迹，这场梦确有其安定心理与社会的功能。但道教中人不仅常做美梦，他们结合多方面的智慧，从实际操作中发现一些有用的物质，又不断修正许多经验成为有效的方法，这些宝贵的经验，直到今日，仍有许多值得研究改良，作为继续满足现代人的长生之梦的一种参考。

当然，不能否认的，道教希求长生不老的方法有些是荒诞的、奇想的，其中有些早已在历史中被逐渐淘汰，永远成为历史的陈迹；有些仍残留在历史黑暗的角落里，需要加以清除，不能让错误依然错误下去。但有些人则又爱深责切，遽加否定，以为道教及环绕在其四围的一切都是落伍的一群。其实，只要以一种同情而满怀温煦的态度加以考察，在长远的时间与辽阔的空间里，这一群人尝试以人类渺小的生命去对抗死亡，关在丹房中郑重其事地烧炼，或在僻静之地体验内在世界的神秘，他们或许成功，或许失败，但无论如何都付出相当的代价，凡此一点一滴俱流入历史的长河里，灌溉无穷无尽的后代子孙。那么，在历史不断搬演的长剧中，道教对于死亡的对抗，对于人类生命的延续，乃至对于神秘世界的探索，总算扮演着一个相当称职的角色。

诗家的佛理与仙道

宗教所形成的方外世界，常常是诗人作为逃避现实世界的一种象征，亦即理想化的乐园意象，中唐晚唐社会这种乐园的"原型"（Archetype），共同为佛教、道教所具有。唐代宗教的发展，佛教、道教迭有起伏，但因李唐王朝与道教的特殊因缘，像道士参与创业神话的制造、李唐自尊家世的士族习惯等，而对于道教具有特殊好感。尤其唐代炼丹道士所提供的长生之药，投合帝王追求不死的美梦，因此帝王之中信任道教，服食丹药，从玄宗以下，几乎历代君王均与丹药有不解之缘，其中宪宗、穆宗、敬宗、武宗、宣宗都是服食丹药中毒而死；而风从于下的贵族、文士也普遍流行养生风尚。所以中晚唐诗人颇多具有对服药成仙的向往，以及由此而生的对生命的困扰。

中晚唐文士对佛道不计较其高下，而一视同仁地当作一种方外世界。所以中晚唐之诗，虽有韩愈以振兴儒家一贯道统自居，但这种过激的表现正显示道、佛两教弥漫社会各阶层的深远影响力。在不同思想的冲突下，当时文人虽具佛、道与儒的成分而未达一贯综合的系统，所以常有矛盾之处：批评时政、出仕任事则以儒家思想为依据，但追求长生不死为道教想法，而希企隐逸则融合老庄道家与隐士思想，至于希冀寂灭则为佛教哲理。凡此均未能调和，但又同出现于中晚唐诗人身上——较诸盛唐诗人更具矛盾、冲突之处，因此也表现得更为深刻有味。

中晚唐文人热衷功名利禄，但由权势、官禄所形成的名利世界，也会带来诸多尘世的困扰。他们在宦途尝遍冷暖，利禄羁绊，俗事萦心，常成为一张尘俗之网，让他们在清醒之际，对于方外的世界油然而生一种向往之心。将尘俗世界与禅静世界作一对比，成为诗中的特殊情趣，不止王维如此，也几乎是中唐以后诗人的共同体会。这种作品大多出现在题赠僧侣（或道士）、题咏寺庙，或是游览宗教胜地后的感兴之作，因为僧人、寺院已成为一种象征，乃是出世间法的，所以乐于与之来往，借以纾解现世的忧患：

> 应是世间缘未尽，欲抛官去尚迟疑。
> ——白居易《遇自远禅师有感而赠》

> 念我为官应易老，羡师依佛学无生。
> ——姚合《送文著上人游越》

为官属于世缘，合乎儒家入仕法则，乃一贯的传统的"出世间法"，就如刘禹锡所说"何人不愿解珠缨"，却又迟疑、空羡。至于宦途失意客，或偶有觉悟者更有如此向往：

> 忧患慕禅味，寂寥遗世情。
> 所归心自得，何事倦尘缨。
> ——温庭筠《题僧泰恭院》

> 万里高低门外路，百年荣辱梦中身。
> 世间谁似西林客，一卧烟霞四十春。
>
> ——许浑《题苏州虎丘寺僧院》

寺院的建筑多在山林，为文人读书、避世与游览之区，因此常与山水、白云、风月、鸟鸣等自然意象连结一起，而所形成的趣味多为幽、静、闲、寂等，恰与纷扰的尘世相对照，因为他们理想的僧院生活尚多与琴、棋、书、画与茗茶结合，更是一种惬意的生活情调：

　　　　我心尘外心，爱此尘外物，
　　　　欲结尘外交，苦无尘外骨。
　　　　沁泉有冰公，心静见真佛。
　　　　可记尘外交，占此风与月。
　　　　　　　　　　——庐仝《将归山招冰僧》

　　　　山僧后檐茶数丛，春来映竹抽新茸。
　　　　……
　　　　欲知花乳清泠味，须是眠云卧石人。
　　　　　　　　　　——刘禹锡《西山兰若试茶歌》

　　　　池竹闭门教鹤守，琴书开箧任僧传。
　　　　　　　　　　——韦庄《访含弘山僧不遇留题精舍》

　　将风月、茶香、琴书所衬托出来的僧院生活，与一些能诗学禅的方外至交，符合理想的方外世界，乃是一种诗意的想法。
　　佛教除了生活情调所具有的吸引力之外，还有更深沉的哲理，深深感应部分具有夙慧的慧业文人，除了将佛典中的辞语囊括于诗中，更借诗表达其禅悟或是对深奥佛理的欣慕：

　　　　比寻禅客叩禅机，澄却心如月在池。
　　　　松下偶然醒一梦，却成无语问吾师。
　　　　　　　　　　——李中《访章禅老》

长绳不见系虚空，半偈传心亦未疏。

推倒我山无一事，莫将文字缚真如。

——司空图《与伏牛长老偈之一》

逃禅学禅的文人，在禅宗盛行的时期，"禅"成为一种禀悟的过程，像中年的司空图既目睹国事即将沦落，将禅作为安身立命的所在，而不只是进用佛教语汇而已。白居易固然有讽论诗的入世时期，但后来去专心习静学佛，尤其晚年，这是因为禅学确有让文人倾心之处：

花县当君行乐夜，松房是我坐禅时。

忽看月满还相忆，始叹春来自不知。

不觉定中微念起，明朝更问雁门师。

——白居易《东林寺学禅》

我闻浮屠教，中有解脱门。

置心为止水，视身如浮云。

——白居易《自觉》

文士的自觉、学禅，虽只是少数；但多数则自觉为"不是解空人"（贾岛），身在禅院，而仍然不能完全解脱，尤其是诗、酒、音乐，这些正是审美经验的活源，也是僧门中人所谓"诗僧"者留恋之处；至于以诗作偈，自证其道，则重在悟道，艺事已是余事了。

道教所塑造的神仙世界，与佛教世界异趣，它固然也与隐士生活、道家思想结合，拓出一片山林幽境，但更重要的是一种虚幻的长生不老的仙境，其实际的方法在唐朝为炼药服食，因为这是一个炼丹的黄金时代，白居易曾思念旧游，提及"退之服硫黄，一病迄不痊；微之炼秋石，未老身溘然；杜子得丹诀，终日断腥膻；崔君

夸药力，终冬不衣绵。或疾或暴夭，悉不过中年；唯余不服食，老命发迟延。"（《思旧》）

其中所指诸人，可能是韩愈（退之）、元稹（微之）、杜子（牧）、崔君（玄亮），因为服食药物为当时流行的风气，与道教的养生成仙思想有关。诗中仙道世界予以形象化的表现：炼丹、丹士以及神仙等意象，形成仙道之境：

> 专心在铅汞，余力工琴棋。
>
> 静弹弦数声，闲饮酒一卮。
>
> ——白居易《同微之赠别郭虚舟炼师五十韵》

> 常言吃药全胜饭，华岳松边采茯神。
>
> 不遣髭须一茎白，拟为白日上升人。
>
> ——贾岛《赠丘先生》

道士利用铅贡炼药，或采茯服食，造成唐代丹士的形象，所以诗中固然也兼及其他雅事，如"春坼酒瓶浮药气，晚携棋局带松阴"（《题勒尊师历阳山居》）琴、棋、茶、诗等，虽增加道士隐逸性格，但重心则不离丹药、仙药以及药酒等物，这才是恰合其丹士服炼性格。

文人向道士乞求药方的例子中，颇多中晚唐名诗人，像张籍"欲就师求断谷方"（《开六观寻时道士》），或如贾岛希望朋友能真得到仙道——"鹤过君须看，上头应有仙。"（《送田卓入华山》）其实希望透过仙药的服食，借以延长生命、上升仙境，接触现实世界时、空的囿限，乃自古以来追寻乐园的一种神话意境，也是文学中极富想象力的梦幻之境，对于不得意者具有满足其心理需要的功能。但神仙之境缥缈难寻，徒然以庞大的人力物力从事炼丹，所炼丹药又反促人早死，实在是极为讽刺的结局。中唐诗人对求仙活动——尤其是帝室、贵族也隐有讽论，韩愈曾写《华山女》，对于流俗道教加以批评，而结语讽刺求仙的虚妄："雪窗雾阁事慌惚，重重翠幔深金屏。仙梯难攀俗缘重，浪凭青鸟通叮咛。"另有一首《谢自然诗》也有强烈的影射："秦皇虽笃好，汉武洪其源。自从二主来，此祸竟连连。木石生怪变，狐狸骋妖患。其能尽性命，安得更长延？人生处万类，知识最为贤。奈何不自信，反欲纵物迁。"代表了儒家立场的指控。但韩愈的侄儿韩湘子就是道士，自己又有服食的嫌疑，而韩派中的孟郊却也有"自当出尘纲，驱凤登昆仑"（《求仙曲》）的向往，凡此都是一种矛盾。而作品表现这种情绪最具艺术效果的则为李贺。

李贺为中国诗人中对于神秘宇宙具有奇特兴趣者之一，他以极丰富的想象力，采用极为密致的语言，塑造神仙世界，并由之迭发慨叹。他的创作乃是游仙的谱系，但在造境上有新的突破，达到神幻幽玄之境。如"神仙曲"、"天上谣"之类：

> 天河夜转漂回星，银浦流云学水声。
> 玉宫桂树花未落，仙妾采香垂佩缨。
> 秦妃卷帘北窗晓，窗前植桐青凤小。
> 王子吹笙鹅管长，呼龙耕烟种瑶草。
> 粉霞红绶藕丝裙，青洲步拾兰苕春。
> 东指羲和能走马，海尘新生石山下。
>
> ——《天上谣》

先点题说明天上的银河景象；接下叙说天上神仙的动作：或采桂花做佩缨，或卷帘看晓色，又有吹笙仙乐、驱龙耕烟，加以瑶草、兰苕，全是仙界景物，美好而悠闲。而人间岁月，则以两句结句表现出沧海桑田变幻无常，借以对照两个世界的时空之差异。这其中自然蕴含着李贺对于时间、历史、生命等的强烈感觉。与之相较，温庭筠写的《晓仙谣》，只是描述幻想的神仙世界，而慨叹人间世的无常："舞盖狂尘亿兆家，世人犹作牵情梦。"

帝女神话

湘 妃

帝子降兮北渚
目眇眇兮愁予
袅袅兮秋风
洞庭波兮木叶下

——《楚辞·九歌·湘夫人》

在古代的南方楚地，当人们经过潇湘之水而到洞庭湖的时候，人们仿佛看到湖上有两个美丽的女子，出现在秋风里木叶纷纷落下的水波上，于是楚地的人们就唱出了这样的歌。古代神话说这两个女子是帝尧的两个女儿，也是帝舜的妻子，叫做娥皇和女英，后来帝舜南征，死于苍梧，这两个女子因为帝舜死了，也就殉情于潇湘之间。楚地的人们立祠纪念她们，称之为湘君，流向洞庭湖的湘水以及洞庭湖中的君山，传说就是因此而得名的。

在这个帝女神话发展为帝舜的两个妻子以前，两个帝女是洞庭的水神，《山海经》说她们是天帝的两个女儿，住在洞庭之山（洞庭山，即君山），常驾着风和云出游于江渊沣沅以及潇湘之浦。当她们出游的时候，洞庭湖上必定波浪滔滔，而且有飘风暴雨，洞庭湖上会出现许多水怪和怪鸟，这些水怪或双手操蛇，或人面蛇身……《史记·秦始皇本纪》说秦始皇帝巡游天下，到了湘君祠，忽然洞庭湖上吹起了大风，使得秦始皇的船只不能前进。秦始皇一怒之下，命刑徒三千，一夜之间伐尽了湘山之木，使得湘山濯濯，从此草木不生。

在吴楚之间有一种竹子，因为竹上有黑点斑斑，所以称为斑竹。神话说帝舜死于苍梧之后，帝女湘妃欲自沉湘水，南望而泣，眼泪洒在竹子上，从此竹子上便永远挂着这些有如泪痕的斑点，因此这种竹子又叫做湘妃竹。

古代洞庭湖的湘沅一带，是南方瘴疠之地，直到汉初与中原的交通仍不发达。或许是由于古代无数中原人跋山涉水地南下开辟，许多人死于开拓的途中，或死于洞庭湖上的暴风巨浪，由这种现实上的事实而产生了帝舜南征死于苍梧和湘妃殉情的神话。

洛　神

> 翩若惊鸿，婉若游龙，荣曜秋菊，华茂春松。仿佛兮若轻云之蔽月，飘飖兮若流风之回雪。远而望之，皎若太阳升朝霞，迫而察之，灼若芙蕖出渌波。秾纤得衷，修短合度，肩若削成，腰如约素。
>
> ——曹植《洛神赋》

这个如鸿雁又如游龙，像朝阳又像白莲的美丽女子，就是洛水之神宓妃。宓妃是春天之神伏羲的女儿，因为溺死于洛水，所以成为洛水之神。她是黄河之神河伯冯夷的妻子，可是在古代的神话里，河伯的妻子却和射日的后羿生了一段恋情。后羿在神话中是一个在大地上为民除害的英雄，也是一个浪漫多情的人，他除了和洛神恋爱以外，还和羿的妻子玄妻发生过感情的纠纷。

洛神宓妃和后羿的恋爱终于被河伯知道了，河伯化为白龙游于水旁，兴起大浪与羿作战，结果被羿用箭射瞎了一只眼睛，河伯哭着向天帝上诉，要求天帝杀羿，天帝没有答应。因为后羿和洛神的恋情，所以《楚辞·天问》这样的质问：

> 帝降夷羿
>
> 革孽夏民
>
> 胡射夫河伯而妻彼雒嫔

雒字也就是洛，雒嫔就是洛神宓妃。洛水是源于陕西雒南，经过洛阳而流入黄河的一条河流。洛神的神话，应该是古代人们因洛水流入黄河而产生的浪漫诗情的神话联想，所以神话中，洛水成了黄河的妻子，又可能因为洛水清澈而黄河夹泥沙而俱下的事实，所以产生了美丽的帝女宓妃和河伯冯夷之间的叛情的神话。

不能忘情于甄妃的曹植，行于洛水之上，把已经是自己兄嫂的甄妃拟作洛神宓妃而写下流传千古的《洛神赋》。

瑶　姬

神话说姑媱之山有一种草叫瑶草，这种草的叶子是重重叠叠的，开着一种黄色的小花，结的果子像菟丝子，世间的女子只要吃了瑶草的果子，就能够使天下的男子都爱上她。瑶草，就是由炎帝的女儿瑶姬的魂魄所化成的。在《庄子》书中也说藐姑射之山，住着一个神，肤肌如冰雪，绰约如处子，不食人间五谷杂粮而餐风饮露，这个神乘云和御飞龙而游乎四海之外……姑射山和姑媱山音近，山上的神，也或许就是化为"服之能媚于人"的瑶草的帝女瑶姬。

这个古老的神话发展到了后来，又和南方楚地的云梦高台和巫山变幻莫测的云相结合而形成了巫山神女的神话。宋玉的《高唐赋》中说楚襄王与宋玉登云梦之台，看到须臾之间变化无穷的云气。襄王问这是什么，宋玉回答说这就是"朝云"。楚王又问"朝云"是什么，宋玉对襄王说：古时候炎帝神农的女儿瑶姬，还没有出嫁就死了，葬在巫山之阳，所以叫做巫山之女。以前先王（楚怀王）曾游高唐之台，梦见一个女子到他跟前对他说："妾是巫山之女，为高唐之客，闻君游高唐，愿荐枕席。"梦中的欢乐过后，临行的神女告诉楚王说："妾在巫山之阳，高丘之岨，且为朝云，暮为行雨，朝朝暮暮，阳台之下。"从梦境回到现实的楚王，看到的只是飘在巫山顶上的一片云，所以他命人为神女立庙，号曰"朝云"。

楚襄王听完宋玉所说的巫山神女的事后，对神女产生了无限的遐思，果然这夜，他也在恍惚之中见到了这个神女，寐而梦之以后，神女又像云一般地消失了，醒后的襄王"惆怅垂涕，求之至曙"。

神女的故事，发展到了唐代，又变成了西王母的第二十三个女儿，并且和治水的大禹发生了恋情。大禹治水到巫山，水被巫山挡住，不能疏通，瑶姬命侍女送给大禹一本能够召唤鬼神的天书，并且派了她的臣下几个具有神通的大神协助大禹打通了巫山。大禹再上巫山，可是看到的只是变幻万端的朝云夕雨，后来终于在云楼玉台之中见到了瑶姬，瑶姬又派臣下帮助大禹理水。等到大禹治水完毕的时候，日夜在巫山上伫候大禹的瑶姬和她的侍女们，已经化成了巫山的十二个山峰，其中最纤丽奇峭的神女峰，就是瑶姬所化。

这个帝女神话，演变到这里，不但把神话的舞台由云梦搬到了蜀地巫山，而且也加进了一些道教的色彩。这都是后来由长江三峡巫山一带变幻莫测的朝云暮雨结合古代的帝女化为瑶草的神话而形成的。此外，《红楼梦》中作为林黛玉生命原始的，是那棵灵河岸三生石畔的绛珠仙草，而绛珠仙草的神话思想的背景，也正是源于古代神话所见的"服之能媚于人"的瑶草。

精　卫

精卫衔微木
将以填沧海

——陶渊明《读山海经》

在中国东方的海面上，每年三月，海面上漂浮着来自北方海流的一些小木枝，海上有一种海燕常常栖息在这些小木枝上，于是人们就对这些小木枝和海鸟做了神话性的解释。他们说海燕由一个葬身海底的多情少女的亡魂所化，这些小木枝是这个少女从遥远的西山衔来用以填海的，这个化鸟的少女，就是炎帝神农最小的女儿，名叫女娃，女娃也就是化为瑶草的神女瑶姬的妹妹。

神话说发鸠之山上有柘木，树上有一种鸟，形状如乌，文首、白喙、赤足，这种鸟的名字叫精卫。炎帝的一个叫女娃的最小的女儿，有一次到东海去玩，不幸淹死在海里，她的灵魂变成了一只小鸟，就是精卫，每天衔西山之木石，以填于东海。

另外的神话说精卫鸟和海燕接合而生小鸟，所生的雌鸟都像精卫，雄鸟则像海燕。现在的东海有精卫誓水处，女娃就是在这里淹死的，所以发誓不喝东海之水，因此精卫鸟又叫誓鸟；因为女娃的冤恨未伸，所以又叫冤禽；又因为女娃立志衔西山之木以填东海，所以又叫志鸟；当地的人因为这种鸟是炎帝女儿所化，所以叫这种鸟为帝女雀。

以上四个帝女神话之中，有三个神话的帝女是溺死于水的，湘妃、宓妃和精卫。这是因为远古时代交通不便，水是隔绝两地的界线；也是因为古代的人们生活于水边，时有水难的关系。另外，帝女死后，其魂魄化为神祇只或其他动植物而继续存的思想，也是源于古代人们相信人死之后，魂魄化为别的形体而生活于另一世界的信仰。尤其是炎帝之女死后化为精卫的神话，其人死以后魂魄化为飞鸟的思想，更为世界各民族所共通。帝女神话中出现的人神之间的悲剧性的恋爱，给后世的中国文学带来了相当大的影响。这样的神话内容往往经过一种自我变形而进入纯文学的范畴之内，作为文学中的冲击力量而活跃着，往往在神话的自我变形过程中消解了它本身的神圣性和秘密性，而开拓出以文学为主力的新路径。

除了以上四个帝女神话以外，古代神话中的月神嫦娥、桑神织女、随赤松子入火自焚的炎帝之女等，都是古代的帝女神话。

自然神话

太阳神话

暾将出兮东方，照吾槛兮扶桑。

抚余马兮安驱，夜皎皎兮既明！

驾龙辀兮乘雷，载云旗兮委蛇。

长太息兮将上，心低徊兮顾怀。

……

青云衣兮白霓裳，举长矢兮射天狼。

操余弧兮反沦降，援北斗兮酌桂浆。

——《楚辞·九歌·东君》

这是中国古代神话里对太阳神的神容唯一具体的记载，由此可知古代楚地的人民所想象的太阳神是从东方的扶桑，驾着马车而绕行于天空的，太阳神是一个青衣白裳，带着弓箭的射手。

《离骚》又说："吾令羲和弭节兮，望崦嵫而勿迫。"崦嵫山是太阳落下的地方，是虞渊，也就是神话中禹的父亲鲧治水失败而被杀死的羽渊，是终年太阳照不到的地方。羲和是日御，也就是驾车的使者，太阳车是用六条没有角的龙（螭）驾着的，每天由旸谷出发，经过咸池、扶桑，而到了悲泉的时候（黄昏时）就停止了，这时候就让驾车的龙休息，而把车子挂起来。古代的人认为太阳和月亮的故乡都在大海之中，太阳和月亮都是从海中升起，绕行天空一周以后再回到海中。海中有扶桑树，在黑齿国的北方，这里有十个太阳，九个在桑树下，一个在桑树上；这里有羲和之国，有一个女子名叫羲和，她就是十个太阳的母亲，是天帝俊的妻子。扶桑又叫若木，是具有不死与再生力量的神圣树木，青叶赤华，树末有十日，其光华照耀大地。古籍的记载，或说若木在东南海中，或说在昆仑之西极，或在大荒之北，这是缘于古代人天圆地方的地理观念，太阳从若木出，若木自然在东，太阳从西方落，又回若木，因此若木又在西了，扶桑若木是太阳和月亮的故乡，因此《离骚》有"折若木以指日兮"的话。

关于太阳的起源，中国神话中似乎不多，前述创世神话的盘古死后，左眼化为太阳，右眼化为月亮便是其中之一。另外在《玄中记》中说："有钟山，山上有石，首如人首，左目为日，右目为月，开左目为昼，闭右目为夜，开口为春夏，闭口为秋冬。"这个左目为日右目为月的石怪神话，是根据《山海经》的《大荒北经》和《海外北经》所述的钟山之神烛龙而来的，因为神话中的烛龙正是"视为昼，瞑为夜，吹为冬，呼为夏"的人面蛇身的神。

古代人认为太阳中有三趾乌，汉代画像石和长沙马王堆出土的汉墓帛画上的太阳里也有这样的鸟。《淮南子》中说："日中有踆乌，月中有蟾蜍。"《山海经》也说："汤谷之上有扶木，一日方至，一日方出，皆载于乌。"都是以三趾乌作为太阳的象征。用飞鸟作为太阳象征的神话固然是世界上许多民族所共同的现象，如埃及的太阳神就是鹰头的，可是何以古代的中国人以乌鸦而且是三只脚趾的乌鸦作为太阳的象征，却是有待研究的问题。因为古代人相信三趾乌是太阳的精魂，所以《楚辞》中有"羿焉弹日，乌焉解羽"的问题，以及神话中羿射落九个太阳的时候是"九乌皆死，堕其羽翼"的情形。

在中国古代的太阳神话中，比较完整的就是十日并出的神话。这个神话说尧帝的时候，十日并出，使得地上的五谷都焦毁了，草木不生，民无所食，所以帝俊赐给羿彤弓素矰，命他以扶下国，以救人类。羿到了地上以后，用箭射落了九日，并且为人类除了地上的其他灾害。可是在其他的各记载中也有许多神话说射落九日的不是羿而是帝尧。帝尧的神话的确是与太阳神话有关的，尧的名字叫放勋，他的儿子叫丹朱，这些神名都与火和太阳有关。《尚书·尧典》记载尧命羲和（神话中的太阳御者或太阳的母亲）掌日月星辰与羲仲在嵎夷(旸谷)引导日出的事，也可以看出尧在神话中是具有太阳神的神话性格的。

月亮神话

《楚辞·离骚》有"前望舒使先驱兮"的句子，王逸注说望舒是月御，也可以知道古代是认为月亮也像太阳一样是驾着车运行于空中的。神话中说，在西北的大荒之中有一座山，名叫"日月之山"，这座山是天枢之地，其中有一个女子正在给月亮洗澡，她和太阳的母亲一样也是天帝俊的妻子，名叫常羲，她生的十二个孩子就是十二个月亮。月亮的母亲常羲也就是《大荒西经》所见的月母"女和"。这自然是古代的人透过神话去说明一年中有十二个月的事实，这个神话是古代历法产生了以后才有的。

日中有三趾乌，月中有蟾蜍的神话，在《淮南子》书中就有。《楚辞》中又说月中有兔"夜光何德，死则又育，厥利为何，而顾兔在腹"。"死则又育"是古代的人因为月圆月缺的自然现象而产生对月亮的不死与再生的信仰，而月中的兔子到了晋代已经开始了它的捣药的工作了，因此到了唐代，李白就有"白兔捣药秋复春，嫦娥孤栖与谁怜"的诗句。月中有兔子的思想在中国虽然很古以前就有，但其他的民族也常有月中有兔的思想。例如印度的古梵文把月亮称为兔子（SARA），墨)栖与谁怜"的诗句。月中有兔子的思想在中国虽然很古以前就有，但其他的民族也常有月中有兔的思想。例如印度的古梵文把月亮称为兔子（SARA），墨西哥的神话说有神拿兔子擦月亮的面孔，Zululand的神话说月亮的圆缺是由于好兔子和坏兔子互相交替的缘故。

印度古代神话说月中有生命树，这树叫做阎浮提，是在须弥山之南，高两千里，枝映两千里。《太平御览》引《淮南子》也说有桂树："月中桂子落，天香云外飘。"江浙一带俗传八月中秋，月中桂子降落如雨。月中有桂的思想发展到后来而有"吴刚伐桂"的神话：月中的桂树高五百丈，学仙犯过的吴刚被神命令去砍这棵桂树，在吴刚用尽了力气终于要把桂树砍倒的时候，桂树又长合了起来，因此吴刚就必须永远地砍这棵永远砍不倒的桂树。这种徒劳无功的反复工作很像希腊神话中推动巨石上山的西斯弗斯（Sisyphus），指的都是一种永劫的回归。"树创随合"，隐喻着月亮的不死与再生的神秘性。月中有兔、有蟾蜍、有桂等信仰，当然都是远古的人看到月亮上的斑点而产生的神话联想，由于月中的黑影并不十分清楚，因此随着看月者的不同而有不同的解释，自然是很可能的。

最为中国人所熟悉的月亮神话，当然是嫦娥奔月的故事。神话说后羿西上昆仑，从西王母那里取得了不死的仙药，后羿的妻子嫦娥偷偷地吃了，于是飞身入月。另一个神话说奔月以后的嫦娥，化为蟾蜍，成为月精。

嫦娥在其他书中原做"恒娥"，因为讳汉文帝的名字而改"恒"为"嫦"。从嫦娥的名字来看十二个月亮的母亲常羲、常娥相同，娥字与羲也是一声之转，因此可以知道嫦娥的原始也就是月母常羲。这个独立的月神神话后来和羿射九日的太阳神话相结合，而有了偷吃灵药的嫦娥奔月的神话。

星辰神话

广开兮天门，纷吾乘兮玄云
令飘风兮先驱，使冻雨兮洒尘
君回翔兮以下，逾空桑兮从女
纷总总兮九州，何寿夭兮在予
……

——《楚辞·九歌·大司命》

入不言兮出不辞，乘回风兮载云旗。
悲莫悲兮生别离，乐莫乐兮新相知。
荷衣兮蕙带，倏而来兮忽而逝。
夕宿兮帝郊，君谁须兮云之际？

——《楚辞·九歌·少司命》

这是见于《楚辞》的星辰神话。《史记·天官书》说："文昌宫，一日上将，二日次将，三日贵相，四日司命，五日司中，六日司禄。"郑玄也说："司命，文昌宫星。"但是近代的学者却对于司命是星辰神的传统说法采取怀疑的态度，认为司命是水神玄冥，或者认为"他是一位不属于星辰之类的自然神"。我的看法是，《楚辞》的司命和少司命是古时的星神，也就是《甘氏星经》所说的"司命二星在虚北"的虚北二星。虚北之地是水神颛顼所治的幽冥之国，所以司命二星也是司掌人类生死命运的神，司命二星与玄冥同处北宫，但却不是同一个神。

另外由《楚辞·九歌》的《大司命》和《少司命》的本文，应该也可以看出写的是星神。前面六句写的是星星从空桑出来的情形，接着是星神感叹："虽然星星布满了九州，可是我的生命却是很短暂的"（纷总总兮九州，何寿夭兮在予），因为天亮之后我也就消失了

（折疏麻兮瑶华，将以遗兮离居，老冉冉兮既至，不寝近兮愈疏），接下来是星神回去的情形。在《少司命》中所唱的"悲莫悲兮生别离，乐莫乐兮新相知"，也是说星沉星落而明夜星辰复出的事。

现存的中国星辰神话中，比较为人所知的是北极星的神话，北极星又被称为北辰或天极星，在古代人的想象里是天帝的所在。四颗星中最明亮的一颗是太一，太一就是玉皇大帝，其他三星则是天上的三公，相当于人间的太师、太傅、太保三公。道教流行以后，北极星又成了道教的至高神太一真君，渐渐成为中国人思想中的神圣星辰。但是现今残存的一些关于北极星的民间信仰与传说，都是道教流行以后所产生的，并不是远古的神话。

另一个星辰神话是参星与商星，杜甫诗句"人生不相见，动如参与商"，就是由这个神话而来的。参星是冬天晚上出现在东方的三颗星，也就是猎户座（Orion）的腰带；商星是夏天晚上出现的红色星，是西洋人所说的天蝎星（Scorpion）。因为这两星不在同一时间出现而且颜色不同，古代的中国人把它们想象成两个感情不好的兄弟，这两兄弟都是帝高辛氏的儿子，哥哥叫阏伯，弟弟叫实沈，两兄弟住在旷野之中，每天拿着刀剑互相攻伐；后来他们的父亲生气了，就把哥哥迁到商邱，命他主司商星，商邱就是后来殷商建国的地方；弟弟实沈被迁到大夏，命他司参星，大夏就是后来唐国建国的地方，以后晋国又灭了唐国而兴起，所以参星也叫晋星。就这样，两兄弟永远不能再相见了。

星辰神话之中，最没有神秘色彩而又最为中国人所喜爱的是牛郎织女的神话，形成这个神话故事的母胎，是远古时代作为农耕信仰的谷物神牵牛和作为桑神的织女相互结合而产生的。远古的人们以现实大地上被信仰的这两个神做了那两颗星的名字，后来由于人们长时期的星象观察而把这两颗星做了神话联想，由此而形成了牵牛织女的神话结合，这时候，牵牛已经被人格化而为牵牛的牧童，不再是早时农耕祭祀时的牺牲了。早期的神话中的牵牛织女只是一对遥遥相望而不能相会的情人，后来又经过很长时期而产生了牵牛织女七夕相会的传说，又由远古以来对桑神织女的信仰而形成了这个神话中的乞巧的内容，再由七夕相会传说的需要而形成使鹊为桥的神话，于是逐渐地形成了"盈盈一水间，脉脉不得语"的牵牛织女的悲恋故事。

日月星辰的神话，只是自然神话中的一环，其他举凡自然界的一切现象和事物，如风、雨、雷、电、云、雪、彩虹，或是山岳、河流、海洋，或是生活四周的植物与动物（有事实的动物与想象的动物），或信仰的图腾，都是自然神话的一环。中华民族是一个由许多民族共同组成的民族，因此在神话中同一个自然现象或事物往往有着不同的神话传说，这是必然而自然的事。

人神对抗：神话中的人文精神

　　神话是文化与社会的一部分，与文化、社会有着密切的关联，更可以进一步说，神话世界是现实世界的反映，也是一种思想的表达。神话内容有其原型，原型之外，必有增减改变，观察神话，便可以从它的演变中，了解思想的演变。换句话说，思想的变化也可以从神话内容的变化中观察出来。所以中国人文思想的发展自然也有神话上的证据。

　　上古宇宙，人神交往。根据商人的宗教观念，世人、祖先、神祇三者之间，关系密切，人透过祭祀，连系祖先，而祖先宾于帝所，彼此可以互相交通。反映在神话思想上的第一个变化就是，这一个人、祖、神交融的世界被分隔了，此即重、黎二神将神仙世界与人间世界分隔开来的神话。神话说天上恶神蚩尤降世作乱，累及一般民众，无不杀害别人，为非作歹。起初九黎的苗民并不跟从，蚩尤就作五虐之刑，杀戮无辜，苗民受不过酷刑，渐渐互相欺诈，纷乱侵扰，无有诚信，背叛与神的盟约。无辜善良的人上告于帝，上帝见苗民无德，哀矜无辜，于是报虐以威，诛除蚩尤，灭绝苗民。又命重、黎二神断绝人间和天上的交通，重司天属神，黎司地属民，天神不再降临人世，民神不杂。这个神话说明世人、祖先直接与神交往的关系被截断，人神永隔。这种改变与殷周之际宗教思想上上帝与祖宗神分别独立存在很多神祇都被历史化、人化为英雄先祖，构成祖先世界的主要分子。

不但人神分隔了，更进一步，人神之间开始有了对抗的关系，神话中的人文精神就是在人神对抗的神话中表现出来的。这类神话以夸父逐日的神话最为人耳熟能详："夸父与日逐走，入日，渴欲得饮，饮于河渭，河渭不足，北饮大泽，未至，道渴而死。"第二个是刑天与帝争神，帝断其首，葬之常羊之山，刑天不服，乃以乳为目，以脐为口，操干戚以舞。第三个是共工与颛顼争为帝，失败后怒而触不周之山，结果天柱折、地维绝，《楚辞·天问》有"八柱何当，东南何亏"之语，为共工神话在东周的痕迹。

夸父、刑天、共工与神抗争，最后虽然都失败了，但其敢于向天神权威挑战的精神，却是人文精神的充分表现。对于刑天永不屈服的意志，陶渊明曾咏赞道："刑天舞干戚，猛志固常在。"

人神之争以外，能够表现人文精神的还有天灾与救世的神话。天灾主要是指旱、水两灾，皆因旱、水两灾为中国自古以来为害最烈的天灾，神话世界既为现实世界的反映，神话中强调旱魃洪水也是自然的。旱灾的神话最常见的是十日并出。古时十日并出，焦禾稼，杀草木，民无所食，尧乃使羿上射十日，解救大难。水灾的神话则以鲧为中心。洪水滔天之际，鲧深心哀怜，于是偷窃了上帝的息壤，以埋洪水，上帝大怒，令火神祝融杀鲧于羽郊，鲧死三年，身躯不腐，而且孕育了禹的生命。这些天灾神话反映了天是不可靠的，而且常常降祸于人，更进一步又指出，解救灾难的，不是上帝，而是祖先世界里的英雄人物，甚至于上帝还惩罚救世的英雄。所以，上帝受到咒骂也是理有应当。当然，我们更可以从这些神话中了解到先民在恶劣环境中艰苦奋斗的情景。

东周以后，先祖英雄在文献中陡然增加，很多超自然的神灵历史化为历史上的英雄人物，此为人文主义潮流下的必然趋势。把神话合理化亦为趋势之一，杨宽举了黄帝和夔两个例子，来说明"神话之得演变为古史，乃出天道观之转变与夫智识阶级之润色"。神话说黄帝有三百年，孔子以"生"、"死"、"亡"影响三百年来解释："生而民得其利百年，死而民畏其神百年，亡而民用其教百年，故曰三百年。"神话说黄帝有四面，孔子却说："黄帝取舍己者四人，使治四方，不谋而亲，不约而成，大有成功，此谓四面也。"把四面解释为四面灵通。神话说"夔一足"，孔子解释为："夔非一足也，一而足也。"神话之不雅驯者，被孔子合理化了。除了历史化、合理化外，还有伦理化、哲学化的现象。伦理化可以孟子笔下的虞舜为例，哲学化可由庄子的寓言哲学得而证之。

因此，神话中所蕴含的人文精神确是十分鲜明，并且成为中国神话的主要特色。多数学者都同意，与其他文明相较，中国古代关于自然和神的神话，显得非常贫乏，而且所有的神话，又多半涉及人间世界。

创 世 神 话

　　盘古在我们的民族思想里是开天辟地的神，但盘古神话出现于文字记载却是很晚的事，直到三国时代吴国（公元222～280年）徐整的《三五历纪》才首次出现。文中说，盘古一个人在混沌如鸡蛋的黑暗中过了一万八千年，天地变化以后，阳清为天，阴浊为地，盘古是头顶着天、脚踏着地而生长于天地之间。他一日九变，神于天、圣于地，天日高一丈，地日厚一丈，盘古日长一丈，如此经过了一万八千年，因此天地之间的距离是九万里。明代周游所著的《开辟衍释》说盘古将身一伸，天即渐高，地便坠下，但是天地之间还是有些相连的地方，于是盘古左手执凿，右手持斧，或用斧劈，或用凿开，如此不断地努力，久而久之，天地才真正地分开了。

　　盘古死了以后，他的气化成了大地上的风和云，他的声音化为空中的雷霆，他的左眼变成了太阳，右眼变成了月亮，他流下了血和泪，化为大地上的长江大河，他的肌肉化为生长五谷的土壤，皮毛化为人间的草木，汗流成为雨泽，须发化为天上的星辰……经过了三万六千年孤独生涯的盘古，以他整个生命以及他死后的身体献给了他用双手开辟出来的天地。

　　中国西南方的各民族之间都有盘古神话的信仰存在着，如苗族、瑶族、侗族、黎族等，是原先居于中原而由于部族战争渐渐南迁的各民族。这些民族都把盘古当作是开天地、生乾坤、造人类、产万物的民族始祖神而祭祀着。南方的江西会昌有盘古山、湖南湘乡有盘古堡、零都有盘古祠，荆湖南北是以十月十六日为盘古的生日，广陵有盘古庙，又传说南海之中有盘古墓，这个墓绵亘三百里，葬的是盘古的魂，又有盘古国，国人至今都以盘古为姓……由这些神话信仰的遗迹，可以知道盘古原是中国西南方许多民族的祖神，到了后来，汉民族向南发展，吸收了西南各少数民族的盘古神话信仰而加以融合，最后终于使盘古成为中华民族共同的祖神了。

盘古神话在世界的创世神话中属于巨人死后尸化万物的类型，这类神话也分布于世界的其他各民族之间。有名的例子如北欧神话中的霜巨人Ymir被大神Buri的三个儿子所杀，巨人的血化为海，骨化成山，头骨化为天空，脑髓化为云，身体腐烂以后的蛆虫，化为人类。印度神话则是说神Purusia死后，双臂化为印度的婆罗门族，腿化为农民，两脚化为奴隶。这些尸化万物的神话也都类似于中国的盘古神话，都是古代的人用神话去解释人类与万物的起源，印度神话则是解释他们的种姓阶级制度的起源。

在盘古神话以前，中国最早的造物神是女娲。女娲在中国神话中是理水、补天、造人、主婚、乞雨和生产万物的女神。女娲的神名最早见于《楚辞·天问篇》："女娲是人头蛇身的，她的身体又是谁做成的呢？"（女娲有体，执制匠之？）在今天残留的汉代石刻画像、壁画以及古代的文字记载，都可以看到女娲是人面蛇身的样子。

应劭的《风俗通》记载说，天地开辟之后，大地上还没有人类，于是女娲就"捏黄土做人"，就是用黄土捏成人的样子，然后吹口气就成了活生生的人，但是一个个地捏毕竟也太麻烦了些，最后女娲就干脆牵了根绳子于泥中举以为人，因此凡是在人间享富贵荣华的，就是女娲原先亲手捏土所造的人；世间贫贱凡庸的，就是女娲引绳泥中而随便造出来的人。女娲造人以后，又为人类创立了婚姻制度和笙簧等乐器，因此后世又把女娲当作是婚姻之神或高媒之神。

理水与补天是女娲神话最重要的内容。神话说女娲氏晚年的时候，水神共工为了反抗黑帝颛顼的统治而率领着他西北大荒中的诸神发动了战争，共工失败了，他愤怒地用头撞击不周之山，结寡支撑天地的天柱撞倒了，于是天地起了很大的变化：天倾西北，地不满东南，四极废，九州裂，烈火从山林间燃烧，洪水从地府涌上来，人类陷于一片水火之中。造人的母神女娲看到这种情形，为了拯救人类，于是就炼五色石以补天，断巨龟足以立四极，杀黑龙以济冀州，积炉灰以止洪水，经过女娲的这一番理水和补天的工作，人类才又安全地活在大地上了。

在神话里，女娲又是大禹的妻子。《吴越春秋》记载说大禹因为忙着理水，所以到了三十岁还没有结婚，恐怕再这么蹉跎下去的话就会没有后代，所以就对天祈祷说："吾娶也，必有应矣！"结果就在涂山之阳遇到了一个涂山之女，然后和她"通之于台桑"。之后大禹又忙着到各处理水去了，过了十个月，涂山女生了一个儿子，就是夏启。启因为终年看不到父亲，所以整天呱呱啼泣……另外，《绎史》引《隋巢子》说，有一天涂山氏去给大禹送饭，正好看到大禹变做一个大黑熊在那里开辟辕山，涂山氏大惊而逃，大禹一直追她，追到嵩高山之下，涂山女化为石头，大禹叫着："还我的儿子来！"于是石破北方而生启……

《世本》说"涂山氏号女娲"，所以知道女娲是大禹的妻子。女娲的娲字是由蜗牛的蜗字音转而成的，蜗牛在其他文献中又做陵螺或蠃，由此可以推想到神话中另一个具有原始母神性格的神，就是由螺字音转而成的黄帝的妻子嫘祖。嫘祖的神话与女娲神话有些相同之处，而嫘祖是古代北方嬴姓部族的母神，具有雷神的神话性格。女娲神话与古代嬴姓部族的雷神嫘祖是同一个神话，因为女娲在神话中正也是"乘雷车"的神。

女娲用来补天的五色石头，是象征雨过天晴以后出现在天边的彩虹，这也是古代朴素的中国人透过神话的思维去克服自然以及解释自然现象的一个具体的例子。

盘古与女娲的神话，分别表示着古代中国南北不同部族间的不同的创世神话。

四季的神话

　　远古的人们，见地上万物随着春夏秋冬四季的循环而有生长茁壮枯萎死亡的现象，于是透过神话的思维而认为四季的变换与循环，都是超自然性神的威力所造成的，古代中国原始的四季神话或许就是《山海经》等书所见的春神句芒，夏神祝融，秋神蓐收，冬神玄冥。殷代的卜辞中已经出现了五方帝，五方是东南西北以及中央，因此殷代或许已经有五方神祇的祭祀。而至迟在战国时代，五方的上帝已经与青、红、白、黑、黄五种颜色相结合而有了五方帝五色帝的祭祀了。战国时代阴阳五行说起来，到邹衍的五德终始说兴起，又以金、木、水、火、土五种元素与五方五色以及四季相结合，而形成了《淮南子》书中所见的神话：

> 东方木，其帝太皞，其佐句芒，执规而治春。
> 南方火，其帝炎帝，其佐朱明，执衡而治夏。
> 中央土，其帝黄帝，其佐后土，执绳而制四方。
> 西方金，其帝少昊，其佐蓐收，执矩而治秋。
> 北方水，其帝颛顼，其佐玄冥，执权而治冬。

　　在四季神之上，有东南西北的四方上帝，而统制四季与四方的是中央的黄帝，黄帝成了神话中至高无上的统治者，由神话而落实到人文的历史中，黄帝成了中华民族共同的祖先。

春天的神

治理东方一万两千里土地的是春神伏羲与句芒。句芒是个鸟身人面，四方脸，穿白衣的神，他驾着两条龙，往来于天地之间。《礼记·月令》说句芒是主木之官，因为春天草木初生的时候，句屈而有芒角，所以叫句芒。《白虎通》说芒的意思是萌，就是指春天时万物萌芽的意思。由伏羲神名的音义来看，伏字同匐字一样是屈曲的意思；羲字《广雅》说是"施也"，也含着弯曲的意思。原义是"屈曲"的伏羲，他的神名一方面说明了伏羲是"人首蛇身"的蛇（龙）神性格，另一方面也说明了伏羲如同句芒，都在神名中含有春天万物屈伸生长的意思。

神话说在距离齐国东方几千万里，位于弇州之西，台州之北的华胥国，有一个女子到雷泽去玩，看到一个巨大的脚印，她就用自己的脚去踩了踩这个巨人的脚印，结果她就怀孕了，后来生下了一个人面龙身的儿子，就是伏羲。原来这个脚印是雷神留下来的，雷神是住在雷泽之中的一个龙身而人头的神，因此雷神的儿子伏羲，自然也是人面龙身。

伏羲的出生是古代的"感生神话"的一环，感生神话是以古代的原始信仰为基础而产生的，如天命玄鸟，降而生商的殷人始祖契；姜原出野见巨人迹，践之而孕所生的周人始祖后稷；女脩吞燕鸟之卵而生的秦人始祖大业等，都是古代的感生神话。

原始的神话经过流动变化而进入了历史，在后来的许多记载中，伏羲是启开人类文明的圣王，他曾经教导人类用火以及结绳作纲，他又是音乐的创始者，曾经作瑟，而且编过叫做《驾辩》的曲子。而在儒家的书中，伏羲又是文化的始祖，因为他仰观于天象，俯察于地法，并且观察大地上的飞禽走兽，近取于身，远取于物而作八卦，作了八卦以后就能够通神明之德，类万物之情。

在中国西南边苗族瑶族的神话里，说伏羲和女娲是人类经过洪水浩劫之后仅剩的两个人，他们结了婚，就是所有人类的祖先。

人面蛇躯的伏羲原是古代风姓部族的祖先神，风姓部族和建立殷商的子姓部族有密切的关系，由任、宿、须、句、颛、臾等风姓部族所建立的国家都祭祀伏羲。伏羲也就是太皞《左传》说："太皞氏以龙纪，故为龙师有龙名。"可以知道风姓部族是以龙或龙神伏羲作为自己部族的信仰对象。

风姓部族神伏羲，演变为治理东方的春天之神青帝，又经过儒家的知识分子之手，再演变为黄帝之前的人间古代圣王，再经演变而为三皇五帝的三皇之一，使得龙神伏羲成了神、圣人、古帝的混合体。

夏天的神

我们至今仍说我们是炎黄的子孙，炎指的就是炎帝神农。炎帝就是太阳的意思，是南方的火神，也是夏天的神。《淮南子》说南方之帝是炎帝，其佐朱明，朱明就是火神祝融。神话说在南方之极，自北户孙可到颛顼之国，向南可到委火炎风之野（聚积的火，炎热的风），火神祝融在那里掌治一万两千里的地方。火神祝融是个兽身人面而乘两龙的神，他曾经奉了天帝之命杀了为人类而盗息壤去治水的水神鲧于羽郊。祝融的弟弟叫吴回，是个奇左无臂的火神，又叫回禄，所以至今人们仍称火灾为回禄之灾。火神祝融是南方帝炎帝的辅佐，也是楚民族所信仰的祖先神。

感生神话说有一个叫安登的少女，在华阳山遇到一个白衣男子，与他私通于常羊之山（也就是神话中刑天断头的地方），生下了一个人面龙头，头上长着两只牛角的巨人，就是神农。神农是农业的神，因为他首先教人类播种五谷，他并且也是农业工具的发明人（做陶冶斤斧，为耒耨，以垦草莽）。神农同时也是医药神，他用赭鞭鞭百草，而尽知百草的平毒寒温之性以做药。也有神话说神农是亲尝百草而为人类找药草的，他每天都遇到许多毒草，常常"一日而遇七十毒"，最后，终于吃了一种含有剧毒的黄色花而死去了，后来的人就把这种黄色花称为"断肠草"。

神农神话发展到了后来，神农成为诸子百家中的农家之祖，孟子所见唱君臣并耕而食的许行就是神农的信徒。神农又是商业神，因为神农曾经"日中作市"，叫人们在太阳升到头上的时候，把自己种的谷子和蔬菜拿到固定的地方来互相交换，是人类最早的市场。又有神话说神农是音乐神，因为他曾作五弦琴。而神农的孙子伯陵和吴权之妻阿女缘妇私通，过了三年，生了鼓、延、殳等孩子，其中的延是"始为钟、为乐风"的音乐家。

社会学家认为，神话是人类由原始而逐渐迈向文明的社会发展过程的一些阶段，如果教人类结绳作纲的伏羲代表人类原始社会渔猎时期的话，那么神农的神话，该是说明农耕社会的开始了。

秋天的神

春耕、夏长、秋收、冬藏。秋天是人间的万物由盛而衰的季节，自然界四季的交替和循环，也正如太阳每天由东方升起在西方落下的循环，在古代，中国人是把秋天拿来和日落、西方、白色与金（五行中的元素）相结合的。神话说在西方之极，自昆仑横渡流沙、沈羽，西至三危之国、石城金室、饮气之民、不死之野的一万两千里是西方之帝少昊和秋神蓐收所统治的。这里所说的沈羽就是太阳西下的羽渊，三危之国是为西王母取食的三青鸟所在的地方，再西方的饮气之民和不死之野就是幽冥的世界了。西方的神少昊所住的地方叫长留之山，这里是员神磈氏之宫，员神磈（音鬼）就是白帝少昊，他是"主司反景"的神，也就是说他是掌管太阳西落回光返照的神。

在长留之山（太阳在此停留的意思）西方二百九十里的地方有个㶏山（㶏，音义都是幽，指的是日落后的昏暗黝黑），是秋神蓐收住的地方，这个㶏山是"西望日之所入"的地方，这里的神"红光"就是蓐收。蓐收是个人面虎爪左耳有蛇、乘龙执钺的神，因为他是秋天的神，所以也是刑杀之神。秋神蓐收在《楚辞·招魂》中所呈现的是："魂乎无西，西方流沙，漭洋洋只，豖首纵目，披发鬤只，长爪踞牙，俟笑狂只"的可怕样子。"纵目"是说只有一个眼睛，长在脸中间，也就是《山海经》神话中"一目国"所见的怪人。

西方之神少昊也如其他古帝一样有他的感生神话，或说少昊的母亲名叫女节，见流星如虹，梦接而生少昊。或说少昊的母亲叫皇娥，晚上常在璇宫织布，白天又常乘桴木舟到处游历，在穷桑的苍茫之浦遇到一个容貌绝伦的神童，神童自称是白帝之子，也就是太白之精。从此帝子常降临水边，和皇娥奏乐宴戏，使得皇娥游漾忘归，帝子又经常带皇娥泛舟于海上，皇娥挥琴而清歌，帝子答歌。后来皇娥生了少昊，所以少昊又叫穷桑氏，或叫金天氏（因为他的父亲是太白金星的缘故）。又因为少昊生的时候有五只不同颜色的凤凰集于帝庭，所以又号凤鸟氏。

考察白帝少昊的神话，我认为少昊神话和本节所论的四季神话一样，都是非常原始的古代神话，当然，越到后代神话的内容也就演变得越复杂，或是改变而成为另外一种形态。原始神话中的少昊是主司日之反影的西方日落之神，黄昏时出现于西方天边的金星叫做长庚，所以在神话中太白之精金星成了少昊的父亲。少昊生于穷桑，穷桑也就是神话里的太阳的故乡，神话或说"日五色、互照穷桑"，以及"时有五凤，随方五色。"五色应该是指的太阳西下时的余晖而言。少昊的儿子倍伐降处"缗渊"，缗洲是昏洲，也就是日落之地的蒙谷和虞渊（日至虞洲，是谓黄昏，至蒙谷，是谓定昏）。少昊的另一个儿子也就是司掌"日之所入"的秋神蓐收，蓐收的神名固然包含有秋天"万物摧蓐而收敛"的秋神意思，但我想更原始的意思指的该是太阳逐渐西沉入山的"入收"的原义，蓐收的神名原义上是含有"缩收"的意思的。

另外，《山海经》的神话说："东海之外大壑，少昊之国，少昊孺帝颛顼于此，弃其琴瑟。"注《山海经》的郭璞说此孺字"义未详"。现代的神话学者依《帝王世纪》"颛顼生十年而佐少昊"的记载而建立了少昊与颛顼的叔侄关系，但对何以如此的原因却没有什么说明。我认为成立这个少昊孺帝颛顼神话的原始，是由太阳西落以后黑夜出现的昼夜交替现象而来的，因为神话中少昊之后接着而到的就是北方的黑帝颛顼，颛顼也就是掌管黑夜的水神和死亡之神。

少昊或少皞神名都是从日的（《说文》的皞字不在白部，而是日部的暤字，是"洁白光明"的意思）也说明了少昊具有太阳神的性格。其他神话或历史都载有少昊与鸟的关系，具有名的如《左传》郯子所说的："少皞挚之立也，凤鸟适至，故纪于鸟，为鸟师而鸟名……"作为少昊名字的挚，也即是"猛兽挚鸟之发"的鸷鸟。如果从原始"日中有鸟"的太阳神话来看，少昊与鸟的关系之所以建立，也不是偶然的。

由日落之神少昊的神话，可以推论古代中国四季神和四方神神话的原始该是以太阳为基础而产生的，原始太阳神话中的太阳神也许不止一位，该是有日出东方的太皞羲，日正当中的炎帝神农，日落西方的少皞及日落之后的黑夜神颛顼，这四个神话说明日夜之间的交替和循环。水神颛顼帝号"高阳"，以及他处于空桑（空桑，太阳的故乡）的神话内容，也指出颛顼与太阳神是有些渊源的。

冬天的神

古代以北方为水为黑为冬的观念形成于五行说流行之前。古代有天圆地方，天兼覆，地周载之说，认为日月星辰皆沉落于西北方或极北方，这地方有天门，是天地之间的通口，也就是幽都之门。古代的人以太阳沉落的地方为他界，也就是死亡的地狱之国。古代幽冥地狱神话的形成，是由于古代人用朴素的神话思维去解释昼夜的嬗递现象而来的。由白天和黑夜交互循环的现象而产生幽冥地狱神话的思想，也是全世界许多民族所共有的。

神话说在北方之极，自九泽而穷夏晦之极，往北到今正之谷，有冻寒、积冰、雪雹、霜霰、漂润群水之野一万两千里的地方，就是黑帝颛顼和玄冥所司的地方。

水神颛顼在神话中是非常重要的一个神，他曾经断地天通，就是断绝了人神之间的通路。他曾"依鬼神以制礼法"，就是制定了幽冥世界中的死者的法律。他并且也是音乐的创立者，他曾命飞龙作八风之音。他所处的地方是在"玄宫"、"幽门"、"幽房之宫"，这些地名都说明颛顼是统治幽冥世界的冬天之神。幽都是个"下幽晦以多雨"、"下冷冷而来风"以及"下有兮虺蛇"的地方，幽都之山有黑水，其上有元鸟、元豹、元虎、元孤蓬尾，有大元之山，有元邱之民，有大幽之国，这里所见的元鸟元豹的"元"字，也就是"玄"字，是黑色的意思。因为这里是经年太阳照不到的太阴之地，所以所有的东西都是黑色的。

颛顼是在北维建立星辰与日辰的神，他并且命他的子孙噎掌管日月星辰运行的次序，神话说有一个名叫日月之山的大山在西北大荒之中，那里是天枢（天柱，也就是连接天地之间的地方）。那里有天门，是日月所入的地方，有神，人面无臂，两足反属于头上，他是在西极掌管日月星辰行次的噎，噎是颛顼直系的子孙。

和颛顼共同统治北方的是玄冥，玄冥就是北海之神禺疆。禺疆或作禺强（彊），或作伯强，是孟冬之神，也是以灵龟为使者的北极之神，是生不周之风的风神，又是所至能够伤人的大厉鬼。水神禺疆是个人面鸟身，耳朵上挂着两条蛇，而脚上也挂着两条蛇的巨神，他和颛顼一样是立乎北极，处于穷桑的幽冥世界的统治者。玄冥（禺疆）也或许就是神话中所见大荒之中，处于幽都的"珥两黄蛇，把两黄蛇"而后来逐日而死的夸父。

以颛顼和玄冥作为北方之神和孟冬之神的神话起于古代人以日落之地为幽冥世界的思想；追逐太阳而渴死于道的夸父神话也是古代幽冥神话的一部分，都是古代人用神话去解释昼夜的交替现象而产生的。颛顼神话云："有鱼偏枯，名曰鱼妇，颛顼死即复苏，风道北来，天乃大水泉，蛇乃化为鱼，是为鱼妇……"这段神话文义错综复杂，自来学者认为其义不详，它该是说明水神颛顼是幽冥世界之主的神话。颛顼是太阳西落以后的黑夜之神，"有鱼偏枯"，偏枯是半身不遂，指的是在一日之中，有一半的时间黑夜是不动的；"颛顼死即复苏"是说明太阳出来了以后，黑夜虽死，但太阳落下之后黑夜又复活了；"风道北来"指西北不周之风，来自不周之山（幽都）；"天乃大水泉"指幽都那里的渤泽（幽泽，也就是夸父北饮大泽的大泽）是河水所潜，其原浑浑泡泡的地方；蛇化为鱼以及其神名鱼妇也说明颛顼是水神的神话性格。

作为四方和四季之神的统治者的，是位居于中央，四面（四张脸）而乘龙的黄帝。在古代神话里，黄帝是至高无上的神，神话转化为历史之后，黄帝又是我们中华民族共同的始祖。考察《山海经》等书所见的黄帝神话的系谱，可以发现黄帝和他的后世昌意、清流、干荒、颛顼、鲧、禹的这个系统，都与古代的华夏民族所信仰的水神有关，因此有些神话学者认为黄帝是古代居于中国西北方的嬴姓部族所信仰的祖先神，其神话的原始是流入黄河的沇水之神，也就是神话中所见的水神允格。

西北大荒中的诸神

　　《楚辞·招魂》所见的"十日代出，流金砾石"，和《淮南子》所见的"尧之时，十日并出，焦禾稼，杀草木，民无所食"，都是古代十日并出的神话。产生十日并出神话的背景，或许是由于古代的人经历过的一个久旱无雨的事实，如同许多的洪水神话是由于人们对洪水的记忆。中国历代有掌雨的官，在久旱无雨的时候，连皇帝自己也必须亲自祈雨，殷王商汤就曾于桑林祈雨。《山海经》神话说在西北大荒之中有女丑之尸，女丑是求雨的女巫，可是她却被天上并出的十个太阳晒死了，她的尸体被弃于丈夫国以北的高山上，十个太阳在天空照着她，她以右手遮住自己的脸。又有神话说因为十日炙杀了女丑，所以帝尧乃命后羿射杀九日。女丑曝尸的神话是源于古代有以暴巫焚巫为求雨手段的信仰而来的，就是在久旱的时候把女巫放在太阳底下晒，或是焚杀女巫以求雨。这种古代宗教的仪礼如同以女巫祭河神是一样的，都是人身供牺的一种宗教仪式。

　　在古代，巫是人神之间的媒介，神话说远古之时，民神杂糅，人类可以直接上天，群神也可以下降大地，后来黑帝颛顼"依鬼神以制礼法"，并且命重黎断绝了天地之间的通路，从此人神异路，必须靠神巫作为交通的媒介。《山海经》神话所说的女丑之北的巫咸国有登葆山，是"群巫所从上下"的地方，指的就是群巫由此上天下地的事。这里有丰沮玉门，是日月所入之山，这里的灵山，就是成都载天，是群巫从此升降，并且是百药所在的地方，掌管这种不死药的，就是群巫。有一个人面蛇身的天神叫做贰负，他的臣子叫危，危和贰负杀了窫窳，天帝就把贰负绑起来丢在疏属之山上，同时并命群巫操不死之药以救活窫窳。由这个神话也可以知道古代的巫兼掌医术的事实。

神话中有求雨而死的女丑，也有为人类盗息壤治水而死的鲧，古代洪水泛滥于天下的事，古籍中的记载很多。孟子说："尧之时，天下未平，洪水横流，泛滥于天下，草木畅茂，禽兽繁殖，五谷不登，禽兽逼人，兽蹄鸟迹之道，交于中国。"

面对着几乎每年都要泛滥的黄河之水，古代的人们对洪水有着极大的恐惧，而他们又在极大的恐怖之中产生了征服洪水的毅力，于是许多洪水为害与治水的神话也就产生了。

鲧是第一个治水的神，他是北方水神颛顼的儿子，也是治水的大禹的父亲，他偷了天帝的"息壤"跑到人间治水。息壤是一块神土，这块神土是生生不息的，只要把它放在水中，这块神土就能够逐渐扩大生长而堆积成墙，堆积成山。鲧用息壤教导人们堙障洪水（用土堵塞洪水或筑墙阻挡洪水），所以鲧也是"始作城者"。因为鲧"不待帝命"而窃帝之息壤，所以帝命火神祝融杀鲧于羽郊。

鲧虽死（神话或说他化为黄能而入于羽渊），但他治水的悲剧却没有因为他的死而停止。他死后三年，尸体不烂，天帝以吴刀剖之，从他的腹中生出了一条头上长着角的小龙。这条小龙，是鲧在他死后三年所孕育的一个新生命，也就是治水的大禹。《楚辞·天问》的"永遏在羽山，夫何三年不弛？伯鲧腹禹，夫何以变化？"及《离骚》的"鲧婞直以亡身兮，终然夭乎羽之野"，就是指的这个神话。

在历史"合理主义"的要求下，鲧又常被视为恶神，《尧典》说他"方命圮族"（刚愎自用、毁害善类的意思），《周语》说他"播其淫心"，《墨子》说他"废帝之德庸"，也有书说他是因为尧让位于舜，他不服而率众造反的。

神话中的水神共工是一个人面蛇身而朱发的巨汉。女娲氏晚年的时候，水神共工与火神祝融交战，不胜而怒，于是以头触不周之山，结果把支撑天地间的天柱撞倒了，于是天地起了很大的变化，天空倾向西北，使得日月星辰皆向西北移动；地陷东南，使得江河水流都流向东南；四极废而九州裂，所以女娲氏才炼石补天，积灰理水。另外的记载也有说共工是和颛顼争帝，不胜而以头撞不周之山的，因为天地间的天柱被他撞缺而不复周全，所以此山才叫"不周之山"。

　　共工有个臣子叫做相柳氏，是个九头人面、蛇身而青发的巨神，他所到的地方，全都变为泽谿水潭，后来被禹杀了。因为他的血很腥，所以不能够耕种五谷，后来那地方就叫共工之台，台上有一巨蛇守护，射者都不敢朝共工之台所在的方向，因为惧怕共工的威灵之故。

　　共工神话之中有"共工遂潜于渊"，此和鲧入于羽渊是相同的。又有"共工之子能平九州，是为后土"的内容，这和禹治水，死而为社神的内容也一致。又有"舜流共工于幽州"或幽陵的内容，幽州、幽陵，指的都是神话中的北方幽都，也就是鲧所入的羽渊。《国语·周语》说共工"欲壅防百川，堕高堙卑"，所以造成了"皇天弗福、庶民莫劝、祸乱并兴"为害天下的结果，共工这种失败的理水方法，也正是鲧治水所用的"堙障洪水"的方法。由共工与鲧两个神话的内容上的相同以及他们神名语音上的相同，都可见共工与鲧实在是一个水神的分化。

　　《左传》说"共工氏以水纪，故为水师而水名"，以及"共工之伯有九，其子曰后土，能平九土，故祀以为社"，都说明了共工氏是古代与水极有关系的强大部族，这个部族与颛顼极有关连，所以在神话里共工也是颛顼的子孙。共工头触不周之山的神话，当然是古代的人们用神话去解释实际的"天倾西北，地不满东南"的地理现象，共工的原始是洪水、洚水。《孟子》说："水逆行谓之洚水。"《水经注》说："黄河北过降水，不遵其道曰降。"黄河在上游不能为患，流经晋陕豫各省融入了汾、渭、洛各河流之后水量大增，流经共地（河南省辉县）纳入了共水，才开始奔腾湍急，迁徙无常而多水患。共水应该就是神话中水神共工的原始，由这条不遵其道的逆行之水加入黄河而造成水患的事实，产生了水神共工与祝融、颛顼、女娲争帝或与大禹争战的许多洪水神话。

西北大荒之中，有身长千里，其身九屈的土伯，有人面蛇身而赤发，终年不饮不寝不息，其视为昼，其暝为夜的钟山之神烛龙。土伯和烛龙，实在也就是水神共工的儿子后土句龙。由其身"九约"而言，名为句龙；由其终年衔火以照天门而言，其名烛龙或锺山之神；由其掌地下幽都而言，其名后土或土伯。

在西北大荒的神话之中，在人文精神上影响后来的人们最深的该是刑天与夸父的神话。刑天在神话中是神农炎帝的乐官，曾为炎帝做过"扶犁"、"丰年"等乐曲。神话说刑天与黄帝争战，失败了，被黄帝砍下了头、弃之于常羊之山，断头的刑天于是以乳为目，以脐为口，继续拿着干戚在那里作战。陶渊明的诗"刑天舞干戚，猛志固常在"，就是歌咏的这个神话。

夸父在神话的系谱上是水神共工和黑帝颛顼的子孙，共工生后土，后土生信，信生夸父。神话说在西北大荒之中有山名为成都载天，有人耳朵上挂着两条黄蛇，手握两条黄蛇，名叫夸父。夸父不量力，欲追太阳，在禺谷的地方抓住了太阳，因为太阳的强光灼伤了他，所以他一口气喝光了黄河和渭水的水，仍不足，想北走大泽，结果渴死于路上，临死之前，弃其手中之杖，其杖化为一片桃林，桃林广布，蔓延数千里。

夸父所居的名叫成都载天的海中大山，就是神话中的天柱，夸父逐日于禺谷是日落之地虞渊，夸父北饮大泽的大泽是委羽之山的雁门，雁门是古代人观念中的极北幽都，神话中所见的和巨人夸父有关的地名，指的都是日落的幽都。

因为夸父在神话中同时具有风神雨神的神话性格，所以后来的蚩尤与黄帝的水火神之战的神话中，有黄帝命应龙杀蚩尤与夸父于大荒东北凶犁上邱的神话。

西北大荒的神话是古代居于黄河中游洛、渭、汾等水一带的夏部族的古老神话。古代的华夏民族在凿井的技术发明以前，是居于靠水的地方，而又因为水患与天灾的缘故，必须时常迁徙，他们过的该是原始农业与畜牧并行的半农半牧的生活。

"华夏"这个名词现在是作为我们民族的总称的，而在远古的时代，指的该是别于东方之夷的西北方的部族的名称。章太炎说华夏民族的得名是由夏水而来，古代人固然是以所居之水为自己的姓氏；但是华夏民族却未必是因为汉水而得名，因为汉水名为夏水是后来的事。华夏民族的名称，华是指西岳华山，"夏"的意思固然很多，但原来的意思该是指西方部族而言。《论衡》记载说费昌问冯夷："何者为殷，何者为夏？"冯夷回答说："西，夏也，东，夷也。"就是说夏是西方的部族。

记载上或说"自洛汭延于伊汭，居易无固，其有夏之居"，或说"昔伊洛竭而夏亡"，或说夏族之祖禹都平阳，都是指出古代夏民族是在以伊洛之水为中心而四下移动的部族。傅斯年所推定的夏民族是在汾水流域的山西省南半、伊洛一带的河南省中部西部以及渭水下游的陕西省一部分。这个古代西北夏民族的活动地区，正是仰韶文化的彩陶出土的地方。

从出土的彩陶上，可以看出西北大荒的一些神话是夏族的原始水神信仰的痕迹。彩陶上的漩涡纹图案，当然是急流的原始表现，后来出现的云纹也或许是水流的象征。在更西北的洮湟地域所出土的彩陶人首器盖（壶盖）上有张口昂首的蛇像人头，颈上有交缠的蛇纹，蛇身是像辫子一样地垂在头后，这种"人首蛇身"的器盖，使人想起西北大荒之中人面蛇身的诸神。神话中的水神共工和他的臣子相柳等神都是人面蛇身的，共工也正是居于西北方的羌族所信仰的水神。甘肃甘谷出土的仰韶式彩陶龙纹瓶上有很清楚的蛇的图样，陕西半坡出土的鱼纹彩陶钵和1972年陕西临潼姜寨出土的彩陶人面鱼纹钵都画着偏枯的鱼，以及圆形的人面鱼身的图像。日本学者白川静认为，这种人面鱼身的图像就是水神禹的神像。这个图像虽然未必就能肯定是禹，但该是夏族的水神是没有问题的。西北大荒神话中的水神颛顼是，"有鱼偏枯，名曰鱼妇，颛顼死即复苏……蛇乃化为鱼妇。"体现了颛顼的儿子鲧的名字和鱼的关系以及化为黄能（三足之鳖）入于渊的神话，而且鲧的儿子禹在一些书中的记载也正是"形体偏枯"的。禹在《史记》等书中被说成是出于西羌，是姒姓，氏曰大夏，姒姓也即是黄帝的姬姓。由此可以明白的是，《大戴礼》的"黄帝生昌意，昌意产颛顼，颛顼产鲧，鲧产禹"，以及《史记》所谓的"夏禹之父曰鲧，鲧之父曰颛顼，颛顼之父曰昌意，昌意之父曰黄帝，禹者，黄帝之玄孙"的古代帝王系统，是由一个以古代居于西北方黄土高原一带夏民族所信仰的水神为主体而成立的。整个西北大荒的诸神话，也并不是古代人凭空的幻想，而是以西北诸部族的现实活动为基础而建立的。

道教文化与文学艺术

道教文化表现在文学艺术之上，形成别具风格的道教艺术：诗歌或叙事文学、斋醮中的道教音乐，以及道观的建筑、绘画与雕塑。在口头传播或文字记录的文学形式中，将通俗性的道教传说，以极具趣味性的笔调传达，尤其经由文士艺术性处理之后，道教文学更为中国社会所乐于传诵。至于道乐、道观，多与帝王贵族有密切关系，帝王敕建道观，为花费颇巨的土木建设，但也为中国的建筑艺术增添了灿烂夺目的一页；盛壮醮仪中的道乐，也演变为中国音乐中最具宗教色彩的音乐。这些都是中国艺术中的宝藏，也是道教对于文化的一大贡献。

文学中的仙道主题

文学中表现的道教主题约有：仙境游历、度脱成仙、试练指点、法术除妖及创业启示等。前三者与修真成仙的经验有关，后两项一为道教法术思想，一为政治神话的制造。法术除妖乃道教将原始巫术吸收、精纯化为道教法术，道教法物中如镜、剑以及符咒等，基于巫术原则都能产生灵威之力：刀剑传达凶物的灵威之力，铜镜具有照明的联想，象征一种洞澈万物真象的灵力；而据文字语言的奇异声调，反复诵念所造成的集中精神的效果，都是依据巫术性思考原理产生超自然力，借以克制超自然世界中的精灵鬼怪。

六朝志怪中开始出现道教法术除妖的情节，民间社会所惊惧的精怪，道士恰好替代古巫的身份，形成除妖形象，持用宝镜照出妖怪原形，予以灭绝；或直接持用宝剑，发挥剑的嗜血杀人性格，杀害精怪。诸如此类的传说长期流传，产生两篇最具代表性的除妖小说：一是唐人王度的《古镜记》，以王度持传家之宝——宝镜，遍历山河，斩杀精怪，为六朝除妖传说的集大成。另一篇以人为中心的传说，则为净明忠孝道形成过程中的许真君，率领众弟子镇妖除妖，为以豫章地区为场景，热热闹闹杀除各种精怪的大表演。尤其大斩蛟龙一节，更是变化莫测，翻江倒海，极尽幻怪之能事。《警世通言》所收"旌阳宫铁树镇妖"为其集大成，而竹溪散人邓氏编的《许旌阳得道擒蛟铁树记》，更是明人感到兴趣的话本，为道教除妖传说的典型。

道士在中国社会的形象，常是腰佩宝剑、手持宝镜、口诵真言出现在历史的舞台上，显示道教不仅是一种荒诞的传说或俗信而已，还是在长远的时间中承继古代巫师的驱邪能力。即以更有组织的方式出现在醮仪中，或在阴暗的历史角落里，抚慰人类惊惧超自然力的情绪，让他们获得安全、宁静；同时也在除妖行动中获得象征性灭除恶势力的快慰之感，这就是道教除妖传说所发挥的社会功能。

道士另一种形象，就是在创业神话中扮演着预言者、启示者的角色，它们分别出现在《虬髯客传》与《陈希夷四辞朝命》（《古今小说》，杂剧则有《西华山陈抟高卧》）中，其中的道士都参与制造政治神话，一在唐一在宋。杜光庭所辑《神仙感遇传》也记录另一版本的传说，大概是唐太宗取得帝位后有意造成的神话：其中除了要强调李姓当王——以李密为辅，而以太原李氏为主，反映李姓当王的图纬在当时起义者中具有相当影响力；更重要的是，画龙点睛式的突现李世民乃是真命天子的形象。而这种政治神话却是透过影射李密的虬髯客的观点来叙述，其中最具点睛技巧的是道士担任指点者的角色，整篇脉络中，经此一点醒，道教在创业神话中的重要性昭然若揭。另一出重演的闹剧为陈搏启示赵宋必得天下，又参与嗣君的选任，利用社会流传的天命、气数等思想，巩固政权。

明清说部总集宋元以来的资料，而道教的神仙也在不同的演义中成为指引迷津的角色。如《水浒传》中九天玄女指示宋江、馈赠天书的神话，九天玄女在唐朝已经流行，建庙崇祀，它应是道教中西王母的一种分化，担任传达天意的角色。有时传达天意也可直接由道士居间传达，因为在中国的叙事文学中，具有"智慧老人"的原型（Archetype），总是由方外高人承担，高僧或高道都是理想人物，而道教更以其神异性格担任更多指点迷津的启示者身份。就人生情境与社会情境言，道士在此被理想化，甚至连孔明等这种内儒外法人物，也在《三国演义》中身穿道袍出现在舞台上，这是道士在历史分合的轮替中，最易被塑造出来的形象。

大抵民间流传的各种叙事文学，随着道教在历史中的演变，出现不同的道教色彩：《水浒传》反映金元全真道的思想，《封神榜》则为明代三教合一思想的形象化。这些错综复杂而又充满趣味的小说，成为民间社会对道教的了解方式，虽嫌浅陋，但却是普及而深入的庶民文化的特色。

道教音乐与俗曲

道教音乐以步虚系统，及由此产生的道情为代表。步虚声在道教斋仪中使用，常一实字而虚声吟咏，边绕香炉边唱咏，乃模拟升天的动作，也就是上升玉京山的道乐。这种音乐可能与梵咏有关，当时为灵宝派所创用，现存《道藏》中有《洞玄灵宝玉京步虚经》与《玄都大献经》相表里，就是《太上洞玄灵宝中元玉京玄都大献经》，为隋以前古道经。步虚词虽与游仙诗有关，但道教色彩极浓，也间受佛教影响：

稽首礼太上，烧香归虚无。流明随我回，法轮亦三周。
玄元四大兴，灵度及王侯。七祖生天堂，煌煌耀景敷。萧
歌观大汉，天乐逞我娱。齐声无上德，下仙不与传。

妙想明玄觉，诜诜巡虚游。

——《步虚·第一》

借烧香升腾的象征，玄想升虚的幻境，正是歌咏玉京山的最高仙境的景象，反复诵咏，缥缈虚空，极富于道教情调，所以庾信曾模仿其风恪，写作《步虚词》十章。

隋唐以后，步虚声渐有变化，尤以唐玄宗擅长声乐，常于道场亲教诸道士步虚声韵，使用燕乐系统。原先步虚乐只以钟、磬为主，至此加上不同的丝竹乐器，造成不同的音乐特性。如像玄宗御制降真召仙之曲、紫微送仙之曲，在太清宫演奏，因用青纸朱书，称为青词，成为后世道教斋醮科仪。唐以后，宋徽宗也精于音乐，《玉音法事》载有御制道词，《道藏》且收有真宗御制青词《玉京集》六卷，由朝廷中云璈部作乐演出。明代又有新制，采用南北曲，所用曲调越广，其流则"赞诵宣扬，引商刻羽，合乐笙歌，竞同优戏"。像"十样锦"等十番锣鼓也可演奏道乐，其通俗化可见一斑。

道情也属于道调，为宋元以来的讲唱文学——说白、唱词交错的形式，以渔鼓简板为伴奏。在敦煌遗物中已发现有唐代王梵志《道情诗》，所以道情应与道乐有密切关系。五代贯休也有《道情偈》，可见释门中人也喜欢这种调子。南宋以后，词、曲等音乐文学大为兴盛，道情的曲调也受到影响。如南宋有张纶，以鼓子词唱道情；元代全真道士多采散曲来唱《道情词儿》。一般文士也喜欢拟作，借道情形式来抒写神仙出世的感慨，这是因为元代政治环境改变，文士地位大为低落，常因现实的失意而借神仙出世的思想作慰藉。

明清以来，利用道情讲唱仙道思想，边讲边唱，成为特殊的讲

唱文学，如明刻《新编增补评林、庄子叹骷髅南北词》，流传至今。较为有名的文士拟作，清朝先有徐灵胎的《回溪道情》，继有郑板桥的《道情》十首，都是借神仙曲调以抒写人生的感慨——民国以后安徽北部、河南南部一带仍有唱此类"鼓儿河"的，也称为"唱道情"，词句当然不如板桥的流畅、典雅。郑氏采民间流行的道情，加以增饰，也别具风格。

另一种较道情晚出的讲唱文学是采宝卷形式。宝卷本与佛教变文有关，也是民间秘密宗教的经典，流行于明代。世宗时，宝卷作者采民间释、道合流的宗教故事而写成《三茅真君宝卷》、《韩祖成仙宝卷》、《何仙姑宝卷》、《麻姑宝卷》，讲唱八仙等仙人成仙、度人事迹，也是极富于道教传说的文学艺术。

道教在悠久漫长的历史中，以实际的教团组织形式，建立起自己的规模，与儒家、佛教鼎足而三。儒家的孔庙，为世世代代的孔家子孙以及孔门子弟所崇奉；佛教各宗各派，也在众多寺院中建立自己的法系，香火不绝；道教则在最晚起的情况下，流传各个道派的命脉。如果要问，是什么力量支撑着道派的承传不息？道士？道民？或一般民众？应该是他们都各尽其一份力量；而支撑道教在历史中扮演它应扮演的角色的，则是中国的传统社会。

道教并非一成不变或一支一派可以代表的，因为它充分发挥了中国文化所具有的涵融性、吸收性。如果只执著于"黄巾之乱"，说道教就是一种叛乱团体；或偏执于街巷中虚幻的正一教斋醮，说道教就是一种传布迷信的低级宗教；或者只翻阅历史文献里一些败国事迹，说道教就是攀附帝王阶级的落伍分子……这些都只是偏见误解。事实上，道教在中国文化中能够萌芽、茁壮，显示社会环境提供足资滋养的泥土，它才能抽拔出一朵朵鲜艳的花朵。它会凋谢，但随又成长，因为已遗留了许许多多的种子在厚载的土地上。只要细心观察，怀抱同情与了解，就将会发现道教在长远的历史中发挥着特定的社会功能。

根据功能学派人类学家马凌诺（B.Malinowski）的说法：一个民族的宗教是一种信仰（belief）和实践（practice）的完整体系，可以帮助解决许多非经验和非科学的社会、心理问题——宗教在社会体系中有其固定的功能，它甚至可演变为各种社会成员应遵循的仪式或法律。道教被外国学者公认为中国的"民族宗教"，它固然吸取、容受许多外来文化的质素，但其基本仍为中国社会原本存在的宗教、巫术、学术思想等，因此它所建立的体系，其神学思想能为许多中国人所接受。而其组织体制，当时具有一定程度的进步意义，何况它还能顺应时代需要不断调整。它的思想与民众生活相关，成为岁时节日的节目，日常生活的道德规范；但还不止于此，道教在一些高道手中建立的形而上思想，促使理学家追索儒家较少触及的形而上观念；而其行为与道家、隐逸结合，更成为文士"达变"的自处方式。这些都是道教对于社会各阶层所造成的深刻影响。

近人李约瑟论述中国文化，尤其科学文明的产生，赋予道教极高的评价，甚至远超过儒家、佛教之上。因为道教能将道家观察自然的精神进一步成为改变自然，役用自然，其中的典型就是炼丹术。丹士相信造作之金可与自然之金一样好，甚而更是精华所在，所以"还丹金液"的实验，使他们认识物质的化学变化。固然由于当时的科学水平，他们不能精确有效地加以控制，需运用宗教仪式与各种法术，成为神秘作业，但这是不得已的情况下借超自然方式满足其心理需要。同时，所炼出的红色丹药，虽因蕴含剧毒而毒死一些帝王贵族与道士，却也由对药性的发现，直接刺激了火药的发明、医药的进步，而炼丹技术西传，引起西方的炼金热，更对化学的产生有很大的贡献。所以不应因丹药曾毒死人，或因江湖术士借此诳骗财色，就全盘否定其价值，而应归罪于后世子孙不能在既有基础上续作发展，却墨守成规才导入歧途。

道教又透过帝王在不同时期兴建许多美轮美奂的道观，这些劳民伤财的举措多引起知识分子的非议，自然要归罪于帝王的私心与愚蠢以及恶道的献媚与逾分，尤其是末代帝王更为荒唐可怜，希望借此祈福求安，其实只是一场奢望。不过，道观的兴建，在传统的木构形式中充分发挥了中国工匠的匠心独运，造成特殊的道观风格，也是中国建筑中的重要艺术成就。而且有些道观建筑于州郡的重要地区，成为膜拜祈安的信仰中心，在古代社会中多能发挥整合乡里民众的社会功能。尤其与斋醮配合进行，对于一些人力不能抗拒的天灾人祸，道教以其通俗性极易与民众生活结合在一起，也适时发生镇抚人心的作用，在科学未发达以前，这是可以体谅的事。何况道教原本一年之中只有三次重要斋醮，而且间隔分开，对于淫祀，本有清整、改革之意，只是有些帝王恣意扩张，才产生弊病。

道观常择山林胜地而兴建，与佛教山寺一样，常为修真学道者的名山福地，借此幽隐之所安顿一些彷徨不安的心灵；兼之历史上也颇不乏立身狷洁的高道，多少在知识分子中另塑造一种典型。读书人有时读书山林，与道友往返，何尝不是因为仰慕他们的高风亮行。在科举社会中，仕途冷暖，一些失意者借此有所寄托，像金元之世，道士更能借其方便庇护汉族文化，这是值得特别提出的。另外道教传说流播于世，其丰富的想象、幻异的情节，均能在不同时代的说话者口中制造出不少趣味；人类在现实社会中不能满足的，诸如婚姻、病痛以及死亡都可在娓娓叙述中获得暂时的解脱；尤其透过舞台，一些度脱成仙、仙道解困，以及神仙游戏人间、随心所欲的能力，更为长期生活在困顿中的百姓，在哄堂嬉笑中涤荡心灵。这种文学艺术的满足，绝不限于文士的寄托幽隐而已，更是广大民众的生活乐趣，而为中国文学中特出的艺术成就之一。

当然，面对一切都突飞猛进的科学时代，西方文明带给中国极大的震撼。五·四时期反旧宗教的呼声中，道教成为阻碍进步的绊脚石之一。随着旧社会旧文化的崩溃，原已定型化的道教更显得暗淡无光，难怪新时代的革命者要将其埋葬。事实上，道教确实有些落伍，随着旧时代的传统文化保守而退缩。但直至今日，它还存在，金碧辉煌的现代化建筑的道观耸立在风景胜地，身穿道袍的道士依然在午后逐渐暗淡的昏黄中继续踏着禹步敲响法鼓。那么，为何在五·四前后被指名剖击的所谓落伍宗教还存在？也许在冷静剖析现代社会的演变以及现代人在现代社会中所面临的更多困境后，便可了解一种具有千年传统的宗教，一定具有某些根深蒂固的文化因素，才能继续维护某些社会功能。只是新时代的变化太剧烈，道教本身要如何去芜存菁，顺应时代需求，才能重新调整其结构，重新加入21世纪的中国文化？这确是一项大课题，值得在回顾道教与传统文化之后，再三深思。

梦 与 真 实

　　远古时代的神话在后来的时代和后代人们的心中，呈现着一种"永久的魅力"。透过神话，可以知道我们远古的祖先是如何地生活在他们的梦与真实之间，可以知道我们的祖先对于生活周围的自然界和人文界的各种奇异的现象，是如何地用超自然性的威灵的意志活动（所谓神）去加以解释和说明。透过神话，我们可以知道古代的人对神的敬畏和叛逆，对超乎人力之上的命运的挣扎、反抗、幻想与希望。经过神话的时代，人类从原始的茫昧进入文明，由神话而产生了古代的原始绘画、诗歌、音乐和舞蹈等史前的艺术，神话正是史前艺术的母胎。经过神话，人类逐渐步向了人写的历史之中，神话是民族远古的梦和文化的根，而这个梦是在古代的现实环境中的真实上建立起来的，并不是那种"懒洋洋地睡在棕榈树下白日见鬼，白昼做梦"的虚无和缥缈。

　　虽然今天的时代是一个失去了神话的时代，但远古的神话并不是人类发展过程中一现即逝的昙花，作为人类精神童年的神话，不是永远超越一般的时空而保持它固定的形态，而是随着后来的宗教观念、社会意识、文化环境的改变以及和异民族的接触而有所流动变化的。神话流动变化的过程也正是人类文化告别童年而逐渐成长的历程，正因为神话在不同的时代和不同的环境之中以不同的面貌出现，所以才是具有永久魅力的东西。

一些神话学家喜欢说中国是个"没有神话的国家"，认为中国神话既没有像日本神话那样"以时间结成的纵的组织形态"，又没有像希腊神话那样"以空间结成的横的组织形态"，认为中国神话只是各个零星孤立而没有组织体系的片断存在。早期的一些中国学者也因为中国没有西方那种系统分明的神话而认为中国是个没有神话的国家，他们或认为这是由于古代居于黄河流域的中国人生活太劳苦，重实际而轻玄想，所以神话不发达，另一个原因则是中国人太容易忘却，使得神话僵死。

　　也有学者说，这是因为中国的民族是个朴实而不富于想象力的民族，因为生活在温带与寒带之间，天然的供给没有南方民族丰厚，所以没有神话。也有学者认为中国原有神话，可是后来消失了，消失的原因是因为把神话历史化和合理化，以及中国缺少神话诗人的缘故。

　　可是从人类进化的过程来看，世界上四个古老民族的诗，希腊的《伊利亚特》、《奥德赛》，印度的《黎俱吠陀》，《旧约》"希伯来诗篇"，中国《诗》三百篇中最古的《周颂》和《大雅》，都是约在同一时代（公元前一千年左右）产生的，如果这个事实不是偶然的话，那么由其他三个民族的诗是以他们的神话为母胎的事实来看，似乎没有理由说只有中国必须例外，例外地没有神话。也似乎不该用中国民族没有想象力或生活于缺乏天惠的温寒带之间，来解释中国之所以没有神话。

　　应该是许多原因使古代的中国神话产生了流动变化而且发生了神话的解消、纯化、变形与异质化等现象，使得古代的神话一部分流入了古代政治社会的组织与道德意识里（如《书经》和《论语》），一部分流入了新起的宗教哲学里（《老子》、《庄子》、《淮南子》等），一部分流入文学中（《诗经》、《楚辞》），一部分流入当时的实用哲学中（《墨子》），一部分流入历史里（《左传》、《史记》、《书经》），另外极多的神话被零星片断地传承着，由十口相传而成文记载

（《山海经》、《穆天子传》）。

除了各种古书中文字记载的神话以外，不断出土的文物，也默默地说明着古代中国的神话：仰韶文化出土的彩陶上的水波纹样以及蛇的图象，西安半坡出土的彩陶钵上的人面鱼身的图像，都是与华夏民族有关的最原始的水神神话。商周铜器上的蝉纹、饕餮、龙凤以及其他变形动物的图纹和写实性的兽纹，也都是以神话的思想背景为根据而产生的，因为动物原是商周神话中最重要的角色之一。1971年出土的长沙马王堆一号汉墓的帛画（葬仪中盖棺的幡），上面分别画着天上、人间和地下幽冥地狱的神话，证之于《山海经》、《淮南子》等书所见的神话，可以得到相同的结论。汉砖与石壁上的画像，也保存了大量古代神话的痕迹。这些文物和器物，都是无言的神话，随着今后不断出土的文物，将更能突破研究古代神话与史前艺术的许多困境。

原始社会的初期，人类在大自然的面前是脆弱的，人为把大自然的威力加以人格化而产生了最初的神。可是人类对于他所面对的大自然并不是永远居于屈从的奴仆地位，人类依凭着自己的双手产了支配自然的技术，也依凭着自己的意志而产生了征服自然的意图，于是神话中出现了象征人类各个生活阶段的半人半神的英雄以及许多叛神的神。

事实上人类与大自然之间的关系，并不是永远对立的，也并不是永无止尽的战斗，如同神话的起源固然与古代人的劳动与生产技术有关，但并不能用劳动解释所有神话的起源。古代人对于和他的现实生活并不互相对立的许多自然现象和动植物，又往往是用一种诗情的浪漫态度去加以解释和想象，他们可以通过神话的思维而把一朵开在水边的水仙想象成一个自恋成狂的美貌少年；把吹在林间的秋风想象成一个母亲寻找女儿的呼唤；把竹子上的斑点想象成帝女的眼泪……

古代的中国神话里，湛湛江水上的红色枫叶是楚人的祖神火神蚩尤与水神黄帝争战失败被杀而流的鲜血；开在篱边的一种有毒的黄花是炎帝神农为人类尝百草而寻药,最后终于中毒而死的断肠花;天上隔着天河遥遥相对的两颗星星是一对相爱而不能相聚的情侣;一朵飘在山头的白云,是帝女瑶姬的魂魄,一块迎风而立的巨石,是一个久待情人不归的怨女……

这些都是诗情的神话。

明知道月中的桂树是"创而复合"的永劫与回归,可见依然有伐桂的吴刚。逐日的结果是渴死于道,可是依然有临死之前弃其杖化为一片桃林的夸父。明知浩瀚的东海一望无涯,也依然有衔西山之木石要填满东海的誓鸟精卫……

这些都是一种知其不可为而为之的悲剧神话。

古代神话中的叛神的神如同现实社会中那些要摆脱自己所处的地位而追求更高理想的人,这种追求的本身往往就是一个绝大的悲剧。叛神的诸神,如古代神话中为人类治水而盗息壤,以致于被杀死于羽山的鲧,以及他死后的三年生命孕育了为人治水的大禹。又如水神共工为了与颛顼争帝而以头触不周之山。又如常羊山之下断了头以后仍然继续舞干戚以战的刑天。而在叛神的诸神之中,以环后羿的神话最有叛逆的特色。后羿射杀天上九日,又射伤天帝之子河伯的左眼,河伯上诉于帝,要求天帝"为我杀羿",后羿本身已是一个叛神的神,后羿西上昆仑取得了不死之药,可是他的妻子嫦娥却因为不死的诱惑而背叛了他,偷服了他的灵药而飞身入月。"蒙逢学射于羿,尽羿之道,以天下唯羿逾己,于是杀羿。"后羿的最后结局如同死于布鲁特之手的西方凯撒,死于他的学生蒙逢的桃木杖下,因此整个后来由各个古老神话而成的后羿神话,就是由叛神、叛情与叛师所组成的叛逆悲剧。

诗情、悲剧、叛逆,组成了中国古代神话的另一个人文的意境。古人的中国神话依然存在于后世无数中国人的思想之中,神话,像是一个来自遥远的呼唤,呼唤着我们回归于自己文化的原点,回归于我们古老的梦与真实之间。

寓言的启示

人们总是为命运的不公正而愤愤不平，总是为自己的不幸而自艾自怨。可是，我们又在多大程度上真正认识了自己，真正看清了人生，真正把握了命运呢？读了下面几个故事，也许会给我们一点启示。

一、什么是最珍贵的

这不是一个神话故事，而是为了使你领悟一个道理！

从前，有一座圆音寺，每天都有许多人上香拜佛，香火很旺。在圆音寺庙前的横梁上有个蜘蛛结了张网，由于每天都受到香火和虔诚的祭拜和熏托，蜘蛛便有了佛性，经过了一千多年的修炼，蜘蛛佛性增加了不少。

忽然有一天，佛主光临了圆音寺，看见这里香火甚旺，十分高兴。离开寺庙的时候，不经意间一抬头，看见了横梁上的蜘蛛。佛主停下来，问这只蜘蛛："你我相见总算是有缘，我来问你个问题，看你修炼了这一千多年来，有什么真知灼见。怎么样？"蜘蛛遇见佛主很是高兴，连忙答应了。佛主问道："世间什么才是最珍贵的？"蜘蛛想了想，回答道："世间最珍贵的是'得不到'和'已失去'。"佛主点了点头，离开了。

就这样又过了一千年的光景,蜘蛛依旧在圆音寺的横梁上修炼,它的佛性大增。一日,佛主又来到寺前,对蜘蛛说道:"你可还好,一千年前的那个问题,你可有什么更深的认识吗?"蜘蛛说:"我觉得世间最珍贵的是'得不到'和'已失去'。"佛主说:"你再好好想想,我会再来找你的。"

又过了一千年,有一天,刮起了大风,风将一滴甘露吹到了蜘蛛网上。蜘蛛望着甘露,见它晶莹透亮,很漂亮,顿生喜爱之意。蜘蛛每天看着甘露很开心,它觉得这是三千年来最开心的几天。突然,又刮起了一阵大风,将甘露吹走了。蜘蛛一下子觉得失去了什么,感到很寂寞和难过。这时佛主又来了,问蜘蛛:"蜘蛛,这一千年,你可好好想过这个问题:世间什么才是最珍贵的?"蜘蛛想到了甘露,对佛主说:"世间最珍贵的是'得不到'和'已失去'。"佛主说:"好,既然你有这样的认识,我让你到人间走一遭吧。"

就这样,蜘蛛投胎到了一个官宦家庭,成了一个富家小姐,父母为她取了个名字叫蛛儿。一晃,蛛儿到了十六岁了,已经成了个婀娜多姿的少女,长得十分漂亮,楚楚动人。

这一日,新科状元郎甘鹿中士,皇帝决定在后花园为他举行庆功宴席,来了许多妙龄少女,包括蛛儿,还有皇帝的小公主长风公主。状元郎在席间表演诗词歌赋,大献才艺,在场的少女无一不被他折倒。但蛛儿一点也不紧张和吃醋,因为她知道,这是佛主赐予她的姻缘。

过了些日子,说来很巧,蛛儿陪同母亲上香拜佛的时候,正好甘鹿也陪同母亲而来。上完香拜过佛,两位长者在一边说上了话。蛛儿和甘鹿便来到走廊上聊天。蛛儿很开心,终于可以和喜欢的人在一起了,但是甘鹿并没有表现出对她的喜爱。蛛儿对甘鹿说:"你难道不曾记得十六年前,圆音寺的蜘蛛网上的事情了吗?"甘鹿很诧异,说:"蛛儿姑娘,你漂亮,也很讨人喜欢,但你想象力未免丰富了一点吧。"说罢,和母亲离开了。

蛛儿回到家，心想，佛主既然安排了这场姻缘，为何不让他记得那件事，甘鹿为何对我没有一点的感觉？

　　几天后，皇帝下诏，命新科状元甘鹿和长风公主完婚，蛛儿和太子芝草完婚。这一消息对蛛儿如同晴空霹雳，她怎么也想不通，佛主竟然这样对她。几日来，她不吃不喝，穷究急思，灵魂就将出窍，生命危在旦夕。太子芝草知道了，急忙赶来，扑倒在床边，对奄奄一息的蛛儿说道："那日，在后花园众姑娘中，我对你一见钟情，我苦求父皇，他才答应。如果你死了，那么我也就不活了。"说着就拿起了宝剑准备自刎。

　　就在这时，佛主来了，他对快要出窍的蛛儿灵魂说："蜘蛛，你可曾想过，甘露（甘鹿）是由谁带到你这里来的呢？是风（长风公主）带来的，最后也是风将它带走的。甘鹿是属于长风公主的，他对你不过是生命中的一段插曲。而太子芝草是当年圆音寺门前的一棵小草，他看了你三千年，爱慕了你三千年，但你却从没有低下头看过它。蜘蛛，我再来问你，世间什么才是最珍贵的？"蜘蛛听了这些真相之后，好像一下子大彻大悟了，她对佛主说："世间最珍贵的不是'得不到'和'已失去'，而是现在能把握的幸福。"刚说完，佛主就离开了，蛛儿的灵魂也回位了，睁开眼睛，看到正要自刎的太子芝草，她马上打落宝剑，和太子深情地拥抱……

　　故事结束了，你能领会蛛儿最后一刻所说的话吗？"世间最珍贵的不是'得不到'和'已失去'，而是现在能把握的幸福。"

二、女人真正想要的是什么

　　那是在一次英语口语课上，我们的老师给大家留了一个家庭作业：学习一篇文章并思考文章的问题，下一堂课将用英语进行讨论。那只是老师为了我们练习说英语的一篇文章，但由此却引出了一些思考。我把那篇文章翻译成中文，大意是：

年轻的亚瑟国王被邻国的伏兵抓获。邻国的君主被亚瑟的年轻和乐观所打动，没有杀他，并承诺，只要亚瑟可以回答一个非常难的问题，他就可以给亚瑟自由。亚瑟有一年的时间来思考这个问题，如果一年的时间还不能给出答案，亚瑟就会被处死。

这个问题是：女人真正想要的是什么？

这个问题连最有见识的人都困惑难解，何况年轻的亚瑟，对他而言这是一个无法回答的问题，但总比死亡要好得多。亚瑟接受了国王的命题——在一年的最后一天给他答案。

亚瑟回到自己的国家，开始向每个人征求答案：公主，妓女，牧师，智者，宫廷小丑。他问了所有的人，但没有人可以给他一个满意的回答。人们告诉他去请教一个老女巫，只有她才能知道答案。但是他们警告他，女巫的收费非常高，因为她昂贵的收费在全国是出名的。

一年的最后一天到了，亚瑟别无选择，只好去找女巫。女巫答应回答他的问题，但他必须首先接受她的交换条件：和亚瑟王最高贵的圆桌武士之一，他最亲近的朋友——加温结婚。亚瑟王惊骇极了，看看女巫：驼背，丑陋不堪，只有一个牙齿，身上发出臭水沟般难闻的气味，而且经常制造出猥亵的声音。他从没有见过如此不和谐的怪物。他拒绝了，他不能强迫他的朋友娶这样的女人而让自己背负如此沉重的精神包袱。

加温知道这个消息后，对亚瑟说："我同意和女巫结婚，没有比拯救亚瑟的生命和保存圆桌更重要的事了。"于是婚礼宣布了。女巫于是回答了亚瑟的问题：女人真正想要的是主宰自己的命运。

每个人都立即知道了女巫说出了一个伟大的真理，亚瑟的生命被解救了。于是邻国的君主放了亚瑟并给了他永远的自由。

来看看加温和女巫的婚礼吧，这是怎样的婚礼呀！亚瑟王在无法解脱的极度痛苦中哭泣。加温一如既往地谦和，而女巫却在庆典上表现出她最坏的行为：她用手抓东西吃，打嗝，放屁，让所有的人感到恶心、不舒服。

新婚的夜晚来临了，加温依然坚强地面对可怕的夜晚，走进新房。是怎样的景象在等待着他呀！一个他从没有见过的美丽的少女半躺在婚床上！加温惊呆了，问她到底是怎么回事。美女回答说，因为当她是个丑陋的女巫时加温对她非常的好，于是她在一天的时间里一半是她可怕的一面，另一半是她美少女的一面。

那么加温想要她在白天或夜晚是哪一面呢？

多么残酷的问题呀！加温开始思考他的困境：在白天向朋友们展现一个美丽的女人，而在夜晚，在他自己的屋子里，面对的是一个又老又丑如幽灵般的女巫呢？还是选择白天拥有一个丑陋的女巫妻子，但在晚上与一个美丽的女人共同度过每一个亲密的时刻？

如果你是加温，会怎样选择呢？

第二天的口语课上，答案五花八门，归纳起来也就是两种：一种选择白天是女巫，夜晚是美女，理由是妻子是自己的，不必爱慕虚荣，苦乐自知就可以了；一种选择白天是美女，因为可以得到别人羡慕的目光，至于晚上，可以在外作乐，回到家里，漆黑的屋子，美丑都无所谓了。

老师听了所有同学的答案，没有说什么，只是问我们是否想知道加温的回答。大家说当然想。老师说："加温没有做任何选择，只是对他的妻子说：既然女人最想要的是主宰自己的命运，那么就由你自己决定吧。"

于是女巫选择了白天夜晚都是美丽的女人。

所有的人都沉默了——竟没有一个人作出加温的选择。有时我们是不是很自私？以自己的喜好去安排别人的生活，却没有想过人家是不是愿意。而当你尊重别人，理解别人时，往往得到的更多。如果我们多一些爱心，多一点关怀给他人，我们是不是也会得到更多的回报？

衷心祝愿我的每一位朋友都能主宰自己的命运！

三、要学会放弃

古时候，有一个农夫初次要到另外一个村庄办事，可是当时交通不便，他只能徒步行走。走啊走，这农夫穿过一大片森林后发现，要到达另一个村子，还必须经过一条河流，不然的话就得爬过一座高山。

怎么办呢？是要渡过这条湍急的河流呢？还是要辛苦地爬过高山？正当农夫陷入两难时，突然看到附近有一棵大树，于是就用随身携带的斧头把大树砍下，而将树干慢慢地砍成一个简易的独木舟。这个农夫很高兴，也很佩服自己的聪明，因他很轻松地坐着自造的独木舟，就到达了对岸。

上岸后，农夫又继续往前走，可是他觉得这个独木舟实在很管用，如果丢弃在岸旁实在很可惜！而且万一前面再遇到河流的话，他又必须再砍树，辛苦地做成独木舟，很累人。

所以这农夫就决定，把独木舟背在身上走，以备不时之需。走啊走，这农夫背着独木舟，背得满头大汗，步伐也愈走愈慢，因为这独木舟实在是太重了，坠得他喘不过气来！

这农夫边走边休息，有时真是好想把独木舟丢弃不要了！可是，他却舍不得，心想，既然已经背了好一阵子就继续吧！万一真的遇到河流就很管用了，就可以派上用场。然而这农夫一直汗流浃背地走，走到天黑发现一路上都很平坦，在抵达另一村庄前，都没有再遇到河流。可是他却比不背独木舟多花了三倍的时间才到达目的地。

平坦、崎岖，或是会有湍急溪流？或是将遇陡峭高山？不管如何，我们却都必须选择——要轻松、快乐地走呢，还是要背着沉重的独木舟走？

人为了追求名，变卖家产去选举，信誓旦旦一定会胜选，可是最后却落选，倾家荡产，妻离子散，这岂不是为了求名而背着"两三个独木舟"吗?

清朝曹雪芹写了一首《好了歌》,其中有:"世人都晓神仙好,唯有功名忘不了! 古今将相在何方,荒冢一堆草没了。"

其实,有时心中的负面情绪也是一种"独木舟",我们不能一直背着它,而成为一种束缚。我们必须懂得随时丢弃一些怨恨、嫉妒、暴怒的独木舟,让自己心中更欢欣、坦然,轻松、快乐地吹着口哨向前行!

四、不要依赖那根绳子

这是一篇关于一位一心一意想要登上世界第一高峰的登山者的故事。

在经过多年的准备之后,他开始了他的旅程。但是,由于他希望完全由自己获得全部的荣耀,所以他决定独自出发。

他开始向上爬,但是时间已经开始变得有些晚了。然而,他非但没有停下来准备他露营的帐篷,反而继续向上攀登,直到四周变得非常黑暗。

山上的夜晚显得格外的黑暗。登山者什么都看不见,到处都是黑漆漆的一片,能见度为零。因为,月亮和星星又刚好被云层给遮住了。

即使如此,这位登山者仍然继续不断地向上攀爬着。就在离山顶只剩下几尺的地方,他滑倒了,并且高速地跌了下去。跌落的过程中,他仅仅能看见一些黑色的阴影,以及一种因为被地心力吸住而快速向下坠落的恐怖感觉。

他不断地下坠着……而在这极其恐怖的时刻里,他的一生,不论好与坏,也一幕幕地显现在他的脑海中。当他一心一意地想着,此刻死亡是正在如何快速地接近他的时候,突然间,他感觉系在腰间的绳子,重重地拉住了他。

他整个人被吊在半空中……而那根绳子是唯一拉住他的东西。在这种上不着天，下不着地，求助无门的景况中，他一点办法也没有，只好大声呼叫："上帝啊！救救我！！！"突然间，从天上有个低沉的声音回答说："你要我做什么。"

"上帝！救救我！！！"

"你真的相信我可以救你吗？"

"我当然、当然相信！！！"

"那你就把系在你腰间的绳子割断。"

在短暂的静寂之后，登山者决定继续全力抓住那根救命的绳子。

据搜救队告诉我们，他们在第二天发现了一个冻得僵硬的登山者遗体……他的尸体挂在一根绳子上，他的手也紧紧地抓着那根绳子……在距离地面仅仅十尺的地方。

至于你呢？我的朋友！你有多依赖你的那根绳子？你肯丢弃它吗？

舍与得，往往是最叫人挣扎的！有时候就是要：能舍！

五、不要把希望寄托于别人

春秋战国时代，一位父亲和他的儿子出征作战。父亲已做了将军，儿子还只是马前卒。又一阵号角吹响，战鼓雷鸣了，父亲庄严地托起一个箭囊，其中插着一支箭。父亲郑重对儿子说："这是世袭宝箭，配带身边，力量无穷，但千万不可抽出来。"

那是一个极其精美的箭囊，厚牛皮打制，镶着幽幽泛光的铜边儿，再看露出的箭尾，一眼便能认定是用上等的孔雀羽毛制作的。儿子喜上眉梢，贪婪地推想箭杆、箭头的模样，耳旁仿佛嗖嗖地箭声掠过，敌方的主帅应声坠马而毙。

果然，配带宝箭的儿子英勇非凡，所向披靡。当鸣金收兵的号角吹响时，儿子再也禁不住得胜的豪气，完全背弃了父亲的叮嘱，强烈的欲望驱赶着他呼的一声就拔出宝箭，试图看个究竟。骤然间，他惊呆了：一支断箭——箭囊里装着一支折断的箭。

我一直挎着一支断箭打仗呢！儿子吓出了一身冷汗，仿佛顷刻间像失去支柱的房子，意志轰然坍塌了！

结果不言自明，儿子惨死于乱军之中。

拂开蒙蒙的硝烟，父亲捡起那柄断箭，沉重地啐一口道："不相信自己的意志，永远也做不成将军。"

把胜败寄托在一支宝箭上，多么愚蠢，而当一个人把生命的核心与把柄交给别人，又多么危险！比如把希望寄托在儿女身上；把幸福寄托在丈夫身上；把生活保障寄托在单位身上……

热海雪山

从吉尔吉斯斯坦共和国首都比什凯克出发，一会儿是平坦的原野，一会儿是蜿蜒的山路，沿途的中亚风光，倒很像我的家乡甘肃的河西走廊一带，宽阔的砂路，两旁高高的杨柳树，一望无际的良田，真有一种回乡的感觉。也许，历史上的丝绸之路使这一带风情都变得相似起来。一进山沟，一条河一直沿着公路流淌，水量不少，翻着白色的浪涛。同行的大鹏同志是我们的导游，在吉尔吉斯斯坦留过学，又工作三年，是"吉通"。他说这条河叫"楚河"，就是中国象棋中的楚河汉界的那个楚河。在汉朝时，这里是中国的地界，以楚河为界，这边是大汉，那边是西域。也许，象棋就是那时守边的将士用来度过边塞寂寞之苦而发明的。这些传说不禁使人浮想联翩，仿佛看到驰骋疆场的金戈铁马，听到丝绸之路上的阵阵驼铃。经过四个半小时的颠簸，眼前终于出现一片奇观，向上看是皑皑的雪山，向下看是碧蓝的水面。这就是著名的伊塞克湖，真是一幅热海雪山的壮景。

提起伊塞克湖，吉尔吉斯斯坦人都会眉飞色舞。她被誉为吉尔吉斯斯坦人的骄傲。伊塞克湖是天山上半咸的构造陷落湖。该湖名称在吉尔吉斯斯坦语中意为"暖湖"，中国唐代称之为"热海"。伊塞克湖海拔1608米，面积6236平方公里，东西最长178公里，南北最宽60公里，最深处702米，蓄水量17380亿立方米，湖岸线长668

公里。在世界高山湖中，其深度居世界第一位，其面积居世界第二位，仅次于南美的的的喀喀湖。她终年不结冰，有九十多条河流流入该湖，但无一条流出，是原苏联最清洁的湖泊。湖滨景色秀丽，空气清新，气候宜人，湖水碧波荡漾，透明度深达 22 米。伊塞克湖之所以令许多人向往的另一个原因是，相传唐朝著名大诗人李白曾出生在湖畔。"山不在高，有仙则名。"古往今来，许多达官贵胄、文人雅士都想到这里看看，到底是怎样一个仙境灵地造化出一个名垂千古、举世无双的大诗仙。

我们到湖畔时已是下午 7 点钟，在当地的一个小旅馆住下，晚饭是烤羊肉，地道的新疆口味。吃完饭，大家提议到湖边散步，由于天黑走错了路，半天才找到湖边。这天正值农历十五，月色分外皎洁，夜空一晴如洗，一轮金黄色的圆月挂在天空，碧蓝的湖面一望无际，远处的雪山像一条白色的玉带把湖面和天空隔开，夜月更显得冷艳。一切都是那样净彻，那样空灵，一种无法形容的纯洁沁人心脾，荡涤了心灵的一切污秽，整个灵魂受到了净化。

第二天一早，旭日东升，晴空万里，我们在和煦的秋风中来到湖边观湖。我的心完全被湖的美景折服了。望着远处的雪山白云，湖水清澈荡漾，顿感一种从来没有过的清新开阔，真是心旷神怡。人对大自然的依恋是出自本性。面对着大自然的诱惑，我不能自拔，恨不得扑向湖的深处，让湖水淹没我的身体，沁透我的心脾。我真的愿意把自己溶化在湖中，变为湖中的一滴水，与这美丽的蓝天、白云、雪山、野鹤朝夕相伴。但我没有，我毕竟是一个有理智、懂节制的人，虽然只是历史长河中的一个匆匆过客。我抑制着自己的情感，只是赤脚走进湖水，一股清凉从脚心直沁心底。这才是大自然的美，真正的美，干净得除了美之外一无所有，我双手捧起微咸的湖水一饮而尽。难怪诗仙李太白思绪飞扬，吞吐万象，乃是吸天地之灵气而化为文章。

不远处有一只天鹅在戏水。一位优雅美丽的女士在湖边照像，她身着一袭红色的连衣裙，黑色的长发在风中微微飘动，高挑的身材窈窕婀娜，像一尊高贵、优雅的女神雕像，裙边被风撩起，像雕塑的皱褶。我想，外表这样美丽、气质这样高贵的女子一定有着丰富的内涵，一定会有一颗善良的心。那红色的衣裙与蓝色的湖水、白色的雪山交相辉映，色彩显得那样的协调；美丽的女人和高傲的天鹅、悠闲的白云和谐一体，构成一幅美轮美奂、"天人合一"的风景画。这真是大自然的杰作，只有上帝之手才能创造出这样巧夺天工的美丽画卷。这时，你才会真正理解美的含义，你才会体会到美的力量是那样的不可抗拒，而只有当大自然的美和人的美合而为一时，才是完整的美。没有人的自然美是没有生气、没有灵魂的美，是死的美；没有自然的人的美是单调的、孤独的美，是不完整的美。只有人和自然的和谐，才是真正的美，是美的最高境界。

在吉尔吉斯人中流传着这样一个故事。很久很久以前，吉尔吉斯人和异族人之间发生了战争，吉尔吉斯人战败了，只好逃亡，异族人紧追不舍。一天，吉尔吉斯人在逃亡的途中发现前面有一座湖。当吉尔吉斯人来到这座湖边时，男女老少便都不愿再跑了，他们感到对敌人的恐惧突然间完全消失了。姑娘们便像回家似的忘记了害羞都跳到湖里洗澡。追兵赶到湖边，看到了大海般的宽阔的湖面，看到平静的湖水，看到纯洁的雪山，看到在湖水中洗澡的神态自若的姑娘。残酷的战争和眼前这美好的自然和生活画面是多么不协调啊！这一切仿佛是对他们的嘲笑。大自然无偿地赐予人们美丽的家园，而人类却不知道珍惜，互相残杀。在美好的自然面前，追兵们感到无地自容，感到了一种罪恶感，他们被大自然宽厚仁爱的魅力感化了，为自己的行为羞愧难当，于是便放下屠刀，双方握手言和。从此，吉尔吉斯人就世世代代生活在伊塞克湖畔，厮守着这座湖。伊塞克湖成了吉尔吉斯人的圣湖，母亲湖，成了吉尔吉斯斯坦的象征。正如一句吉尔吉斯谚语所说的那样："没有到伊塞克湖，就不算到吉尔吉斯。"难怪当年在这里做官的唐朝大诗人岑参写下了如此脍炙人口的诗篇：

> 侧闻阴山胡儿语，西头热海水如煮。
> 海上众鸟不敢飞，中有鲤鱼长且肥。
> 岸傍青草常不歇，空中白雪遥旋灭。
> 蒸沙烁石燃虏云，沸浪炎波煎汉月。
> 阴火潜烧天地炉，何事偏烘西一隅。
> 势吞月窟侵太白，气连赤坂通单于。
> 送君一醉天山郭，正见夕阳海边落。
> 柏台霜威寒逼人，热海炎气为之薄。
> ——《热海行送崔侍御还京》

从伊塞克湖回比什凯克的途中，经过一个叫托马克的小镇，唐朝时称"碎叶"，据说唐代大诗人李白出生于此。

穷乡不长GDP

这个世界本来就无公道可言。人善被人欺，马善被人骑。文革前出身不好会受歧视，我就怎么也想不通，难道人还能选择自己的父母吗？后来，我离家到外面读书，发现家乡穷了也受人歧视。原来地方也被人分为三六九等。出生在大城市的人一生下来就比生在穷乡僻壤的人要优越许多倍。

这就是命运。

因为人出生在什么地方，是自己无法选择的，当你还不懂得什么叫选择时，"选择"已经选择了你。生在城市，就能享受各种现代化的设施，衣来伸手，饭来张口；生在农村，就注定要自谋衣食，劳苦耕作。生在一个殷实人家，就能享福；生在穷苦人家，就得受罪，这就是命运的不公正。

由于我出生在一个非常贫穷的地方，"陇中苦，甲天下"嘛！我一离开我的穷乡，就饱受了这种"地区出身歧视"。

在大学，尽管你考试成绩很高，但人家会认为你整体素质不行。不就是因为你生长在农村吗？见少识窄。我就不服，作为一个学生，连学习这个基本素质都达不到要求，整体素质会高到哪儿去，再说学生学生，学习搞不好，整体素质再高又有什么用呢？然而，可人家就是那么认为。

而那些出生在好地方的人身上总有一种优越感，总以鄙视的神情来对待穷地方的人。就像当年上海租界里的洋人和那块臭名昭著的"华人与狗不得入内"的牌子。谁知道某些城里人看待农村人时，心里又何尝不是有那样一块牌子呢？

人心势利竟至于此，衣帽取人也延续到了出生地……

我因小时候无事可干，课本又过于简单，就搜罗家里及乡邻的古书看，以度日忘饥。为了转移注意力好忍受饥饿的折磨和消除上学下学时漫漫长路上的孤单，背了不少古人的烂诗，后来还吟过一些。但因于衣食无补，终觉无用，大学毕业后曾下决心宁为庄稼汉，也不弄风月，遂把自己写的几百首诗稿付之一炬，以示远离文学的决心。

然人心如日月，世事常变化。二十年后，我终因心情不舒，忽又写了几首歪诗，以泄块垒，被好心又好事的朋友拿去发表后受到一些各怀心思的吹捧，遂认识了几个文学界的朋友。一次大家聚会，一位文学前辈向众人介绍我为某某，陇上人也。忽有一年轻有为的"知名"诗人惊呼，甘肃还能出诗人？接着又来了一句：你祖籍不是甘肃人吧。弄得在座诸位都颇尴尬。我也有几分不自在，无可奈何地只能老老实实地报告：我乃祖祖辈辈土生土长的甘肃人也。一位德高望重的长者忙打圆场说：可别孤陋寡闻，那里可是出过许多著名的边塞诗人的地方。这位诗人显得很惊讶，忙问都是谁啊。一位朋友打趣地问他，你说中国最大的诗人是谁吧，他竟毫不含糊地说，当然是李白了。那位朋友又问他，李白是哪里人。他竟一时说不出来，有人接着说，李白正是甘肃秦安人氏。我想，不知道，或者说不相信李白是甘肃人的诗人可能不会仅仅是这一位。

这个穷乡僻壤还出过几位赫赫有名的人物，如中国人公认的始祖伏羲氏；中国历史上的第一位皇帝秦始皇嬴政；中国历史上最有作为的皇帝唐太宗李世民；还有汉代著名书法家，被尊为书圣的张芝，等等。

人们曾戏谑地说，我们这方水土不产GDP，但产文化。用当地人的话来说，大学生比驴粪蛋蛋还多。随便走进一间破窑洞，便有两个或三个孩子在全国各大城市读大学，有的甚至会在哈佛、牛津。据人们统计，在北京的中关村一条街，光来自会宁一个县的大学以上毕业生就有四百多人。一次聚会，光在北京就找到来自这个县的博士四十多人。据说，光文革后这个小县博士就出了四百多位。其实，当地人都知道，这并非是地灵而人杰。也是因为太穷，读书成了孩子摆脱贫困的"华山一条路"。尽管如此，你不得不承认，这里有丰厚的知识土壤和人才积累。谁敢怀疑，二十年后，这里就不会出一个爱因斯坦，不会出一个李白呢？

现在，凡有点文化的人都知道，敦煌是享誉世界的文化宝藏。但敦煌在甘肃，却有的人知道，有的人不知道。因此，前几年还有人发出这样的感叹，许多外国人知道中国有个敦煌，但不知道中国有个甘肃。这还不是因为甘肃太穷。名，穷而后轻。

还有一个刊物叫《读者》，以前曾多年叫《读者文摘》，据说是亚洲发行量最大的刊物。在中国的城市，可以说户均一册，人人皆知。但仍有好多人不会注意，它来自甘肃。

奇怪的是，在这片贫瘠的水土上，竟还长出一批靠露脸而扬名的俊男美女，有的堪称影视界的名流大腕。二十年前的一部歌舞剧《丝路花雨》曾倾倒世界艺坛，女主角英娘的扮演者贺燕云人人皆知。现今新上演的《大梦敦煌》已经红遍全国，走向世界。还有中央电视台的大牌主持人李修平、水均益、朱军、郭霁虹等都来自甘肃，著名男高音歌唱家吕继宏也是甘肃人。别的不知道，但水均益、朱军、吕继宏三代之内都是地道的甘肃土著。

甘肃值得说的也许就是这样一些土特产。但可惜的是，这些人家都不会给你算进GDP。因此，甘肃的GDP总是排在全国的最后，不是倒数第二，就是倒数第一。

凝固的乐章

  中国历史上对于城墙都市之首的国都的营建,有一套理想蓝图。《周礼·考工记》:"匠人营国,方九里,旁三门;国中九经九纬,经涂九轨,左祖右社,面朝后市。"大意是说:都城的营造,要作正方形,每边长九里,各有三门,城中有纵横垂直交错的大道各九条,正通城门的各三条,不通城门的各六条。在城内的东部建太庙,西部筑社稷土坛;王宫前面是朝廷,后面是商业中心。这个理想的都城设计,强调城市布局的方正和规整,并把王宫布置在全城的核心部位上,南面而王。事实上,中国历代都城的规划,都没有完全符合这一理想,但是许多著名古都,其规划设计,基本上却遵循着此一理想。《周礼》的理想蓝图还特别强调功能分区,即所谓"左祖右社,面朝后市",以王宫为中心,将一个城市的经济中心、行政中心、宗教中心分开,这个功能分区的原则也被后代继承,并且随着社会经济的发达,而有更进一步的调整发挥。

  《周礼》中也提到,营建都城必须先占卜,辨正方位,将城市方位和地理方位互相配合,使人间秩序与自然秩序完全调和一致,城市因此变成一个井然有序的宇宙雏形和象征。根据考古实测显示,唐代长安的南北纵轴线与正北只有西偏十六分的些微差距。同样的,都城的规划也反映在了宇宙观念,汉代长安,基于地形限制的考虑和"体象乎天地"的意匠,北城作出北斗的星座图案,南城作南斗形,因而称为"斗城"。唐代长安，皇城之东尽东郭，皇城之西尽西郭，分为三纵列，每列每北十三坊，象一年有闰；皇城之南，东西共分四纵列，象四时；南北皆九坊，法《周礼》王城九逵之制；东南隅两坊之地，因地势关系，地高不便人居，凿之为池以补足，是"天不足西北，星辰西北移，地不足东南，以海为池"的反映。

中国京城的设计也彰显了君王的中心性，呈现出强大的政治权威。以唐代长安为例，当朝贡的使臣和进京官员通过城南中央的明德门时，在空间上便明显地感受到已经臣服于统治这个京城和帝国的君王权力。穿过住宅区、佛寺、道观，然后通向皇城南北主要街道的大门，门内街道两侧是政府机关，官员、卫士在街上来往。出了皇城的北门，就到了承天门，打开大门后，呈现在眼前的就是巍峨壮丽的宫殿，这里是现世权力的所在地，也是宇宙的中心。

城市的规划同时又是古代权力层级的反映。除了行政地位愈高，城市面积愈大外，与城门的多寡也有密切关连。重要的古都，城的每边都有三座门，唐代长安、北宋开封、1552年以后的北京，都有十五个能上能下的城门；在十八省的省城中，有十三个其城门都超过四座，而且没有一个少于四个城门。省城以下，设有四个城门的城市，也多为各地的重要城邑。设有四个城门的城市，每一城门与五行、五方各有关系，如东门与春、南门与夏、西门与秋、北门与冬，各有象征意义存在。如南门象征温暖与生命，北门象征寒冷与死亡，因此政府的盛典和礼仪多在南门或南门郊外举行，北门及北门郊外，则多与兵戎之事有关。这又是宇宙观念的另一反映。

最重要的是，中国城市的内部规划在整个世界的城市发展史上具有十分显著的成功地位，更可以说，除了中国以外，还没有一个建筑计划上延展得如此广阔深远，没有一个建筑群像中国古代城市那样完全在极有组织、层次分明的控制下构成一个无法分割的整体。

自从5世纪末年北魏营建洛阳城起，即有初步的都市土地分区使用原则，不但确立了中国城市建筑中的轴心原则与左右均齐对称的布局，而且形成了完整的、独立的、隔离的宫苑单位，使城内的宫殿、官署、民居及市场区域分别，以免繁杂而公私不分。洛阳城的营建并开创了城市史上著名的坊里制，构成了中古城市发展的主要特征。这种将城郭坊里划成若干社会经济性能源同区域的制度，不仅是京师土地利用的蓝图，实际也是京师全盘的社会经济设计，它反映了城市的多重机能，也反映了当时的社会阶级观念。

北魏洛阳的营建，直接影响到隋唐长安的规划，长安城的建筑规划则成为后世都市设计的典范。长安城的规划也是在对称的原则下，沿着南北轴线，将宫城和皇城置于全城的主要地位，并以纵横相交的横盘形道路，将其余部分划为一百零八个具有区域性和阶级性的里坊，东西各有一市场。

唐长安城内以横直街道将全城分为棋盘形，使市容整齐划一，这也是一大创举。根据日人平冈武夫的估算，长安城内有东西横大街十四条，每条宽69～147公尺；南北纵大街十一条，每条均宽147公尺，另有丹凤门大街更宽达176公尺。这些大街，连同城东南隅空地，约占全城面积百分之十九。其余皇城、宫城、大明宫、东西市及各坊，俱为规模宏远，不但在历代帝都之上，即在人类史上，亦各空前绝后。

元明清三代的北京城，基本上遵循唐长安城的规划，而为世界现存最伟大的中古时代都市。当元代建设大都时，其城墙、城门、皇宫、水道、街坊、道路、府第、衙署、仓库等均按照一个完整的蓝图来建建造，可说第一次把中国古代营建国都的理想，配合实际的地理环境，在最近似的程度上，富有创造性地表现出来。而北京的都市设计，能将河湖水系的导引及市区的规划结合起来，更属创举。从北京城的平面设计、宫殿建筑及园林庭囿的配置及造型上，体现了专制统治者的政治要求和意识形态，也集中表现了中国古代建筑艺术和科学技术的发展水平。

史 家 风 骨

> 史之为用，其利甚博，乃生人之急务，为国家之要道，有国有家者，其可以阙之哉！
>
> ——《史通·史官建置篇》

中国史官所秉持的不虚美、不隐恶之记事原则与正直不阿的态度，形成国史上若干优美的传统，不朽的典范，诸如史官峥嵘之风骨，史料征存之丰赡，修史制度之健全，尊史观念之浓厚，衍成中国政治制度中独具的特色，不但足以傲视世界，也为各国所艳羡而学习模仿。

史官制度历经数千年来的演变，其制度面貌，组织功能虽有变动，但是维系这一制度的精神却始终不改，伴随着国史的演进而发扬光大，对政治、社会、学术与文化的发展，厥功甚伟。随着史学的扩展，史官"直书不隐"、"劝善惩恶"的精神，也深深融入人民内心。文天祥《正气歌》云："在齐太史简，在晋董狐笔。"即显示史官独立不屈的精神已转化为民族精神的一部分，成为民族正气渊源之所出，史官贡献之大，不言而喻。

西方国家固不似中国有如此绵长的史官制度，即东亚诸国，无论日本、韩国或越南的史官修史制度，也学自我国。如日本在公元

403年，"始于诸国置国史，记言事，达四方志"（《日本书纪》卷十二《履中纪》），平安朝初年，有"撰日本纪所"、"撰国史所"、"修国史局"等修史机构；到近代明治天皇在位，先后有"史料编纂国史校正局"以及"修史局"的设立，它的意义正如同明治天皇在《御沙汰书》中所指出的："修史乃万世不朽之大典……故开史局，欲继祖宗之芳躅，大施文教于天下。"以国家的力量编纂史料，修撰国史，不但要为后人留下祖先活动的纪录，同时，更重要的是："其速正君臣名分之谊，明华夷内外之辨，以扶植天下之纲常。"很明显的，他是承袭了中国的固有观念，以"史"来作为民族精神教育的基础，建立国家的秩序。

韩国在公元第六世纪时，伊餐异斯夫在上奏中就说："国史者，记君臣之善恶，寓褒贬于万代，不有修撰，后代何观？"（《三国史记》卷四《新罗本纪》）他的观念、说词，不啻是春秋时代曹刿对鲁庄公所说"君举必书，书而不法，后嗣何观"的翻版（《左传》庄公二十三年）。到12世纪，王氏高丽代之而兴，就仿照宋朝的史官制度，设置编修官修实录；其后李朝时期，采取儒家文治之风，不断提高史官的地位，当时史官申概等人的上疏最具代表性，他说：

> 窃惟古者列国各有史官，君上之言行政事，臣僚之是非得失，皆直书不讳，故当代君臣秘其时史，以遗后世，而于号令言动之际，因以为戒而莫敢为非，其置史之意深矣。
>
> ——《太祖实录》卷十四

到14世纪末叶李定宗在位时，又下令史官得侍左右，记录时政损益；15世纪李成宗时，更许史官坐而记事。大体上，朝鲜所学习的是我国唐、宋时代的史官制度，但是尊重史官的态度，则更有过之。

越南从明朝脱离我国版图之后，民族感情渐趋昂扬，也注意到国史的编纂，在19世纪时遂有"国史馆"的设立。它所模仿的对象以明、清史馆为主。不论日、韩、越，他们各模仿我国不同时期的史官制度，制度本身或有不同，但是中国史官精神中褒贬劝诫的书法、尊史的观念，殆为诸国共守不渝的圭臬，史官制度的客观性，自此也完全得到肯定。

中国史官的超然独立，不但产生了所谓的"史权"，也创造了良史的笔法，并借着史官制度的存在，使得国史赖以维持不坠。

史官有法

当大汉帝国逐渐步上轨道，臻于极盛之际，太史公司马谈唯一的嗣子——司马迁开始他周游天下、搜奇访古的壮举。大约将近三年的光阴，他"西至空桐，北过涿鹿，东渐於海，南游江淮"，"采禹穴，归九疑"，足迹遍及风沙漫漫的大漠与稻香鱼肥的水乡，甚至连南蛮瘴疬之地也曾有过他的踪迹。这次游历大大丰富了司马迁的见闻与知识，同时他从故老遗贤口中，听到不少关于往古黄帝、尧、舜等传说人物的故事，以及开国时期的诸般英雄事迹。

就在汉武帝元封元年（公元前110年），武帝亲临泰山行封禅，这时候司马谈正滞留在周南一带，路途遥远，不能赶上参加封禅大典，竟然愤而发病。临终之时，司马谈紧紧地握住儿子的手，哭泣说道：

> 余先周室之太史也，自上世尝显功名于虞夏，典天官事。后世中衰，绝于予乎？汝复为太史，则续吾祖矣。今天子接千岁之统，封泰山，而余不得从行，是命也夫！命也夫！余死，汝必为太史；为太史，无忘吾所欲论著矣。
>
> ——《史记·太史公自序》

太史公这段遗言，悲切、激愤兼而有之，寓有无限深意。历代学者甚为重视，事实上，也关系着中国史官制度史上的一大变局，代表先秦原始史官命运的一个转折点。

根据传统文献的记载，中国最早的史官可以追溯到黄帝时代的仓颉与沮诵；稍晚的三代，相继有夏朝太史令终古、殷商内史向挚等看到国之将亡，抱图籍出奔的记载。诸如此类，由于代远稽古难考，我们无法判断真伪，但适可反映在国人心目中，中国史官设置的时候应该是和黄帝一样，渊源极为久远。

在先秦史官中，表现史官性格最明显的是春秋时代的齐国太史。《左传》襄公二十五年记载齐国崔杼谋乱弑君，当时太史不惧斧钺，直记"崔杼弑其君"，崔杼把他杀了，其弟二人续书，又被崔杼所杀，另一弟仍续书，崔杼无奈，只好放弃。很明显的，齐国太史是由家族里的成员赓续继承的，当一太史被崔杼所杀，另一人即自动继承了太史的职掌。此外，有很多姓氏如简、籍、史、董等，大部分都是世世代代承袭史官职位，遂以为氏。《左传》昭公十五年记载晋国使者荀跞与籍谈谒见周天子，周景王责问晋国何以无贡献，籍谈以"晋居深山，戎狄之与邻，而远于王室，王灵不及，拜戎不暇"为理由，拒绝贡献，景王因而追述他家族的历史说："且昔高祖孙伯黡司晋之典籍，以为大政，故曰籍氏。及辛有二子董之，晋于是乎有董史，女（汝）司典之后也，何故忘之？"景王的意思是说籍谈回答以晋国与周王室并无密切关系而拒绝贡献，但籍谈的祖先却是由周天子派到晋国当史官，哪里是远于王室呢！籍谈听了景王对他家族历史历数如珍，无言以对，景王遂严厉地批评他说："籍父其无后乎，数典而忘祖。"这虽是一则周王室没落、诸侯凌权的故事，但也说明晋国史官是由家族传承世袭的。

唐代刘知几曾谓："寻自古太史之职，虽以著述为宗，而兼掌历象、日月、阴阳、管数。"他以后代史官职掌来推想古代，而得出"以著述为宗"的结论。毫无疑问，古代知识是掌握在贵族手上的，甚至可以说，独具知识能力者乃是宗教祭司之流，也就是史官。不过，如前所说的，论著不过是史官职掌之一罢了，等到宗教色彩渐趋淡薄，人文精神勃兴之后，史官就逐渐转为职司记录、书记性质的政务人员。过去有很多学者从"史"字的字形结构来推测史的起源及其职务，不管在解释上有何歧见，他们大都同意周代史官的主要工作之一是记录宫廷里的重要事件、天子与诸侯的言行，以及政府各机构的种种活动。许多金文和古籍里面常有一个公式化的句子"王若曰……"，就指明这些文件不是王自己写的，而是史官听命记录下来的。换句话说，史是一种专门从事著述、抄录、阅读与保管官方典籍、档案的人。

前面曾经叙述齐国太史据事直书的故事，史官这种不忧不惧、忠于职守的精神，成为历代遵循、推崇的表率。维系这股精神的力量，产生的来源主要有两个，一是史官的宗教性格所导致，一是封建性格的存在。

原始史官本是巫祝祭司之流，它的权威来自宗教，独立于政治权力之外，甚至到春秋时代，"国之大事，唯祀与戎"，犹留存有原始宗教中敬祖畏天的心理。《国语·周语下》记载："鲁侯（成公）曰：寡人惧不免于晋，今君曰'将有乱'，敢问天道乎？抑人故也？（单襄公）对曰：吾非瞽史，焉知天道。"天道之事是作为神人媒介的史官所独擅的。《左传》桓公六年记载楚武王侵随国，随派遣臣子进言于楚，当时随贤臣季梁即说道："臣闻小能敌大也，小道大淫，所谓道忠于民而信于神也。上思利民，忠也；祝史正辞，信也。今民馁而君逞欲，祝史矫举以祭，臣不知其可也。"大大批评楚国祝史"矫举以祭"，阿附助长了楚王侵略的野心。孔颖达《正义》说明是："祝官、史官，正其言辞，不欺诳鬼神，是其信也……祝、史诈称功德，以祭鬼神，是不正言辞，是不信也。"同样指出史官的宗教功能。即使宗教的权威逐渐低落，但由此而生的独立地位与精神却被承袭、歌颂，成为后世史官的典范。

在宗教与封建的双重权威之下发展出来的，便是后世所盛赞的史官不虚美、不隐恶、据事直书、劝善惩恶的撰述精神与原则，用以执行历史撰述与道德裁判的任务。一般习称孔子修《春秋》，首创中国史学的褒贬义法。由于其时周王室没落，无以维持天下秩序，孔子遂针对这种"世衰道微，邪说暴行有作，臣弑其君者有之，子弑其父者有之"（《孟子·滕文公下》）的崩坏现象而发。司马迁尝论及孔子修《春秋》的动机，以及《春秋》一书的功用说：

> 夫《春秋》，上明三王之道，下辨人事之纪，别嫌疑，明是非，定犹豫，善善恶恶，贤贤贱不肖，存亡国，继绝世，补敝起废，王道之大者也。
>
> ——《史记·太史公自序》

事实上，孔子所秉持的精神大半承自史官，如齐国太史的据事直书，更著名的如晋国太史董狐。因此，《汉书·艺文志》说道：

> 周室既微，载籍残缺，仲尼思存前圣之业……以鲁周公之国，礼文备物，史官有法，故与左丘明观其史记，据行事，仍人道，因兴以立功，就败以成罚，假日月以定历数，籍朝聘以正礼乐。有所褒讳贬损……

班固所谓"史官有法"，正指出孔子《春秋》义法的渊源所自。又如《左传》庄公二十三年，曹刿谏鲁庄公到齐国观社一事说："君举必书，书而不法，后嗣何观？"都明白指出史官记事有"法"，也就是义例的遵循，这种"法"正是《春秋》一书的义例：微而显，志而晦，婉而成章，尽而不污，惩恶而劝善。也因为"法"坠，孔子才以私人的身份来执行史官的职务，所以孔子说："知我者，其惟《春秋》乎？罪我者，其惟《春秋》乎？"此后，《春秋》的义法成为中国史学上独具的历史裁判观念，独立于政治势力之外。

史官记事又因为受到书写工具的限制，往往要在册、简、牍上简要扼指，用几个字或几十个字描述一件事件的经过，所谓"大事书之于策，小事简牍而已"；同时还要加以评论，也就是不但要"书"，还要遵循"法"，如此，史官发展出以一字寓褒贬的书法，就不难理解了。所谓"一字之褒，宠跃华衮之赠；片言之贬，辱过市朝之挞"。孔子之后，《春秋》义法遂成为中国史官百世共守的圭皋。

唐朝刘知几在《史通·史官建置篇》中指出设置史官的目的及其精神：

> 苟史官不绝，竹帛长存，则其人已亡，杳成空寂，而其事如在，皎同星汉。用使后之学者，坐披囊箧，而神交万古，不出户庭，而穷览千载，见贤而思齐，见不贤而内自省。若乃《春秋》成而逆子惧，南史至而贼臣书，其记事载言也则如彼，其劝善惩恶也又如此。由斯而言，则史之为用，其利甚博，乃生人之急务，为国家之要道，有国有家者，其可以阙之哉！

正说明了史官存在的意义：记录、保存祖先活动的事迹，透过读史而作道德的自省，达到劝善惩恶的政治，社会的教化功能。这一切的基础莫不根源于先秦史官，奠立于先秦史官。

并以别职，来知史务

司马迁在《报任安书》中曾自剖说："仆之先人，非有剖符丹书之功，文史星历，近乎卜祝之间，固主上所戏弄，倡优畜之，流俗之所轻也。"正指出太史一职地位的没落。所谓"文史星历"，"文"是天文，"史"是"国有瑞应，掌记之"的书吏之职，如同后汉时期的制度，太史令职掌"天时星历，凡岁相终，奏新年历，凡国祭祀丧娶之事，掌奏良日及时节禁忌，国有瑞应，掌记之"（《续汉书·百官志》）。显然，汉代太史的职掌已失却先秦原始史官无所不包的多样性，仅遗留有传统的宗教性职务而已，而汉代却是人文精神早已确立的时代，明令制定太史令的职掌，说明史官制度业已面临一个转变关头。司马迁父子正是新旧时代夹缝中的悲剧人物，面对着原始史官的没落，内心之中又想绍续、振扬古代史官的崇高地位，其心境的悲凉落寞，可以想见。

司马迁秉《春秋》义法，忍辱含辛所撰的《史记》（《太史公书》）提出："究天人之际，通古今之变，成一家之言。"即已表明并不是作为官方大事纪、尺牍式的公文书，而是他自己私人的著作，想直追原始史官的权威，以代替神对人间，特别是对统治者作善恶最后的审判，树立政治、社会、人生、行为的义法。自司马迁之后，担任汉太史令者如张衡、单扬、王立、高堂隆等人，更不再撰述著作，所务"唯知占候而已"。自兹以降，历朝历代，或名为太史令、太史监、司天监等，都是观察天文星象的历官之流，脱离了以撰述、记注史书为主的史官行列。

汉代以来史官的工作也脱离史料编纂，正式进入史学的领域，如同司马迁任太史令观石室金匮之书，得以成《史记》，班固以兰台令史观书，遂得撰《汉书》，华峤以典官制事，由是遍观秘籍，得撰《后汉书》，史官开始像私人修史一样，从编纂史料臻于史学的境界。刘勰《文心雕龙·史传篇》对此分析颇见精微：

> 原夫载籍之作也，必贯乎百氏……是以在汉之初，史职为盛，郡国文计，先集太史之府，欲其详悉于体国；必阅石室，启金匮，抽裂帛，检残竹，欲其博练于稽古也。

彦和之论，正是史官制度重新制定之后所欲肯定的地方，史学从此也迈入崭新的时代，产生突破性的发展，开创先秦史学以来的又一次兴盛局面。

编为一家言

君为著作郎，职废志空存。
虽有良史才，直笔无所申。
何不自著书，实录彼善人。
编为一家言，以备史阙文。

——白居易《赠樊著作》

这首诗是唐代大诗人白居易送给他的友人的感慨之作，悲叹世事推移的迅速：原本好不容易，历经后汉时期的挣扎方告建立的著作郎，竟然在北周时一度失却史官权柄，但犹保有史官之名，而在李唐统一之后，已落到"职废志空存"的地步。中唐时权德与诗也吟道："月且继平舆，风流仕石渠，分曹向沥洛，守职在图书。"同样指出著作一职的命运：从修史沦落为职守图书。

著作的史官权柄何以渐次失去？而取代著作的是唐太宗在贞观三年（629年）闰十二月甫成立的史馆，何以会有史馆的出现？这些问题必须回到魏晋南北朝时代，观察当时的知识分子何以人人秉持"编为一家言，以备史阙文"之信念，才能找到解开问题的钥匙。

史馆的成立，诚然是中国史学史上极为重要的里程碑，但是这项措施如果没有时代潮流与环境的相互配合，无法成为一千三百年来绵延不绝的制度。其原因一方面是因应于统一帝国的需要，另一方面也是史学本身内外发展情势所导致的结果。更何况，魏晋以来史学本身的变化极大，无论是类书的编纂、史体的变化、史注的演变、史官的变迁以及新史学的诞生，在在显示中国史学已经面临一个新的转型时代。

史官本身"据事直书"、"劝善惩 "的维系精神不断受到来自政治势力的考验与挑战。早在西魏时期，柳虬即曾以史官密书善恶，不足以达到惩劝的功能，上疏论道：

古者，人君主史官，非但记载而已，盖所以为监诫也……而汉魏以还，密为记注，徒闻后世，无益当时，非所谓将顺其美，匡救其恶者也。且著述之人，密书其事，纵能直笔，人莫之知，何以物生横议，亦自异端互起。诸史官记事，请皆当朝显言其状，然后付之史馆。

他这段议论，立意虽善，可是却开启史官笔书受制于监修之端，反而破坏了史官独立之权。这点与唐贞观十四年（640年），太宗问监修国史宰相房玄龄的话有异曲同工之妙。太宗问说："朕每观前代史书彰善殚恶，足为将来规诫，不知自古当代国史，何因不令帝王亲见之？"房玄龄回答道："国史既善恶必书，庶几人主不为非法，止应畏有忤旨，故不得见也。"太宗下断语说："朕意殊不同古人，今欲自看国史者，盖有善事，固不须论，若有不善，亦欲以为鉴诫，使得自修改耳。卿可撰录进来。"从这段君臣对话，可以看出柳虬与唐太宗所持的观点是一致的：如果史官记事，惩恶劝善，而不令当代知道的话，是毫无裨益的。实际上这是统治者轻视史官、控制史权的表现；如果统治者真正希望借着史官记事之笔对自身施政有所助益，就根本不必惧怕史官密书善恶。从以上的讨论，可以发觉到隋唐严禁民间私修国史，同时又以大臣监督史馆是站在相同的角度之上的。

国可灭，史不可灭

唐高祖武德年间，国家正值草创之际，一切举措以对外征服扩张为主，在制度方面并无新举，多因隋旧，所谓"随时署置，务从省便"。然而，对于思想的统一工作，却被认为是刻不容缓，亟须解决之事。在历史方面的着眼点仍是政治的，而非史学的，它的目的在表彰李唐王室祖先的丰功伟业，正如令狐德棻所说的："国家二祖，功业并在周时，如文史不存，何以贻监古今。"而唐高祖武德五年（622年）所下《修前代史诏》称：

> 司典序言，史官记事，考论得失，究变穷通，所以裁成义类，惩恶劝善。自有魏至乎陈隋，莫不自命正朔，绵历岁祀，各殊徽号，删定礼仪。然而简牍未编，纪传咸阙，炎凉已积，护俗迁讹，余烈遗风，泯焉将坠，顾彼湮落，用深轸悼。

其言都相当具有代表性，成为唐以后历代官修前代史的先驱，其显示的意义主要在：一、借修史的机会提高本朝王室的地位；二、肯定本朝已统一天下的正统地位；三、删益前代"自命正朔"的众家史书；四、建立赓续不断的历史编纂工作。今人杨联升先生更明确地指出，官修史书不但具有宣传价值，能建立与前朝的继承关系，还可以显示本朝的宽宏大量，吸收前朝的士大夫，利用正史的编纂可以让他们有对先朝作最后效忠的感觉。

唐室既然基于以上诸般考虑，决定重修前代史，首先就要抨击以往史书的讹滥不实，记事阿曲。如《晋书》原有三十九家之多，但是太宗却在贞观二十年（648年）下诏重修，重修的理由是："虽存注记，而才非良史，书亏实录。绪烦而寡要，思劳而少功。"（《修晋书诏》）等到重修题名御撰的《晋书》完成之后，诸家并废，史料也自此湮灭、散佚，究其实情，恐怕还是李唐王室以政治力量所造成的。统治者对史书褒贬记事的恐惧感，可以上溯到唐以前一千年，由秦帝国首肇其端，《史记·六国年表》曰：

秦既得意，烧天下诗书，诸侯史记尤甚，为其有所刺讥也。诗书所以复见者，多藏人家，而史记独藏周室，以故灭，惜哉！惜哉！

两个朝代表现出来的心态与做法，并没有什么两样，此与再经一千年后，满清王朝焚毁禁书、大兴文字狱的举动仍然相同。

从唐朝以后，后朝修前朝史成为历代的传统，如五代时修唐史（《旧唐书》），宋修五代史（《旧五代史》），元修宋、辽、金史，明修元史，清修明史，乃至于民国肇建后修清史，莫不沿用唐代成规，开馆纂修，事毕则罢。这一点已被学者承认是中国史学史上的一项优良传统，和前四史出于史家私人或半私人性质截然不同。

最重要的是"史"的观念普遍存在于全国上下，而史官在褒贬之笔直接、间接受制于政治势力之后，不得不退而求其次，以直书、存史为努力的目标。即使在异族王朝入主中国的时期，史官仍为保持其独立的史权而奋斗。如元灭金后，汉人刘秉忠上书说："新君即位，颁历改元……国灭史存，古之常道，宜撰金史，令一代君臣事业不坠于后世，甚有利也。"元世祖至元元年（1264年），王鹗更提出："自古有可亡之国，无可亡之史。盖前代史册，必代兴者与修，是非予夺，待后人而后公故也。"至元十三年（1276年）元灭南宋时，元将董文炳入临安城，首先收取宋朝的乐礼彝器与图籍等，他再一次重申：

国可灭，史不可没……宋十六主有天下三百余年，具太史所记具在史馆，宜悉收以备典礼。

至元亡明兴，明太祖在洪武二年（1369年）谓廷臣曰："近克元都，得元十三朝实录。元虽亡国，事当记载，况史纪成败，示劝惩，不可废也。"于是诏修元史，以李善长为监修，宋濂、王祎为总裁，并征召山林遗逸之士十六人，开局纂修。当诸儒毕集时，太祖又论之曰：

> 自古有天下国家，行事见于当时，是非公于后世，故
> 一代之兴衰，必有一代之史以载之……今命尔等纂修，以
> 备一代之史，务直述其事，毋溢美，毋隐恶，庶合公论，以
> 垂鉴戒。

上自帝王，下至武将，他们都抱持同样的观念；更确切地说，他们继承了唐朝以来的尊史观念，这点才是历朝开国之后便立即成立修史机构来纂修前朝史的精神维系所在。

清初修《明史》时，尽管清室对史官屡有箝制，指摘与政修的意图也屡见于事实，但是圣祖仍不得不尊重"史"的存在与功用，时时昭示说：

> 作史昭垂永久，关系甚大，务宜从公论断。
> 史书永垂后世，关系甚重，必据实秉公，论断得正，始
> 无偏波之失，可以传信后世。
> 作史之道，务在秉公持平，不应谬执私见，为一偏之
> 论。

他之所以能给予史官直笔修史的指示，就是体认到"史"存在之意义，感觉到史权的力量，并非一朝一代的统治力量所能比拟、抗衡的。正如同明遗老黄宗羲与万斯同一样。黄宗羲寓孤臣孽子之情怀，内心之中对明室有着无限怀念与忠忱，他不愿意在异族王朝下修史，但又不希望明朝史被满清所任意删益、污蔑，于是让他的儿子黄百家和弟子万斯同赴北京纂修。万斯同从康熙十八年（1679年）

到康熙四十一年（1702年）二十余年中，"以布衣参史事，不置衔，不受俸"，致力于《明史》的修纂，黄宗羲遗诗赞扬他："四方声价归明水，一代贤奸托布衣。"又一诗曰：

> 史局新开上苑中，一时名士走空同。
> 是非难下神宗后，底本谁搜烈庙终。
> 此世文章推婺女，定知忠义及韩通。
> 凭君寄语书成日，纠谬须防在下风。

以一代贤奸相托付，师生期许之殷，故国之思及为前代存信史的精神，跃然纸上并将史官精神寄寓在他的身上，足以显现独立于政治势力之外史权的力量。

一直到甲午战败，乙未割台之后，连横（雅堂）犹撰写《台湾通史》，在《序》中说道：

> 夫史者，民族之精神，而人群之龟鉴也，代之兴衰，俗之文野，政之得失，物之盈虚，均于是乎在，故凡文化之国，未有不重其史者，古人有言，国可灭，史不可灭。

他虽然不是史官，但是爱祖国，爱乡土，保华族，以"汝为台湾人，不可不知台湾事"的胸怀，直追历代史官，以著史为己任，有其渊源所自。

重其职而秘其事

从唐朝开始，史官依其工作性质可分为两类，一为撰修前代史的史官，一为撰修当代国史、实录的史官；两者最大的分野在于前代史馆事毕则罢，而当代史馆乃为编制同常设机构。当工史馆历代名称或有不同，组织或有更易，大体上则不出唐代史馆的规模。

唐太宗将原属秘书省的著作局独立出史馆，转隶于门下省，除了提高史馆的政治地位，使其与政权核心更进一步结合外，同时也表明李唐王室加强对修史的控制。

相对于史馆地位的上升，政府对它的控制与重视也随之加强，刘知几就批评说："彼史曹者，崇局峻宇，深附九重，虽地处禁中，而人同方外。可以养拙，可以藏愚，绣衣直指所不能绳，强项申职所不能及。"说明了史馆具有相当程度的独立性；李元纮也说："且太宗别置史馆，在于禁中，所以重其职而秘其事也。"正因为重其职，所以唐朝宰相权力在门下省时，史馆隶属于门下，当玄宗开元年间，相权自门下省暗中转移到中书省时，史馆也随之改隶，宋朝亦然，显示设立史馆时的构想就是为了便于控制、监督与加快修史工作进行的速度。

史馆的编制随时而异，但是以宰相监修于上，其下秉笔修史者统称为史官，并以他官兼典史职的特点则通贯唐至清代未尝稍变。在监修国史宰相方面，太宗初立史馆时是以一相监修，宋敏求《春明退朝录》曾记载说："唐制，宰相四人，首相为太清官使，次三相皆带馆职：弘文馆大学士、监修国史、集贤殿大学士，以此为次序。"正是制度初创时的写照。等到高宗永徽二年（651年）以后，改为多相同时监修，此后一直到宋代虽屡有更改，大致不脱这两种方式。唐初"监修国史"原是宰相专用的头衔，"兼修国史"、"修国史"为非宰相的史官头衔；玄宗以后，全为宰相所夺，史馆史官遂以修撰、直馆为名，其名额不定，其间的分野也不甚明确，直到唐宪宗元和四年（809年）宰相裴垍监修国史时，才实施"以登朝官入（史）馆者，并为修撰；非登朝官，并为直史馆"制度。

宋代史馆分为国史、实录两院，史官名目也比唐代来得繁杂，其史官同样分为三级，即第一级总裁官，如监修、提举国史之宰相，第二级为纂修官，如修国史、同修国史、修撰之类，第三级为协修官，如直馆、检讨、校勘等。元、明、清朝都承此而设官分职。即使是异族王朝的辽、金亦不例外。较为突出的是元世祖中统二年（1261年），始立"翰林国史院"，以王鹗为翰林学士，并立国史院的官制，以翰林学士知制诰兼修国史，其后又称为"翰林兼国史院"，至此首创于唐朝的翰林院与史馆正式合而为一，除职掌制诰文章外，又兼典史官之任。

明、清两代因之，都设有翰林院，极其清贵，以学士领之，其下有侍读、侍讲、修撰、编修、检讨等官。明制翰林掌"制诰、史册、文翰之事，以考议制度，详正文书，备天子顾问。几经筵日讲，纂修实录、玉牒、史志诸书，编纂六曹章奏，皆奉敕而统承之"。清代仍其制，"掌国史笔翰，备左右顾问"。同时亦设国史、实录两馆于翰林院内，修国史、实录时，以大臣为总裁官，下有纂修协助，例以他官兼任，迨不出唐代遗规。

在上述负责撰述的史官外，尚有职司记注的起居官，唐代名为起居郎舍人，职掌记录天子的言、动，不属于史馆史官行列。宋承唐制，并有起居院之设，金代改为记注院，史官名为"修起居注"，明初一度以日讲官专注起居，旋即废止，到清代则有起居注衙门、日讲起居注官。明清两代与前代最大的不同点在于改变以往的专职起居官为兼职。

除了常设的史馆与史官，宋代亦出现了小型史馆，即专以纂修某一史书为目标，事毕则罢，如司马光修《资治通鉴》。《宋史·司马光传》云：

> 光常患历代史繁，人主不能遍览，遂为《通志》八卷以献，英宗悦之，命置局秘阁续其书，至是神宗名之曰《资治通鉴》。

所谓"置局"就有成立小型史馆之意，更何况司马光在撰修《通鉴》十九年的漫长过程中，得以参阅书籍，自辟官属，他又时而居洛阳，时而居汴京，但"仍听以书局自随，给之禄秩，不责职业"。意思就是馆随他而移动，同时他又得到刘恕、刘攽、范祖禹等人的襄助，得以成书。像这种小型而流动式的非常设性史馆，后来在清朝时应用得最普遍，清代纂修巨编，常常设立机构，征召人员，仍以他官兼典，事毕则罢，究其始，应肇始于司马温公。

史官所撰为编年体实录与纪传体国史，在修撰史书时所依据的史料愈多，愈能从各个不同角度来阐明历史的真相，因此，唐代明文规定政府各部门录报史馆的体例、方法，最为详赡，足为师法。

除了明文规定的录报史馆体例外，同时赋予史官拥有自由访求的权力："如史官访知事由，堪入史者，虽不与前件色同，亦任直牒索，承牒之处，即依状勘。"使得诸官署录送条目内所无法容纳的特殊情事，可经由史官慧眼采撷，使史料的来源、处理不易流于刻板僵化。综合言之，唐代史馆的史料征集工作有成文与不成文规定，以不成文规定的史官自由采撰权来弥补成文的官署录报的刻板，两相配合之下，真可谓"极其该备而无遗也"，这才是史官制度中值得称赞、学习的宝贵遗产。而后历朝历代对史料的重视与搜集，并不限于国史、实录、起居注等官方材料，即使是家谱传记以至私人文集，都在罗纳之列，中央的政治性史料与地方的社会、经济史料，也尽量冥搜博罗。此由清修《明史》可以证明。顺治五年（1648年）下谕将天启、崇祯年间有关档案抄送史馆；顺治八年（1651年）又悬赏征求天启、崇祯实录抄本及邸报；十二年（1655年）与康熙四年（1665年）都曾下谕征求邸报及野史；汤斌等人亦屡有请征求遗书的建议，从这些征求遗书、野史的举动，可见史馆对史料积极收搜的程度了。

刘𫗧《隋唐嘉话》上有一段记载说："薛中书元超谓所亲曰：'吾不才富贵过分；平生有三恨：始不以进士擢第，娶五姓女，不得修国史。'"薛元超这三大恨事反过来看，正是唐人所认为人生的最高目标：一、进士及第，可以在仕途上一帆风顺，直上青云；二、娶五姓女，即与崔、卢、李、郑、王五大家族联姻，借此可获得社会、经济上的优越地位；三、修国史，就是担任史官，代表唐人承认的学术境界。事实上，这三个人生企求，可以用另外一则故事来验证。后代极为熟悉的《黄粱一梦》，故事里主角卢生在梦中娶清河崔氏女，举进士，登甲科，出任起居舍人，而后出将入相的经过，不但是唐人梦寐以求的刻画，同时也是唐代以后天下士子的写照。

唐代以后，科举成为知识分子进入政坛的入门阶，俗谚说："十年寒窗无人问，一举成名天下知。"中进士后，拥有了最基本的政治资历，正式踏进士绅阶层，自当与门当户对的官宦家庭相联婚；而担任史官，又拥有清高的学术地位，往往可借此而提高声望，形成儒学传家的门风。"太史"之名，成为一种尊贵的代号，如韩愈在担任史馆修撰时，便自称为"太史"；明清时代，进士及第后入翰林院，即得兼任史官，他们通常也自称为"太史氏"，自署其门为"太史第"，以此为荣，正说明史官在一般社会大众与知识分子心目中的崇高地位。

彰善贬恶，不避强御

几千年来，史官之所以受到社会一致的肯定与尊重，主要是它所秉持的精神，唐代孙樵即指出："呜呼！宰相升沉人于数十年间，史官出没人于千百年后，是史官与宰相分掣死生权也。""史权"是超脱于一朝一代，而恒久长存于历史巨流之中的，亦如中国历史上赫赫有名的谏臣魏征所说的："左史右史，记事记言，皆所以昭德塞违，劝善惩恶，故作而可纪，薰风扬乎百代，动而不法，炯戒垂乎千祀。"不虚美，不隐恶，不屈不惧，以行使历史裁判的职责，才是真正的良史。

天子面对史官的褒贬之笔时能否予以尊重，往往可以看作政治隆污的指针。在《贞观政要》上有一段唐太宗与史官对答的记载：唐太宗问褚遂良："卿比知起居，书何等事？大抵人君得观否？朕欲见此注记者，将欲观所为得失，以自警戒耳。"遂良回答说："今之起居，古之左右史，以记人君言行，善恶必书，庶几人主不为非法，不闻帝王躬自观史。"太宗又追问说："朕有不善，卿必记耶？"遂良答道："臣闻守道不如守官，臣职当载笔，何不书之？"黄门侍郎刘泊更进而说道："人君有过失，如日月之蚀，人皆记之，设令遂良不记，天下之人皆记之矣。"从这一对话中可以看出褚遂良秉持的史官精神，而且刘泊的话亦隐隐指出，"史官"是作为天下的代表来监督天子的，不啻更提升了史官存在的意义。

刘知几在《史通·辨职篇》中说：

> 史之为务，厥之有三焉。何者？彰善贬恶，不避强御，若晋之董狐、齐之南史，此其上也。编次勒成，郁为不朽，若鲁之丘明、汉之子长，此其次也。高才博学，名重一时，若周之史佚、楚之倚相，此其下也。

明白揭示，史官最重要的精神在"彰善贬恶，不避强御"，而他的好友吴兢就是当代的典范。玄宗时，吴兢和刘知几共撰成《武后实录》，里面记载张昌宗诱张说诬证魏元忠一事，吴兢这样写道："（张）说已然可，赖宋璟等激励苦切，故转祸为忠，不然，皇嗣且殆。"这时候张说已经位至宰相，又领"监修国史"之衔，当他看到《实录》这段时，内心颇不高兴，后来知道是吴兢所写，就故意对吴兢说："刘生书魏齐公事，不少假借，奈何？"张说的本意是此时魏元忠与刘知几已死，故意指为刘知几所写，而他自己又是史馆的最高负责人，希望吴兢能顺着他的口气，承认这些所谓不确实的记载是刘知几写的，然而吴兢却回答说道："子玄已亡，不可受诬地下。兢实书之，其草故在。"当时听到这件事的人都感叹吴兢正直不曲与不避强御的精神。张说又屡次请求吴兢修改，都遭到拒绝，吴兢并教训他说："徇公之情，何名实录。"所谓《实录》，即据实记录之意，吴兢能秉此原则，遂为时人誉之为"今之董狐"。

因此，正如唐高宗所说："修撰国史，义在典实，自非操履贞白，业量该通，谠正有闻，方堪此任。"金世宗所说："史官记人君善恶，朕之言动，及与卿等所议，皆当与知，其于纪录，无或有隐，可以朕意论之。"很明显地证实，如果统治者与史官相互尊重，各守其职，政治社会又焉有不治之理！

> 中国历代编纂国史之机构，均系独立，不受他机关之干涉，所以示好恶之公，昭是非之正，使秉笔者据事直言，无拘牵顾忌之嫌，法至善也。民国开创，为神州空前之伟业，不有信史，何以焜耀宇内，昭示方来。

这是民国元年三月，大总统孙中山先生对胡汉民、黄兴等九十七人联名请设国史院呈文的批示。在新时代来临之下，民国已告建立，而传统典章制度中史官的精神与史馆的组织仍然延续下来，显示中国史官制度的时代考验及其价值，历久而弥新，完全受到肯定，仅此一斑，可以见及史官制度在中国文化上的贡献。

自唐代以来，历代无不采取史馆修史制度，也因此而不免有这些弊病存在。但是，以刘知几而言，他所乐与交游，"道术相知"的好友如吴兢、朱敬则、徐坚等人，都具有相同的抱负与胸怀，想要直追原始史官的崇高地位，以修史为己任，褒贬为天责，而不是充当一个尸位素餐、失却史权的官僚化史官。况且，对一个忠于职守的史官来说，他们能否善尽劝善惩恶的褒贬权责，不仅需要有强烈的道德勇气、文化素养，更与当时的环境有不可须臾分离的密切关系。刘知几等人内心的困顿与挫折感，并不是凭空产生的。

《旧唐书》卷一四九最后一段的"史臣曰"，代表晚唐时期史官所发的感叹：

> 前代以史为学者，率不偶于时，多罹放逐，其故安在？
> 诚以褒贬是非在于手，贤愚轻重系于言，君子道微，俗多
> 忌讳，一言切己，嫉之如雠。

同书卷一〇二"史臣曰"也同样指出，担任史官"官不过俗吏，宠不逮常才，非过使然，盖此道非趋时之具，其穷也宜哉"。很清楚地显示专以克尽史职为务的史官，除非有"好文之君，隆师资之礼"来对待、尊崇他们，否则不但不能修成一部完善的史书，恐怕更易导致不测之祸，修史"此道非趋时之具"。历代有为有守的史官，其命运又何尝不是如此，这些感慨之言，实在值得吾人三思。

四方与中国

四海之内若一家，故近者不隐其能，远者不疾其劳，无
幽闲隐僻之国，莫不趋使而安乐之。

——《荀子·王制篇》

大约半个世纪以前，中国的疑古派文学家曾勇气十足，一刀将
商代以前的国史划出历史的范围。影响所及，国人论史多以三千年
前的殷商为"信史"时代的开始，而将商以前的历史视为神话或传
说。这些年来，由于考古证据的增加，历史学家信心大振，一口气
又将国史的源头推到八千年前。那么，中国人的天下观应从何说起
呢？天下观是指人们对这个世界政治秩序的概念。这样的概念十分
抽象，单凭一些断骨残石恐怕不易论断，只有文字才能反映得清楚。
因此，有甲骨卜辞可稽的商代就成为我们最可靠的起点。爬梳卜辞，
参证文献，商人的天下观可依稀得之。

不过商朝并不是中国历史上的第一个王朝，许多有关天下秩序
的看法可能在殷商以前已有。太史公著史，断自五帝。五帝之后有
夏。从现在的考古证据看来，太史公的说法可能比近代的疑古论调
更接近事实。自河南偃师二里头遗址发现以后，传说中的夏朝已非
子虚，不少人甚至认为这个遗址就是夏朝的文化遗存。如果夏代信

而有征，则稍早的五帝大概亦非乌有。可惜有关从黄帝到夏代的天下秩序，尤其是当时人概念中的秩序如何，现今除了有些后人的记述，完全没有直接的证据。

后人的记述以《史记》的《五帝本纪》和《夏本纪》最有系统，然而却无法确定太史公所说有多少是实况的反映，又有多少是利用后来的概念去描述。例如，在他笔下，五帝俱曾为"天下"诸侯推尊的"天子"。天下可以是"日月所照，风雨所至"的普天之下，也可以是巡狩或声教所及的四至或四海之内。《五帝本纪》提到舜分天下为十二州，《夏本纪》有九州、五服之说。此外，在"中国"的四周，已整整齐齐分布着戎夷蛮狄。如此，后来中国人常用来描述天下的一些词汇和概念，如：天下、中国、四方、四海、九州、东夷、西戎、南蛮、北狄，似乎在夏代以前就都有了。事实是否如此，无法证明，只能推测夏朝是一个文化极高、势力甚大的统治力量，许多概念可能在夏代已经形成，而由商人继承。

商人原是东方渤海沿岸的部族。他们的领袖汤在公元前1600年左右消灭夏桀，成为天下的共主。汤原以亳（今安徽亳县北）为根据地。败桀以后，西迁至今河南郑州商城。不知什么缘故，商人总是迁移不定。汤以前有八次迁都的纪录，汤以后又有五次。直到西元前一千三百年，盘庚才在殷（今河南安阳小屯村）建立了永久的都城。都城一固，商人留下的文化遗迹益发丰富。我们所看到的卜辞都是盘庚定都以后，从武丁（前1238？～1180？）到帝辛（前1060？～1027？）七世九王的纪录。这些纪录很清楚地透露出商人已从方位的观念来认知他们的世界。

商王的都邑在盘庚以前虽然屡迁不定，商人想象中的土地方域却有一个不变的中心，这就是他们先公先王宗庙所在的旧都——"商"（今河南商邱）。商人对先祖极为崇敬，凡事皆祈庇佑。在他们看来，他们能够连连征服，开疆拓土，全赖宗庙之灵。帝辛征人方即曾到宗庙所在的商行祭祀，祈求护佑。因此，他们将祖先宗庙所在之处当作疆土的中心就十分自然了。"商"故而又称"中商"。甲骨学者胡厚宣相信，商而称中商者，当即后世"中国"称谓的起源。

商人祖先的能力很大，能呼风唤雨，左右年成，赐福降祸，实际上就是商人时刻敬畏的天帝。或即因此，"商"又称为"天邑商"。商在卜辞中还有一名叫"大邑商"。这个"大"字与"天"字通，可能是用来形容祖宗的神威或商邑的规模。很可惜商邱处在黄河屡次泛滥和改道的地段上，考古家迄今不能在此发现任何商代的遗迹。近来在郑州商城发现的早商夯土城墙，周长七公里余，面积比汉唐以后的郑州旧县城还大三分之一以上。据估计，修这样一个城，用一万个劳动力，每年工作三百三十日，需要四五年甚至更多的时间才能完成。有人猜测这是汤都西亳，也有人说这是一支叫"郑"的氏族的城邑。不论如何，商邱"大邑商"的规模当不在此之下。

除了这样一个固定的中心，殷商卜辞中有依东、南、西、北方位结构而成的"四土"和"四方"。帝乙、帝辛卜问年成的卜辞即将四土与商并贞：

己巳王卜贞今岁商受年，王卜（占）曰吉
东土受年
南土受年
西土受年
北土受年

"土"的意思，一般相信是"社"。东、南、西、北四土即四社。商王要知道四方土地年成的好坏，就得问问社中掌管土地的"土地公"。商居中土，亦应有社，可能就是《逸周书》中所说的大社。四土（四社）之外，还有四方，经籍中"方"、"社"常并举。在卜辞里，或言"方"，为方之总称，或言东、南、西、北四方中之一方，或总言"四方"。方社同为祭祀的所在。在一个农业社会里，风雨是否调顺关系着年成的好坏。在雨水过多的时候，商王要祈求天上的帝不要再下雨（"宁雨于土"、"其宁雨于方"）；雨水太少，又要求赐降足够的雨水（"帝命雨，足年"，"贞：帝命雨，弗其足年"）。帝就将这任务交给了"帝使"——四方的风神。风神各主一方，且各有别名："东方曰析，风曰胁；南方曰灭，风曰岘；西方曰夷，风曰彝；北方曰（怨），风曰殳。"卜辞说："庚戌卜，宁于四方，其五犬？"据说这里的四方是指四方的风神，意思是说："四方的风神啊，奉上五只犬为祭牲，你们可以停止不吹了吗？"这种"天上"四方神的构造实即商人"天下"四方的反映。而四"土"或四"方"以及卜辞中常见方向对称的地名，如"南洮"、"北洮"、"东对"、"西对"、"西洹"、"东洹"，都清楚地显示了商人的一套方位观念。

在天下四方之内有许许多多氏族的聚落，卜辞中也称之为"方"。据统计，卜辞中的"方"名有七十九个之多，著名的如舌方、土方、人方、羌方、井方、鬼方等。这些不过是当时众多方国极小的一部分。商人有时含糊笼统地称他们为"多方"。多方散处在商人势力的四周。从方国的位置可以约略估计商王势力所及的范围。土方位于商之北，在今山西北部；舌方在商之西北，今陕西北部；羌方、周方和召方在商西，今陕西中部附近；孟方在商南，今汉水中游；人方在商东，今淮水流域、江苏和山东之海滨；御方在商之东北，今河北中部。这些方国包围的豫北、冀南、鲁西、皖北和江苏的西北，也就是商王声威所及的"天下"了。这个"天下"的大小当然是会随着时间和商王力量的大小而变化。至于如何变化，文献不足征。

总之，商人以方位结构了他们的世界，这个方位以东、西、南、北四方为特色。商王在祖宗的护佑之下就是这四方的统治者。商人的金文中有一些亚形的图记。这些图记的意义尚无定论，有一说认为是王族的标示。亚字初义据研究乃像通达四方的道路，如果成为王族的标示，可能象征着商王对四方的权威。

象征对四方权威的亚形也反映在殷王室墓葬的结构上。殷商墓葬发现的已以千座，但是只有殷王室的墓才呈亚形。安阳西北冈发现的十一座王室墓就是最好的代表。这些墓有两大特点：一是墓穴皆南北向；二是各墓皆有东、南、西、北四方向之墓道通向墓中心的底郡。四方墓道使整座墓呈亚字形，而墓坑中心的木室也以亚字形者为多。参加西北冈殷墓发掘工作的高去寻先生相信，这些王室墓亚形的构造绝非偶然的设计，应有象征性的意义。他相信，这颇类似后世明堂宗庙的礼制建筑。明堂古为君王祭祀先祖、天帝和颁布政令之所。其建筑形制说法不一，要之不脱东、南、西、北四方有室之基本结构，象征君王居中，上通天帝，下抚四方的权威。1946年，在汉代长安城故址南方曾掘出一汉代礼制建筑的遗址。有人认为是汉之明堂，也有说是辟雍。不论如何，这座建筑也是南北向，在遗址的中心为一大夯土台，台的四周有东、南、西、北四向对称的堂室建筑，很清楚地显示出亚形的特色。高氏认为"殷墓中亚形木室已代表古代明堂宗庙大体的轮廓"。还有人因此猜测殷代地上宗庙的建筑也应该是亚形。可惜我们还没有发现殷宗庙的遗址，无法证实这一点。不过，在武丁、康丁和祖庚的卜辞里曾提到东室、中室和南室举行"爱"、"汇""燎"或"酚"不同的祭祀。此外，还有大室、小室。陈梦家相信这些是"宗庙里的宗室"。高去寻进一步认为大室为亚形建筑物中央之大室，亦即卜辞里的中室，南室、东室即由大室向南、向东凸出之室。如此，殷代宗庙之基本形制似乎也是由东南西北四方之室组合而成。

总之，这类礼制建筑无非是"天下"的缩影，象征帝王对天下的统治威权。想象中的天下既由东、南、西、北四方组合而成，具体表现出来的则为四土、四方的划分以及明堂、宗庙、墓室等之亚形结构。商人中央与四方之方位观形成了以后中国人天下观的一个基本要素。

卜辞中虽然出现了"四方"与"中商"，也有"中"、"国"、"天"和"下"这些字眼，但是在卜辞和殷商金文里从来没有将这几个字放在一处，形成"中国"或"天下"这些后来习用的名词。殷商卜辞和金文已知的数量到底有限，更何况观念可以产生在文字之前，因此我们不能说商人就没有"中国"或"天下"的观念，只是还需要文字证实而已。

另外一个卜辞不能证实，但商人已可能有的观念是"内服"与"外服"。内外服首见于《尚书·酒诰》。《酒诰》据说是康叔封于卫时，周公告诫他不可像商纣沉湎于酒而丧邦的一篇训词，在训词里，周公追述商人的先祖从成汤到帝乙，如何兢兢业业，不敢纵情于酒食。在"外服"的侯、甸、男、卫、邦伯，"内服"的百僚、庶尹、惟亚、惟服、宗工、百姓和里居（君）也都不敢沉湎于酒，只有纣王好酒，酒气冲天（"荒腆于酒"，"腥闻在上"），老天才将他的国给灭了。据《尔雅·释诂》，"服"是"事"的意思。侯、甸、男、卫、邦伯是商王任命在邦畿之内或边地上，以"治田"（侯、甸、男之职）或"防卫"（卫、邦伯之职）为职事的诸侯；百僚、庶尹等是在商王左右的官僚。可见内外服原来只是以商王为中心，一种内外臣僚职事的划分。到了周朝，却发展扩大成了更精细的"五服"。服制所包含内外层次的观念配合"中央"、"四方"的方位观形成了此后中国人"天下"观念中最基本的结构。

人 与 历 史

　　儒家对于人与历史之间关系的态度，可以《易》传作为代表。《易·系辞传》认为，在历史不断的循环发展中，人要"彰往而察来，而微显阐幽"，"探赜索隐，钩深致远"，以及"极深而研几"，也就是应该认识以往的经验，获取教训，借以推测未来的发展趋势，从而防患于未然。彰往与察来的基础是了解时变，防微杜渐的基础是戒慎言行，因为"吉凶悔吝者，生乎动者也"。历史既然不断变动，而吉凶悔吝又自变动中产生，所以戒慎言行就是要随时随地顺应时、空和环境的变化以求"时中"，也就是要"与时偕行"（《益象》），"刚中而应"（《师象》），更要"时止则止，时行则行，动静不失其事，其道光明"（《艮卦象》）。因为"变通者，趣时也"（《系辞传》）。"君子进德修业，欲及时也"（《乾卦文言》）。如果人的行为能与时空配合，那么，"君子藏器于身，待时而动，何不利之有"（《系辞传》？小则可以趋吉避凶，趋利避害，大则可以完成"顺乎天而应乎人"的革命事业，创造历史。《易》传相信人的行为对于历史的发展可以产生积极的作用，但，一切需先"终日乾乾，夕惕若厉"（《乾卦九三爻辞》），需"知进退存亡而不失其正"（《坤卦文言》），需"中正以观天下"（《观象》），以达到"时中"的境界。所以《易》传肯定认为："天行健，君子以自强不息。"（《乾卦象》）人只要体察时变，因时而惕，便可以和历史的发展结合为一。

道家所强调的人与历史的关系是无为，即避免违迕事物的天性，凡不合适的事不勉强行之，势必失败的事也不勉强为之，而应委婉以导之，或因势而成之，如此人与历史才能保持和谐的关系。

　　机械循环论下的人与历史的关系十分矛盾。既然历史按预定的程序前进，此德必衰，彼德必兴，则人的行为有何作用？秦始皇自据水德，但又要"至于万世，传之无穷"，这如何可能呢？刘向提出一个观念来化解，他认为，"明者起福于无形，销患于未然"，可以"刘氏长安，不失社稷"。事实上，董仲舒的天人哲学也是强调以人的德行、行为来与天道交感，天下事仍大有可为。所以人的行为便成了破解机械循环论的依据。深受阴阳五行观念影响的荀悦也提出了"天人三势说"："夫事之性有自然而成者，有待人事而成者，有失人事不成者，有虽加人事，终身不可成者。"人的行为对于历史毕竟还是有所作用。王充认为历史的盛衰均为宿命的安排，当兴之王，行动自然合于期数，适衰之国，人力无可挽回，治乱绝无关人事，如此人类历史不过一无意义之治乱循环而已。类似王充的这种思想，在中国历史中较为少见。

　　就治乱循环而言，孟子开创此说，但坚信五百年必有王者兴，历史必有可为。邵雍虽然认为黄金时代已过去，但"牺轩尧舜虽难复，汤武桓文尚可循，事既不同时又异，也由天道也由人"，人力大有作用。王船山认为："治乱合离者，天也；合而治之者，人也……一合而一离，一治而一乱，于此可以知天道焉，于此可以知人治焉。"气数之外，人力亦为关键。至于历史进化论者，如公羊学者，如法家，均重变革，对于人的作为更是充分肯定。

无限之旅

　　犹太——基督教传统的历史观是一种线性的历史观，相信历史从上帝创造世界开始，经过亚伯拉罕订立十诫，耶稣"道成肉身"，最后以耶稣再临之时为世界的末日、人的历史的终结。这种历史观的最大意义是相信历史有一终极的目的，其发展形态是连续的、直线的，以完成救赎的计划，每一个现在都是唯一的、不可重复的。希腊传统则以循环观念为主，斯多亚学派认为宇宙的生成程序是火、空气、水、土四个时期周而复始的循环过程，每一时期的宇宙都是按照永恒不变的必然法则生成毁灭，每件事情都曾发生，将来还要发生，无穷尽地重演下去。亚里士多德与柏拉图也相信时间会再回到起点，所有的事物都会回到起始时的状态。在这种历史观下，将来是封闭的，被决定的，每一个现在不是唯一的，所有的时间都是过去的时间。印度——佛教传统也是抱持着循环的观念，宇宙一切都被不可趋避的轮回所笼罩，历史的唯一性并不存在于印度思想中，因此一般认为在世界几大文明中，印度最缺乏历史心灵。

中国在这方面的观念显然线性与循环两者兼具，但又有其别于两者的特殊内涵。就像辩证的发展是中国哲学的基调之一，常、变观念的掌握是中国历史发展观念的主要特点。哲学上，辩证的发展超越了线性的推理，以"对立统一的分析方法来认识宇宙中万事万物相互转化的复杂关系以及各自发展的内在理由"。如果以线条或图案来表示，新石器时代器物上，螺旋或波浪之类的曲线以及云雷或夔龙之类的纹饰似乎较能反映中国对立而统一的思维方法。历史思想上，透过常与变的并立并存，交叠推演，历史不断变化，朝向无穷发展，无有终点。以线条或图案来表示，绝非单纯的直线。虽然在常变交替中，存在着治乱盛衰、物极必反、周而复始等观念，但也绝非单纯的圆圈可以说明。这就是所谓的"生生不息"、"既济"而"未济"、"不废江河万古流"的意旨所在。

在中国历史思想中，历史的意义并非表现在历史的终极目的上，而是在变动发展中显现出来，因此中国历史思想最重视对历史的观察，借以彰往察来，在现在与将来中使人有所定位，安排自己。中国历史思想又最肯定人的作为对历史的积极作用，人不是生活在预定的安排中，期待救主，人的努力也不是为了奉献给历史的终极目的，或是超越历史，解脱轮回，而是当历史在永恒发展时，人也在作永恒的追求。人的价值存在于这个地方，历史的意义也存在于这个地方，这是中国历史思想的重要特质。

黄 金 时 代

　　黄金时代的存在与失落也是历史发展思想中的重要内容。大体来说，孔子并不相信有黄金时代的存在，虽然他祖述尧舜，宪章文武，称尧则曰："唯天为大，唯尧则之。荡荡乎，民无能名焉。"称舜则曰："无为而治者，其舜也与。"但当子贡问他："如有博施于民而能济众，何如？可谓仁乎？"孔子也要回答说："何事于仁！必也圣乎！尧舜其犹病诸！"更何况孔子盛赞："周监于二代，郁郁乎文哉！吾从周。"相信历史文化是因革损益，不断演进的。孟子言必称尧舜，主张法先王，所称先王之法，以井田、世禄、庠序三者为主，但是这三者都是孟子个人加以理想化的制度，非实际存在。故孟子之法先王，或孔子之称道尧舜，大体都需要从托古改制的观点来了解。

　　荀子虽也称道先王，但"圣王有百，吾孰法焉"？而且"文久而息"，先王之道难于得知，故"欲观圣王之迹，则于其粲然者矣，后王是也"。荀子因此基于"以一知万"，"以类度类"，"类不悖，虽久同理"的原则，提倡法后王。以此而论，荀子也肯定历史文化是不断传承累积的，否则如何粲然而备？

　　《易》传很明确指出：历史的变是朝向进步发展的，认为历史可以划分为"上古"与"后世"两个阶段，这两个阶段在文化发展的各个方面都表现出不同的情况。在居住上，"上古穴居而野处，后世圣人，易之以宫室，上栋下宇，以待风雨"。在葬礼上，"古之葬者，厚衣之以薪，葬之中野，不封不树，丧期无数。后世圣人，易之以棺椁"。在文字上，"上古结绳而治，后世圣人，易之以书契，百官以治，万民以察"。文明显然是愈往后世愈为完备。

然而儒者对三代的理想化，除了具有托古改制的作用之外，更具有对于现实政治的强烈批判性，朱熹与陈同甫的三代之辩是最有代表性的例子。朱熹秉持三代理想，以天理和人欲为分际，贬抑汉唐，认为汉高帝已有私意，至唐太宗则"无一念之不出于人欲"，完全"假仁假义以行其私"，随之朱熹继续批判道：

> 若以其能建立国家，传世久远，使谓其得天理之正，此正是以成败论是非，但取其获禽之多，而不羞其诡遇之不出于正也。千五百年之间，正坐如此。所以只是架漏牵补过了时日。其间虽或不无小康，而尧舜三王周公孔子所传之道，未尝一日得行于天地之间也。若论道之常存，却又初非人所能预。只是此个，自是亘古亘今常在不灭之物。虽千五百年被人作坏，终殄灭他不得耳。

相反的，陈同甫肯定历史的现实，以为"夏商周之制度定为三家，虽相因而不尽同"，"高祖、太宗，及皇家太祖，盖天地赖以常运而不息，人纪赖以接续而不坠"。如果，"千五百年之间，天地亦是架漏过时，而人心亦是牵补度日，万物何以阜蕃而道何以常存乎"！两相对照，朱熹既认定尧舜之道未尝一日得行于天地之间，一千五百年来只是架漏牵补过了时日，又坚信道是古今常在不灭之物，其基本用意是要掌握一个超越的理想，以批判真实的历史世界。

墨家方面，墨子的设想是，原始社会由于没有国家政长的统制管束，人人各执己意，交相争斗，天下乱如禽兽，他说："古者民始生，未有刑政之时，盖其语人异义，是以一人则一义，二人则二义，十人则十义，其人兹众，其所谓义者亦兹众。是以人是其义，以非人之义，故交相非也。是以内者父子兄弟作怨恶，离散不能相和合。

天下之百姓，皆以水火毒药相亏害。至有余力不能以相劳，腐朽余财不以相分，隐匿良道不以相教，天下之乱，若禽兽然。"于是选天下之贤者立为天子，建立国家组织，行使政治权力，以统制管束万民。这是墨子的国家起源论，说明文明的进步。

法家当然最不相信黄金时代的存在。史学家以实际的眼光也否定有所谓的黄金时代。司马迁反对老子"小国寡民"的历史退化观，接受历史的现实，他说："然战国之权变亦有可颇采者，何必上古。秦取天下多暴，然世异变，成功大。传曰'法后王'，何也？以其近己而俗变相类，议卑而易行也。"刘知几直接撰述《疑古》一文，针对古史传说提出十疑，例如，他说尧舜之世并非"克明俊德，比屋可封"，而是"小人君子，比眉齐列，善恶无分，贤愚共贯"。更明言："必称周德之大者，不亦虚为其说乎。"杜佑也指出："缅惟古之中华，多类今之夷狄，有居处巢穴焉，有葬无封树焉，有手团食焉，有祭立尸焉。"

王船山认为："中国之天下，轩辕以前，其犹夷狄乎！太昊以上，其犹禽兽乎！禽兽不能全其质，夷狄不能备其文。文之不备，渐至于无文，则前无与识，后无与传，是非无恒，取舍无据，所谓饥则呴呴，饱则弃余者，亦植立之兽而已矣。"即人类在原始时期原来只是无质无文的直立之兽，而基本上历史是进步的，是由三代以前，"茹毛饮血，茫然于人道"，进步到后稷之时，"来牟率育而大文发焉"。进步的结果，"风敬日趋于画一，而生民之困亦以少衰"。简言之，"世益降，物益备"。

在中国思想中，也许只有道家明确肯定黄金时代的存在。老子以为人类历史的发展所表现的就是黄金时代的失落，也就是道的沦丧，其沦降程序为"失道而后德，失德而后仁，失仁而后义，失义而后礼"。因此，他提出"小国寡民……使民复结绳而用之，甘其食，美其服，安其居，乐其俗；邻国相望，鸡犬之声相闻，民至老死不相往来"的理想世界。

庄子对于"至德之世"的黄金时代更有详细的描述，《马蹄篇》说：

> 故至德之世，其行填填，其视颠颠。当是时也，山无蹊隧，泽无舟梁；万物群生，连属其乡；禽兽成群，草木遂长。是故禽兽可系羁而游，鸟鹊之巢可攀援而窥。夫至德之世，同与禽兽居，族与万物并，恶乎知君子小人哉？同乎无知，其德不离；同乎无欲，是谓素朴；素朴而民性得矣……夫赫胥氏之时，民居不知所为，行不知所之，含哺而熙，鼓腹而游。民能以此矣。

《天地篇》说：

> 至德之世，不尚贤，不使能，上如标枝，民如野鹿。瑞正而不知以为义，相爱而不知以为仁，实而不知以为忠，当而不知以为信，蠢动而相使，不以为赐。是故行而无迹，事而无传。

《山木篇》说：

> 建德之国，其民愚而朴，少私而寡欲，知作而不知藏，与而不求其报；不知义之所适，不知礼之所将，猖狂妄行，乃蹈乎大方；其生可乐，其死可葬。

这样的世界是人间至乐之土，至德之世。可是从三皇五帝到尧舜禹汤文武，人类的历史就逐渐堕落下坠了，庄子借老聃训斥子贡的口气，说明堕落的过程是"黄帝之治天下，使民心一"，这时人不知亲疏；"尧之治天下，使民心亲"，人开始分别亲疏；"舜之治天下，使民心竞"，人开始互相竞争；"禹之治天下，使民心变"，人开始存心为己，动用刀兵。从此以后，"民之于利甚勤，子有杀父，臣有杀君。正昼为盗，日中穴阫。"所以，总结来说："大乱之本，必生于尧舜之间，其末存乎千世之后，千世之后，其必有人与人相食者也。"

《淮南子》继续发挥这种观点，认为人类历史存在过一个"浑浑苍苍，纯朴未散"，"机械诈伪，莫藏于心"的至德之世。到了黄帝的时代，开始"别男女，异雌雄，明上下，等贵贱"，但仍然是一个"百官正而无私，上下调而无尤，法令明而不合，辅佐公而不阿，田者不侵畔，渔者不争隈，道不拾遗，市不豫贾，城郭不关，邑无盗贼，鄙旅之人，相让以财，狗彘吐菽粟于路，而无忿争之心"的时代。降及夏后之世，"嗜欲连于物，聪明诱于外，而性命失其得"，至周室之衰，"浇淳散朴，杂道以伪，俭德以行，而巧故萌生"。至德之世已经消失，历史进入衰世。此时，人主"夏屋宫驾，县联房植，撩檐榱题，雕琢刻镂，乔枝菱阿，芙蓉芰荷，五采争胜，流漫陆离"，百姓却"专室蓬庐，无所归宿，冻饿饥寒，死者相枕席"。到了战国时代，攻城滥杀，"所谓兼国有地者，伏尸数十万，破车以千百数，伤弓弩矛戟矢石之创者，扶举于路，故世至于枕人头，食人肉，菹人肝，饮人血，甘之刍豢"。这是人类最悲惨的时代。因此，天下合为一家以后，《淮南子》的作者所最期待的就是："使万物各复归其根，则是所以修伏羲氏之迹，而反五帝之道。"

这种历史退化观，降及后世，每遇动乱，即被发挥，尤以魏晋之世为然。阮籍对于历史发展的看法是："三皇依道，五帝伏德，三王施仁，五霸行义，强国任智，盖优劣之异，薄厚之降也。"历史在一步一步退化之中。阮籍相信有一个"太素之朴"未散的时代，在那个时代，"刑设而不犯，罚著而不施"，"善恶莫之分，是非无所争"。整个来说，就是："害无所避，利无所争。放之不失，收之不盈。亡不为夭，存不为寿。福无所得，祸无所咎。各从其命，以度相守。明者不以智胜，暗者不以愚败。强者不以力尽，弱者不以迫畏。盖无君而庶物定，无臣而万事理。"及至大朴既散，三王、五霸、强国之世接踵而来，君主之制形成。这时候，"怀欲以求多，诈伪以要名。君立而虐兴，臣设而贼生。坐制礼法，束缚下民。欺愚诳拙，藏智自神。强者睽而凌暴，弱者憔悴而事人。假廉而成贪，内险而外仁"。尊贤以相高，竞能以相尚，争势以相君，宠贵以相加，驱天下以趣之，此所以上下相残也。竭天地万物之至以奉声色无穷之欲，此非所以养百姓也。于是惧民之知其然，故重赏以喜之，严刑以威之。财匮而赏不供，刑尽而罚不行，乃始有亡国戮君溃散之祸。"在阮籍看来，历史沦降的结果，没有一个朝代能逃脱灭亡的命运。

鲍敬言认为历史的下坠就是从无君之乐转变为有君之苦："曩古之世，无君无臣，穿井而饮，耕田而食。日出而作，日入而息。泛然不系，恢尔自得。不竞不营，无荣无辱……山谷不通则不相并兼，士众不众则不相攻伐。""势利不萌，祸乱不作。干戈不用，城池不设。万物玄同，相忘于道。疫疠不流，民获考终。纯白在胸，机心不生。含哺而嬉，鼓腹而游。"这是人类的黄金时代，等到君臣既立，众愿也就日滋，人类的困苦随之而起："道德既衰，尊卑有序。繁升降损益之礼，饰绂冕玄黄之服，起土木于凌霄，构丹绿于棼撩。倾峻搜宝，泳渊采珠。聚玉如林，不足以极其变；积金成山，不足以瞻其费……尚贤则民争名，贵货则盗贼起。见可欲则真正之心乱，势利陈则劫夺之涂开。造创锐之器，长侵割之患。"其结果则"人主忧怵栗于庙堂之上，百姓煎扰乎困苦之中"。

《无能子》书出之时，正值黄巢起事，国势已无可挽回，感愤激切之余，再度提出历史的退化观。太古之时，人虫同源而平等，人类亦平等而自由：无男女夫妇之别、父子兄弟之序；夏巢冬穴，无宫室之制；茹毛饮血，无百谷之食，生自驰，死自仆；无夺害之心，无史之形态。

治乱实即盛衰，司马迁以"原始察终，见盛观衰"的方法通古今之变，也得出任何事物必由盛而衰的结论。《平准书》在指出汉兴七十余年之间的繁荣景象中隐藏了"骄溢"、"兼并"、"武断"、"奢侈"、"无限度"等等败坏的因素后，说道："物盛而衰，因其变也。"最后并评论道："是以物盛则衰，时极而转，一质一文，终始之变也。"这里所谓物盛则衰，一质一文的终始之变，指的正是历史的循环。

王充的历史观也相信"昌必有衰，兴必有废"。国家的治乱，王朝的兴亡都是历史发展的必然现象，就像四季的循环一样："王命之当兴也，犹春气之当为夏也；其当亡也，犹秋气之当为冬也。"也像人的生命一样："夫朝之当亡，犹人当死……人死命终，死不复生，亡不复存。"治乱兴亡正如自然与人生，不能有盛无衰，有生无死。仲长统同样认为存亡迭代、政乱周复是"天道常然之大数"。

王船山在这方面也有所论列，他说："天下之生，一治一乱。帝王之兴，以治相继。""天下之势，一离一合，一治一乱而已。"秦隋之乱有汉唐之治，六代五季之离有唐宋之合。而"乱与治相承，恒百余年而始定"。以中国历史的发展来看，"战国之争，逮乎秦项，凡数百年，至汉初而始定。三国之争，逮乎隋末，凡数百年，至唐初而始定。安史之乱，延乎五代，凡百余年，至太平兴国而始定。靖康之祸，延乎蒙古，凡二百余年，至洪武而始定"。一个治乱周期，王船山认为是五百余年，"天地之气，五百余年而必复。周亡而天下一，宋兴而割据绝。"王船山还更进一步指出，中国数千年的治乱循环发展在性质上经历过三次变化。商周以前，"万国各有其君，而天子特为之长，王畿以外，刑罚不听命，赋税不上供，天下虽合而固未合也。王者以义正名而合之"。这是一变。及春秋之世，诸侯分裂天下，至战国而强秦、六国交相纵衡，开始一合一离之局："汉亡，而蜀汉、魏、吴三分；晋东渡，而十六国与拓拔、高氏、宇文裂土以自帝；唐亡，而……各帝制以自崇。土其土，民其民……六国离，而秦苟合以及漠；三国离，而晋乍合之，非固合也。五胡起，南北离，而隋苟合之以及唐；五代离，而宋乃合之。此一合一离之局。"
这是二变。至宋迄明，"则当其治也，则中国有共主；当其乱也，中国并无一隅分据之主"。这是三变。

然而，造成历史发展形成治乱循环的状态的因素又是什么？最先提出此说的孟子，将之归于天命，认定"五百年必有王者兴，其间必有名世者"。因此，当他以五百年的周期计算过历史的发展后，虽然兴起"由孔子而来至于今，百有余岁，去圣人之世若此其未远也，近圣人之居若此其甚也，然而无有乎尔，则亦无有乎尔"的忧虑，而面露不豫之色，但仍然以充满信心的口吻说道："由周而来，七百有余岁矣。以其数，则过矣；以其时考之，则可矣。夫天未欲平治天下也，如欲平治天下，当今之世，舍我其谁也？吾何为不豫哉？"很显然，孟子所以有"当今之世，舍我其谁"的气概，挺身欲平治天下，正由于其心中已有天时已届、世运必治的信念。

王充的治乱循环史观更是一种宿命论。他说："人之死生，在于命之夭寿，不在行之善恶；国之存亡，在期之长短、不在于政之得失。"昌必有衰、兴必有废。兴昌非德所能成，衰废亦非德所能败，昌衰、兴废，都是天时，人都知道富饶居安乐者命禄厚，却不知道国安治化行者实因历数吉之故。"故世治非圣贤之功，衰乱非无道之致。国当衰乱，贤圣不能盛。时当治，恶人不能乱。世之治乱，在时不在政，国之安危，在数不在教。""时和，不肖遭其安；不和，虽圣逢其危"，"故时当乱也，尧舜用术，不能立功；命当死矣，扁鹊行方，不能愈病"。在这里，王充以"期"、"数"、"时"、"天时""历数"来解释治乱兴亡的原因，而将行为善恶、政治得失完全舍弃。虽然，王充也曾指出谷食乏绝、人无温饱则生乱争，"谷足食多，礼义之心生，礼丰义重，平安之基立"的实际观点，但又将"年岁水旱，五谷不成"归于"非政所致，时数然也"。于此观之，王充认定治乱不关人事，人之努力徒劳无功，"人类历史不过一无目的、无意义、无归宿之治乱循环而已"。

仲长统目睹汉室之衰亡，在他的《昌言》一书中，针对历史为何不能长治久安，而要一治一乱这个问题，以专制政体为思考对象，作了精辟深入的分析。仲长统认为治乱的过程要经历三个阶段。第一阶段，群雄并据，各拥甲兵，角力斗智，最后胜者为王，建立朝代。第二阶段，天下已定，当朝者以为"普天之下，赖我而得生育，由我而得富贵，安居乐业，长养子孙，天下宴然，皆归心于我矣"。于是"贵有常家，尊在一人。当此之时，虽下愚之才居之，犹能使恩同天地，威侔鬼神……周孔数千，无所复角共圣，贲育百万，无所复奋其勇矣一"。第三阶段，终于出现了昏愚君主，"见天下之莫敢与之违，自谓若天地之不可亡也。乃奔其私嗜，骋其邪欲，君臣宣淫，上下同恶。目极角牴阻之观，耳穷郑卫之声。入则耽于妇人而不反，出则驰于田猎而不还，荒废政庶，弃亡人物，澶漫弥流，无所底极"。"信任亲爱者，尽佞谄容悦之人也。宠贵丰隆者，尽后妃姬妾之家也。"历史进入由治而乱的时期，最后，"遂至熬天下之脂膏，断生人之骨髓。怨毒无聊，祸乱并起。中国扰攘，四夷侵畔。土崩瓦解，一朝而去。昔之为我哺乳之子孙者，今尽是我饮血之寇雠也"。于是，朝代结束，完成了一次治乱周期。仲长统最后总结道："存亡以之迭代，政乱从此周复，天道常然之大数也。"从人事出发，反省治乱之因，最后竟归于"天道常然之大数"的历史命定论，足见仲长统之悲观无奈。而且他还观察出自秦末以来四百多年间发生了三次大变乱，周期越来越短，灾祸愈演愈烈，战国之乱甚于春秋，秦项之暴虐甚于战国，王莽之残夷又复倍乎秦项，以至今日又甚于亡新之时，"名都空而不居，百里绝而无民者，不可胜数"。他不禁慨叹："悲乎！不及五百年，大难三起，中间之乱，尚不数焉。变而弥猜，下而加酷，推此以往，可及于尽矣。嗟乎！不知来世圣人，救此之道，将何用也。又不知天若穷此之数，欲何至邪？"仲长统的理乱观最后所表现的是悲观之治乱循环退化论，历史将循此退化路线及于尽头。

王船山也将治乱循环归于天道或气数，以为"一治一乱，天也。犹日之有昼夜，月之有朔弦望晦也"。同样，气数穷尽则必亡如："（晋）明帝不天，中原其复矣乎？天假五胡以乱中夏，气数之穷也。"而气数大致经历百年或数百年便开始衰竭："呜呼！一代之兴，传至五世七世，祚运已将衰矣。百年内外，且有灭亡之忧。一旦天不佑而人不归，宗庙鞠为茂草，子孙夷乎舆皂，陌纸杯浆，无复有过陵园而洒涕者！"但是王船山历史哲学的洞见在于不"舍人而窥天，舍君天下之道而论一姓之兴亡"。天道气数之外，更加入了人道，合而观之："治乱合离者，天也；合而治之者，人也……一合而一离，一治而一乱，于此可以知天道焉，于此可以知人治焉。"天道与人治同为造成治乱循环的因素，所以，他说："方乱而治人生，治法未亡，乃治。方治而乱人生，治法弛，乃乱。"人为现象在天道循环中仍具有决定性力量。因此，王船山没有王充、仲长统等人的悲观宿命论。

同样目睹明室衰亡的宋应星也从天运人事两方面来看治乱循环的形成，他说："治乱，天运所为，然必从人事召致。萌有所自起，势有所由成。"《野议》一书即为采究乱因之作。

悲观宿命论之外，王船山、宋应星的观点代表了中国历史思想中的理性理解。

胡服骑射

中国有计划地开拓西疆并与西方发生持续性的关系虽始于汉代之通西域，但是却不能说汉代以前中国与西方世界没有任何关系。只是由于史料的不足与考古的尚待发掘，这一段史实不但证据不够充分，争论也特别多。自从17世纪耶稣会士来华以后，便不断有西方学者提出中国民族文化西来说。他们根据中国语言文字、古史传说、甚至风俗习惯与埃及、印度或巴比伦等地有类似性，而认为中国民族与文化必定来自于上述某地。20世纪考古学逐渐发达后，发现了不少史前人类化石与文化遗址，中国民族文化西来说重新被提出讨论，其中以仰韶文化西来说最为有力，至今仍有欧美学者撰文赞同，但中国学者已不作如此解释。事实上，这些关于史前中西交通的学说在没有充分的考古证据之前都只是猜测，至于根据传说或简单的比较而得的结论更属无稽。不仅史前如此，即连商周也不例外。有人说殷商民族可能是印欧民族的一支，他们驾着快捷的新武器——战车，向东出发，横越中亚许多绿洲，终于抵达黄河流域这块辽阔广大的绿洲，在此定居建国。商朝文化水准如此之高，是否由外地移植而来，特别是天文学是否由巴比伦传来，在没有充分证据以前都不能肯定。至于春秋五霸的攘夷运动促成了北方民族的向西迁徙，是否真为两河流域亚述帝国灭亡的原因之一，更需要有力证据的支持。换言之，先秦时代，乃至史前时代，欧亚大陆上的民族也许有很大的流动性，远距离间的文化交流也非全不可能，但是在没有足够证据以前，我们不能作太多的主观判断。

先秦时代中国与域外文化的关系中，较值得一谈的是战国时期赵武灵王的"胡服骑射"。它是中国第一次"习胡人之长技以制胡"的军事改革运动。赵武灵王与公子成的论战更是第一次具有代表性的中西文化论战。因此略述其改革动机、经过，及其成就与局限。

赵武灵王（公元前325年即位，前299年让位其子赵惠文王，自称主父，前295年被杀）在位期间，不但是战国七雄争相变法与急剧扩张的时期，而且赵国北方更在强敌压境下有亡国灭种之虞，所谓"中山在我腹心，北有燕，东有胡，西有林胡、楼烦、秦、韩之边，而无强兵之救，是亡社稷"。赵武灵王为了强兵救国，主张"胡服骑射"。"胡服骑射"虽然以改革军事为主，却不以改革军事为限。因此发生了以赵武灵王与公子成为代表的文化论争。公子成显然站在中国传统文化本位主义的立场，认为中国文化是世界上最优秀的文化，圆满无缺、自给自足、无待外求，而且是远方夷狄所仰慕仿效者。他说："中国者，盖聪明徇智之所居也，万物财用之所聚也，贤圣之所教也，仁义之所施也，诗书礼乐之所用也，异敏技能之所试也，远方之所观赴也，蛮夷之所义行也。"舍弃这种优秀的文化而学习胡人文化就是"变古之教，易古之道，逆人之心，而佛学者，离中国"。赵武灵王则以实用的观点认为，任何文化的主要功用在"利其民而厚其国"，并随着时间空间的流转而不断变异。所谓"圣人观乡而顺宜，因事而制礼……乡异而用变，事异而礼易……果可以利其国，不一其用，果可以便其事，不同其礼"。因此无论是华夏文化或夷狄文化，只要有益于赵国的救亡固存，都可以采用，否则便不必保守。赵武灵王最后更指出："叔（公子成）顺中国之俗以逆简、襄之意，恶变服之名以忘鄙事之丑，非寡人之所望也。"显然有些以王者之尊诉诸传统与权威，公子成再不接受便有违反先王遗训与通敌之嫌了。这一次论战双方都有支持者。赵武灵王的支持者是肥义与楼缓，公子成的支持者则有赵文、赵造、周招、赵俊。可见论战规模不小。

赵武灵王在说服反对派以后便下"胡服骑射"令。除了穿上胡服，招募士兵，聘请熟练骑兵战术的匈奴军官训练赵国军队以外，还雇用匈奴的佣兵编入赵国的军队，编制上分右军、中军，左军。也使用铁链制成或用皮制小扣串成的伊兰式铠甲，以取代以前用犀牛皮制成的硬重铠蹬甲。武器如短刀也用外国式，刀鞘、刀柄、箭鞘、马具都染有外国色彩。此外，用来佩带各种服饰的带钩也可能是自外传入。这样的一支"胡服骑射"的军队有如近代的洋枪队，其战斗力可想而知。赵武灵王凭着这支武装力量，在数年之间立下了辉煌的战果。不但灭亡中山，并且数次出兵攻打楼烦、林胡，收复许多失土，扩充赵国领土"北至燕、代，西至云中、九原"，并设置云中、雁门诸郡。甚至在退位之后，仍然甘冒艰险，诈为使者进入秦国，以观察秦国地形及秦王为人，准备与强秦一争长短。可惜不久却在王室的内乱中丧命，赵国胡服骑射的军事改革也顿遭挫折。继之长平之战大败于秦军，终为秦国所灭。

赵武灵王的"胡服骑射"本身有其局限。一、赵国传统文化的束缚很大。以公子成为首的反对派的言论，就是改革运动最大的阻力。如果说公子成接受赵武灵王之劝谕只是口服而心不服，则赵武灵王虽说是死于王室继承的内乱，却也极可能与公子成之反对新法有关。二、赵国之改革以军事为主，只求强兵而未顾及富国，庞大的骑兵终因缺乏充分的财力支持而效力大减。此与秦国之富国强兵兼顾相比，结果当然不同。三、赵武灵王本人亦有短处。他似乎缺乏"论至德者不和于俗，成大功者不谋于众"的改革家魄力，因此在改革前犹疑不决、瞻前顾后，既"恐天下笑我"，又怕"世必议寡人"。其次，他劝说公子成时之表现宽仁、重视礼节虽是美德，但如果他的死果真与公子成有关，则又是他宽容敌人的结果。此外，据说赵武灵王晚年喜欢配用贝带（以壳为材料做成的华丽带子）与骭寿鸟（金鸡之类的美丽羽毛），显然有"养欲而乐志"之嫌，有违强兵救国之初衷。

赵武灵王的胡服骑射尽管有其局限，却仍有重大意义。一、赵武灵王的"胡服骑射"表明中国北方草原民族已能以其骑兵与农业民族相抗衡，农业民族也被迫非学习其长处不可。换言之，农业民族必须"习胡人之长技以制胡"，与19世纪中国被迫学习西方之坚船利炮、"习西夷之长技以制夷"如出一辙。二、赵武灵王与公子成文化论争可以说是中西文化论战的嚆矢。双方所持论点在往后历史上也常重现。三、赵武灵王"胡服骑射"的许多局限，后来历史上的政革运动中也有类似情形。

此外，赵武灵王的"胡服骑射"虽是直接学习北方胡人的军事长处，却间接把西方之西徐亚艺术（Scythian Art）传入中国，对战国末期中国艺术风格的转变有相当的影响。西徐亚艺术是一种以动物的争斗、奔驰、互啮等动态为题材的艺术，原是游牧民族装饰在各种小物件（如刀柄、刀鞘）上的动物图案。当它随着胡服骑射传入中国之际，中国封建制度下以仪礼为主、讲究调和整齐的艺术风格也正在转变，这种生动活泼注重写实的西徐亚艺术遂大受欢迎，并由小物件装饰图案转变为壁画一类的大作品，盛行于战国秦汉之际。

总之，战国时期由于七雄的扩张，使中国的版图与声威向西推进，同时西方也有古波斯帝国的扩张与亚历山大的东征。西方势力也由中亚细亚、北印度向东推进，使东西交通的机会大大增加。因此，除了赵武灵王的胡服骑射以外，秦国的刻石记功可能受波斯王大流士（Darius I 公元前558~486年）的影响。秦国声威远播西方，或许是西方人称呼中国为China的由来。中国的丝输至印度、希腊、罗马，因此当时西方人又以"丝国"（Sericum）称呼中国。中国的蜀布、邛竹杖也输入印度，转销大月氏。这些中西交通的蛛丝马迹加上中国逐渐趋于统一的史实，使很多敏感的思想家提出对未来新世界的种种想象与传说。如大九州、大四极的想象，以及三神山与昆仑山的传说。这些想象与传说反映了战国末期中国人向域外发展的企图与一种对域外景物的憧憬，也象征着一种追求新世界的欲望，并预告一种新世界的即将来临，就此而言，汉代向四方拓展与交通便绝非偶然之事。

史家绝唱

鲁迅先生曾说：《史记》是"史家之绝唱，无韵之《离骚》"。也就是说，作为一部规模宏大、体制完备的中国通史，《史记》同时也是一部非常优秀的文学作品。

《史记》的作者司马迁是中国历史上伟大的史学家，他因直言进谏而遭宫刑，却因此更加发愤著书，创作了名震古今中外的史学巨著《史记》，为人类留下了一笔珍贵的文化遗产。

司马迁，字子长，汉景帝中元五年（公元前145年）出生于龙门山下（今陕西省韩城县）。

元封三年（公元前108年），司马迁继承父亲司马谈的遗志，当上了太史令，开始从皇家藏书馆中整理选录历史典籍。司马迁的祖先并不十分显要，其家族世代担任太史的官职。司马迁和他的父亲都以此为荣，在他们的心目中，修史是一项崇高的事业。他们为此奉献了自己一生的精力。

司马谈一直准备写一部贯通古今的史书。在父亲的直接教导下，司马迁十岁时便开始学习当时的古文。后来，他又跟着董仲舒学习《春秋》，跟孔安国学习《尚书》。司马迁学习刻苦，进步非常快，极有钻研精神。

司马迁的父亲病危时，拉着儿子的手，流着眼泪对他说："……我死了以后，你一定要接着做太史，千万不要忘记我一生希望写出一部通史的愿望。你一定要继承我的事业，不要忘记啊！"这一番谆谆嘱托极大地震动了司马迁，他看到了父亲作为一名史学家难得的使命感和责任感，他也知道父亲将毕生未竟的事业寄托在自己的身上。司马迁低着头，流着泪，悲痛而坚定地应允道："儿子我虽然没有什么才能，但我一定完成您的志愿。"

司马迁做了太史令以后，就有了阅读外面看不到的书籍和重要资料的机会，这为他以后著《史记》提供了良好的条件。可是，资料整理工作非常繁复。由于当时那些藏书和国家档案都杂乱无序，连一个可以查考的目录也没有，司马迁必须从一大堆的木简和绢书中找线索，去整理和考证史料。

司马迁几年如一日，绞尽脑汁，费尽心血，几乎天天都埋着头整理和考证史料。司马迁一直记得父亲的遗志，他决心效法孔子编纂《春秋》，写出一部同样能永垂不朽的史著。公元前104年，司马迁在主持历法修改工作的同时，正式动手写他的伟大著作《史记》。

天汉二年（公元前99年），正当司马迁全身心地撰写《史记》之时，却遇上了飞来横祸，这就是李陵事件。

这年夏天，武帝派自己宠妃李夫人的哥哥、二师将军李广利领兵讨伐匈奴，另派李广的孙子、别将李陵随从李广利押运辎重。李陵带领步卒五千人出居延，孤军深入浚稽山，与单于遭遇。匈奴以八万骑兵围攻李陵。经过八昼夜的战斗，李陵斩杀了一万多匈奴，但由于他得不到主力部队的后援，结果矢尽粮绝，不幸被俘。李陵兵败的消息传到长安后，武帝本希望他能战死，后听说他却投了降，愤怒万分。满朝文武官员察言观色，趋炎附势，几天前还纷纷称赞李陵的英勇，现在却附和汉武帝，指责李陵的罪过。汉武帝询问太史令司马迁的看法，司马迁一方面安慰武帝，一方面也痛恨那些见风使舵的大臣，尽力为李陵辩护。他认为李陵平时孝顺母亲，对朋友讲信义，对人谦虚礼让，对士兵有恩信，常常奋不顾身地急国家之所急，有国士的风范。司马迁痛恨那些只知道保全自己和家人的大臣，他们如今见李陵出兵不利，就一味地落井下石，夸大其罪名。他对汉武帝说："李陵只率领五千步兵，深入匈奴，孤军奋战，杀伤了许多敌人，立下了赫赫功劳。在救兵不至、矢尽粮绝、走投无路的情况下，仍然奋勇杀敌。就是古代名将也不过如此。李陵自己虽陷于失败之中，而他杀伤的匈奴之多，也足以显赫于天下了。他之所以不死，投降了匈奴，一定是想寻找适当的机会再报答汉室。"司马迁的意思似乎是二师将军李广利没有尽到他的责任。他的直言触怒了汉武帝，汉武帝认为他是在为李陵辩护，讽刺劳师远征、战败而归的李广利，于是下令将司马迁打入大牢。

司马迁被关进监狱以后，案子落到了当时名声很臭的酷吏杜周手中，杜周严刑审讯司马迁，司马迁忍受了各种肉体和精神上的残酷折磨。面对酷吏，他始终不屈服，也不认罪。司马迁在狱中反复不停地问自己："这是我的罪吗？这是我的罪吗？我一个做臣子的，就不能发表点意见？"不久，有传闻说李陵曾带匈奴兵攻打汉朝。汉武帝信以为真，便草率地处死了李陵的母亲、妻子和儿子。司马迁也因此事被判了死刑。

据汉朝的刑法，死刑有两种减免办法：一是拿五十万钱赎罪，二是受"腐刑"。司马迁官小家贫，当然拿不出这么多钱赎罪。腐刑既残酷地摧残人体和精神，也极大地侮辱人格。司马迁当然不愿意忍受这样的刑罚，悲痛欲绝的他甚至想到了自杀。可后来他想到，人终有一死，但"或重于泰山，或轻于鸿毛"，死的轻重意义是不同的。他觉得自己如果就这样"伏法而死"，就像牛身上少了一根毛，是毫无价值的。他想到了孔子、屈原、左丘明和孙膑等人，想到了他们所受的屈辱以及所取得的骄人成果，顿时觉得自己浑身充满了力气，于是毅然选择了腐刑。面对最残酷的刑罚，司马迁痛苦到了极点，但他此时没有怨恨，也没有害怕。他只有一个信念，那就是一定要活下去，一定要把《史记》写完。"是以肠一日而九回，居则忽忽若有所亡，出则不知其所往。每念斯耻，汗未尝不发背沾衣也。"正因为还没有完成《史记》，他才忍辱负重地活了下来。

司马迁从元封三年（公元前108年）为太史令后开始阅读、整理史料，准备写作，到太始四年（公元前93年）基本完成全部写作计划，共经过十六年。这是他用一生的精力、艰苦的劳动，并忍受了肉体上和精神上的巨大痛苦，拿整个生命写成的一部永远闪耀着光辉的伟大著作。

全书包括十二"本纪"，三十"世家"，七十"列传"，十"表"，八"书"，共五个部分，约五十二万六千多字。

司马迁撰写《史记》，态度严谨认真，实录精神是其最大的特色。他写的每一个历史人物或历史事件，都经过了大量的调查研究，并对史实反复作了核对。司马迁早在二十岁时，便离开首都长安遍踏名山大川，实地考察历史遗迹，了解到许多历史人物的遗闻轶事以及许多地方的民情风俗和经济生活，开阔了眼界，扩大了胸襟。汉朝的历史学家班固说，司马迁"其文直，其事核，不虚美，不隐恶，故谓之实录"。也就是说，他的文章公正，史实可靠，不空讲好话，不隐瞒坏事。这便高度评价了司马迁的科学态度和《史记》的记事翔实。

司马迁要坚持"实录"精神，就必须面对现实、记录现实，这就不可避免地会发生"忌讳"的问题。可是他在给人物作传记时，并不为传统历史记载的成规所拘束，而是按照自己对历史事实的思想感情记录。从最高的皇帝到王侯贵族，到将相大臣，再到地方长官等等，司马迁当然不会抹杀他们神奇、光彩的一面，但突出的是揭露他们的腐朽、丑恶以及对人民的剥削和压迫，尤其揭露了汉代统治阶级的罪恶。他虽是汉武帝的臣子，但对于他的过失，司马迁丝毫没有加以隐瞒，他深刻揭露和批判了当时盛行的封禅祭祖、祈求神仙活动的虚妄。在《封禅书》中，他把汉武帝迷信神仙，千方百计祈求不死之药的荒谬无聊行为淋漓尽致地描绘了出来。

司马迁想为封建统治者提供历史的借鉴作用，反映的是真实的历史，这是非常可贵的。本着实录的精神，司马迁在选取人物时，并不是根据其官职或社会地位，而是以其实际行为表现为标准。比如，他写了许多诸如游侠、商人、医生、娼优等下层人物的传记。在司马迁心目中，这些人都有可取之处。司马迁首创了以人载事，始终叙述一个人生平事迹的写法。着重写其"为人"，并注意其"为人"的复杂性，是司马迁的笔法。他在作传时，把自己的看法寓于客观的事实叙述之中，来表达自己对人物的爱憎态度。比如项羽这个人物，司马迁同情他，以非常饱满的热情来写这位失败英雄。他称赞项羽的骁勇，又对他的胸无大志、残暴自恃作出批评。在《项羽本纪》中，司马迁并没有发议论，但是他对项羽的爱憎态度却于叙事之中明显地表现了出来。这便是司马迁作传的最大特点，即真实性和倾向性的统一。

司马迁爱憎分明的感情在《史记》当中表现得非常充分。他高度评价了秦末农民大起义。陈涉出身贫农，是农民起义的领导者，可司马迁却将他和诸侯并列，放在"世家"当中来叙述。对于一个封建史学家来说，能做到这一点是非常不容易的。他在《史记·太史公自序》中，将陈涉和古代有名的帝王——商汤和周武王相提并论，同时明确地指出，只要封建帝王暴虐无道，人民就有权利起来推翻他。陈涉领导的这支农民军虽然没有取得成功，但却掀起了波澜壮阔的秦末农民战争，最后终于推翻了秦朝的无道统治。对陈涉首先起义、推翻秦朝的历史功绩，司马迁是完全持肯定态度的。

对于历史上许多忠于祖国、热爱人民的英雄人物，司马迁也大加赞赏。他当年游历时，曾到过湖南长沙北面的汨罗江，并在江畔凭吊了伟大的爱国诗人屈原。这次凭吊极大地影响了司马迁，他的心灵中深深地印入了屈原的诗篇和一生的遭遇。在给屈原作传时，他认为屈原可以同日月争辉，并愤怒地谴责了楚国贵族统治者不辨忠奸的丑恶行径。当年，司马迁还曾到湖南零陵郡瞻仰舜的葬地，对舜的事迹作了实地考查。后来在写《史记》时，他便把舜的事情写在《五帝本纪》里，赞扬他忧国忧民的高贵品质。司马迁也非常推崇"完璧归赵"和"将相和"故事中的主人公——蔺相如和廉颇，对他们的爱国行为大加赞赏。

在《史记》中，司马迁还歌颂了那些为了反抗强暴、置自身性命于不顾的刺客以及救人急难、见义勇为的游侠。比如"风萧萧兮易水寒，壮士一去兮不复还"的荆轲，为报燕太子丹的知遇之恩不惜只身刺秦王，最终血溅秦廷。司马迁对这些人物进行大胆的歌颂，实际上便是对劳动人民的同情，赞赏人民反抗强暴的愿望。司马迁对名医扁鹊、谆于意等有益于人民的人，用很长的篇幅记录了他们的生动事迹和医学理论。这些人在当时都没有社会地位，可在司马迁的心目中，他们远比某些王侯将相高贵。

对封建统治者的丑恶面貌，司马迁也有比较深刻的认识，并无情地揭露了统治阶级的罪恶。比如《酷吏列传》一共为十个残暴冷酷的官吏作传，其中汉武帝的臣子就有九人。汉武帝当时重用张汤，而"汤为人多诈，舞智以御人。始为小吏，干没，与长安富贾田甲、鱼翁叔之属交私"。所谓"干没"，即空手得到的意思。这里描写的是张汤为小吏时好用计谋以制服人的情况。张汤得势后，与赵禹一起制定了各种残酷的法令，其中有一条叫"腹诽之法"，即不管有罪与否，只要被指控为对朝廷心存不满，就可以据此治罪。张汤不仅善于巧立法令名目，而且还会迎合汉武帝的心意去处置"犯人"。在他的主持下，往往一个案件会使无数人家受到牵连，以致杀人如麻，视人命如草芥。这些人的罪恶活动都被司马迁记录了下来，他便是通过这些对汉武帝时期专制统治的残酷和黑暗加以暴露和控诉的。

司马迁的进步历史观和敢于揭露帝王过失的大胆作风值得肯定。对于历史的演进过程，他的思想也比较完整。他在给予历史正确的评价后，又充分肯定了历史是不断发展进化的这一结论。

在司马迁的笔下，篇幅不多的文字就能非常生动地刻画出一个历史事件或一个历史人物。例如，对《田单列传》中田单防守即墨城的描写。田单用了六条妙计大胜燕国,使齐国得以恢复。"火牛阵"便是其中最重要的一条计策。夜晚,田单将紫红色的带有龙纹的布帛披在一千多头大牛身上,又在其角上绑上锋利的刀剑,用油浸透它们的尾巴,再用火点燃。于是,一千多头牛带着熊熊火焰,像怪兽一样冲进了燕兵的阵地。而齐国士兵也拿着武器冲向了敌人,还有一些人敲锣打鼓,高声喊叫,以壮声势。摸不着头脑的燕兵吓得争相而逃,结果被杀得丢盔弃甲,燕兵的尸体遍布于战场上,齐国大获全胜。司马迁虽着墨不多,可"火牛阵"就如一幅图画一般出现于读者的脑海中。司马迁还栩栩如生地刻画了不同类型的历史人物。他对西楚霸王项羽的描写非常精彩。巨鹿战役中,项羽率领大军渡河,然后沉掉所有的船只,并下令只允许带三天的粮食,这便形象而又具体地刻画了项羽破釜沉舟、与秦军决一死战的决心和气概。项羽的军队一个抵十个,消灭了数量上远远超过自己的秦军,在推翻强秦统治的战争中,发挥了举足轻重的作用。项羽在战斗结束之后,召见各路将领,当他们进入项羽的辕门时,没有一个人敢抬起头走路。这是对项羽威风的描写。对项羽被围的场景,司马迁描绘得更是感人。项羽慷慨而歌:"力拔山兮气盖世,时不利兮骓不逝。"司马迁通过这歌声,刻画出了这位英雄在失败之后时慷慨悲壮,而又无力挽回失败命运的复杂心情。接下来,司马迁又对项羽突围后,在东城决战时的勇猛作了描绘。此时项羽只剩下二十八个骑兵,当几千名追兵迫近时,项羽圆睁双目,怒喝一声,把汉军吓得后退了好几里。看到这样的描写,不禁使人觉得这位失败的英雄似乎就在眼前。

再如,司马迁描写刘邦入关时与民众约法三章,充分表现出了一个政治家的风度。但刘邦也具有好谩骂的流氓习气和随机应变的性格。有一回,韩信给刘邦写信,要求封自己为假齐王。刘邦非常生气,刚想发作,张良却在一旁暗示他别发作,他立即转过口风说:"大丈夫平定诸侯,要做就做真王,做什么假王呢?"这里用字也不多，却活灵活现地刻画出了刘邦善于随机应变和玩弄权术的性格。

司马迁在书中的叙述语言非常生动，人物形象鲜明。他广泛采用口头流传的谚语、成语、歌谣，而且不回避方言土语。他的语言是一种接近口语的"方言"，通常叙述和人物对话和谐一致，虽明快但含蓄，话外有音，值得玩味；繁复而简洁，不拘一格，各得其所，一般都为人物特征的描写服务。他刻画人物说话口吻的描写最令人玩味，充分表现了人物的精神态度。为了突出人物形象，他还常常适当地强调、夸张。比如《高祖本纪》："（五年）正月，诸侯及将相共请尊汉王为皇帝……汉王三让，不得已，曰：诸君必以为便，便国家。"这一段汉高祖让帝位的话，是直接模拟当时的口语，生动形象地反映了刘邦惺惺作态的样子，读完不禁觉得刘邦说话的情景就在眼前似的。再者，司马迁使用古史资料时，一般以当时通用语翻译古语。如《五帝本纪》写尧舜的事迹，取材于今文《尚书·尧典》，把书中的"百姓如丧考妣，三载四海遏密八音"、"允厘百工，庶绩咸熙"等语，翻译为"百姓如丧父母，三年四方莫举乐"、"信伤百官，众功皆兴"等，译文与原文相比较，就会发现更容易读懂。《史记》的人物传记之所以这么出色，是与司马迁驾驭语言的高超能力分不开的。

一个人在遭到无辜的迫害以后，通常有两种选择：要么悲观消沉，要么发愤图强。而司马迁选择了后一条路。他秉着"究天人之际，通古今之变，成一家之言"的目的，将自己心中所有的"愤"全部倾注到《史记》的创作中去。司马迁独创了中国历史著作的纪传体裁，开创了史学方法上全新的体例。司马迁以个人传、纪为形式，以社会为中心记载历史，为后人展示了一部规模宏大的社会变迁史。无论在历史上还是文学上，司马迁都取得了光辉的成就。

他那伟大的爱国主义精神，崇高的人格将永远闪耀着不朽的光芒。

历史上文人的入世情怀

孔子曾云："乌兽不可与同群，吾非斯人之徒而谁与？"乃本着一腔与人间共存的热情，以天下清明为依归。如果生命的意义必须透过经世济民而奠立，孔子已标定了生命崇高的意义。文人普遍接受儒家洗礼，原希望在人的本位上展开救济苍生的行动，这一份热情自然构成了积极追求功业的心态。尤其年轻文人，更是热切地期待投入官场，殷求叱咤风云、左右世界，以达成济世的目的。故此中有一股飞腾佻㑥的热情，就如李白作品中昂扬的光和热。虽然李白的理想仅为求取个人的功名，其狂笑歌哭多半指向自我成就的起落宕荡，距前文所说儒家式崇高的人间热情相去甚远，不过，如果只是用以说明一种情怀、一种心态，李白作品所展现的态貌也许有其相合之处。再者，个人功名的追求亦可趋向政治层面，尽管动机有层次上的分别，其积极的姿态应可互为映衬，故本文以李白诗为起点，来说明年轻生命投向理想的风姿。李白有诗云：

> 六驳食猛虎，耻从驽马群。
> 一朝长鸣去，矫若龙行云。
> 壮士怀远略，志存解世纷。
>
> ——《送张秀才从军》

或曰："平明空啸咤，思欲解世纷"（《赠何七判官昌浩》），"余亦草间人，颇怀拯物情"（《读诸葛武侯传书怀赠长安崔少府叔封昆季》），以人间伟烈功业为生命标的，求自我理想得到全然呈显，所以历史上那些能忘我地把自我生命投向天下苍生的豪杰，就成了颂赞的对象，如张良、韩信、诸葛亮，或范蠡、鲁仲连、谢安等，皆以大展雄才而满足了自我的想望，驰骋于赫赫伟业的天地。李白在诗中或化身为腾跃的骏马，或化身为展翼的大鹏，翻越的蛟龙，欲挥扩自己生命的光辉。不过大多时候，不畏权贵、杖剑行义的侠客更令人向往："抚剑夜吟啸，雄心日千里"（《赠张相镐》）。侠，奋不顾身的投入人世，如飚风，如流星，欲于青云之上绘出完整而绚丽的生命姿采。因此，皓首穷经的书生教人不禁要嘲讽：

> 羞作济南生，九十诵古文。
> 不然拂剑起，沙漠收奇勋。
> 老死阡陌间，何因扬清芬？
> ……
>
> ——《赠何七判官昌浩》

　　而《嘲鲁儒》一诗彻底毁绝了游谈四方却一无所成的儒士：

> 鲁叟谈五经，白发死章句。
> 问以经济策，茫如坠烟雾。
> 足著远游履，首戴方山巾。
> 缓步从直道，未行先起尘。

　　毕竟只有年轻的生命才能无畏无忧地朝向理想，李白豪俊纵横的诗歌挥洒出义无反顾的入世形象。他说："大力运天地，羲和无停鞭，功名不早著，竹帛将何宜？"（《长歌行》）功名——理想世界的内容，诱导着青春年华去撷取。故贾谊以弱冠之年求试属国，请系单于之颈；子建更怕身先朝露，名与身亡，强调"禽息鸟视，终于白首，此徒圈牢之养物，非臣子所志也"（《求自试表》），吟咏着"闲居非吾志，甘心赴国忧"（《杂诗》之五）；连高唱"归去来兮"的陶渊明也曾说："少时壮且厉，抚剑独行游"（《拟古》之八），或"忆我少壮时，无乐自欣豫。猛志逸四海，骞翮思远翥"（《杂诗》之五）。求生命全然的发挥。如是，盛唐一度风行的边塞诗，是否也可说是这种情怀的延长？尽管战场是死亡麕集之所，但也挣扎着理想的辉光，在霜刀风剑之间，在血光烽火之中，"尽忠效命"原是昭昭信誓，毕竟"丈夫三十未富贵，安能终日守笔砚"（岑参《银山碛西馆》）？面对浩瀚荒绝的大漠的挑战，或许勇气会陡然高升，令自己去想象：战场或也是功名的竞技场，因此，在面对自然与人力无情的对抗以及敌我之间残酷的戮杀，除了悲慨、怨怒之外，该有一份恢宏的痛快。边塞诗，在想象中给予人们一份沉着淋漓的痛快情绪。

入世情怀是每一个年轻生命该展现的，杜甫自叙其志云：

> 甫昔少年日，早充观国宾。
> 读书破万卷，下笔如有神。
> 赋料扬雄敌，诗看子建亲。
> 李邕求识面，王翰愿卜邻。
> 自谓颇挺出，立登要路津。
> 致君尧舜上，再使风俗淳。
>
> ——《奉赠韦左丞丈二十二韵》

就具体行动而言，文人献赋投诗本已显现出积极的心态，尤其在君亦好之的时代，以此为干谒之路是很普通的现象。杜甫《赠左丞丈》、《赠翰林张学士》、《赠起居田舍人澄》、《投赠哥舒开府》、《赠鲜于京兆》、《上韦左相》等等，莫不在求彼达官"一字书"。（按：

白居易《见尹公亮新诗偶赠绝句》云："袖里新诗十首余，吟看句句是琼琚。如何持此将干谒，不及公卿一字书。）然而政治给予他的却是挫败的痛苦，他并不因文才卓越而获致理想的拓展。不过杜甫毕竟是伟大的，他对政治的关切犹如关切亲人一般，已化入生活的一部分，纯为感情式的。他不断地在诗中谈论国事，表现出他对现实政治的看法和关怀，因而呈现了最积极的政治心态。换言之，杜甫以诗遥契《易传》所谓"作（易）者，其有忧患乎"的"忧患意识"。

……
穷年忧黎元，叹息肠内热。
……
非无江海志，潇洒送日月。
先逢尧舜君，不忍便永诀。
当今廊庙具，构厦岂云缺？
葵藿倾太阳，物性固莫夺。
……

——《自京赴奉先县咏怀五百字》

君既为中天白日，万民则当效法葵藿向日，忠贞如一。杜甫有忠君爱国的情怀，深厚恳挚的性情，志士仁人的节操，因此，诸葛亮的忠贞和为世所用，成为杜甫一生中最景慕的人物。《古柏行》、《武侯庙》、《蜀相》、《谒先生庙》、《咏怀古迹》等诗一再咏叹诸葛亮一生的志业。我们看到一个理想的形象自文字幕后升起：

诸葛大名垂宇宙，宗臣遗像肃清高。
三分割据纡筹策，万古云霄一羽毛。
伯仲之间见伊吕，指挥若定失萧曹。

运移汉祚终难复，志决身歼军务劳。

——《咏怀古迹·其五》

　　威肃清亮的风采撼动了千古士人之心，伊尹、吕尚、萧何、曹参都不足以言其功业。

　　诸葛亮，一个知识分子的典范，已敲动了多少士人的魂魄？如果撇开蜀汉的运势已如夕日终尽不谈，诸葛亮实为历史铸就了理想知识分子的风格。"邂逅得所从，幅巾起南阳。"（王安石《诸葛武侯》）从来知识分子必然面临的遇合问题，对诸葛亮而言是不存在的。因为与刘备君臣之间的洒然契机令他"鞠躬尽瘁，死而后已"（《后出师表》），自不必唱"才命两相妨"的悲调。而诸葛亮的政治事功、人格风采更是个人才质的全面焕发，尽管"汉祚终难复"令人遗憾叹惋，但诸葛亮是没有不遇之歌的，即使会躬耕南阳，图隐于滔滔世尘之外，实际上未始不是等待时机？直到刘备终以三顾茅庐的诚心打开了心中怀想之路，于是诸葛亮乃凭借着刘备对他的信任，纵横于巴汉之中，犹如驰骋于个人的生命才情之域，让怀抱中的谋天下之筹策得以如鞭挥出，摇撼了中原山河，直如一则神话，成为代代文士衷心向往的对象。借助著诸葛亮，许多文人表露了他们的入世情怀，杜甫是其中最能了解最能欣赏的一位。

历史上的史官

当大汉帝国逐渐步上轨道，臻于极盛之际，太史公司马谈唯一的嗣子——司马迁开始他周游天下、搜奇访古的壮举。大约将近三年的光阴，他"西至空桐，北过涿鹿，东渐於海，南游江淮"，"采禹穴，归九疑"，足迹遍及风沙漫漫的大漠与稻香鱼肥的水乡，甚至连南蛮瘴疠之地也曾有过他的踪迹。这次游历大大丰富了司马迁的见闻与知识，同时他从故老遗贤口中，听到不少关于往古黄帝、尧、舜等传说人物的故事，以及开国时期的诸般英雄事迹。

就在汉武帝元封元年（公元前110年），武帝亲临泰山行封禅，这时候司马谈正滞留在周南一带，路途遥远，不能赶上参加封禅大典，竟然愤而发病。临终之时，司马谈紧紧地握住儿子的手，哭泣说道：

> 余先周室之太史也，白上世尝显功名扵虞夏，典天官事。后世中衰，绝于予乎？
>
> 汝复为太史，则续吾祖矣。今天子接千岁之统，封泰山，而余不得从行，是命也夫！命也夫！余死，汝必为太史；为太史，无忘吾所欲论著矣。
>
> ——《史记·太史公自序》

太史公这段遗言，悲切、激愤，兼而有之，寓有无限深意。历代学者甚为重视，事实上，也关系着中国史官制度史上的一大变局，代表先秦原始史官命运的一个转折点。

首先分析司马谈遗言中所透露的契机，作为探寻先秦史官制度面貌的线索，再进而说明史官制度转变的关键所在。在遗言中，至少包括以下三项特征：一、世官性格，肯定司马氏"世典周史"，在封建世袭制度随着周王室的崩溃而冰消瓦解时，司马氏丧失了史官的职位，但到秦汉帝国已迈入官僚制度的时代，司马谈对于太史令一职，仍能肯定必为其子所继承。二、职掌范围，遗言中提到掌"天官事"，而在武帝行封禅时，太史应居于主导地位；祭告天地，往上溯源就是远古祭司或巫者的职责，具有神人媒介之能，而司马谈以丧失这一职务，悲恚至死，司马迁后来也自怨自艾地说："文史星历，近乎卜祝之间。"显然史官职掌曾历经巨大的改变。三、论著之事，为司马谈所不能忘，特别交代其子继承的遗志。若以这三个主题来观察原始史官到汉初史官的转型，应能较清楚地显现其面貌与转变。

根据传统文献的记载，中国最早的史官可以追溯到黄帝时代的仓颉与沮诵；稍晚的三代，相继有夏朝太史令终古、殷商内史向挚等看到国之将亡、抱图籍出奔的记载。诸如此类，由于代远稽古难考，我们无法判断真伪，但适可反映在国人心目中，中国史官设置的时候应该是和黄帝一样，渊源极为久远。

在先秦史官中，表现史官性格最明显的是春秋时代的齐国太史。《左传》襄公二十五年记载齐国崔杼谋乱弑君，当时太史不惧斧钺，直记"崔杼弑其君"，崔杼把他杀了，其弟二人续书，又被崔杼所杀，另一弟仍续书，崔杼无奈，只好放弃。很明显的，齐国太史是由家族里的成员赓续继承的，当一太史被崔杼所杀，另一人即自动继承了太史的职掌。此外，有很多姓氏如简、籍、史、董等，大部分都是世世代代承袭史官职位，遂以为氏。《左传》昭公十五年记载晋国使者荀跞与籍谈谒见周天子，周景王责问晋国何以无贡献，籍谈以

"晋居深山，戎狄之与邻，而远于王室，王灵不及，拜戎不暇"为理由，拒绝贡献，景王因而追述他家族的历史说："且昔高祖孙伯黡司晋之典籍，以为大政，故曰籍氏。及辛有二子董之，晋于是乎有董史，女（汝）司典之后也，何故忘之？"景王的意思是说籍谈回答以晋国与周王室并无密切关系而拒绝贡献，但籍谈的祖先却是由周天子派到晋国当史官，哪里是远于王室呢！籍谈听了景王对他家族历史历数如珍，无言以对，景王遂严厉地批评他说："籍父其无后乎，数典而忘祖。"这虽是一则周王室没落、诸侯凌权的故事，但也说明晋国史官是由家族传承世袭的。

司马氏在虞夏之时典天官一事，虞夏文献不足征，以文献足征的周代史职来说，论者都以《周礼》"春官宗伯"礼官属所说的五史来讨论。所谓的五史之制是：大史掌建邦之六典；小史掌邦国之志；内史掌王之八枋之法，掌书王命；外史掌书外令，掌四方之志；御史掌邦国都鄙及万民治令。这五史职掌以典书、记录为主。此外，还有左史、右史，分别掌记王之言、动。文献记载的这些周代史官职掌似乎已经专业化而成为专掌记录等事，与周代史实显有不符合，忽略了周代祭政合一的性格。

早期史官的构成

主要的关键是在西周初期，当时史官由"尹"、"史"、"作册"三个系统构成，其中"史"系之官乃是周代史官的主要类型，同时也是史职的主要掌理者；西周中期以后，尤其在周恭王时期，随着册命制度的定型，"作册"之官首先被"史"与"尹"两系所并。"史"系之官又逐渐分化，遂发展成各种带有"史"字的史官，形成如以"大史"为首的"大史寮"这种组织性的官府系统，导出以周王室为中心的全国性史官系统，到这时候，传统以宗教为主的原始史官自不免有所转变，演变成官僚化的史官。至于周代史官的职掌，除了承袭原始史官的宗教祭祀事务外，也多参与政治、人事工作，大致包括神事、祭祀、祝告、卜筮、历数、天象、灾祥、丧礼等天事；册命、聘问、约剂、刑法、盟誓、征伐与籍田等政治事务。他们最大的贡献是保存、延续了古代的学术，维系礼的传统，成为知识的中心。

封禅之事原有宗教色彩存在，而史官职掌中也包括祭祀，可见原始史官的工作之一就是媒介人神。以考古所得殷商甲骨卜辞的内容来看，通常是天象之事，如日蚀，月蚀、晴、雨、风、雪等；有预测将要发生的事故，如旅行、渔猎和战争等；有生、老、病、梦等人事的休咎；以及对祖先、神灵的祭祀等。它的内容都不出古代史官职掌之外，而且负责贞卜的贞人大部分是当时的史官。有时候殷王也亲自来问卜，在卜辞上则记着"王贞"，这王也可以称为贞人，甚至王妇、王子、诸侯在偶然间问卜时都写上他们的名字。如果史官做贞人，所记的卜辞都是自己写自己刻，若是王贞，则卜辞的书契仍需史官代庖。一贞一卜之际，史官作为天人媒介的祭司面貌便显露无遗。即使在已经脱离祭政合一的汉代，这项原始职掌仍沿袭着，以此而观，司马谈不得参与封禅，从行摄导，有违职守而愤死之事，便豁然而解。

"著述为宗"的信念

唐代刘知几曾谓："寻自古太史之职，虽以著述为宗，而兼掌历象、日月、阴阳、管数。"他以后代史官职掌来推想古代，而得出"以著述为宗"的结论。毫无疑问，古代知识是掌握在贵族手上的，甚至可以说，独具知识能力者乃是宗教祭司之流，也就是史官。不过，如前所说的，论著不过是史官职掌之一罢了，等到宗教色彩渐趋淡薄，人文精神勃兴之后，史官就逐渐转为职司记录、书记性质的政务人员。过去有很多学者从"史"字的字形结构来推测史的起源及其职务，不管在解释上有何歧见，他们大都同意周代史官的主要工作之一是记录宫廷里的重要事件、天子与诸侯的言行，以及政府各机构的种种活动。许多金文和古籍里面常有一个公式化的句子"王若曰……"，就指明这些文件不是王自己写的，而是史官听命记录下来的。换句话说，史是一种专门从事著述、抄录、阅读与保管官方典籍、档案的人。

前面曾经叙述齐国太史据事直书的故事，史官这种不忧不惧、忠于职守的精神，成为历代遵循、推崇的表率。维系这股精神的力量，产生的来源主要有两个，一是史官的宗教性格所导致，一是封建性格的存在。

原始史官本是巫祝祭司之流，它的权威来自宗教，独立于政治权力之外，甚至到春秋时代，"国之大事，唯祀与戎"，犹留存有原始宗教中敬祖畏天的心理。《国语·周语下》记载："鲁侯（成公）曰：寡人惧不免于晋，今君曰'将有乱'，敢问天道乎？抑人故也？（单襄公）对曰：吾非瞽史，焉知天道。"天道之事是作为神人媒介的史官所独擅的。《左传》桓公六年记载楚武王侵随国，随派遣臣子进言于楚，当时随贤臣季梁即说道："臣闻小能敌大也，小道大淫，所谓道忠于民而信于神也。上思利民，忠也；祝史正辞，信也。今民馁而君逞欲，祝史矫举以祭，臣不知其可也。"大大批评楚国祝史"矫举以祭"，阿附助长了楚王侵略的野心。孔颖达《正义》说明是："祝官、史官，正其言辞，不欺诳鬼神，是其信也……祝、史诈称功德，以祭鬼神，是不正言辞，是不信也。"同样指出史官的宗教功能。即使宗教的权威逐渐低落，但由此而生的独立地位与精神却被承袭、歌颂，成为后世史官的典范。

史官的精神

在周王朝来说，周天子与诸侯，以及诸侯彼此之间的各种盟誓契约、分封关系等等，往往借着封建，赐以食邑、奴隶、财产、书籍和史官。《左传》定公四年记载："昔武王克殷，成王定之，选建明德，以藩屏周……分之土田陪敦、祝宗卜史、备物典策、官司彝器。"可见史官是借着周天子的封建而到诸侯国，如籍谈的祖先到晋国。同时一国之事不仅是本国史官记载而已，他国的史官也同样记载，如齐太史被崔杼连杀三人，南史氏也执简前往。《吕氏春秋·先识览》也说："晋太史屠黍见晋之乱也，见晋公之骄而无德义也，以其图法归周。"史官不但在列国之间互通声气，而且以周王室为中心具有组织性，他们都是来自周天子的朝廷。因此，有学者认为史官具有掌管政府文件档案的权威，同时也是文告的起草人，而这些文字对统治者与封建诸侯都关系非浅。为了确保文字中没有中伤的言论，周天子不仅选择最可信任的人充任史官，并且派遣他们到各诸侯国去掌管典籍。这种推论虽然言过其实，过于夸大，但是史官政治性格的面貌却不容否认，而其权力来源之一出自周天子的封建，也毋庸赘言。

于是，在宗教与封建的双重权威之下发展出来的，便是后世所盛赞的史官不虚美、不隐恶、据事直书、劝善惩恶的撰述精神与原则，用以执行历史撰述与道德裁判的任务。一般习称孔子修《春秋》，首创中国史学的褒贬义法。由于其时周王室没落，无以维持天下秩序，孔子遂针对这种"世衰道微，邪说暴行有作，臣弑其君者有之，子弑其父者有之"《孟子·滕文公下》）的崩坏现象而发。司马迁尝论及孔子修《春秋》的动机，以及《春秋》一书的功用说：

> 夫《春秋》，上明三王之道，下辨人事之纪，别嫌疑，明是非，定犹豫，善善恶恶，贤贤贱不肖，存亡国，继绝世，补敝起废，王道之大者也。
>
> ——《史记·太史公自序》

事实上，孔子所秉持的精神大半承自史官，如齐国太史的据事直书，更著名的如晋国太史董狐。因此，《汉书·艺文志》说道：

> 周室既微，载籍残缺，仲尼思存前圣之业……以鲁周公之国，礼文备物，史官有法，故与左丘明观其史记，据行事，仍人道，因兴以立功，就败以成罚，假日月以定历数，借朝聘以正礼乐。有所褒讳贬损……

班固所谓"史官有法"，正指出孔子《春秋》义法的渊源所自。又如《左传》庄公二十三年，曹刿谏鲁庄公到齐国观社一事说："君举必书，书而不法，后嗣何观？"都明白指出史官记事有"法"，也就是义例的遵循，这种"法"正是《春秋》一书的义例：微而显，志而晦，婉而成章，尽而不污，惩恶而劝善。也因为"法"坠，孔子才以私人的身份来执行史官的职务，所以孔子说："知我者，其惟《春秋》乎？罪我者，其惟《春秋》乎？"此后，《春秋》的义法成为中国史学上独具的历史裁判观念，独立于政治势力之外。

史官记事又因为受到书写工具的限制，往往要在册、简、牍上简要扼指，用几个字或几十个字描述一个事件的经过，所谓"大事书之于策，小事简牍而已"。同时还要加以评论，也就是不但要"书"，还要遵循"法"，如此，史官发展出以一字寓褒贬的书法，就不难理解了。所谓"一字之褒，宠跃华衮之赠；片言之贬，辱过市朝之挞"。孔子之后，《春秋》义法遂成为中国史官百世共守的圭臬

唐朝刘知几在《史通·史官建置篇》中指出设置史官的目的及其精神：

> 苟史官不绝，竹帛长存，则其人已亡，杳成空寂，而其事如在，皎同星汉。用使后之学者，坐披囊箧，而神交

万古，不出户庭，而穷览千载，见贤而思齐，见不贤而内自省。若乃《春秋》成而逆子惧，南史至而贼臣书，其记事载言也则如彼，其劝善惩恶也又如此。由斯而言，则史之为用，其利甚博，乃生人之急务，为国家之要道。有国有家者，其可以阙之哉！

正说明了史官存在的意义：记录、保存祖先活动的事迹，透过读史而作道德的自省，达到劝善惩恶的政治，社会的教化功能。这一切的基础莫不根源于先秦史官，奠立于先秦史官。

并以别职，来知史务

司马迁在《报任安书》中曾自剖说："仆之先人，非有剖符丹书之功，文史星历，近乎卜祝之间，固主上所戏弄，倡优畜之，流俗之所轻也。"正指出太史一职地位的没落。所谓"文史星历"，"文"是天文，"史"是"国有瑞应，掌记之"的书吏之职，如同后汉时期的制度，太史令职掌"天时星历，凡岁相终，奏新年历，凡国祭祀丧娶之事，掌奏良日及时节禁忌，国有瑞应，掌记之"（《续汉书·百官志》）。显然汉代太史的职掌已失却先秦原始史官无所不包的多样性，仅遗留有传统的宗教性职务而已，而汉代却是人文精神早已确立的时代，明令制定太史令的职掌，说明史官制度业已面临一个转变关头。司马迁父子正是新旧时代夹缝中的悲剧人物，面对着原始史官的没落，内心之中又想绍绩、振扬古代史官的崇高地位，其心境的悲凉落宕，可以想见。

司马迁秉《春秋》义法，忍辱含辛所撰的《史记》"太史公书"提出："究天人之际，通古今之变，成一家之言。"即已表明并不是作为官方大事纪、尺牍式的公文书，而是他自己私人的著作，想直追原始史官的权威，以代替神对人间，特别是对统治者作善恶最后的审判，树立政治、社会、人生、行为的义法。自司马迁之后，担任汉太史令者如张衡、单扬、王立、高堂隆等人，更不再撰述著作，所务"唯知占候而已"。自兹以降，历朝历代，或名为太史令、太史监、司天监等，都是观察天文星象的历官之流，脱离了以撰述、记注史书为主的史官行列。

既然两汉时代，原始史官的太史令已经属于历官，前汉时代，"并以别职，来知史务"，而无职司著述的史官设立。仅仅在王莽时期，一度仿古代左、右史制度设置柱下五史，记疏言行。后汉初年，班固曾以兰台令史的身份，与陈宗、尹敏、孟异等人共撰《世祖本纪》；马严白衣受诏，与校书郎杜抚、班固等撰定《建武注记》；到安帝永宁元年（120年），谒者仆射刘珍、校书郎刘马录騄与谏议大夫李尤等又共同撰定纪表、名臣、节士、儒林与外戚诸传，名为《汉纪》。诸如此类，都是以别的身份兼负修史之任，并非正式定制的史官，而且事毕则罢，属于临时性的差遣。

东汉之世，由于东观藏书最称繁富，举凡经典、传记、百家艺术、纬候谶记，乃至于时人著述及当代玺书奏章都在庋藏之列，不但以"书籍林渊"著称，甚至被尊为老氏藏室、道家蓬莱山。汉和帝即亲临东观观书，"博选术艺之士，以充其官"。处于汉时代，书籍流通传布不易的情况下，以官方的力量搜罗图籍，汇集一地，并派遣学有专长的才艺之士，以"郎"的资格在东观校雠或撰述，是相当合理的事情。杜佑《通典》"著作郎"条也说："汉东京图书悉在东观，故使名儒硕学，入直东观，撰述国史，谓之著作东观，皆以他官领焉，盖有著作之任，而未有官员也。"所谓"著作东观"，意即东观典藏最富，乘其便利之故。虽然"著作东观"一名，并非正式建制的史官职衔，有其实而无其名，但有其重要性，居于承先启后的关键，形成魏晋以后的著作郎制度。

著作郎修史

到三国时代，曹魏于明帝太和年间正式设置著作郎，以担负修史之任，蜀汉大约在同一时期也设立著作郎。至于孙吴，则在稍晚的孙皓时期设立了左国史、右国史之制，但此一职务系由他官兼领。这点与曹魏比较起来有很大的差异，主要是曹魏在汉朝传统之下，能别创新局面，来应付新时代的需求，而孙吴却沿袭汉旧习，虽有史官之设，仍不脱兼官的性格。因而在晋统一天下后，以魏制为本，确立著作一职为史官。同时，更重要的意义乃是以往图籍典藏与史书撰述职掌的混淆，至此正式分道扬镳。汉代以来史官的工作也脱离史料编纂，正式进入史学的领域，如同司马迁任太史令观石室金匮之书，得以成《史记》，班固以兰台令史观书，遂得撰《汉书》，华峤以典官制事，由是遍观秘籍，得撰《后汉书》，史官开始像私人修史一样，从编纂史料臻于史学的境界。刘勰《文心雕龙·史传篇》对此分析颇见精微：

> 原夫载籍之作也，必贯乎百氏……是以在汉之初，史职为盛，郡国文计，先集太史之府，欲其详悉于体国；必阅石室，启金匮，抽裂帛，检残竹，欲其博练于稽古也。

彦和之论，正是史官制度重新制定之后所欲肯定的地方，史学从此也迈入崭新的时代，产生突破性的发展，开创先秦史学以来的又一次兴盛局面。

然而，传统的色彩毕竟不易在一朝一夕之间泯除。此时虽设立正式的史官——著作郎，但是汉代即已存在的兼职之风仍然盛行。如魏齐王芳在位时，应璩"为侍中，典著作"；高贵乡公正元年间，王沈亦以"侍中，典著作"，而这时距离明帝初设著作郎已达二十年之久；甚至到晋武帝泰始年间，华峤犹以散骑常侍典中书著作。另一方面，原本设著作郎一人，"专掌史任，又置佐著作郎八人。著作郎始到职，必撰名臣传一人"。换言之，也就是史书的修撰归著作郎负责。但事实上有所不然，以《魏史》为例：魏黄初、太和中才开始任命尚书衔头、缪袭二人草创纪传，累载无成；后来又命侍中韦诞、应璩，秘书监王沈，大将军从事中郎阮籍，司徒右长史孙该，司隶校尉傅玄等人共同撰述，又不成；最后才由王沈个人撰成《魏书》四十四卷。由此可以了解《魏书》的修撰工作并不是让著作郎来担任的。而且大部分情况下，著作郎都是由其他职官兼领，这种风气后来却衍成中国史官制度的传统，一直到清代都是如此。换言之，从曹魏以降，无论在任何朝代都有定制的史官设立，其间虽然在名称上有所出入，但往往是由他官兼领，唐代史馆修撰如此，明清两代翰林亦莫不如此，溯其渊源，应始于曹魏。

大致在整个魏晋南北朝时代，除了偶尔出现所谓"修史学士"名目之外，著作郎一直是建制中的史官。南朝时，他们在负责撰修传纪之余，还"掌知起居集注，撰录诸言行、动伐"，形成集撰述与记注于著作一身的情况。换句话说，就是史官自行编纂史料——记注，然后再根据这些史料修成传纪与实录、国史——撰述。

北朝的史官制度则稍异于南朝，除了著作郎、著作佐郎外，魏孝文帝于太和十五年（491年）仿古代左、右史之制，分立左、右史官，名为起居令史，"每行幸燕会，则在御左右，记录帝言及宾客酬对"。到北周时又设立六官，起居注由春官外史下大夫掌之，撰述则由著作上士、中士担任，著作与起居的正式分途，至此于焉确立。同时，以他官"典国史"、"专修国史"为名的兼职史官又告出现，于是著作逐空有史官撰述之名，而实无其任。

编为一家言

> 君为著作郎，职废志空存。
> 虽有良史才，直笔无所申。
> 何不自著书，实录彼善人。
> 编为一家言，以备史阙文。
>
> ——白居易《赠樊著作》

这首诗是唐代大诗人白居易送给他的友人的感慨之作，悲叹世事推移的迅速：原本好不容易，历经后汉时期的挣扎方告建立的著作郎，竟然在北周时一度失却史官权柄，但犹保有史官之名，而在李唐统一之后，已落到"职废志空存"的地步。中唐时权德舆诗也吟道："月且继平舆，风流仕石渠，分曹向沥洛，守职在图书。"同样指出著作一职的命运：从修史沦落为职守图书。

著作的史官权柄何以渐次失去？而取代著作的是唐太宗在贞观三年（629年）闰十二月甫成立的史馆，何以会有史馆的出现？这些问题必须回到魏晋南北朝时代，观察当时的知识分子何以人人秉持"编为一家言，以备史阙文"之信念，才能找到解开问题的钥匙。

唐代史馆包含四项重要特征：一、聚众修史；二、以重臣监修；三、专为修史而设；四、史官为兼任。在聚众修史方面，早在后汉时期的东观已经具备此一特征，其后东观演变成秘书省，但无论是东观或秘书省皆非为修史而设，它们最主要的功能在典藏图籍，就此可知二者并非唐代史馆的直接渊源。大致说来，唐代制度的渊源主要有三个：一是北魏、北齐（含汉魏两晋南朝前半期），二是梁、陈，三是西魏、北周；就官制的渊源而言，有唐一代系"近承杨隋，远祖（北）魏、（北）齐"。北魏以降，著作局已经产生修史局、史阁、史局或史曹等别称，主要原因是北朝的著作局由他官以"修国史"、"典国史"等职称盘踞；而且在北朝著作局与唐代史馆之间，表现其一脉相承最为明显的便是以大臣监修国史的风气。刘知几对这点有清晰的叙述，他说："高齐及周，迄于隋代，其史官以大臣统领者，谓之监修，国史自领则近循魏代，远效江南，变通而已。"（《史通·史官建置篇》）子玄所谓"远效江南"，就是指晋朝武陵王监督秘书监一事。他又批评武陵王"才非河献，识异淮南，而辄以彼藩翰，董斯邦籍，求诸称职，无闻焉尔"。他所指出的乃是针对监修国史者并非以博学多闻、史学长才为主，而是以政治权势来控制、监督修史工作的进行。在魏、周、隋等朝代，莫不相继以大臣监修国史，其名或为"监修国史"，或简称为"监国史"，监督范围大致不出于著作局修史的工作。以唐初而言，太宗贞观三年（629 年）别立史馆，原有的监督国史房玄龄同样也挂有这个名衔，只是监督对象从著作局转为史馆罢了。

史馆的成立，诚然是中国史学史上极为重要的里程碑，但是这项措施如果没有时代潮流与环境的相互配合，无法成为一千三百年来绵延不绝的制度。其原因一方面是因应于统一帝国的需要，另一方面也是史学本身内外发展情势所导致的结果。更何况，魏晋以来史学本身的变化极大，无论是类书的编纂、史体的变化、史注的演变、史官的变迁以及新史学的诞生，在在显示中国史学已经面临一个新的转型时代。

中国与四海

中国人的天下观在夏商之时孕育出朴素的原型，到两周时期进一步发展成长。所谓"殷因于夏礼，周因于殷礼"，周革殷命之后，因袭了很多夏商以来的观念和词汇，例如：四方、多方、东土、西土都是周代文献中习用的词汇。更重要的是，夏商以来的层次与方位观念，到了周代有了更复杂的发展，新的词汇也随之大增。

在周初，"中国"和"天下"这两个重要的名词正式出现了。"天下"首见于《周书·召诰》："用于天下，越王显。"意思是说用此道于天下，王乃光显也。据司马迁说，《召诰》是成王（公元前1024～1005年）年长以后，周公认为洛居天下之中，四方入贡的距离都很平均，宜为王都，使召公营洛邑，并告诫成王的一番话。此处天下即向天子纳贡之四方。成王死后，在康王（公元前1004～1967年）即位的册文里有"燮和天下，用答扬文武之先训"一句，意勉康王协和天下，以尊显文王和武王伟大的教训。康王登位后，在"文告"里也说"用昭明于天下"。这里的"天下"指的都是同一文告中所说"付畀四方"的四方。以天下为四方的用法还见于康王死后二三十年，穆王（公元前947～928年）时的"吕刑"，以及《孟子·梁惠王》篇引《书经》的一段话："天降下民，作之君，作之师，惟曰其助上帝，宠之四方，有罪无罪惟我在，天下曷敢有越厥志？"四方即天下在这一段话里十分清楚。不过到了西周末，讥刺幽王（公元

219

前781～771年）的《北山》诗中更有了"溥天之下，莫非王土"的话。从此，"天下"一词似乎可有广狭两义，一为日月所照，人迹所至的普天之下，一指四方之内的"中国"。

"中国"二字连用首见于《周书·梓材》"皇天既付中国民越厥疆土于先王"，意思是说皇天将中原的人民和疆土赋予与先王。《梓材》篇的这一段据说是周公和召公劝诫成王的话。果如此，中国一词在西周初就出现了。不过在周代其他的文献里，"中国"多指"京师"或"国中"。《诗经·大雅·民劳》里的"惠此中国"，据郑康成说中国是指京师，而《荡》、《桑柔》篇里的"中国"又是"国境之中"的意思。可见"中国"二字连用初无共喻之定义。以"中国"通指华夏民族活动的中原应是较晚的发展。

大体而言，"天下"或"中国"在周初的文献里并不常见。"中国"在《周书》里只出现一次，在《诗经》中七见，但集中在《大雅》的《生民》、《荡》和《桑柔》三篇。"天下"一词除《北山》"溥天之下"一句外，不见于《诗经》，在《尚书》中亦仅五见。而这两个词在周代金文中似从未出现过。周人最常用来表示天下或中国的名词仍然是"四方"，或从四方之国而来的"四国"，由此可见商周两代在用词和观念上强烈的延续性。

此处必须附带一提的是"四海"一词的出现。在商遗民所作的《商颂》以及可能成篇于东周的《禹贡》中有"四海"一词。《商颂·玄鸟》说："邦畿千里，维民所止，肇域彼四海。"西周末的《北山》有"率土之滨"一句。"滨"意味着土有边缘，边缘外为何？似乎就是海。中国人可能很早即想象中国为海所环绕，但如何可能产生此一想象？却是一个谜。《禹贡》说："东渐于海，西被于流沙，朔、南暨声教，讫于四海。"既说西被于流沙，则明知西方非海。其以四海称之者，也许不是出自地理实态的描述，而是从方位观念推演的结果。商人原滨海而居，习见东方海陆相连，南方亦为海，如此一推，四方都成了海。四海一词首见于商人的诗，也许不是偶然。后来四海竟成为中国人十分偏爱的一个名词。孔子的大弟子子夏曾说："四海之内皆兄弟也。"他的话后来成为中国人"天下一家"理想一个重要的思想源泉。

周人继承殷商另外一个重要的观念就是，由服制而来的内外层次观念。祭公谋父在劝周穆王不要征犬戎时说：

> 夫先王之制：邦内甸服，邦外侯服，侯、卫宾服，蛮夷要服，戎狄荒服。甸服者祭，侯服者祀，宾服者享，要服者贡，荒服者王。日祭、月祀、时享、岁贡、终王，先王之训也。

这甸、侯、宾、要、荒服也就是习称的五服。殷商的服制基本上只有两层：外服的诸侯和内服的臣僚。他们对商王提供经济、军事或行政上不同的贡纳和服务。周人的五服基本上也是内外两层，所谓邦内和邦外。不过，周人在扩张的过程里，由于和被征服者关系不同，需索随之而异。因此出现侯服者按月而祀，宾服一季一享，要服每年一贡，荒服但须朝觐，负担因服不同的情形。周人五服制原始的形态也许就是如此。这和殷商内外服的意义应该近似。可是《禹贡》的作者很显然将五服转变成一个以与周王畿距离决定职贡性质和大小的层状结构：

> 五百里甸服：百里赋纳总，二百里纳铚，三百里纳秸服，四百里粟，五百里米。五百里侯服：百里采，二百里男邦，三百里诸侯。五百里绥服：三百里揆文教，二百里奋武卫。五百里要服：三百里夷，二百里蔡。五百里荒服：三百里蛮，二百里流。

每服五百里当然不是写实。《禹贡》作者的旨意恐怕也不在写商实，而是利用若干实际的线索勾勒一个天下理想的结构。这个结构是由天子居中，诸侯环绕于外。天子的贡赋主要来自王畿（甸服）：总（谷物连叶秸者）、迥（禾穗）、秸服（禾去其叶及颖芒者）、粟（谷实未去壳者）、米（去壳者）者是。侯服与绥服乃诸侯之地，其作用主要是"奋武卫"，以屏障天子。再外围的要服和荒服是"夷"、"蛮"之地，供流放罪犯之用，所谓"投诸四裔，以御魑魅"，其义亦在军事。这样一个层层防卫的构想也许并非新创。春秋时，楚国的沈尹戍在追述过去周天子守天下的办法时，曾说："古者天子，守在四夷；天子卑，守在诸侯，诸侯守在四邻；诸侯卑，守在四竟。"古者天子是指周天子，"守在四夷"据竹添光鸿会笺乃"言其和柔四夷，以为诸夏之卫也"。如果此说不错，则可以发现在周的封建体制下，是有一个理论上以天子为中心，诸侯为外围，四夷为更外围的层状防卫结构的。这种理论上的结构和周人封建中"亲亲"和"内外"的基本观念完全一致。亲亲之义在于差等，由亲而疏，由内而外，所谓"内其国而外诸夏，内诸夏而外夷狄"。诸夏以王室为中心，对夷狄而言是内，对王室而言，又是外。这种相对的内外关系可以无限制地扩大，也可以分出无数的层次。这种内外层层的同心圆不论事实上是否可行，从《禹贡》作者以降的中国人大概没有例外，都是从层次的观念去理解渊源已久的服制，并加以发挥。《禹贡》的五服是五层的同心圆，《周礼》更制造出九层的九服和九畿，每服或每畿都是规规则则的方五百里！

周由小邦兴盛的教训

周之际，中国的原始宗教有了新的转向。在浓厚的宗教气氛中，理性的人文思想逐渐加强，在神力无边的信仰中，人的自主意识逐渐兴起，开启了中国人文思想的先河。造成这种思想上不凡表现的因素，一是客观上周人建国的历史处境的影响，一是主观上宗教思想转变的结果。

周民族从落后的部族发展到统一的国家，其间历程，备尝艰辛。周人祖先原住于邰（今西武功县），至笃行实干的公刘，凭借积存的粮食，"弓矢斯张，干戈戚扬"地迁居豳地（今陕西邠县）。在商王武丁（第二十三世王）的时代，商周之间开始了敌对的情势，武丁数次讨伐周人，禁其发展，而此时殷商文明已灿然完备，周民族的文化水准远在其后。到了太王古公亶父，为逃避狄人的侵略，率领族人和百姓，跨越岐山，定居于渭水流域，开始"筑室于此"，因此才"百堵皆兴"，有了城邑的规模。势力渐盛后，太王"实始剪商"，展开军事攻击。季历继位，娶殷商挚国之任氏仲女太任为妃（即文王之母），开始殷商化，国势日益强大。开拓疆域，征伐诸戎，把势力伸张到汾水流域，此举引起商的不安。这时周在名义上仍为殷属，两国关系紧张，季历最后为商王文丁（第二十九世王）所杀，开国任务再传给文王，文王亦娶殷商诸侯莘国之长女太姒为妻（即武王之母）。这时周的势力更强，文王一方面逐步消灭外围方国，扩大版图，一方面联合许多方国、部落结成反殷同盟，以孤立商，达到了孔子所说的"三分天下有其二"的新局面。这种成果完全来自文王的努力，周公称述他穿着卑劣的衣服，从事荒野田亩的工作；他和蔼、善良，又恭敬，保护民众，爱护孤苦无靠的人，"自朝至于日中昃，不遑暇食"，以求"咸和万民"；他不敢耽于游乐打猎，只是恭谨地处理政事。由于文王的积德行仁，雄谋大略，周人终于奠定了灭商的胜利基础。

周人在面对殷商先进文明的强大压力下，从一个落后的民族，经过长期奋斗，"战战兢兢，如临深渊，如履薄冰"，终于在文王之世，完成了足可克商的新局面。此种历程，使周人在艰苦的处境下逐渐体认到人的行为的重要性，因为新的局面是他们的历代祖先"经之营之"，开创下来的，事情的吉凶成败是他们本身的努力所能决定的。也就是在困境之中，觉悟到若欲突破困境，人的行为负有绝对的责任，此即"忧患意识"，由此忧患意识而产生人的自觉，这是一种新精神的跃动。因为有了这种新精神的跃动，才使传统宗教有了新的转向，古代文化有了新的发展。

然而对周人的领导人物来说，克商的行动除了武力的准备外，尚须面对上帝的福祐，因为这牵涉到政权合法化的根本问题。商人的上帝既为祖宗神，凭着宗族的私情必然垂顾商人的政权，纣王因此自视上承天命。在这种宗教信仰下，周人欲克商，势必解决此项难题，使克商的行动成为合法，以获得上帝的同意和支持。周人的解决方式是，在殷商化的过程中，把商人的祖宗神也认成自己的祖宗神，或者说周人将自己的祖宗神与商人的祖宗神合而为一。透过这种方式，上帝由祖宗神一变而带有道德神的性质，是一位公正无私的上帝，代表着正义和公道。这样的上帝对于政权的赋予，不再无条件的带有宗族的私情，而是经过公平的选择，选择的标准在于政治的好坏与行为的合不合理，于是上帝和祖宗神完全分离而独立存在。《诗经·大雅·皇矣》充分表达了这种宗教信仰的转变：

皇矣上帝，临下有赫。监观四方，求民之莫。维此二
国，其政不获；维彼四国，爰究爰度。上帝耆之，憎其式
廓。乃眷西顾，此维与宅。

　　意思是说，伟大的上帝，赫然看着四方，监察四方的国家，探求人民的疾苦。夏商两国的政治已经失道，不得民心。又观察四方之国，审度考虑，以视谁可以承受天命，结果上帝都愤怒他们，憎恶他们的失政无道，于是转顾西方（周在西方），便与周人共居同在了。上帝之所以"乃眷西顾"，《皇矣》篇接着说明那是因为上帝降临人间，发现太王奋力拓荒，因此"帝迁民德"，"受命既固"。又发现季历友爱兄长，德行纯明，明察是非善恶，因此使他"克长克君"。到了文王之世，发现文王的德行毫无缺憾，因此"既受帝祉，施于孙子"，助他征讨邻国，奠下大业根基。

　　总之，因为上天的存在，"无声无臭"，上天之道，无限美好，而文王又能"小心翼翼，昭事上帝"，在德行上，勤劳、敬谨、畏天威、使民光显。相对的，商纣却是荒淫无道，酗酒耽乐，赋税繁重，不顾天道民病，鄙弃政事，祭祀不够清洁，所以"上帝不保，降若兹大丧"，"上帝既命，侯于周服"。周人也自信他们之所以能有天下，是因为历代先王的努力，以及"文王之德之纯"，致使上帝降下天命，他们很肯定地表示，是"皇天改大邦殷之命"，而"兴我小邦周"。至此，忧患处境下，人的自觉意识与上帝观念的转化结合为一，成为人文思想发展的原动力，这是古代思想史上一件划时代的大事。"天命渐渐从它的幽暗神秘的气氛中摆脱出来，而成为人们可以通过自己的行为加以了解、把握，并作为人类合理行为的最后保障。"也就是人在历史中取得了自主的地位，人为的努力可以创造历史。

　　文王死后，子武王继位。公元前1027年，武王率领三百乘战车，三千卫队，四万五千个士兵于商郊牧野誓师，数说纣王的罪名：听

信妇人之言，废止祭祀，不报答神的恩惠，舍弃弟兄，任用四方逃犯，暴虐百姓，为非作歹。在他的激励下，一战大败商王七十万大军，纣王自焚，商亡周兴。对周人来说，这证明了上帝确实是主持正义的，上帝的选择确实是公平无私的。

周虽克殷，但商毕竟是数百年的大国，残余势力仍然强大，随时有反攻的可能，这种危机情势，使得周人不敢踌躇满志，仍然小心谨慎，时时警惕。武王本人更是十分焦虑，在克殷后不久便去世了。继位的成王，年纪尚轻，不足应付危机，由周公摄政。当年秋天，五谷成熟，但还没收获，天降大雷雨，且刮着大风，所有谷物都仆倒了，大树都连根拔起，国人惊慌异常。随后，监视殷地的管叔、蔡叔联合纣子武庚，首先反叛王朝，接着东方有十余国也造了反。这些叛乱，都由周公协助成王将他们平定，周朝王业才算稳定下来。这段艰苦过程，促使周公、召公号召周人把建国之初忧患意识的精神自觉，加以继承扩大。平殷之乱前夕，周公作"大诰"，以成王之名说：我这年轻人，"永思艰"……哀哉！我受到老天的指使，把重大的责任和艰巨的事情投掷在我身上，我这年轻人，"不卬自恤"。又说："朕言艰日思"。然而周公摄政却引起召公的疑虑，周公于是作《君奭》勉召公说："我受命无疆惟休，亦大惟艰。"又引武王之言说："乘（承）兹大命，惟文王德丕承，无疆之恤。"周公行政七年，及成王长，周公还政成王时，召公亦诰成王说："惟王受命，无疆惟休，亦无疆惟恤。呜呼！曷其奈何弗敬。"

这种艰难感的警惕虽为时势逼迫而生，但其发扬却与上帝是公平正义的观念有关。无私的上帝既然以有德的周取代失德的商，同样的道理，如果周一旦失德，上帝自然也将如弃商一样弃周，因"天非虐，惟民自速辜"，天命的依据是人的行为的合理与不合理，如此，岂可不时时深思熟虑，谨慎将事？这种认识使周人感悟到"天命非常"的观念——一有失德，天命即转向他人。《大诰》说：天不可信（天棐忱辞），它将从人民之中得到考验。又说：老天是不可信赖的

（越天棐忱），你们在平时尚且不敢轻慢国家的法令，何况现在老天降下不顺利的事情在我们周国呢！《康诰》说：天威不可信（天畏棐忱），民情则大可见。又说：命运是无常的（惟命不于常），要奋勉你的职务，扩充你的见闻，用来安定人民治理人民。《君奭》说：老天是不可信赖的（若天棐忱），我可也不知道，我们将来会不会终于走到不吉祥的路上去。"天命不易，天难谌。"又说：天不可信，我们只要把文王那种美德延续下去，老天就不会废弃文王所受之天命。《诗经·大雅·文王》说："侯服于周，天命非常"，"宜鉴于殷，骏命不易"，"命之不易，无遏尔躬"。成王也自诚自励道："敬之敬之，天维显思（天甚昭显，监临于下），命不易哉！""天命不易"、"天命非常"的观念显然已深嵌周人心中，由"我生不有命在天"一变而为"天命非常"，这又是古代宗教思想的另一个大突破。而"天命非常"的要旨在于指出天命既不可信赖，则唯有通过人的行为才能把握。

所谓人的行为包括统治者与人民两者。如前所言，周人深信他们之能取有天下，完全是因为文王的德行，所以《诗经·大雅·文王有声》说："文王受命，有此武功。"统治者于是成为天命的具体化，人民可以通过统治者的德行把握天命的转化。统治者的德行是从人民身上彰显出来的，所以文王的德行是"怀保小民"、"咸和万民"，是"灵承于旅（兼爱民众）"。因此，对统治者而言，天命又显现于民情之中。《康诰》说："天威不可信，民情则大可见。"《召诰》说："王不可迟缓，要顾忌畏惧百姓的言论。"民心向背可以决定天命的去向，这种人民所具有的决定性地位，使得统治者必须将上天与人民等量而视。《酒诰》说："在昔殷先哲王，迪畏天，显小民，经德秉哲。"《君奭》篇说："我亦不敢宁（安享）上帝命，弗永远念天威，越（与）我民。"所以武王克殷后，一再告诫康叔封要安定保护百姓（用康保民），而百姓是不容易保护的，要竭尽心思（小人难保，往尽乃心），不要长久沉湎逸乐，才能治理百姓。对待百姓，要如同他们患有疾病一般（若有疾），那么百姓就都会摆脱痛苦；又要如同保护婴孩一般（若保赤子），那么百姓就都能康乐平安。更告诫他刑罚要公明，不可任意"刑人杀人"，对于百姓们，要领导他们到达善良安康的境界，如此，才能永保国运。周公也告诉召公说，他所忧者，唯天与民而已。后来，召公也告诫成王，老天是怜悯天下民众的（天亦哀于四方民），可要顾虑天命，奋勉行事，慎于德行。这番殷殷垂诫充分肯定了人民存在的价值，确认了人民在政治中的地位。中国人文思想中以民为本的观念在殷周之际已经形成，商人"人无于水监，当于民监"那一点刚刚萌芽的人文思想在这时也有了更进一步的发展。

虽然人的行为决定天命的授受，但周人并不因此而蔑视上帝，周人所做的是把上帝从幽暗神秘的气氛中解脱出来，赋予更明确、更可了解的形象。在这种明确的形象中，周人的上帝是正义的化身并具有无限的权威，上帝既是宗教性的神，也是道德性的神，所以，周人的天命观承认朝代的更迭都是秉承上帝的意旨。周人的成就，只是更进一步在上帝的明确权威下，给予人们的行为合理的活动范围和决定性的地位，也就是把天的意旨和人的行为结合相配，此即"永言配命，自求多福"，及"惟克天德，自依元命，配享在下"之义，因此周人既畏天威又敬德。

周人畏天威的观念在文献资料上随处可见。《大诰》言："天降威"，"予不敢闭（拒绝）于天降威。"《君奭》言："弗永远念天威"，《诗经·周颂·我将》言："我其夙夜，畏天之威，于时保之（保此绩业）。"这些都是周人的一贯态度。至于德的观念商代已经出现，唯指"行为"之意。卜辞中有德字，《尚书》《盘庚》篇更是屡次见之。周代殷后，德的观念大为盛行，周的统治者每以修德、立德为立国训典，《尚书》诸篇，反复叮咛，言之再三。在思想上，最重要的进展则是艰难感下"敬"的观念的加强，周初文诰几乎每篇都有敬字，可为明证。敬又与德结合，而有"敬德"观念的确立。敬意指谨慎、恭谨、警惕，是一种自觉的、内省的心理状态，所谓"敬德"即是时刻以德为念，不可须臾离德。敬、德联成一词，亦屡见于《周书》，与畏天同为周初文献的一贯精神，我们甚至可以说，周人的哲学就是敬的哲学。《召诰》对"敬德"的意义，发挥得最为详尽。召公告诫年轻的成王说：我们不可不监于夏，也不可不监于殷，有夏服天命，唯有历年，其不能延续，是因为他们不敬德，乃早坠命；有殷受天命，唯有历年，其不能延续，也是因为他们不敬德，乃早坠命；今王嗣受命，我们就要思考此两国之命，才能把功业延续下去。现在我们初服天命，宅新邑，所以王要赶紧敬德，王能依美德而行，那才能向老天祈求悠久的国运。在《君奭》篇里，周公把德的意义演绎得更深刻，"秉德明恤"（保持美德，了解忧患），德行与忧患的结合，"纯佑秉德，迪知天威"，是德行与天威的结合。《康诰》说："惟命不于常，有德之谓。"这是命与德的结合。如此，天命、天威、忧患、德行四者合而为一，同为中国人文思想的基础。若再加上前述对人民存在价值的肯定，则命、天、民、德四者一以贯之。

中国人文思想在它的起源阶段发展到了这个地步，终于促进了宗教的人文化。在宗教的领域中，上帝、天帝有了明确、可知的形象，对神的依赖性逐渐减少，人的主体性的活动逐渐加强，配合上"郁郁乎"的周代文化的进展，宗教人文化的趋势更为显著。商人祭法，自帝喾以下，至于先公、先王、先妣，皆有专祭，无亲疏远近之殊，这纯为宗教性的祭祀，周人则除三年一祫，五年一禘外，有毁庙之制。通常祭祀限于高祖以下四世（即四庙，天子则加上后稷、文王、武王，为七庙），亲尽则庙毁，庙毁则不常祭，这就是亲亲之义，完全为道德性的祭祀。所以王国维一针见血地指出："周之制度典礼，实皆为道德而设。"《礼记·表记》批评殷周宗教精神的差别也说："殷人尊神，率民以事神，先鬼而后礼……周人尊礼尚施，事鬼敬神而远之。"可谓确论。所以，作为祭祀仪节的"礼"在周代便加上了人文性质，作为宗庙常器的"彝"也具有了道德含义。《尚书》

中的彝字，都从具体的祭祀用器演绎为抽象的道德意义，意指常规、法则、规范，如"彝训"、"彝教"、"民彝"、"非彝"等均指此而言，所谓"殷彝"指的也就不再是殷的祭祀用器，而是殷的法律。《诗经·大雅·烝民》说："民之秉彝，好是懿德。"彝也有了德的含义。如此发展，德、彝结合，下开以德、礼为国家社会的重心，亦为后来儒家思想中将祭祀赋予绝对道德意义的张本。

宗教人文化的现象还可以从中国上古宗教缺乏"彼岸"、"来世"的观念中观察出来，人的一切都决定于人间世，现实生活的德行则为吉凶成败的关键，此即"自贻哲命"之义，这是对人生价值的肯定，为人文思想中现世精神的表现。

总之，将上帝转化为道德神，视为公平正义的化身，因而对之敬畏；将宗教人文化，重视人生的价值，虽"事事托命于天，而无一事舍人事而言天"；人的德行决定自身的吉凶成败以及上天的授祐与否；肯定人民的重要地位等等，这些中国人文思想的基本要素，都已在周初成型，奠定了天人相与的中国精神文化的特质。

降至西周末期，周朝的封建体制逐渐解体，国政日益败坏，周厉王因好利于公元前842年为国人所逐，周王的权威动摇，贵族间的纠纷时起，人民的生活由于封建上层结构的松散纷乱，也逐步陷入困境。《诗经·十月之交》描述，这是一个电光闪闪，雷声霹雳，天摇地撼，恶风暴雨，百川沸腾，山冢崒崩，高岸为谷，深谷为陵的时代。共和时期（公元前841～828年）结束后，宣王继位（公元前827～782年）。宣王曾立鲁武公的少子为太子，而不立长子，实已以天子之尊亲手破坏了宗法制度，动摇了封建制度的根基。公元前816年，又废弃天子亲耕藉田的仪式，并加强人口的控制。及至幽王（公元前781～771年），极力掠夺人民和土地，赏罚不公，是非不明，且又比宣王更进一步，废申后及太子宜臼，立褒姒为后，以其子伯服为太子，致起内乱。公元前771年，申侯联合戎、夷攻杀幽王于骊山之下，西周亡。公元前707年，太子宜臼在诸侯的护卫下东迁洛邑，东周开始，封建体制也跟着急速崩溃，时局益加动荡。

在这长期的动荡不安中，受害最大的自然是一般人民，人民所感受到的是"天降丧乱，饥馑荐臻（频仍）"，"旱魃为虐，如惔（燎）如焚"，"邦靡有定，士民其瘵（病）"，"罪罟不收，靡有夷瘳"，"昊天疾威，天笃降丧，瘨我饥馑，民卒流亡"。更让人民感到不平的是社会的不公："四方有羡，我独居忧"，"民莫不谷，我独于罹"，"民莫不谷，我独何害"。面对这些痛苦，不免要慨叹："天之生我，我辰安在？"有时也觉得上天不佣、不惠、不吊、不平、梦梦、不德、不信、不矜、不将。但是，这些都是生活上无法排解痛苦时的埋怨。事实上，周初天人相与的思想在这个动荡不安的乱世仍然延续下来。行为的善恶、政治的良窳决定人与现世祸福的观念仍然存在，未有消灭。所以《大雅·板》这篇诗在感慨"上帝板板，下民卒瘅"后，仍告诫要"敬天之怒"，不可嬉戏逸乐，要"敬天之渝"，不可驰马出游，因为上天的眼睛是明亮的（昊天曰明，昊天曰旦），你的出入来往，他无一不见，你的游衍行乐，他无一不知。《抑》诗也特别强调上天是极其昭明的（昊天孔昭）。上天福善祸淫的报施，是一点不会错误的（昊天不忒），而神之降临，不可揣知，岂敢厌怠不谨于德，如果邪僻其德，人民将大大受苦。《瞻卬》说："乱匪降自天，生自妇女（指褒姒）。"高远的上天，神明莫测，虽危乱之国，也没有不能巩固的，端在个人的自奋。《小雅·十月之交》说："下民之孽，匪降自天。"正是由于那些小人，聚则相勾结，背则相憎恨，争先恐后地专意去干那些陷害正人的事所造成。《小宛》说："各敬尔仪，天命不又。"而"温温恭人，如集于木。惴惴小心，如临于谷。战战兢兢，如履薄冰"，更是对于人的行为的肯定。

在动荡的乱世，这种自周初以来一脉相承之畏天、敬德观念的继续存在，造成了春秋时代德的理论异常发达，礼的观念大为流行，并成为道德的依归，人文思想因而勃兴。

天人之际

　　天时变迁、地载育化、历史流衍，人类生活在时空的交点上，对宇宙、对历史如何因应？从殷墟发现的甲骨文中可以证明殷人为自然崇拜、上帝崇拜、祖先崇拜。周人替天行道，灭殷继立。但"天命靡常"——周灭殷是"行天之罚"（《尚书·牧誓》），汤伐桀又何尝不是"致天之罚"（《尚书·汤誓》），天命无常，立之灭之。"天不可信，我道惟文王德延。"（《尚书·君奭》）因为"皇天无亲，惟德是辅"（《左传》僖公五年），鬼神也是"惟德是依"（《左传》僖公五年）。"天生烝民，有物有则"，而"日月告凶，不用其行"，天有意志能行奖惩，奖惩的标准是德、失德，而民心的向背是德、失德的反映。"国将与，听于民；将亡，听于神。"（《左传》庄公三十二年）因为"夫民，神之主也"（《左传》桓公六年），神的绝对权威被人取代，所以"圣王先成民而后致力于神"（《左传》桓公六年）。周人一方面说"畏天之威"，一方面体悟"天道远，人道迩"。疾病固然是天"益其疾"，但未尝不是"民有不若德，不听罪"，所以"降年有永、有不永，非天夭民，民中绝命"（《尚书·高尚宗肜日》），长寿、夭折，皆自取！"天非虐，惟民自速辜。"这是一种祸福自取、重人轻天的观念。神是"聪明正直而壹者也，依人而行"，人对自己的行为负责，神不再有制人的权威，神只是依人的善恶而决定祸福。周人思想中仍弥漫着人事决于天命的畏天思想，但重人轻天的人本主义显已发萌。诗文中已反映出一种承认人力可以创造历史的思想，而其中也漂浮着浓重的祖先崇拜精神。在这一种思想氛围中，先秦诸子各持什么态度？

在先秦诸子中，提倡天志、宣言明鬼的只有墨子。

> 天欲人之相爱相利，不欲人之相恶相贼。
>
> ——《法仪》

> 顺天意者，兼相爱交相利，必得赏；反天意者，别相爱，交相贼，必得罚。
>
> ——《天志（上）》

> 吏治官府之不洁廉，男女之为无利者，有鬼神见之。民之为淫暴寇乱盗贼……夺人车马衣裘以自利者，有鬼神见之。
>
> ——《明鬼（下）》

墨子最高的理想是兴天下之利、除天下之害。墨子以为天下扰乱，其因在"不相爱"，在"贼人以利其身"，所以提出兼爱说。墨子常以"兼相爱交相利"连讲；兼相爱是利他主义，交相利是互助主义。由于主兼爱的立场，攻战自然不能被容忍，所以墨子非攻。在墨子看来，攻是不义且不利的行为，自然做不得。"天之意不欲大国之攻小国"，"天欲人之相爱相利"，天志就是墨子的意志。平常人们说替天行道，而在墨子的主张下，却是天替墨子行道。"天子为善，天能赏之；天子为暴，天能罚之。"（《天志（中）》）天是高居天子之上，比天子更"重且贵"，而人一切行为都有鬼神见之，所以墨子讲"尊天事鬼"。人只要行天志，则"天鬼赏之"。"顺天之意何若？""兼爱天下之人。"墨子提倡天志，宣言明鬼，虽然在思想的推演过程中，似有开倒车之嫌，但墨子对祭的看法是"祭而已矣"，墨子并不以为因豚祭而能求福，祸福是决定于人的行为表现。尚天志、明鬼神，只是为了达到兴利除害的目的。墨子未曾关切天存在否、鬼神有无的问题，所以墨子虽提出天志明鬼的主张，但未下落于迷信的渊薮。

天是赏善罚恶的，祸福乃由人决定，所以墨子虽尚天志，却非命。从另一个角度看，墨子出身微贱，自亦不能甘于命定之说。

> 今也王公大人之所以早朝晏退、听狱治政、终朝均分而不敢怠倦者，何也？曰：彼以为强必治，不强必乱；强必宁，不强必危，故不敢怠倦……若信有命而致行之，则必怠乎听狱治政矣。……则我以为天下必乱矣。
>
> ——《非命（直）》

命定说使人失去努力的动机，足使社会僵化、天下大乱，所以墨子非命。非命说使人生充满积极的意义和创造的动力。墨子以自苦为极，"食前方丈，侍妾数百人"，"亏夺民衣食之财"以自利的王公，是他所排斥的，而身执耒锸、以为民先的夏禹是墨者所崇拜的对象。墨子虽然尊崇夏禹，但并不表示墨子有意"托古"。事实上，墨子对历史发展的看法是进步的。墨子以为："古者民始生未有刑政之时，盖其语人异义……天下之乱若禽兽然。"（《尚书（上）》）

孔子虽然说"惟天为大"，但也主"敬鬼神而远之"，且不语怪力乱神。子路问事鬼神，孔子答以"未能事人，焉能事鬼"，而"获罪于天，无所祷也"。可见祸福唯人自取。"祭思敬"，祭的仪式只取其精神意义，所以"祭神如神在"、"吾不与祭，如不祭"。在孔子的思想中，人的意义在鬼神之上。孟子所认识的天是无可奈何的天、是人力所不及的天，"君子创业垂统，为可继也；若夫成功，则天也。君如彼何哉。"（《梁惠王（下）》）但"天命靡常"，孟子两次引述《太甲》："天作孽，犹可违；自作孽，不可活。"意在强调"祸福无不自己求之者"(《公孙丑（上）》：

> 尽其心者，知其性也；知其性，则知天矣。存其心，养其性，所以事天也。夭寿不贰，修身以俟之，所以立命也。
>
> ——《尽心（上）》

> 心之官则思。思则得之，不思则不得也；此天之所与我者。先立乎其大者，则其小者弗能夺也；此为大人而已矣。
>
> ——《告子（上）》

这是一个哲学意味的天。尽心知性就是知天，所以存心养性就是事天。耳听、目视，各有其职但不能思，所以经常蔽于外物；心能思，凡事能思、能尽心、能发挥心的作用，就是大人。心司思是天赋人者，孟子"直是把天理引入我腔子里"。所以孟子说："万物皆备于我，反身而诚，荣莫大焉。"

孔孟都对人生充满信心，也多少偏于非命论。梁启超以为命定说是儒之信条，值得商榷。孔子说："不知命，无以为君子。"这个谈话见于《尧曰》篇，而鲁论无此篇，这句话似乎和孔子所罕言者相冲突。孔子罕言的命，乃是"死生有命"的"命"，是"非今所能移"、"非我所能必"，是生命中无可奈何的部分。而君子所知的命，乃是"天之所以命生"，是"人受命于天，固超然异于群生"。是生命中可以努力，可以创造，可以肯定生命价值的部分。死生既有命，伯牛染斯疾，命矣夫！在人生过程中，能摆脱生命中不能移不能必的成分，才能认清生命的意义，才能知其不可而为，以发出生命的光辉。

孔子说"为仁由己而由人乎"，孟子以为"人皆可以为尧舜"。孔孟精神的特点在肯定人的尊严，重视人的努力。孔子提出"亲仁"以为德行修养的一种方法，见之于行事自然比载之空言深切著明，所以孔子说"大哉尧"，又说"巍巍乎舜"。而孟子"言必称尧舜"。孔孟欲以上古贤君为典范，以仪正天下、影响四方。

墨子以为天是赏善罚恶的，老子却持自然主义的宇宙观：

> 有物混成，先天地生；寂兮寥兮，独立而不改，周行而不殆，可以为天下母。吾不知其名，字之曰道，强为之名曰大。大曰逝，逝曰远，远曰反……人法地，地法天，天法道，道法自然。

老子提出"道"来代替主宰万物的"天"，以创造万物。道是万物的主宰，而道独立不改，永恒存在，周行不殆运行不已。道因为周行不已，所以虽永恒存在，却能历久弥新。"道可道，非常道。"道虽不可名状、称道，但，"道之为物，惟恍惟惚"。道虽恍惚，但其中有像、有物、有情、有信，道是真实的存在。

> 道生一，一生二，二生三，三生万物。
> 天下万物生于有，有生于无。

道生天地万物，而天地万物生于"无"，道即无，无即道。无是超现象界的、形而上的、玄之又玄的"众妙之门"。道是万物生生的总原理，天地万物因道而生。但这种创生，只是"自然"。老子"道法自然"四字，容易引起误会，以为道之外别有自然，但"道之尊"，"夫莫云命而常自然"，老子只在表现道之自然义。道生万物，其中并无意志，亦无目的，所以《老子》说"长而不宰"、"衣养万物而不为主"。道生万物只是自然，道不予万物任何干涉，但万物皆含"道"的性格。"孔德之容，惟道是从。"道是德之本，人可以从"致虚极、守静笃"以体道，因为道创生人，已赋予虚静之"德"——"无"的性格。

庄子接受老子自然主义的宇宙观，而转趋空灵超脱。"道不可言，言而非也。"（《知北游》）"道者，万物之所由也。"（《渔父》）`是道为创生之本，而不可言状。但是，老子以道"惟恍惟惚"，未脱形迹，庄子则说"若有真宰，而特不得其朕"（《齐物论》），是道无迹可寻。老子以物"各复归其根"，庄子则以为万物"莫见其根"（《则阳》）；老子以道"先天地生"，庄子则以为道超言知，不可推其终，亦不能推其始。

《老子》说："圣人后其身而身先，外其身而身存。"后身是为了先身，外身是为了存身。老子观念中道是"周行不殆"，"大曰逝，逝曰远，远曰反"。由大而逝、而远、而反，是循环不已的，所以《老子》重"反"，说"反者，道之动"。道所以变化不已，全因能反；道循环不已，所以得其常。在实际人生过程中，老子欲以消极方法得积极效果，其中并无勉强，所以复归自然。

庄子接受老子"反"的观念，从而得万物如一之理。"万物皆种也，以不同形相禅，始卒若环，莫得其伦。"（《寓言》）万物各有种类，而以不同形体更迭变化，始终如环，变化不已。正如"日出于东方，而入于西极。"（《田子方》）万物无不循环变化、推演不已。庄子明白循环变化的道理，所以论"反"。"无以人灭天，无以故灭命，无以得殉名，谨守而勿失，是谓反其真。"（《秋水》）返本求真，各归自然。"天有历数，地有人据，吾恶乎求之。莫知其所终，若之何其无命也；莫知其所始，若之何其有命也。"（《寓言》）人有死生，正如天有历数，地有夷险；我们如何揭露死生之谜？如果能够破除死生界限，死生不过一循环变化，死生有别则有命，死生无端则无所谓命。庄子所言命，乃是自然而然，"适来，夫子时也；适去，夫子顺也。安时而处顺，哀乐不能入也"（《养生主》）。顺死生自然，其中不带勉强，更没有无可奈何的认命。《逍遥游》篇，提出"尧让天下于许由"，以尧代表显、廊庙，而许由代表隐、山林，他们各安其分、各适其性，各不相待、各归自然。

老子自然主义的宇宙观对荀子"天论"的形成，影响很大。不过荀子只接受了老子宇宙观中还天以自然的意义，对"不宰"、"不为主"的无为性格，却完全不予理会。这一方面固由于荀子不脱儒家"未事人"、以人为主的立场，另一方面实也由于荀子实利主义的价值观。

荀子以为："天行有常，不为尧存，不为桀亡。应之以治则吉，应之以乱则凶。"（《天论》）荀子不承认超自然力量的存在，而以天为自然现象。天只是依循自然经常不变的法则运行；吉凶，以人事的治乱为准，与天没有直接关系。"天不为人之恶寒也辍冬。"（《天论》）宇宙不因人的好恶而改变，"星队木鸣"只是"天地之变，阴阳之化，物之罕至者也"（《天论》）。少见不免多怪，所以"怪之可也"，但"畏之非也"。自然现象并不可畏，可畏的是"人祅"——不尽人能则可畏。所以荀子说"错人而思天，则失万物之情"。荀子以为"天能生物，不能辨物。地能载人，不能治人也"（《礼论》）。天既不能辨物，又不能治人，那么天没有意志，天只是自然。治辨的责任就落在人的身上，天只是被治的存在，治的责任在人。"大天而思之"还不如"物畜而制之"。人从为天宰制的桎梏中解脱，尊严地从事自己的本分，发挥人定胜天的信心，造福人群。

荀子天论最大的特色在分离人与自然，使人和自然处对较的地位，自然是人治的对象。人有五官、情欲，而五官、情欲都得之于天——所以荀子名之为天官、天情——都是人治的对象。"师法之化，礼义之道"。自然是必要的。孟子以为"遵先王之法而过者，未之有也"（《离娄（上）》。子则主"法后王"。孔子在论夏礼时，已有"文献不足"的感叹。而"先圣后圣其揆一也"（《孟子·离娄下》）。"古今一度也。类不悖，虽久同理。"（《荀子·非相》）只是"传者久则论略，近则论详"，"文久而灭"（《非相》）。所以"欲观圣王之迹则于其粲然者矣，后王是也"（《非相》）。圣王之迹是圣王所制的礼仪法度，经过历代累积，自然后来居上，所以荀子主法后王。《荀子·非十二子》篇批评孟子"略法先王而不知其统"，但荀子又说"凡言不合先王、不顺礼义，谓之奸"（《非相》）。《荀子》全书中称道先王的地方也很多。荀子主张法后王，在精神上和孔孟称尧舜并不相悖，荀子也不以先王不足法，只是先王渺不可及——至少不如后王亲切辨察，而古今如一，就历史而言"虽久同理"，则取法切近的后王，自比高远的先王更易得其详。荀子的批评孟子，批评的重点在"略"和"不知其统"上，不在"法先王"上。法后王和法先王并不是相反的主张，只是荀孟所偏重者不同罢了。

老子提倡自然主义的宇宙论，荀子发为人治主义的天论，到了荀子的学生韩非，多半由于韩非特别重利的观点，所以韩非缺少形而上的兴趣，虽对历史观有特别突出的见解，而对宇宙本体却未曾言及。大体上说，韩非对天的看法，仍停留在天祸天福的观点上。就对天的认识方面，韩非唯一得之于老子者是："若天若地，孰疏孰亲，能象天地，是谓圣人。"撷取老子"天道无亲"的观念，作为"不避亲贵，法行所爱"思想的哲学基础。

孔孟都言称尧舜，主张恢复古代的制度，孔子言论中每每流露今不如昔的情怀；孟子更说"五霸者，三王之罪人也；今之诸侯，五霸之罪人也"（《告子（下）》）。荀子以为历史永恒不变，虽久同理。韩非则以为"世异则事异，事异则备变"（《五蠹》），而"上古竞于道德，中世逐于智谋，当今争于气力"（《五蠹》）。古今异俗，时过境迁，所以治世不一道，便国不法古。古代物多轻利易让，所以有揖让天下之事，当大争之世，行揖让、道仁厚是行不通的。所以韩非以为尧舜不世出，仁义不足多，反对儒家的贤人政治和推爱的仁政。"先圣有言曰：'规有摩，而水有波，我欲更之，无奈之何！'此通权之言。"（《八说》）通权始能达变，墨守成规、法古循礼都不是强国利民之道。只有照现实来看世界，一切政治、法律都跟着"世异"、"事异"而变，所谓"治民无常，唯法为治。法与时转则治，治与世宜则有功"（《心度》）。韩非"上古竞于道德"的见解，颇有可议之处，但他对历史的看法，不昧于事实，不贵古贱今，却是通达而进步的。

阮籍与嵇康的自然观

阮籍与嵇康所说的"自然"，主要指的是相对于人为力量的"物之自己如此"之意。其所以能至此一地步，不外是物之本性自足的缘故。基于此，两人所关切的，是鼓吹人类的名教世界要及早走上自然之道。"自然"一词发展至此，似乎已成为一个价值判断之词，这可从张辽叔与嵇康对追求知识是否为一项自然之举所作针锋相对的论辩中，而得其中信息。

阮籍与嵇康均将人类历史的发展，截然划分成两个阶段，上一阶段的"上古"是原始洪荒时代，是合乎自然的。自此以下一直到他们那一时代止，是"背质追文"充满机诈做作的"上古以下"的时代，是不合乎自然的。换言之，他们是历史退化观论者，而人类历史退化的关键，乃在于人之作为有无合乎自然的原则。前辈学者在研究两人思想方面，只侧重其执自然以反对名教之言论，殊不知两人亦有主张名教之文字，这种明显的矛盾，以阮、嵇之聪明当不至此，足见其间犹有可说者在。原来，两人对于人类之作为诸如道德与政制，均抱认同之态度，唯必须合乎自然；所可惜者，这种情况只出现在人类上古时代，以下则不曾有过，因此两人才大肆抨击不合自然的道德与政制。因此，不能只看表面便说两人是主张自然而与名教采对立的立场；虽说他们也是主张名教的，但必须是合乎自然的名教。

至于"上古"与"上古以下"的时间分野，阮、嵇两人有点出入。嵇氏主张君主世袭制确立之时是分水岭。明言之，禹子启的破坏禅让政治是为"上古"时代的结束，而合乎传统所谓的"三代以前"与"三代以后"之说。阮氏则以伏羲氏、神农氏、黄帝时代及其以前为"上古"时代，因此他把尧、舜、禹的禅让政治列入"上古以下"不合乎自然的历史中。

阮籍说："三皇依道，五帝伏德，三王施仁，五霸行义，强国任智，盖优劣之异，薄厚之降也。"已清楚指出历史是在逐步退化之中。嵇康则作诗颂扬尧舜时代的美好，其一，题曰："惟上古尧舜"，诗云："二人功德齐均，不以天下私亲，高尚简朴兹（按：另本作慈）顺，宁济四海烝民。"其二，题曰："唐虞世道治"，诗云："万国穆亲无事，贤愚各自得志，晏然逸豫内忘，佳哉尔时可喜。"

古代到底好在那里呢？嵇康于其《太师箴》一文中，认为古代的伦理道德（可以"礼"一字代称）与政治制度（可以"法"一字代称）是合乎自然的。这种对道德与政制的认同，同样亦见于阮籍的著作中，阮籍说：

> 刑教一体，礼乐外内也。刑弛则教不独行，礼废则乐无所立。尊卑有分，上下有等，谓之礼。人安其生，情意无哀，谓之乐。车服旌旗，宫室饮食，礼之具也。钟磬鞞鼓，琴瑟歌舞，乐之器也。礼逾其制，则尊卑乖；乐失其序，则亲疏乱。礼定其象，乐平其心；礼治其外，乐化其内。礼乐正而天下平。

并以为人类上下统属之政治设施的建构是完全合乎自然的。

阮籍又从利害观点强调仁义（为含有社会规范属性的伦理道德的具体德目）的必要性，而仁义之遂行人间又必须仰赖政治体制之建构。这是一种教附丽于政之下的政教合一的说法，但不管怎样，阮

籍对于道德的肯定是毋庸置疑的。嵇康亦执持同一态度,他曾于《家诫》一文中,告诫其子道:

> 若临朝让官,临义让生,若孔文举求代兄死,此忠臣烈士之节。凡人自有公私,慎勿强知……若其言邪险,则当正色以道义正之。何者,君子不容伪薄之言也。

尔后其子绍果依庭训"临义让生"——护卫晋惠帝而死。类此言论尚有两处,一见于《卜疑集》:

> 常以为忠信笃敬,直道而行之,可以居九夷,游八蛮,浮沧海,践河源。

这是说道德高尚的人畅行天下不遇阻碍;一见于《答难养生论》:

> 且子文三显,色不加悦;柳惠三黜,容不加戚。何者,令尹之尊,不若德义之贵;三黜之贱,不伤冲粹之美。二子尝得富贵于其身,终不以人爵婴心,故视荣辱如一。由此言之,岂云欲富贵之情哉?

这是说个人之品德价值高过于政治地位之尊荣。

至于两人所肯定的政治设施,其内容究竟为何呢?无他,无为政治。阮籍说:

> 圣人明于天人之理,达于自然之分,通于治化之体,审于大慎之训。故君臣垂拱,完太素之朴,百姓熙怡,保性命之和。

这是说无为政治（所谓"君臣垂拱"）是根据自然而来。又说：

> 道者，法自然而为化，侯王能守之，万物将自化，易
> 谓之太极，春秋谓之元，老子谓之道。

这是主张百姓自理之意。

稬康在此方面的言论，除了前引《太师箴》一文中提到"君道自然，必托贤明"外，尚有"唯贤是授"以及"允求谠言"之说，均属一种君授权于臣以增其责并暗寓抑君权之意。此外，他在《声无哀乐论》中，认为礼乐可促成无为政治的实现，主张采用潜移默化的原则，使百姓在不知不觉中接受道德的约束。而礼乐正是具有这种潜移默化的功能。

总之，在无为政抬方面，阮籍主张人民自理，稬康主张责成于臣，以及以礼乐化民成俗。

阮籍认为，在上古合乎自然的名教世界中，有两个特色。其一，泯除了严格划分是非与善恶之相对价值标准，他认为在必须善恶不分、是非不争的情况下，人才能回返自然。又以为"太初"时代，真人或是至人其处世不挟带是非与善恶，遂使世界人类蒙受好处。而真人或是至人乃最为道家之徒所推崇者，因之其所为——无是非与善恶之分别——固当为崇信道家之徒（包括阮籍与稬康）所争效。其二，人之政治（社会）地位与经济地位平等，即无贵贱与贫富的差别待遇。

在此且以阮籍的一段文章，综合涵盖阮、稬两人的自然思想：

> 呜呼，时不若岁，岁不若天，天不若道，道不若神。神
> 者，自然之根也。彼句句者自以为贵乎世矣。而恶知夫世
> 之贱乎兹哉？故与世争贵，贵不足尊。与世争富，富不足

先。必超世而绝群，遗俗而独往。登乎太始之前，览呼忽漠之初。虑周流于无外，志浩荡而遂舒。飘飘于四运，翻翱翔乎八隅。欲从肆而仿佛，浣漾而靡拘。细行不足以为毁，圣贤不足以为誉。变化移易，与神明扶。廓无外以为宅，周宇宙以为庐。强八维而处安，据制物以永居。夫如是，则可谓富贵矣。是故不与尧舜齐德，不与汤武并功。王许不足以为匹，阳丘岂能与比踪。天地且不能越其寿，广成子曾何足与并容？激八风以扬声，蹑元吉之高踪。被九天以开除兮，来云气以驭飞龙。专上下以制统兮，殊古今而靡同。夫世之名利，胡足以累之哉？

时间观念对阮嵇两人而言，极为重要。有人只重上古以下或是当时，阮嵇两人大肆抨击礼法，便以为他们是反对礼法并否定其价值。有人知道他们所反对的只是假礼法，对真的仍加以维护并肯定其价值，但对甄别真假的标准，却不了然。其实，标准是在于有无合乎自然。自然一词，对阮嵇两人而言，不仅是一种价值判断，而且也是各种主张的理论依据。因此，他们是假借自然的名义以鼓吹改革。但是，他们又说上古时代本是合乎自然的，这又迹近于托古改制了。

文人的出仕与隐退

  仕与隐本来就是中国文人出处进退的两种形态——基于儒、道两家的哲理，因应不同的时代格局，抉择于自然与名教之间，成为文士的立身处世之道。但是唐代文士承袭六朝风尚而极端化，又遭逢儒学衰征、胡风输入，将功利主义的色彩渲染得尤为浓厚。中晚唐诗人几无可避免地投身于此种彷徨、困扰之中，他们多热切地参与功名的追求，而且具体影响其生活历程，也充分反映于文学作品中。与其关系重大的为科举制度与朋党之争，前者关联到自己的进身之阶，而后者则为政治团体的结合，两者与诗人的一生经历及其感情状态深相关联。

  科举制度在唐代渐有规模，成为知识分子学而优则仕的一条途径，据陈寅恪的说法，武后为了要破坏"关中本位政策"所结集团体的后裔，特别重视进士科考试。中晚唐时期，进士成为新兴的特殊阶级，这种主文、试诗赋的考试风气，使原先以宫廷、士族为主的宫廷文学、清客文学没落，而培养出一股赋诗的士大夫文学潮流。进士的文学活动影响较为深远的约有三端，其一为投卷、行卷的风气。举人之应进士科的考试，常先将自己所作诗文投献主司，自我推荐，这种"以诗为贽"（赵彦卫《云丽漫抄》）的习惯，自然刺激作诗风气的普遍，而且夤缘攀附，易成特殊的关系。如牛僧孺未成名时，曾到刘禹锡处投卷，刘禹锡当时正是得意之时，并未特别青睐，后来牛僧孺显贵，而刘禹锡已被流放，担任庐州刺史，牛僧孺此时以宰相兼武昌节度史的身份去见他，大有夸耀的意味。同是牛僧孺，当文名已大但科名未显时，投谒韩愈，韩愈就特别回拜，这种干谒风气极为普遍，影响及文风的盛行，又造成文学集团的结合。

朋党之争为文士参与政治活动的实况。德宗贞元（758～804年）末年，王叔文勾结宦官，又密结柳宗元、刘禹锡、吕温等，成为一股新兴势力，想革新朝政，结果失败，致使柳宗元、刘禹锡长期流放在外，其心情的痛苦多寄于诗文之中。像柳宗元的《梅雨》：

> 梅实迎时雨，苍茫值晚春。
> 愁深楚猿夜，梦断越鸡晨。
> 海雾连南极，江云暗北津。
> 素衣今尽化，非为帝京尘。

将自己身处异乡的感受，借外在景物反映而出：愁深、梦断，正是心绪的表征，尤其海雾、江云的苍茫、昏暗，更是一种象征笔法，所以末联的直接呈露，也就是情理惬然。故蔡宽夫诗话说："子厚之贬，其尤悲憔悴之叹，发于诗者，特为酸楚，闻已伤忠，固君子所不免，然亦何至是，卒以愤死，未为达理。"唐人热心事功，贬谪异域时满怀思乡情绪，故以愁人之眼观物，而物皆着愁色。他又有一首《与浩初上人同看山寄京华亲故》，更将乡愁作奇幻之笔，极为奇诡：

> 海畔尖山似剑芒，秋来处处割愁肠。
> 若为化得身千亿，散上岭头望故乡。

这种愁绪确是痴绝，难怪自感"同是天涯沦落人"的苏东坡，在岭海间，最喜读陶渊明、柳子厚二集，称为"南迁二友"。

宪宗元和年间的牛李党争更是牵连深远，腐蚀朝廷。两派广结党羽，勾结宦官，相互倾轧，绵延四十年之久；李德裕、李绅、元稹为一派系，李逢吉、牛僧孺、李宗闵为一派系，当时文士几乎全部陷身其中。元稹固为李党巨子，而李商隐则原受知于牛党的令狐楚，后来又为李党王茂元的女婿，等令狐绹得势之后，李商隐长年困顿于外，终身不遇。当时牛党之中，除牛僧孺能诗外，杜牧也属牛党中人。至于不愿卷入党争，周旋于两党之间的，则有白居易。惧而求居闲散之地以身免，所以他晚年多闲适之作，也与这种仕途的亲身体验有关。比白居易所受党祸影响要深的李商隐，他所作比兴体的风怀诗，虽不必如冯浩、张尔田所注多为对令狐绹的自陈，但至少其一生得意的情绪与此大有关联。像《柳》，借咏物而自伤：

> 曾逐东风拂舞筵，乐游春苑断肠天。
> 如何肯到清明日，已带斜阳又带蝉。

张尔田说"通体自伤投老不遇"，透过柳的象喻，将自己早年的知遇与晚年的失意作一对照。冯浩说是大中九年（855年）在梓州幕府，借府主柳姓以起兴，继又感慨身世之作。类似的抑郁不得志的情绪，常密密包蕴，需细加体会才能回味无穷。他有一首《忆梅》的小诗就可作如是观：

> 定定住天涯，依依向物华。
> 寒梅最堪恨，长作去年花。

据张尔田的考证，此为大中四年（850年）在徐州幕府事，也有说是大中五年在梓州柳仲郢幕中事，总之是一种沉痛的心情，绝非闲适咏梅的作品。

科举考试关系士大夫的前途，得意之时，平步青云，而失意之时，幽愤满怀，因此怀才不遇的士大夫文学成为一种传统；又兼与以道家隐逸思想与唐朝盛行的佛教哲理巧妙结合，形成一种希企隐遁的思想。中晚唐之世，出仕与隐退的冲突，科举中举与否所关的功利观念，乃关系诗人生活的一大因素。像孟郊，年轻时屡试不第，就隐居嵩山，曾写"初于洛中选"表现其不能登第的烦忧之情——"尘土日易彼，驱驰力无余，青云不我与，白首方选书，宦途事非远，拙者取自疏，终然恋皇邑，誓以结吾庐。"他直至四十五岁才中进士，但又因思亲情切，立即回乡，所谓"慈亲诚志就，贱子归情急"（《上座主吕侍郎》）。他一再应试，希望用世，但连遭挫折，又渴望幽隐，"到此悔读书，朝朝近浮名"。儒家名教与道家自然的两种冲突困扰其一生，对于孟郊诗风格的形成，大有关联。所谓"郊寒岛瘦"，贾岛也曾屡败于科场，中年中第之后也不甚得意，临终之日，家无一钱，唯病躯古琴而已。这样的境遇，也难怪他作诗多以刻琢穷苦之言为工了。贾岛曾因文试不第，作《病蝉》一诗，将蝉拟人化以比说自身的悲愤：

> 病蝉飞不得，向我掌中行。
> 折翼犹能薄，酸吟尚极清。
> 露华凝在腹，尘点误侵睛。
> 黄雀并鸢鸟，俱怀害尔情。

假托掌中的一只病蝉，辛酸地苦吟——虽则清新的露珠凝结腹中，无奈尘埃频频误侵眼里，再加以黄雀、鸢鸟的逼害，其处境实堪怜悯。贾岛自觉如同病残之蝉，确是酸苦至极。欧阳修有诗"堪笑区区郊与岛，萤飞露湿吟秋草"，秋虫在草的风格，半由性格，但大多由科举失败所逼成。李贺喜作幽深诡异的诗，与他衰弱的病体与僻冷的生活有关，但促成此一低调的情绪则为科举。据说因父名"晋肃"使他不得应"进士"科考试，韩愈还因此写《讳辩》辩解，仍不能去除陋习。因此他短暂的一生，虽贵为唐室姻亲之后，却因科举失意，仕途不达，屡遭贫病的苦恼，其诗中常有感时不遇的慨叹。尤其生肖属马，所写二十余首马诗，常用以自况——"贺诸马诗大都感慨不遇以自喻也"。将原本龙马之象塑造成病马、瘦马等形象，正是一种怀才不遇的象征。与他的生活情调不同而遭遇略似的是温庭筠，由于不守细行，狂放纵酒，故累年不第，且为宣宗责备"尔既德行无取，文章何以称为"，因此常年漂泊江湖，依人求食。当时农村经济已遭破坏，而赋税又极繁苛，连守拙归田园都不可得。作品中一再缕述对仕与名的执著，又对僧道隐士生涯有所向往，都反映出一个文士在仕途生活中的挫折感。

对于热衷仕进的唐代文士，科举为传统官僚政治体制下的正途，也是解决现实生活的最佳途径，当然更是舒展政治理想的一种抱负。而中晚唐社会科举制度与政治势力结合，成为左右文人一生的决定因素，因此这一时期的诗人势必走上科举之路。但仕途冷暖，际遇各异，所有得意、失意之情全发诸诗中，尤其怀才不遇的幽愤，更形成典型的士大夫文学传统。

鹅 湖 会

淳熙三年（1176年），朱熹与当时著名学者陆九渊相会于江西上饶鹅湖寺，交流思想。但陆属主观唯心论，他认为人们心中先天存在着真、善、美，主张"发明本心"，即要求人们自己在心中去发现真、善、美，达到自我完善。这与朱的客观唯心说的主张不同。因此，二人辩论争持，以至互相嘲讽，不欢而散。这就是中国思想史上有名的"鹅湖会"，并从此有了"理学"与"心学"两大派别。

朱熹（1130～1200年），字元晦，江西婺源人，南宋时期的理学家和教育家。父亲朱松是岳飞、秦桧同时人，曾得充福建政和县尉小官，携全家赴任，后调任尤溪县尉。宋高宗建炎四年（1130年）朱熹出生于尤溪，降世不久，其父升任朝廷秘书省正字职，但因反对秦桧主和，被逐出朝廷，回到福建建阳家中。朱熹随父在建阳度过了他的童年。

建阳近邻有个南剑州，是道学最初在南方的传播中心，朱松十分热衷道学，与当地道学家交往甚密。这种环境对朱熹的一生有着深刻的影响。朱熹受教于父，聪明过人。四岁时其父指天说："这是天。"朱熹则问："天上有何物？"其父大惊。他勤于思考，学习长进，八岁便能读懂《孝经》，在书上题字自勉曰："若不如此，便不成人。"朱熹十岁时父亲去世，其父好友刘子翚、刘勉子、胡宪等人皆是道学家。当时的道学家一部分排佛，一部分醉心学佛。因此朱熹既热衷于道学，同时于佛学也有浓厚兴趣。绍兴十七年（1147年），十八岁的朱熹参加乡贡，据说就是以佛学禅宗的学说被录取的。主考官蔡兹还对人说："吾取一后生，三策皆欲为朝廷措置大事，他日必非常人。"

绍兴十八年（1148年），朱熹考中进士，三年被派任泉州同安县主簿，从此开始仕途生涯。赴任途中，他拜见了著名道学家、程颐的直传弟子李侗。绍兴三十年（1160年），三十岁的朱熹决心向李侗求学，为表诚意，他步行几百里从崇安走到延平。李侗非常欣赏这个学生，替他取一字曰元晦。从此，朱熹开始建立自己的一套客观唯心主义思想——理学。

朱熹认为在超现实、超社会之上存在着一种标准，它是人们一切行为的标准，即"天理"。只有去发现（格物穷理）和遵循天理，才是真、善、美。而破坏这种真、善、美的是"人欲"。因此，他提出"存天理，灭人欲"。这就是朱熹客观唯心主义思想的核心。

陆九渊，字象山，是宋朝名儒，经常到各地名刹讲学，从国子监辞官还乡一路讲学的盛况最足以代表。当时，他一到都城，总有两三百人要听他演讲，因此常须借用佛寺。宋史里记载了他讲学的盛况：

> 每旦，精舍鸣鼓，则乘山乔至。会揖升讲坐，容色粹然，精神炯然。学者又以一小牌书姓名年甲，以序揭之，观此以坐。少亦不下数十百，齐肃无哗。首诲以收敛精神，涵养德性，虚心听讲。诸生皆俛首拱听。非徒讲经，每启发人之本心也。间举经语为证，音吐清乡，听者无不感动兴起。

史称当时听过他讲学的超过数千人。

陆象山的讲学早为朱熹所敬爱，因此陆象山四十三岁到白鹿洞拜访朱熹的事就流传久远，成为佳话。

当时朱熹和陆九渊在湖上泛舟。朱熹高兴起来，对陆九渊说："自有宇宙以来已有此溪山，还有此佳客否！"因此就请陆九渊去演讲。当日的讲题是"君子喻于义，小人喻于利"（意思是"君子因义而心动，小人则因利而心动"）。讲完之后，朱熹大为感动，连忙起身说："熹当兴诸生共守，以无忘陆先生之训。"这件事后来陆九渊追述说："当时说得来痛快，至有流涕者。元晦深感动，天气微冷，而汗出挥扇。"

请学者讲学不足为奇，但能讲到令人"汗出挥扇"或甚至"流涕"，那就不容易了。书院讲学的制度所以留传后世，令人歆羡，无非是这种追求学问或道德世界的真诚精神。

其实宋元理学家除了讲学之外，起初是对谈。开创理学的先驱如程颢、程颐兄弟便重视先生与弟子之间的问答。问答之后，弟子们谨慎地把内容记录下来，成为"语录"。语录的编撰和传诵成了理学教育的重要传统。例如吕祖谦和朱熹合编的《近思录》，到了今天仍然是理学的入门必读书，它便是摘录诸理学家的警句及文字篇章而成。

学生多了，就自然召集而需有讲堂与讲义。陆九渊善讲学，进退如仪。朱子则善身教，与学生作私人讨论。《朱子语类》有一百四十卷，录者九十九人，可以说光大了私人答问的伟大途径。

朱、陆以后的理学家亦率多能继续他们老师这种对话或讲学的传统。这里引述朱熹的一首七律《白鹿讲会次卜丈韵》：

宫墙芜没几经年，只有寒烟锁涧泉。

结屋幸容追旧观，题名未许续遗编。

青云白石聊同趣，霁月光风更别传。

珍重个中无限乐，诸郎莫苦羡腾迁。

从这首诗可以看到，朱熹从书院的经验和理想所得到的乐趣和满足。书院在南宋末年已大为兴盛，有势倾官学的迹象。王圻的《续文献通考》就记载了有二十七个，另外其他可考的还有将近四百个，可以说是遍及全中国。南宋书院的发达主要有四种原因：一是官学的败坏；二是官学经费的困难；三是崇儒的影响；四是禁道学的反动。书院普及之后，寺院教育就开始衰落。朱、陆在鹅湖（今江西铅山县附近）论辩，地点仍是在佛寺，但宋季之世，书院已凌驾佛寺，成为私人教育的主流。同时，在演变的过程中，更多的书院就变成了官立的学校。本来书院的理想是希望能在公家的教育之外另立一个潮流，能遗世而独立。这种精神在朱熹自身屡遭攻击的过程里已经明显地透露出来。但是理想和现实总没有永远契合在一起的事，因此不可把书院和书院的讲学过分理想化，特别是在书院变成了与官学相等或干脆由政府来设立之后，那么至少知识分子希求独立的风骨也就难以保存了。

宋代书院发展成为中国教育史上最伟大的传统，可以说完全是朱熹一个人的功劳。朱熹和其他理学家们深感当时教育的衰落，功利之心太盛，认为"前代庠序之教不修，士病无所于学，往往择胜地、立精舍，以为群居讲学之所"，因此决心要继承前人读书山林的志气，别立书院，提倡他所带领的理学。

朱熹的教育理想当然是本于孔子的私人讲学。这种理想长久以来已形成一种重要的传统。北宋时更有胡瑗加以发扬，遂使吕祖谦所说的"依山林，即间旷，以讲授"的理想在知识分子间留下不可磨灭的印象。朱熹自然不能例外，要把这种山林讲学的传统加以落实。

再说，山林讲学和寺院教育本已有相当的关系，不易分开，而寺院的经营方式，僧众的管理及教养在唐末又有了具体的发展，形成有名的丛林制度，甚至可以认为丛林制度对于书院的兴起和普及有直接或间接的影响。丛林管理僧众的制度对于学校制度本已有些微的影响,但它的讲经及讨论的风气更把久已忘记的习惯重加发扬。

书院在朱熹的时代能这样地创立起来,除了上述的理由之外,还得力于印刷术的发明和普遍应用。宋代是中国官家教育历史上极为重要的时代,其原因就是由于读书的大众比从前增加了许多,而读书人增加的最主要原因更是因为印刷术的普遍使用。政府设立的学校很多,但是总不够收容所有求学的人。北宋末年,由于蔡京大力提倡直接保送地方学校学生去中央太学读书,然后从太学毕业生中擢拔优秀者直接任官,于是把地方教育变成准备仕进的场所,破坏了教育的基本理想,所以南宋初年,许多人对于蔡京的各种政策有极激烈的批评、疵议。读书的大众这么多,而官立学校又不能满足一般人求学的理想,因此"书院"就变成唯一的出路了。

1178 年,朱熹出任"知南康军"后,在庐山唐代李渤隐居旧址建立"白鹿洞书院"进行讲学,并制定了一整套学规。即:

"父子有亲,君臣有义,夫妇有别,长幼有序,朋友有信"的"五教之目"。

"博学之,审问之,谨思之,明辨之,笃行之"的"为学之序"。

"言忠信,行笃敬,惩忿窒欲,迁善改过"的"修身之要"。

"正其义不谋其利,明其道不计其功"的"处事之要"。

"己所不欲,勿施于人,行有不得,反求诸己"的"接物之要"。

这个"白鹿洞书院"后来成为我国著名的四大书院之一,而其"学规"则成为各书院的楷模,对后世发生了巨大影响。

朱熹对于书院抱持一种绝不妥协的反对科举败坏教育的理想。书院能成为中国近一千年来绵延不绝的教育传统,一大部分就是从这种独立的精神而来。他替白鹿洞书院所写下的学规(揭示)传诵至今,不能不在这里加以引述:

窃观古昔圣贤所以教人为学之意,莫非使之讲明义理以修其身,然后推己及人。非徒欲其务记览,为词章,以钓声名，取利禄而已也。今人之为学者，既反是矣。然圣贤所以教人之法既存于经，有志之士，固当熟读深思而问辨之。苟知其理之当然，而责其身以必然，则夫规矩禁防之具，岂待他人设之，而后有所持循哉？近世于学有规，其待学者为已浅矣。而其为法又未必古人之意也。故今不复施以此堂。而特取凡圣贤所以教人为学之大端，条列如右，而揭之楣间。诸君其相与讲明遵守，而责之于身焉。则夫思虑去为之际，其所以戒谨而恐惧者，必有严于彼者骄。其有不然，而或出于禁防之外，言之所弃，则彼所谓规者，必将取之，固不得而略也。诸君其亦念之哉。

从这个揭示看来，朱熹是希望透过书院的教育来建立一种不同的人生观，一套不同的价值。书院的理想和创制从此就与朱熹和他的弟子们所创立的理学结合在一起，相互发明，相得益彰。

1181年，朱熹解职回乡，在武夷山修建"武夷精舍"，广召门徒，传播理学。为了帮助人们学习儒家经典，他又于儒家经典中精心节选出"四书"（《大学》、《中庸》、《论语》、《孟子》），并刻印发行。这是教育史上的一件大事。"四书"影响深远，后来成为封建教育的教科书，使得儒家思想更进一步成为全面地控制了中国封建社会的思想。

1193年，朱熹任职于湖南，不顾政务缠身，又主持修复了四大书院之一的另一著名书院——岳麓书院，并使之与白鹿书院一样，成为朱熹讲学授徒、传播理学的场所。书院在南宋发展盛行，几乎取代官学，这种盛况是与朱熹的提倡直接有关的。

朱熹一生虽然为官时间不多，但总是努力设法缓和社会矛盾，或多或少地为下层人民办好事。他退居崇安时期，崇安因水灾发生饥荒，爆发农民起义。有鉴于此，朱熹主张设"社仓"，以官粟为本，"俾愿贷者出息什二……岁或不幸小饥，则驰半息，大俊则尽"。设立社仓的目的是为了防止地主豪绅在灾荒时期用高利贷剥削农民，无疑是有惠于民的。此后，朱熹并在多处推行。1178年，朱熹任"知南康军"（今江西星子一带），上任不久当地发生灾荒，朱熹上疏要求减免租税。同时，请求政府兴修长江石堤，一方面解决石堤失修问题，另一方面可以雇用饥民，解决他们缺食问题，饥民称善。1190年，朱熹知福建漳州，时值土地兼并盛行，官僚地主倚势吞并农民耕地，而税额没有随地划归地主，致使"田税不均"，失地农民受到更为沉重的剥削，阶级矛盾激化。为此，朱熹提出"经界"，即核实田亩，随地纳税。这一建议势必减轻农民负担，损害大地主的利益，所以遭到后者的强烈反对。"经界"终于未能推行，朱熹愤怒不已，辞职离去，以示抗议。

朱熹的一生志在树立理学，使之成为统治思想。但因理学初出，影响不深。同时，朱熹在官场上因品性耿直而得罪权臣，致使朱熹晚年落得一个悲剧的结局。

1181年8月，浙东饥荒，朱熹由宰相王淮推荐任提举两浙东路常平茶盐公事。途经杭州，入对七札，陈述时弊。到职后，微服下访，调查时弊和贪官污吏的劣迹，弹劾了一批贪官以及大户豪门。他不徇私情，牵连攻击了王淮等人。于是，王淮指使人上书抨击理学，斥其为"伪学"，朱熹被解职还乡。

1187年，朱熹出任江南西路提点刑狱公事，管理赣州（今赣县）、江州（今九江）一带地方的司法、刑狱、监察、农事等方面的事务。不久，王淮罢去，理学一时得势，朱熹更是仕途顺利。几年后，受宰相赵汝愚推荐，当上焕章阁侍制兼侍讲，即皇帝的顾问和教师。刚即位不久的宁宗全面肯定了理学，称朱为"儒宗"，这反映了苟安江南的南宋企图以理学加强内部团结的希望。朱熹为宁宗进讲《大学》，每逢双日早晚进讲，但他借此机会对朝政多有批评，终于使宁宗不满，加以干预朝政的罪名，被逐出朝廷。

庆元元年（1195年），朱熹在朝廷的支持者赵汝愚受韩侂胄信谬挤被罢相位，韩势盛极一时。韩因朱熹曾参与赵汝愚攻击自己的活动，于是发动了一场抨击"理学"的运动。庆元二年叶翥上书，要求把道学家的书"除毁"，科举取士，凡涉程朱义理不取。监察御史沈继祖指控朱熹十罪，请斩。朱熹的得意门生蔡元定被逮捕，解送道州。一时理学威风扫地，被斥为"伪学"，朱熹被斥为"伪师"，学生被斥为"伪徒"。宁宗一改旧态，下诏命凡荐举为官，一律不取"伪学"之士。

庆元六年（1200年）三月初九，朱熹终于在家里忧愤而死，享年七十一岁。临死还在修改《大学诚意章》，可见他是如何矢志于树立自己的理学，然而生前终未如愿。

朱熹生前对家乡不胜怀念，曾两次回归婺源故里。绍兴二十年（1150年），朱熹二十一岁，在中进士不久回故乡扫墓。淳熙三年（1176年）三月春，朱熹四十七岁，再次回故乡扫墓并讲学。为了寄托乡思，他曾写下这首至今感人的《对月思故乡》：

> 沉沉新秋夜，凉月满荆扉。
> 露泫凝余彩，川明澄素晖。
> 中林竹树明，疏星河汉稀。
> 此夕情无限，故园何日归？

中国文化的夷夏观

　　周人对中国天下观的贡献，并不在于延续这些殷商以来颇为机械的方位和层次的观念，而在于孕育出一种文化的天下观。首先要说的是，周人以"禹迹"和"九州"称中国或天下。禹平洪水，画天下为九州，象征着先民与大自然搏斗，形成国家和缔造文化的一幕。周人根据这样一个文化的事件来为世界命名，显示周人理解中的天下不仅仅是一个方位和层次的骨架，而是一个有血有肉的人文世界。

　　夏禹的传说渊源极早，不过卜辞中不见禹字，也无九州一词。商亡以后，商遗民在纪念祖先的诗中才提到"洪水芒芒，禹敷下土"的故事。又说诸侯因天命而在"禹绩"上建立他们的都邑（《殷武》："天命多辟，设都于禹之绩。"）。他们的诗还提到"九有"和"九围"，可能就是周人所说的九州。周武王时，虞人（掌田猎之官）的官箴即以"芒芒禹迹，画为九州"八字起首。《诗·大雅》说："维禹之绩，四方攸同。"（《文王有声》）《尚书·立政》说："以陟禹之迹，方行天下。"东周初齐器叔夷钟（作于公元前566年）有"咸有九州，处踽（禹）之堵（土）"之句。由此可见，以禹迹和九州代表天下是两周自天子以至诸侯通行的看法。九州有多大呢？东周时有人详详细细写了一篇《禹贡》，告诉我们九州的地理位置，各州的山川、特产、土壤和贡赋的品类。所谓"咸则三壤，成赋中邦"，知道了各地土壤的等则，有了财赋，中国（中邦）就可以在这片土地上分土殖民，讨叛扶顺，化成人文了（"锡土姓，只台德先，不距朕行"）。

周人文化天下观的另一个表征是，周人以夏、诸夏自称，而将夷、戎、蛮、狄转变成带有文化上低贱意味的名称。夏本来是在今山西省西南，即汾水流域、河南中西部以及陕西渭水下游活动，是一个文化甚高的氏族联盟。周人的祖先后稷原系联盟之一员。夏后氏衰，殷商代兴，周人窜于戎狄之间。此其时也，戎、夷、蛮、狄似乎并不是一些在文化上与夏商有别的种族。有人甚至认为戎狄原是夏后氏的苗裔，倒是夏周与商人在文化上本不属同一系统。商人与东方沿海文化渊源甚深。不过当周人兴起代商，夏商文化久已混合。周继夏商以夏自命而不以商，自然是因为文化和政治上的原因。周人相信他们是代殷商之天命，却继有夏之旧疆，故每以禹迹名天下，《康诰》里更直说文王为我有夏缔造了疆域（"用肇造我区夏［夏域］"）。周公也称颂文王协洽有夏的功劳（《君奭》："惟文王尚克修和我有夏"），并说："帝钦罚之，乃伻我有夏，式商受命，奄甸万姓。"（《尚书·立政》）意谓天帝降罚于殷，命我有夏，得用商之天命，抚治万民。周人不但以夏自称，在封建的过程里，更大封夏及其他古国的后裔，所谓"武王追思先圣王，乃褒封神农之后于焦，黄帝之后于祝，帝尧之后于蓟，帝舜之后于陈，大禹之后于杞"，并因地制宜，在夏后裔聚居的旧地，仍然以夏人旧时治理的办法治之，这就是所谓"启以夏政"。周人以夏自居，封夏之后和用夏政的做法当然有浓厚的政治目的。当时夏的后裔也许已经十分微弱，但夏曾为天下的共主，又代表着古中国一个极高的文化。国小民寡的"小邦周"一旦代有天下，在力有未逮的情况下，如此号召不失为拉拢东方各国支持的办法。而更重要的是，周人与夏确有文化上的渊源。周人虽曾一度窜于戎狄，不过当他们以夏为号召时，并没有人认为他们冒名标榜。姬姓的子孙和同盟分封在各地的，都名正言顺成了"诸夏"。尤有甚者，尚文的周人为了形容自己又高又华美的文化，又造了"华夏"一名。此名一立，直到今天，我们还喜欢自称是华夏的子孙。

周人对自己的文化相当自豪。孔子虽然说他们"后进于礼乐"（《论语·先进》），他们制作礼乐的成就无疑远迈前代。周公制礼作乐的故事和周人尚文的传说，在在反映中国文化到周代发展得更灿烂辉煌，连孔子也不得不说："郁郁乎文哉，吾从周。"（《论语·八佾》）拥有灿烂文化的周人难免逐渐看低那些文化迟滞不进的邦国，斥之为蛮夷戎狄。在周人的观念里，天下就是由文化较高的华夏诸邦和落后的蛮夷所组成。西周末，周的太史史伯曾很清楚地说：

> 当成周者，南有荆、蛮、申、吕、应、邓、陈、蔡、隋、唐；北有卫、燕、狄、鲜、虞、潞、洛、泉、徐、蒲；西有虞、号、晋、隗、霍、杨、魏、芮；东有齐、鲁、曹、宋、滕、薛、邹、莒；是非王之支子母弟甥舅也，则皆蛮、荆、戎、狄之人也。非亲则顽，不可入也。

所谓"非亲则顽"，很明白地将天下的邦国分为两类。蛮荆戎狄被斥为"顽"，不知从何时开始。所以殷商因自以为在天下之中，自称为"中方"。他们是否因此看轻其他的方国，现无证据可依。卜辞中已有夷、戎和狄三字，但无蛮字。其中戎字是指兵器，狄是一位贞人的名字，只有一个夷字是指方国。夷字从"人"，无低贱之意。甚至西周史伯说到文化低劣的顽国，举出蛮、荆、戎、狄而不及夷。由此看来，戎、夷、蛮、狄成为文化低落部族的代名词必是周以后的发展。

周人的祖先曾窜于戎狄达数百年之久，周人兴起之初当还不至于就看轻了戎狄。周初，夷夏杂居，在大致相似的自然环境里，经济方式并没有截然的差异。其时，农具还很落后，生产力十分有限。除了农业，家畜调养和渔猎都是经济生活的一部分。从记载上看，戎狄和华夏诸邦一样，有些从事农耕，甚至也有城邑。他们对农牧或渔猎依赖的程度和诸夏容有不同，但最多只是程度的差别。今人不能以后来的眼光，从农业和游牧来强分夷夏。因此，周人开始贬谪夷狄，大概并不是因为他们经济生活不同于诸夏。不过华夏与戎狄生活方式的差距的确逐渐加大，尤其在春秋中晚期以后，中原地区的农业由于牛耕、铁制农具、施肥和大规模灌溉等新技术的出现，导致生产力突破性的增长。技术的进步不但使单位面积的生产量提高，也使得过去不适于农耕的土地化为良田。结果采取进步农耕方式的邦国，经济力量大增，不断扩张，夺取土地；而那些固守旧俗，不知跟进者，邦土不免逐渐为强邻所侵。骊姬对晋献公说："狄之广莫，于晋为都，晋之启土，不亦宜乎？"正是华夏邦国觊觎戎狄田土的写照。戎狄之邦如能采取进步的农耕，衣冠礼乐一番，则可与诸夏并列，如战国还存在的中山国；如不能，则终被消灭或逐往边远的山区或草原，经营游牧或其他形式的生活。所谓"饮食衣服，不与华同"，正是经济生活分化的结果。

当中原诸国生存竞争日烈的时候，弱小的国家不论华夷都在被消灭之列，而那些起而与诸夏竞争的夷狄，在诸夏的记载里就被形容成为"猾夏"、贪得无厌的豺狼禽兽。华夏视戎狄为禽兽，确实的时间不易断定，也许在周戎关系恶化以后。周穆王伐犬戎，祭公谋父以"先王耀德不观兵"力谏，穆王不听，从此"荒服者不至"。西周中期以后，周戎战争益烈；末年，犬戎陷镐京，幽王死。东周初，襄王（公元前651~619年）欲纳狄女为后，大夫富辰就大骂狄是"封豕豺狼"。可见贬斥戎夷，一方面是出于华夏文化的优越意识，一方面由于华夷生活方式差距的增加，此外在生存竞争中，对敌手总是恶言相向，尤其失败者，其不为禽兽而何？

经过春秋几百年的攘夷，原来杂居中原的夷狄不是被消灭或同化，就是被逐往边远之区。到了战国，戎狄退处边陲，中原完全成为诸夏的世界。在此以前，虽然有东南西北四方的观念和蛮夷戎狄的称号，但是四夷与四方并没有搭配成固定的北狄、南蛮、东夷、西戎。这种固定的搭配应该是战国时人根据战国以降的实态，将天下秩序概念化和规则化以后的结果。《墨子·节葬（下篇）》曾称北方者为狄，西方者为戎，东方者曰夷。当《礼记·王制篇》写成的时候，中国天下秩序已规定得非常整齐：

> 中国戎夷五方之民，皆有性也，不可推移；
>
> 东方曰夷，被发文身，有不火食者矣；
>
> 南方曰蛮，雕题交趾，有不火食者矣；
>
> 西方曰戎，被发衣皮，有不粒食者矣；
>
> 北方曰狄，衣羽毛穴居，有不粒食者矣。

中国与四夷区别的关键很显然是在文化，所谓"不火食"、"不粒食"、"披发左衽"，乃"饮食衣服，不与华同"的夷狄。中国是"以诗书礼乐法度为政"，而"戎夷无比"。赵武灵王（公元前325～298年）时，赵国的公子成对所谓的中国曾有一段极具体的描述：

> 中国者，聪明睿知之所居也，万物财用之所聚也，贤圣之所教也，仁义之所施也，诗书礼乐之所用也，异敏技艺之所试也，远方之所观赴也，蛮夷之所义行也。

在他看来，中国是一个人才荟萃，物阜民丰，礼乐流行，具有高度文化的地方。凡诗书礼乐不及，或风俗有殊于中原诸夏者，即不得在中国之列。吴、越、秦、楚本华夏胄裔，可是秦受"戎翟之教，父子无别，同室而居"，到孝公（公元前361～337年）变法以前，还不得参加中国诸侯的盟会，中国以"夷翟遇之"。而吴、越，据尸子说："以臣妾为殉，中国闻而非之。"人殉本殷商故俗，吴越率由旧章，现在竟遭中国非议。孟子说："吾闻用夏变夷者，未闻变于夷者也。陈良，楚产也，悦周公仲尼之道，北学于中国。"是孟子不以周公仲尼之道不行的楚为中国。从春秋以来，诸夏眼中的楚一直是"蠢尔蛮荆"，可见中国人很早就将中国看成一个文化体，而不是一定的政治疆域。夷夏文化有别，不过不是截然分判，互不交融。孟子说"未闻变于夷者"，不合历史事实，这是他的文化偏见。陈良固可北学于中国，武灵王亦可胡服骑射。中国文化之所以日益丰富灿烂，就在于不断融合吸收。到春秋战国之际，丰富的中国文化使中国人有了一份很深的文化优越感，此公子成所以说中华衣冠，乃远方之所观赴，孟子所以说唯有用夏变夷者。从此优越感出发，中国人又开始有一种强烈的文化使命感，认为中国有责任将自己优越的文化向外推展，使四夷一体濡染德教，谓之"王者无外"。天下虽有内外层次之别，理想的君王应该由内而外，"一乎天下"，"一"的方法就是孟子说的用夏变夷。据说孔子曾一度想要离开纷扰的中国，到九夷中去居住。有人问他九夷风俗固陋，如何了得。他说："君子居之，何陋之有？"去夏就夷原是孔子一时气愤之言，但是后来中国的"君子"真的想着要化四夷之陋俗，播声教于四海。

民本思想的勃兴

　　中国历史进入春秋时代（公元前770～453年）以后，王纲解纽，诸侯代兴，开始了政治、社会、经济、思想等各方面的巨大变动，一个新面貌的中国逐渐形成。在宗教领域中，随着封建制度所代表的传统秩序的崩溃，原本在上帝管辖之下的鬼神也活跃在历史的舞台上了。从《左传》一书来看，春秋时代真是一个鬼神活现的时代，这些鬼神不像赫赫在天的上帝，他们时而降临人世，时而出现在梦中，时而托兆作怪，与人间世打成一片，与人有着直接而密切的关系，而中国人文思想的勃兴就是在与这些鬼神的交涉中产生出来的。

　　首先，表现在祭祖的仪节上。祭祖虽然仍为相当重要的宗教活动，但宗教人文化的现象更为显著，礼的含义更为加重。隐公三年（公元前720年），周室虽与郑国互换人质，终究不免交恶。当时有君子评曰，信与礼才是最重要的，祭祀何尝不如此。只要有明信，涧、溪、锜、釜的平凡器物，小畜之水、不流之水、道路之水，都可以上荐于鬼神。桓公二年（公元前710年）鲁国大夫臧哀伯谏桓公说，君人者必须昭令德以示子孙，俭为其一，所以祖宗的庙只有茅草盖屋顶，祀天的玉路只结草做席，肉汁不加五味，祭祀用的黍稷不需精舂。桓公六年（公元前706年），随国（在今湖北省随县）贤臣季梁谏告随侯祭祀的精义乃在于造福人民，所以祭祀时，奉献牺牲而祷告说："博硕肥腯"（广大而肥壮），以表示民力普存，牲畜壮硕、蕃

264

滋、无疾；奉献装着黍稷的祭器而祷告说："絜粢丰盛"（黍稷洁净丰盛），以表示春、夏、秋三时无害，民和年丰；奉献酒醴而祷告说："嘉栗旨酒"（恭敬的敬献美酒），以表示上下都有嘉德而无违心，酒香可以远闻，足证人心没有邪僻。故务其三时，修其五教，亲其九族，以致献洁净的祭祀，于是乎民和而神降之福。以人文意义解释祭祀的目的，在此完全彰显。庄公十年（公元前684年），齐师伐鲁，庄公将战，理由之一是"牺牲玉帛，弗敢加也，必以信"，然而曹刿说这是小信，"小信未孚，神弗福也"，此言也是以民为重之义的发挥。僖公十九年（公元前641年），宋襄公派邾文公用鄫子来祭祀，想借以管制东方的夷人，司马子鱼就指斥宋襄公说："古者六畜不相为用，小事不用大牲，而况敢用人乎？祭祀以为人也。民，神之主也，用人其谁飨之！"祭祀的目的原是为人，而不是为神，因为民为神之主，用人祭祀，神是不敢接受的。文公二年（公元前625年），文公在祖庙中祭祀，把僖公的神主摆在上边，这是逆祀，君子以为失礼，因为礼无不顺，若违反了次序，就不合礼了。很明显，祭祀之礼是依人间之礼来决定，人间之礼通贯天人两界，这就是宗教的人文化。

所谓人文思想的勃兴，最好的说明当然就是把人与神作一比较时，人的地位比神更重要。桓公六年（公元前706年）楚武王侵随，随侯充满自信，以为平常祭祀所奉献的牺牲色纯体肥，盛在祭器里的黍稷丰美完备，诚信十足，必得神的帮助。季梁却大不以为然，对曰："夫民，神之主也，是以圣王先成民，而后致力于神。"并告诉他祭祀的用意在于民和则神降之福，然"今民各有心，而鬼神乏主，君虽独丰，其何福之有"？随侯听了之后，惧而修政，楚遂不敢伐。季梁所言"夫民，神之主也"，正是春秋时代人文思想的最高成就，此言至公元前641年再度为宋国的司马子鱼引用。庄公三十二年（公元前662年）有神降于虢国的莘（今河南陕县）地，周惠王问内史过是何缘故。过说："国之将兴，明神降之，监其德也。将亡，神又降之，观其恶也。故有得神以兴，亦有以亡。虞、夏、商、阂皆有之。"周惠王乃派过前往祭祀，过听说虢公使人向这神祈赐土地，回来后便说："虢必亡矣！虐而听于神。"这神竟然在莘停留了六个月，虢公依然屡次派人祭神求赐土田，太史嚣乃道："虢其亡乎？吾闻之，国将兴，听于民。将亡，听于神。神聪明正直而壹者也，依人而行，虢乡凉德，其何土之能得？"虢国果然在僖公五年（公元前655年）为晋所灭，应验了过与嚣两位史官所言重神轻民又失德必亡的话。也就是在这一年，晋侯想假道虞境伐虢，虞公打算答应，大夫宫之奇以"辅车相依，唇亡齿寒"的道理相谏，虞公反道："吾享祀丰洁，神必据我。"宫之奇对曰："神鬼非人实亲，惟德是依……非德民不和，神不享矣。神所凭依，将在德矣。"虞公还是不听，宫之奇便带领族人离开虞国，断言："虞不腊矣。"果然，这年十二月晋灭虢后，回道袭虞，虞亡。僖公二十八年（公元前632年）晋楚城濮之战前夕，楚国元帅了玉梦见河神告诉他："用你的琼升玉缨祭我，我赐你宋国孟诸湖滨之地。" 子玉不从，荣季劝告他："死而利国，犹或为之，况琼玉乎？是粪土也，而可以济师，将何爱焉？"子玉还是不听，荣季预言子玉将败，但"非神败令尹，令尹其不勤民，实自败也"。

　　既然祭祀以为人，民为神之主，神依人而行，所以对于吉凶的占卜、鬼神的作怪也可以从人事得到合理的了解。庄公十四年（公元前680年）郑厉公入主郑国，而六年前，曾有门内的蛇与门外的蛇在郑国南门相斗，门内的蛇斗死，鲁庄公就问大夫申糯说："厉公的复位与妖有关吗？"申糯回答说："妖由人兴也，人无衅焉，妖不自作，人弃常，则妖兴，故有妖。"僖公十五年（公元前645年）晋国大夫韩简对龟筮之道提出了合理的解释："龟，象也。筮，数也。物生而后有象，象而后有滋（滋生），滋而后有数。"象、数都是由所发生的事情（物）来决定的，人的行为是龟筮的第一义。僖公十六年（公元前644年）春，宋国发生了两件怪事，陨石落下五块，六鹢退飞过宋都，周的内史叔兴恰巧到宋国聘问，宋襄公便问他："是何祥也，吉凶焉在？"叔兴说了一番应付的说辞后，出来告诉人说："君失问，是阴阳之事，非吉凶所生也，吉凶由人。"把异象归于阴阳，吉凶归于人事，和"民为神主"的观念一样，同为中国思想史上的一大突破。僖公十九年（公元前641年）秋，卫国准备伐邢，却碰上大旱，于是卜于山川之神，结果是不吉，卫大夫宁庄子偏不信，他说："昔周饥，克殷而年丰，今邢方无道，诸侯无伯，天其或者欲使卫讨邢乎？"军队动员以后，天果真下雨。僖公二十一年（公元前639年）夏，鲁国也碰上大旱，鲁僖公想焚巫尪求雨，大夫臧文仲不以为然，认为这不是治旱之法，他说："修城郭，贬食，省用，务穑，劝分，此其务也。巫尪何为？天欲杀之，则如勿生；若能为旱，焚之滋甚！僖公顺了他的说法，所以这一年饥而不害。宣布十五年（公元前594年）晋大夫伯宗论妖灾产生的理由是："天反时为灾，地反物为妖，民反德为乱，乱则妖灾生。"妖灾之生还是人失德所引起的。襄公七年（公元前567年）夏四月，襄公一连三次占卜郊天，卜均不从，鲁大夫孟献子才恍然大悟："吾乃今而后知有卜筮。夫郊后稷以祈农事也，是故启蛰而郊，郊而后耕，今既耕而卜郊，宜其不从也。"卜筮还是根据人间秩序决定的。两年后（公元前565年），鲁成公的母亲穆姜搬到太子的宫中之初，占卜的太史为她占得随卦，认为她必定可以很快再搬出东宫，可是穆姜有自知之明："今我妇人而与于乱，固在下位，而有不仁，不可谓元。不靖国家，不可谓亨。作而害身，不可谓利。弃位而姣，不可谓贞。有四德者，随而无咎，我皆无之，岂随也哉？我则取恶，能无咎乎？必死于此，弗得出矣。"穆姜就在这一年死于东宫。襄公十三年（公元前561年），郑国太宰石㚟说："不习（不吉）则增修德而改卜。"这与穆姜之言有异曲同工之妙，一是罪孽深重，则卜亦无助，一是修德则可以改卜。

春秋以降，对鬼神之事的怀疑，最著名的人物可说是郑国的子产。昭公元年（公元前541年），子产被派到晋国聘问，时晋平公有疾，以为是鬼神作祟，子产却说，鬼神不及君身，"山川之神，则水旱疠疫之灾，于是乎禜之。日月星辰之神，则雪霜风雨之不时，于是乎禜之。若君身则亦出入饮食哀乐之事也，山川星辰之神，又何为焉"？禜之无益于疾病。然而子产并不是完全排斥鬼神，他只是去除人对鬼神迷信的观念，给予合理的解释，对于鬼能否作怪这个问题，他的回答是："能。人生始化曰魄，既生魄阳曰魂。用物精多则魂魄强，是以有精爽至于神明。"所以"鬼有所归，乃不为厉"。而鬼要有所归，那就要透过人力的安排了。昭公十六年（公元前524年）郑大旱，有三位大夫祭于桑山，斩木求雨，可是依然不雨。子产说，祭祀于山，为的是保护山林，"而斩其木，其罪大矣"，于是就夺掉他们三人的官邑。次年冬天，彗星出现，郑国的占星者裨灶告诉子产说：宋、卫、陈、郑四国将于同一天着火，"若我用瓘斝玉瓒禳求，郑必不火"。但是子产不相信，不肯答应他。翌年（公元前522年）五月壬午，四国果然着火。子产作了各项紧急措施，禁止出入城门，保护祖庙，移走大龟，祭告先君，使府人库人各儆其职。火过后，派人扫除，祭禳火神，水神，书焚室而宽其征、与之材。裨　灶却又说："不用吾言，郑又将火。"郑人请用之，子产还是以为不可。子大叔说："宝以保民也，若有火，国几亡，可以救亡，子何爱焉？"子产答道："天道远，人道迩，非所及也，何以知之？灶焉知天道？是亦多言矣，岂不或信。"终究不答应，郑国也没有再着火。昭公十九年（公元前520年）郑国大水，听说在城门外洧渊的水中有龙在争斗，郑国的贵族请求给他们解禳，子产不答应，说：我们打仗时，龙看不见我们，龙斗我们又怎么看得见？"吾无求于龙，龙亦无求于我。"子产提出人道与天道对立的看法，是春秋时代人文思想发展的极致。孔子听到子产去世的消息后，淌着眼泪说："古之遗爱也。"后来孔子罕言天道，不语怪力乱神，似乎也受到子产的影响。

昭公二十六年（公元前514年）齐国有彗星出现，齐侯派人去禳除，晏子说："无益也，只取诬焉。天道不谄（不变），不贰其命，若之何禳之？且天之有彗也，以除秽也，君无秽德，又何禳焉？若德之秽，禳之何损？……君无违德，方国将至，何患于彗？……若德回乱，民将流亡，祝史之为，无能补也。"晏子的态度仍然是春秋人文精神的一贯表现。

前述臧哀伯、季梁、司马子鱼、内史过、史嚚、宫之奇、荣季、韩简、叔兴、宁庄子、臧文仲、伯宗、孟献子、穆姜、石碏、子产、晏子等人的言论，代表着春秋时代在人文思想上的发扬，大大提高了人在宇宙、历史中的地位。另一方面，在西周末年局势动荡的情况下仍然存在的畏天、敬德的思想，在春秋时代也继续发展。

春秋时代的天和神仍然是道德性的，具有祐善惩恶的无上权威。所有各国盟誓必以天、神为最高监察人。例如僖公二十八年（公元前632年）晋宁武子与卫人盟曰："有渝此盟，以相及也，明神先君，是纠是殛。"从《左传》中，也经常可以看到类似下列的观念："我食吾言，背天地也……背天不祥。""天将兴之，谁能废之，违天必有大咎。""不畏于天，将何能保？""天祚明德，有所厎止。""天方授楚，未可与争。虽晋之强，能违天乎？""神福仁而祸淫。""天之假助不善，非祚之也，厚其凶恶，而降之罚也。""盈必毁，天之道也。"祸福的由来都由天所降，所以《左传》在谈到奖善时就说天福、天祚、天禄、天赞、天授，若罚恶就说天殃、天罚、天祸、天疾、天诱。而福祸的标准则在于德。人既受天的监视，行为的善恶决定天的反应，天人之间便有了感应，人世间灾异之生、妖祥之兴往往即为天之所降。襄公九年（公元前565年），宋国起火灾，晋国的士弱便说由宋灾可知天道。昭公七年（公元前535年）四月，有日蚀发生，晋国的士文伯说鲁卫将同遭其害，因为这是"不善政之谓也。国无政，不用善，则自取谪于日月之灾，故政不可不慎也"。这种灾异观念慢慢便形成了流行于汉代的天人感应说。

上述天命观的要旨在于把政治与道德紧密结合，天既以道受命，此中关键便是统治者的德行所代表的政治好坏。成公十七年（公元前575年）晋国的范文子在晋、郑鄢陵之战败郑回来以后，就要他的祝宗祷告祈死，原因是："君骄侈而克敌，是天益其疾也，难将作矣……使我速死，无及于难，范氏之福也。"没多久，范文子真的自杀了，因为他知道君失德，天必有报应。襄公十八年（公元前553年），楚师伐郑，晋人间之，掌乐的太师师旷说："不害，吾骤歌北风，又歌南风，南风不竞多死声，楚必无功。"叔向则直指其中根由为："在其君之德也。"君德实为天道的依据。昭公二十年（公元前520年）齐景公得疟疾，欲诛祝史，晏婴谏道："若有德之君，外内不废，上下无怨，动无违事，其祝史荐信无愧心矣。是以鬼神用飨，国受其福……其适遇淫君，外内颇邪，上下怨疾，动作辟违，从欲厌私，高台深池，撞钟舞女，斩刈民力，输掠其聚，以成其违，不恤后人，暴虐淫从，肆行非度，无所还忌，不思谤读，不惮鬼神，神怒民痛，无悛于心，其祝史荐信是言罪也……是以鬼神不飨其国以祸之……君若欲诛于祝史，修德而后可。"晏婴所说的"神怒民痛"完全点出了君失德的严重后果，而修德便是免于神怒民痛的要务，千万不可"虐用其民，不务令德"。所以"为国家者，见恶如农夫之务去草焉"。"以德绥诸侯，谁敢不服。"僖公十九年（公元前641年）宋人围曹，宋公子子鱼劝告宋襄公说："文王闻崇德乱而伐之，军三旬而不降，退修教而复伐之，因垒而降……今君德毋乃犹有所阙，而以伐人，若之何？盍姑内省德乎？无厥而后动。"

这时在宗教上，随着人文思想的进展，民已成为神之主，在社会上随着封建体制的解体，贵族没落，平民崛起，人民的地位愈为提高，统治者所最应重视的自然是人民的力量，因此，统治者的德行就要具体落实在人民的身上，通过人民的反应去掌握天命。季梁说："民和而神降之福。"其意义也就在这里，是商、周以来的爱民、重民思想传统的再度发扬。庄公十一年（公元前683年）秋，宋大水，宋庄公的儿子公子御说罪己而不罪人，鲁大夫臧文仲赞说："宋其兴乎？"臧孙达又说："是宜为君，有恤民之心。"僖公十三年（公

270

元前647年）冬，晋国屡次发生饥荒，乞籴于秦，秦穆公说：“其君是恶，其民何罪。”于是输粟于晋，从秦国的国都雍到晋国的国都绛，一路舟楫相继不绝，所以就称之为“泛舟之役”。文公十三年（公元前614年）邾文公卜迁于绛，太史却说这次迁都“利于民，而不利于君”。邾文公回答道：“苟利于民，孤之利也！天生民而树之君，以利之也。民既利矣！孤必与焉。”左右的人再问他，若不迁“命可长也，君何弗为”？邾文公答说：“命在养民，死之短长，时也。民苟利矣，迁也，吉莫如之！”于是迁都于绛，五月，邾文公卒，君子曰：“知命。”襄公十四年（公元前560年），卫人驱逐了他们的国君，晋悼公问乐师师旷：“卫人出其君，不亦甚乎？”师旷回答说：“或者其君实甚！良君将赏善而罚淫，养民如子，盖之如天，容之如地，民奉其君，爱之如父母，仰之如日月，敬之如神明，畏之如雷霆，其可出乎？夫君，神之主也，民之望也。若困民之主，匮神乏祀，百姓绝望，社稷无主，将安用之？弗去何为？……天之爱民甚矣，岂其使一人肆于民上，以从其淫而弃天地之性，必不然矣。”邾文公说“命在养民”，师旷说“养民如子”，这都是以民为重的表现。人民既利，君必与焉，相反的，君若困民，百姓绝望，则民去其君也是合理的，这已经具有某种程度的革命思想了。民本思想发展到了这个地步，显然也比“民之所欲，天必从之”，“天视自我民视，天听自我民听”的观念更向前推进了一步。昭公元年（公元前541年），晋国赵孟因表达了“吉偾谋食，朝不谋夕”的态度，刘定公就对周王说，赵孟“为晋正卿，以主诸侯，而偾于隶人，朝不谋夕，弃神人矣。神怒民叛，何以能久？赵孟不复年矣？神怒不歆其祀，民叛不即其事，祀事不从，又何以年？”刘定公的话与师旷之言有意合之处，而从“神怒民痛”到“弗去何为”，再到“神怒民叛”这都是一贯的发展。

春秋时代的天命观除了以政治和道德的关联为中心外，也延伸到个人的生命，而有命运的意义。周卿刘康公说：“民受天地之中以生，所谓命也。"宋元公说："死亡有命，吾不可以再亡之。"吴国季札说："哀死生事，以待天命。"这些都是指命运而言。但是就像人可以了解政治上的天命一样，命运并非盲目的，人的行为也可以决定个人的命运，所以刘康公接着说："是以有动作礼义威仪之则，以定命也。能者养之以福，不能者败以取祸。"这种思想与"多行不义，必自毙"，"无庸，将自及"，"不义不昵，厚将崩"，"恶之来也，己则取之"，"祸福无门，唯人所召"等言论都具有同样的意义，均承续了西周"自求多福"的观念。

君以德得天命，民以德得福，德的理论在春秋时代相当发达。有所谓九德（度、莫、明、类、长、君，顺、比、文）、七武德（禁暴、戢兵、保大、定功、安民、和众、丰财），四德（亲、仁、祥、义）、六逆六顺之说，甚至以德音称乐，弦歌诗颂都是德的表现。《尚书·尧典》记载乐有四德："直而温，宽而栗，刚而无虐，简而无傲。"这简直就是人性的反映。德是行为的修炼，而礼就是行为的规范，德的完成需假助于礼，所以礼又成为维系个人生命、社会秩序、国家存在的支柱。《左传》也记载了许多有关礼的理论：

> 礼，经国家，定社稷，序民人，利后嗣者也。
> 夫礼，所以整民也。
> 礼，国之干也。
> 礼，身之干也。
> 古之治民者劝赏而畏刑，恤民不倦……三者礼之大节也，有礼无败。
> 夫礼，死生存亡之体也。

以上都是针对礼在政治、社会上的效用而言。晏婴且给予礼具体的内容，那就是：君令、臣共、父慈、子孝、兄爱、弟敬、夫和、妻柔、姑慈、妇听，实即人伦的范畴。礼之用若扩大到极处，那就与天地并立了。在春秋时代，礼又被赋予新的天地意义：

> 礼以顺天，天之道也。
> 礼，上下之纪，天地经纬也，民之所以生也。 夫礼，天之经也，地义也，民之行也。
> 礼……与天地并……先王所禀于天地以为其民也。

至此，礼已代表天道、人格的完成，生命的终极目的，都呈现于人世与现实之上，不复寄托于宗教信仰了。所以襄公二十四年（公547年）鲁大夫叔孙豹为不朽下了一个新的定义，他说："太上有立德，其次有立功，其次有立言，虽久不废，此之谓不朽。"至于保姓受氏，以守宗祊，世不绝祀，绝不可谓不朽。中国人文思想的光辉在这里完全呈现出来。

在叔孙豹为不朽下定义的五年前，孔子诞生了。孔子的一生（公元前552～479年）涵盖了春秋末世，为春秋时代的中国人文思想作了一个总结。《论语》中的孔子也偶而谈"天"说"命"，同春秋时人一样，在他的心目中也存在着一个主宰神。他对子路说："予所否者，天厌之，天厌之。"（《雍也》）颜渊死时，他说："噫！天丧予！天丧予！"（《先进》）被困于宋时，他说："天生德于予，桓魋其如予何？"（《述而》）他自己表示："不怨天，不尤人，下学而上达，知我者其天乎！"（《宪问》）感于"予欲无言"，他说："天何言哉？四时行焉，百物生焉，天何言哉？"（《阳货》）这些"天"都指的是主宰神，所以他畏惧天命，认为君子有三畏，畏天命即为其一。自谓"五十知天命"（《为政》）。他也不敢欺天："吾谁欺？欺天乎！"（《子罕》如果"获罪于天"，"则无所祷也"（《八佾》）。对于鬼神他抱着"敬"的态度，他说："务民之义，敬鬼神而远之，可谓知矣。"（《雍也》）在他的生活中也有斋、祭的活动："齐必有明衣，布。齐必变食。""虽疏食菜羹，必祭，必齐如也。"（《乡党》）"祭如在，祭神如神在。子曰:'吾口不与祭,如不祭。'"(《八佾》)但是显然的,他已把斋祭的行为人文化,赋予伦理的意义。所以他相信人本身的行为才是最重要的。哀公六年(公元前487年),楚昭王有疾,占卜说是黄河作怪,昭王却说:"不谷虽不德,河非所获罪也。"于是不祭。这一年天上又有异象发生,昭王派人去问周太史,周太史说这必然与王身有关,"若禜之,可移于令尹司马。"昭王回答说:"除腹心之疾,而实诸股肱,何益?不谷不有大过,天其夭诸?有罪受罚,又为移之?"于是不禜。对于昭王的不祭、不禜,孔子赞说:"楚昭王知大道矣……由己率常可矣。"意思就是说人本身的行为决定自己的一切。他自己曾说"丘之祷久矣"(《述而》),也是这个意思。日常行为的日积月累比临时祷告有用,若本人行为合理,对天无愧,即无异于无时不在祷告中生活。

孔子畏天敬神,将祭祀人文化、伦理化,都是中国人文思想的代表,然而孔子的伟大处,更在于他罕言天道,不语怪力乱神,把人置于鬼神之前。《论语·先进篇》记载:

> 季路问事鬼神。子曰:"未能事人,焉能事鬼?"敢问
> 死。曰:"未知生,焉知死?"

这是孔子的名言,离渺茫之天道,而归于现实的人世,人世才是孔子终极关怀的所在。也因此,伦理道德、礼义规范成为孔子苦思力索的目标,简言之,"道之以德,齐之以礼"的德治主义是孔子思想中的最高施政法则。对于人民的生命,孔子也寄予最大的关切,简言之,"富民"、"教民"是孔子所揭示的最高政治理想。而知生事人也正标志着中国人文思想的精粹。

德合天地，道济天下

养天地正气

法古今完人

　　　　　　——孙中山

　　不为圣贤，便为禽兽，这是中国人的价值坐标；同时，人人是圣人，人人是一个王，这更是中国思想中的一大信念。理想的中国是一块圣地，它不是天国，也不是西方净土，而是当下即是的人间世。中国思想的终极关怀（ultimate concern）是"人"，通往圣地的路就是"到人的路"；人是一切价值的泉源，无可替代（TO be human is to divine），因此人道的极义是而且只是——把人当人。

　　中国历史，绵延五千年，未曾中断，其中帝王将相、师哲儒士、英雄豪杰，不可胜数，然而在中国人的心目中，却只有少数几位流芳青史。值得注意的是，这些历史人物当中，并非尽是帝王将相，亦非豪门巨贾，甚至就俗义看来，有些根本就不是属于成功的一类，却能争得千秋盛名。譬如孔子，出身寒微，不论就权位或功业而言，委实无可称述，然而道贯古今，名满天下，号为至圣。这不是偶然，而是中国的思想型范与价值标准有以致之。原来，中国人品评人物，早有一套范式。远在鲁襄公二十四年（公元前549年），鲁大夫叔孙豹就明确指出："太上有立德，其次有立功，其次有立言，虽久不废，此之谓不朽。"一语点明文心，这就是后世所谓三不朽，其中的轻重判然若揭。不朽的意义如此，则其对于学术思想、世道人心的影响，既深且巨。根据此一标准而得、而传的历史，无疑是一部圣贤史，除了圣贤人物的辉煌纪录外，历史简直就是断烂朝报了。

就中国先秦思想以观，道的概念是为中心概念，也是一个歧义多多的概念。道字的原始形态为"　"，从行从首，而且"首"字在"行"字中间，其原始意义当为思与行合一无间，寓意相当深远。由此展演出天道与人道，复由于"向上的道"与"向下的道"的交相运作，天人合一，使中国的文化思想也充实而有光辉。就巨视（macroview）的角度言之，中国文化思想显现丰厚的生命内涵，无所不照；但严格言之，中国哲学是价值哲学，而非自然哲学。毕竟中国文化思想的主流是道德系统，而非知识系统，其中尤其强调历史的意义与价值。人就在历史的巨流中推广其生命，终至于与天地同其广大，同其悠久，人文的成就得到完足的肯定，进而体证价值不灭的原理，道德价值矗立其中。相应于此人极、人义而言，宗教上的永生观念，乃至彼岸的构想，也就沦为人间次要的"秘思"（myth）了。

本文所要探讨的是先秦儒道思想中的理想人格。所谓理想人格，乃指能表现文化精神或价值，而为人们崇奉、取法的人格。因此这种人格往往是民族精神或学术文化价值的表征，但与主要的典章制度并非必然相关。就中国学术思想而言，虽然早有六家或九流十家之说，但对后世影响较深的该推先秦的儒、道、法、墨等四家之学，和稍后传入的释家之学，以及宋明理学。当然这里所称的"家"只是约定俗成的意义，而非严谨的学术意义。法家（商、韩）由于对人性的不信任，又以耕战为唯一的社会价值，因而不谈理想的价值。墨家一本大利主义，积极救世，其学说全都落实在政治社会的功利之上，甚至人的尊天事鬼也是基于现实利害计较的抉择，宗教上的

276

制裁一并消融于政治的赏罚之中，因此也就未暇措意于理想价值的安排。释家有一套博大精深的学说思想，也有一套独到的人格修养法门，其对中国思想文化具有相当重大的贡献。然而由于华夷之辨，尤其是出家与在家之争，释家的处境与某些观点，确与中国的政治伦理道德相去颇远。因此释家历代虽曾出现过几位智德兼修的高僧，然而一般知识分子似乎只把他们当作诤友、畏友，是方外之人，俨然与世俗之人壁垒分明，殊非取法、认同的理想人格。今就儒道两家思想加以剖析，则理想人格跃然呈现，意趣风发，左右逢源，这也正是中国传统思想文化的两大支柱。

中国思想"统之有宗，会之有元"，大体经由先秦诸子的统会创造，业已为后世奠下丕基。秦汉之后的思想家为因应政治社会的需要，固亦有所因革损益，但其重要课题大抵已在先秦时期开启端绪，因此本文专注于先秦儒道两家思想中理想人格的探索与阐述，经由这一步点化工作，理想人格的形象与精神可思过半矣。大体言之，先秦儒道两家思想都是秉承庄子所谓内圣外王的古道术，并无根本上的不同；而其理想人格也可以"圣人"一名统称。两者均首重内圣功夫，成就其"人"；而外王乃其必然的推演，是充实而不可以已的善果。因此内圣与外王是同一件事，或一体的两面（荀子之学是例外）。圣人所经营的空间是天地（宇宙），时间是过去、现在、未来三世，对象则是价值意义的人间世，所谓德合天地，道济天下是也。正因为此，故其代表的意义是而且必是"未济"性格，大愿大行，永无止境，从而他们也由偶然而为必然，是即"必然之圣"。秦王政统一天下之后，由于思想环境丕变，圣人萎缩为一个儒者，亦即全然偏往内圣方面讲求，但无论如何，这只是一曲，而非大全。流风所及，文圣与武圣成为人们流行的信仰。当人格升华为神格，则人文价值丧失，圣学也就沦为被"打"的对象。

就先秦原始儒、道两家思想加以考察，其辉煌成就略偏于德行文化，其理想人格并无本质上的不同，甚至在形式、名称上亦有雷同之处，一言以蔽之，曰："圣人"。两家思想都是为己之学，特重内圣功夫，化私从公，成就大我的生命，亦即由一偶然之士渐次进德修业，终而成为一必然而自然之圣，大化流行，公、明、容、化，德合天地，道济天下。这类理想人格融汇三种性格：圣人、先知、诗人。以超世的大人格，作入世的大事业。他们是一座座永恒的巨桥，由有限通向无限。他们的终极关怀都在此人间世，超越而不超绝，因此展现的是"未济"的生命情调，是价值不灭的道德慧命。如果严加区别，则两家在内圣功夫的方便善巧上颇有不同。儒家主张正名，严义利之辨，求名实之符，又特重合乎人情，以孝悌为始基，德目完备，亲疏厚薄远近，井然有序，故应情而主观，诚、善、修、教为其不二法门。道家则主张浑全无名，人我俱冥，故顺理而客观，而虚、真、忘、应乃其妙窍。相形之下，前者以使命感立世，较富理之应然义，极高明而道中庸；后者以应化义游世，较富理之自然义，极广大而尽精微。然而无论如何，两者都是人文精神价值的充量实现，是天德流行的化境，亦即人性、人义、人极的造形意志，而与宗教上的神圣截然有别。盖前者的成就是人格，而后者为神格也。

　　从先秦诸子对古帝予以理想化的过程考察，亦以内圣外王为主轴。这方面以儒家的贡献较多，孔子开其端绪，至孟子则已将尧、舜、禹、汤、文、武、周公、孔子的道统系列连贯而成。值得注意的是，《墨子》全书出现"圣王"一词一百二十四次，大抵尊称尧、舜、禹、汤、文、武等六人，而其赞词偏就外王之义立论，这与孟子大别，又比孟子更善用托古立志的技巧。今本《老子》没有任何古帝名，《庄子》一书对古帝褒贬并陈，与一般所说的"理想化"不同，但在《逍遥游》中已塑造了一位应治天下的圣王——帝尧，这是其应治思想的造型。无论如何，古帝王经由诸子的理想化之后，已由历史人物蜕变为理想人格——内圣外王的圣王。此外，中国神话中关于众神之神的帝俊，在《山海经》中描述其子八人俱为人类文明的肇始者，许多神话中的神都是"功能神"（Functional God），从而可以理解许多神话人物之所以成为历史人物，而理想化的古帝也能制器取象以利民事。从此，这些理想化的古帝——圣王——成为后世理想人格的典型，但自秦统一天下之后，却也成了绝响。

统一帝国建立之后，思想受了囿范，理想人格也起了变化。就以《礼记》一书为例。《礼运篇》标出天下为公的大道，这是先秦诸子的共同理想，也为儒、道两家所特重。《大学篇》提出三纲领（明明德、亲民、止于至善）及八条目（格物、致知、诚意、正心、修身、齐家、治国、平天下），这是先秦儒家内圣外王之学的贯通；并提出絜矩之道，以德为本，以善（仁亲）为宝，以义为利等观念。而"自天子以至于庶人，壹是皆以修身为本"，这是面对统一大局所作的调整，修身多属切实可行的生活规范的事。《儒行篇》标出一个儒者典型，这是知识分子祈向的目标，而不再是先秦时期的圣王——一个永难成就的怀抱天下的王者。《中庸篇》强调率性、慎独、致中和，最终归结于"诚"。它也以修身贯串伦理、政治与宗教，而落实为知仁勇三达德，"所以行之者，一也"，一即是诚。如此造就一位"无入而不自得"的人格，亦即诚之圣者：

> 诚者，不勉而中，不思而得，从容中道，圣人也。

这大抵就是《论语》所称"从心所欲不逾矩"的境界，但与先秦所称的圣人相较，则毋宁称之为"儒者"较为相宜。盖治国平天下的外王理想已失，徒见谨于修身的儒者的"庸德之行，庸言之谨"而已，是即圣人外王业命的萎缩，则其内圣之义，虽精微而不博厚，这对此后的历史人物造型产生了颇大的影响。司马迁在《史记》中列布衣孔子于世家，以吴太伯为世家第一，以伯夷为列传第一，这与《论语》的思想线索完全相符，孔子的至圣地位更形彰显。三国人物以管宁为第一，淡泊宁静的诸葛亮也为后世所推重。唐代韩愈之推尊孟子，弘奖仁义道统。此下的宋明理学开放了一朵奇葩，周敦颐《通书》主张诚敬、仁义、中正、公明的圣学，张载《西铭》民胞物与的肖德，程子所谓仁者浑然与物同体，朱子以孔子为天地气象，贤于尧舜，陆王心学存天理去人欲，修证"无入而不自得"的无待人格；吕坤《呻吟语·圣贤篇》更指出全一的大中至正之道是圣贤之道，而以浑然公通礼赞孔子。相应于此，我们再考察历史思想上文圣与武圣的塑造与流衍，由人格升华为神格，显然的都是内圣一面的展现，而外王一面则偏枯萎缩矣。近世，孙中山先生以为"先觉悟者先负责"，"古今治事在平心"，数称博爱、服务、天下为公诸义，深契于中国传统思想的精髓。他一生"和平、奋斗、救中国"，鞠躬尽瘁，死而未已，则其所欲效法的古今完人可窥而知。一介书生，奋而立德、立功、立言，以之为今之典型，亦足以风世矣。

《尚书·大禹谟》所谓正德、利用、厚生，《左传》所称立德、立功、立言的三不朽，均皆以德为首。先秦儒道两家思想中的理想人格——德合天地、道济天下的圣人，基本上就是一位至德者，其特质为公、诚、明、善、虚、灵、应、化。必须特别指出的是，儒道两家对于理想人格的祈向，大抵是针对人君或领袖人物的德慧的应然要求而发的，对一般人民则否。同时，在修己的功夫中，希圣希贤是为可欲，一分耕耘，一分收获，人人皆可勉力为之。唯在治人的运作中，却决不可作相应的要求，这是高明而中庸的政治智慧。从而庶几可以化腐朽为神奇，点化这"不完美的社会"(the imperfect society)成为"可能"的圣地，人间世乃可逍遥而游。由于至德者允执厥中，旁通应和，妙会"非彼无我，非我无所取"的至理，于是乃能慧眼观世，人见其人，把人当人，统贯内圣外王之道，参赞天地之化育，完成人之所以为人的价值理念，这就是中国气象——高明、博厚、悠久。这类合德完人即是中国人的良心，是"道"的造型意志，永为人间像的典型。

田园——一个自足的世界

　　阮籍挫败后的犹疑彷徨固是个人才质的陷溺，毕竟不能如王维那样"存而不论"，在空山中与明月青石、幽泉松涛独相往来，不过也透露了山水悄无人烟的空灵不仅可以安顿生命跌宕的矛盾。隐逸山水之间，欲求助自然景物以涤荡胸中苦闷，往往容易坠入孤绝的氛围里，而呈现"前不见古人，后不见来者"的怆然。如柳宗元寂寞自照下所写的《江雪》一诗，几乎是完全孤立了，在千山环抱之中，只见白茫茫一片大地，无鸟飞、无人迹，实清寂至无情了。因此，农居活泼、自足、安定的生活情趣乃在转了一大弯之后扣住了文人的心弦，陶渊明选择了古老中国最简朴、最无机巧的田园，自食其力，为政治上遭受挫败的士人找到了一块勉强可以安身立命的所在。

　　农业生活的稳定和乐趣在《诗经》时代就已随乐诗吟唱着：《豳风·七月》那种春日艳阳下的采桑女子，手执懿筐"遵彼微行"，在秋收之后，又剥枣酿酒，又织布剪衣，一片忙碌，在在表现了简朴自足的农村景观。个人意识几乎是不存在的，纵然人间有劳心劳力之分，有贵族庶民之别，但"朋酒斯飨，曰杀羔羊，跻彼公堂，称彼兕觥，万寿无疆"（《七月》）。上下的职位在意识上仍是相连，治人者也祈祷丰年，求"千斯仓，万斯箱"，因此说："以我齐明，与我牺羊，以社以方。我田既臧，农夫之庆。琴瑟击鼓，以御田祖。以祈甘雨，以介我稷黍，以谷我士女……"（《小雅·甫田》）只有丰足、亲和的社会才是理想的社会。《诗经》以后，劳心劳力的分界日远，知识分子不但身离大地，在意识上也与大地日渐疏远，活泼自足的农业生活遂从文学园地消失。而后，知识分子更认识了仕途的曲折与难困，又自我放逐于深林幽壑，终日彷徨，成了天地间的弃儿，直到陶渊明重回到田园，躬耕自食，才勉强有了安顿之地。当然，陶渊明的自足田园绝然不同于《诗经》时代那种与大地息息相关的原始自足，但是劳力者真实贴切的生存活动却可攫住惶惶不安的灵魂，凭借躬耕的实际劳动去体悟"生"的淳美和可贵。所以田园诗绝不同于隐逸山水之作（游仙诗倒接近此范围，可见其不食人间烟火的幽谧），尽管自然景物同是描写的对象，但是素朴的人情味才是田园诗更重要的质素，反映着对农村躬耕生活的认同。因此，田园生活的欣趣时时流露在陶诗之间：

孟夏草木长，绕屋树扶疏。

众鸟欣有托，吾亦爱吾庐。

既耕亦已种，时还读我书。

穷巷隔深辙，颇回故人车。

欢言酌春酒，摘我园中蔬。

微雨从东来，好风与之俱。

泛览周王传，流观山海图。

俯仰终宇宙，不乐复何如？

——《读山海经·其一》

五月始夏，暖风细雨中，紫葵烨烨，菜苗青青，这是一片祥和温馨，可以真切感知的世界。有时展书而读，有时酌酒对饮，有时与邻翁畅谈园圃耕稼之道，生活踏实而多趣，不似政治场合那样充满诡诈机巧，"晨兴理荒秽，带月荷锄归"（《归园田居·其三》），人在其中自然孕育着最生动的本质——活泼、澄莹的生命力。每天日出而作，日入而息，不需文明的智巧，所以是最基础，也最淳真的层次。"生之欣趣"就在那经由体力所完成的桑麻禾苗之间，"衣食当须纪，力耕不吾欺"（《移居·其二》），绿色大地一旦贴切地踏着，生存的实在感就顺遂而来，"暧暧远人村，依依墟里烟；狗吠深巷中，鸡鸣桑树巅"（《归园田居·其一》），平淡琐屑的生活中蕴藏着生命的意义。

自此而后，中国文人一旦在政治上遭到挫败，几乎都自觉地认同陶渊明的田园居，虽然多数人不再像陶渊明那样拥有贴切的经验，但田园的单纯和人情味终将成为仕宦之外心灵的企慕之所：

> 开轩面场圃，把酒话桑麻。
> ——孟浩然《过故人庄》

> 使妇提蚕筐，呼儿榜渔船。
> 悠悠泛绿水，去摘浦中莲。
> 莲花艳且美，使我不能还。
> ——储光羲《同王十三维偶然作》

> 昼出耘田夜绩麻，村庄儿女各当家。
> 童孙未解供耕织，也傍桑阴学种瓜。
> ——范成大《四时田园杂兴》

> 卧读陶诗未终卷，又乘微雨去锄瓜。
> ——陆游《小园·其一》

> 行遍天涯千万里，却从邻父学春耕。
> ——陆游《小园·其三》

生命的积极意义也许该表现在活泼自足的生活里，忘机的友朋，怡人的景致，人生的生命才不被扭曲，不遭变形。李义山深悟人生残缺之余，也有这等期待：

> 看山对酒君思我，听鼓离城我访君。
> 腊雪已添墙下水，斋钟不散槛前云。
> 阴移竹柏浓还淡，歌杂渔樵断更闻。
> 亦拟村南买烟舍，子孙相约事耕耘。
>
> ——《子初郊墅》

终究田园的耕耘生活才能保全家族的绵延与繁荣，虽然耕作有甘有苦，可是，当抽象的理想层次不能落实时，经由劳力而来的生存活动还是可以暂时安定人心，尤其在闲雨霏霏中，流视青青禾苗，或在秋高气爽下，期待收成，都有一份最真切踏实的感受。只是，"求田问舍"之违背"学而优则仕"的初衷，乃表现了中国特殊的文化现象，所谓"耕读传家"几乎成了最理想的模式。

由仕到隐，前文所引的一些诗人只是借以书写这种文化现象的轨迹而已。事实上，就每一个文人来说，仕与隐永远在意念中纠葛着、矛盾着，即使陶渊明回归田园，似找到了属于自己的桃花源，毕竟不是真正自足的世界。所谓"自足"，自当与外界无关涉且无怨无尤，陶渊明虽然在田园生活中，透过躬耕的劳力活动来肯定生命的意义，但是在"谋道不谋食，忧道不忧贫"的君子之道的前提下，他的这个肯定是十分悲凄的：

> 人生归有道，衣食固其端。
> 孰是都不营，而以求自安。
> ……
>
> ——《庚戌岁九月中于西田获早稻》

284

最后，竟只落得营谋衣食以求自安，这岂是当年孔子反对樊迟学圃学稼所能料及？陶渊明是有憾恨的，在《癸卯岁始春怀古田舍》一诗中，他描述了耕耘的欣悦，"平畴交远风，良苗亦怀新"，天地充盈着活泼清新的生意，宛似他那"阡陌交通，鸡犬相闻"的桃花源，然而还是令人要轻轻喟叹"耕种有时息，行者无问津"，陶渊明自比长沮、桀溺，欲期待"问津"者的足音，只是这世界还有子路之徒吗？政治的清浊依然在他心灵深处轻叩着，所以在归隐多年之后，他仍写下这样的诗：

> 白日沦西阿，素月出东岭。
> 遥遥万里辉，荡荡空中景。
> 风来入房户，夜中枕席冷。
> 气变悟时易，不眠知夕永。
> 欲言无予和，挥杯劝孤影。
> 日月掷人去，有志不获骋。
> 念此怀悲凄，终晓不能静。

——《杂诗·其二》

日落月升，在历史的洪流里，人依然渴望树立不朽的形象，然而，"有志不获骋"，就算在"开荒南野际"获致了朴素单纯的趣味，毕竟是辛酸的。因此，凉风入户，月华盈室，只有更洞烛内心未圆足的憾恨，而日月交替，时光流逝，这样孤影自照的寂寞直叫人怆然而泣，陶渊明顿时沦为最悲剧的诗人。

如是看来，以田园为"自足的世界"，不过是暂时的假象，当现实的仕禄成为不可能时，也许只剩创作的想象可以构筑个人的自足世界。在想象的天地里，在内在观照所构成的美感经验中，文人拥有了自足的境界，因此，大量的作品完成于现实挫败之后，对政治社会的关切遂以别调吟唱出来。也许，这正是中国文学的特色之一吧！

知 遇 之 恩

　　人除了是家庭的一分子，同时也参与了家庭之外另一个更广大的群体，接触着不以血缘联系的人群。我们跨出家门，或者读书求学，或者宦游营业，迎纳着来来往往的人与事；朋友，便建立在这应世的心意上。这应世的心意，理智的成分增加了，表面上，情爱似乎相对地淡薄了；事实上，它们并无互相消长的必然关系，只是不再纯任情感作为唯一应对的主人，而让它转作理智的后盾。君子之交，其淡如水，焉知不是翻腾着百千漩涡的平静波面呢？友情、义气便是情感与理智结合的另一份人间瑰宝。

　　亲情是与生俱来、自然而然的关爱，我们毫无选择，不得不去爱恋父母、兄弟、子女。它非外力催促，而是自内心涌生的强烈力量，且一生都源源不断地交付。朋友却没有这天赋的内在因缘，在我们应对交往中，或多或少通过理智的考察，有所抉择，有所坚持。需要指出的是：一有自我意愿的加入，无论斟酌衡量之际，或是往后执著的途程，也就存有人为的刻痕；因此，它有着伤害的潜伏之力。投付与回应之间也只有两种可能：或者契合，或者相失，而无委曲回环的可能。

　　契合是友情的圆满，若未得此份圆满，无论是匆匆的路人，或者有意相交，终却相失的朋伴，严格地说，都不是最精意的朋友。未识之前，各自在人海中来往，原是可以"你有你的，我有我的方向"，

286

我们不曾为路人的摩肩而过有割舍的痛楚，或淹留的意愿；各自自在地行止，原本没有情分的牵扯。待一朝结识，抵掌立交，便有着理智的认取与情感的联系，从此，对方便在自己生命中占有一席之地。在理想上说，一日论交，便也是一生一世的情了，《古越谣》对此抱有十分温馨的信任：

> 君乘车，我戴笠，他日相逢下车揖。
> 君担簦，我跨马，他日相逢为君下。

素朴纯净，夹杂不进一粒尘灰，对朋友信任如斯，也对自己有同样的信任，一来一往的对待平等而一致，建构起一道坚实的桥，成就着理想的友情。然而，这理想却必须建立在下列的基础之上：一、双方照会当下，已把握得对方生命的整全，这份交契才是真实，而非随着更深入的认识逐渐剥蚀的假象；二、双方的生命都是贞定的，不以时空的移易或境遇的穷达而改变了情感的质性。这不可或缺的基础，在现实人世的交往中，偏偏无法求其必然具备，缺憾遂也难免。相对于前者，在逐渐认识中，发现对方原来并非自己理念中的形象，则对这虚幻形象的一切肯认情谊，全属蹈空，与现实对方的回应，各在虚实的层面上探索，互成歪斜线；相对于后者，或有生命浮浅，在时空的进展中，迷失了自我的心意，在穷达的衡虑中，拗折了曾经畅达的桥梁。面对这等残败的景况，我们是否还忍心接纳它们为友情的一种形态呢？

《世说新语》载管宁割席之事，凝塑了管宁清俊的形象，同时也传达了刀芒的冰冷与割裂的痛苦。理性生命严刻笃厚的管宁，陆续发现华歆心性与己的殊异，为着理性的省察与情感的不甘残缺，必须决定与华歆割席断交；刀芒划裂了席次，也同时划伤他原已接纳这份友谊的生命。嵇康与山涛绝交的心情也可以由此体会。山涛曾言："吾常年可为交者，唯此二人（阮籍、嵇康）耳。"可见他们的交契，然而嵇康还是忍痛写下了《与山巨源绝交书》，列举必不堪者七，甚不可者二，以山涛不能真切知其性、任其性，而不得不终止这份情谊。没有人必须为这事件负责，山涛有他的真情在，嵇康亦有他的真情在，只是嵇康发觉有憾存焉，缘于对友情圆满的尊重，唯有否定它，而忍心地伤害人我了。然而承认友情的残缺，恐怕是更残酷的事实。

这是先行划去偏失不足，借以凸显友情的真切照会。

《周易》云："二人同心，其利断金，同心之言，其臭如兰。"作为关键的"同心"，亦即是二人智虑、性情的重合，也是一般常言的知己、知心。四句话笼罩了交游之际内在的感受与外在的表现："同心之言，其臭如兰"，相应的言语，吐纳着珠玉的光莹与兰若的芳香，这光莹与芳香是情谊的质性，相互提供给对方温润的感受；"二人同心，其利断金"，二人结合为一体，作为应世的单位，情谊的坚实犀利所向披靡，倘若遇有抵触的事物，它足以斩断一切纠葛，矗显出情谊的轩洁剑魂。

人的最初心灵，都是缥缈的孤鸿，遨翔在自我天地之间，愈深入生命的殿堂，距离同伴便也愈遥远。高处孤寒中，独自拨响清清泠泠的音符，用生命去咏唱一首寂寞的乐章；这寂寞或者无人能解，或者有人穿过迢遥山水，来相叩应。两个生命的逢识，毕竟不是一条宽坦的大道，而相互深入对方的心灵世界，即是在嶙峋的山岩间，去感知他的坚执；在如箭的急湍中，去了解他的变动；在萧萧木叶下的肃杀里，去寻找他明春的消息，这些都需要相契的性情与理解能力作基础。这登山临水的婉转途程，充满了"山重水复疑无路，柳暗花明又一村"的喜悦，而不觉跋涉攀援之苦，缘于对方生命的访寻过程，如实纳入自我生命，成为自我思想、感情的自觉经历。因此，伯牙挥弦，子期从容地登峨峨兮之高山、临洋洋兮之流水，这历程是伯牙的心路，也是子期的心路，它们无间地叠合着，在抑扬的旋律中，共同领纳着生命沟通流转的神妙喜悦，与参入这份奥秘的悸动。日后钟子期逝世，伯牙碎琴的举动，一方面证明二人相得时的完满愉悦，一方面也透露了士为知己者死的情怀。伯牙的音乐生命只合与钟子期同生同死，碎琴的决心，应是后代无数义气男儿"引刀称一快，不负平生亲"的心境。

友情交流当下，是一片晴朗阳日、璀璨风景：

> 行则连舆，止则接席，何曾须臾相失，每至觞酌流行，丝竹并奏，酒酣耳热，仰而赋诗，当此之时，忽然不自知乐也，谓百年已分，可长共相保。

曹丕在《与吴质书》中，作了具体动人的描写。曹丕所眷怀的，我们所歆羡的，并不在觞酌丝竹，而在酒酣耳热之际，亦臻鼎沸的交游情谊。这是天时、地利、人和兼具的盛景，它的存在，深赖于外在因缘的配合。然而，时空每每是人力无法自主的要素，曹丕已有"今果分别，各在一方"的感慨，与"何图数年之间，零落略尽"的伤怀，可长共相保的，毕竟是人世少有的恩宠，更多的友情是乘越着千山万水，历经冰霜风沙，坚持过晨昏与春秋，漂泊在时空坐标中，传递一缕坚实的温馨。此类题材的文学作品屡见不鲜，杜甫《梦李白》相惜的悲情可以为例：

> 浮云终日行，游子久不至。
> 三夜频梦君，情亲见君意。
> 告归常局促，苦道来不易。
> 江湖多风波，舟楫恐失坠。
> 出门搔白首，若负平生志。
> 冠盖满京华，斯人独憔悴。
> 孰云网恢恢，将老身反累。

千秋万岁名，寂寞身后事。

多风波的世途，李杜各是独憔悴的游子，却拥有着类似的偃蹇时运，与奇出的才赋，领纳着它们带来的摧折与寂寞；二人超越了飘逸与沉郁风格的殊异，超越了摧折寂寞的哀叹，通过这份共通的体悟，建立真挚深沉的相知情怀，再通过这份相知，把己身感受的悲切，转化为对伊人的无限悯惜。又如苏李赠答的缠绵：

　　行役在战场，相见未有期，
　　握手一长叹，泪为生别滋。
　　努力爱春华，莫忘欢乐时，
　　生当复来归，死当长相思。

王维《渭城曲》的清淡：

　　渭城朝雨浥轻尘，客舍青青柳色新。
　　劝君更尽一杯酒，西出阳关无故人。

或是顾贞观《金缕曲》中系念的凄凉：

　　季子平安否？便归来，生平万事，哪堪回首？行路悠悠谁慰藉？母老家贫子幼，记不起，从前杯酒。魑魅搏人应见惯，总输他，覆雨翻云手。冰与雪，周旋久……

作者当时的景况与心境是孤冷的，但在后人的仰望中，它们交织成一片温热的光影，成为人间情爱的一大内容。

朋友关顾之情，表现为有力的行动，用最具体的担当来撑出友谊的名义，这份"其利断金"的刚烈大美，我们称之为"义"。

管仲与鲍叔牙相友，二人合贾，分财时管仲多自与，鲍叔不以为贪，知其亲老待养；管仲又曾为之谋事，事败不举，鲍叔不以为愚，知是时机不利；管仲曾三仕三见逐，鲍叔不以为不肖，知其尚未逢时。终荐之缧绁之中，辅佐桓公，成齐霸业，这是鲍叔牙渊容的胸怀。关羽既与刘备推心，后虽蒙曹操赏爱，终夜遁曹营，留下馈赠印信，既不负刘，亦不负曹，这是关羽坦荡的行为。荀巨伯远探友人疾，值胡贼攻郡，巨伯不去，贼至，巨伯愿以己身代友人命，贼知其贤，疾旋军而还，这是荀巨伯贞谅的担当。无论他们所面对的考验是具体的钱财馈赠，或者未可知的才干舒展，甚至是生命的取舍，他们所表现的行为，写着人世的一份美，也是小说戏曲中无数友义故事参考的蓝本。

　　中国传统上的君臣、主仆之间，固然在社会阶层有固定难逾的距离，然在实际的应对来往上，却也不止于理智上从属关系的认定，与现实利害的职务往来。君对臣、主对仆，每每存有情义的关顾；臣对君、仆对主，更皆加以执著的情义奉献，成为一种情感交流的形态，在社会地位差异的背景下，发展成友情的别调，也因这地位的差异，增加了它激荡人心的力道。

　　知识分子出仕的途程，实即是知音（器识才学）的追寻之途，最终的知音，亦必然指向最高统治者君主。这份追寻，不只关系着自我才情的被纳与否，更关系着经世理想是否实现，甚且亿万生民的安乐与困苦，也在士人的胸怀中揽为己责，随自我的进退而起伏。因而未遇以前，士人坦坦荡荡地在适当的途程上，表明知赏的渴望；既遇之后，也不只作私情的交流宠报，更以济世理想和生民的托付，来决定回应君主的言行，遂有无数掷地铿锵的奏议。君主对臣下的情感，也不是私人的爱恶——易流于桀纣式的宠佞与憎怒，知赏其才，更加以职权的托付，遂有许多明睿温厚的诏敕。而国事职权是君主所以为君主的凭借，因而君主使臣，实即是一种开放自己，接纳对方登我堂、入我室的举动；臣下的感恩心态，亦要由此体会，绝非几品官、数斗米的豢养而已。人们熟悉的刘备、诸葛亮可以作为君臣情感的最佳典型。君臣既遇后的沟通交往，可从奏议诏敕中访见；未遇之前的心境，也为世人留下了文字记录。曹操为一代豪杰，《短歌行》中："青青子衿，悠悠我心，但为君故，沉吟至今。"求才若渴，正是领袖襟怀。刘琨亦一时英俊，《答卢谌书》中："夫才生于世，世实须才……天下之宝，固当与天下共之。"写出时穷境困中，士人敷才用世的心志。

臣民对君主的情感，在更普遍的情形下，是与国家结合而不易离析的。它们紧密地结合为一个对象，召唤着人心的牵系，这牵系联结了对君恩的感激回应，对时代现实的忧患，以及由家族、民族、国族一路拓展开来的归属情感，臣民对君国遂有着一往不返的深情奉献。在动乱不安的国势里，这一片忠贞的丹心最为突显，燃起一盏盏明亮的灯火，照亮幽暗的历史长廊。

> 白发萧萧卧泽中，只凭天地鉴孤忠。
> 厄穷苏武餐毡久，忧愤张巡嚼齿空。
> 细雨春芜上林苑，颓垣夜月洛阳宫。
> 壮心未与年俱老，死去犹能作鬼雄。

陆游的《书悲》，即是鲜亮的灯火之一。

主仆的关系类同于君臣，只是远较后者单纯。在双方的对应上，可以不有才能的计量，日日亲近间，自然亲切有情，是介于朋友与家人之间的一种关系。传统社会中，主仆共同生活，纳入家族的大围墙内，以敦厚的心迹相互来往。陶渊明《与子书》："汝旦夕之费，自给为难，今遣此力，助汝薪水之劳，此亦人子也，可善遇之。"在"老吾老以及人之老，幼吾幼以及人之幼"的传统情怀下，主仆也作为人伦的一环。

由于长久的聚处，主仆的默契无形中培养而成，他们常以推心置腹的朋友形态出现，一起经历着共同的事件，一起领纳着共同的人间哀乐，也一起接受共同的未来。"侍婢卖珠回，牵萝补茅屋。"是十分令人心动的无言知会，它有时在文人笔下不十分自觉地流露出来，作为其他主题的背景，但在笔记小说中，可轻易地发现许多以忠仆义奴作为第一主题的作品，临危受命、含辛抚孤，其主人翁（仆）不再是从属职务的执行者，而是燃烧自己、温暖对方（主）的一位朋友，一位亲人。

追求完美的梦

在近代中国知识分子的一般看法中，儒家学说经常被视为一种务求实际、不尚玄谈的思想。这是一个含混而有待澄清的观念。在儒家的道德与宗教意蕴方面，当代许多重要的论说已有力地指陈，儒家人生哲学所追求的最终理想是充分体现人的真实本性的人格（仁人、大丈夫或圣人）。在现实的层面，这种人格的实践固须以社会约束性的道德（"礼"）为基础，但此一理想人格得以圆成的人性根据则是优先、超越于社会约束性的道德。就这层意义而言，"现实主义"的标记不但无助，甚至有碍了解儒家思想的精义。事实上，现代学术研究所不断发掘、呈显的儒家思想，是一个复杂的，包含着许多分歧，乃至相互冲突的因子的观念传统。

就思想者的意图而观，人类的思想不外有两种类型：一是要解释世界的，一是要改变世界的。儒家的政治思想显然属于后者。从"可欲性"或"可实现性"的观点看来，冀求改变世界的思想又可区分为两大形态。第一种形态的思想是在明确的认知基础上论辩它所主张的原则或理想；第二种形态或者是缺乏可信的认知基础，或者只是在认识的"虚空"中进行单纯的想象。第二种形态思想的另一个特色是：它所追寻的是一种完美的境地。这种形态的思想通称为"乌托邦"思想。

"乌托邦"是一个没有确切含义的西方辞汇。在日常语言中，它几乎和"理想"或"空想"同义。但在思想史研究的范畴内，"乌托邦"的意义仍有与日常用法作一区分的必要。"乌托邦"一词是莫尔创造的。它具有两项原始含义：一是"子虚乌有的地方"；一是"美好的地方"。这两项含义也是最为一般人所了解的"乌托邦"思想的意义，它代表一种对于"幸福"或"乐土"的简单、素朴的怀想。这种乌托邦思想的表现模式是："理想"的实现寄托于远古的"黄金时代"、渺不可知但又必然来临的未来时刻，或是远离人类聚居社会的新天地。在西方思想史的长远进程中，"乌托邦"的含义逐渐扩大，它的意义已不仅限于对某种理想的幻想式描述。在目前的思想史研究中，"乌托邦"主要是指某种特殊思想的性质，而非这种思想的表现模式。然而，"乌托邦"究竟是意指哪一类思想的性质呢？可以采取如下的定义：乌托邦思想是指一种与思想所产生的环境实况不相符的思想；这种思想的目的是在彻底改变与此思想不符的现实环境，但是，这种思想在原则上却是不可能实现的。我们可以这样说，乌托邦思想是一种绝对的、极端的、不可妥协的"理想主义"，虽然这种"理想主义"不必以乌托邦思想的原始形态出现。上面这项定义的界定方式虽然迥异于"乌托邦"的原始含义，但两者并不冲突。从思想的性质看来，乌托邦思想的两个主要特征是：不具有必要程度的"可欲性"，它所企求的是一个完美的目标。事实上，原始形态的乌托邦思想中的"子虚乌有的地方"和"美好的地方"就是这两个特征的化身。因为，假若那些蕴含着"不可欲性"与"完美性"的思想要想付诸实践只能出现在一个"子虚乌有"的"美好"的地方。综而言之，乌托邦思想是指一种在原则上不可能实现的思想——它之所以不可能实现，则经常与其目标的完美性有关。"乌托邦"是一种理想，但理想并不就是"乌托邦"，因为并非所有的理想都是不可能实现的。

儒家思想中含有原始形态的乌托邦思想是十分显而易见的。如"大同世界"的美景便最为一般人所习知：

大道之行也，天下为公。选贤与能，讲信修睦，故人不独亲其亲，不独子其子；使老有所终，壮有所用，幼有所长，矜寡孤独废疾者皆有所养。男有分，女有归。货恶其弃于地也，不必藏于己；力恶其不出于身也，不必为己。是故谋闭而不兴，盗窃乱贼而不作，故外户而不闭，是谓大同。

　　"大同"盛世存于远古，三代以下，则已退至"小康"局面。另外一种理想世界的圆成，则是在时序过程中循次渐臻的。汉代公羊学派的"据乱"、"升平"、"太平"三世说即为最具代表性的例证。在儒家思想的发展过程中，原始形态的乌托邦思想并未成为儒家政治思想的主流。然而，奇妙的是，儒家政治思想的主流却都含有乌托邦思想的性质。这种思想通常不以乌托邦思想的原始形态出现，但在某些时刻，它仍然会表现为对一个渺不可寻的理想世界的描构。儒家政治思想主流中的乌托邦性质对于中国历史产生了极其深远的影响。这种思想所蕴含的理想以及对如何实现理想的指示，普遍地融入了历代儒者的意识深处，成为他们批评现实世界的起点与超脱现实世界的终点。中国政治思想史上的几次重大辩论——王安石与司马光之争、朱子与陈亮（同甫）之争，乃至晚清的恭亲王奕訢与倭仁之争——莫不与此息息相关。

　　儒家政治思想主流肇始于孔子和孟子；质言之，孔、孟政治思想即是儒家政治思想主流的典型。儒家政治思想主流的基本内容是什么呢？一言以蔽之，是"内圣外王"的观念。扼要地说，"内圣外王"的意思是："王"与"圣"之间存在着"迹本关系"；圣和所以成其圣的心性本体是"本"，理想的政治、社会秩序是"迹"，两者之间存在着"由本显迹"的直接关联。换句话说，儒家的基本政治观点是：个人的道德修养是建构理想政治、社会的基础。这个观点同时导引出如下的明确命题：个人的德行应当为建构理想的社会而服务，并且，个人的德行正是真正有效建构理想社会的基本元素。

儒家政治思想主流的实质内容是什么？"内圣外王"观念所代表的政治、社会哲学具有怎样的特色？这种形态的政治思想有没有理论疑难？对于以上几个问题，孔子思想能够提供大部分的答案。孔子的政治思想是非常明确、坚定而又一贯的。他的基本见解是：

> 子适卫，冉有仆。子曰："庶矣哉！"冉有曰："既庶矣，又何加焉？"曰："富之。"曰："既富矣，又何加焉？"曰："教之。"

孔子认为，政治的主要目的有二：一在养民，一在教民。养民是国家首要的政治责任，在实际的政治工作中，优先于其他所有的措施。但是，依照孔子的观点，养民毕竟只是政府最起码的职责；他认为，政治的最终目的是要创造合乎伦理原则的社会秩序。孔子对政治的主要关心，不在有关政治过程本身的问题，而是在于政治机能对造就理想社会所能发挥的决定性作用。他对社会的主要关心，则又在于社会中的人际关系所应具有的伦理内涵。如果每一社会关系都有真实的伦理内涵与之对应，自然就可产生和谐理想的社会秩序。换句话说，在孔子看来，合乎伦理原则的社会秩序无非是社会成员都能善尽他们所担任的角色的伦理责任。个人的德行与合理的社会秩序无论在观念或现实的层面都是不可分割的。孔子这种观念的最重要表征，就是他的"正名"思想。"正名"的意思是：社会中每一个人都必须谨守他所担任的角色（每一角色都有一"名分"）所应遵循的行为规范与职责。齐景公有一次问政于孔子，孔子的回答是：

> 君君，臣臣，父父，子子。

在孔子看来，"正名"之所以是一件绝对必要的政治工作，是因为"名"的作用在于标示社会关系；而每一种社会关系又包含着一个道德要求。因此，"正名"无非"正伦"。"正名"工作臻至完满的境地，就是理想社会实现的景况。这种景况也正是孔子的政治构想所追求的终极美景。

然则，怎样的政治方法才能造就道德的人民与道德的社会秩序呢？孔子列举了若干途径，其中最理想的是政治领导者以身作则，最拙劣的是运用强制力。他说：

> 道之以政，齐之以刑，民免而无耻。道之以德，齐之
> 以礼，有耻且格。

根据孔子"仁"的观念，真正的道德行为一定是自发的，没有任何外在权势能够使人自觉行"仁"；因此，政治强制力的规范作用有其无法超越的极限。虽然法令刑罚在一切政治社会中都不能省免，但对孔子的政治理想而言，它们终不免徒劳无功。孔子以为，最高明的统治者是"无为"的，他只须将自己修养成道德的楷模，社会和人民就会自然而然归趋于善。孔子对政治领导者的道德资质所能引发的教化作用，显得信心十足。这些观念意味着：如果要实现政治的最终目的，政治领导者必须是道德完满的人。换句话说，在孔子整套思想的架构里，最理想的政治领导者便是"仁人"。"仁人"执政是实现孔子政治、社会理想的唯一有效方法。孔子这种形态的政治思想，即是儒家"内圣外王"式政治思想的原型。

根据以上的分析，孔子的政治思想可以归纳如下：在人民基本物质生活富足的前提下，政治的终极目的是在造就一个合乎伦理原则的社会秩序；如果要有效地运用政治的机能达成这个终极目的，政治系统的运作首先就必须合乎伦理原则。在这样的一条进路之下，被期望实现的结果是：一个包含着依照伦理原则运作的政治系统的伦

理社会。总结说来，孔子的政治思想旨在阐明唯有运用道德的政治手段才能实现政治的道德目的。在这层意义上可以断言，孔子乃至整个儒家的政治思想，是"德治"思想。

孔子的政治思想，在长远的时光流程里，一直是儒家政治构思的基本纲领。自孟子以至倭仁，莫非如是。孟子的政治思想与孔子完全相同，他对"内圣外王"观念的主要贡献不在内容的增益，而在论证的补充与加强。

儒家"内圣外王"式政治思想的内容已如前述。"内圣外王"式的政治、社会思想可用以下的论式表示：人的生命有内在之善；内在之善扩充至极的境界是人格发展的最高目标；实现此一目标的人格谓之"仁"或"圣"。理想的社会乃是合乎伦理原则的人际秩序（以生活丰足为前提），此一理想之完成端赖政治领导者个人的道德资质。因此，"仁"、"圣"执政是真正解决政治、社会问题的有效途径，治国平天下的关键在于个人的道德修养。

一位当代著名的神学家与政治思想家曾指出：任何政治团体以及团体领导者有关团体决策的行为，基本上是不道德和非理性（指实质理性，而非工具理性）的，"自利"是一切团体、阶级、国家行为之最高指导原则。这项分析有助于我们更清晰地认知一个可由一般性的观察归纳出的论断：纵然政治系统及其领导者可能会有偶然的自发道德行动，他们基本上绝不具有自足的道德资质。单就孔子和孟子的人生经验而论，政治行动与执政者的政治行为通常是不道德的，乃是简单的事实。孔子和孟子一生周游列国，干谒诸侯，寻求得位行道的机会。在他们的经验之中，值得赞赏的政治领导者极为稀少，而"望之不似人君"的人君却比比皆是。孔子对"今之从政者"的总评是：

噫！斗筲之人，何足算也？

这是孔、孟政治体验的真实写照。然则，孔子和孟子为什么会采取一种与其经验不相符的预设呢？也就是说，为什么他们对伦理的政治系统的可欲性抱持着如此坚决的肯定态度呢？就孟子而言，最重要的原因是：他对个人的自我实现与个人的政治行为的性质混而不分。

　　在孟子的观念系统里，人性本善是政治行动与（执政者的）政治行为（在孔、孟思想中，这两者是二而一的）具有自足的道德资质的根据。他说："人皆有不忍人之心。先王有不忍人之心，斯有不忍人之政矣。"根据孟子的想法，政治行为是人的整体行为的一部分，既然每个人都具有自足的道德资质，政治行为也必然可能是善的。但是，这个观点实在隐藏着认识上的严重混淆：孟子不曾意识到伦理行为与政治行为的区别。自我实现是一个人要"成为"什么的问题。如果一个人要成为"好人"（这需要漫长的奋斗），他只须遵从内心灵明之指引，不假外求。就此而言，人具有自足的道德源泉。在另一方面，执政者的政治行为则是一种权威性的作为。他们的每一种政治行为都可能有不同的动机，或者是利己的，或者是利他的；但无论动机为何，都会产生影响许多人的重大后果。所以，这个问题的焦点应该在于如何避免政治行动产生恶劣的重大后果。唯一的方法是：对不知动机为何的政治行为采取必要的约束。然而，由于孟子的政治思想是以伦理行为与政治行为的同一性为基础的，因此，如何处理不良的政治行为之后果的问题，也就一直未能进入孟子的政治思虑。换句话说，在孔、孟"内圣外王"式政治思想的架构之中，政治职能运作之可能产生的后果的问题是一个最主要的盲点。

　　从以上分析可以了解：对政治系统及其领导者的自足道德性之认定，是儒家政治思想的根本疑难。就孟子而言，这个疑难发生的原因主要在于他对个人的自我实现与个人的政治行为的性质混而不分。不过，在孔子的思想里，却难以发现类似论点的痕迹。那么，孔子何以会对伦理的政治系统的可欲性有如此热切的期待呢？这个问题也许需要进一步的索解。这项探索工作将使我们更明晰地察觉孔子政治思想的性质。

对孔子而言，伦理的政治系统的可欲性并不是一个理论的问题。他深切地感受到，在并不十分遥远的古代，的确存在着这样的政治体系。他激赏这个体系。但是，过去的时代是否真的存在过一个合乎伦理原则的政治系统？这是一个认识的问题。

孔子清晰地自觉到他身处在一个晦暗、败坏、丧失原则的时代。他的天职是在改变这个世界，使它由错乱归向正轨。在孔子的意识里，他并不是要以自己的"哲学"来造就一个新秩序，他是要唤起人们重新遵从一个已遭破坏的原则。孔子的这种想望，也就意味着：对他而言，合乎伦理原则的政治系统是一个"历史事实"。这个事实同时也说明了伦理的政治系统是可欲的。孔子心目中的"历史事实"是什么呢？是周代的政治。他说：

> 如有用我者，吾其为东周乎？

他在晚年又曾经慨叹：

> 甚矣！吾衰矣！久矣，吾不复梦见周公！

孔子对西周的崇敬向往之情，是极其诚挚深刻的。然则，周代政治中的哪一种特色吸引了孔子呢？是周代的"礼"。孔子说：

> 周监于二代，郁郁乎文哉！吾从周。

孔子所标举的"文"，是指周代，尤其是西周政治中的典章礼制。它是一种外显的，用服装、器物、牲畜和人类的肢体动作表现出来的场景，这种场景以不同的形态普遍地出现在若干特定的时刻与情境之中。这种场景之所以值得重视，并非在于它的形式，而是因为它代表了一种精神——亲亲尊尊的伦理精神。在周代的政治组织里，统治集团的成员借着"礼"显示长幼、尊卑、亲疏的差别，他们的权力关系也就由此转化而成伦理关系。质言之，在孔子的观念里，周代的典章制度使得政治系统蜕转为一个培育人格的伦理环境，这是政治的最高境界。周代的礼制给孔子带来了无穷的启发：他对"仁"的体悟以及对文明价值之肯定，都在这里寻到了最坚实的根据。

孔子的时代，是一个礼乐崩解的时代，西周美治早成故事。面对这个满目疮痍的残景，孔子意欲重建一个有原则的社会，也就是以更新的精神恢复封建秩序。因此，孔子一生所孜孜从事的政治努力之一，就是提倡"正名"思想——提醒人们实践他们的"名分"所蕴含的伦理内涵和所应遵循的礼仪规矩。孔子不断抨击贬斥借用礼制的公卿大夫。他甚至愤怒地指责季孙氏在家庙庭中舞八佾为："是可忍也，孰不可忍？"孔子自己则时时刻刻敬慎他的日常行为，绝不逾越他在政治社会中的礼分。他期望的是"礼乐征伐自天子出"的有道世界，是"齐一变，至于鲁；鲁一变，至于道"的雍容盛景。那是一个已经失落的秩序。

孔子心目中的理想政治秩序虽然距他已有数百年之久，但他所认识的"历史事实"大体上都是信而有征的。然而，现在所须检视的，并不是周代的礼制是不是事实，而是"礼"在周代封建政治中扮演着怎样的角色。易言之，孔子所认识的固然是历史事实，但这并不能决定他对这个事实的含义的了解与周代政治制度的性质是否相符。

根据当代的古史研究得知：封建制度是西周开国君臣顺应氏族社会的现实，为维系其武装殖民运动的成果所作的一项政治安排。这个制度的基本精神在于，建立一个以血缘为纽带的统治集团，使得生齿不繁的姬周氏族得以散处各地而有效地治理国家。在这种精神的主导之下,统治集团成员之间的权力关系凭借伦理关系获得巩固。所以,正如孔子所观察到的,具有政治性质的职位都添加了伦理色彩,显示亲亲尊尊的伦理关系的"礼"同时便是不同层级的政治职位的象征。然而,在长期的历史演进中,封建制度遭受内在、外在双重的严重挑战。在统治集团之内,权力嬗递的结果,一方面使得政治权力与政治职分、政治职位与伦理名分互不相符,僭礼逾矩之事因而层出不穷;另一方面,在权力嬗递过程中所发生的残酷斗争,导致了氏族感情破坏无遗。在统治集团之外,则由于社会结构与经济实力的变动,旧族陵替,新贵崛起,甚至礼分全无意义可言。整个封建制度的衰颓迁延了数百年之久,孔子目睹的正是一个变动最剧烈的局面。他曾经感慨地说:

> 禘,自既灌而往者,吾不欲观之矣!

在孔子的时代,不合规则的礼典层出不穷,这实在是政治现实演变所造成的昭穆紊乱的必然结局。

然而,这样的局面意味着什么呢?如果以孔子的历史认识作为观察的基础,封建解体的局面显示出具有伦理意义的"礼"终究只是整个政治制度中的"文饰"。而之所以称其为"文饰",是指它基本上是居于边际性功能的地位。血缘组织中的伦理原则与政治权力的运作原理是不一致的;当以血缘为纽带的政治安排逐渐遭到破坏之后,政治制度中的"礼"也就失去了它原有的功能和意义。从周代政治史的演变看来,政治权位与血缘身份在性质上至少有以下四项殊异:第一,政治职位基本上是有限的,血缘组织中的身份和地位则可以无限扩充;第二,担任政治职位的人需要特定的才能,血缘组织中的身份则不需任何条件,完全委诸自然;第三,政治职位的得失涉及重大的利害关系,血缘组织成员的尊卑则与其在现实生活上的成败无关;第四,政治权力与政治职位具有分离性,在血缘组织之内，身份与尊卑是合一的。政治权位的特殊性质，使得统治集团权力关系的演变日益远离血缘关系的嬗递法则。最显著的例子，即是身为大宗嫡裔的周天子在丧失实际权威之后，天子与诸侯之间的礼制已经完全没有任何政治意义了，这种礼制也因之极难被人遵守。以上说明显示，在特殊的历史时局之中，周代开国君臣巧妙地运用血缘组织巩固了本族的权力地位；然而，一旦历史环境发生变动，血缘纽带的政治功能遂不可避免地日趋低落。这一现象同时意味着：基于血缘纽带所建立的"礼"虽然具有某些政治功能，但它绝非政治的"实相"——伦理原则从来不是周代政治运作的原则，政治系统的运作自有其特殊的原理。换句话说，孔子心目中的伦理政治，并不曾出现在他之前数百年的历史上。

由此，似乎已获致这样一个暂时的结论：在孔子的思想中支持伦理政治之可欲性的历史认识是无法成立的。或许，有人会辩解说：孔子虽然称美周初的政治与礼文，但他的本意并不是要"恢复"当时的封建秩序；他的历史认识也许不尽正确，但他的确在周初政治中发现具有伦理精神的层面，这个层面可以作为人类追寻理想政治的启示。这种辩解当然是可以接受的。但是，伦理政治之可欲性的问题追索到最后，它的症结并非在是否能够得到历史事实的支持，而是政治行动的"性质"问题。易言之，政治系统犹如人类社会中其他各种系统，都有它们基本的内在原理。导致周代封建礼法崩溃的盘根错节的权力问题，绝非孤立的现象。它出现在人类所有复杂社会的政治组织之中。从这个观点看来，孔子的政治思想之所以隐含了"政治系统及其领导者的自足道德性"这一预设，最主要的关键是在孔子的思维方式。也就是说，孔子毫不迟疑地宣示他的政治思想的根本原因，并不是因为他自认已经获得了可靠的历史事实的支持，也不是因为他对伦理政治之可欲性作了怎样的考虑，而是由于他对政治问题基本上采取了规范的观点。

政治构思诚非只是认识的问题，事实上，一切伟大的政治思想都是以维护、彰显人的尊严和价值为最终目的。我们之所以认为孔子的政治构思含有严重的疑难，乃是由于他的政治观念缺乏必要的明锐的认知基础。孔子的政治观念夹缠着认识的问题，但在孔子的心灵深处，真正决定其政治思想之性格的底蕴，是他的世界观——对世界的目的性的看法。他的世界观使得他未能正视某些不可更易的冷酷事实。孔子在一次和弟子的对话里，道出了他对世界的最终祈向："老者安之，朋友信之，少者怀之。"他并非只把这个祈向视作是对人类无可言喻的深情之中迸发出来的不可抑压的悲愿。相反的，他在意识的层面中，要求政治机能直接为实现这个美好的境地而服务：

> 季康子问政于孔子。孔子对曰："政者，正也。子帅以
> 正，孰敢不正？"

孔子以"正"训"政"，他的意思是政治"应该是"正的。因为，在孔子的认知中，政治又何尝"是"正的呢？政治又何尝可能在未来变成"正"呢？孔子在另一则对话中，隐约地点出了他对"正"治所作的譬喻：

> 或谓孔子曰："子奚不为政？"子曰："《书》云：'孝
> 乎为孝，友于兄弟。'施于有政，是亦为政，奚其为为政？"

这则对话显露了孔子对政治的看法。在孔子看来，孝顺和友爱的道理是应该，而且也可以传布到政治上的。孔子希望政治系统像"家"一样，洋溢着发诸天性的亲子手足之情。当政治组织变得像"家"一样时，整个社会也就像个"家"了。"家"的意象是孔子对政治的幽渺怀想，是他无时或忘、终身以赴的远大目标。这个意象决定了他对历史事实之含义的了解，也决定了他的政治观念的形态。

孔子的政治思想与他处身的现实环境是不相符的，他提出他的政治思想的目的是要改变与其思想不符的现实环境。但是，他的思想是不可能充分实现的。孔子所以抱持这种思想的根本原因，并非在于他对这种思想的合理性作了怎样的思虑，而是导源于他的一个完美的怀想——一个像"家"一样的、依照伦理原则运作的社会。这样的观念形态，是一种"乌托邦思想"。儒家政治思想主流的乌托邦性格虽然形成于孔子，却具有极其微妙复杂的历史发展。

宋代是中国思想史上的新纪元。从北宋周敦颐、张载、二程兄弟（程颢、程颐）的思想肇端衍发的宋明儒学，开创了儒家思想的黄金年代。宋明儒学的最大贡献在于对自汉以来醇而未发的儒家心性之学——即"内圣之学"，作了极其精微通透的理论辨析。宋明儒学因之成为儒家思想最宝贵的遗产之一。但是，宋代儒学家的政治思想却是相当素朴的。一般而言，他们是坚定的"道德政治"论者，他们的政治观念具有非常浓厚的原始形态乌托邦思想的色彩。程颢有一句话可以代表宋明儒学家的典型政治见解：

先王之世以道治天下，后世只是以法把持天下。

这句简单的断语含有多重的意义：第一，理想的政治是纯粹的道德政治；第二，纯粹的道德政治是可能的，并且曾在远古的"三代"完全实现；第三，宋明儒学家以道德政治的标准衡量后世，发现他们所熟悉的政治经验与环境完全悖离三代之"道"，因而意味着这种景况是需要彻底改变的。宋明儒学家一般性的政治见解完全可以归类为原始形态的乌托邦思想。为了更清晰细密地说明宋明儒学家政治思想的内容与性质，不能不探讨朱熹的政治思想。

朱子是南宋的大儒学家，他的学术在元代以后被历代朝廷尊为正统。朱子的性理学说号称集周张二程之大成，他的思想所代表的理论形态是宋明儒学的一支大系。朱子在一生之中有长久的实际政治经验，曾多次出任地方政治职务（在中央的任官时期甚短），也有丰硕的业绩。但是，朱子的政治思想基本上却是十分"超现实"的。他的政治思想是典型的"内圣外王"式的政治思想。兹引两段文字以为明证。朱子说：

> 臣闻大学之道，自天子以至庶人，壹是皆以修身为本。而家之所以齐，国之所以治，天下之所以平，莫不由是出焉。

又说：

> 天下之事，其本在于一人，而一人之身，其本在于一心。故人主之心一正，则天下之事无有不正；人主之心一邪，则天下之事无有不邪。

朱子的政治思想不但在内容上与孔、孟的"内圣外王"观念完全契合，也具有共同的盲点。朱子虽然说"人主之心一邪，天下之事无有不邪"，但他从不曾措意如何"防邪"。儒家"内圣外王"式政治思想与西方自由主义最大的差别是：它所关心的焦点在于如何实现"权力的可能善果"，而不在如何防制"权力的恶果"。

朱子的政治思想在他生前就遭逢了严厉的诘难。这就是著名的朱子与陈亮有关"汉唐功过"的大辩论。从这场辩论之中，可以明了朱子的政治思想是一种"纯粹道德政治论"。陈同甫和朱子的辩论涉及的论题甚广，在此只能略述有关的部分。

朱、陈辩论的主题是：是否应当以纯粹的道德标准评估三代以后（尤其是汉、唐）的政治业绩。陈同甫主张汉唐政治有其重大贡献，与三代相去不远；朱子则认为汉唐政治全在"利欲场中"

打滚，道德政治根本未曾一日行于天下。陈同甫的基本论点是：第一，他承认纯粹道德政治是政治的理想境界，但他暗示他并不相信"三代"已经完全实现了这种境界；第二，他认为不应以纯粹的道德标准评论政治，从人心的现实面看，汉唐应可视为盛世之治。陈同甫说：

> 近世诸儒（指宋代儒学家）遂谓三代专以天理行，汉唐专以人欲行。其间有与天理暗合者，是以亦能久长。信斯言也，千五百年之间，天地亦是架漏过时，而人心亦是牵补度日，万物何以阜蕃，而道何以常存乎。

值得注意的是，陈同甫虽然确认政治有其本然的现实状态，但他并未触及在此认识之下，应当建构何种政治原则的问题。他只是以人心与政治有其非道德的现实面的立场，向朱子的"纯粹道德政治论"提出挑战。

朱子在其答辩之中，一贯坚持三项论点。

第一，远古圣人对人心和政治都提出了完全洁净的要求。朱子说：

> 盖天理人欲之并行，其或断或续，固宜如此。至若论其本然之妙，则惟有天理而无人欲。是以圣人之教，必欲其尽人欲而复全天理也。……所谓"人心惟危，道心惟微，惟精惟一，允执厥中"者，尧舜禹相传之密旨也。……夫岂任人心之自危而以有时而泯为当然，任道心之自微而幸其须臾之不常泯也哉？

第二，实现完全洁净要求的纯粹道德政治确曾在远古的"三代"出现，那个时代的政治是一切政治形态的典范。朱子说：

308

　　汉唐之君虽或不能无暗合之时，而其全体却只在利欲上。此其所以尧舜三代自尧舜三代，汉祖唐宗自汉祖唐宗，终不能合为一也。

　　第三，既然纯粹道德政治是政治的理想模型，而纯粹道德政治又曾在历史中出现，三代以下的政局则自然是不堪闻问了。朱子说：

　　千五百年之间正坐如此（未得天理之正），所以只是架漏牵补过了时日。其间虽或，不无小康，而尧舜三王孔子周公所传之道未尝一日得行于天地之间也。

又说：

　　盖圣人者金中之金也。学圣人而不至者，金中犹有铁也。汉祖唐宗用心行事之合理者，铁中之金也。曹操、刘裕之徒，则铁而已矣。

依照"内圣外王"式政治思想的内在逻辑，三代之后的政治少有不邪者矣！

　　以上的引文和说明显示，朱子在政治思想上具有强烈的乌托邦主义倾向；他的基本政治构思属于明确的乌托邦思想的原始形态。正如其他许多原始形态的乌托邦主义者，他也在思维之中营构了自己的"理想国"。这个"理想国"的描构代表了朱子"乌托邦"政治思想的完成。

　　"理想国"的情状是这样的：在古远的三代，"天"在亿兆生民之中，择取了智慧出类拔萃并且充分实现了天赋之性的人，指令他做人类的君师，治理他们，教育他们，使他们都能蠲除气质上的私欲，而复归纯善的天性。这就是伏羲、神农、黄帝、尧、舜等人奉天承运，为人君师，而司徒、乐官的职位所以设立的由来。三代的隆盛，在于它的法制完备，并且从宫廷、首都到大街小巷之中都遍设了求学的场所。每个人到了八岁，无论贵族或平民子弟，都要进入小学。在这里，他们学习日常生活的礼节与礼、乐、射、御等才艺。到了十五岁，天子、贵族子弟以及平民子弟中优秀的人才，都要进入大学，学习"穷理正心、修己治人"的道理。在那个时代，学校的设立是如此的普遍，教学的内容是如此的周详，而教学的依据又都是天子自己人生实践的心得，没有一点超出实际的社会与个人生活的范围。因此，那个时代的人们，无不尽力学习自己所应当学习的，人人都知道自己本来具有的天性以及自己职分上所应做的事，而且都能尽力以赴。这就是古代政治修明，风俗淳美，而为后世所无可比拟的盛景。

朱子寄托于远古黄金时代的"理想国"，可以称为"道德理想国"。在这样的国度之中，政治系统与社会环境水乳交融，成为一个培育人格的伦理教育大环境。无须繁复的论辩，即可很容易地知晓这是一个从来不曾出现、将来也不可能企及的境地。陈同甫曾经明白地向朱子表示他不相信这种洁净的国度是可能的：

> 秘书（朱子）以为三代之前，都无利欲，都无要富贵的人。今诗书载得如此清洁，只此是正大本子。亮以为才有人心，便有许多不清洁。

朱子自己所编撰的"正大本子"的清洁程度较《诗经》、《尚书》尤有过之。然而，"本子"一愈清洁，也就愈无能力解决"污秽"的政治问题了。

朱子政治思想的内在逻辑基本上与孔子思想并无二致。然而，对孔子而言，依伦理原则运作的政治系统尚存在于不远的古代；对朱子而言，则是历史使他绝望。在孔子的心目中，"道德政治"是可企及的目的；在朱子的观念中，却成为遥不可及的乌托邦。时代的差异使得朱子的政治思想显得比孔子的思想更为素朴而天真。

儒家主流的"内圣外王"式政治思想涉及的问题相当复杂，表现的方式也相当繁多，因而并不能轻易断定，这种思想就是乌托邦思想。但是，"内圣外王"式的政治思想在性质上具有乌托邦思想的可能性。这种趋势在某些儒者的身上表现得尤其明显。因之，儒家政治思想主流具有相当浓重的"超现实"成分。换句话说，就此一端而言，儒家思想并不只是"现实的人文主义"，因为它经常不在对人生与社会之实际问题的了解上建构理论。

僧侣的社会地位

从安世高来华（147年）到现在，僧人在中国社会中已经存在了一千八百多年。在这千余年的历史上，僧侣阶层所获得的社会评价，以及在国人心目中所产生的印象，并不是完全一致的。大体看，这一阶层在历史上所扮演的是"两极评价并存"的社会角色。也就是说，这一阶层在我国历史上形成之后，社会对其评价一直是"推崇"与"排斥"这两种态度同时显著地并存的。

对僧侣阶层给予正面评价的，并非只是一般信徒为然，而且也包含有统治阶级、知识分子及普通百姓。流风所及，乃使南北朝以来的我国社会产生一种观念，此即与僧人交往不只是信仰上的事，而且是生活上的高尚境界。历代不少人都有一些僧人朋友，即使是排佛的唐代文豪韩愈都不能免俗，也与僧人大相过从，可见此种风气之盛。

兹以东晋的道安、慧远师徒二人为例。道安是我国早期佛教的高僧，当时对他表示尊礼的有前秦国主苻坚、凉州刺史杨弘忠、晋孝武帝等人。而襄阳名流习凿齿对他的推崇及两人的交游，尤其是佛教史上的美谈。道安的弟子慧远隐居庐山数十年，社会上推尊者之多也不亚于乃师。汤用彤先生曾谓：

释慧远德行淳至，厉然不群。卜居庐阜三十余年，不

复出山。殷仲堪国之重臣，桓玄威震人主，谢灵运负才傲
物，慧义强正不惮，乃俱各倾倒。非其精神卓绝，至德感
人，曷能若此。

由道安师徒之例，可以发现高僧风范所吸引的群众，包含相当
复杂的社会成员。历代高僧或名僧，大抵都有各人的基本信众。因
此，他们的风范必会使社会上一部分人对僧徒产生良好的印象。加
上种种其他宗教活动因素的助成，僧侣阶层要在我国社会上获得正
面评价是不甚困难的。

近人章行严认为，佛教在我国社会上具有两种诱惑力，其一是
"能招致绝顶聪明人，使之俯首"，其二是"于失路英雄、左降官吏，
雅相契合"。其说自有所见。而造成此种现象的理由，并不单纯。除
了佛学本身具有庞大深邃的思想体系之外，高僧的学问与崇高僧格，
也是使聪明人俯首的重要原因。

至于失路英雄、左降官吏之契合佛法与缔交僧侣，除了上述原
因之外，另外还有一个重要理由，即佛教本身具有一套与儒家不同
的价值观。依据这种价值观，则世人视为当然的，僧人并不全以为
是；世人以为非的，僧人也不必以之为非。僧人的政治、社会价值
标准及文化价值观，固非全异于儒家体系及一般世俗看法，但是超
越之而另有不同取向的地方很多。失路英雄与左降官吏是不能完全
适应儒家及世俗价值标准的人，他们之所以接纳佛教或与僧人缔交，
正是其人生价值方向的转换，并非只是一般人所想象的"对宗教风
范的向往"而已。

此外，历代高僧所塑造的是离俗无执、慈悲恬淡的风范：不与
世争，不著世相；慈悲待人，恬淡寡欲。这种风范可以说是僧侣阶
层在我国历史上的最高典型。历代社会百姓、文人学者，凡是对僧
侣阶层有正面评价的，多半怀抱有这种印象或憧憬。古代的风雅文
人喜欢与僧人交往，但是大都不愿与世俗气太重的僧人相过从。唐

代诗人郑谷（守愚）曾有"爱僧不爱紫衣僧"之句。紫衣僧是指蒙帝王颁赐紫衣的出家人，亦即僧官之流。此辈世俗气太重，已失却吸引风雅文人的条件，所以为郑谷一辈诗人所不喜。这种看法，大体可以代表一般中国文人对僧侣的态度。

至于对僧侣阶层的恶劣评价，在历史上也与正面评价一样显著地存在。三武一宗的排佛事件，是统治者对僧人之恶劣印象的具体表现。造成这类事件的原因当然不止一个，然而经济原因却是最根本的。唐武宗会昌法难时，"归俗僧尼二十六万五百人……收（寺院所属）良田数千万顷，奴婢十五万人"。单由所收寺院良田有数千万顷之多，就可以了解历代统治者常说的"僧尼耗蠹天下"的话，并不是全然无稽的。所以，如果只从经济立场来衡量僧人，恐怕很难产生良好的印象。

除了统治者之外，社会上嫉恶僧人的也为数甚多。唐朝初年，民间有两个骂僧人的名词颇为流行。一是"秃丁"，一是"胡鬼"。"秃丁之诮，闾里盛传。胡鬼之谣，昌言酒席。"可见当时社会上某些人对僧侣阶层印象之轻蔑鄙薄。至于历代各种小说里对僧人的讥诮与轻蔑之词，也可以反应一部分社会评价。

此外，知识分子站在儒家立场所采取的鄙视态度，与道教徒由于信仰不同所造成的仇视态度，也都存在于历代社会中。唐朝的韩愈、李翱及宋代的程、朱等理学家的排佛，是众所周知的。清初的王船山与颜元，态度尤其激烈。王船山说佛教是古今三大害之一，并且斥责佛菩萨为"胡鬼"。颜元更以具体的排佛计划来呼吁世人："令天下毁妖像，禁淫祠。""令僧道尼姑以年相配，不足者以妓进之。""有窝佛老等经卷一卷者诛。"这种态度之不足为训是很明显的。然而由他们的这些看法及建议，也可以反映出僧侣阶层的反面社会地位。

其实，僧侣阶层也是一个具体的社会团体，其中成员有好有坏，是正常现象，不足为奇。若因价值观不同就否定全体僧人的社会功能固然不恰当,只看到部分恶僧就辟斥天下僧人当然也是以偏概全;在另一方面,把所有出家人都视为高僧,以为僧侣阶层对社会必是有益无害,这种看法也是幼稚可笑的。

"辟佛者迂,佞佛者愚",古人这两句话多少含有几分道理。生为现代中国人,在鸟瞰了千余年间僧侣阶层的大略面貌之后,再来衡量僧人应有的社会地位,应该比较不会重蹈前人覆辙吧!

中西文化的交流

一、中国园林艺术的西传

在欧洲，最先介绍中国园林建筑风格的是1585年出版的《中华大帝国志》，这可以看作是中国园林艺术西传的开始。此后，随东西方交流的频繁，中国园林艺术在欧洲的影响也便逐渐深远起来，到了18世纪，竟风靡欧洲。

欧洲传统的园林结构是以规则和对称为其特征的，即整个园林的设计、装饰要求整齐规则，有条不紊，彼此对称。这代表一种风格，也有其独特的美学价值，但相对于中国园林来讲，它具有不足，即规则有余，自然不足。中国的园林艺术以自然、纯朴为其特色，即设计不要求整齐划一，不要求相互对称，以显示一种"浑然天成"的自然之美。尽管这也仅代表一种风格。

英国政治家和外交家威廉·坦普尔（1628～1699年）在退出政界后，潜心研究中国园林建筑风格，他认为中国园林的美恰恰在于不规则的布置和不对称的安排。正是通过这种布置和安排使得建筑物看上去差参不齐，却错落有致，在整体上体现出一种灵秀之神韵。另一位英国人，著名的自然神论者沙夫茨伯里伯爵撰文（1709年）指出："粗糙的岩石，长满苔藓的山洞，不规则和不加雕琢的岩穴及其断断续续的瀑布，都具有荒野之地令人见而生畏的美。因为它们更接近自然，所以更能扣人心弦，所谓的王家园林是不足比拟的。"他还呼吁和倡导在英国建造这种风格的园林，即中国式的园林。

到 18 世纪时，由于到过中国的欧洲人主要是传教士越来越多，所以欧洲人对中国园林的认识和研究越来越深入，中国园林艺术的影响自然也就进入了一个新的层次。

英国著名建筑师威廉·钱伯斯（1726～1796 年）曾亲自到过中国广州，目睹了大量的中国建筑。在此基础之上，他于 1757 年出版了《中国建筑设计》一书，后来于 1772 年完成出版了《东方园林概论》。

钱伯斯非常推崇中国的园林建筑艺术，以为其精华就在于师法自然："他们的模特就是大自然，他们的目标就在于模仿自然界的不规则之美。"同时，钱伯斯又指出："（中国人）并不一概排斥采用直线……也不反对规则的几何图案，而且也认为这种图案本身就是一种美。"他认为中国的建筑师虽仿效自然，但也重视艺术加工，这使得设计出来的园林造型比单纯的自然景观更为新颖、别致。

钱伯斯的研究不仅仅停留在理论上。1750 年，他亲自负责设计和建造了伦敦西郊园林——丘园。尽管该园地址很不尽人意：地势平坦，土质贫瘠，一无水际，二无林木，但是，经过钱伯斯的精心策划和设计，这种先天不足竟大为改观：假山叠嶂，小溪环绕，绿树成荫，花草丛生；九层、高十六丈的宝塔矗立于湖畔，塔沿四周雕有八十条神态各异的龙，饰以五光十色的玻璃；塔旁是两层结构的孔庙。这座中国风格的园林，一时曾成为欧洲园林设计的模仿对象。

二、儒家经传西传与比利时传教士

耶稣会士进入中国后，为了获得士大夫的好感，取得立足之地，入乡随俗地认真学习研究了中国传统的儒家经传。为方便更多的欧洲人，一些传教士还着手翻译、诠释一些儒家经典，并把它们介绍到了欧洲。于是，作为中国优秀文化代表的儒家经传便在欧洲文化界、学术界和思想界产生了颇为强烈的影响。

早期进入北京的利玛窦不仅衣儒服、习儒家礼仪道德，而且十分关注中国的经籍。早在1593年（万历二十一年）住居南昌时，他已将"四书"（《论语》、《孟子》、《大学》、《中庸》）翻译成拉丁文，配以简明扼要的注释，送回意大利，供来华传教士学习参考，但未正式出版。1626年（天启六年），耶稣会士金尼阁翻译"五经"（《易》、《书》、《诗》、《礼》、《春秋》）为拉丁文，在杭州刊印。这是中国经籍最早的正式出版的外文译本。后来，另两位传教士殷铎泽和部纲爵合译了《中国的智慧》和《论语》，1662年（康熙元年）刻印于江西南昌。此外，殷铎泽又译《中庸》，名《中国政治道德学》。译本于1667年（康熙六年）和1669年（康熙八年）分别出版于广州和印度的果阿。

欧洲正式出版的第一部关于中国儒学的著作是《中国哲学家孔子》。此书作者是比利时传教士柏应理。他在华二十五年（1656～1681年），与江西士大夫相处甚善，对中国学术造诣颇深。1687年（康熙二十年），他在巴黎出版了《中国哲学家孔子》一书。该书内容可分为四部分：作者致法国王路易十四书；介绍儒家学术及其与道、佛区别，附有《周易》六十四卦；孔子传略（似殷铎泽著）；《大学》、《中庸》、《论语》的译文。此书通俗易懂，影响很大，出版后旋即又被译为法文。

卫方济也是一位通晓中文的比利时传教士。他曾逐字逐句翻译了《四书》、《孝经》和《劝学》。他态度认真，译风严谨，书名亦忠实于原著，《大学》即译作《成人之学》，《中庸》即译《不变的中道》。他的译本于1711年（康熙五十年）由捷克布拉格大学出版。1783～1786年间又被陆续译为法文。卫方济还著有《中国哲学》一书，也由布拉格大学出版。

三、中国文学艺术在欧洲

在越洋西传的中国文化中，除思想成就之外，文学艺术也算是其中之一。因为中国的文学艺术成就是非常显赫的，故而它在欧洲也便很自然地为西方学者所赞慕，其中一些人还致力于它的翻译和传播，在这方面成就比较突出的有英国人托马斯·珀西（1729～1811年）、威廉·琼斯（1746～1794年）和德国人约翰·歌德（1749～1832年）等。

《诗经》是中国最古老的诗歌总集，同时它也是较早传入欧洲，影响较大的诗歌作品。英国人珀西多才博学，被时人推崇为"当代最有学识的人"。他对东西方各国的诗歌都有特殊感情。他的译著《中国诗选》中译有二十首中国诗歌，其中就包括《诗经》中的三首——《淇奥》（见《卫风》）、《桃夭》（见《周南》）和《芦南山》（见《小雅》）。珀西并不懂中文，他依据的《诗经》蓝本是耶稣会士柏应理等人的拉丁文译本。因此，严格地说，他翻译的《诗经》不过是翻译的翻译，已无特色，更无韵味。他认为中国是一个最古老而且是最了不起的国家，对人类文化的贡献极大。琼斯大量地阅读中国经籍。其中，他特别钟爱《诗经·卫风·淇奥》，因而又将该书重新译成拉丁文。琼斯曾就此事写信给波兰的梵文学家瑞维斯基，介绍自己翻译的孔子著作，对其高尚古朴的情感以及言论里涉及到的诗歌片断，至为感动。这些诗多选自一本名曰《诗经》的书。"……我找到了那本书，经过一段长时间的研究，居然能把其中一首诗与柏应理的译文彼此对照；……这首诗非常庄严，又非常简洁，每行只有四十字……"瑞维斯基读过琼斯的译文后，评价甚高，称赞它是一篇"不寻常的作品"。

《卫风·淇奥》是赞美一位庄重威严而又有文采的知识分子的诗

歌。原文首段和现代译文如下："瞻彼淇奥（看那淇水长长河湾多），绿竹猗猗（绿竹如标舞婆娑）。有匪君子（那有文采的君子啊），如切如磋（像骨角经过切磋），如琢如磨（像玉石经过琢磨）。瑟兮调兮（庄重啊，威言啊）！赫兮咺兮（威武啊，显赫啊）！有匪君子（那有文采的君子），终不可谖兮（永远不会把你忘记）！"（抄录自祝敏彻等《诗经译注》，第115页）

琼斯在印度担任"亚洲学会"会长期间（1784～1794年），继续研究亚洲的历史、文物、艺术和文学等，但最使他感兴趣，最令他陶醉的还是《诗经》。他曾组织人手，计划将这部"最有价值、最珍贵的作品"全部翻译，献给欧洲人。可惜计划未能实现。琼斯还专门以《诗经》为主题发表过演讲，介绍孔子对《诗经》的评介："诗三百，一言以蔽之，曰：'思无邪'"（《为政》）；"诗，可以兴（想象力），可以观（观察力），可以群（合群性），可以怨（讽刺）。迩（近）之事（奉）父，远之事君；多识于鸟兽草木之名"（《阳货》）；"不学诗，无以言（说话）"（《李氏》）。琼斯曾翻译《诗经》片断（三节），以《大学》作为依据，每节有两道翻译，一为直译，一为意译。例如他把《淇奥》首节第一句（"瞻彼淇奥，绿竹猗猗"）意译为："看呀，沿着含笑的山谷，／淌着一道碧绿的小溪，／苍翠的岸上长着轻盈的芦竹，／正在微风里嬉戏。"这实在算不得翻译，而是英国民歌体裁的"拟作"。但由此可见，琼斯才思敏捷，对《诗经》原文的体会和理解是相当深入的。

传播到欧洲的中国文学作品，除诗歌以外，还包括寓言、故事、小说和戏曲。英国18世纪中期杰出的散文作家、诗人和戏剧家哥尔德斯密斯（1730～1774年），假托以中国人的观点译议英国时政和社会现象，写出一系列妙趣横生的小品文，后汇集成两卷本《世界公民》（1762年）。在此书中，他引用中国寓言，借以表达其思想，比如他借《五物一餐》——源于"螳螂捕蝉，志在有利，不知黄雀在后啄之。"——讽刺英国司法人员贪得无厌，彼此勾心斗角。此外，他还引用了中国道家关于柔弱胜刚强的故事——《齿亡舌存》（《说苑·敬慎》："老子曰：'夫舌之存也，岂非以其柔耶？齿之亡也，岂非以其刚耶'？常拟（Chuang）曰：'是已，天下之事已尽矣！'"）。

在小说领域，托马斯·珀西曾于1761年编译出版了中国明朝才子佳人小说《好逑传》。他认为这是一部具有"劝善惩恶，维系风化作用"的优秀作品，读者可以从中了解到中国的风俗人情。珀西还煞费苦心地为《好逑传》译文作了大量的注释。《好逑传》是第一部介绍到欧洲的中国小说。它有英文、德文和法文译本，在欧洲一度得到广泛的流传。德国著名诗人歌德至少两次阅读《好逑传》，推崇备至，评价极高。

四、中国科技的对外交流

中国是世界文明发达最早的国家之一，中国古代的科技水平曾居于世界前列，有些发明创造，在时代的巅峰上雄居千年之久。中国在数学、地理学、天文学、医学方面，在冶炼、陶瓷、建筑、农业技术上，都有过辉煌灿烂的成就，尤其是举世皆知的"四大发明"，对人类文明的贡献是怎样评价也不过分的。英国学者韦尔斯在《世界史纲》"纸是怎样解放了人类的思想的"一节中说："更重要的是纸的制造问题。说纸使欧洲的复兴成为可能也并非过分。纸起源于中国……于是印刷业自然地和必然地接踵而来，世人的知识生活进入了一个新的和远为活泼有力的时期。它不再是从一个头脑到一个头脑的涓涓细流；它变成了一股滔滔洪流，不久就有数以千万计的头脑加入了这一洪流。"另一位西方学者亚布指出："罗盘针是中国人最重要的发明，它放开我们的眼界，领导我们到世界主义。我们近代的世界观的形成，全靠深入异邦文化的精神，只有罗盘针的发明，才能够帮助我们到达这种境界。"马克思和恩格斯则对中国的这些伟大发明，多次给予更科学、更精辟的高度评价。精通军事的恩格斯指出："现在已经毫无疑义地证实了，火药是从中国经过印度传给阿拉伯人，又由阿拉伯人和火药武器一道经过西班牙传入欧洲。"他在《炮兵》一文中还说："阿拉伯人从中国人和印度人那里学会了提取硝石和制造烟火剂。在阿拉伯人对硝石的叫法中，有两种叫法的意思就是中国盐和中国雪。古代阿拉伯的著作家曾提到'中国红火和白火'。"恩格斯还指出：由于"东方文明的输入，它们不仅使希腊文学的输入和传播、海上探险以及资产阶级宗教改革真正成为可能，并且使它们的活动范围大大扩展，进展大为迅速"。这些东方文明，便包括中国的"磁针、印刷、活字……火药"。马克思满怀热情地歌颂火药、指南针和印刷术对人类社会进展的巨大影响，说这是"预告资产阶级社会到来的三大发明。火药把骑士阶层炸得粉碎，指南针打开了世界市场并建立了殖民地，而印刷术则变成新教的工具，总的来说变成科学复兴的手段，变成对精神发展创造必要前提的最强大的杠杆"。至于英国当代科学家李约瑟和他的学生罗伯特·坦普尔对中国古代科学技术的研究和推崇，更为近人所知了。

　　客观地说，15世纪以前，中国的科学技术曾走在世界的前列。不论在数学、地理学、天文学、医学，还是在冶炼、陶器、建筑、农业上都曾取得重要的成就……不幸的是，高度发达的封建制度和占统治地位的儒家思想严重地阻碍了新生产力的产生。这样，15世纪以后，中国的经济和科学技术就越来越落后于西方。虽有郑和下西洋、李时珍著《本草纲目》、徐霞客写《游记》、徐光启出《农政全书》、宋应星刻《天工开物》以及清初梅文鼎、王锡阐的算学、历法，但对挽救中国科技的颓势，已无回天之力了。相反，欧洲却正处于"西方世界鞭先者"的时代。达·伽马、哥仑布、麦哲伦的航海；哥白尼、第谷、开普勒、伽利略的天文；牛顿的万有引力、光的分解、二项式定理和无限理论的创立；哈维的解剖学、血液循环理论；列文虎克的显微镜等等，都在宣布一个新世纪的到来。从宏观到微观，从科学到技术，欧洲人都在闪烁着他们的智慧之光。

还应该看到,明清时期的中国虽然在科学方面开始落后于欧洲,但技术领域还有一定的优势。就是对中国文化持批判态度的德国哲学家赫尔德也承认:"中华民族那种吃苦耐劳的精神、那种感觉上的敏锐性以及他们精湛的艺术,都将永远受到世人称赞。在瓷器、丝绸、火药和铅的发明制造方面,或许还有指南针、活字印刷术、桥梁建筑、造船工艺以及许多其他精巧的手工艺术方面,中国人都领先于欧洲人,只是他们在精神上缺乏一种对几乎所有这些发明艺术做进一步改进完善的动力。"康熙皇帝在丰泽园种稻,还在那里种桑养蚕和亲自参加选种育种的事例,被法国汉学家古伯察(Evariste-Regis Huc 1813~1860年)介绍到欧洲后,也引起了达尔文的赞叹,因而康熙大帝的科学业绩便被达尔文载入其经典著作中而永世流芳。他在1868年发表的《动物和植物在家养下的变异》一书第二十章《人工选择》中指出:"中国人对于各种植物和果树也应用了同样的(选择)原理。皇帝敕令推选异乎寻常的种,甚至皇帝还亲手进行选择。"达尔文仅凭这一优秀事例便足可宣布:断言古人没有认识到选择原理的重要性和实行选择的观点是极其错误的。但由于中国封建统治者闭视塞听,以八股取士而冷落科技人才,严重地束缚了中国人民的天才智慧,从而导致了中西科技差距的不断扩大。到了18世纪末以后,由于各种因素的影响,欧洲人对中国科技水平的评价就愈益低下了。这些历史教训,是我们应该永远记取的。

五、中国从何时开始落后于西方

欧洲是从13世纪起开始终结中世纪前半期的停顿状态而向前慢慢移动的;而中国社会则恰是在13世纪停止发展了。13世纪正是中国的宋末元初。此时,汉唐的中央集权君主制连同它的相对说来最为璀璨的文明,已经失去了盛时的光彩,又没有种下新的种子。南宋同外族的战争不少于北宋,且终灭于元。两宋纵使农业、手工业和商业有相当的发展，也难以扭转社会的总体颓势。在元朝的更为野蛮的统治下，中国社会根本陷于停顿，甚至开倒车了。到晚明利玛窦等东来时，已显见彼时的中国在一些科学领域里比之西方远为落后和匮乏的状况了。利玛窦等西方的传教士带来的天文、测绘、水利、几何数学等知识使晚明的有识之士如徐光启等深为折服，因而以师事之。即使利玛窦带来的自鸣钟一类的小器物也叫一些朝廷中人惊羡不已。康乾历称"盛世"，但社会生产力并无根本性的进步，乾隆晚期，国运已现衰象。而这几百年的欧洲文明则每个世纪都有新的创造，中西发展趋势上的差异，于今观之，已是十分昭然了。

为了把观点摆得清楚些，不妨对截至19世纪以前的几个时期中西社会的不同发展趋势加以对比。

13世纪：中国皇权统治时期的鼎盛文明开始陷于停顿，即宋末元初之时；西欧则经过9世纪和12世纪的小"复兴"，开始向前迈进。

15世纪："地理大发现"，接下来是文艺复兴、宗教革命，使西欧进入近代；中国正值兵虚财匮的晚明。18世纪：西欧在产业革命以后进入启蒙时期和工业化时期；中国是康熙最后二十年和雍、乾、嘉庆初年。

19世纪：西欧达到资本主义高峰期，中西相遇，巨大差距浮现出来，中国旧社会形态不敌外力的竞争开始瓦解；中国亦从此开始了救亡、启蒙、革命的曲折而伟大的历程。

这里所着重的是发展趋势（或"走向"）的比较。早先有一种看法，认为中国在生产总值方面直到很晚的时候还是超过欧洲的，到19世纪才突然发现不行。后来比较一致的看法是，中国比西方落后了四五百年，从发展趋势看问题，这是比较符合历史事实的。

然而，为什么会有这样不同的发展趋势呢？这问题就复杂了。有识之士早有明确意见，那就是要到文明史中去找原因，归根到底是因为中国文化缺少（甚至没有）科学和科学思维，也没有民主的传统。牟宗三先生说，希腊哲学的"通孔"是自然哲学，中国哲学的"通孔"是生命哲学，前者重知，后者重德。中西文化就这样顺着不同路向延续下来了。他说："西方希腊哲学传统开头是自然哲学，开哲学传统同时也开科学传统。中国没有西方式的哲学传统，后来也没有发展出科学，尽管中国也有一些科技性的知识。"

冯友兰先生早年负笈域外，在1922年著文《为什么中国没有科学》时说："我们若把中国的历史和若干世纪前欧洲的历史加以比较，比方说，和文艺复兴以前比较，就看出，它们虽然不同类，然而是在一个水平上。但是现在，中国仍然是旧的，而西方各国已经是新的。"他说："中国落后，在于她没有科学。这个事实对于中国现实生活状况的影响，不仅在物质方面，而且在精神方面，是很明显的。"

六、中国文化对世界和平的意义

文化是一个民族的灵魂，是人类的共同财富。中国传统文化应该为解决当前人类社会存在的最重大问题提供有意义的资源，以促进社会的进步。我们都知道，当前人类社会遇到的最大问题是"和平与发展"问题。在21世纪如果要实现"和平共处"，避免战争，就要求解决好人与人之间的关系，即要解决好民族与民族、国家与国家、地区与地区之间的关系。儒家的"仁学"思想和道家的"自然无为"思想应可以在这方面提供某些有价值的资源。人类要共同持续发展，就不仅要解决好人与人之间的关系，而且还要求解决好人与自然的关系，儒家的"天人合一"和道家的"崇尚自然"的思想应能为解决这方面问题提供有益的启示。

——儒家的"仁学"为协调"人与人"，包括国家与国家、民族与民族、地区与地区之间的关系提供了有意义的资源。孔子儒家的"仁学"理论作为一种建立在道德哲学之上的"律己"的学说，作为协调"人与人之间的关系"的准则使人们和谐相处，这无疑有其重要意义。孔子说："君子和而不同，小人同而不和。"应能成为处理"人与人之间关系"使之和谐相处、解决当今种种纷争的一条基本原则和重要方法。在不同文化传统的交往中运用"和而不同"原则，是要求在对话（商谈）和讨论中取得某种"共识"，由"不同"达到某种相互"认同"而和谐相处。这种相互"认同"（承认）不是一方消灭一方，也不是一方"同化"另一方，而是在两种不同文化中寻找交汇点，并在此基础上推动双方文化的发展，这正是"和"的作用。把"和而不同'，作为推动不同文化之间的交流，促进文化合理、健康发展的一条原则，是符合当前世界致力于文化多元化发展和协调国家与国家、民族与民族、地区与地区的原则，无疑是有利于"世界和平"的。

——老子道家的"自然无为"思想是防止"人与人之间"的矛盾冲突的智慧论说。老子引古圣人的话："我无为而民自化，我好静而民自正，我无事则民自富，我无欲而民自朴。"如果给老子引用的这句话以现代诠释，那不仅对一个国家内部的安宁，而且对世界的"和平共处"无疑有着重要的价值。

——儒家的"天人合一"思想为解决"人"与"自然"的矛盾提供了一条有意义的思路。今天我们已经可以看到，由于人类对自然的无量开发和无情掠夺所造成的资源的浪费、臭氧层变薄、海洋的毒化、环境的污染、生态平衡的破坏等等，已严重威胁着人类自身生存的条件。1992年，世界一千五百七十五名科学家发表了一份《世界科学家对人类的警告），即："人类和自然正走上一条相互抵触的道路。"造成这种情况不能不说与西方哲学"天人二分"的思想没有关系。然而中国哲学早在先秦已经讨论到这个问题，《郭店竹简》中说："知天之所为，知人之所为，然后知道，知道然后知命。"孔子说："五十而知天命。""知天命"即是依"天"的要求而充分实现由"天"得来的"天性"。"天人合一"这一由《易经》所阐发的命题，是儒家思想的重要基石，它为解决当今人与自然的关系提供了一条非常有意义的思考路径。

　　——道家的"崇尚自然"对当今保护"自然"有着十分重要的积极意义。早在两千多年前，老子从对宇宙自身和谐的认识出发，提出："人法地，地法天，天法道，道法自然。""道"的特性是自然而然的，"道"以"自然"为法则。庄子认为，远古时代是人与自然和谐的时代，在现代诠释下，他们的思想可以为解决"人与人之间的关系"和"人与自然之间的关系"提供有意义的资源。

　　文化的交流曾对中西方的相互了解起过十分重要的作用。《书》、《经》传入欧洲后，孔子之名，欧洲风闻。正如一位欧洲学者所说："孔子成了18世纪欧洲启蒙运动的守护神。唯有通过他，才能找到同中国的联系。"儒家经典所反映出来的思想及其自然观、道德观和政治理想，成了欧洲一代风流的思想旗帜。早在1641年，法国就有学者在书中将孔子与柏拉图、苏格拉底相提并论，而且还认为中国的哲学思想胜过了希腊和罗马的哲学思想。百科全书派领袖狄德罗赞扬儒学"只需以理性或真理，便可治国平天下"。法国重农学派的创始人魁奈竭力提倡"以农为本"的思想，部分来源于伏羲、尧、舜和孔子，被誉为"欧洲的孔夫子"。在伏尔泰的不朽名著《风俗论》中，这位法国大启蒙思想家指出："世界上曾有过的最幸福、最可敬的时代，就是奉行孔子的律法的时代。"在俄国，早在18世纪初，俄国驻北京的东正教传教士团就开始接触《论语》，有的团员还翻译了《四书解》。18世纪末、19世纪初出版了《大学》（1780年）、《中庸》（1784年）和《孟子》（1804年）的俄译本。俄国汉学家比丘林翻译《三字经》（1829年）后，著名诗人普希金便在1830年元旦的《文学报》专刊号上发表书评，评介《三字经》是"三字圣书"，"简明儿童百科全书"，"语言简练但内容充实，用语朴素而含义深刻"。进入19世纪后，大量中国典籍和文学作品被翻译介绍到俄国，如《聊斋志异》、《红楼梦》等。

中国的孝道

　　在孝道的凝成过程中，孔子居于关键性的重要地位。他最重要的贡献，是在承继西周人文精神的跃动，而进一步将原始宗教的外求倾向，彻底转化为主动自发且自我完足的道德修养。本来，在文武周公启发出强烈的忧患意识的时候，在精神上已经不再是依附而是自发的了。不过这种自发的忧患精神毕竟还不够澄澈，它对于发出这种追念、爱顾之情的主体与被追念、被爱顾的祖先、子孙乃至推而扩之的宇宙之间，并不能有明晰的区分；换句话说，对于有限与无限的分际尚未能厘定。于是，只发自个人的强烈感情并不能就此感情本身的真诚恻怛而得到肯定，而必要外发落实到客观的实际效果（即"保民延祚"）上去要求。然而外在效果是不可测的，于是这忧患感情便显出它对人心的压迫与负担来，使忧患情怀虽主动而仍未能达至自足的境地。

　　当然，这种径以意志感情去涵盖宇宙的倾向，正是宗教精神的一般表现：若取消了这一点而只归于自我的独立自足，恐怕也等于是根本取消了宗教精神，而使宗教不复成其为宗教，如后来的禅宗便是如此。但孔子并非以人文来取代宗教，而仅是将原始宗教人文化成既不放弃对理想世界全盘实现的要求，又不牺牲个体之独立自足的人文宗教。在这里，由于后者，人可以拥有永恒的安，这就是孔子的仁教；由于前者，人又必然拥有永恒的不安，因为人世永远不会臻于绝对的完美。这就是孔子的礼教。而永恒的安与永恒的不安同时并存，并不矛盾。即仁与礼是一体的两面，随时自证而安的主观体验与永无休止的客观奋斗乃在不同的层次之上，毫无矛盾存在。这使孔子开辟了独立的德行世界却又保留了传统的宗教情怀，而成就亦德行亦宗教的大成圆教。

首先，天的观念在孔子思想中仍是有的，但既非殷周之际那能降命撤命的天，也不是周初那附于民意而表示的天，而纯然只是一个无内容的空名或形式字；至于天的实体则完全被收摄到人的主体仁心之中，全由人来自主。这便是孔子将宗教精神人文化而确立德行自由的最重要步骤。试看《论语》中有关天的篇章：

> 天生德于予，桓魋其如予何？
>
> ——《述而·二十三章》

> 不怨天，不尤人，下学而上达，知我者其天乎？
>
> ——《宪问·三十五章》

> 子疾病，子路使门人为臣。病间，曰："久矣哉！由之行诈也。无臣而为有臣，吾谁欺？欺天乎！"
>
> ——《子罕·十二章》

> 子见南子，子路不说，夫子矢之曰："予所否者，天厌之！天厌之！"
>
> ——《雍也·二十八章》

> 获罪于天，无所祷也。
>
> ——《八佾·十三章》

以上各条的"天"，虽然看来似乎是有一个俨然外在的天，但实质上一切是非的判断，都只在孔子自己心中，只不过假天之名而已。第一条的"天生德于予"最具象征意义，吾人简直可以译之为："天之实体已内在于我身。"所以一切自我负责，不必再怨天尤人；因为自我的价值，固自知之，而自知即等于天知也。因此，若有行诈之事，何必天知？对自己便已无可规避，欺天者即是自欺也。至于子见南子而自誓，即等于是以自己的良心德行向子路保证，天厌之者即己厌之之谓也。最后一条"获罪于天，无所祷也"，则更明示良心自责之无可规避，天不是一个外在而可以自由赏罚的神祇，天即是良心上的真理。违犯了真理，心上便自不安，又岂是祷于天所能解除的呢！

但若如此，则是否一切祭祀的宗教活动便可以取消了呢？那又不然，孔子对祭祀活动仍是积极肯定的，只是将祭祀活动的重心由被祭者挪回到祭祀者自身而已。如谓"敬鬼神而远之"（《雍也·二十二章》），"祭如在，祭神如神在。子曰：'吾不与祭，如不祭。'"（《八佾·十二章》），都是表示人自己才是宗教活动的主体；而所以保存这些宗教活动，并不是为了要直接与鬼神打交道，而是欲借此来培养人那份涵盖宇宙的宗教情怀。所以曾子曰："慎终追远，民德归厚矣。"（《学而·九章》）"民德归厚"是人文化成的目的，然而却是具有宗教意味的人文精神，因此它不能直接从日常生活的行为训练去获致，而要假借宗教性的活动——孝道去达成。

于是，孝道便同时具备了内外两重的意义：对内是借以启发仁心的自觉，对外是借以象征对整个人类社会以及历史文化的关顾。在孔子心目中，一个理想的人格是应朝这内圣外王两方面都充分推扩的，而其培养训练的始端便是孝道，所以有子才说："孝悌也者，其为仁之本与！"（《学而·二章》）孔子也说："弟子入则孝，出则悌，谨而信，泛爱众，而亲仁，行有余力，则以学文。"（《学而·六章》）都是视孝道为修身行仁之始。

就启发内在的仁心诚意而言，如子游问孝，孔子答："今之孝者，是谓能养。至于犬马，皆能有养，不敬，何以别乎？"（《为政·七章》）子夏问孝，则答："色难，有事弟子服其劳，有酒食，先生馔，曾是以为孝乎！"（《为政·八章》）都是重在点出内心的诚敬。

而就表示对客观理想与历史文化的尊重关顾而言，则有孟懿子问孝，孔子对曰："无违。"乃是说无违于礼的尊严。在《学而》篇十一章，孔子更明白地说："父在，观其志；父没，观其行。三年无改于父之道，可谓孝矣。"孝不只是内心的诚意，更是对先人体制与存在事实的尊重。就在此尊重顾惜中，孔子油然体会到"礼"的永恒庄严，而在子张问十世可知否的时候，答曰："殷因于夏礼，所损益可知也；周因于殷礼，所损益可知也。其或继周者，虽百世可知也。"（《为政·二十三章》）此百世可知的礼，当然不是偶然表现于一朝一世之礼的形式，而是超越的"礼之精神"、"礼之自身"，也就是所谓"文化理想"。由于有这一历史文化的理想，所以孔子虽从周初凝重的忧患意识中解脱出来，而达至"用之则行，舍之则藏"（《述而·十一章》）、"曲肱而枕之，乐亦在其中矣"（《述而·十六章》）的从容自得，却不致丢失了文武周召对先祖、人民、子孙的担负之情。他还是凄凄惶惶，席不暇暖，所谓"三月无君则皇皇如也"（《孟子·滕文公下·三章》）。必要时，还是会"无求生以害仁，有杀身以成仁"（《论语·卫灵公·九章》）的。

因此说孔子之功，是对周初忧患意识的澄清，也是对孝道观念的界定。

经过孔子的厘正，中国人的孝道便据以逐渐形成。要言之，这一方面是天道下降、内在于人而成为人之性，人遂可以自作主宰的主体精神；一方面则是要关顾民族生命之大流，要努力使之永远畅通流续的道德精神。原来在中国，孝是一个很早就有的观念。它的原始含义，一是"善事父母"（《说文》），一是"继述先人之志"，二者都同有将永恒寄托在无限的生命之流的意思。再看西周钟鼎铭文上那些"子子孙孙永宝用"的字句，其关顾及于千秋万世之深情，尤其流露真切。此乃因吾族起自鸿蒙，原即经历过许多生存上的磨难艰困（如与蛮族的争斗，如黄河的泛滥），自然深深感到民族生命承传的不易，而油然有一种严肃深沉的使命感寄寓其中，欲尽一己的愿力，上承列祖列宗艰难开创的业绩，下开万代子孙无疆之休，并愿世世代代子孙珍惜护持这一份业绩。这一种视全民族以及文化为一份生生不绝、继世无穷之大生命的意识，就称为历史意识；而这份护持关顾，愿此继世无穷得以实现的心情，就是继志述事的孝之心情。这种历史意识与继志述事的心情是中国人所特有的。正为了这一番关照存在面的心情，使得中国人不会一味地去仰望天、敬畏天，而必要将超离的天与存在面的祖宗子孙连贯起来，使得所继之志、所述之事便是天的志事，也便是祖先的志事；所关顾的民族大生命的存亡，也就是天理的存亡。于是从天——列代祖宗——父母形成一连贯的系列，都是人孝敬、感念、向慕的对象。而在现实上，则以最亲近、最具体的父母为整个系列的象征与代表。

在这里，人追求无限的心具体地落生在民族与文化的永恒赓续上，只要这民族文化的大生命不绝，这历史不绝，人无穷的心愿也就得到安顿。一个真能体认到这大传统的中国人，必是时时刻刻心存这一番大愿，而孜孜矻矻在存在面上去疏通民族生命的郁结，去发现生之理，以安顿矛盾纠结的众生，而使他们各安其位。所谓"天地位，万物育"，"道并行而不相悖"，就是这个道德理想的扼要描述。相反的，一切有害于这个道德理想的事，则必戒慎恐惧，不肯去做。这就是中国人通过有限的实存世界，以实现无限的理想世界的道德精神的体现。而这道德精神的具体形式就是孝道，也就是借着父母之名以实践道德理想之道。

当然，这一切关顾之情与努力实践之行，都是出之于完全主动自足的心灵，因此其中只有尽其在我的存在忧患，并无患得患失的恐惧忧疑。

于是，我人们乃可为孝试设如此一个定义："吾人一切所作为，都愿对往古来今的祖宗（以至于天）与子孙负责，以护持此继世不绝的大生命的心情，便叫做孝。"

唯至于当代的同胞以及全人类，也是往古来今无穷代祖宗子孙的一部分，我们的一切作为，自然更应当直接措意于他们身上；这一点措意，特称为"忠"。由此又可以就上列定义引申而得忠的定义如下："吾人一切所作所为，都愿对全体生存在这世上的人类负责，以护持这人类共生共存所依的大生命的心情，就叫做忠。"

以上两者，合起来看，孝是就纵面而言，忠是就横面而言，而忠即涵于孝。所以所谓孝，实在便是指吾人的心量，纵贯万世，横遍十方，而形成无限的涵盖广被之意。

于此，我们可以暂时抛却具体实事的开展成就，而纯去体念一位大孝者那一份宗教式的情怀，则他必定会深感到民族的这一点人文统绪，血脉承传，成就不易，实是经历过如许千年，透过如许列圣列贤的善心，逐渐累积变化而成。人处在这茫茫往古、漫漫来世中的倏忽一点，能不对这润我生命的文化血脉，兴起一番敬仰爱惜之情，而愿为它的承续尽力吗？

至于世上众生，则又会想到谁不有他们自己的心灵生命，愿欲悲然？谁不愿同浴在这文化的和风煦日中，而各各畅发其生命的辉光？世上众生，谁不是我的兄弟？世上众生，谁不是相互平等？而众生的苦痛辗转，又谁不值得同情？人处在这皇皇广宇、扰扰尘寰之中，又怎能不对这些与我同命的人类，兴起一番悲悯顾惜之情，而愿尽一己之力，去帮助他们畅发生命呢？

这一番心情就是孝的心情，就是忠的心情。于是孝子的心，便超越了一己的生存，也超越了对父母本能的爱慕，而化作一番向慕顾惜、悲悯忧患的深情大愿，无量广被于祖宗子孙以及世上的同胞身上。

于是，孝道便具备了宗教的功用与价值，而避免了宗教之弊。

原来宗教乃是起源于人类感觉到生命的卑微有限、存在的缺憾痛苦，而对宇宙及其威权的永恒无尽兴起一种茫昧敬畏的心情。为了抚慰这种卑微之情，勖勉其在世上的奋发之志，便以一种超离现世的绝对观念——如神、上帝、天国、乐园、彼岸、涅槃等——与一种不可以理智解释的神秘经验来引导人心进入永恒宁静的境界。所以梁漱溟才定"超绝"与"神秘"为宗教的特质，而以抚慰人的情志为宗教的功用。

不过，宗教虽然凭着这绝对的观念，足以抚平人类于有限的存在而所受到的种种破裂与痛苦，但宗教的弊病也正出在这里。由于这绝对的观念太过不可追问、太过与现世超离，推究到最后，不得不演为彻底的出世而后安。如佛教，就是要求人彻底出世的，大乘菩萨行的不出世，只是暂时的过渡，理论上说，等众生悉皆成佛之时（当然在事实上永无此日），菩萨还是会出离世间的。至于禅宗的重视生机，则实已是佛教结合了中国精神所致；若问佛的本来意思，是必彻底出世无疑的。又如基督宗教，并不正面要求出世，但也就在这里形成了天人间的矛盾，使世间生活取不到畅直无碍的理由，而终不免以天堂的向往为现世生活的依归。于是现世生活乃无论如何是一苟且。所以佛耶两教原是为了抚慰人生的，最后却又构成了对人生的委屈与否定。

至于孝道却不然，自殷周之际启发了人的忧患意识以来，它对人心的卑微有限之感，便已不借着天国虚悬的祈向，不借着涅槃空境的亲证去消解，而是直接将人心量的无限安置于现实人生，祈愿这现实人生的无穷承续得到真实(这真实不仅特指哲学上的真实，也同时指客观存在上的真实）的安顿与实现。所以要说抚慰，这才是最真实无妄、最积极不逃避的抚慰。要说人生之道，这才是无矛盾、无吊诡的大成圆教。它既无宗教的特质，却有宗教的功用，因此可说是一个不成宗教的宗教。

当然，如此一种形态的宗教，最大的危机便是现实人生原非无限，人的心愿既不寄托于形上世界而直接落在这里，则也非常容易被现实吸引，而为现实所呈现的有限与艰难所挫折。然而，在这一危机上，又早有孔子提炼出那独立自足的仁心而得到保证。于是，人的祈愿虽直接落实于存在人生之上，却只是一往地依心中永恒的人文理想而祈愿与努力，却无须靠现实的成效或外界的回馈来肯定。于是孝道之为用，便也虽有限而实无限了。

以上是单就宗教的特质与功用上厘定孝道的地位。至于在具体的形式上，孝道也有可与一般宗教相提并论之处。如一般宗教，自然都必有它的一套神话与仪式，以便于推行教化，使庶民易于遵循把握。孝道，作为中国人生活上共循的规范而言，自然也不例外。所不同的，只是孝道的教训大都是日用平常的话语，而不是宗教神秘超绝的神话而已。至于孝道的仪式，便是自孔子保留原始的宗教祭祖以及对"礼"本身的郑重以来，所逐渐凝成的人伦之道。在此，特别提出祭祖与事亲两事来作代表。

祭祖意在培养一份涵盖古今的深情与承先启后的使命感。所以在中国，祭祖以敬为主，如前所引《论语·八佾》："祭如在，祭神如神在。"而到了战国，《礼记》的作者更对此有极动人的描写：如《祭义》篇记述祭前的斋戒，便先要"思其居处，思其笑语，思其志意"。到祭之日，则"入室，僾然必有见乎其位；周还出户，肃然必有闻乎其容声；出户而听，然必有闻乎其叹息之声"。精诚所至，情通鬼神，便能突破存在的限制，而俨然与先人觌面。再由此上追千古，虽然先人的居处笑语已不可见，但先人的志意却可推而知之。再进一步说，先人生前的志意尽管驳杂不齐，有公有私，但"所过者化，所存者神"（《孟子·尽心上·十三章》），我们所思的，也尽可就人心本有的至精去想其当然，而略其腐朽，则先人的志意，总持而言，也无不是愿后世子孙，生生化化，道德精神，长明天壤。于是吾人的祭祖，便形成一种抽象的纯思，而历史上一切曾尽心护持这大生命之流的圣贤志士，都可抽象地纳入这纯思之中，一体同化。

所以所谓祭祖，乃不全是感情性地祭其有限的父祖之身，而是以父祖为整个历史与人文理想的象征。此所以具有宗教的意义也。以此之故，所以后来中国人家中的神位，常是天地君亲师一体并列，同致其诚。历史上特别有名的圣贤，也可别立一祠，岁时祭祀，如孔子、关公、岳飞等，只是其中特别普遍的罢了。乃至一乡一党的贤人、一行一业的先进，乡人、同业也常为他们立祠祭祀，好似他们便成了庶民共同的祖先，而庶民也将共同去承续他的心愿与业绩。由此，整个民族大生命中，圣贤先人的深情大愿便得到一个具体的寄托而不灭。而后人心中，也常存此先人之志，于是继志述事、承先启后的使命感，便尔长存，民族与文化这一番大生命之长流不朽，乃真能实现。

其次再说事亲。事亲的意思，即在使吾人有限的现实人生，得以与无穷的宇宙生命、历史文化生命具体衔接。原来我们虽说有一番涵盖古今的深情大愿，但那毕竟只是一番抽象的纯思。落在现实上，我们毕竟不能同时将世上所有人一一置于自己的关顾之下，而必有所先后取舍。所以就寄情于无限的形上世界的宗教而言，爱无等差（佛、耶俱是如此）；就关心于有限的存在世间的道德而言，爱是必有等差的。因为这等差不是本质的不同，而是存在的限制。在孝道，便将这等差之爱的始点定在父母身上，一面以事亲的孝行作为象征此深情大愿的具体实现，一面则以父母为自天以下，包含一切人类的永恒生命的代表。于是事亲慕亲一事，便可钟注一切宗教心情，而于一念之间通于天、通于宇宙真宰。所以在西方，人们是奉上帝之名去行一切事；而在中国，人们则是奉父母之名去行一切事，所谓"大孝终身慕父母"（《孟子·万章上·一章》）。由此说来，父母之名，其意味实际上已和耶教中的上帝相同了。所以说事亲的意思，在具体衔接这无穷的宇宙生命、历史文化生命与现实有限的人生。正因事亲慕亲只是这一番深情大愿的始点而不是终点，在父母的背后，仍有全幅的道德文化的理想，为我们无限的心量所祈向与衣被之故。

以上是笔者根据殷周以来民族传统的原始感情，以及孔子经由仁心自觉而作出的对这原始感情的厘定，而描写出来的孝道轮廓。这可以称为孝道的本义。这本义，发之于孔子，成之于孔门后学（如《礼记》与《孝经》成书之时，孝道的仪范便已相当成熟完备了），又一直行之于后世，以至于今。其间或者有纯有驳，尤其愈到后世，由于主动自足的道德精神之失落，其扭曲沉陷，诚在所难免，但在曲折变形中，仍能表现出孝道的光彩。

儒教在东亚的传播

儒教指以孔子学说为中心的儒家思想，包括国家的政治思想及社会伦理思想，在东亚世界广泛地流通，成为诸国统治原理的指导方针及社会生活的行为准则，其有形的指标便是儒家的经典。这些经典随着各国学习汉字的需求而源源不断地传到各地，在各地随着各种不同形式的教学（包含宗教机构）而发展。易言之，儒教经典与中国式官立学校（含圣庙）的存在，是儒教最有形的指标。

儒教何时传入朝鲜半岛？这个问题与汉字一样，并无确凿的证据。汉武帝时曾令"天下郡国皆立学校官"（《汉书·循吏文翁传》），朝鲜为郡县之地，按理也应当设学校官，唯从内地要等到百年后的王莽秉政时代才走向制度化这一点看来，可知武帝诏令的实施并不彻底。以这种实施不彻底的事实来推论朝鲜之地也当设置学校官，自然是危险的。不过笔者仍不排除朝鲜之地有设置学校官的可能性。

在文献上，高句丽小兽林王二年（372年）曾设立"太学"（《三国史记·高句丽本纪》），这是现在所知朝鲜设置公立学校的开始。高句丽的大学制度如何，却不清楚。它既然是中国式的官立学校，用儒家经典作为基本教材是无可置疑的。因此，高句丽于4世纪后半叶建置太学，推进儒教主义教育，应视为儒教传入朝鲜的下限。合理的推测是汉领朝鲜后，儒教做一日和尚撞一天钟逐渐传入朝鲜。

日本方面，5世纪初百济士王仁携《论语》、《千字文》抵日，可说是儒教传入日本之始。其后陆续透过归化人（尤其百济人）经由朝鲜半岛传入儒家经典，到七八世纪之际，遣隋、唐使的派遣，直接赴中国摄取文物而达于高潮。7世纪后半叶，日本开始筹设中国式的公立学校，到8世纪初而完备，是儒教在日本生根、发展的例证。

越南方面，前后汉之交，即公历纪元前后之际，锡光出任交阯太守、任延出任九真太守时，设立学校，教导礼仪，当是儒教传入越南的下限。其上限就可追溯到赵佗王朝时代，即公元二三世纪之际。黎崱《安南志略》卷一四"学校"条说"赵佗王南越，稍以诗礼化其民。"既然以"诗礼化其民"，当然是儒教的治国原理。唯《安南志略》虽是今存越人所著最早的史书，因成书在14世纪的前半叶，距离历史时点过于遥远，可信度不高，其记事聊作参考而已，就独立后越南而言，在11世纪后半叶，即李朝圣宗时代便已设立国子监，其后历朝施行不绝。

从以上的说明，可知东亚诸国因地理及国情之不同，儒教传入的时间也就有别。但自从儒教传入以后，儒教的学说便逐渐地在当地滋生发展。以治国原理而言，儒家主张德治；以社会伦理而言，儒家主张礼仪。这些学说东亚诸国均奉行不减。兹举数例说明。

韩国新罗真兴王的《磨云岭碑文》（568年）说："是以帝王建号，莫不修己以安百姓。然朕……竞身自慎，恐违乾道。"这是儒家德治主义最具体的表现。高丽成宗时代重臣崔承老上时务二十八条，其第十一条云：

> 华夏之制，不可不遵，然四方习俗，各随土性，似难尽变。其礼乐诗书之教，君臣父子之道，宜法中华，以革卑陋；其余车马衣服制度，可因土风，使奢俭得中，不必苟同。
>
> ——《高丽史·崔承老传》

这个时务策，不但成为成宗时代的施政方针，也树立了后世儒教的政治理念。第十一条的观念，说明吸取中华文化的态度，是不能作全盘地吸收，从对方的立场而言，文化的传播应有限度，所以崔承老指出"土性"不可丧失。在这个原则下，崔氏主张"礼乐诗书之教，君臣父子之道，宜法中华"。事实上，儒教的精华就是这两句话，其在东亚地区的展开也是这两句话。就其他的历史世界来看东亚世界，所谓东方的传统，也是这两句话。

日本方面，公元604年由圣德太子所撰的宪法十七条（《日本书纪》卷二二）中，虽杂糅了佛教、儒教、法家、道家等思想，但整体说来，显然以儒家思想为主，儒家的治国原理及社会伦理在宪法中已可充分反映出来。例如第一条"以和为贵"的社会伦理，语出《论语·学而》篇。第三条论君臣关系，曰："君则天之，臣则地之，天覆地载。"语出《管子》及《中庸》。第四条论社会伦理，曰："其治民主本，要在乎礼。……百姓有礼，国家自治。"语出《礼记·祭统》。类似之语气，《论语》处处可见。代表奈良时之汉诗集的《怀风藻》（751年编成）序上说，天智天皇（661～671年）即位后，"定五礼，兴百度"（收入《宁乐遗文》）。这也是儒教在日本社会生根、发展的证明。武家政治时代（1185～1868年），儒教依然是其封建社会组织的理论依据，尤其是德川幕府时代，大崇儒学，可说是日本儒教最兴盛的时期。即连明治维新以后，其治国方针依然不脱儒教的影响。例如《教育勅语》说：

朕惟我皇祖皇宗，肇国宏远，树德深厚。我臣民克忠克孝，亿兆一心，世济其美，此乃我国体之精华，教育之渊源实存于此。

《教学大旨》说：

教学要旨，在明仁义忠孝，究智识才艺，以尽人道。……道德之学，以孔子为主……大中至正之教学，布满天下，我邦独立之精神，无可愧耻于宇内矣。

《教育敕语》强调德治与忠孝伦理，《教学大旨》也强调仁义忠孝的伦理，可见儒教影响在日本即深且久。

越南方面，在北属时期的地方长官均为汉廷所派遣，若在当地能推行礼乐教化事业，便是良吏，这是锡光、任延、士燮等人能留名青史的理由，也是儒教在越地发展的证明。从10世纪前半叶以后，越南走向独立，但越南吸取汉文化反而较北属时代积极。因此，有人以为汉文化之实际移植于越南，应在11世纪的李朝以后，这是有几分道理的。盖中国式的国子监教育及科举制度，均实施于李朝以后。李朝、陈朝时代虽常见儒、释、道三教并用的政策，但就统治原理及社会伦理而言，依然以儒教为主。到后黎朝（1428～1789年）后，儒教已完全取得独尊的地位。例如李朝仁宗（1972～1127年）临崩时，遗诏提到"予既寡德，无以安百姓"。可知施行德政，依然是越南独立后的统治原理。1514年，黎嵩奉命撰述《越监通考总论》，其中指出"纲常立而帝王之大业以成，仁义明而天下之人器以定"。这完全是站在儒教主义立场的撰述，可说明后黎朝时代的趋势。

至于集孔孟学说之大成的朱子学，其影响韩、日、越诸国也是深远的。连地方的书院教育都奉朱子白鹿洞书院院规为圭臬。晚近的大儒，也大都是服膺朱子学说的学者。

世界文明之兴衰

一、什么是文明

什么是文明或文化？文明或文化是一定人群长时期在共同的经济、社会、政治和精神等领域里谋求生存和发展的社会实践活动中，所形成的价值体系和与之相应的生产生活方式以及相应的物质和精神人工制品（器物、制度、习俗和精神领域的符号体系）的总和；其核心是人们从社会实践活动中产生出来、反过来又制约和规范人们的社会实践活动，并决定各种行为方式、思维方式和人工制品兴废更迭的价值观。

二、上古、中古九大文明及其兴衰

（一）西亚两河流域的苏美尔——阿卡德——巴比伦文明。

在今伊拉克境内，存在时间为公元前3300年至公元前538年左右。此后，先后遭波斯人、希腊人、罗马人征服。公元7世纪，阿拉伯人征服该地，阿拉伯族群和伊斯兰教从此在该地区占据主导地位。13世纪以后，先后遭蒙古人、奥斯曼土耳其人、英国人征服。1932年初获独立。1958年废除君主制，成立伊拉克共和国。

（二）北非尼罗河流域的古埃及文明。

在今埃及境内，存在时间为公元前3100年至公元前332年。此后，相继遭希腊人、罗马人征服和统治。公元642年被阿拉伯人征服，成为阿拉伯帝国的一部分。帝国分裂后，成为独立的阿拉伯国家（868～1517年）。继之，遭奥斯曼土耳其帝国征服和统治（1517～1798年），此后，又相继遭法国等西方列强侵略，1882～1922年沦为英国殖民地。1922年成为君主立宪制的埃及王国。1953年成为埃及共和国。

（三）发源于黄河长江流域的中华文明。

大约从公元前3000年"黄帝"时代（龙山文化时代）进入文明时代，一直延续发展五千多年，中间虽然经历过北方游牧民族（较有代表性的如蒙古族、满族）的征服，甚至建立过全国性统治，但征服者大都先后接受了中华传统文化，或融会到这个大体系之中。到19世纪中叶以后，中华文明在遭受和抵御西方列强侵凌的过程中，开始进入从古代文明向近代文明转型的过程。

（四）南亚印度河流域古文明。

约公元前2500年至1750年左右，印度河流域存在过哈拉帕和摩亨·佐达罗文明（在今巴基斯坦境内）。约公元前1500年以后，属于印欧语系的雅利安人逐渐征服和统治印度次大陆大部分地区，但除了几次短暂统一时期，大多数时间均为各邦国并立局面。约公元前10世纪出现婆罗门教。公元前6世纪出现佛教和耆那教。公元8～9世纪时，佛教衰落，婆罗门教吸收佛教和耆那教的一些教义形成印度教，成为主要宗教。1206～1526年，印度被来自中亚的伊斯兰征服者建立的得力苏丹国统治。1526年，被来自中亚的另一支伊斯兰征服者建立的莫卧儿帝国（1526～1857年）统治。1757年以后，印度次大陆逐步沦为英国殖民地。1947年获得独立后，先后分离为印度、巴基斯坦、孟加拉三个独立国家。

以上四大文明，即为通常所说的四大文明古国。

（五）地中海北岸的古希腊——罗马文明。

希腊人和拉丁－罗马人都属于古印欧族群。它们从公元前15世纪以后陆续迁徙到巴尔干半岛南部和意大利半岛一带，大约在公元前6世纪左右先后从野蛮时代进入文明时代。希腊半岛始终处于城邦林立状态，在总共不过十几万平方公里的土地上，建了数百个城邦（迄今已知有六百多个）。每个城邦领土面积大多不过一两百平方公里，雅典最大，也不过2500平方公里左右。它的人口最多时，有的学者估计有三四十万。公元前5世纪左右是城邦经济和文化最发达时期，奴隶制也在那时最为盛行。城邦内部和各城邦之间的矛盾、冲突也随之尖锐起来，在互相争斗中衰落下去。公元前338年，马其顿国王征服了整个希腊。到公元前2世纪，拉丁－罗马人把整个希腊并入了自己的版图，成为后来的罗马帝国的一部分。征服意大利半岛的拉丁人最初也处于城邦林立状态。其中，罗马城邦凭借其地理、经济和军事优势，逐步扩张，到公元前1世纪征服了整个地中海沿岸，建立起横跨欧亚非三大洲的罗马帝国。公元1~2世纪是它的极盛时期。但随着奴隶制的盛行，种种矛盾逐渐加剧，到5世纪时，在内部奴隶、隶农起义和外部"蛮族"入侵的双重打击下灭亡（一般以476年最后一个名存实亡的罗马皇帝被废黜为西罗马帝国灭亡的标志）。

（六）中南美洲的玛雅——阿兹特克——印加文明。

从公元前1000年代后期开始出现了一些印第安人的文化聚落。出现过玛雅国家、印加帝国和阿兹特克帝国。到16世纪，它们都先后被西班牙殖民者消灭。

（七）中世纪的阿拉伯和伊斯兰文明。

阿拉伯人于6、7世纪之交逐渐从原始野蛮状态进入文明时代。穆罕默德（570~632年）创立伊斯兰教，并在阿拉伯半岛初步建立了统一的阿拉伯国家。7世纪时，扩张成为地跨欧亚非三大洲的阿拉伯帝国。7~9世纪是它的极盛时期。9世纪中叶以后开始分裂成一些独立的阿拉伯王国。13世纪以后，阿拉伯人统治地区先后被蒙古人、奥斯曼土耳其人征服，但他们继续以伊斯兰教为国教。伊斯兰教由此超越阿拉伯人的信仰范围，传播到中亚、西亚、南亚、东亚和东南亚广大地区，成为世界三大宗教之一。

（八）中世纪的西方基督教文明。

西罗马帝国灭亡后，在它的废墟上兴起了一系列主要由属于印欧族系的日耳曼人建立的"蛮族"国家。他们先后形成了以领主—附庸制和庄园农奴制为特征的封建社会制度，皈依了罗马帝国晚期流行起来的基督教，由此形成了中世纪西方基督教文明。16世纪时，随着封建制度的解体和资本主义的兴起，出现基督新教反对罗马天主教的宗教改革运动，中世纪西方基督教文明逐渐向近代资本主义文明转型。

（九）斯拉夫族的东正教文明。

斯拉夫人也属于印欧族系。原来也主要过游牧生活，生息于维斯拉河和第聂伯河之间的大草原地带。经过不断地迁徙、扩张，逐渐形成东部斯拉夫（包括俄罗斯人、白俄罗斯人和乌克兰人）、西部斯拉夫（包括波兰人、捷克人和斯洛伐克人等）和南部斯拉夫（包括塞尔维亚人、克罗地亚人、斯洛文尼亚人和保加利亚人等）三大族群集团，每个族群集团又分别形成了若干个独立的国家。它们的共同点是，语言都属于印欧语系的斯拉夫语族，都皈依了从拜占庭帝国传来的东正教，因此被称为斯拉夫东正教文明。

纵观以上九大文明，前面六大文明诞生于上古时期，其中只有中华文明经过重重的曲折和转型，延续到了现在，而且正经历着举世瞩目的伟大复兴。其他五大文明都在外族征服过程中中断，或几近中断，许久之后再重新延续。后面列举的三大文明都是公元六七世纪以后形成的中世纪文明，在向近代文明转型的过程中，各自经历着不同的遭遇。阿拉伯和伊斯兰文明各国先后沦为西方列强殖民地或半殖民地，20世纪先后争得独立以后，沿着不同的道路和模式向着现代化目标迈进，原有的文明特征正经历着巨大的改组和重建过程。斯拉夫东正教文明在沙皇俄国和苏联极盛时曾经焕发过灿烂光彩，但现在也处在艰巨的改建和重建时期。唯有西方基督教文明在向近代文明转型的过程中首先走上了资本主义现代化道路，如今似乎成了唯一的强势文明。但它本身也正经历着巨大的改组和重建。

仓颉造字

仓颉造字的传说

从文献来看，仓颉（也作"苍颉"）造字的传说开始于战国。《荀子·解蔽》："好书者众矣，而仓颉独传者壹也。"《吕氏春秋·郡守·仓颉作书》。在文字创造的初期，参与的人很多，而流传下来的只有仓颉一个，由此可见仓颉在文字方面有独到的贡献。

汉代起，仓颉被称为黄帝之史。

> 黄帝之史仓颉，见鸟兽蹄远之迹，知分理之可相别异也，初造书契。
>
> ——[汉]许慎《说文解字·叙》

仓颉造字是参考万物来设计，依照鸟迹制造文字。

> 皇颉作文，因物构思。观彼鸟迹，遂成文字。
>
> ——[晋]成公绥《隶书体》

大约到了后汉、魏晋时期，忽然冒出一个沮诵，据说他与仓颉一道始作书契。在沂南汉代画像石中有唯一的沮诵的图片。在中室南壁的东段，有仓颉造字的故事：左边一个人四目，披发，长须，衣兽皮，坐在一张兽皮上，手执一枝笔，与对面的人交谈，下有榜题"仓颉"；对面那人眉骨突起，披发，也是披兽皮，坐兽皮，右手持一棵小树，作听话状。可惜像下之榜未刻字，推想就是沮诵。

有沮诵、仓颉者，始作书契，以代结绳。

——《晋书·卫恒传》

黄帝之史，沮诵仓颉，眺彼鸟迹，始作书契。

——[晋]卫恒《四体书势》

唐代所描述的仓颉造字的根据更加详细了，说他广泛参考了山川江海之状，龙蛇鸟兽之迹，产生了六书。

仓颉象山川江海之状，龙蛇鸟兽之迹，而立六书。

——[唐]虞世南《笔髓论》

至晚到汉代，人们对仓颉造字的功劳十分崇敬，大加歌颂，认为可与三光齐辉，四序同步。

邈邈仓公，轩辕之史，创制文字，代彼绳理，灿若星辰，郁为纲纪，千龄万类，如掌斯视，生人盛德，莫斯之美，神章灵篇，自兹而起。

——[唐]张怀瓘《书断·卷上》

夫仓颉者，独蕴圣心，启冥演幽，稽诸天意，功侔造化，德被生灵，可与三光齐悬，四序终始。

——[唐]张怀瓘《书断·卷上》

在崇拜仓颉步步升级的同时，仓颉的地位则不断上升，被捧到帝王的位置，人面变为龙颜，双目变为四目。

仓帝史皇氏，名颉，姓侯冈，龙颜侈哆，四目灵光，实有睿德，生而能书，受河图绿字，于是穷天地之变，仰观奎星圆曲之势，俯察龟文鸟羽，山川掌指，而创文字。天为雨粟，鬼为夜哭，龙乃潜藏。治百有一十载，都于阳武，终葬衙之利阳亭。

——《春秋元命包·禅通纪》

仓颉为帝，南巡狩，登阳虚之山，临于玄扈洛纳之水，灵龟负书，丹甲青文以受之。

——《春秋元命包·禅通纪》

圣皇御世，随时之宜，仓颉既生，书契是为。科斗鸟篆，类物象形，睿哲变通，意巧滋生。

——[晋]索靖《草书势》

值得注意的是，正在谶纬兴起之时，风行字谶之际，仓颉的地位得到改变，可见利用仓颉才是装扮仓颉的目的。

其一，"天雨粟，鬼夜哭"。

《淮南子·本经》："昔者，仓颉作书而天雨粟，鬼夜哭。"仓颉作书使华夏文化由蒙昧走向文明，应该是普天同庆的大事，为什么会出现这种怪异的景象呢？对"天雨粟，鬼夜哭"自来就有各种解释。汉高诱注云：

仓颉始视鸟迹之文造书契，则诈伪萌生，诈伪萌生则去本趋末，弃耕作之业而务锥刀之利。天知其将饿，故为雨粟鬼恐为书文所劾，故夜哭也。

按高诱的说法，有了文字书契就会使得民风不纯，弄虚作假，大家为蝇头小利而抛弃农活，土地荒芜，结果大家挨饿，为此上天就雨粟，拯救人类。同时，有了文字，鬼的罪恶就被揭发开来，日子不好过了，因而在夜里哭泣。这种逻辑多少有点勉强，无法令人信服。因而高诱又云："'鬼'或作'兔'。兔恐见取毫作笔，害及其躯，故夜哭。"《汉书》等也有此说法。汉代制笔一般用兔毫，但是，也有用其他动物毛的，如马圈湾汉代烽燧遗址里就发现用狼毫制的笔。写字要消耗大量的兔毫，兔子因此格外遭殃，如果它是情感动物，无疑会悲伤，会哭泣。问题在于解释的是"鬼夜哭"，而不是"兔夜哭"，不独《淮南子》，其他书籍如《论衡》也是说的"鬼夜哭"。对此，东汉前期的王充有过明确的解释：

传书言："仓颉作书，天雨粟，鬼夜哭。"此言文章兴而乱渐见，故其妖变致天雨粟，鬼夜哭也。夫言天雨粟，鬼夜哭，实也；言其应仓颉作书，虚也。夫河出图，洛出书，圣帝明王之瑞应也。图书文章与仓颉所作字画何以异？天地为致雨粟神哭之怪？使天地、鬼神恶人有书，则其出图书非也；天不恶人有书，作书何非而致此怪？或时仓颉适作书，天适雨粟，鬼偶夜哭，而天雨粟、鬼神哭，自有所为。

——《论衡·感虚》

可见王充认为天雨粟、鬼夜哭与仓颉作书没有什么有机联系，文章兴不会引起妖变。明杨慎赞成其说："王充尝辩雨粟鬼哭之妄云：'《河图》、《洛书》，圣明之瑞应也。仓颉之制文字，天地之出图书，何非何恶，而令天雨粟、鬼夜哭哉！使天地、鬼神恶人有书，则其出图书非也。'此乃正论。《汉书》、《纬书》又云：'兔夜哭，谓忧其毫将为笔也。'堪一笑。"（《升庵诗话》卷六）尽管天雨粟、鬼夜哭的说法那么荒诞滑稽，但笔者认为古人这样说自有道理。仓颉造字是一件惊天动地的大事，影响所及上至苍冥，下至幽灵，天为之雨粟，鬼为之哭泣，而其细节本不宜深究，越想弄清楚，就越不可思议。

其二，"仓颉四目"。

"仓颉四目"最早见于王充之说，后《春秋元命包》及《仓颉庙碑》都有"四目灵光"之辞。山东沂南汉画像石第四十一图的仓颉像就是上下两层四个眼睛，明弘治刻本《历代古人像赞》的仓颉像也是四目。不过王充提出仓颉四目，却是为了表示怀疑。

> 人命禀于天，则有表候于体。察表候以知命，犹察斗斛以知容矣。表候者，骨法之谓也。传言黄帝龙颜，颛顼戴午，帝喾骈齿，尧眉八采，舜目重瞳，禹耳三漏，汤臂再肘，文王四乳，武王望阳，周公背偻，皋陶马口，孔子反羽。斯十二圣者，皆在帝王之位，或辅主忧世，世所共闻，儒所共说，在经传者较著可信。若夫短书俗记，竹帛胤文，非儒者所见，众多非一。仓颉四目，为黄帝史。晋公子重耳仳胁，为诸侯霸。苏秦骨鼻，为六国相。张仪仳胁，亦相秦魏。项羽重瞳，云虞舜之后，与高祖分王天下。
>
> ——《论衡·骨相》

王充认为审察表候可以知命，但是对于古人各种奇异的骨相要区别"在经传者"和"短书俗记"。前者儒者共说，是可信的，后者非儒者所见，是靠不住的。"仓颉四目"的说法就属于后者，他是觉得不可信的，持否认的态度。近来有人从《周礼》方相氏"黄金四目"得到启发：仓颉是巫师，造字出于巫师，仓颉四目就是巫师的四目。来源于巫师的人很多，为何强调仓颉四目？即便来源于巫师，流传到汉代，仓颉四目已经不是原来的含义了。仓颉为何四目，这是问题的关键。首先，仓颉作书，是一个圣人，圣人的骨相和凡人是不同的，他总有一点特殊的地方。王充已经列举了多位圣人不同凡响的形象，当然，他强调区别对待。其次，仓颉造字与四目有什么关系？再具体地说造字为何要有四目？四目与二目相比，多出了两只眼睛，一般两目只能正视前方，如果增加了两目就可以看到正前方以外的方向。《书·舜典》："询于四岳，辟四门，明四目，打四聪。"孔颖达疏："明四方之目，使为己远视四方也。"此谓四方之目，而非四目，如果有东南西北四目，就可以观察四方了。珞巴族的神话《阿巴达尼失掉后眼》传说：阿巴达尼有四个眼睛，前后各二，后眼是用来对付妖魔的。仓颉的四目生在正面的上下，显然他不是用来观四方的，也不是用来提防背后的敌人的，是用来观察上下天地的。《春秋元命包》云："穷天地之变，仰观奎星圆曲之势，俯察龟文鸟羽，山川掌指，而创文字。"《说文解字·叙》也说"仰则观象于天，俯则观法于地"。此为造字之初，要穷尽天地之变化，观察上下万物之动静，仓颉四目就是用来观察天地，以造文字。

其三，"仓颉作书"。

中国古代字书以《史籀篇》最早，相传为周宣王时所作。秦兼并六国，建立统一的秦朝，颁布了《仓颉》、《爰历》和《博学》。《汉书·艺文志》载："《仓颉》七章者，秦丞相李斯所作也；《爰历》六章者，车府令赵高所作也；《博学》七章者，太史令胡毋敬所作也。文字多取《史籀篇》，而篆体复颇异，所谓秦篆者也。"又云："汉兴，闾里书师合《仓颉》、《爰历》、《博学》三篇，断六十字以为一章，凡五十五章，并为《仓颉篇》。"秦代的《仓颉篇》只是字书的一篇，到了汉初，《仓颉篇》成为字书的全部了。但是到了西汉中期，《急就篇》与《仓颉篇》并行于世，东汉以来随着其他字书的不断出现，《仓颉篇》渐渐退废，大约在唐宋之间终于湮没无闻，只剩下几个残句。上世纪初在甘肃敦煌出土了部分汉间，其中有《仓颉篇》断简四简，最长的断简二十字。1930年在内蒙古额济纳河流域汉代烽燧遗址发现居延汉简，有《仓颉篇》一些残简，特别是前面部分，起首几句为："仓颉作书，以教后嗣。幼子承诏，谨慎敬戒。"1972年到1976年间，在破城子汉代烽燧遗址发现的《仓颉篇》中有较为完整的第一章：

> 仓颉作书，以教后嗣。幼子承诏，谨慎敬戒。勉力风诵，昼夜勿置。苟务成史，会计辨治。超等轶群，出尤别异。(E.P.T50：1A1B)

在甘肃敦煌马圈湾、嘉峪关的花海农场、新疆尼雅遗址也陆续发现了残简。当然，最重要的发现在安徽阜阳西汉汝阴侯墓的《仓颉篇》一百二十四片残简，这是此篇亡轶之后的最大一次发现。墓主是第二代汝阴侯夏侯灶，是开国元勋夏侯婴之子，死于文帝十五年（公元前165年），墓中的《仓颉篇》是未经改动的秦代字书《仓颉》、《爰历》、《博学》，字体为小篆，是目前所见最早的《仓颉篇》（文物局古文献研究室、安徽省阜阳地区博物馆阜阳汉简整理组《阜阳汉简·仓颉篇》，《文物》1983年第2期）。安徽亳县元宝坑村汉墓是东汉晚期墓葬，墓内字砖上刻的年代是灵帝建宁三年（170年），墓内的墙砖上刻有"勉力讽诵"的《仓颉篇》句子（亳县博物馆《安徽亳县发现一批汉代字砖和石刻》，《文物资料丛刊》第2辑，1978年）。可以说，《仓颉篇》在两汉都很流行。《仓颉篇》的第一句就是"仓颉作书"，人们最熟悉的就是这句话，在《居延汉简释文合校》内85.21简、185.20简（谢桂华、李均明、朱国炤：《居延汉简释文合校》，文物出版社1987年)，《居延新简》E ．P．T50：IA 简、E二P.TSO：134A 简（甘肃省文物考古研究所等编《居延新简》，文物出版社，1990年)，《敦煌汉简释文》所收玉门花海汉简1459简、1460简、1461 简都有此句（吴礽骧、李永良、马建华《敦煌汉简释文》，甘肃人民出版社，1991年)。后人在《仓颉篇》的内容中加入不少迷信的东西。《说文解字·叙》云："又见《仓颉篇》中'幼子承诏'，因曰：'古帝之所作也，其辞有神仙之术焉。'其迷误不谕，岂不悖哉！"五筠说："'幼子承诏'，盖《仓颉篇》中之一句，幼子盖指学童，承诏谓盖承师之教告。俗儒不知是篇为李斯作，因后世谓君命为诏，遂谓是篇为古帝作。"普通百姓和一些俗儒从开蒙的字书《仓颉篇》就日日夜夜地诵读"仓颉作书"，仓颉创造文字的观念深深地刻印在心中，对仓颉从崇拜升华为迷信，曲解《仓颉篇》就不奇怪了。

仓颉祠庙及对仓颉的迷信

史载仓颉死后起坟，《春秋元命包·禅通纪》："终葬衙之利阳亭。"《后汉书·郡国志一》"左冯翊"下"衙"注引《皇览》："有仓颉冢，在利阳亭南，坟高六丈。""衙"，"郃"，在今陕西省白水县。白水县利阳亭，后改为史官镇，现今尚存仓颉庙和坟冢，北屏黄龙山，南临洛河水。庙内原有《仓颉庙碑》，正面及碑阴、碑侧皆有字，高1.6米，宽0.6米，隶书，圭首，上有穿，碑文共九百一十余字，磨泐严重，文字残缺。1975年迁移至西安碑林博物馆保存。此碑字体俊美，早就闻名于世，传至宋代，碑文已有缺损。宋赵明诚《金石录》卷十六载："其略可辨者有云：'仓颉，天生德于大圣，四目灵光，为百王作宪。'而其铭曰：'穆穆圣仓。'知其为仓颉碑也。考其岁月，盖熹平六年立。"碑侧有"郃令朔方临戎孙羡囗从事。永寿二年，朔方太守上郡仇君察孝，除郎中、太原阳曲长，延熹四年九月乙酉，诏书迁郃令，五年正月到官。奉见刘明府，立词刊石，表章大圣之遗失灵，以示来世之未生"等，后有出钱修庙人姓名。清卢文弨云："余观上所记，则是仓颉庙乃刘府君所立。"(卢文弨《汉仓颉庙碑跋》)清赵绍祖云："庙与碑皆前令刘某所立，此两侧则孙羡到官后所记。"(《古墨斋金石跋》卷一)有关立庙时间，清毕沅认为："碑侧已有永寿年号，则非熹平可知。"(清毕沅《关中金石记》卷一)因为碑文残缺，无法正确判断建庙日期，一般认为此庙建造的时间不迟于延熹五年（163年），也可能更早。

仓颉庙经过近两千年的风雨剥蚀，历代屡有修建，现在的仓颉庙大致是明清以后的建筑。主体建筑为照壁、山门、前殿、抱厅、献殿、寝殿以及仓颉墓，两侧有东西戏楼、钟鼓楼、东西配殿、廊房。整个建筑群中以寝殿前三间单面廊房年代最早，明三暗五，呈现元代风格。20世纪下半期，仓颉庙遭到严重的人为破坏。1970年代初，白水、澄城两县在附近修造石堡川水库，仓颉庙成为堆放水泥、炸药的仓库。有的人把规模宏大的献殿做灶房，门面的两边被泥墙封了一半，里边墙上原有的壁画，包括白水县一圣六贤和八景都被毁掉，后面寝殿的壁画也有类似的遭遇。仓颉墓西侧一棵转枝柏在十年动乱中被伐，传说这棵树某个方向的枝叶枯荣能预报该方向的年成好坏。仓颉墓在三国时约高16.5米，现高4.5米，周长48米，砌一圈六棱砖花墙。庙内尚有四十多株翠柏，近半数有命名。它们苍老怪异，姿态不同，枝叶交错，妙趣天成，形成珍贵的古柏群。其中最大的是仓颉手植柏，树围7.25米，根部周长9.3米，高17米，翠叶如盖，柯枝如铁，可与黄帝陵轩辕手植柏媲美。庙内保存有一些重要的碑刻，如前秦四年（368年）《广武将军碑》及《蔡邕字谜碑》、《仓颉鸟迹书碑》、《孔子弟子题名碑》。1992年毁于十年动乱的白水县仓颉庙中的仓颉神像，由社会各界集资重塑，像高2.5米，保持了原有的风格。同时，重塑了两个判官、青龙白虎两个门官、两个童子，形成了一组完整的塑像群。

对仓颉设祭始于何时？从史载来看，应当不晚于公元545年。

> （大统十三年）寻徵教世宗及宋献公等隶书。时俗入
> 书学者，亦行束脩之礼，谓之谢章。俊以书字所兴，起自
> 仓颉，若同常俗，未为合礼。遂启太祖，释奠仓颉及先圣、
> 先师。
>
> ——《周书·艺术传·冀俊》

冀俊善隶书（指楷书），特工摹写，是当时著名的书法家。他曾模仿魏帝手迹敕书大将，令其行事。当时学习书法和学经书一样，要行束脩礼，他以书法兴起从仓颉造字开始，所以学习书法之礼，要同时释奠仓颉与先圣、先师。他这样安排在当时并无越礼，仓颉已经称作仓帝，居君位，是完全可以有此礼遇的。祭祀仓颉之事恐怕长期未入朝廷祭祀的制度，史书缺乏这方面的记载，直到宋代才透露出有关的信息。

> 京师百司胥吏，每至秋，必醵钱为赛神会，往往因剧
> 饮终日。苏子美进奏院，会正坐此。余尝问其何神？曰"仓
> 王"。盖以仓颉造字，故胥吏祖之，固可笑矣。官局正门里，
> 皆于中间用小木龛供佛，曰"不动尊佛"，虽禁中诸司皆然，
> 其意亦本吏畏罢斥，以为祸福甚验，事之极恭。此不惟流
> 俗之谬可笑，虽神佛亦可笑也。
>
> ——[宋]叶梦得《石林燕语·卷五》

宋代是诸神崇拜的时代，衙门胥吏多从事刀笔生涯，文字出入与生计攸关，供奉仓王可以说和职业密切相关，好比养蚕供奉蚕神，茶业供奉陆羽之类。从"禁中诸司皆然"看，衙门供仓王已经是普

遍现象。明佚名《如梦录·官署纪》载，明代开封府署内有"古南衙"，正北大堂五间，"大堂东有仓颉庙"，这很可能是宋代仓颉庙的遗制。各地方衙门情况尚不见记载，无法推测是否也有仓颉庙。奇怪的是文人受惠文字最多，不但不供奉，反而笑其流俗，恐怕还是对仓颉造字的传说有保留态度吧。

胥吏本来就在社会下层，他们尊奉仓王代表民间对仓颉的崇敬。除白水仓颉庙以外，其他地方也纷纷建造。据《明一统志》载，除陕西白水县外，大名府南乐县（今河南南乐县）、河南祥符县（今河南开封市）、山东寿光县（今山东寿光县）并有仓颉墓，其中，寿光即北海。

> 仓颉墓在北海，俗呼为藏书台，有碑文。周时莫识，遂藏之书府，至秦时，李斯识八字，云"上天作命，皇辟迭王"，至汉叔孙通识十二字。
>
> ——[南朝·梁]任昉《述异记》

建墓设祠是为了祭奠文字的创造者，怀念他对中华文明的贡献，同时也想获得恩佑。以上不过记录了大型的仓颉庙，至于小型的祠庙恐怕无法计数。值得重视的，是仓颉后裔立祠之事。清代陈浩《仓圣祠记》记述：

> 仓氏之后有仓圣脉者，自中牟来，将为神立庙。岁时以祀，乃属某为文。兹役也，起于乾隆二十七年十月，竣于二十八年十一月，鸠工者仓氏兄弟，候补道圣裔处州府知府圣潢，戊子举人圣脉，据此则中牟固有仓圣祠也。
>
> ——俞樾《茶香室三钞·仓王》

据此可以肯定，中牟本来就有仓圣祠，因为仓氏后人迁移新地，就在新址再建造一个仓颉祠，这个祠庙建造历时一年，估计不是一个建筑群落，也不是规模简陋的小建筑，可能是一个较大的单体建筑，有点像宗族的祠堂，是私家的祭祀场所。清范寅《越谚》卷中载："仓颉菩萨，始制文字之神，府山有祠。"菩萨是佛教的崇拜对象，把仓颉称为菩萨实在滑稽，这只是说明仓颉在信徒中的地位。仓颉作为造字的一尊菩萨，也像观世音菩萨一样，福佑百姓，接受香火是理所当然的。清李斗《扬州画舫录·小秦淮录》记蜀僧大身为佛门子弟，却特别信仰仓颉，竟然把佛寺经台改建为仓颉神殿。

> 素不识字，故供奉仓颉圣像。及去蜀，迎像于舟，铁香炉烛台，亦载之行。居天台山十年，移扬州天宁寺，爱天心墩译经台，遂即其址为仓颉殿。

在古人的心中仓颉是神，是菩萨，法力无边。人们兴建祠庙，画像塑身，顶礼膜拜，香花供奉，期望他能显灵。一旦出现神佛显灵的事迹，就会迅速流传开来，香火就更加旺盛起来，盛极一时的仓颉庙自然也缺不了这类逸闻。

> 仓颉祠墓，在寿光县城西门濒河。刘文和公，县人也，幼时读书外塾，每往返涉水，辄有白须老人负之。久之，问何人，答曰："我仓颉所遣迎送公者，他日富贵毋相忘。"公既贵，后谒仓颉祠，有侍者形容宛如所见，遂新其祠墓云。

> ——王士禛《池北偶谈·仓颉》

其实，寒窗苦读艰辛异常，能获取功名的人少之又少。刘某可能觉得中举做官，自己努力之外，还有神灵保佑，或许他在考

358

前在仓颉庙许了愿，所以富贵之后要花费金银装修祠墓还愿。

现在，只有陕西白水的仓颉庙还保留着祭祀的仪式，每年夏历谷雨节（三月中旬），四邻八乡的民众会聚到地处三县之交的仓颉庙，举行隆重的拜祭仪式，形成一年一度的盛大庙会。参加祭祀仓颉的民众，大多来自乡村，没有多少文化，他们对文字之祖仓颉的虔诚礼拜，在迷信的外衣中透露出对伟大中华文化的无限崇敬。汉字是中华文化的精髓之一，它是维系中华数千年文明的纽带，是华夏文化的标志，是中国文明的根，把仓颉作为汉字的拟人化代表，每年隆重地纪念，对当代发扬中华文化具有十分重要的作用。

票号与钱庄

典当与合会皆以筹钱为其基本特色，在近代以前，则有两种类似后代银行的行业出现，在中国信用制度史上大放异彩。其一为"票号"，其二为"钱庄"。

"票号"的前身据说与"镖局"和"保镖"的行为有很密切的关系。"镖"字也可写成"镳"。据日加藤的考证，有关"保镖"的行为要以《金瓶梅》一书中所提到的"标布"及护送"标布"的行为为最早，那大概已是明代中叶的事。不过，有镖局或镖行的组织则应该是入清以后的事了。

明嘉靖、隆庆年间（1522～1572年），经济高度发展，商业十分兴隆，于是巨额的银子经常要做中、长距离的搬运。由于地方治安未见良好，于是镖局便起来从事保护这些银钱安然运达目的地的服务。开设镖局的人通常是几位武术家，俗名为"把式匠"。他们除了功夫外，没有资本，没有财产，只有"字号"（信用）。所以当时有一首诗说道：

资本毫无又无房，租间店屋便开张。

成千成万交银两，字号全凭姓氏香。

整个清代，镖局十分发达，不但在清代小说《彭公案》、《施公案》中到处有着镖局的影子，就是平汉铁路（芦汉路）的工程费，也都是由镖局运往各处工地支付的。然而银钱的运送毕竟太费，有时也非必要，于是就有"票号"兴起，以汇兑来取代部分镖局的服务。

"票号"几乎全由山西商人来开设，其中的原因当然与山西商人的发达有着密切的关联。经营票号的山西商人大都来自平遥、太谷、祁县三处，总号也都设在那里。

票号真正出现的时间并不算早，照一般的说法，它开始于嘉庆年间，也就是公元1800年以后，当时平遥商人雷属泰在天津开设"日升长"染料铺。为了从重庆购染料，他经常要运送大宗的现金到四川（这可能即是托付给镖局）。为了免掉这个麻烦，他便想出了汇兑的办法，于是将"日升长"染料铺改成"日升昌"票号。山西一些布商也仿照"日升昌"的模式跟进，很快地票号就普及于全国。票号的主要业务是汇兑，所以也叫做"汇兑庄"。由于山西商人的势力遍及全国各大城市，因而得以乘便提供这种服务。除了接受民间的委托外，山西票号也承担地方税收（解赴北京）与军、工饷银（解赴各地）的汇兑。票号可以经由票据的清划（clearance）抵兑，不必直接运送大量的现金，因而既安全，又省运费，从而获得不小的利益。

稍后于票号出现在清代商业界的信用机构是"钱庄"。钱庄的前身为银钱兑换业的经营者，要到《南京条约》以后，洋人在上海设置银行，才诱发国人改变钱庄营业内容，而从事现金的收解；再等到太平天国之役以后，钱庄才开始营存、放款的业务。

以清末、民初上海的情形来说，钱庄可以依规模及营业的内容区分两大类：一、汇划庄，为入钱业公会（具有票据交换所之性质）者。各庄所发行的期票——庄票——可以互相抵兑，不必支付现金，与现代银行的支票制度相似。二、元、亨、利、贞字号庄，分别经营现金收解与兑换。

总而言之，钱庄业经营的内容较为狭窄，往来的客户也以同一城市的商人为主，不似山西票号之具有全国的影响力。钱庄以上海、汉口两地特别发达。

除了以上的信用制度、信用机构外，借贷行为可以说是最古老的信用行为了。《庄子·外物》有篇著名的寓言《庄周贷粟》，《史记·冯谖传》更有冯谖为孟尝君毁券（借据）市义的故事。这都是人们耳熟能详的，可见借贷行为与借贷机构的起源均甚早。

中国古来即有的借贷，其内容通常包括了金钱、米、粟、盐、麻、绢、丝、褐……之类。要言之，以消费性借贷为主。

借贷有必须支付利息者，有不必反付利息者。唐、宋法律将无息借贷称为"负债"，将有息的借贷称为"出举"。"出"是提出原本的意思；"举"则是以获得利息为目的的意思。

自唐、宋以来，计算利息以"分"、"厘"为利率单位。用于指年利率时，"分"为百分之十，"厘"为百分之一；用以指月利率时，"分"为百分之一，"厘"为百分之零点一。由于借贷的目的主要是为了消费，以救燃眉之急，因此传统的思想均主张对高利贷加以限制。

自汉代以来，历朝历代官方对利率的上限差不多都加以规定。就元、明、清的情形而言，月利三分（年利百分之三十六，闰年百分之三十九）就是上限，过此便成非法的高利贷了。不过因高利贷而获罪的事例在历史上毕竟少见。因为政府虽然考虑到高利贷的恶果，但是并不真正地认真禁止，而借贷属私人之间的约定，政府想要插手也不容易。至于民间实际上通行的利率，唐时月利率约在百分之六至百分之十，而宋、元以下则降至百分之三至百分之五。这种下降的趋势或许与纸币、银两的采用，促使货币供给量增加，一般人较易取得现金有关。

"赊"或写作"貰"也是一种类似借贷的信用行为，所以"赊贷"常常联在一起讲。在《周礼》著成的时代以前，"赊"即已存在。到了王莽行"六莞"的经济统制政策时，"赊贷"也是其中的一项。故

362

此，"赊"的习俗也是源远流长。

　　"赊"简单地说，就是"挂账"的意思，虽然在宋代以后，它特别被客商、牙人、铺户等利用于自产地运输茶、糖、丝绸前往消费地区，待行销完成再行结账的情形，不过一般市井小民向邻近铺户购买民生必需品时，赊欠也是很平常的行为。这有时是因为消费者一时手头不方便，有时则是交易的数目不大，零星的收取现金反而不方便，故而暂不付现。

　　"赊"因此是一种"透支"行为，必须定期清算。一般而言，端午、中秋和除夕是一年中三次清账的日子，但是因地方习俗的不同或另有约定，也还有其他的情况。"赊"往往也采取立折取货的方式，这种做法就颇有现代信用卡的味道了。

文房四宝

通常所谓的文人艺术，大都指由文人所提倡的文人画；在这个绘画传统中，文人的自觉、参与及审美观一直有着决定性的影响。文人画的概念自宋肇兴，衍传至明中叶以后，画学门派纷繁，对画的观感及价值判断往往为文人意识所左右，非其道者常被斥为狂态邪学。

除了这种诉诸丹青的艺术外，文人的美感要求也扩及园林布置、品茶赏花之类的生活环境，其所衍生的审美观可与绘画相表里。本文讨论的文房清玩，便是文人生活艺术的一部分。

文房是文人作息攻读的场所，陈设其中的物品原具有辅助书写的功能；由于文人的日常摩挲审视，乃日渐形成一套审美的标准。就如《长物志》所谓："几榻有度，器具有式，位置有定，贵其精而便，简而裁，巧而自然也。"寻求精雅脱俗、简便大方，细致而不繁琐，寄心灵之遐思于其中的气质。

文房之中以笔、墨、纸、砚为最基本的用具，由其发展的历程中，可以观察出此四者在实用功能之外逐渐添增与实用无关的装饰，而宋以后装饰美感的重要性甚至凌驾于实用功能之上。其余文房陈设如笔洗、镇纸、砚滴、墨床之类，也常托名实用而极尽匠艺创作的变化。这些林林总总、小巧精致、意趣深浓，可置几案把玩的文房工艺品，显然与商周汉唐带有浓厚宗教、礼仪意义的工艺大异其趣。

文人画是文人闲逸时自行执笔的墨戏，而文房中的工艺品则多出自工匠之手，他们累积了丰富经验，造出巧夺天工的作品；反过来，文人对工艺的关心与赏鉴，也往往使技术精良的匠人声名益高，获得市场价值的肯定，甚或凭一技之长而游走公卿之门。这种鼓励乃使工匠作品迎合文人的品味，所呈现的装饰意境也常比附于书画。文人是文房工艺的指导者或设计者，甚至也有文人执刀戏刻，自创佳作。

宋以后，文人阶层受到重视，他们悠闲的生活态度，分辨雅俗的艺术评论，引起社会大众的仿效。无论新兴的商人阶层或深宫内苑的帝王，莫不搜罗文玩工艺品来附庸风雅；他们还投资了大量金钱，从而提升了工艺制作的技巧。因此从宋到清，工艺品普遍呈现了织巧、细致、柔美的气息，在外观上虽无宗教艺术品的磅礴气势，却是文人精致生活品质要求下的产物，也是文化极度成熟、经济极度富裕产生的现象。

笔、墨、纸、砚四者合称文房四宝，是文人生活中不可或缺的用具，其面貌随着书写、绘画的需要及文人的审美观而日渐演进。

最原始的毛笔的痕迹，可以上溯到新石器时代彩陶上软毫挥洒的笔触，及商代甲骨、陶器、玉片上清晰的字迹。战国墓葬中也陆续发现早期毛笔的遗迹。这种笔在细长的竹管末端围上笔毛，再用细麻线绑住，以漆固定，笔锋尖锐，已具备毛笔的雏形。

与早期毛笔同时出土的，常伴有竹简及削刀。竹简是将竹片削成长条，于其上书写，字有谬误，便以削刀削去。将竹简贯串起来便成为册，是汉以前主要的书籍形式，体积既大且重；间有用绢帛者，但绢帛费工价昂，都不是简便低廉的工具。及至纸张发明，便将书写工具带向轻便价廉之途，使文化的传布日趋普遍。早期的纸张是用麻类纤维制成，考古发现最早的实物乃见于陕西的灞桥纸，年代可早至西汉武帝时期（公元前140～87年）。此外，罗布淖尔的西汉纸，新疆民丰、内蒙古额济纳、甘肃旱滩坡的东汉纸均属同类，质料虽较粗厚，表面纤维束较多，组织松散，但已可用于书写。到东晋桓玄掌国（404年）时，下令以纸代简，则纸张的轻便适于书写已得到公认。

墨砚的雏形应可追溯到新石器时代的颜料与研磨工具，但二者同时出土则首见于湖北云梦地区战国至秦代间的墓葬。当时的墨块极小，呈圆柱状，直径仅2.1公分，色纯黑；而砚只是一方表面磨平的石板，有使用过的痕迹，上面还附有一块同质地圆柱状研磨石。这种成组的砚墨在汉代至三国间经常出现，墨形多不规则，有的表面甚至有手指捏痕，可见是经由人工制造，再抟为固状。只是这时的墨似乎尚须以研磨石压碎研细才能与水调和，与后世之以墨块直接在砚面研磨的情形不同。

一般而言，工艺的进展与技术的累积、社会经济的变迁、帝王的鼓励都有关系，但文人所用的文具工艺，其进展的轨迹与文人艺术的兴起更有密不可分的关联。汉末三国，正是书法艺术初兴之际，书家重视书写的方法及效果，而文具的发展也借着书家的重视而步入另一阶段。如书法家韦诞所言："工欲善其事，必先利其器。"即透过精良的文具才能表现书法之美。他推崇张芝笔、左伯纸、韦诞墨，认为有此三者才能"尽径丈之势，方寸千言"。张芝也是汉末三国的书法家。左伯为东莱人，所造的纸有"妍妙辉光"之誉。韦诞的墨被称为"一点如漆"，其造墨法载于贾思勰所编《齐民要术》一书中，凡取松制烟、过筛、熔胶、入香料、杵捣而成墨块的过程已大体具备，后世名家造墨多不脱其窠臼。像这样，早期书家由实际书写艺术所领略的心得，引导了文具的制作方向。从此以后，文具的发展遂有一日千里之势。而另一方面，也因文具的适用性增加，导致书风的转变，善书之士乃能随心应手，迭有创新。

纸张的制作与墨迹的挥洒最有关系。西晋陆云曾谓："书工，纸不精，恨之！"良纸足以衬托佳书，早期书家已深切体会。在此需求下，各种造纸技术层出不穷。六朝至隋唐之间，麻类纤维仍是主要的造纸原料，此外，楮皮纸、桑皮纸、藤皮纸也先后出现。同时，为了防蛀，便有用黄蘖汁染成的黄纸；为了防水，便有涂蜡或油的蜡笺；为提高纸的平滑与洁白度，便有了白色矿粉涂布的粉笺；又因两晋改用竹帘捞纸术，并用植物胶液做悬浮剂，故纸张纤维均匀而薄，易于受墨。

笔的制作更关系到书家笔势的差异。早期的笔多为短毫锐锋，大致与日本正仓院所藏的唐代笔相似。至唐中叶，书家柳公权主张笔毫优柔、锋长、毫细、管小，使运动省力，宏阔自由。这与两晋至初唐刚劲笔锋的要求自然不同，也就影响到唐宋书法艺术纵横驰骋的风格。

文人对文具的影响至宋以后更为明显。由于文具制作技术的成熟及多样化，文人于濡笔运墨之余，对实用性的文具也不免以宝爱赏玩的态度视之。其重要的现象有三：一是文人品评鉴赏的文字充斥，谱录纷作，树立了文具赏鉴的准则；二是工匠地位提升，具精湛技术的匠人往往获得文士的礼遇；三是收藏家兴起，纸、笔、墨、砚也成了收藏对象，肯定了它们的艺术价值。

以墨为例，墨的质坚、胶好、香味佳、色泽黑亮，便是绘制书画的佳品。自唐宋以来精擅此技者甚多，如唐的祖敏，五代的李超、李廷珪，均有相当成就。尤其后者制墨供南唐内府之用，有"天下第一品"之号，最受宋人推崇。到了宋代，墨工名列谱录者已不下数十人。赏墨与品茶一样成为文人的嗜好，墨工与文士间的关系十分密切。如宋元佑间的墨工潘谷，便常与苏轼、秦观、黄庭坚等往来，诗文唱和；墨工潘衡制墨且曾得苏轼的指点。墨的使用既受重视，乃促使墨法的一再试验创制，如宋代墨工张遇、蒲大韶、胡景纯等先后试以桐油烧烟取代以往的松烟制墨，其墨色华丽姿媚，光可鉴人。因其取烟速捷，遂成为元以后主要的制墨材料。如歙县、休宁等地，地产佳松，于明代虽仍为制墨中心，但所造几乎都是油烟墨了。

明以前的墨多致力于质地的改善，不暇重视外观。如六朝墨称丸、枚、螺者，可能仍系抟制成形；唐墨虽已有模制如舟状的长墨，但形制尚简；宋墨如李孝美《墨谱法式》所列墨式及出土所见名家叶茂实的墨，也仅是长方墨条模印名号而已。及至明代，墨价贵重，墨工间竞争激烈，除墨质讲究外，墨的形状、纹饰也成了瞩目的焦点。因此，"假龙脑、麝剂以益其香；假金珠、箔屑以助其色；假龙纹、月团、香璧、乌玦以昭其象；假九子、五剑、天关、玄中以侈其名；假刃可截楮、锋可削木、置之水中三年不坏，以神其造"，在墨的香、色、形、纹、坚实方面均有突破性的进展。万历间程君房与方于鲁的墨战更加速了这方面的进展。

程君房、方于鲁二人皆能诗文，皆以制作佳墨而名重士林，但因私人恩怨及市场利益的争执而展开墨史上空前绝后的竞争。二人先后出版了《方氏墨谱》、《程氏墨苑》，各请海内词林名士为之题识称扬，并以幅幅精致的版画作为商战的宣传。当时名流如董其昌、五稚登、邢侗、屠隆、焦逗，画家如丁云鹏、吴廷羽、俞嘉谌，版刻家黄逸，及墨工之一时精英均为二人网罗。墨上的图案以博物为要，天文地理、花鸟人物莫不皆备，由这些版画翻制墨模，使每件墨上的浮雕均成为书画艺术的另一种表现。就墨的外形言，则有圆形的规、正方的矩、长方的珽、多角形的圭，以及象物造形的杂珮类。而制作过程中，有以桐油入漆液，并得其烟的漆烟法，使墨的神采坚莹；同时在墨的外表加上蜡与漆，使其光泽；制作墨模时，更有使用铜模者，使墨的锋棱峻整、坚劲犀利。像这样的墨锭所欲呈现的，已非实用而已，因此墨上遂刻有"不可磨"、"不是墨"、"未曾有"等字样，文士亦以欣赏的心态待之。

除了单一墨锭外，将不同名品聚集成套，专供赏玩的丛墨也应运而生。如明嘉靖间汪中山的丛墨，便在一匣中盛有十锭不同鸟兽纹饰的墨。再如乾隆时的"名华诗墨"，十锭同匣，各饰不同的诗文、花卉及色彩，线条纤细致密，不愧为清代墨工的胜场。

砚的发展，也有走向装饰赏玩的趋势。砚以质地分，有陶砚、石砚两种。陶砚盛行于六朝隋唐，形制多为箕式砚、圆式砚。箕式砚后高前低，双足如簸箕状。圆式砚如圆盘，中央高起，周边低下为墨池，其下贴饰蹄状或珠状的小足，有三足、四足至数十足者。除了贴饰产生的美感外，外表常施以釉彩，如青瓷砚、白瓷砚、三彩砚等，色泽鲜艳，只在砚面中央露胎以供研墨。在宋代，澄细泥以制陶砚的情形仍然存在，但风气渐衰，唯少数文人尚古成癖，常将一些古砖古瓦如铜雀台瓦、未央宫东阁瓦之类琢为几案陈设之佳砚，但伪作甚多。

以石砚而言，汉与六朝间，除了最常见的石板砚外，已出现雕刻繁缛、装饰意味浓厚的石砚。唯在实用要求下，选择既发墨又不损笔的砚石并不容易。直到唐代，一些优良的石材，如山东红丝石、广东端石、安徽歙石、甘肃洮河石等相继发现与开采，石砚始渐受重视，而它们所以能得文人的品评欣赏，主要还得力于其色泽与纹理。例如红丝石不仅在外表呈现红黄如丝的纹理，而且"墨，黑物也，施于紫石则暧昧不明，在红黄则色自现"，这是色彩调配的美感。歙石在南唐曾有砚务官督造开采，其色青黑，有芒而发墨，而宋人所重者更在于石之肌理间所形成的细纹，如所谓眉子、金星、罗纹、刷丝、鱼子、金晕之类，增添实用之外足供赏玩的趣味。端砚在唐代即以青中带紫的石色而入文士的诗文，其石中杂质聚若眼状，色在青黄之间，最具装饰效果，因此宋砚常在砚背石眼丛出处各为高下不等的石柱，每柱顶露一石眼，有若满天星斗的排列。

高濂在《燕闲清赏笺》中对砚的品赏断于"质之坚腻、琢之圆滑、色之光采、声之清泠、体之厚重、藏之完整、传之久远"。易言之，砚之形制、色泽、雕工及流传有绪的金石价值均成为评砚的标准。在雕饰上，唐宋石砚以箕形和抄手式居多，砚面多朴素大方，线条简练，墨池、墨堂均工整，至南宋式样渐繁。明砚常于砚面饰有深浅浮雕仿古或写生的图案；清人更将砚石视为雕材，有将砚面与砚背做整体设计，甚或整件制成立雕的花果或鸟兽，再中剖为砚身与砚盖两部分。如一件康熙、乾隆间琢砚名匠顾二娘的作品，砚面上端以松、柏枝叶及小片云纹围出墨池，松下立鹤与柏干间构成墨堂，砚背天然的石穴宛若松干蛀孔，松下的灵芝及石畔回首的雄鹿，形成极好的呼应，全件以宁谧完整的画境添色砚石的端庄雅致，雕刀运用、方圆布置及线面处理均细腻讲究。

砚形中另有以自然形状及自然纹理为美者，不加斧凿痕迹。例如明清端砚的砚材常在石面上呈现各种花纹，有青花、火捺、蕉叶白、鱼脑冻、金线点、黄龙纹等称呼，因此常有取佳石表面磨光为纯净之石板，不加任何雕饰，甚至连墨池、墨堂都不开，只以天然纹理为欣赏的重点。

在这种重视雕工及纹理的风气下，砚往往脱离了实用功能。因此谢肇淛曾有感而言："今之端研，池皆如线，无受水处，亦无蓄墨藩处……盛墨颇不便，间有斗槽者，便为减价，此但论工拙耳，非择砚者也……砚无池受墨，但可作枕耳。"

纸与笔的性能对书画艺术的影响甚大，其制品多倾向于实用功能的改善，但在技术进步的过程中，许多欣赏性的装饰也逐渐受到重视。

以纸来说，一些具有视觉美感的纸张在两晋隋唐间已陆续创制。如西晋时，以有色苔类植物为悬浮剂，使纸面呈现纵横交织的有色纹理，是为"侧理纸"；又有用茜草、靛蓝、槐花之类的植物染料染成五色纸，染料中调粉或施蜡便成了五色粉蜡笺；有的再用金银细粉和胶，在纸面绘云纹、花果，成为别致的金花纸；至如唐代的蠲纸则是一种水纹纸，迎着光可以看到发亮的线纹与图案。像这些由纹理、颜色、彩绘、暗花陪衬的纸张，宋以后更形兴盛，并以精细的画工与造纸术结合，如著名的《十竹斋笺谱》、《梦轩变古笺谱》便是明代流行书笺的总集，以各种生动的山水、花鸟、龙凤、故实为书笺的地纹图案。不过这类加工纸张的装饰性既浓，价又极昂，因此质量最佳的加工纸往往出自供御的作坊。例如明代宣德年间的素馨纸、瓷青纸、金花五色笺，清初内府的梅花玉版笺、描金或洒金五色蜡笺，也都是精细原料与湛深画技的结合，纸张本身充满装饰的趣味。

这类以描绘或砑花纹饰为贵的作风，是造纸术达于巅峰后所致力的方向。对书画艺术而言，由于解决了走墨或晕染的难题，书画家可任意运用加有胶矾的熟纸，或故意用生纸作画，与晋唐文士的要求大不相同，作品风貌自亦显然有别。至于一枚精致加工的良纸，不仅可充书画的用具，也是可以做把玩观赏的艺术品了。

笔的制作，唐宋以宣州为中心，元以后则移至湖州，有"湖笔"之称。辨选精毫制成适用的笔，须仰仗熟练的笔工，因此历代笔工著称者甚多，并与文士交往密切。如宋代宣州诸葛高所制之笔，宜于行书的挥洒，备受文士推崇。元代湖州冯应科所制的笔则与赵孟𫖯的字、钱选的画并称三绝。

笔毫重实用，可经常褪换，而趁意的笔管可长久把玩，因此笔管成了装饰意味浓厚的部分。为求运笔如意，笔管应以轻便为尚，重则滞笔，因此竹质笔管最普遍也最方便，但自古便常以珍宝珠玉的笔管来夸耀财势与地位。《西京杂记》载，汉制天子笔管以错宝为跗；见诸记载的尚有以金、银、玉、牙、角、葫芦、水晶、玳瑁、玻璃为管者，摩挲赏玩的功能十分明显。如现藏于日本正仓院的唐代斑竹笔管，上半部嵌沉香，末端雕象牙为饰，颇为雅致。宋代文人亦有以沉香、松梗管的笔相馈赠，特重其天然淳朴的美感。明代以后，人工的巧琢取而代之。如雕漆笔管，在窄不及寸的圆周上，镂雕细巧的山水人物，诚为巧夺天工之制品。此外，嵌螺钿、雕象牙、刻犀角、描金漆，以及此时极盛的瓷艺，如青花、五彩之类皆成为案头笔管的装饰，各竞奇巧，虽与笔法运用无关，却为文玩发展史中装饰趣味的另一表现。

五德三统

　　阴阳最早概指自然现象，春秋初年周朝内史如叔兴辈，专以阴阳变易解释自然现象，至公元前5世纪前后，金木水火土五行之说出现，兼含星历与自然元素二义，并配上十干十二支的符号，用来解释人事的变化，天象人事且有互相对应的关系。子思即曾说："案往旧造说，谓之五行。……孟轲和之。"至此，五行说似有更进一步发展。战国末期，社会动乱不堪，人心危困彷徨，驺衍因为目睹有国者淫侈不尚德，以致不能施及黎庶，"乃深观阴阳消息，而作怪迂之变"，将阴阳与五行结合，赋予新义，创"五德终始说"，解释历史发展的律则，开启了机械的命定循环论的先河。

　　五德终始说的主要内容是："称引天地以来，五德转移，治各有宜，而符应若兹。……然要其归，必止乎仁义节俭，君臣上下六亲之施。"所谓五德，是确定每一代帝王的运命，自有其在五行上所属之先天德行，五行相胜，循环不已，终而复始。天子所据之德也跟着循环，终而复始，形成朝代的更迭，历史的演变。驺衍曾著有《邹子》及《邹子终始》两书，对此说必有详细的析论，惜已失传。但从《吕氏春秋》所保存的片断，可以知道五德是以"土木金火水"五行相胜的原理相次转移的，其顺序为上德首胜，木胜土，故木德继之，金胜木，故金德次之，火胜金，火德次之，水胜火，水德次之，土再胜水，又开始另一循环。每一德盛行之时，必有与此德相配合的特殊服色、特殊政治精神和政治制度，因此又有"月令说"。落实在历史的发展上，驺衍认为黄帝是土德，夏禹是木德，商汤是金德，周文是火德，其代周者自必为水德。所以五德终始说基本上是一种命定的循环论，也是"螺旋式的历史观"。其进展如下图所示：

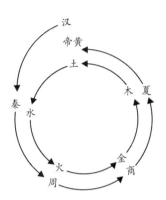

五德终始说还强调"政教文质者，所以云救也。当时则用，过则舍之，有易则易也。故守一而不变者，未睹治之至也"。所谓《易》，就是随着五德之运而变通。秦人在政教上也主张变通，故始皇即位，推演驺衍之说，以秦为水德，代周之火德。五德终始说暗示天命不能永远存在，此德必衰，彼德必兴，易姓受命乃为常事。可笑的是，始皇一方面自承水德，一方面却又宣称"二世三世至于万世，传之无穷"。

儒家学者董仲舒在阴阳五行思想气候的影响下，提出了"天人相与"之学，接受并改造了阴阳五行思想。他认为天有十端，天、地、阴、阳、火、金、木、水、土、人，统括为四类，天地一组，阴阳一组，五行一组，人自成一组。天道终而复始，循环不已，这种形态透过五行的演变表现出来。董仲舒的发明是在五行相胜说之外，又加上了五行相生的说法，合而观之，董仲舒的理论是：

> 天地之气合而为一，分为阴阳，判为四时，列为五行。

> 行者行也，其行不同，故谓之五行。五行者五官也，比相生而间相胜也……

> 东方者木……木生火。南方者火……火生土。中央者土……土生金。西方者金……金生水。北方者水……水生木。

以这个天道观为基础，董仲舒在历史观上提出三统说的历史发展观，截取五德说的五分之三，略加改变，并加上一套更为详密的制度系统，把五德说作了改造。他认为各朝代的递嬗归之于黑统、白统、赤统三个统的循环，王者继位受命自天，天子依所得之统，改制作科。落实到历史上，汤时正白统，文王时正赤统，《春秋》应天作新王，时正黑统。而孔子作《春秋》，是为汉立制，影射汉亦应为黑统。

三统只是一个小循环，三统之外，又有商、夏、质、文四法，此四法犹如四时，终而复始，穷则返本。落实到实际的历史上，舜法商，禹法夏，汤法质，周法文。如此，到汉又该法商而王了。三统和四法组成一个大的循环，所以三统说认为必须经历十二代才能完成一个循环周期。为了配合三统说，董仲舒更有忠、敬、文三教之说，由于各代政治必生弊病，三教也就自然要轮番更替。

依照这样的三统说，汉居于第二循环之首。继夏而为黑统，法商而王，当行忠政，这些都是汉继夏、商、周之后必然的发展趋势。然而，董仲舒毕竟是个儒者，承受公羊学，深明文化因累积而日益丰富，历史因绵延而日益增长，所以在命定的机械循环论之外，又提出"存三统"之说，主张在位帝王必须存前两代的后嗣以大国，各存礼乐制度，此即存三统。再往前据五代合称五帝，封其后代以小国，自行奉祀，五帝之前的九代则为九皇，只存名号，九皇之外，便列为民。而且，董仲舒认可的变只是国都、称号、正朔、服色的变化，文质方面的损益，至于"道"那是不变的。

后来刘歆根据董仲舒的三统说，作《三统历》，假三统之名论五行相生，认为历代兴衰是依照五行相生的顺序进行的。东汉的《白虎通》也承继三统说，作更进一步的发挥。

汉代的机械循环论影响深远，在实际的政治上，为表明受命自天，不断有改德运动。高祖初起时倡火德，用赤帜，即位后，复袭秦据水德，文帝以降，土德、水德之争不断，至武帝即位仍无定论，董仲舒的三统说应运而生。王莽篡汉，为使政权合法化，视己为黄帝与舜之后，汉则为尧后。黄帝既为土德，故他亦应续火德而有土德。舜既受尧的禅让，故他也要重演故事，这些他都认为是命定的："赤制计尽终不可强济。"刘歆的《三统历》自然也认为王莽以土德继汉之火德，是历史发展的预定安排。刘秀复兴之后，则以火接续西汉之火。

机械循环论认定"自古至今未有不亡之国"，而且皆有定数，所以东汉有些纬书便把每一德统的年数都明白规定，如"黑帝治八百岁，运极而授木。苍帝七百二，十岁而授火"（《春秋纬保乾图》），"苍帝之治八百二十岁。……自帝之治六十四世"（《尚书纬运朝授》）。公孙述据蜀称王时，"妄引谶记，以为孔子作春秋为赤制而断十二公，明汉至平帝十二代历数尽也"。自称以金代王莽之土，光武帝致书劝公孙述勿效王莽时，竟言："汉家九百二十岁，以蒙孙亡，受以丞相，其名当涂高。"以中兴之王预言自己的王朝九百二十年后将亡于蒙孙之手，得国的是丞相当涂高，足可说明命定循环论之深入人心。

除此而外，类似的命定循环论层出不穷，此为当时思想气候所致。如西汉经师翼奉发挥齐诗的"五际"循环论，认为"易有阴阳，诗有五际，春秋有灾异。皆列终始，推得失，考天心，以言王道之安危"。"天道终而复始，穷则反本，故能延长而无穷也。"甚至《易》传中的《说卦传》也用了八卦的方位来说明五行相生的原理，认为乾在西北、兑在西合为金，坤在西南为地（土），巽在东南、震在东合为木，离在南方为火，坎在北方为水，艮在东北为山（土）。八卦说与五行相生说于是结合为一。

汉代的《易经》思想也已变为象数易，最重要的是将卦象的排列和五行、干支、律历等数配合，企图以整齐一致的排列方式来解说万物盛衰循环的原理，其中以京房的排列最有系统。及至宋代，邵雍的《元会运世》说，把这种有秩序的循环观念发展到高峰。依照邵雍的意思，天地虽大，也是形器，既是形器，自然也有毁坏的一天。旧天地毁灭时，新天地复生，如此终而复始，循环不已，直至无穷。由元之元，元之会，元之运到元之世，天地是一个始终，其数是一元、十二会、三百六十运、四千三百二十世，一世三十年，所以总共为十二万九千六百年，其后新天地复起，再由会之元，会之会，会之运到会之世，天地又一始终，如此推算下去，最后到"世之世"，数已穷，穷则变，变则生，又由元之元开始另一循环。如此循环不已，直至无穷。就历史的发展言，三皇时代，如同一年的春季，五帝时代，如同一年的夏季，三王时代，好比一年的秋季，五伯时代，好比一年的冬季，战国时代好比冬季的余绪。邵雍这种天地生长成毁的历史循环观，还有一个特色是，定唐尧为天下文明最盛的时候，在此之前有所不及，在此之后日渐退化，自尧舜至宋三千余年间从没有治满六十年而化一天下风俗的时候。邵雍又将尧即位之年至后周显德六年（959年，次年赵匡胤即位为宋太祖）间的重大治乱事迹，以事系年，编成一部编年史。邵雍的历史退化论被王船山评为："泥古过高，而菲薄方今，以蔑生人之性。"

纯就历史的著述而言，司马迁虽然在《太史公自序》中提到"阴阳四时、八位、十二度、二十四节各有教令，顺之者昌，逆之者不死则亡"是"未必然也"，故曰"使人拘而多畏"。排斥了阴阳五行的命定论，在"三代世表"中则指出各家以《终始五德之传》建立古史系统的互相乖异和不可信，但是司马迁的春秋学《闻诸董生》也提出了忠、敬、文的循环论：

夏之政忠。忠之敝，小人以野，故殷人承之以敬。敬之敝，小人以鬼，故周人承之以文。文之敝，小人以僿，故救僿莫若以忠。三王之道若循环，终而复始。周秦之闲，可谓文敝矣。秦政不改，反酷刑法，岂不缪乎？故汉兴，承敝易变，使人不倦，得天统矣。

这种循环论以及汉得天统的观念显然来自董仲舒的三统说。司马迁甚至还说：

夫天运，三十岁一小变，百年中变，五百载大变；三大变一纪，三纪大而备，此其大数也。为国者必贵三五。

这显然与王者应天运之变的机械循环论有关，足见太史公也受到当时流行思想的影响。

班固作《汉书》则完全接纳机械的命定循环论，论高祖之得天下是："汉承尧运，德祚已盛，断蛇著符，旗帜上赤，协于火德，自然之应，得天统矣。"《律历志》根据《三统历》，说明朝代的更替是按照必然的程序进行的，历史在命定的安排中循环发展。

综观之，五德三统的机械循环论为两汉时期最重要的历史发展观，两汉之后仍留存人心。

三世进化

　　董仲舒受公羊学，将"春秋分十二世以为三等，有见，有闻，有传闻"，但三等之间并无进步之旨。何休亦承公羊学，其天人观念与董仲舒大致相同，唯在阐扬《春秋》的政治理想上，所提出的三世历史进化观则为前人所无。

　　何休将《公羊传》"所见异辞，所闻异辞，所传闻异辞"一语加以引申发挥，认为隐、桓、庄、闵、僖五公时代为孔子所传闻之世，于此世见治超于衰乱之中。文、宣、成、襄四公时代为孔子所闻之世，于此世见始升平。昭、定、哀三公时代为孔子所见之世，于此世，著治太平。春秋十二君，二百四十年之中，就是由据乱至升平，终至太平的进步过程，充分肯定历史进化的理想。因此，三世之义实为历史进化论。

　　汉末，天下大乱，《公羊传》逐渐式微，魏晋以后，公羊义理已无人探讨，三世进化观终于断绝。直至清中叶，因考据学已渐走入末途，康有为提倡义理的研究，重新振兴公羊家的学术思想，三世之义得以复活。加上清世由盛而衰，内忧外患日益严重，思想家据公羊学的政治理想提出政治变革的要求，三世进化论蓬勃发展，成为晚清最重要的历史发展观。

　　魏源认为，"五帝不袭礼，三王不沿乐"，"上古之风，必不可复"，而"变古愈尽，便民愈甚"。所以历史如流水，往而不可复，一往向前，越变越进步。他又根据公羊三世说，把历史分为太古、中古、末世三世，在进化之外，并赋予循环论的义旨。他说："夫治始黄帝，成于尧，备于三代，奸于秦。"以黄帝、尧、舜时为太古，三代为中古，春秋战国进入末世，秦代达到末世之极，到汉代，"气运再造"，脱离末世，再入太古，重复另一循环，人类历史即如此气化递嬗，三皇至秦为一气运，汉至元为一气运，明清又一气运，中国古今历史可分为三大循环周期，即所谓"三复"。他解释其发展过程为："天下之生久矣，一治一乱。治久习安，安生乐，乐生乱；乱久习患，患生忧，忧生治。"这是治乱循环与三世进化两种观念的结合。

谭嗣同也根据公羊三世的进化观点，结合日新之义，主张历史不断进步发展，最后进入大同之境。他提出"逆顺两三世说"，以孔子为中心，孔子以前的文明为由太平、升平到据乱的"逆三世"，以后为由据乱、升平到太平的"顺三世"。梁启超以政体的改变论三世的发展，以为据乱世"多君为政"，升平世"一君为政"，太平世"民为政"，故"世界必由据乱世而升平而太平，故其政也，必先多君而一君而无君"，最后必然进入太平、大同之世。

谭、梁的三世进化说均本之康有为。康有为可说是三世进化论的集大成者，他以公羊三世为基础，结合了《礼运》篇的大同、小康说，儒家的变通观，和西洋新说，建构了有系统的历史进化论。在康有为看来，历史是"时时维新"，"时时进化"，相信"世运既变则旧法皆弊而生过矣，故必进化而后寡过也"。"孔子之法"即"务在因时"。而且，"世界既进步之后，则断无复行退步之理，即有时为外界别种阻力所遏，亦不过停顿不进耳，更无复返其初"。历史的演进过程则为由据乱世而升平世，而太平世。升平世相当于"礼运"的小康之道，太平世相当于大同之道。又认为每一大世中包含三世，即据乱之中有升平、太平，三世之中各有三统，又可分为三世，如此，"三世而三重（统）之为九世，九世而三重之为八十一世。辗转三重，可至无量数"，最后至于"诸星诸天而无穷"，其间层层升进。但是，相对的，非至其时，不得跃进等。中国历史自秦汉至明清为由据乱世达于升平世中之据乱阶段，最后终将进入大同之境。康有为著有《大同书》，详细说明大同世界的内容。

晚清为历史进化论盛行的时期，自达尔文主义传入中国后，益使进化论的内容更为丰富。

因 革 损 益

　　历史的演进根源于时势的形成与变异，时势不断变化，历史也就不断变异，变是历史的永恒性质。然而，在历史的演进中，是否一切皆变？这就涉及变与常的问题了。孔子首先提出最具代表性的观点，子张问"十世可知也"？孔子答道："殷因于夏礼，所损益，可知也；周因于殷礼，所损益，可知也。其或继周者，虽百世，可知也。"孔子认为历代礼制的发展，是有所因革，有所损益的，也就是有所承袭，有所变革，变中有常，所以由夏、商、周礼制损益的情况可以推知以后演变的轮廓。此中含有谨守法度的意思，如果失其法度就会带来灭亡。鲁昭公二十九年（公元前512年）春，晋国铸造刑鼎，孔子断言："晋其亡乎！失其度矣。"认为晋国应该遵守唐叔传下来的法度，以经纬其民，"贵贱不愆，所谓度也"。现在废弃这个法度，而为刑鼎，"贵贱无序，何以为国"？

　　常道是历史的本源和法度，肯定了本源和法度，历史便能循序渐进，在时势的变异中源远流长。孟子也发挥了孔子的观念，针对"逝者如斯夫，不舍昼夜"这句话，徐辟问孟子到底孔子"何取于水也"？孟子的解释是，有本源的泉水滚滚下流，不舍昼夜，把洼下之处注满，又继续向前奔流，放乎四海；假若没有本源，一到七八月间，雨水众多，沟浍皆盈，但是一会儿就干枯了。历史的发展正是如此，假如有本源，便能"放乎四海"，历史的本源就是历史的常道。也因此，孟子提出法先王的主张。孟子深信古圣先王所创立的制度，可为万世楷模，后世君主必须取法，所以他说："徒善不足以为政，徒法不能以自行。诗云：'不愆不忘，率由旧章。'遵先王之法而过者，未之有也。"

荀子也引三代圣王之治法作为矩范，以为"三王既已定法度，制礼乐而传之，有不用而改自作，何以异于变易牙之和，更师旷之律？无三王之法，天下不待亡，国不待死"。荀子更相信三代之法是相因承袭的，首重百王累积之法度，所以他认为"以道观尽，古今一也"。基于这种观点，他又指出："欲观千岁，则数今日；……欲知上世，则审周道；欲知周道，则审其人所贵君子。"也因此，在统而一之、连而贯之的基础上，荀子提出法后王的主张。他的基本意旨是："百王之道，后王是也。"孟子法先王与荀子法后王的基本差异是，孟子借托古以改制，而荀子则接受历史的现实。

先秦儒家承认历史的变异性，但孔子"祖述尧舜，宪章文武"，孟子"言必称尧舜"，荀子也屡称"原先王"、"法先王"，比较起来，先秦儒家较偏重于强调历史的本源，注重历史常道的延续。孔子因革损益的思想已成为后世了解历史发展的基本模式。

较强调历史变异的法家，在这方面的看法与儒家完全不同。韩非子按照他"事异则备变"的原则，提出了变与不变在可与不可的最实际的观点。他说："不知治者，必曰：'无变古，毋易常。'变与不变，圣人不听，正治而已。然则古之无变，常之毋易，在常古之可与不可。"简言之，就是"圣人不期修古，不法常可，论世之事，因为之备"。韩非子对于变与常的态度是如此，连带的，对于法度的可变与不可变也是如此。他认为："欲治其法而难变其故者，民乱，不可几而治也。故治民无常，唯治为法。法与时转则治，治与世宜则有功。……时移而治不易者乱，能治众而禁不变者削。故圣人之治民也，法与时移而禁与能变。"韩非子的目的是要摆脱古圣先王的观念束缚，指出一切法度都应与时推移。因此，韩非子批判了儒家的守常态度。他说："殷、周七百余岁，虞、夏二千余岁，而不能定儒、墨之真，今乃欲审尧舜之道于三千岁之前，意者其不可必乎！无参验而必之者，愚也，弗能必而据之者，诬也。故明据先王，必定尧舜者，非愚则诬也。"

韩非子还讲了两个故事来讥笑儒家的"法先王"。一个叫"守株待兔"。宋国有个耕田的人，他的田里有一棵树，有一天，一只兔子触树折颈而死，他就丢掉耕具，守在树下等着兔子，兔子没有等到，他却成了宋国的笑柄。"今欲以先王之政，治当世之民，皆守株之类也"。另一个叫"尘饭涂羹"。小孩游戏，以尘土为饭，以泥浆为汤，以木片为肉，玩了一天，到晚上还是要回家吃饭，因为尘饭涂羹可以戏而不可食。"夫称上古之传颂，辩而不悫，道先王仁义而不能正国者，此亦可以戏而不可以为治也。"

但是，反过来，法家一味求变而不知常的态度也受到儒家强烈的批评，荀子可为代表。他批判慎到、田骈是"尚法而无法……终日言成文典，反训察之，则偶然无所归宿，不可以经国定分……足以欺惑愚众"。荀子指出的路向是"宗原应变"，"举措应变而不穷"，因为"道者体常而尽变"。道是以常理为体，但道之用又变化无穷。这是儒法两家在历史发展的观念上最大的歧异处。

董仲舒接着发挥了儒家的这层思想，认为"天下无二道，故圣人异治同理"，"古今通达，故先贤传其法于后世"。《春秋》之于世事，是"善复古，讥易常"，主要目的在于想达到法先王的目标。但是王者必须改制，如此，既要法先王，又要改制，两者如何并存？董仲舒的解释是，"所谓新王必改制者，非改其道，非变其理"。所改之制是"徒居处，更称号，改正朔，易服色"等，"若夫大纲、人伦、道理、政治、教化、习俗、文义，尽如故，亦何改哉。故王者有改制之名，无易道之实"。这仍然是变中守常，有因有革的观念。

扬雄也相信历史有因有革，但态度相当开明，他说："或问道有因无因乎？曰可则因，否则革。""或问新敝，曰，新则袭之，敝则益损之。"因革损益完全随时而变。扬雄的全盘观点是：

> 夫道有因有循，有革有化。因而循之，与道神之；革
> 而化之，与时宜之。故因而能革，天道乃得，革而能因，天
> 道乃驯。大物不因不生，不革不成，故知因而不知革，物
> 失其则，知革而不知因，物失其均。革之匪时，物失其基；
> 因之匪理，物丧其纪。因革乎因革，国家之矩范也，矩范
> 之动，成败之效也。

很显然，扬雄将时、因、革三方面作了最好的结合。也因此扬雄同意："以往圣人之法治将来，譬犹胶柱而调瑟。"圣人之法不是古今一律的。大体上，中国的思想家大都相信至当之道是万世不变，但是道的具体运用则要因时因地而变。

史学家在"通古今之变"之余，当然对历史发展的因革损益有更敏锐的观察。司马迁作《礼书》说："三代之礼，所损益各殊务。"他笃信礼义是历史的常道，"以礼义防于利"则是通古今之变后得到的结论。而礼义之大宗则为孔子的《春秋》，惜孔子之道不行，从战国到秦汉，尚法轻礼，交相争利，史公原本希望武帝接三代统业，观三代损益而重新制作一代大法，延续大统，然而武帝专饰钟鼓玉帛，严刑嗜利，古代礼乐从此不复见。史公痛心之余，只好"述往事，思来者"，"藏之名山，副在京师，俟后世圣人君子"。

杜佑的《通典》综览古今制度的变迁沿革，他也认为："在昔制置，事皆相因。"以封建为例，"自昔建侯，多旧国也。周之屏藩，唯数十焉，余皆先封，不废其爵"。承认在氏族部落与族长权力的基础上，顺着历史行进的步调，产生封建制，而非圣人的制作。当然，杜佑也说过："随时立制，遇事变通，不必因循。"这也就表示杜佑相信历史是有因有革的。

历史上的变法论争，往往症结所在就是常、变观念的不同。以

宋朝王安石的变法为例，反对者司马光认为："使三代之君常守禹、汤、文、武之法，虽至今存可也。汉武取高帝约束纷更，盗贼半天下；元帝改孝宣之政，汉业遂衰。由此言之，祖宗之法不可变也。"王安石却相信："二帝三王相去盖千有余载，一治一乱，其盛衰之时具矣，其所遭之变，所遇之势，亦各不同，其施设之方亦皆殊。……故曰当法其意而已。"司马光坚持"祖宗之法不可变"，王安石辩称"祖宗不足法"，所谓法是"当法其意而已"，意为尽管需以上复三代理想为目标，但是在运用上必须随时而变。两者的差异正是一主守常勿变，一主常中有变。晚清的变法论争中，守旧与维新双方的理由，亦复如是。

再回到王船山的历史哲学里来。王船山认为天有"贞一之理"和"相乘之机"，"知天之理者，善动以化物，知天之机者，居静以不伤物，而物亦不能伤之"。"贞一之理"是"万古不易者，时之贞也"，也就是"君臣父子之伦，诗书礼乐之化"的不可违的常道、大经。"相乘之机"是"古今殊异者，时之顺也"，也就是历代典章制度的变革、更易。常道、大经是"有定理"，是"本质"，可因不可革。变革、更易是"无定法"，是"末文"，可革不可因，"一兴一废一繁一简之间，因乎时而不可执也"。是故"因亦一道也，革亦一道也"。以政治来说：

> 若失百王不易，千圣同原者，其大纲，则明伦也，察物也；其实政，则敷放也，施仁也；其精意，则只台也，跻敬也，不显之临，无纾之保也；此则圣人之道统，非可窃者也。

以礼来说：

> 礼有不可变者，有可变者。不可变者，先王亦既斟

酌情理，知后之无异于今，而创为万世法；变之者非大伦之正也。可变者，在先王之世，尊尊亲亲，各异其道，一王创制，义通于一，必如是而后可行；时已变，则道随而易，守而不变，则于情理未之协也。

既然在历史的演进中，有圣人之道统，有不可变者，有可变者。所以，"三代之礼，郡县之权，革其文，必因其实"。因是因袭其实（本质），本质不容革，不容损益。革则是损益其文（末文），因此后代在法古时，必须有"革兴"的态度："故善法三代者，法所有者，问其所以者，而或可革也；法所无者，问其何以无，而或可典也？"落实到历史来说，就是："夏殷周治法相仍，而犹随时以损益，况郡县之天下，迥异于三代者哉。"例如，《禹贡》是夏后一代之法，不行于商周；《周官》是成周一代之规，不上因于商夏，所损益的只是贡赋和官制之类具体的典章制度。但是用贤兴教，仁爱施民，却是"以治唐虞，以治三代，以治秦汉而下，迄至于今，无不可以此理推而行也；以理铨选，以均赋役，以诘戎兵，以饬刑罚，以定典式，无不待此以得其宜也"。换句话说，必须谨守历史之大经常道，而在遇不合时势时，又当顺应时势，及时损益，这才是因革损益的正确意义。中国的历史发展观念在这里有着最理性的表现。

顺势而变

　　既然历史在不断的变动之中，那么，造成历史变动的因素是什么？以韩非的思想来说，是什么因素造成"上古竞于道德，中世逐于智谋，当今争于气力"的历史精神的不同？韩非认为这是来自人口与经济的变化：

> 　　古者大夫不耕，草木之实足食也；妇人不织，禽兽之皮足衣也。不事力而养足，人民少而财有余，故民不争，是以厚赏不行，重罚不用，而民自治。今人有五子不为多，子又有五子，大父未死而有二十五孙，是以人民众而货财寡，事力劳而供养薄，故民争，虽倍赏累罚，而不免于乱。

　　这里"人民少而财有余"、"人民众而货财寡"所意指的就是客观环境的变化，也就是外在情势的更易，引起了历史的变动。史学家、思想家对于势之变易颇有发挥，司马迁认为是积渐进之势而变。而杜佑对于恢复封建制度的看法则是："欲行古道，势莫能遵。"刘知几说得很简要："古今不同，势使之然也。"柳宗元更提出深刻的理论，认为封建的产生不是来自圣人的理念，而是出自时势的自然演进。生民之初，草木榛榛，鹿豕狉狉，人人自奉自卫，互争不已，贤明才智之士出而伏众，于是产生君长刑政之制。接着，相近者聚而为群，诸群之间相争的结果又产生一个较大的群体，众群之长就而听命，于是有诸侯之列。同样的，几个部落群继续相争，诸侯又就而听命于大者，于是有方伯、连帅之类，再争斗吞并，最后构成一个封建国家，天下合于一，方伯、连帅之类就而听命于天子，天子死，必求其嗣而奉之，地位很自然的是世袭的。这是一步一步的演进过程，"故封建非圣人意也，势也"。也因此，"彼封建者，更古圣王尧舜禹汤文武而莫能去之，盖非不欲去之也，势不可也"，"殷周之不革者，是不得已也"。这是柳宗元对于时势的充分肯定。

马端临也同样以势的观点评论制度的变革。在谈到土地私有制的形成时，说得最清楚，他认为："三代之制，天下之田悉属于官，民仰给于官者也，无甚贫甚富之民。自秦始以宇内自私，独运于其上，而守宰之任，骤更数易，视其地如传舍。守宰之迁除其岁月有限，而田土之还受，其奸敝无穷。故秦汉以来，官不复可授，田遂为庶人之私有，亦其势然也。"

在王船山的历史哲学中，时势的理解是非常重要的部分。所谓势就是"顺而不逆之谓也，从高趋卑，从大包小，不容违阻之谓也"。历史之理便是从这种不容违阻的历史之势中产生的："顺必然之势者，理也。"而所谓的天事实上即是理的表现："理之自然者，天也。"所以，"岂有苍苍不可问之天哉？天者，理而已矣；理者，势之顺而已矣"。天理是可以理解的。进一步看，理与势相合为一，从"理成势"说，"迨其得理，则自然成势，又只在势之必然处见理"。所以不可为"似是之理，偶然之事，庸俗之情"所惑，而必须在"势之必然处见理"。同样的道理，"势之难易，理之顺逆为之也。……理之顺，即势之便也"。所以"守天下者，正名定分而天下定，惟因理以得势"。"势成理"说，"势处于不顺，则事虽易而必难"。所以"攻天下者，原情准理而天下服，则亦顺势以循理"。

理势的基本关系是"势相激而理随之以易"，能够顺理循势的人才是大智者，文明得以进步，也是不断顺理循势的结果。王船山在探讨历史现象时，便经常用这种理势相成、理势合一的观念来解释。例如："势之所趋，岂非理而能然哉！""理势不可分"，"势因乎时，理因乎势"。"势之顺者，即理之当然者已。""时异而势异，势异而理亦异。""势合而后可言情，情得而后可言理。"

落实到历史上来看，"事随势迁，而法必变"，故"汉以后之天下，以汉以后之法治之"。同理，以封建与郡县为例，三代封建，为势所必然，秦汉以后，变为郡县，也是顺理循势，他说这个变迁是"封建不可复行于后世，民力所不堪，而势在必革也"。同理，"郡县之制，垂二千年而弗能改矣，合古今上下皆安之，势之所趋，岂非理而能然哉"？

章学诚把文明的演进视为顺势而变的自然趋势。举凡"均平秩序之义"，"长幼尊卑之别"，"作君、作师、画野、分州、井田、封建、学校之意"都是出于"不得不然之势"，"故道者，非圣人智力之所能为，皆其事势自然，渐形渐著，不得已而出之，故曰'天'也"。一切文物典章制度的建立都是法积美备，渐形而渐著，并非少数圣人的智力的作用，"譬如滥觞积而渐为江河，培土积而至于山岳，亦其理势之自然"。所以，"当日圣人创制，只觉事势出于不得不然……一似暑葛寒裘，犹轨辙也"。周公虽然"集千古之大成"，但其经纶制作，"则亦时会使然，非周公之圣智能使之然也"。章学诚可说是深深把握了"时会适当然而然"的意旨。

马

　　蒙古人的成功首先是建立在军事征服基础上的。不过，支持其军事征服并使之成功的，却是他们掌握并出色地利用了当时世界上最先进的军事战术——骑兵战术。

　　作为人类最忠实的动物朋友——马匹，自古以来，为亚欧大陆的经济文化交流、东西方交通和战争作出过最为杰出的贡献。自中亚和北亚的游牧民族饲养马匹成功，使之为畜牧业和军事目的服务，并作为一种重要的军事力量登上历史舞台后，人类的战争史便发生了革命性变革。公元前8世纪左右，活跃于亚欧北方草原通道的古老游牧民族斯基泰人，以及继之而起的匈奴人、突厥人，直至13世纪出现于北亚草原地区的蒙古民族，在我们生活的亚欧大陆草原地区，曾昙花一现般地涌现出多少马背民族！他们犹如草原植物的花朵，迅速成长，争雄衰落，转眼间烟消云散，为另一支新的游牧部族所取代。正是在这种频频的争雄和替代的过程中，他们的共同武器——骑兵战术和骑射战术，在实战中不断地得到更新和改进，变得更加娴熟，更为进步。骑马战术延续到蒙古人，已有两千多年的历史，骑马战术在一次又一次的战争实践考验中，内容不断地得到丰富，技术不断地得到提高。起初，骑兵战士没有佩挂，不饰头盔、铠甲；后来，不仅骑士身着笨重的铁甲，如锁子甲，连战马也披挂铁锁装甲。

与这种重装骑兵相对应的是草原牧民惯常使用的轻装骑兵。轻装骑兵首先是具备高度快速、机动灵活的特点，便于集中兵力，迅速集结压倒对方的优势军队，尤其可以十分方便地在马背上引弓，飞蝗般的箭矢会使敌人招架不住，防不胜防。

蒙古军队一律由骑兵编制而成，坐骑完全没有装甲武装，士兵仅在前胸穿简单的皮制铠甲。他们使用的是弯月形马刀和强劲有力的短弓，十分便于从马背上射击。他们携带大量的箭镞，很少出现箭镞用完的现象。蒙古军队的全军骑兵化，快速奔驰的战马配合，优秀准确的骑射本领，势必成为他们获得军事胜利的关键。这种装备和革新的技术，一旦在实践中得到高度的发挥，在当时的历史条件下，必将是全胜无敌的。

这种战术是否完全由蒙古人发明，恐怕很难这样认定。不过，聪明的蒙古人充分地吸收和利用了千百年来草原骑兵战术中陆续积累起来的丰富经验，并在自由战斗实践中加以充分发挥和完善，从而使骑兵作战技术的高度机动灵活性和集体作战方式得到成功的运用，骑兵战术和骑射战术得到更进一步的提高。可以说，蒙古骑兵制度和骑兵战术已经达到了尽善尽美的程度。蒙古帝国成功的基础、基本因素和秘诀，就在于它拥有最先进的秘密武器——骑兵战术和骑射战术。

决定战争胜负的最重要的因素之一是给养的补充供应问题。兵马未动，粮草先行，这似乎是一般的军事常识，但却又是十分棘手的问题。《孙子兵法》曾专门研究过这个难题。可是，这个历来使多少军事家费尽心机的问题，在蒙古部队却轻而易举地得到了解决。他们行军时，每个士兵配备五六匹战马。这些训练有素的马匹随着主人一同奔驰行军。它们轮流驮载主人，负载辎重（兵器、食物和饮水等），同时又是天然的、理想的"食品库"。蒙古军队借助马匹可以顺利通过没有人烟的原野和荒漠。一旦食物匮乏，马肉便是上等食物，皮革可以用来制作衣服、缰绳、袋子、弓弦等；马又善于游泳，用马革制成的筏子也是渡水过河的理想工具；马骨可以削制矢头和箭杆；一旦缺乏饮水，马奶甚至马血都是上等的饮料。古往今来的战争给养问题让蒙古人轻而易举地解决了。他们再无后顾之忧，可以长驱直入亚欧大陆，尤其是穿过荒无人烟的草原和沙漠地区时，如履坦途。骑兵战术和给养问题的出色解决，使蒙古军队如虎添翼。从此，他们可以横行天下全无敌手，建立起空前强大的帝国。

国 风／著

文心夜耕

之二

中国文联出版社

陈寅恪先生在为他的老师王国维撰写的碑铭中说："士之读书治学，盖将以脱心志于俗谛之桎梏，真理因得以发扬。思想而不自由，毋宁死耳。斯古今仁圣所同殉之精义，夫岂庸鄙之敢望。先生以一死见其独立自由之意志，非所论于一人之恩怨，一姓之兴亡。呜呼！树兹石于讲舍，系哀思而不忘，表哲人之奇节，诉真宰之茫茫。来世不可知者也，先生之著述，或有时而不章；先生之学说，或有时而可商，惟此独立之精神，自由之思想，历千万祀，与天壤而同久，与三光而永光。"这不单是写出了一个大师对另一个大师的理解，也是寅恪先生对自己胸臆的直抒，道出了作为中华民族文化的托命之人"为天地立心，为生民立命，为往圣继绝学，为万世开太平"的神圣使命和直道热肠，道出了历尽沧桑，"虽九死其犹未悔"的中国知识分子"威武不能屈，富贵不能淫，贫贱不能移"的高尚气节和宝贵情操。每一个当今的中华儿女都应该具有这样的风骨，它是真正的民族魂！

目　录

皓首穷经注先贤

朱熹（1130～1200年），字元晦（一作仲晦），江西婺源人，南宋时期的理学家和教育家。父亲朱松是岳飞、秦桧同时人，曾得充福建政和县尉小官，携全家赴任，后调任尤溪县尉。宋高宗建炎四年（1130年），朱熹出生于尤溪。降世不久，其父升任朝廷秘书省正字职，但因反对秦桧主和，被逐出朝廷，回到福建建阳家中。朱熹随父在建阳度过了他的童年。

建阳近邻有个南剑州，是道学最初在南方的传播中心，朱松十分热衷道学，与当地道学家交往甚密。这种环境对朱熹的一生有着深刻的影响。朱熹受教于父，聪明过人。四岁时其父指天说："这是天。"朱熹则问："天上有何物？"其父大惊。他勤于思考，学习长进，八岁便能读懂《孝经》，在书上题字自勉曰："若不如此，便不成人。"朱熹十岁时父亲去世，其父好友刘子翚、刘勉子、胡宪等人皆是道学家。当时的道学家一部分排佛，一部分醉心学佛，他们皆属后者。因此朱熹既热衷于道学，同时于佛学也有浓厚兴趣。绍兴十七年（1147年），十八岁的朱熹参加乡贡，据说就是以佛学禅宗的学说被录取的。主考官蔡兹还对人说："吾取一后生，三策皆欲为朝廷措置大事，他日必非常人。"

绍兴十八年（1148年），朱熹考中进士，三年被派任泉州同安县主簿，从此开始仕途生涯。赴任途中，他拜见了著名道学家、程颐的直传弟子李侗。绍兴三十年（1160年），三十岁的朱熹决心向李侗求学，为表诚意，他步行几百里从崇安走到延平。李侗非常欣赏这个学生，替他取一字曰元晦。从此，朱熹开始建立自己的一套客观唯心主义思想——理学。

一

朱子是集宋代新儒学之大成的思想家，他结集《四书》以代《五经》，固系不朽之伟业，影响于后世者至深且巨。朱子之纳子思、曾子于孔孟道统之中，尤寓其哲学之新见，而更重要的则是朱子以他自己的哲学立场批导孔孟旧说，于孔孟格局之外另创一番新天地，在思想史上极具意义。

从学术思想史的角度来看，朱子著《四书章句集注》就南宋以前之儒学言，为融旧铸新，综罗汉魏前儒以迄北宋诸老先生之训诂经义于一炉而治之；然就南宋以后之儒学传统言，则为开宗立范。朱子注释《四书》之同时，随时出之以新义新说，为此下学者开宗风、立矩矱。《四书章句集注》最能具体显示朱子学因袭面与创新面之两大特质。倘欲一窥中国注疏传统的特质与朱子学问的藩篱，《四书章句集注》实在是一个重要的依据。

朱子是公元12世纪中国儒学之集大成的人物。这种集大成的历史性格于其《四书章句集注》中最能透露其消息。朱子《语孟集义序》曾云："汉魏诸儒，正音读，通训诂，考制度，辩名物，其功博矣。学者苟不先涉其流，则亦何以用力于此。"朱子为学极为重视前儒注疏，从《朱子语类》中，也可以发现朱子随处指示学者汉注唐疏不可偏废，他自己为《四书》作集注也随时征引前儒旧说，并予以折衷消化，构成一圆融无碍的思想体系。

朱子的《四书章句集注》最能体现中国学术传统特质之所在。西方史上所见的思想家多自出心裁，建构自己的哲学体系，经典注疏或眉批虽时或有之，但终究不是思想家表达其思想之根本方式。西方思想家多各自著书立说以申己见，其所关心之问题或与哲学有一脉相通或隐然相应之处，然绝少以注疏经典之方式寄托一己之哲思。中国的情形与西方之传统颇不相同，中国历代大哲多在阐释疏解经典之中提出自己的哲学新见，两汉经师之注解《五经》，魏晋新道家之注老庄如此，这是中国学术思想发展史的一个重要现象，为当予注意。这一个思想传统乍见之下，或以为中国思想历经两千年而未曾变动，但细察其实则思潮伏流互相激荡，学者在注经解经的同时申之以己意，以新酒装旧瓶，所以经书之外表仍旧，而其思想之内容已变。就这个特质而言，历代解经家所行者实际为拔汉帜以立赵帜之工作。

朱子注《孟》之因袭面综罗汉魏诸儒解经之成果，充寓《经学》之精神，这一点和他注《孟》的创新面中自出心裁，充满"理学"之作风构成有趣的对比。在《孟子集注》中，朱子引用有宋一代以前典籍之次数共四百零四次，包括属于经部的典籍一百五十五次；属于史部的典籍六十四次；属于子部的典籍三十次；其他各种字书则共引用一百五十五次。若再细查朱子引用各类典籍之总数，则可以发现属于经部者有十五种；属于史部者有六种；属于子部者有二十一种；各种字书则有八种。朱子不仅引用经籍以阐释《孟子》，更引用宋以前儒者各种注疏，其次数共三百二十三次；包括经部典籍的注疏引用不下九十三次；史部典籍的注疏引用九次；子部书籍的注疏引用十七次；集部书籍的注疏引用四次。

但是，以上所作的两个统计尚不足以穷尽朱子对孟学解释之因袭面。朱子注《孟》除泛引经、史、子、集各典籍及其注疏之外，袭用后汉赵岐之旧说的次数亦甚为可观，这是《孟子集注》中最可注意的一个发现。朱子曾云："解书难得分晓。赵岐《孟子》拙而不明，王弼《周易》巧而不明。"他对《孟子》赵氏注评价甚低，但据统计，通贯《孟子集注》全书各章，朱子引用或因袭赵氏注者共高达五百八十四次；有关国名地望者共三十次；有关经典出处者共十五次；有关古代制度者共十三次。

就以上统计所见，朱子袭用赵氏注者以有关文字训诂者为最多，史实人名次之，两者共计四百三十八次，占总数之绝大多数。由此可见，就朱子观之，赵注之长处在文字训诂及史实人名之考证上。

其次，有关国名地名、经典出处、古代制度之训解，朱子之从赵氏者共五十八次，尽以赵氏近古，所论古制及地望之考证较为可信，故朱子多从之。

朱子在章旨文义的阐释上从赵氏者共计八十四次，为数不少。但若进一步细究其实，则可发现朱子在章旨文义上袭用赵氏注者多属于训诂之范畴，如"孟子见梁惠王"章，赵氏注曰："所谓利，盖富国强兵之类。"朱子从之曰："赵岐注云，孟子知王欲以富国强兵为利。"至于有关重要哲学概念如"仁"、"义"等之训释，则朱子多出自一己之心裁，极少盲从汉魏先贤的说法。

朱子对先秦经典以及汉注唐疏均以自己的哲学立场加以取舍裁成，因革损益，而非完全承袭旧学之矩　，这一点最可以显示出朱子为学的集大成性格，也可以反映出宋儒以主观的立场追求知识的统一，并进而以批判的态度折衷融会传统学问的做法。

二

朱子的《孟子集注》并不以因袭旧学为唯一目的。朱子在承继旧学的同时也随时追求新知，提出自己的哲学新见。这种创新面就思想史的流传而言，尤其值得注意。因为朱注的因袭面代表旧传统的延续。在这种承继之中，朱子只是汉魏隋唐诸儒的注脚，而朱子注的创新面则代表新生格局的开展，在这种开展之中，朱子为此下七百年间的儒学思潮立宗范定规模。朱子在中国儒学史上的历史地位正在这种新旧递嬗之中透露无遗，而朱子思想的重要特质正在于他能在旧传统的延续与新思潮的展开之间维持一个稳定的平衡关系。

通读《孟子集注》可以发现，理的概念的创发至少是其中所显示的哲学新见与立场。

"理"作为一个哲学概念在宋儒以前并未获得充分的发展，先秦时代对理的哲学概念有大贡献者在法家及道家。而在古代儒家中，具有道理意义的"理"之广泛发展，不在孟而在荀。《孟子》书中，"理"字作义理、道理解者仅一次，此即《告子篇》所云："心之所同然者何也？谓理也，义也。圣人先得我心之所同然耳。故理义之悦我心，犹刍豢之悦我口。"因而可以说，通贯《孟子》全书，"理"作为抽象哲学概念之用法尚不普遍。

朱子注《孟》则自出心裁，完全站在"理"学的立场阐释孟学。这一点不仅可以显示朱子的宋儒观点，也可以体现朱子学要义乃在于"理"这一概念之通贯其哲学体系。朱子取以"理"为中心的哲学立场释《孟》，故集注全书处处所显示者乃朱学而非孟学之精神，故于朱注最能获得朱子以新酒入旧瓶之消息。

朱子取"理"之立场阐释孟子的"仁"、"义"、"礼"、"智"等概念。孟子屡言，"仁"、"义"、"礼"、"智"根于心。在孟学体系中人心具有此四善端。孟子言此四端，多就具体之行为立论，从未指涉抽象的原理。然朱子阐释"仁"、"义"则云："仁者，心之德，爱之理也。义者，心之制，事之宜也。"朱子以"理"为宇宙万物所共有的普遍原则，这个哲学立场于其注"仁"、"义"两个概念时透露无遗。从朱子注中，孟子原义中特殊的指涉范围已经上提而指一般普通之行为原理了。继之在"孟子见梁惠王"章以"天理"与"人欲"对立之观念进一步阐释孟子的"仁"、"义"这两个概念。根据朱子的解释，仁义根于人心，是人之所固有，是"天理之公也"；而好利之心是生于物我之相形，是"人欲之私也"。人依循天理而行，则不求利，而自无不利；如徇人欲而行，则求利未得，而灾又随之。

朱子在这里提出"天理"的概念最值得注意，因为从这里最可以看出朱子以"理"为中心的哲学立场。朱子于"齐宣王问曰交邻国有道乎"章注云："天者，理而已矣。大之字小，小之事大，皆理之当然也。自然合理，故曰乐天。不敢违理，故曰正路。"可以说，"理"是朱子全部哲学的中心，故朱子注《孟》处处均透过"理"这个基本立场来解释孟学，由此认为整个宇宙就是一个客观的理则秩序。因此，人类必须努力来穷究这个客观的"理"。孟子说："舜明于庶物，察于人伦。"朱子作这样的阐释："明，则有以识其理……察，则有以尽其理之详也。物理固非度外，而人伦尤切于身。故其知之，有详细之异。"

三

朱子以"理"解释孟子之"性"，并将"性"等同于"理"。这一点在朱子注《告子上》"告子曰：生之谓性"章最能见其意旨：

> 愚按：性者，人之所得于天之理也。生者，人之所得于天之气也。性，形而上者也。气，性而下者也。人物之生，莫不有是性，亦莫不有是气。然以气言之，则知觉运动人与物莫不异也。以理言之，则仁义礼智之禀了，岂物之所得而全哉。此人之性，所以无不善，而为万物之灵也。告子不知性之为理，而以所谓气者当之。是以杞柳湍水之喻，食色无善无不善之说，纵横缪戾，纷纷舛错。而此章之误，乃其本根所以然者。盖徒知知觉运动之蠢然者，人与物同，而不知仁义礼智之粹然者，人与物异也。孟子以是折之，其义精矣。

《孟子》此章共六十二个字，朱子除于各句加以分疏以外，并在全章之末写了这篇长达二百零七字的疏解。细按其说，则可见朱子所阐释者并非孟学之原意，而是借孟学以抒其一己之哲学主张。伊川、朱子一系宋儒力持"性即理"之哲学主张，朱子取之以注《孟》，故朱子之见解乃时时呈现。朱子以"理"释孟子之性，其例不胜枚举。如朱子注"滕文公为世子章"时，就认为《孟子》书中所一再出现的"性"这个概念，就是"人所禀于天以生之理"，它浑然至善，未尝有恶。一般人与圣人尧舜并无丝毫差异，但众人因汩于私欲而失其本然之善，而尧舜则无私欲之蔽而能充分发挥其善性，如此而已。根据朱子这样的解释，则孟学而成为客观存在的外在秩序了。孟子性善论所欲肯定者乃是价值意识内在于自觉心这一个观点。朱子以客观外在的秩序来解释"性"，其哲学立场与孟子相背反。因此，纯粹就孟学之哲学传统来看，则朱子于孔孟乃"别子为宗"实为确切不移之论。

但在此必须附带说明，朱子注《孟》所取以作为中心意旨的"理"这一个概念实指外在于人心之客观秩序而言。就朱子的系统而言，"思维"与"存在"已析而为二，"理"即是内在于一切客观存在之中之自然秩序或法则。"理"本身是只"存有"而不"活动"。就这一个思想特质来说，朱子学系统实与孟子根本不相契。孟子将人类之思维与宇宙之客观存在合而为一，故有知心知性知天，乃至上下与天地同流之说。如就朱子所持的"理"的哲学而言，可以说朱子是采取"理性主义者"的心态来疏解孟子的"浪漫主义者"的哲学，因此，朱子的疏解与孟学不相契实有其哲学背景上的原因。

朱子取"理"这个概念以贯通《孟子》。所以他以为《孟子》七篇所言均是性善之"理"。朱子注"滕文公为世子"章时，曾特别指出，孟子之言性善，始见于此章，而详具于《告子》篇。但作者默认而旁通之，则《孟子》全书七篇之中可说无非这个道理。朱子认为，程子之所以称赞孟子扩前圣之未发而有功于圣人之门，就是因为孟子性善这个"理"。朱子从"理"这个角度来解释孟子的思想体系，这一种做法最能体现朱子以理学释孟学之大体倾向。

四

除了以上所述"理"这一哲学概念的创发之外，朱子注《孟》所显示者皆为二元论之哲学立场。关于这个创新面，又可分为三节疏解如下：

第一、"理"、"气"二分。朱子注"孟子曰：人之所以异于禽兽者几希"章，认为所有动物和人类都同时得到天地之理以为性，同得天地之气以为形。人与动物所不同的是，人在所有的动物之中得形气之正道，所以能保全他们天赋的本性，这种差别非常微妙。虽然细微，但这种差别已是人类与一般动物最大的不同之处。朱子在此所说的这一段话很能体现朱子学中"理"、"气"对照的宇宙观。在朱子的系统中，"理"即是本体，"气"即为现象。此一"理"、"气"二分之理论与下文所言"天理"、"人欲"二分及"性"、"情"（或才）二分之理论相呼应。

第二、"天理"、"人欲"二分。朱子阐释《孟子》首章中孟子以"仁义"对梁惠王之问的要旨时，就接触到这个问题。朱子认为："仁义根于人心之固有，天理之公也。利心生于物我之相形，人欲之私也。循天理，则不求利，徇人私，则求利未得，而害已随之。"如果通读朱子《孟子集注》，就可发现朱子主张"天理"及"人欲"皆内在于人性之中，人必须去"人欲"存"天理"，所以朱子特别重视后天的功夫。朱子曾以一百七十九字释《梁惠王下》"齐宣王问曰：人皆谓我毁明堂"章：

> 愚谓：此篇自首章至此，人意皆同。盖钟鼓苑囿游观之乐，与夫好勇好货好色之心，皆天理之所有，而人情之所不能无者。然天理人欲，同行异情。循理而公于天下者，圣人之所以尽其性也。纵欲而私于一己者，众人之所以灭

其天也。二者之间，不能以发，而其是非得失之归，相去
远矣。故孟子因时君之问，而剖析于几微之际。皆所以遏
人欲而存天理。其法似疏而实密，其事似易而实难。学者
以身体之，则有以识其非典学阿世之言，而知所以克己后
礼之端矣。

朱子又解释"孟子曰：矢人岂不仁于函人哉"章中孟子言"夫
仁，天之尊爵也，人之安宅也"这一段话的含义，认为人如能保有
本心全体之德，则有天理自然之安，而无人欲陷溺之危。人必须常
在其中而不可离。他认为，孟子所谓"安宅"就是指"天理自然之
安"而言，这种说法显然以"天理"与"人欲"为相对立的敌体。

第三、"性"、"情"（"才"）二分。这个二分法与以上"人欲"、
"天理"的二分密切相关。在孟子的用法中，"心"、"性"、"情"、"才"
皆是一事，孟子所谓之"性"乃系指性体之实或人之本性之实而言。
但朱子集注则赋"才"及"情"以独立之含义，并以"才"、"情"对
"性"而言。朱子注解"公都子曰：'告子曰：性无善无不善也'"章，
认为相对于"性"来说，"情"是"性"的运动状态；就人类的原初
状态来说，人可以为善而不可以为恶，人性本来就是善的。关于"才"
这个概念，朱子曾说："才，犹材质，人之能也。"依照朱子以上的
说法可以发现，朱子认为，性之本体是善，"发出来是情，会或能这
样去发的是才。"朱子又引程伊川之言进一步提出"性即理"的主张，
认为圣人尧舜和一般愚夫愚妇都天生而具有"理"，但各人的"才"
则是由"气"所赋予，而因为"气"有清浊之别，得"气"之清者
就成为圣人，得"气"之浊者就成为愚人。但不论圣人或愚人都可
以达到善的境界而回归到"性"的本然状态。朱子十分赞同程子有
关"性"、"才"、"气"的哲学见解，认为程子的说法比孟子缜密。他
说："程子此说才字，与孟子本文小异。盖孟子专指其发于性者言之。
故以为才无不善。程子兼指其禀气者言之，则人之才，固有昏明强

弱之不同矣。程子所谓气质之性是也。二说虽殊，各有所当。然以事理考之，程子为密。盖气质所禀，虽有不善，而不害性之本善。性虽本善，而不可以无省察矫揉之功。学者所当深玩也。"在朱子这样的解释之下，"性"与"才"或"情"皆二分，而根据朱子的体系，"性"即"理"，"才"出于"气"，故"性"、"才"（或"情"）二分实即为"理"、"气"二分的必然结果。

五

朱子注《孟》所显示的这个哲学倾向和他思想中"理"的中心观念甚有关系。朱子注《孟》所采取的实为理性主义者的立场，所以朱子以为物理人伦皆有可循可按的客观理则。朱子解释"舜明于庶物，察于人伦"章，认为所谓"明"就是指舜以其认识心来识解宇宙的理则；而所谓"察"，是指舜"有以尽其理之详"这个事实而言。因为"物理固非度外，而人伦尤切于身。故其知之，有详略之异。"顺此疏释，则孟子原文中"人之所以异于禽兽者几希"中所蕴含之"性善"之超越意义乃晦而不彰。从哲学立场而言，朱子实将"存在"与"思维"析而为二，力求以人之二"思维"穷究"存在"之理则。此一特殊倾向于其疏解孟子"尽心知性天"一章最能窥其消息。朱子云：

> 心者，人之神明所以具众理而应万事也。性则心之所
> 具之理，而天又理之所从出者也。

孟子所谓尽心知性知天乃一纵贯之系统。就人的无限超越性而言，孟子以为人的思维可与外在的客观存在通体为一。故就孟子之体系言，此心是超越心，亦是直觉心。然依朱子之集注，则"思维"既与"存在"析而为二，故此心乃成为相对于

客观秩序之认识心。

> 愚谓：尽心知性而知天。所以造其理也。存心养性以事天。所以履其事也。不知其理，固不能履其事。然徒造其理，而不履其事，则亦无以有诸己矣。知天而不以夭寿贰其心，智之尽也。事天而能修身以俟死，仁之至也。知有不尽，固不知所以为仁然智而不仁，则亦将流荡不法，而不足以为智矣。

朱子注《孟》既将直觉心一转而为认识心，故必特重后天之功夫之累积及修治，而不重先天秉赋之扩充。所以，朱子解释孟子"万物皆备于我矣"这句话时，就认为这是指所谓"理之本然"而说。因为大则君臣父子，小则事物细微，都有其当然的"理"，而这种"理"则无一不具于性分之内。在朱子看来，"物"、"我"是透过"理"始能合一，所以人须努力探求研究此"理"，去其私意，因为如有"私意之隔"，则理即不纯。反之，"心公"则"理得"。所以我们可以说，朱子的道德论特重后天的功夫，这点实与他对心的认识有必然之关系。

朱子的《孟子集注》是中国学术史上一部很能代表注疏传统的作品。从《孟子集注》中，至少反映了中国注疏传统的两个特点。

一是寓创新于因袭之中。从浮面观察，朱子注《孟》貌似阐释孟学旧义，其实朱子多提出一己之新见。如"理"之概念之运用，"理"、"气"二分观念之提出，"天理"、"人欲"二分观念之建立……皆可谓以新酒入旧瓶。这一点最可显示传统中国思想家表达其哲学见解的典型方式，这是中国注疏传统最大的特点之一。这一项事实就其表面看，则中国思想史数千年之发展似呈现一种停滞状态，因大哲如朱子尚以延续经典为其要务；但如再深一层思考，则朱子实际寓创新于因袭之中，偷天换日。《四书集注》中所见之器虽仍旧观，然道则已非原貌矣。所以，如专就朱子注《孟》移商换羽这个事实而言，传统中国思想史之演进实可称之为"传统中之变迁"。

二是融旧乃所以铸新。传统中国学者在追求知识的过程中，不断地努力于消化旧学。表面上看，这是一项消极性的工作。但是，若再往深一层看则可以发现，在消极性的表面功夫的里层实在是一股积极性的动机，这就是铸造新学的企望。唐代的《五经正义》具有这项特质，朱子的《四书集注》更表现出这种特殊精神。

六

朱子在《礼记》中特别抽出《大学》、《中庸》两篇，取之以配论孟，合为《四书》，以《四书》取代《五经》。朱子不仅在形式上对经书之构成作改变，而且也在其《四书章句集注》中作各种努力将四书之思想内容加以融会贯通，以形成一个新的思想体系。

朱子这种融四书为一体系的努力，可以从两方面观察：一是朱子建立孔子—曾子—子思—孟子的道统顺序；二是引《四书》之内容以交互阐释《四书》本身的含义。若在此仅就其《孟子集注》作考察，通贯《孟子集注》全书，朱子欲融汇《四书》于一炉而冶之的意图极其明显。据近人统计，《孟子集注》中引《论语》十三次，引《孟子》十次，引《大学》及《中庸》各两次。再作进一步分析即可以，发现朱子实欲以《大学》通贯《孟子》，前引朱子释孟子"尽心知性知天"之章云："以大学序言之，知性则物格之谓。尽心，则知至之谓也。"朱子欲以《大学》"格物致知"解释孟学重要观念如"心"、"性"、"天"之意图甚是明显。就上文所见，朱子注《孟子》此章时，其"大学章句序"已完成，故其时必在孝宗淳熙十六年（公元1189年）之后。朱子是年六十岁，完成《大学》及《中庸》两章句序，这两篇序文所展示的是朱子学问最成熟时代的哲学见解。这一项哲学见解是以"理"为中心的。朱子在《中庸小序》中，对《中庸》一书称赞备至，他说："其书始言一理，中散为万事，放之则弥六合，卷之则退藏于密，其味无穷，皆实学也。"如就朱子学即物穷理不事玄思的性格看，可以说朱子思想系以"实学"为其基本特征。故朱子释孟子"诚者，天之道也。思诚者，人之道也"：

　　　　诚者，理之在我者。皆实而无伪。天道之本然也。思诚者，欲此理之在我者，皆实而无伪，人道之当然也。

　　这种讲法是以"理"贯通孟学中极富于超越意义的"诚"这个概念。朱子又说："此章述《中庸》孔子之言。见思诚为修身之本。而明善又为思诚之本，乃子思所闻于曾子。而孟子所受乎子思者，亦与《大学》相表里，学者宜潜心焉。"

　　朱子在此注中力言《中庸》与《大学》相表里，并取之以释《孟子》，凡此皆可以看出朱子要在四书中求其会通的努力。

　　由上述引申可以认为，朱子注解四书是他表达思想的一个手段，而这种哲学系统的做法不仅朱子一人为然，中国学术史上绝大部分的学者也都是如此。

　　在人类文明史上，人类曾经经历过许多次具有重大历史意义的革命。如果说新石器时代的"农业革命"使人类由采集食物走向生产食物，是人类控制生活环境的一大革命的话，那么，公元前第一个千年之内，希腊、以色列、印度、中国等古文明所经历的所谓"哲学的突破"，则是人类以理性来解释其所处的宇宙自然环境的思想上的大革命。在这场大革命之中，中国文化表现得最为温和。这一项特点已为许多当代学者所指出。但何以中国文化传统在其"哲学的突破"的过程中表现得较其他世界古文明为温和？

　　这是一个河汉无极而不易有简易答案的问题。但从中国学术史上的注疏传统中，可以获得若干具有启示性的消息，作为思考这个大问题的张本。中国的文化及学术传统寄托在先秦时代的几部经典之中。几千年来，中国学术的发展就表现在对这一套经典（《五经》或《四书》）的训解诠释之上。传统中国学者在表达他们的哲学思维的时候，在探索知识上的未知世界的时候，极少拆碎先贤思维的七宝楼台而自己搭建一个崭新的建筑。相反地，他们都在古圣先贤的余荫之下来从事思考。他们一方面奉经典旧籍为圭臬，一方面从对经典旧籍的解释中开创一个思想上的新局面。中国文化传统中这种特质早已具体地呈现在孔子的身上。孔子一方面"述而不作"，继承了《诗》、《书》、《礼》、《乐》的传统，而另一方面则赋予《诗》、《书》、《礼》、《乐》以新的精神与意义。孔子之所以为中国文化传统中伟大的导师，其原因正在于此。

中国传统这种守旧以开新，寓开来于继往的文化特征，不仅使得早期中国文明在经历"哲学的突破"的时候表现得特别温和，而且也使中国文明的发展显示出一种极其强烈的"历史延续性"。中国学术与文化的发展，数千年来一脉相承，缺少戏剧性的、里程碑式的大变化，绝大多数学术思想上的变局是在风平浪静的经典诠释之中完成的。在这种经典诠释之中，新与旧之间、古与今之间、乃至传统与现代之间不是对立的，而是透过一个辩证性的方式结合在一起。这种在新旧两个极端维持创造性的稳定与平衡，正是传统中国学术与中国文化的一项伟大成就。

天 与 人 归

　　政治权威合法性的观念是东西政治思想中的一个重要命题。希腊哲人亚里士多德曾说过："人是政治的动物。"人类的政治活动产生了统治的政府和被统治的人民，而政府对人民的统治必然涉及统治权力的运用。但任何一个政府要长久有效地维持其统治，就不能纯依赖权力（power）。在权力的统治下，人民的服从不是出自内心的意愿，而是慑于权力的逼迫。因此一旦统治权力削减，人民即会起而反抗，推翻政府。这个事实，就是极力主张绝对王权的英国哲人霍布士也不敢否认，他曾表示，仅凭权力不足以实现政治权威，或建立统治。18世纪的法国哲学家卢梭更明白地宣称："苟非使权力变成权利，化服从为责任，纵使最强的人，其强会不足永为主宰。"卢梭所要求的转化过程，就是政权合法性的问题。

　　合法性是政治上有效统治的必要基础，它是统治者与被统治者共认的一种理则或信念。依此而建立合法性统治的政府，人民承认其有权力行使统治权，人民也承认对其有服从的义务。这样的统治，不依赖权力而诉诸人民的同意，必然是稳固的。由于政治权威的合法性与有效统治有如此密切的关系，因此当代德国著名的政治学家斯敦堡（Dolf Stermberger）遂断言："在人类的社会中，追求合法性的欲望是如此地深植于人心之中，因此我们很难发现任何历史上的政府，未获得人民承认其合法性而能长治久安，或其不努力寻求人民承认其为合法。"

政府寻求合法性是普遍的历史现象。合法性的观念在世界最古的文明中就已存在。随着历史的发展，统治合法性的新义也不断滋生，政府统治的形态也迭有改变。德国社会学家韦伯（Max Weber 1864~1920年）曾对这复杂的历史现象作过归纳性的分析。他区别了三种纯粹的合法性统治（权威）：理性（rational）、传统性（traditional）以及神圣性格性（charismatic）统治。这三种统治各有其成立的条件。理性统治是立基于一项信念之上，这个信念认为某些规范性的律则具有合法性，因此根据此律则而建立的政治权威有权发号施令。传统性统治立基于另一种信仰，这个信仰的内涵是远古的传统具有神圣性，因此根据此传统而建立的权威具有合法的身份。神圣性格性统治立基于人民对某个个体所具有的超凡神性、英雄气质或模范性格所产生的归顺之心，和因之而起的对此个体所启示或创造的规范模式所产生的信仰之上。

韦伯是社会学家，他主要的兴趣在于建立统治合法性的类型学（typology），以及各类型之间系统变迁关系的理论。至于统治合法性的观念及现象如何在东西各文明中展现出来，却不是他所关注的对象。这方面的研究有待思想史家和政治制度史家来完成。

中华民族在公元前1600年左右就有历史性封建帝国——商朝的建立，政权合法性的现象在此时已经开始产生。公元前221年（秦始皇二十六年）起，又有集权帝国的建立，生存在集权压力下的知识分子曾对政府合法运用权力的问题多所探究。而后历代集权帝国一再兴起与倾覆，更使得政权合法性的问题成为士人凝思的焦点。除此而外，中国哲学的特性也凸显了政权合法性问题的重要性。中国哲学的特性在求现实人生的安顿，政治是人类生活相当重要的一面，中国哲人对这一面自然多所用心。他们所提出的最高人生理想是内圣外王，修养的德目不仅包含修身、齐家等私德，更揭橥治国、平天下的终极目标，"圣王"因此成了人伦的极致。法国汉学家白乐日（Etienne Balazs）据此断言："中国哲学基本上是政治哲学。"历代政治思想家对"圣王"所下的定义就是他们对政权合法性的看法，也是他们政治哲学的核心。

本文试图探索中国思想中有关政权合法性观念的内涵与演变。所研究的范围上起公元前 17 世纪，下至公元后 19 世纪中叶。笔者无意探索此一观念在历史过程中起伏的详情，因此所选择的材料限于有代表性的，足以显示这个观念的发展大势者。依此准则，发现中国最早的合法性观念是周初的天命观。其后继承此一观念，继续发展的是后世所谓的儒家哲人，其中最著名的是先秦的孔子、孟子、荀子以及汉代的董仲舒、明末的黄宗羲，这一系列哲人的合法性观念形成了中国政治思想的主流。

《尚书》中的天命观

中国最早的政权合法性观念见于周朝初年的文献——《尚书》，观念的创始者是周朝的开国领导人物——周公。商代时，周原是边陲的一个小诸侯国，在文王的经营下，国势日强。其后武王继位，趁商人征服东夷，国力耗损之际，对殷商发动大规模的攻击。牧野一战，殷军败溃，纣王逃回行都朝歌，自焚而死，周人于是长驱入殷。

周以一小国克殷后，对商的广土众民和旧有的诸侯国，并未能直接加以征服与控制。武王死后不久，就爆发了殷民的叛变。此时周公摄政，率军东征，敉平了叛乱。而后周公为确保周朝的统治，除了采取"封建亲戚，以蕃屏周"的武装殖民政策外，更积极致力于收揽人心。周公与所有眼光远大的征服者相同，知道要赢得被征服者的衷心臣服，唯有对他们证明周人灭商，代之治理天下是合法的举动。因此，他向殷遗民提出了乃是中国最早的政权合法性的观念——天命观。

这种天命观建基于周人的宗教信仰之上。周人认为宇宙间有一个最高的主宰，名曰天。天的形象虽然模糊，却是位具有意志与感情的人格神。天主宰宇宙间万事万物的命运，地上君王的权柄也是由天所授予，他的一举一动都受到天的监视与节制。

根据这个信仰，周公训诫殷遗民说，真正导致商朝覆亡的不是周人，而是宇宙的主宰上天。上天革除了他的长子（纣）所统理的大国——殷的祚命，降下了灭亡之祸。周人灭商不是出于一己的行动，而是上天有命曰"割殷"，迫使他们出兵，遵行上天的惩罚。周公谦卑地尊称殷商为大国，周为小国。他一再强调："非我小国敢弋殷命……我其敢求位？……惟天明畏。"他把一切责任都推给了上天。

小邦周能推翻大邦殷，这已是天命的保证。但周公为了使殷人更加信服，使天命观显得更确凿起见，又引用了历史作为证明。他要求殷遗民回顾商朝的开国史，当年商的开国始祖成汤推翻夏朝，也是奉了上天之命。上天最初眷顾夏人，把天命降给他们，而后夏朝亡国之君桀违背了天意，上天就废除了他的国运，降下惩罚。于是成汤得到天命，推翻了夏朝。周公提醒殷遗民："惟尔知惟殷先人有册有典，殷革夏命。"天命的观念见诸殷商先人的典册，不容殷遗民有任何怀疑。

周公除了引述历史事实以为佐证，更明白地阐释了天命所以改易的原因。天，对他而言，不是任性的人格神，随意拣选或废除地上的君王。他反省夏、商、周三代天命改易的原因时说：

> 我不可不监于有夏，亦不可不监于有殷。我不敢知曰，有夏服天命，惟有历年；我不敢知曰，不其延，惟不敬厥德，乃早坠厥命。我不敢知曰，有殷受天命，惟有历年，我不敢知曰，不其延，惟不敬厥德，乃早坠厥命。

周公认为夏、商两朝所以丧失天命，是因为在位君王不能谨慎地注意他们的德行。故此天命的得失与君王的敬德与否有关。上天是好善恶恶的。夏商周三朝之建国，也正因为开国君主能谨修德行。周公告诉殷遗民说："自成汤至于帝乙，罔不明德恤祀，亦惟天丕建，保乂有殷。"在《康诰》中，武王更生动地描述了周文王勤修德行、绍受天命的情形，他说：

> 惟乃丕显考大王，克明德慎罚，不敢侮鳏寡，庸庸、祗祗、威威、显民……惟时怙，冒闻于上帝，帝休。天乃大命文王，殪戎殷，诞受厥命。

有趣的是，周公在训诫殷遗民时，他强调的是夏商两朝亡国之君的无德，以至上天不得不收回天命。他说上天曾经以五年的时间来容忍殷民，并常用灾难来警惕他们，希望他们改悔。但殷民一点也不顾忌天意，终至自贻其咎。周公特别申述："诰告尔多方——非天庸释有夏，非天庸释有殷；乃惟尔辟，以尔多方，大淫图天之命，屑有辞。"把夏商两朝灭亡的责任全推到亡国之民身上，如果殷人仍不知戒惧，恪遵天命，则周公不准备再予姑息，必要时得"致天之罚于尔躬"。相反的，周公在反省周人得胜的原因时，极力强调周文王不凡的德行，感动了上天，因而接获天命消灭殷国，周之灭殷是理所当然的。因此周公特别强调："天不可信，我道惟宁王德延，天不庸释于文王受命。"殷人丧失天命，主要的原因是不知修德。天命随德行而转移，人有能力主宰自己的命运，也必须对自己的命运负责。

德行是决定天命的唯一条件，《尚书》中充满了"敬德"、"明德"的观念。《召诰》中说君王必须"位在德元，小民乃惟刑"。上下都谨修德行，国运才能长保。周人所强调的"德"的具体内容为何？从周公反省夏商两朝覆亡的原因，以此告诫殷、周人民的篇章中，我们可以归纳出"德"的内涵。

君王的德与天最有直接关系的似乎是祭祀。《多方》篇中，周公特别提到商人"弗永寅念于祀"，又提到"乃惟尔商后王……不蠲丞，天惟降时丧"。相反的，《多士》篇提到商朝的前代君王"自成汤至于帝乙，罔不明德恤祀；亦惟天丕建，保乂有殷"。至于周朝的开国之祖，都是非常敬畏天意，"丕灵承帝事"。

酗酒也是商人覆亡的重要原因。周人灭商后，似乎也普遍染上了这种恶习。周公颇为忧虑，特别颁布了《酒诰》警惕周人。周公说，当初商纣酗酒，商人群起仿效，"腥闻在上"，激怒上天，所以降丧于殷。周的祖先遵守了文王的教训，不喝酒过度，所以承受了殷的天命。周公的结论是，不管小国大国，只要酗酒，必定难逃覆亡的命运。因此他措辞严厉地警告周人，酗酒者格杀勿论。

酗酒的结果是君王享乐不勤政。《多方》篇中，周公谴责夏桀、商纣"图绝政……天惟降时丧"。在《无逸》篇中，周公强调殷王中宗、高宗、祖甲都是以勤政得享国祚。上文也引述了周文王勤政修德、因而感动天帝的情形。由此可见，勤政是影响天命改易的一个重要原因。

贤臣的辅佐对王朝命运的延续有绝大的影响。《君奭》篇中，周公列举了商朝历代圣君在位时所任用的贤臣。这些贤臣都能以明德精诚感动上天，使商朝享国久长。他又回忆文王创业时，由于许多贤臣的辅佐，华夏各邦才得和谐，"迪见冒闻于上帝，惟时受有殷命哉"。这些贤臣后来还辅助武王，消灭了商朝。因此，周公特地作了《立政》一篇，告诫成王任贤的重要原则。

但《尚书》中所载影响天命改易最重要的因素仍是人民的福祉；而君王最重要的德行是保民。不保民的君王必定丧失天命，能保民的君王才有资格获得天命。这个观念一再于周初的文告中出现。周人认为上天爱民，把人民交付地上君王照顾，希望人民得享欢乐。夏、商两朝的亡国之君，不但不仰体天心，保护人民，反而用严刑峻罚来折磨百姓，以至百姓怨恨之声上闻于天。上天因而降下惩罚，另寻有德之人作"民主"。《尚书》中对商汤、中宗、祖甲、文王勤政保民的事迹多所描述。周公盛赞文王保民之德说："文王卑服，即康功田功。徽柔懿恭，怀保小民，惠鲜鳏寡。自朝于日中昃，不遑暇食，用咸和万民。"因而他得以"厥享国五十年"。

君王必须保民，保民之德是君王德行中最重要的部分。《尚书》一再申述这个观念，《康诰》、《梓材》、《无逸》三篇的内容即环绕此一主题而发展。保民的要务首在慎刑谨罚，保护无辜。其次要引导人民达到善良安康的境地。为此，君王须时时顾念、畏惧百姓的言论。百姓有怨，就应谨修自己的德行。君王勤政、任贤诸德都必须以爱民保民为最终目标，爱民保民也是所以敬天之道。

这就是中国最早的合法统治的观念。它包含了三个成分：天、君德与人民。即强调君王的权威源自于天，天命的标准是君王的德行，德行最重要的内涵是爱民保民。只要君王能爱民、保民，便能获得或继续享有天命，维持他的统治。相反的，如果君王的德行有所亏欠，天就会取消对他的佑命，另选新主来取代他的地位。换言之，只有爱民、保民的德行使得君王有权统治。当他背弃德行，也就丧失了自称为君王的权利。

周人推翻商朝后，所以建立这样一个合法统治的观念，自有其历史背景。一方面，从周初文献看来，周人尚处于神权阶段，因此他们不得不诉诸"天"以为人事变化的根源。此外，"殷人尚鬼"，出于上天旨意的合法统治，似乎也最能说服他们。但天命所以转移也必须有所解释。周人提出了"德"的观念，德是种神圣的性格，能够影响天意，造成人事上的转变。大邦殷丧德，所以亡国；小邦周修德，所以能缔造新王朝。以个人不平凡的禀赋，作为历史发展的动因，正是古代人民的信仰。

这种天命观的内容虽然很简单，却蕴含了十分深刻的理性精神与道德精神。比起同时代其他文明中的政权合法性的观念，这一点尤其显著。公元前12世纪时，世界其他文明仍然都在绝对神权思想的笼罩下，君王本人若不是神的化身，就是祭司之流，以取悦上天的本领取得统治的合法性地位。在这种情况下，神的好恶是君权成立的唯一基础，人力毫无置喙的余地。周人的天命观则认为，人力可以影响上天，君王的德行虽然也包括了对神的虔敬，主要的内容却在保障人民福祉。这种德行，不是天定，是君王可以致力培养而成的。君王能培养这种德行，就能获致天命。这种观念在君王的身上安置了无限的道德责任。道德成了中国哲人所最关心的问题，道德的关怀也成了中国哲学的主流。

周人的天命观虽然崇高伟大，却不是维持政权稳定的有效方法。君德一失，天命就会改变。因此天命统治不是个稳定的统治。周人对此也有深刻的理解，他们并没有因克商而自得，相反的，他们一再强调"天命靡常"、"天不可信"，君王须毫无间断地"敬德"，以保持天命。除此而外，他们并没有提出任何维持政权稳定的理论。相反的，由于天命观建基于周灭商的历史事实之上，因而天命改易必然包含武功争斗的因素在内。理论上，天命、君德、民祉决定了王朝的兴衰，骨子里却是战场上的厮杀决定了朝代的更迭。天命以战胜显，任何野心家都可借武力而矫称获得天命。政权转移必然经历动乱，这个理论上的缺陷对前述理性、道德精神有很大的伤害，更影响了中国历史治乱相循的发展。当周天子的权力逐渐衰退，权位觊觎者便待机而发，周朝的封建制度也就开始走上崩溃之途。

孔子的德治主义

春秋时代是个政治权威急剧动荡的时代。周朝的天子平王因犬戎之乱东迁洛邑（公元前770年）后，畿土大削，天子的权威一蹶不振，政治的局面渐变为以列国为重心。公元前705年，周桓王亲率诸侯伐郑，结果中箭大败，周室威信更加低落，诸侯之间的秩序无法维持，列国不再奉行天子之命，互相兼并争霸，挟天子之名以发号施令，主宰政局。这其中最著名的是所谓春秋五霸。春秋中末期以后，诸侯大权也相继旁落，各国氏室日益强横，僭夺公室之权。鲁国的三桓、晋国的六卿、齐国的四氏都是其中较著者。最后氏族中的陪臣也起而篡夺权柄，政局更为混乱，封建制度岌岌可危。孟子所谴责的"世衰道微，邪说暴行有作。臣弑其君者有之，子弑其父者有之"，就是指的这个混乱的时代。

鲁国的哲人孔子（公元前552～479年）生长在这个时代的末期，他对于不合法统治所造成的混乱局面有很深的感触，他曾说过："天下有道，则礼乐征伐自天子出；天下无道，则礼乐征伐自诸侯出。自诸侯出，盖十世希不失矣；自大夫出，五世希不失矣，陪臣执国命，三世希不失矣。"孔子认为不合法的统治不可能长存，徒然扰乱天下的秩序。因此他对当世的僭越者每每流露出不可抑制的憎恶。鲁国大夫季氏使用了周天子的乐舞，孔子听了就毫不保留地加以抨击："是可忍也？孰不可忍也。"鲁君僭用周天子的禘祭之礼，孔子也不以为然。他说："吾不欲观之矣。"对别人的询问，他也以"不知也"来表示内心的嫌恶。

孔子认为统治的基础不在武力，而在人民的信赖。粮食、军备是维持政治秩序的重要条件，但是人民的信赖却是国家存在的必要条件。孔子在回答子贡之问时，就表明了在不得已的情况下，粮食、军备都可以去除，唯独人民的信赖不可或缺，他因此提出了"民无信不立"的千古名言。

政府必须获得人民的信赖以建立合法的统治。那么政府获得人民信赖的标准何在？统治者又怎能由此而建立合法性？齐景公问政于孔子时就已触及到这个问题，孔子的回答是："君君、臣臣、父父、子子。"齐景公一听即醒悟，说道："善哉！信如君不君、臣不臣、父不父、子不子，虽有粟，吾得而食诸。"他明白不合法的国君是不能常处其位的。

从《论语》一书的对话中，我们可以发现孔子所谓的君，乃是能以德治民的统治者，德治有两层含义：第一层是统治者行善政、施惠于民，以达成养民的目的。前引子贡问政，孔子回答"足食、足兵，民信之矣"，就是一例。这样的对话在《论语》中随处可见，内容也多半与人民的物质生活有关。像"裕民生、节财用、惜力役、均贫富"等，养民之道都属善政的范畴。

但孔子并不认为人民生活富足就可以完全保证统治者的合法性，统治者还必须以德立身行事，为天下的表率。孔子认为统治者本身的一言一行都合乎道德的规范，才足以赢得人民的信服，否则，人民还是不信服。这是德治思想的第二个含义，也是《论语》中一再出现的命题。孔子说："其身正，不令而行；其身不正，虽令不从。"季康子问政于孔子，孔子也以这一点晓谕他道："政者，正也。子帅以正，孰敢不正。"鲁哀公为政治权威的丧失、政令不行而感到苦恼。他问孔子："何为则民服？"孔子的回答是："举直措诸枉，则民服；举枉措诸直，则民不服。"程子注云："举措得义则心服。"道德是人心服的最后根据。

孔子对修德的讨论，主要见于他对君子的描述。君子一辞，原指周朝封建制度中卿、大夫等有采邑官职的贵族。在《论语》中，君子多指称有道德的人。君子实践道德的项目，十分繁复，主要的有仁、恕、忠、信、孝、悌等，其中仁又是众德目的总称。孔子不仅要求君子在外在行为上实践这些德目，更要求君子在内心中培养与这些外在行动相应的心态，使这些行动发诸内心，而不流于形式。所以他说："人而不仁，如礼何？人而不仁，如乐何？"君子以求仁为职志，而求仁又是个无限的过程。孔子说："君子去仁，恶乎成名？君子无终食之间违仁，造次必于是，颠沛必于是。"

君子求仁，不仅在求个人德行的完满，更要扩充仁心，安顿百姓。因此个人修德不仅是道德领域的事，还具备了政治上的作用。后期儒家内圣外王之学就是从这一观念发展而来的。这一观念在孔子答子路之问中表现得最清楚："子路问君子，子曰：'修己以敬。'曰：'如斯而已乎？'曰：'修己以安人。'曰：'如斯而已乎？'曰：'修己以安百姓。'"孔子于此肯定了修己是安百姓的必要条件，这意味着统治者要达到安人、安百姓的目标，必须先以修己求仁为职志。

道德完满的典范——君子，会对人民产生无比的感化力。孔子对此有惊人的信心，他说："君子之德风，小人之德草，草上之风必偃。"因此，统治者修德，作为人民的模范，人民自然会拥戴他，不需诉诸其他的条件，统治者之实自然降于其身。他的信念发为如下的名言："为政以德，譬如北辰，居其所，而众星共之。""无为而治者，其舜也欤；夫何为者，恭己正南面而已矣。"人民受到道德典范的感化，都努力修德成为君子，天下也就太平了。

以上是孔子有关政权合法性的观念。他强调君王要以本身德行达成养民、教民的目标，而后自然建立统治的合法性。孔子认为这样的方式最有效，所建立的统治也最稳固。孔子生当周末封建制度即将全面崩溃之时，他说："郁郁乎文哉？吾从周。"周代的封建制度是他努力恢复的目标，但他所要恢复的不是实行已达六百年之久的世袭封建制度，而是要上溯到周朝初年的开国理想——以德建立统治。根据这个理想，他建立了道德典范的哲学。这个哲学的内涵自然比周初的天命观深刻精微多了。

孔子肯定在位者必须有德，但当时在位者却多是无德之辈。子贡问他："今之从政者何如？"他回答说："噫！斗筲之人，何足算也。"他也常感叹"天下无道"。尽管如此，他却从未直接鼓吹《尚书》中的革命思想。身为周臣，他坚持人臣应该"以道事君，不可则止"。假天命以征伐恶主究竟不是他所赞同的。这种保守的道德理想主义的立场，使得他规避了统治正常化的问题。尽管他对现实的黑暗面也有深刻的体认，因而发出"道之将废也与，命也"的感叹，但终其一生，他似乎并未放弃德治的信念。不过，他的理想也没有实现。政治局面愈演愈紊乱，他的理想与现实之间的差距也愈来愈大。

孟子的仁政思想

战国时期是周代封建权威全面崩溃的时期。首先，封建诸侯国内的异性公卿相继得到周天子的册封，取代了原有诸侯的地位。其次，从战国中期起，诸侯又相继称王，僭取了周天子的尊号。与僭越相伴进行的是诸侯之间的争斗。最后，在公元前221年，秦王政消灭了六国，统一天下。在这个大动乱的时代里，当政者所信奉的理想是"力征争权，胜者为右"。他们最关心的是如何富国强兵，并灭邻邦，以建立霸权。政权存在的合法与否，自然不是他们所关心的问题。他们认为力量就代表合法。当时的政治野心家无不唯力是尚，毫无忌惮地挥舞着强力的权柄。

儒家哲人孟子（公元前372～289年）却公开否认强力的统治具有合法性。他把以力服人的叫做霸，人民服从霸主，并非出自内心意愿，而是力有未逮。孟子暗示，霸主一旦势衰，人民就会起来反抗。相反的，以德行仁的叫做王，因为以德服人，人民"中心悦而诚服"。

那么君王应如何修德才可称王呢？孟子认为："保民而王，莫之能御。"保民之道很容易，只要人君善发不忍人之心。孟子说："人皆有不忍人之心。先王有不忍人之心，斯有不忍人之政矣。以不忍人之心，行不忍人之政，治天下可运之掌上。"孟子所以有这样乐观的信念，是因为他认为人的内在具备了实践道德的心理条件。这个心理条件即四端之心——恻隐之心、羞恶之心、辞让之心与是非之心。其中恻隐之心就是行仁之端，人君只要善发恻隐之心，推恩百姓，仁政就可实现。

孟子主张的仁政，包括养民、教民两事。孟子对养民之道不仅提出"裕民生、薄赋税、省刑罚，止争战、正经界"等原则，还设计了许多具体方案以实现这些原则。下面这一段就是他一再强调的：

> 五亩之宅，树之以桑，五十者可以衣帛矣。鸡豚狗彘之畜，无失其时，七十者可以食肉矣。百亩之田，勿夺其时，数口之家可以无饥矣。谨庠序之教，申之以孝悌之义，颁白者不负载于道路矣。七十者衣帛食肉，黎民不饥不寒，然而不王者，未之有也。

孟子对养民之道颇多建议，对教民之道则多附带提及。他所提到的只有"设为庠序学校以教之"一项。孟子认为："有恒产者有恒心，无恒产者无恒心。"在乱世之中，人民"救死而恐不赡，奚暇治礼义哉"。所以养民的工作比教民重要，也是教民工作的基础。孟子对仁政的施行十分重视。他说："徒善不足以为政。"又说："尧舜之道不以仁政，不能平治天下。今有仁心仁闻，而民不被其泽，不可法于后世者，不行先王之道也"。

孟子不仅从历史经验上肯定行仁政对统治合法性的建立极为有效，还认为君王行仁政是出于先验的要求。他引用《尚书》的话说："天降下民，作之君，作之师，惟曰其助上帝宠之，四方有罪无罪惟在我……"把君王的权威归源于天。

孟子虽然认为君权源自于天，但他对天的解释已与《尚书》大为不同。《孟子·万章篇》说：

> 万章曰："尧以天下与舜，有诸？"孟子曰："否，天

子不能以天下与人。"“然则舜有天下也，孰与之？”曰：
"天与之。"“天与之者，谆谆然命之乎？”曰："否，天不
言，以行与事示之而已矣。"曰："以行与事示之者，如之
何？"曰"……昔者，尧荐舜于天，而天受之，暴之于民，
而民受之；故曰：'天不言，以行与事示之而已矣。'"曰：
"故问荐之于天，而天受之，暴之于民，而民受之，如何？"
曰："使之主祭，而百神享之，是天受之；使之主事，而事
治，百姓安之，是民受之也。天与之，人与之，故曰：'天
子不能以天下与人。'"

在这段对话中，孟子否定君王本身具有独立自主的权威，一
切权威均源自于天。这种"君权神授"说，很难为时人所接受。因
为当时人们对天的信仰已极为薄弱，所以他的门徒万章一再逼问
这种说法成立的可能性。他质疑的重点在于：天命怎么实际地在
人世运作，即超越的天命怎么变成经验的事实，而为人所知晓。孟
子认为天命是由两件具体的事实呈现：一是天神享受地上君王的
祭祀，一是人民的拥戴。天神享祀是一个无法证验的命题，孟子
没有继续发挥。而人民的拥戴却是有目共睹的现象。孟子诉诸历
史以为佐证。他在下文中详述了舜得人民拥戴而即帝位的事迹。
最后，他引用了《尚书·泰誓》"天视自我民视，天听自我民听"
作结，认为天意由民意显现，因而君权的来源是"天与人归"。

孟子不但肯定尧禅舜是"天与人归"的决定，就是禹传子、汤
武革命都是以民心为依归的行动。因此君王权威的成立、统治的
合法性都要以人民的拥戴为先决条件。孟子有时过于强调民意，
反而不顾天意：

齐人伐燕，胜之。宣王问曰："或谓寡人勿取，或谓寡
人取之。以万乘之国伐万乘之国，五旬而举之，人力不至

于此。不取，必有天殃。取之，何如？"

齐宣王认为伐燕顺利，不是齐国之力所能，其中必有天助。他想以天意为借口，来探询孟子对齐国取燕的看法。孟子的回答规避了天意的问题，他直率地坦言："取之而燕民悦，则取之；取之而燕民不悦，则勿取。"

孟子对民意的重视，也可由下一例看出。他告诉齐宣王说，在破格进用贤人时，必须"国人皆曰贤"，然后察而用之；于决狱用刑之时，必须"国人皆曰可杀"，然后察而杀之。孟子对民意的重视，发为下列的千古名言："民为贵，社稷次之，君为轻，是故得乎丘民而为天子……"君王权威的成立竟然全以民意为准了。

孟子既然认为君王的职责是在为民谋福利，因此，对不顾人民福祉的暴君，人民违背他的政令，甚至推翻他的统治，在道德上都不为过。邹穆公为人民在作战时不效死命而感到烦恼。孟子责备他的施政是"上慢而残下"，现在人民得到还报的机会，君王没有资格责难他们。齐宣王认为汤放桀、武伐纣都是臣弑其君的不道德行为，以此质问孟子。孟子毫不迟疑地反驳他说："贼仁者，谓之贼；贼义者，谓之残。残贼之人，谓之一夫。闻诛一夫纣矣，未闻弑君也。"

虽然孟子认为人君应当行仁政以获得民心，人民也可以违抗或推翻不道君王的统治，但这并不意味着君王的权威源自人民，决定君权成立与否的还是天。孟子虽然强调天意由民意显示，但民意并不就是天意。换句话说，天意自足，不是民意所可取代的。天意包括了民意以及其他人力所不能及的命运。孟子认为古代圣王之得天下，固然都得到人民的拥戴，但这些圣王之所以能获得人民的拥戴，除了本身修德外，还有其他的机缘。天意决定君王在位久长，广施仁政，普获人心，君王的统治就可以成立；相反的，天意决定君王在位短暂，纵使君王有德，也不易获得人民的拥戴。这种机缘由天安排，"非人所能也"。孟子感慨地说："匹夫而有天下者，德必若舜、禹，而又有天子荐之者，故仲尼不有天下。"命运决定了一切，这是孟子在民之上立天，一再强调"天与之"的原因。

孟子认定君王的权威最终源自人力所不能及的命运。夏桀商纣的灭亡，虽由商汤武王所伐，实在也是由天所废，天意最终主宰一切，因此，在自然法理上说，人民没有决定君王存在与否的权力，民意仅能作被动的反应。一国之内，君王有大过，只有同姓的贵戚有权更易君位。诸侯之间，只有"天吏"才能行征伐暴君之权。最后，孟子虽然极力宣扬仁政的实效，但他的结论是："苟为善，后世子孙必有王者矣。君子创业垂统，为可继也。""若夫成功，则天也。君如彼何哉？强为善而已矣。"面对着命运的安排，君王只能力行善政，以候天命了。

无疑的，孟子有关统治合法性的看法是源自《尚书》的天命观。这由他一再引用《尚书》之语可以看出。周初天命观对天命如何表达没有很清晰的交代。周人似以"小邦周灭大邦殷"的武力战胜作为天命的证验。孟子试图以民心的向背作为天命的表现，使天命的内容不再神秘难测，也避免了武力征伐贻人口实的缺憾。他以民意作为天意的代表，是前所未有的进步思想。但孟子究竟并未肯定民意可以取代天意，上天终究是宇宙的主宰者。因此，他虽然肯定人民有推翻暴君的道德权力，却未肯定人民在自然法理上有权选择他们的君王，自然更不会考虑到为人民建立表达民意的制度。他对人民的重视，止于"民为贵"。君王权威的成立，还在施行仁政，赢得民心，以邀天命的降宠。

孟子所主张的仁政是孔子德治思想的进一步发展。孔子提倡君子行仁道，孟子进而探索实行仁道的心理基础。他提出著名的性善说，为人类实践道德找出形而上的根据。君王只要善发内在的仁心，就可施行仁政。另一方面，孟子对政治活动的看法要比孔子宽泛。孔子认为政治与伦理二而为一，君王的任何举措合义，都足以成为平治天下的基础。孟子则不仅强调政治家本人的道德品质，更强调道德客观化而敷设于外的政治措施。仁政不仅具有道德意味，更具有实效，足以在物质上改善人民的生活。因此，政治乃是伦理的扩张。

孟子虽然继承了《尚书》、《论语》两书中对统治合法性的看法，但他扬弃了两书中流露出来的乐观情绪。《尚书》肯定君王的德与天命之间有必然的关联，孔子强调君王的德对平治天下有不容置疑的实效。孟子身当战国中期，传统秩序全然瓦解，他有心救世，而世乱方亟，无可挽救。他再也不能保持周公、孔子的乐观精神，他清楚地看到："不仁者在高位，是播其恶于众也。"他激烈地提出："闻诛一夫纣矣，未闻弑君也！"但他毕竟提不出一套合理可行的统治理论，只有把一切寄诸命运了。

荀子的绝对圣王

战国群雄争霸的结局是秦灭六国，统一天下。秦之所以能成就这番功业，在于全面推行法家思想。法家不论人主的德行，彻底尊君；主张君王以势、术、法统御天下百姓，以达到富国强兵的目的。自孝公以来，秦国君主极力奉行这套哲学，国势日强，终于在公元前221年并吞六国，统一天下。

大儒荀子（公元前289～230年）就是生长在这个大变局的前夕。他在世时，秦灭六国之势已经形成。他因应着时势的变化，提出了绝对圣王的理念。

荀子认为，只有圣王才是合法的统治者。圣王不但是天下应然的统治者，也是唯一能够实际治理天下的人。圣王纯以自身的禀赋，上不征诸天命，下无假于人民同意，就可建立统治的合法性。

荀子认为人性为恶。性是人生而有的本能，也就是人的情欲；

人顺着这些情欲发展，不加节制，必定会与别人起冲突，而产生暴乱。荀子即从情欲的发展会产生暴乱这一点论断人性为恶。因此人要过合群的生活，必须节制情欲，使其在一定的范围内发展，这样人人可满足部分情欲，而不致与人相争。这种人为节制情欲的功夫，荀子称为"化性起伪"。

"化性起伪"的功夫，虽是人为，但因为人性为恶，所以荀子不认为人有主动内在的能力去化性，而必须被动地接受外在行为规范的约束与塑造，才能克制自己的欲望，使得行为不逾分，人与人之间的合群生活才能完成。

荀子把这外在的行为规范称为礼。礼是荀子思想中最重要的成分。它界定了不同阶层的人在不同的生活（宗教、政治、伦理）中所应遵循的行为，这些行为彼此配合，构成了一个完整的有机体系。杂乱无序的原始人类生活，有了礼的指导，就变得条理井然。荀子赞叹礼的功能说："故人无礼不生，事无礼不成，国家无礼则不宁。"

那么礼是怎么产生的呢？荀子认为，礼是先王制定用以解决人和人之间的冲突矛盾的。他说："人生而有欲。欲而不得则不能无求。求而无度量分界则不能不争。争则乱，乱则穷。先王恶其乱也，故制礼义以分之，以养人之欲，给人之求。"先王之所以能制定礼义以规范人的行为，是因为他的禀赋与一般人不同。就人具有情欲而言，先王与一般人无别，但先王的心"虚一而静"，能深思积虑，熟悉人事的规范，从而制定礼义。在荀子的思想中，先王就是圣人——人伦的极至。在《性恶》篇中，他有时称"生礼义"者为圣人，有时径以"圣王"称之。圣就是王，王即是圣。他一再强调："故天子惟其人，天下者，至重也，非至强莫之能任；至大也，非至辨莫之能分；至众也，非至明莫之能和——此三至者，非圣人莫之能尽，故非圣人莫之能王。"

圣王能制定礼义，界定人的行为规范，人人依此而行，自然能够完成群体生活。荀子以此界定君王，他说："君者，善群也。"又说："君者，何也？曰：能群也。"关于君王的善群之道，荀子在《君道》篇中有详细的发挥："能群也者，何也？曰：'善生养人者也，善班治人者也，善显设人者也，善藩饰人者也……四统者俱，而天下归之。夫是之谓能群。'"

所谓善生养人者，指君王善于推行经济措施，使人民生活富足。荀子所强调的经济措施，不外"轻田野之税，平关市之征，省商贾之数，罕兴力役，无夺农时"等。这些措施与孟子的理想相差不远。荀子还主张借经济合作的手段以增加人民的财富。天下的物产如果能够互相调剂，以有易无，使得"泽人足乎木，山人足乎鱼，农夫不陶冶而足械用，工贾不耕田而足菽粟"，那么"四海之内若一家"，"百姓皆得夫不养削而安乐"。

"善班治人者"，指人君善于设官分职，使他们奉公守法。荀子在《王制》篇中列举了十四类官职，各有他们的职掌。这些职掌包括：土木、水利、农业、渔业、林业、工艺、交通、商业、教育、音乐、司法、军政、警政、铨叙以至祭祀、卜筮等，政治措施上一切项目几乎都列举无遗。

"善显设人者"，是指君王善于用人。君王设官分职后，必须用人，用人之道在于"谲德而定次，量能而授官，皆使人载其事而各得其宜"。荀子于此还大略分析了各种类型的人所适合的官职。譬如他认为那些勤劳刻苦、心思缜密的人适于担任"吏"的职务。

"善藩饰人者"，讲的是制禄之道。荀子说："修冠弁衣裳，黼黻文章，雕琢刻镂，皆有等差，是所以藩饰之也。"君王设职用人，还须善于根据各人的德能与职责，制定不同的待遇，这样才能区别尊卑，激励人心。

以上是从人类政治生活上来界定君王的能力与职责。《君道》篇还讨论了人臣、人父、人子、人兄、人弟、人夫、人妻等角色所应遵守的行为规范。根据荀子的看法，这些规范也都是由圣王制定而推行的。君王在人类其他生活中也扮演了导师的角色，但荀子对此并未作详细的讨论，他最注重的是圣人在"政治"方面的表现。圣王以其对人类各方面生活所具有的规范调理作用而建立他的统治。荀子盛赞圣王对人民的功能说："百姓之力待之而后功，百姓之群待之而后和，百姓之财待之而后聚，百姓之势待之而后安，百姓之寿待之而后长。"相反的，"今当试去君上之势，无礼义之化；去法政之洽，无刑罚之禁；倚而观天下民人之相与也，若是则夫强者害弱而夺之，众者暴寡而哗之，天下之悖乱而相忘，不得顷矣。"圣王一身系天下之安危，所以地位崇高，具有无上的权威。荀子说："天子者，势位至尊，无敌天下，南面而听天下，生民之属无不振动服从，比化顺之，天下无隐士，无遗善，用焉者是之，异焉者非之。"圣王之于天下，"居如大神，动如天帝"。

君王虽然一身系天下之安危，具有绝对的权威，人民不得不接纳他的统治。不过荀子的圣王是为人民的福祉而产生，不顾人民福祉，丧失民心的就不配称为君王。如有圣人出，可以诛除暴君。荀子由此重新定义君王。他说："天下归之之谓王，天下去之之谓亡。故桀纣无天下而汤武不弑君。"他的结论是："故天子惟其人。"

荀子揭橥了圣王的理念，认为唯有这样的圣王才配治理天下。那么圣王又将如何产生呢？荀子的观念与《尚书》、《孟子》有很大的不同。《尚书》乐观地肯定天命的抉择，《孟子》消极地指望命运的安排，荀子则完全否定了神性和命运意义的天。在他的哲学系统中，天是自然体，它的运行与人事无涉。圣王诞生，不是天命认可，也不是命运安排。孟子思想中尚有以民意表现天意之说，荀子直认为人民是圣王以礼教化的对象，人民没有能力选择他们的君王。荀子也不像孔子那么的乐观，认为道德的典范自然能赢得人心，建立合法的统治。他感叹："今圣王没，天下乱，奸言起，君子无势以临之。"君子修德化民，必须借势之助，势就是政治权力。荀子清楚地看出：政治生活的本质就是权力的问题。

虽然荀子提出了势的概念，但他却未就权势的转移提出一套合理的主张。他反对禅让，认为天子之位至尊，无可与禅者。他也赞成征伐，却又小心翼翼地附上了征诛的条件："诸侯有能德明威，海内之民莫不愿得以为君师，然而暴国独侈安能持之，必不伤害无罪之民，诛暴国之君若诛独夫，若是则可谓用天下矣。能用天下之谓王。"依此理论，无势之君子终究与王天下是无缘的。荀子指斥当时的君王无道，肯定"天子惟其人"，但他尊君重势的理想，使得修德与得天下之间划出了一道鸿沟，这是先秦儒家思想的一大转折。不仅如此，他为了配合新时代的来临而提出的绝对圣王理念，到了秦汉以后，为俗儒所假借，因而助长了君尊臣卑的专制局面。

董仲舒的天人相应论

秦汉帝国的建立，为中国政治史开启了崭新的一页。自此以迄清末，中央集权取代了封建制度。帝国的权力集于天子一身，全国的官吏、人民都在他的直接控制之下，生杀予夺，悉凭其意，徐复观称这样的中央集权体制为一人专制。

一人专制的君王，权势无限。加以此时秦汉帝国版图的扩张，财富的集中，使得君王的权势与地位提高到空前未有的地步。为了维护帝国的存在与顺应当前的政治情势，思想界自须创构新的合法统治的观念。另一方面，秦汉大一统固然结束了战国诸雄纷争的局面，为中国带来了和平与安定，但一人专制的政治制度又产生了新的弊端——君权的滥用。汉朝的知识分子已经感觉到这种压力，汉文帝时贾山在《至言》中就曾说过："雷霆之所击，无不摧折者；万钧之所压，无不糜灭者。今人主之威，非特雷霆也；

势重，非特万钧也。"因此君权的限制也成了这一时期思想家困心衡虑的问题。这两种思想潮流，汇集于董仲舒（公元前179～104年）的天人相应论中。

秦汉结束了上古的封建时代，而在哲学上，总结前代各种思潮，包罗宇宙万象的宇宙论成为这一时期哲人致力建构的对象。董仲舒的天人相应说就是其中系统最为完整的一个。董仲舒认为，整个宇宙是由天、地、人三种元素构成的。这三种元素彼此依赖，相互影响，构成了一个有机的宇宙。因此，要使这个宇宙维持稳定的秩序，必须三元素和谐发展。三种元素之中，天、地是先验的存在，人则由天所生，由地所育。负责天、地、人三者和谐发展的责任落于统理万民的君主身上。董仲舒认为，"王"的字形就代表了这种意思，他说："古之造文者，三画而连其中谓之王。三画者，天地与人也，而连其中者，通其道也。取天地与人之中，以为贯而参通之，非王者孰能当是。"

天道是仁。"天覆育万物，既化而生之，又养而成之，事功无已，终而复始，凡举归之以奉天。察于天之意，无穷极之仁也。"天道崇高伟大，常以"爱利为意"，春夏秋冬四季的变化，各有天之意，各有天所要完成的功能。"春气爱，秋气严，夏气乐，冬气哀。爱气以生物，严气以成功，乐气以养生，哀气以丧终。"四时的运转有时，成功了万物的生长化育，是为岁美。四时不协，则生命的消长失序，是为岁恶。

因此君王也常要以"爱利天下为意，以安乐一世为事"。而君王完成心意的工具是他的喜怒哀乐之情。这四种情绪相当于天的春夏秋冬四季。人主展露这四种情绪"义则世治，不义则世乱"。人理与天道是相同的。因为君主的地位极为重要，他立于"生杀之位，与天共持变化之势"，不可不审慎情绪的变化。他应该小心翼翼地深藏自己的情绪，不使它们妄动。如果君王能做到这点，毫无差错，就可谓与天相等了。

董仲舒提高了君王的地位，但同时也加重了君王的责任。君王修养自己的德性，爱利人民，是使他与天地相参的必要条件。根据这一前提，董仲舒叙述了他对君王无限的要求。君王必须"正心以正朝廷，正朝廷以正百官，正百官以正万民，正万民以正四方。四方正，远近莫敢不壹于正"。君王必须使人民经济生活平均，使有钱的人"足以示贵而不至于骄，贫者足以养生而不至于忧"。最后君王还要教育百姓，这也是天设立君王的理由之一。董仲舒认为人性非善非恶，但具有"善质"，"待教而为善"，这个教民的任务就落于君王之身。他说："民受未能善之性于天，而退受成性之教于王。王承天意以成民之性为任者也。"君王教化人民的方法是："兴太学、置名师，以养天下之民。"

由以上可以看出，董仲舒天人相应的宇宙论固然赋予大一统君王存在的理由，但从另一方面说，却还保存了先秦儒家的传统，强调君王虽为上天所择，却是为人民而存在的。董仲舒说："天之生民，非为王也。而天立王，以为民也。故其德足以安乐其民者，天予之。其恶足以贼害民者，天夺之。"因此，董仲舒有时界定君王为"民之所往……不失其群者也"。君王权威是由民心的归附而成立。像桀纣这类君王，"令天下而不行，禁天下而不止"，根本丧失了人民的拥护，因而不配称王。汤武对他们的征诛自然也不为罪过。

董仲舒认为天意与民心都是君王权威成立的条件，但他并未像孟子一样，径以民心来代表天心。天不仅在法理上是帝位的授予者，在实际上，更直接借着具体的行动与符兆来拣选地上的君王。董仲舒在下列一段话中表达了这个观念：

> 臣开天之所大，奉使之王者，必有非人力所能致而自至者。此受命之符也。天下之人同心归之，若归父母，故天瑞应诚而至。书曰："白鱼入于王舟，有大火复于王屋，

037

流于乌。此盖受命之符也。"

天命借着自然界的异象来显示他对君王的认可。有此受命之符，君王的统治方为合法。

天不仅予夺国祚，还监督政事。董仲舒认为君王行德政，人间的阴阳调和，自然界受到感应，也会风调雨顺，出现祥瑞。相反的，如果君王德行有亏，政治失宜，人民的怨嗟与不平就会影响人世的阴阳平衡状态。人间阴阳不平衡，自然界受到感应，就会降下灾异。君王受此警告，如果仍不悔改，天就会灭亡他的国家。为了使天人相与之说更为可信，董仲舒还特别引述了许多历史传说以为佐证。他说，古代五帝三王之时，君王勤政爱民，人民和乐相处，丰衣足食，因而整个自然界也是一片祥和，甚至"毒虫不螫，猛兽不搏，鸷鸟不触"，"故天为之下甘露，朱草生、醴泉出、风雨时、嘉禾兴、凤凰麒麟游于郊"。周德衰弱后，大自然就降下了惊心动魄的灾异："日为之食，星陨如雨，雨螽。沙鹿崩，夏大雨水，冬大雨雪。陨石于宋五，六鹢退飞。陨霜不杀草，李梅实。正月不雨，至于秋七月，地震，梁山崩，雍河三日不流，昼晦，彗星见于东方……"董仲舒认为这些灾异是警告人主："亦欲其省天谴而畏天威，内勤于心志，外见于事情，修身审己，明善心以反道者也。"

董仲舒所以不取民心，而以阴阳灾异代表天意，有许多可能的理由。一是他个人的信仰，一是历史背景的影响。徐复观阐释这两点说：

第一，他对天人相与之际，信心甚笃，他之立论根据是建立在"以类相召"的现象之上，这是在社会中常有的现象，董氏由此而扩大了他应用的范围。第二，民意对人君的影响力量，在专制政治正盛的时代，恐怕没有灾异说来得更简捷有力。

关于第二点，日人重泽俊郎也有同样的看法：

> 虽有强大的君权之存在，但是关于君权活动完全没有法律规定的当时，除了从来由贤人的道德谏正之外，更诉之于这种神秘手段，以防止君权无限之强化，实有其必要。所以灾异说在其直接以君权为对象而被设定的第一点上，可谓发挥着类似后世宪法的机能。

董仲舒的君权神授思想，固然维护了汉朝君王崇高的地位，但上天监督君王，予夺国祚，也使得君王不再享有绝对的权威。君王不能无视天意，否则灾异天谴随时降下。他必须"法天"，"副天之所行以为政"。天之意向并非渺茫无凭。"天地之气合而为一，分为阴阳，判为四时，列为五行。"法天者，即此诸端以求天道而施政。故君王的政制，如设官以及政事，如庆赏刑罚都必须符合天道。而法天的最后目的在于养民、教民。因此董仲舒思想中的君王在天意的笼罩下，一举一动都受到了很大的限制。

董仲舒苦心孤诣地建构了这么一套既尊君、又抑君的宇宙论思想，反映了汉代知识分子在一人专制体制下的困境。在这种局面下，知识分子对政权转移的问题自然难以处理。董仲舒曾表示君王无德时，臣子的征诛是合法的，但他提到这一点是用以解释古代圣王行为的合理。他从未像孟子一样明言"惟仁者宜在高位"。他提到"受命之符"的问题，但并未多所发挥。他强调的是"抑君"的灾异思想，希望借此警告人主实行善政。

在此前提下，董仲舒思想呈现了许多退缩的现象。理想君王的形象不如先秦儒家思想那么动人，儒家心性论的探讨因而中斩。天意不由民意显，也不是自然体，而是与人事相应的无情灾异、符征。先秦儒家思想中的理性主义的传统从而丧失。详灾异，略受命之符，已开启了默认继体守文之君为合法的传统。同时，这样建构的天人相应说也没有真正达成董仲舒的目标。在位的君王迷于权势，多半不信天命。《汉书》记载董仲舒本人言灾异，几乎因此丧命，逼得他以后不敢再言灾异。两汉中叶以后，人君把"天变"的责任转嫁到大臣身上，董仲舒的努力遂完全落空。

黄宗羲的原君

秦汉以后，君主专制主宰了中国的政治舞台。随着历史的演进，君王的权力越来越大。相对的，中国知识分子坚持"以德取位"的呼声也愈来愈弱。家天下的观念逐渐深入人心。东汉的班固父子就曾表达出天下必归刘氏的信念。这种想法"象征了大一统专制的家天下，开始在知识分子的心目中，渐渐取得了合理的地位"。到了唐朝，大儒韩愈（768～824年）甚至认为君主世袭比禅让制度更为合理，更符合圣人之道。他说：

> 尧舜之传贤也，欲天下之得其所也；禹之传子也，忧后世之争也。传之人则乎，未前定也；传之子则不争，前定也。前定虽不当贤，犹可以守法。不前定而不遇贤，则争且乱。天之生大圣也不数，其生大恶也不数，传诸人，得大贤，然后人莫敢争。传诸子，得大恶，然后人受乱。

为追求政治上的稳定，韩愈竟然牺牲了"圣王"的理想。儒家对政治的无力由此可见，而王权的道德堤防也因此全然崩溃。

中国的君主专制制度经过宋元的发展，至明朝达于极点。明代开国皇帝太祖于洪武十三年（1380年）废宰相，以六部直隶于皇帝，集大权于一身，君王因而享有完全的绝对专制权。但拥有无限权势的君王并不能保障帝国免于最后覆亡的厄运。公元1644年，明朝灭亡，获得新天命认可的是北方的异族——满清。明末的知识分子经此大变，反省国土沦亡的原因在于专制政体，因而反专制政体的观念又在中国思想家的心中点燃起新的火花。其中以黄宗羲（1610～1695年）的《明夷待访录》最为激烈。从他对专制制度的抨击与对古代理想社会的赞誉中，我们可以看出他心目中对理想君王与合法统治的概念。

在《原君》一文中，黄宗羲比较了三代与三代以下君王的差别。他认为人类社会初无所谓君王，每个人都自顾其利，没有人为大众"兴公利、除公害"。人类为了补救此弊，才有君王产生；换言之，君王是为了替众人谋福利而设立的。所以三代的君王备极辛劳，牺牲小我、成全大我。这种损己利人的精神大异一般人情，是以三代人君不以处人君之位为乐。尧舜因此禅让，不愿传子；夏禹本来无意传子，却又不得不传子。

三代以下，尤其是秦汉以后，君权却被视作莫大的产业，而非莫大的责任。君王不再为人民服务，相反的，他搜刮天下之利，尽归于己，而后传之子孙，享受无穷。黄宗羲沉痛地描述君权观念改变后，君王为人民带来的痛苦：

> 以其未得之也，屠毒天下之肝脑，离散天下之子女，以博我一人之产业，曾不惨然。曰："我固为子孙创业也。"其既得之也，敲剥天下之骨髓，离散天下之子女，以奉我一人之淫乐，视为当然。曰："此我产业之花息也。"然则为天下之大害者，君而已矣。

黄宗羲并未因此赞同道家无政府主义的思想。对他而言，原始的社会并非乌托邦。为了保障人类的生存，君王是必要的。坏的君王可诛除，君主制度本身却不可废弃。何况在遥远的古代，君主制度还发挥过它的长处。问题在于是否有良好的君王在位。

黄宗羲与其他传统儒家学者一样，对"选择好君王"的方法没有提出任何具体可行的建议。从《明夷待访录》的书名看来，他似乎期待一位理想君王——他称为原君——的出现，自觉地实践"兴天下公利"的义务。从序文中可以看出，他似乎认为这种明君的出现是受到命运控制的。

作为专制政体的直接受害者，黄宗羲对君王的道德能力不再存有完全的幻想。他也许对儒家圣王统治的理想衷心支持，但残酷的历史事实迫使他寻求更安全的道路——限制王权的滥用。因此他违背了儒家的传统，转而强调法（制度）的重要。

黄宗羲认为，真正的法（原法）是为谋求人民的福祉而设立的制度。三代以上的圣王为了养育、教化人民而采取的经济、教育、军事措施都属于这一类。秦汉以后，君王以天下为私产，所设定的法制都是为了保存王室的私利，严酷暴虐，并不是真正的法制。这些法制，不仅剥夺了人民的利益，陷万民于严酷的法网之中，同时也束缚了有能力的人的施政。真正的法是宽简的制度。正直的人在位可以立于法制的基础上，大展所长；不正直的人在位，也不致深文周纳，残害天下苍生。所以正确的法制比有能力的人更为重要。黄宗羲于是肯定"有治法而后有治人"。《明夷待访录》的目的就是要确定这些大法制度的本质。

在《明夷待访录》所提出的许多变法要点中，与君权最有关系的几项是国体、官制与学校制度。

黄宗羲深恶秦代以后的专制政治，所以他在讨论国体的时候，倾向于封建制度的分治。但他也了解时代政变，封建制度已不能完全恢复。况且封建制度也有它的缺点：天子政令不能下达，诸侯之间强弱兼并。于是他折衷于封建与郡县二者之间，主张实行唐代的方镇之制，沿边疆设置方镇。方镇有征税、用人的权力，同时也要尽"每年一贡、三年一朝"的义务。这种变相的封建制度有许多益处，其中一项是"外有强兵，中朝自然顾忌"，即地方足以制衡中央。

黄宗羲论官制时主张置相。他认为古代置相的目的，在辅佐君王治理天下，同时也可补救君主政体之缺失。后世不明君臣共治的道理，尊君抑臣，到了明太祖废相，政治败坏达于极点，因此宰相一职不可或缺。宰相集行政大权于一身，可以与皇帝共同讨论国家大事，必要时可以书面替皇帝草拟各项重要的行政决策。宰相有自己的衙门，以便统辖各类行政机关，并可借此确保各方面的谏言得以上达。

黄宗羲认为古代圣王设立学校的目的，除了教育人才外，还希望学校成为培养健全舆论的场所。学校可以批评政府施政，"天子之所是未必是，天子之所非未必非。天子亦遂不敢自为非是，而公其非是于学校"。要达成这个目的，学校制度必须加以改革。黄宗羲希望政府普遍设立各级学校，但学校行政独立，不受政府控制；郡县设学，学官由地方公议于名儒中选出。学校讨论地方事务之际，郡县官也应就弟子之列，聆听训诲。同样的，京师太学的祭酒，由当世大儒担任。每逢朔日，天子赴太学聆听祭酒讲学，政有缺失，祭酒直言无讳。

《明夷待访录》还广泛而详细地讨论了阉臣与胥吏、学校教育的内容、选举人才、兵制、田制、财政等问题。对每一个问题，黄宗羲都提出了具体的改革之道，足证他对治法的重视。黄宗羲在《原君》一篇中指出了君王所应有的德行——以天下苍生为念，在其余篇章中又广泛地讨论了治国之道，而最终都是以养民教民为其目的。萧公权先生赞誉黄宗羲的贵民政治哲学"首尾贯通，本末具备"，实非过论。

黄宗羲虽然一心以反对专制为念，但他的政治思想仍未脱离君主政体的范围。萧公权先生因此认为，黄宗羲"仍蹈袭孟子之故辙，未足以语于真正之转变"。有些学者以为，黄宗羲在《原君》

篇中提出有治法而后有治人的观念，已与先秦儒家德治主义的思想有所不同。先秦儒家中，孔子、孟子、荀子都特别强调君王本人的"德"，虽然他们对德的看法各有不同。孟子虽然也强调治法，但治法仍然是由君王本人的"不忍人之心"延伸出来。黄宗羲则未刻意强调这一点，他所谓的许多治法，目的先在于防止君权的滥用，而后达到贵民的目的。所以黄宗羲是第一个明确主张以客观政治制度来限制君权的儒者。日本学者山下能二就是持这种观点的学者之一，他说："（黄宗羲）亲眼看到儒教道德主义之政治改革论于现实中失败的情形，因此更具体化他的改革精神——提出《明夷待访录》作为制度改革论。"

但必须承认，黄宗羲所提出的限制君权的制度并不完密与周全，其中最矛盾的是，批准这些限制君权的制度，仍有赖于君王本人。《明夷待访录》这本书并不是写给一般人民以唤醒他们的自觉的。从书的序文中可以看出，它是写给即将应运而生的"明王"。黄宗羲希望这位明王能依据书中的原则来自我教育、自我约束，从而达成"兴天下公利"的目的。因此，仍是先秦儒家"德治主义"的一种变形。

黄宗羲把理想的实现寄托于"明王"的兴起。但对政权的转移，他似乎倾向于君主世袭，《原君》篇虽然讨论到三代的禅让，他却并未在以后的篇章中肯定这是明王应制定的大法之一。相反的，在《学校》篇中讨论到太子的教育内容时，暗示太子应为将来继承王位而做准备。因而君主世袭又成了合法统治的依据。这种与明王统治原则相抵触的矛盾，是生长在专制制度下的儒者所不能化解而又不得不与现实妥协所产生的结果。

结　语

上文考察了中国最早的合法性统治的观念——《尚书》天命观，

以及后来许多政治思想家对同样问题的看法。由此发现，《尚书》天命观包含三个元素：超越的天命、地上君王的德与人民。《尚书》天命观肯定：君王以其保障人民福祉的德，而获得天的认可，建立合法的统治。其后各家的合法观念，基本上继承了《尚书》的天命观，再依思想脉络的内在发展与外在环境的要求，呈现出不同的变型。

在先秦时期，一方面是实际统治阶层的崩溃，一方面是统治秩序瓦解而产生的开放环境，使得当时的政治思想家毫无顾忌地刻画他们理想圣王的形象。理想圣王成立的条件是他内在的德。因此，有关"德"的讨论愈来愈深刻与丰富。德的主要内涵是人民的福祉，因此这些思想家赋予君王对人民的教养责任也愈来愈重大。我们甚至可以说，因为《尚书》天命观肯定道德的重要性，因而促成先秦儒者对内在道德的热衷。孔子的仁道、孟子的四端之心以及荀子的大清明之心都是这个动因下的产物。对先秦儒者而言，心性之学是政治学的基础。由心性之学的拓展，产生了孔子的德治主义、孟子的仁政思想以及荀子绝对圣王等合法统治的观念。先秦儒者对人内在道德性的探讨，最后促使荀子把君王的"德"看得比天命与人民这两个因素更为重要。圣王是人间的神，扮演了设计、主宰人间一切活动的角色。他本身的德使得他合法地君临天下。

《尚书》天命观朝向儒家心性论的发展，固然受到"德"的观念的影响，另一方面也受到天命观念世俗化的影响。《尚书》中的天是人格神，天命的表征是周灭殷的武力战胜。孔子不语"怪、力、乱、神"，人格神、武力战胜都为他所不取。他又承认周室，因此规避了政权转移的问题。孟子身当封建制度完全崩溃之时，他热切期望大一统新局面的出现。因此，他必须面对统治合法化的问题，而前述《尚书》中的两个观念令他不安。他肯定统治权威的来源是超自然的天命，但天不再是人格神，而是命运神。天命的表征是民意。但孟子并未完全地以民意取代天意，天意仍有其自己的方向。孟子的这种苦心产生了更多的矛盾，政权转移的合法性成了更不明确的概念。

荀子生当大一统前夕，历史的发展已经明朗化，他不取任何天命，也不顾民意，径以君王本身的德主宰天下。但他否定了天命、民意，君子又与势位无缘，怎么建立政治权威呢？因此他的理想也就最具乌托邦的色彩。

汉朝以下，君王专制成了定局。君王权力无限地扩张，知识分子开始感受到沉重的压力。儒者的工作不再只是正面地塑造理想君王所应具备的德，君权的限制成了他们最关怀的课题。其实君权滥用的现象在先秦已经出现，孔、孟、荀都曾指斥过当代的君王，孟子还明确地指出这个问题："不仁者在高位，是播其恶于众也。"但春秋、战国终究是政治秩序瓦解的开放时代，他们感受不到后日儒者无所逃于天地之间的那种压迫感，他们对未来仍保有乐观的理想。汉朝以后，"惟仁者宜在高位"的理想彻底溃灭，政治思想家面对的是不可变易的"不仁者在高位"的情势，限制君权成了当务之急。董仲舒于是重新搬出了人格神的观念。他希望借至高无上的天来压抑君王，借灾异来警惕人主。他的目的在于君王修德爱民，建立合法的统治。至于政权转移的问题，他已无能多所论道。尽管如此，他的理想并未实现。黄宗羲扬弃神道设教的理念，希望更合理、更有效地矫正君主专制的弊端。他除了呼吁君王建立正确的职分观念外，还提出以法（制度）来抑制君权的滥用。但他的"制度"不是由外力推动的，仍是由"明王"认可而建立。他的理想是君王不仅接受内在之德的召唤，建立正确的职分观念，还主动接纳外在的制度的束缚。但是这样的明王，却只有期望命运的安排了。

本文绪言讨论了德国社会学家韦伯的三种合法统治的观念。以上所论以《尚书》天命观为原型的中国合法性统治观念又属于哪一型呢？很明显的，它们不属于传统性及理性统治两类。中国合法统治的理想是"圣王"，圣王具有特殊的资质——德。那么圣王的理想是否合乎韦伯的第三类呢？这是个有待解决的问题。但在中国的圣王统治与韦伯的神圣性格性统治之间有一类似之处：两者都不是稳定的统治。神圣性格性统治必然牵涉到统治正常化的问题——政权合理转移的问题，圣王理想中最不易解决的问题也正是政权转移的问题。由以上讨论可以看见，中国哲人对这个问题简直毫无良策。在理论上，他们赞成有德者在位，但在历史的发展中，以血缘传承为合法的传统性统治却是常态。这种理想与现实之间的矛盾是中国道统与政统之间无尽冲突的原因，也是中国朝代循环的最重要动因。

希腊哲人柏拉图早年也曾醉心于"哲王"（Philosopher King）的理想统治，但到晚年，他却拥戴如韦伯所谓的理性统治。大致说来，整个西方政治思想界对合法统治的看法也曾经历过这样的变化。中国传统政治思想家却从未产生这样的变化（或革命），一直要到清朝中叶以后，西方文化入侵，中国知识分子才改变了他们对合法统治的看法。笔者无意在此探索这个现象在历史上及思想上的成因。笔者只想提出一点：传统的圣王的合法统治观念与现代的民主政治的基本假定之间已有相当的紧张性（tension）存在。"圣王"的思想认为，只有道德高尚的人才足以养育人民、平治天下；现代的民主政治则假定任何人掌握无限的权力都会腐化，因而只有把权力交付给人民大众，政治才可清明。中国传统思想家坚持道德的权威主义，使得"民主"的思想一直不易产生，他们所作努力最大的结果不过"民贵"而已。千百年来，中国人民一直被认定是呵护教养的对象，而不是掌握权力的主人。在这种情况下，政治权威的来源自然不得不诉诸道德性的超自然了。

尽管这种诉诸超自然的合法统治观念有其理论上的疑难，在现实上也影响了中国历史上的"朝代循环"，但它对中国传统文化的贡献也不可任意抹煞。中国哲学的精华——心性之学是继承了《尚书》中的天命观而产生的。"民贵"的观念也使得中国君王不若许多西方君王那么残暴。最吊诡的是：这个影响中国朝代循环的合法统治观念，也正是维持中华帝国稳定的最重要的因素之一。

魏晋的自然思想

　　由于以王弼、郭象、张湛为代表的这一系魏晋自然思想对文化的功能抱持保留的态度，呈现着偏离文化范畴以解决问题的倾向，因此，在本质上可以称之为文化功能怀疑论。此处所谓的文化，泛指人类为求适应环境的所有成就，从物质属性的制作到非物质属性的价值和规范都包括之内。具体地说，可勉强区分为三个层面：第一层面是器物制作，第二层面是政治体制与社会组织；第三层面是伦理道德规范与价值。这三层面之次第大抵合乎文化发展的先后次序。但是，王、郭、张三人对于文化的认识，主要着重在相对于原始的此一意义上，比较偏向第二、三两个层面。

　　对西方人而言，人类对于自己文化起怀疑的思想，可能的原因之一就是怀念原始洪荒之情的延伸或激发。这种"念旧之情"似乎并不随着人类文化成就的成长而递减，反而却在有增无已之中，而成了近代西方一些文学作品中常见的主题之一——返璞归真的思想。换言之，中国魏晋时代的文化功能怀疑论，可以与近代西方文学界取得共鸣。唯两者最大的歧异点，是前者思辨性甚浓，后者反而是着重情感性。就中国文化功能怀疑论而言，魏晋时代并不算"千古绝唱"，仍可向上追溯到先秦时代的老、庄思想之中，亦即，此一思想诞生于先秦时代之后，便沉寂了相当时期，直到魏晋时代才又引起注意。所不同者，魏晋仅止于怀疑文化功能，而先秦则越此而达否定文化，遂变成如劳思光所言的"文化否定论"。若专从同样反映此一思想的时代相同点——重重危机——上看，似乎可以这么说：时代弊病之丛生，前途之多艰，难免令人兴起怀疑整个文化系统是否具有意义的问题。当然这只是猜测之词，因为时代的危机重重与文化功能怀疑论的产生，两者之间缺乏堪称坚固的必然关系——中国许多危机重重的时代并未产生文化功能怀疑论。也许，里面涉及到危机程度的问题——危机要到什么地步才能产生文化功能怀疑论？如此，不但更难以进行辩解与分析，而且还犯了以唯一因素解释复杂历史现象的毛病。

由于王弼对《老子》一书的推崇，所以，当他说"老子之书，其几乎可一言而蔽之。噫！崇本息末而已矣"时，无异于假老子之口，宣告人类历史的发展长期以来处在一种本末倒置的尴尬危机之中。为了挽救这种危机，他建立了一种新的价值标准（体系），谋篡雄踞人类历史发展的中心地位多年的传统文化的宝位，以夺其主宰人类命运的大权。王弼这种重新将人类历史发展安顿在一个新的坐标上的企图，并非他一人所独有，而是代表当时相当广泛的心灵渴望。王弼只是充当他们立论的最佳代言人，并为他们设计出此一新坐标以满足其渴望。王弼为此新坐标寻求并建构了一个新的中心，以取代旧有的改造世界必须基于人类既有成就——传统文化——此一中心，并将决定其存在的可能以及运作之有意义，完全操持在这个新的中心手里。因此，与其说王弼所建构的新坐标及其新中心是针对已接受文化洗礼的人类社会（即名教世界）加以厌弃与否定，毋宁说是王弼想改变浸润在文化中的人们对既有文化的过分仰仗之心。他一再强调人类既有成就，只是外于以及次于中心的"末"。这个人类历史发展的新的坐标体系，以及主宰人类命运的此一新中心的建构，无殊于规划一幅人类美好新世界的蓝图。

王弼随即为此一蓝图的合理化展开了一系列的奋斗。为使此一奋斗期于有成，王弼研究了以往先秦诸子中重要的几家学术成果。经过一番详慎的评估之后，认为儒、墨、名、法、杂五家思想全都处于王弼认为的旧有中心的执著上，只有道家摆脱了这种执著的纠缠。所以，道家的路径成了他合理化的思想源泉。尽管王弼选取具有一些退出社会、否定时代使命思想成分的道家经典——《老子》——加以注解，但是他却一反道家所为，怀抱儒家高度的社会参与感以及时代使命意识。于是乎，古典成了找寻改革理由或是提供灵感的源泉。这是因为在基本上，他同意人类社会秩序的维护，有赖上下阶层的设置。这与儒家核心主张之一"劳心者治人，劳力者治于人"（孟子语）同一步调。王弼并不因反对儒家而故意与儒家其他各种立论唱反调。

王弼将"旧有中心"安排在他建构的新坐标的次要地位的想法，是一种对人类文化功能贬抑得足以惊世骇俗的表现。其所以如此的理由，若从外缘来加以考察，不难发现有两件客观的事实，在理论上很可以使他采择此一想法。

第一、依据儒家理想建立的第一个政权——汉帝国——的崩解，难免使人怀疑儒家一些中心信念，包括以道德和法律维护人类社会秩序的文化行为，进而导致人们对上述文化行为产生不值采信的情绪甚至想法。要知儒家对于坚持王弼所认为的旧有中心最力。既然举世公认以道德和法律维护社会秩序成功的政权，最后不仅无法克尽其维护之职，而且"以身殉之"，那么，在其人类文化体系中从事各种兴革的考虑，是完全没有必要的。

第二、紧接汉朝之后的魏朝，经曹操、曹丕、曹睿、曹芳祖孙四代的苦心擘划，政治上走的是"乱世用重典"的法家路线。其实政治圈中仍承汉末法家政论抬头的余绪，一直在热烈地讨论如何使刑名之学运用在政治上，借以强化法家政治的功能。这是在促使一种理想——如何使举世的真正人才尽纳入政治权力运作的结构中——实现的努力。但这种努力似乎功效不著，因而证明是枉费心机。王弼曾受何晏赏识，推荐给当时专政的曹爽。不想王弼第一次与曹爽见面，即大谈他的理论，而为曹爽所轻。可见他与当时当权派的心态是有所背离的，他的宦途失意亦与此不无关联。王弼即死于曹爽集团倾覆的那一年——正始十年（249年），享年才二十四岁。

王弼将无所为而使人民不觉其存在的神或圣人，称之为"上德之人"，反之，则为"下德之人"。

"上德之人"只求"实至"，不管"名归"；"下德之人"为求"名归"而挟有目的性，以致不能"实至"。加之，落入相对境界中，有得必有失，有成必有败，有了好名声后，坏名声也就接踵而至。王弼接着又说：

> 故下德为之而有以为也。无以为者，无所偏为也。
> 凡不能无为而为之者，皆不德也，仁义礼节是也。

这就认定"仁义礼节"是一种出于人为的结果，合该舍弃，此与"文化否定论"相关。实际上，王弼所言不是此等意思。王弼在借"无为"观念反省道德问题时，产生了另一种意思。

王弼认为，"无为"是"本"，"无名"是"母"，而人类文化的第三层面——道德礼法——只是"本"和"母"所从出之"末"和"子"。如果舍弃"本"和"母"，而专讲究道德礼法，即使有所作为而功劳盛大，终究必会无法成事；培植声誉而名望崇高，终究虚伪也必会产生。由于不遵从"无为"，因此才创出道德礼法以补偏救弊。这就与《老子》十八章"大道废有仁义"如出一辙。王弼于其下注云："失无为之事，更以施惠立善道进物也。"也是这个意思。而仁、义、礼三者，是在"每下愈况"情形之下逐一转生而出的。换言之，如果将仁、义、礼当成一种对策的话，是无法彻底解决问题的，只是徒然不断在制作新对策，然而，问题依旧不知伊于胡底。王弼并以大小比较的观点，来证明道、德、仁、义、礼五者呈现的是一种由大至小的逐渐下降的排列次序。他认为"道"是无穷大，因为它有"无"的作用以决定万物。"德盛业大，富有万物"的人（想必是国君）则属于"德"的层次，但由于他受"无"的宰制，无法脱离"无"作为他的本体，所以他不算是大。不过，"德"到底尚属"母"的一种，其下的仁、义、礼就不是了。显然王弼的价值观是内高于外的，所以属于内的是仁义。王弼认为依仁义而行会流于作伪，于是，低于内的属于外的礼，当然更是无济于事了。因而据以推论出老子所言："夫礼者，忠信之薄，而乱之首也。"但是，义与礼的彰显，不是以感官经验可以掌握的现象，而是以超现象的大道作用来的；也不是由可命名之物，而是由不可命名之物运作来的。如此才不会有目的性（所谓"物无所尚，志无所营"），从而万物各自完成其应有之本分，其所成就之事功不至流于虚伪。仁、义与礼因此顺利地遂行于人间，反之则否。仁、义与礼的功能之发挥，不是决之于"用仁"、"用义"与"用礼"，而是决之于其承载之"道"，宗统之"母"。因为在由超感官经验的、不可命名之物作用之下，各种可以命名之物的存在才有意义；在由超感官经验的不可掌握之现象作用之下，各种可以掌握之现象才成为可能。王弼认为，超现象具有"道"属性的"无形"和"无名"，是母是本，而仁、义与礼只是其所从出之子之末。属于子与末之物其成为可以掌握之现象以及可以命名的可能性与有意义，决定于是否遵循属于母与本的"道"。为了强调不可违背母，不可失却本，他将母喻为工匠，仁义喻为器具。仁义为由母所生之子，一如器具由工匠所制成，而器具不可取代工匠之地位，亦一如仁义不可当成母。如果将子与末之物当作母与本之物，那么，即使效果显著，必然有"不周"和"忧患"之后果产生。因为这一切都在反"无为"，所以不足采择与取信。实际上，王弼亦曾在另一处大加宣扬"无形"、"无名"之可行性：

> 无形无名者，万物之宗也，虽今古不同，时移俗易，故莫不由乎此，以成其治者也。故可执古之道以御今之有。上古虽远，其道存焉。故虽在今可以知古始也。

由于此处王弼的口气太像"托古改制"者的手法，因此极易令人产生王弼不反对历史文化之误解。事实上，他着眼的仍是他念念不忘的"道"，而不是在讲太古时代历史文化才是人类理想所在（文中的"古之道"）。

由上述的疏解看来，王弼毫无反对仁义礼法的居心，只是视之为次于道（即自然之理）之物。而且，仁义礼法无法单独存在，必须仰赖道的荫庇，其功能和意义才能显现。所以，若以文化在人类历史发展上只居次要地位的想法作为王弼思想的标签，是相当切合实情的。

再论郭象。郭象说：

> 自三代以上，实有无为之迹。无为之迹，亦有为者之所尚也，尚之则失其自然之素。故虽圣人有不得已，或以盘夷（谓创伤也）之事易垂拱之性，而况悠悠者哉？

这番话很清楚地表示郭象对历史采否定的想法，认为历史中并没有可以仿效的对象，即在曾经实行过无为政治的"三代以上"，也不值得取法，大异于儒家万分尊崇"三代以上"的历史。其理由是：曾实行无为政治的"三代以上"，所遗留给后人的并非那无为政治之精神所在（所谓"所以迹也"），而是徒具形式之糟粕（所谓"迹也"），如果加以效法（所谓"尚也"），便会丧失原来自足之本性（所谓"自然之素"）。后代的帝王（即文中所指之圣人）失察，在政治上做了许多伤害本性之事，无为（所谓"垂拱")之本性也失去了。

否定了历史，便是否定历史上人的作为，如此十足的文化否定论乃告成立。他将历史上有贡献的人加以否定，其焦点完全集中在中国历史上最有地位的"三代以上"的三位帝王——黄帝、尧、舜身上。

他强调圣人本人在本质上是合于自然的"所以迹"，但是他在受到世人尊崇并加以效法时，世人所效法到的只是不合自然的"迹"，这就是他要否定圣人的理由。最为人所向往的"三代以上"，以及为当时所推尊的圣人诸如黄帝、尧、舜等人，他都不看在眼里，遑论"三代以下"了。

再看郭象对文物制作的否定。郭象说：

> 夫圣迹既彰，则仁义不真，而礼乐离性，徒得形表而
>
> 矣。有圣人即有斯弊，吾若是何哉？

可见他并不反对礼乐仁义，而反对的只是失其本质之礼乐与仁义。又说：

> 信行容体，而顺乎自然之节文者，其迹则礼也。

此处是说礼不具有自然之性。这不就自相矛盾了吗？再看：

> 礼者，非为华薄也；而华薄之兴，必由于礼。

此处就没有讲礼的本性到底合不合乎自然，只讲有了礼之后便产生虚伪的风气，尽管这并非设礼之本意。

前述的矛盾，郭象不知是否注意到则不得而知，但至少不见他有自圆其说之说辞出现。郭象尽量发挥他由礼致伪之弊的意见：

礼有常则，故矫效之所由生也。

郭象在《庄子·马蹄第九》"故纯朴不残，孰为牺樽？白玉不毁，孰为珪璋？道德不废，安取仁义？性情不离，安用礼乐？五色不乱，孰为文采？五声不乱，孰应六律"下，注云：

　　凡此皆变朴为华，弃本崇末，于其天素有残废矣，世虽贵之，非其贵也。

这是说，奸生才防奸，乃事后设防，如此防不胜防，不如事先预防，才是根本之计。语云："道高一尺，魔高一丈。"任凭你道高至与魔等高之一丈时，魔已高达一丈二矣。

基于与反对礼一样的理由，郭象也反对仁义。郭象说：

　　夫与物无伤者，非为仁也，而仁迹行焉；令万理皆当者，非为义也，而义功见焉。故当而无伤者，非仁义之招也，然而天下奔驰，弃我殉彼，以失其常然。故乱心不由于丑，而恒在美色；挠世不由于恶，而恒由仁义，则仁义者挠天下之具也。

这番意思是说：在我们自足之本性中自有"与物无伤"与"万理皆当"之德行，但当德行被命名为仁、义等含有真善意味的价值判断之词后，仁义的行径只是为了满足社会赞赏的企图，而非"德行"的行为了。如此，仁义之名便成了破坏世上真善的工具。又说：

　　谓仁义为善，则损身以殉之，此于性命，还自不仁也。身且不仁，其如人何？故任其性命，乃能及人，及人而不累于己，彼我同于自得，斯可谓善也。

这就说到仁义属于含有真善意味的价值判断之词，遂有人为了获得仁义之美名而不惜牺牲生命（所谓"杀身成仁"）。郭象认为这种行为对其本人来讲并不仁，因此他反问道：对自己都不仁了，还能对他人仁吗？必须保全生命，才能发挥自足之本性，使人我都能自得其所处，这才称得上美好。再看，这段文字中的"损身以殉之"如解成"放弃自己自足之本性，而追求仁义之名"，倒也不妨害郭象之中心旨意所在。

郭象说：

> 桁杨（刑具也）以接楔为管，而桎梏以凿枘为用。圣知仁义者，远于罪之迹也。迹远罪，则民斯尚之，尚之则矫诈生焉。矫诈生而御奸之器不具者，未之有也。故弃所尚则矫诈不作；矫诈不作，则桁杨桎梏废矣，何凿枘接楔之为哉？

这是说老百姓为免受社会之制裁才崇尚仁义，可见崇尚仁义是被迫的，不是自动自发，发乎真心的。表面是仁义道德，实际却是矫诈作伪。针对矫诈作伪之弊，遂有防止奸宄的刑罚设施。根本解决之道，在避免崇尚仁义道德，如此便无矫诈作伪之情事；没有矫诈作伪之情事，当然，也就不需要各种防止奸宄的刑罚设施了。这等于在说刑罚完全是多余的。郭象还担心圣人所制定的法律，其运作得是否得当，完全决之于使用者。圣人立了法要大家遵守，结果往往反而便宜了那些暴君，暴君利用人民的守法为所欲为，人民只能吞声忍气服从到底。法律本来是用作惩处大盗的工具，现反过来为大盗式的国君服务，成为济恶的武器。但为暴君服务的法律，正是大家所尊崇的往古圣人所制定的，谁也不敢反对。郭象为免暴君恃法为恶天下，主张废弃为圣人所发明的法律制度。他也晓得这么做会使人担心没有法律的世界，盗贼更加肆无忌惮。但他不以为然地认为：

> 夫圣人者天下之所尚也，若乃绝其所尚，而守其素朴，素其禁令，而代以寡欲，此所以掊击圣人而我素朴自全，纵舍盗贼，而彼奸自息也。故古人有言曰：闲邪存诚，不在善察，息淫去华，不在严刑。（按：即王弼《老子微旨例略》中语。）一此之谓也。

从张湛所反对的"为"之内容——智力、言语及仁德——看来，其中智力是发明并创新文化的原动力，言语与仁德则属于人类文化的结晶。再加上张湛反对风俗教化，在在显示出他是十足的文化否定论者。他在《列子·杨朱篇》"而欲尊礼义以夸人，矫情性以招名，吾以此为弗若死矣"下，注云：

> 达哉此言，若夫刻意从俗，达性顺物，夫当身之暂乐，怀长愁于一世，难支体具存，实邻于死者。

足见，张湛认为遵守礼义，是为了求名，这就流于"刻意"，而有了目的性，自然违背了自足之本性。如此生命再长，与死无异。

张湛认为一个人若是为求留名后代，而不惜为仁义、礼教所束缚的话，乃是不达"生生之极"——自然之理。他不耻爱惜名誉拘守礼节之辈之所为，认为即使活得长命，也不过是忧苦终生以至于死，毫无可贵之处。他很为子贡的后人端木叔散尽家财，病不服药而死的行径喝采，认为他不为"名誉所劝，礼法所拘"。基于同样的理由，他也反对握有大权，他说：

尽骄奢之极，恣无厌之性，虽养以四海，未始枥其心，
此乃忧苦穷年。

此外，他认为没有人可以拥有任何人，当然更谈不上以权力或
组织去宰制人了。理由也是根据自然思想——每个人都是天地之所
委形，故非我所有。所以，他主张去私，但他认为只有圣人才可做
到此一地步。换句话说，一般人根本做不到。那又将如何呢？张湛
似乎也无法解决这种难题，只好着重在君主必须是圣人这一点上。

张湛此处所显示的反权力说，是否与他的无为政治思想相抵触
呢？换言之，这种反权力思想是否就是一种反政治思想呢？倘若依
循他的文化否定论的脉络发展下去的话，他是应当反政治的，一如
鲍敬言的"无君论"。事实上，他赞成人类社会有上下名分关系，却
不赞成在上者拥有强制在下者服从其意志之权力。

如说他是彻头彻尾反对人类的任何努力及其企图，倒也不尽然。
他认为当命运之神有意让人类的社会趋向治世时，人就得听从，并
致力于补偏救弊之工作。在这种情形之下，他一向否定的、认为是
妨害自然之理的仁义礼法，便成为有利于促成美好时代来临的工具。

一般认为时代愈是纷乱，即表示人心愈形涣散，不为社会道德
所约束，道德水准也就江河日下，因此也愈需提倡道德，以收拾人
心。这是将道德之高下与时局之美恶，作为因果关系看待。但是，张
湛却不以为然，他反而认定，道德并非万能而是有其限度，其功能
之生效仅止于上天注定时代要趋于好转时。换言之，道德之有效运
用，端视时运而定。

郭象一方面信仰命定论，认为人的努力是多余的，因此解决人
世问题而产生的各种文化制度，非但没有解决问题，反而又转生另
一新问题。因此根本之计，唯在弃绝历史，否定文化，这就是所谓
的文化否定论了。但是郭象一方面又提倡变法的改革论调，似乎又
同意人致力于改革的可能性。在命定论、文化否定论，以及随时应

变的改革论之间，不是有着极为明显的逻辑上的矛盾存在吗？这在一般人来说，　此种矛盾是理论上无法化解的一道死结，然而，对郭象来说，却不曾为解开此道死结而烦恼过。除开少数例外，一般而言，思想家在自我建构的思想上的矛盾是不可避免的，仅在程度上有大小之别罢了。只是有的察觉到了，会设法去自圆其说一番，而察觉不到的，当然便不会如此。

以上两种情形都不曾发生在郭象身上。逻辑上应有的相当严重的矛盾，投入郭象思想体系上，居然会石沉大海，毫无作用，这种逻辑上与实际理论运作上所呈现的出入之大，在思想史上倒是少见之例。那么，他究竟如何使逻辑上应有的矛盾消弭无形呢？其次，郭象的文化否定论并非全盘性或整体性的，其中尚有所保留，而这一点保留就是在讲无为政治时所反映的对社会组织、政治体制抱认同的态度——一种完全迥异于庄子的全盘式文化否定论的态度。为何庄子全盘式文化否定论到郭象手上会有如此大幅度的修正与改变呢？上述两项问题，便是以下所要讨论的焦点。

郭象说：

> 与人群者，不得离人。然人间之变故，世世异宜，唯无心而不自用者，为能随变所适，而不荷其累也。

这就表明时代是在不断变动之中，处乎其中的人就得"随变所适"，这样的人当然是深知自然之理的人。又说：

> 时移世异，礼亦宜变，故因物而无所系焉。斯不劳而有功也。

这是说礼的内容要随着时代的步伐而作适当的调整。这就是典型的变法论或改革论了。这两则所采取的理由，像"不荷其累也"，以

及"无所系焉"等语,完全合乎自然思想的思维模式,意指如能随时应变才不致使自足之本性受到伤害。又说:

> ……故善治道者,不以故自持也,将顺日新之化而已。

这就明白表示,他反对政治上的因袭或固守传统(所谓"持故"),而主张"日新"的不断改革。他一方面借蓄水瓶之有无装满水以喻持故有水满则溢之患,一方面配合他自然思想的理论,又进一层把这种重日新去持故的观念理由化:

> 夫卮满则倾,空则仰,非持故也。况之于言,因物随变,唯彼之从。故曰日出,日出谓日新也。日新则尽其自然之分,自然之分尽则和也。

既然应变是对的,那么,要如何应变呢?应变是否有原则可循呢?若有,该原则为何?郭象说:

> 法圣人者,法其迹耳。夫迹者已去之物,非应变之具也,奚足尚而执之哉?执成迹以御乎无方,无方至而迹滞矣。所以守国而为人守之也。

这里提到两个重点:其一,对往古圣人的效法,证明无法获致他的精神,此点前面讲过。其二,既然"迹者"不是"应变之具",那么,"所以迹者"才是了。而"所以迹"所指为何呢?郭象说:

> 所以迹者,真性也,夫任物之真性者,其迹则六经也。况今之人事,则以自然为履,六经为迹。

可见"所以迹"者，乃指合乎自然的自足之本性，才是应变的原则。郭象同意庄子所说，六经只是"先王之陈迹"，它只是一些针对该时代之弊所提的解决办法，时过境迁，这些办法也过时无用了。若是拘泥其文义，而不知各时代的弊病不同其解决办法也自不同，就未免太不知变通了。不仅六经非"所以迹"，连圣人亦然。而圣人虽无意遗祸人间，但是他所应负的责任，便是树立一个徒具形式而不含精神的典型供世人仿效，致使世人失去其自足之本性。因此，郭象说："其（指圣人）过皆由乎迹之可尚也。"改革论发展至此，已进入文化否定论的领域。至此，与文化否定论之间的矛盾也自然而然消解了。

尽管他弃绝了维系社会秩序相当有效的利器，诸如仁、义、礼，乃至法律制度等人类文化的结晶，但是他并不反对亦属于人类文化重要制作之一——社会组织与政治体制的存在。似乎是他已认识到人世完美无害的境界乃永不可企及，退而求其次，只要能达到弊少的境界也就可以了。这可从他一方面反对圣人出而为世所取法，一方面又赞成圣人之不可与世隔离上看出来，这是一种两害相权取其轻的折衷办法。可以这么说，郭象对于社会组织、政治体制有其一定功能的承认，是他否定人为各种努力与设施的不能实现下的一种让步。如此，便从文化否定论，转而为不完全文化否定论。从某一个角度看，这或许又可作为解释何以他一面相信命定论以及文化否定论，一面又主张随时改革论，以及二者之间的矛盾。

在张湛的理论系统里，最令人诧异的是，他既已赞成命定反对人为，乃至成为一个文化否定论者，但是为何又肯定仁义、礼法为治世所不可或缺之工具呢？其根本原因是，张湛认为仁义礼法运用的成功与否，端视时会之是否密切配合。因此，在张湛的思想中，时会是第一义，仁义礼法是第二义。他说：

> 诗书礼乐，治世之具，圣人因而用之，以救一时之弊。

用失其道，则无益于理也。

这里透露出，诗书礼乐使用于在进入治世之前奏的"一时之弊"的过渡时机里，为救弊必须之手段。达到目的后，手段要不要抛掉呢？要的。张湛说：

> 治世之术，实须仁义。世既治矣，则所用之术宜废。若会尽事终，执而不舍，则情之者寡，而利之者众，衰薄之始，诚由于此，以一国而观天下，当今而观来世，致弊岂异？唯圆通无阂者，能惟变所适，不滞一方。

然而，仁义礼法（乐）虽是拨乱反正的治世手段，但却不是毫无限度的万灵药，时代太乱的话，也是无能为力的。至此，不妨说自然思想最能凸显张湛思想的特质，而命定论则是其自然思想的核心所在，并以之作为消解其理论之矛盾。

僧人的类型

南北朝梁代以前所通行的僧传著作，大都叫做《名僧传》。梁代慧皎以为"若实行潜光，则高而不名；寡德适时，则名而不高"，因此，他把自己的著作另取名为《高僧传》。此一名称，后代不断沿用，迄今不衰，民初喻昧庵所撰的僧人传记，仍然称为《新续高僧传》。

近人汤用彤先生沿袭慧皎的说法，并作进一步的阐释：

> 名僧者，和同风气，依傍时代以步趋，往往只使佛法灿烂于当时。高僧者，特立独行，释迦精神之所寄，每每能使教泽继被于彼世。

汤先生这种阐释当然比慧皎所说更中肯綮。而慧皎的简单界定，往往容易使人误以为"有名的一定不是高僧，高僧一定不会有名"。其实，依史实所示，历代能体现释迦精神而兼享大名的高僧，也为数不少。而且，慧皎本人及其后所出的各种《高僧传》，所收僧人也不见得每个人都是"实行潜光，高而不名"。可见"名"之与"高"，这两个范畴的内涵，并非必定相互排斥。

依据各种僧传及古代史籍所载，僧侣阶层当然不只包含"高"、"名"两种僧人而已，在这两种类型之外，也有干法犯纪、行为恶劣的比丘，也有数量繁多的凡庸僧侣。恶劣僧众虽然行为不足取法，但对各时代的佛法与社会，却有相当程度的负影响，而数以万计的凡庸僧侣，也与各时代的社会、经济息息相关。站在历史学的立场，任何偏颇的认识，都可能导致错误的判断。只知道有高僧名僧的信仰态度，常会为僧侣阶层的行为作文过饰非的解释，以及对僧人产生由过分崇拜所引起的盲目憧憬。另一方面，只看到凡僧与恶僧，对佛教也容易引起情绪化的厌恶，以及缺乏理性的排斥。因此，要对僧侣阶层有确实的理解，就非秉持不偏颇的客观态度不可。

这种不偏颇的认识态度，看似简单，其实，真能恰如其分地看待僧侣的人，在历史上并不多。一般佛教徒不敢衡量或品评三宝之一的僧宝，对恶僧的行为当然要加以隐讳或曲解，其对僧人所生印象之可能错误，是容易理解的。至于由厌恶凡恶僧侣而对全体僧侣的正面意义作全盘的否定，这种评断者也代不乏人。因此，将历代社会上的良僧莠僧，作平面的陈列，并稍加疏解，相信当有助于读者对僧侣阶层的判断。这就是本文在"高僧"、"名僧"之外，也论述"凡僧"、"恶僧"的原因。

僧侣阶层的这四种类型，是依"僧格"的高低来划分的。这里所谓的"僧格"，是指其人在律己与度人方面，能秉持多少释迦遗训，能贯串多少佛教的真精神而言。

第一类所含的高僧，便是指僧格最高的人，如果能怀抱佛家信念、戮力以赴，则不论成果如何、声名如何，都可预高僧之列。这种人是我国佛教命脉的主要维系者，也是释迦风范在我国的主要传播者。

第二类的名僧，与慧皎所谓的"寡德适时，名而不高"者大体类似。这种僧人在当世能名著一时，也往往有相当程度的事业表现，但是所行与释迦之舍己为人的慈悲风尚并不尽合。其名利欲望比高僧要重，甚至与凡人无异。换句话说，这种人虽然也出家、也从事弘法工作，但在潜意识里却将"弘法"视如世俗人所经营的事业。因此，尽管他们也许能相当精进地奋斗，也许有异于常人的才学或地位，但是由于缺乏精纯的宗教精神，乃使其所显现的风格，总是相当的世俗化。依此标准，历代《高僧传》所载，有不少人只能属于此类，并不能视同高僧。

第三类的凡僧，是指出家人中之平凡的大多数而言。历代僧侣，未能被选入僧传的，有一大部分属于此类。他们缺乏作为一个高僧所应有的经常反省与自觉，也没有名僧的地位或才学。他们虽然不能自觉地体现大乘佛教舍己利人的慈悲精神，但也没有国法所不容或世俗道德所不许的劣迹。

第四类的恶僧，则是指佛门中的败类，也是破坏佛教教团秩序及声名的恶劣僧尼。这种人不只是佛教戒律的重大违犯者，也是世俗道德与法律所指斥的坏人。

由于历代僧侣的成分相当复杂，各人的行为过程也并非一成不变，甚至于有些人僧格的高低，只有他自己才能了解。因此，上面这四种类型的分划，其必不能完全恰当是可想而知的。是否能涵盖历史上所有各型的僧人，也不敢断言。然而可以确信的是，上述这四类僧人在佛教史上的各个时代都曾存在，况且对当时社会或佛教都有一定的影响。而且，在研究佛教的历史地位与影响时，如能先行对这四类僧人的性格稍作认识，则必定比只知有高僧名僧（或只知有凡僧恶僧），要来得客观一些。

高　僧

高僧是历代各种僧传的主要描述对象。他们的特色是：在个人修持方面有不迷恋物欲的情操，所行大体能合乎戒律的根本精神，至少要经常有持戒的自觉。在对外方面，必须对佛教或社会有正面的影响。

历代高僧的形态与风范，是不太一致的，有的是潜修隐逸型；有的是入世度众型；有人以神异事迹为信徒所尊奉，有人则以义学见长。此外，也有用单项特长（如诵经、梵呗、禅定……）来表现其宗教精神的。甚至于自律甚严、度人甚慈，一生默默行化而不为世所知的，也必然会有。由于篇幅所限，本文只选择几类比较显著的例子来说明。

1、潜修隐逸型。这一类高僧的风范，最易使世人兴起圣洁的印象，因此古今文学作品中即常以之为素材。而这些人"远离尘世、栖隐山林"的风格，也成为中国人心目中"高僧"的主要象征。

这一类型的高僧为数甚众，最典型的事例是前引东晋庐山的慧远。这位净土法门的开创者卜居庐山三十余年，影不出山，迹不入俗。每次送客，常以虎溪为界。在庐山结莲社、修净土，四方学徒群来求法，终使庐山成为当时南方的佛学重心。

禅宗六祖慧能自从在乃师弘忍处得其衣钵后，即隐遁多年。当他在韶州弘法时，他的同门师兄神秀曾向武则天推荐，武则天乃诏请他到长安，然而他固辞未往。后来神秀又亲自写信邀请，他也没去。这种专事潜隐、不事权贵的精神也是相当难得的。此外，为了个人的修行成果而栖隐山林十年二十年，甚或终生不出俗世的例子也屡见不鲜。

这些潜隐型高僧们的影响力，主要在佛教内部。其所显现的宗教意义远较社会意义为重。对他们的直接弟子而言，他们是在传承释迦的慧命；对他们的信徒而言，则是树立了一种离俗绝欲、不慕名利的典型。但是如果过分强调舍离尘世、潜隐山林的重要性，流风所及，往往会演变成只务自我修行、不问世事的小乘行径，甚至会形成"为潜隐而潜隐"的无意义的隐遁风习。至于有人认为出家为僧就是"不管世事、逍遥山林"的同义语，这当然更是等而下之的想法。因此，潜隐型高僧之所以为"高"，并不是以"潜隐"为唯一的充足条件，而且也要看他们在潜隐期间的行持是否合乎僧格标准。

2.入世度众型。这一类高僧的形态，与前述隐逸型刚好相反。他们的行事目标在入世度化众生。"度众"的工作大体有两类：其一是度人信仰佛法，这是基本的弘法工作；其次是度人离苦得乐，这是社会慈善工作。

这一类高僧是佛教史的主要缔造者。他们的行事，是历代佛教史籍的主要内容，事例甚多，兹举若干显著者稍加说明。三阶教的创始人隋代的信行，行头陀苦行，日食一餐，毕生"誓愿顿舍身命财"，以"布施"为其个人修行的主要内容，并以之为该宗主要教义。他曾明白地宣称："修道立行，宜以济度为先。独善其身，非所闻也。宜尽弘益之方，照示流俗。"他生前利用信徒布施给寺庙的钱财去救济天下寺庙及社会贫困大众，他又遗嘱死后将自己的尸体布施给森林中的动物食用。这种大悲利他精神的具体表现，正是佛教菩萨道精神的重要特征。

天台宗的开山祖智顗，是陈隋间备受帝王尊崇的高僧。其人修持与学养俱臻上乘，诲人不倦，著述等身，其思想更是中国佛教哲学体系的最佳代表之一。而毕生所造大寺、佛像及所度僧众也都至为可观。在个人修行与弘法事业上，他都令人觉得毫无瑕疵。尤其难得的是，他具有"不媚权贵、守道自足"的高僧风范。他早年在金陵时，以禅法闻名于世。就在他成名的时候，忽然离开金陵入天台山修苦行。入隋以后，当时身为晋王的杨广请他到王府，他"初陈寡德，次让名僧，后举同学"。三辞不准，才勉强前往，并且在为杨广授菩萨戒后不久，随即辞行他去。这种不以受帝王之邀为荣的心态，也是典型的高僧风范。前文述及的禅宗六祖慧能，当武则天召他上京时，他也"托病不出"。这两位祖师的行为风格，可以说是异曲同工。

唐代的译经大师玄奘，游学印度十七年，回国以后仅仅准备了三个多月的时间，就开始他下半生的译经事业。先后十九年的时间里，他译书七十五部，共达一千三百余卷。一直到逝世前一个多月，由于自觉"死期已至"，才正式停止译事。然后利用一个多月的时间专精修行，临终时，弟子问他能否如愿得生弥勒菩萨的兜率天，他肯定地回答"得生"，并且自谓："所作事毕，无宜久住，愿以所修福慧，回施有……"玄奘这种对死后生命去向的肯定，属于宗教行为的范围，兹不详论。但是从佛教的立场来看，至少可以看出其人平素戒行的清净。否则到生死关头，是不可能这么有把握的。

玄奘的一生显示出一个学者形态的高僧典范。如果他一生所显现的只是认真的游学与翻译，则这种敬业精神仍然是世俗的。在宗教观点上，玄奘行事之难能可贵，除了空前绝后的翻译事业以外，也在他曾两度婉拒唐太宗之"还俗参政"的邀请。而且，从佛教立场看，他一生的大部分时间都在从事"对佛教及文化有益，而对本身修行无大益处"的工作。他只利用临终一个多月的时间，为自己的"生死问题"稍稍筹划而已。这种精神与那些毕生只在参究个人生死公案的某些隐逸型高僧相比，一为己一为人，菩萨道境界的高低是显然可见的。

大体而言，历代各宗派的几位大祖师，大部分是属于这一类入世度众型的。所以，中国佛教史虽然不能说全部是这类高僧创造的，但至少可以说由他们创造出一大部分。

此外，散布在大小寺院的僧人中，也有很多默默行化、不求私利、不为世人所知的高僧。他们也许没有显赫的地位与过人的才学，但在日常生活中，却能在一举一动之中尽量去践履佛陀的遗训，因而，所显现的是"平凡的伟大"的品格。他们在日常的慈悲行为中，对佛教的影响，对社会的净化功能，都是不可忽视的。因此，这些未被收入僧传的高僧，也应属于入世型。

依古代各种史料所载，这类高僧在社会上所做的慈善事业，种类颇多。举凡天然灾害的救助与预防、贫困百姓的救济、对疾病贫民的医疗及犯罪的防范、社会的教化，甚至于爱护动物运动的提倡等等事项，都有相当程度的成绩。可见，这类高僧也都在历史上产生了相当程度的社会功能。

3、舍身型。这一类高僧指的是僧人能不顾本身生命的安危，为佛法，或为众生而牺牲。这种舍身行为由动机的不同，可分为几种。

首先要提的是西行求法的高僧。在古代那种不便旅行的环境里，由我国到西域或印度，其旅途的艰难与危险，都是现代人所难以想象的。依史乘所载，从西晋到唐末，西行求法的高僧大约有一百七十人。然而比较有成就的，也不过是法显、玄奘、义净等有数的几个而已。失败及客死异地的比例甚大。

依法显《佛国记》、慧立《慈恩传》及义净的《求法高僧传》所载，这些求法高僧旅程中的困难情形，现代人读了还是不免有惊心动魄之感。旅途中陆路的热风烈火、积雪层冰、悬崖峭岭、梯道索桥……海路的黑风暴雨、惊涛骇浪……在在都使人觉得成功的可能性极其渺茫，而侥幸成功归来的人，从他们的文章中，我们还是可以读出他们那种心有余悸的感觉。

法显的感受是这样的：

> 顾寻所经，不觉心动汗流。所以乘危履险，不惜此形者，盖是志有所存，专其愚直。故投命于必死之地，以达万一之冀。

为了求取佛法，而能"投命于必死之地，以达万一之冀"，这种精神正是高僧的典范。如果没有强烈的宗教精神相驱使，大概很少有人会去从事这种与本身现实利益不相干，而且成功的希望又不大的冒险行为。

唐代的玄奘从印度回国之后，也曾发出这样的慨叹：

> （奘）常思访学，无顾身命……冒越宪章，私往天竺。

> 践流沙之漫漫，涉雪岭之巍巍。铁门嶙险之涂，热海波涛
> 之路……所经五万余里……艰危万重。

义净在他的《大唐西域求法高僧传》的序文中，称这些求法者为"轻生徇法之宾"，并对求法的艰难有生动的描述：

> 或西越紫塞而孤征，或南渡沧溟以单逝……或亡餐几
> 日，辍饮数晨。可谓思虑销精神，忧劳排正色。致使去者
> 数盈半百，留者仅有几人。设令得到西国者，以大唐无寺，
> 飘寄栖然，为客遑遑，停托无所……

这段文字很清楚地描绘出当时高僧旅印之不易。这类人物之所以能被视为"高僧"，由上引三段文字，大体可以窥见缘由所在。

其次是为护教而舍身的高僧。这种高僧在佛教中也不少见。在历代几次排佛及沙汰沙门的事件里，往往有僧人出来向执政者抗议，甚至以身相殉。

北周武帝灭北齐后，即将实行全国性的排佛运动时，曾召集重要僧徒四百余人，宣布排佛一事。其时即有沙门慧远出来抗辩。为了维护佛教的存续，他居然敢以被征服国僧人的身份，向征服者投诏辩论排佛一事之不当。这种为法忘身的精神，也是一般人所不能企及的。

隋炀帝大业年间，曾有沙汰沙门与裁并寺院的诏令。当时有一高僧大志，曾上书炀帝请求停止此一政令。如果炀帝答应，他愿意在嵩山燃烧一臂，以报国恩。在炀帝答应之后，他果然依约燃臂而卒。《续高僧传》对他燃臂的经过，有一段逼真的描述：

> 敕设大斋，七众通集。（大）志不食三日，登大棚上，
> 烧铁赫然，用烙其臂，并令焦黑。以刀截断，肉裂骨现。又

烙尖骨，令焦黑已，布裹蜡灌，下火然之……而（大）志
虽加烧烙，词色不变……为众说法，声声不绝……七日入
定，跏坐而卒。

另外一种舍身是为了救护众生。南朝刘宋初年，彭城驾山下有
老虎经常出没食人，村人常有为虎所噬者。高僧昙称，即为此舍身
喂虎而死。据说"尔后虎患遂息"。像这种事例，在各种佛教史传里
有不少记载。有人为了救济饥民，而割下自己身上的肉给饥困民众
食用。甚至于有为了营救猎人所追逐的雉，而割下自己的耳朵送给
猎人的。被认为菩萨再世的南朝傅翁，且曾卖掉妻子，举办大法会
来为众生消灾集福。

最后一种是由信仰狂热而来的舍身行动。由于佛书中常有舍身
供养诸佛的故事，因此，我国僧人也常有起而仿效者。尤其《法华
经》在我国一直甚为盛行，该经"药王菩萨本事品"中即载有烧身
供佛的事迹，因此，我国受该经影响而烧身的僧人也不少。这类僧
人显现的虽然只是一种由信仰引起的狂热行动，但对古代信徒则有
相当大的影响力。

4、异型。尽管正统的佛教徒都不断强调"神通"只不过是一种
弘法上的权宜措施，并不是佛教徒的目标，不宜多加提倡。但是自
古以来，神异的能力仍然是大部分信徒所崇拜、所热衷的宗教行为。
而神异僧也常是一般信徒所追随的偶像。如前所述，历代帝王所信
仰的僧人，往往是具有神异能力的，从正史所收僧传即可概见。明
成祖还编了一部《神僧传》，专载一些"神化万变，超乎其类"的神
僧，目的在"使人皆知神僧之所以为神者有可征矣"。

历代以神异名世的僧侣代有其人。然而并不是具有这种能力就
可预入高僧之列，其中至少有一部分人的僧格并不高。他们不唯缺
乏大乘佛教舍己为人的真精神，而且对佛法精义也往往并不认识。兹
以我国历史上假借弥勒信仰图谋不轨的某些邪教为例，他们往往自

以为是佛教徒，然而却常聚众造反。如果仔细推求他们所提倡的教义，立刻可以透视到他们对佛教教义的无知。他们大都是借用佛教的弥勒信仰来妄加附会。教义甚为肤浅，而居然仍能吸引一群信徒，主要原因便是他们之中有人具有神异力量。像这种神异人物，当然不能算是高僧。

佛教中，神异能力的表现方式之一是感应。亦即透过某种宗教行为而产生超人的能力或现象。譬如历代僧人经由持咒、诵经、念佛等方式，常会有不可思议的现象产生。当他们具有这种能力而为人所知时，信徒便会蜂拥而至。名利既至，立刻可以分辨出此人僧格的高低。简单地说，高僧与俗僧的差别，端视此时是否通得过名利欲望的考验。有关这类神异僧，史乘及各种笔记小说所载甚多，兹不赘列。

上面所列举的这几类高僧，是中国佛教中最核心的"传灯的人"。释迦牟尼的精神与智慧就是由他们在中国传承与发扬光大的。另外，从社会学的角度，来检讨这些人在我国古代社会究竟发挥了什么样的功能。

依照美国结构功能学派的社会学者墨顿（R·Merton）的说法，社会功能有显性与隐性两种。"显性"是社会人士所期求的表面功能。隐性则是本来不为人所直接企求的效果。宗教的社会功能如果借用这两个概念来考察，会显得清晰易辨。有趣的是，中国高僧所产生的社会功能，隐性的并不比显性的来得逊色，有时甚至还比显性功能为多。

我国的佛教是大乘佛教。大乘佛教的根本理想，是在解脱世人的生命束缚，其最终目标，是要使众生都能成佛。这一点，是佛教传教者所预期的显性功能。但是自古以来，在我国所盛行的几个大宗派，如天台、华严、禅、净土等宗派的祖师与信徒，并没有人宣称已经成佛。由于佛教的成佛并不是一生必定可达到的境界，而是累世修行的成果，所以不能说在一生之中不能成佛，就是宗教功能的瓦解。但是，至少可以说这种功能并不圆满。换句话说，中国高僧在"帮助众生成佛"这一点上，所产生的显性功能并不大。

除了"成佛"这一根本目标之外，中国高僧另外还有很多层次较低一级的宗教目标。这些目标的显性功能就此较明显。譬如由慈悲观念所导引出来的社会救济事业，由教义及戒律的宣导，使信徒在心理上得到某种程度的安宁。千里求法与长期的翻译，保存了卷帙庞大的佛教经典；长期的劝人为善，也使社会风气得到若干程度的净化，凡此种种，都是显性功能之具体可见的事例。

然而，如果从社会学尺度而不从宗教尺度来衡量，高僧在我国历史上的隐性功能反而比显性功能更清晰易见。讲经说法的集会，虽然不一定能使听讲的百姓得到宗教感召，但是，在古代那种单调的农业社会里，却也增加了不少百姓们社交活动的机会。教义的阐扬，固不必然促使所有信徒真能从虚妄杂染的世界觉醒，但却丰富了中国人的精神生活内涵，也为中国的文学、哲学、艺术添加了不少新的成分。

戒律的宣导，也许无法使所有信徒都遵守那些严格的行为规范，但多少总会提升世俗的道德水准。书写佛经、雕塑佛像也许不见得必定使那些人都达到消灾延寿的宗教效果，但却为我国保存了无数的佛教文献与佛教艺术作品。寺院庵堂的林立，虽然不见得必使所有入住其中的僧侣都能开悟解脱，但却为我国社会增加了不少精神生活的避难所。而高僧们的恬淡风格与方外特质，也树立了一种中国文化原所未有的典范，成为部分国人心目中所憧憬的理想。他们的言行謦咳，也往往对信徒产生潜移默化的无言之教。因此，如果站在非信徒的立场，对佛教的社会功能及僧人的存在价值持怀疑态度，这往往是只瞩目于显性功能而忽略隐性功能的缘故。客观的考察态度，是两种功能都不能忽略。

此外，有一种现象可附带一提。在西洋，基督教会的组织严密，其所发挥的社会功能相当显著。神职人员隶属于教会组织之下，角色并不十分凸显。但在我国，情形刚好相反。由于我国的佛教教团（宗派或寺院）并没有严密的组织，因此，佛教教会的组织力量远不能与基督教会的组织力量相比拟。在我国历史上，佛教所产生的各项社会功能，其主要的推动力往往不是寺院的组织，而是来自某位高僧或名僧。所以，在我国佛教里，教会（寺院）的社会角色远不如僧人来得凸显。大抵可以这么说，我国佛教以人为主导，而教会则居辅佐地位，这与西洋之以教会为主导，僧人居辅佐地位的形势，显然是不同的。

名　僧

在我国佛教史上，有才学及地位的僧人为数不少，但是能兼具释迦精神，律己谨严、一心度众者却不多。"名僧"便是指仅具前项条件的人。他们或者名气大，显赫一时，或者事业有成就，为凡僧所不及，然而他们的僧格都不高。从下列这些抽样事例，大体可以窥见这类僧人的格调。

东晋孝武帝时，比丘尼支妙音才学不恶，名气亦大，且与帝王贵族常相往来。史书谓其"（寺）门有车马，日百余乘"，"权倾一朝，威行内外"。尽管气势如此显赫，才学也为时人所知，可是在其人传记中，却未见有任何著述或佛教事业传世，如果史料所载属实且无遗漏，则其人正是汤用彤先生所谓的"名僧"典型。

南朝刘宋文帝时，被称为"黑衣宰相"的僧人慧琳，内外学都通达，文章也作得不错。元嘉四年（427年），文帝下诏，命他与颜廷之同议朝政。当时他"著高屐，披貂裘"，"宾客辐凑，门车常有数十两（辆），四方赠赂相系，势倾一时"。这位披着袈裟的政客，也是名僧的另一种典型。

隋唐间的嘉祥吉藏，是我国三论宗的集大成人物，学养丰赡，智慧甚高，且擅长玄谈。曾先后受知于隋代齐王杨陈、晋王杨广（即后来的隋炀帝），到唐初又被选为"十大德"之一。以世俗的角度来衡量，他是一个相当出色的学者、辩论家、演说家。然而，由于长期沉溺在王公大臣的浮华环境里，缺乏远离名利的高蹈情操，未能经常提醒自己去维护僧格，因此，其人是否为高僧，也是须再推敲的。关于这一点，唐初的佛教史家道宣在其《续高僧传·吉藏传》中，也曾评吉藏为"爱狎风流，不拘检约。贞素之识，或所讥焉"。可见对这位三论宗大师的评断，古已有之，并非笔者的刻意吹求。

名闻利养之不应沾染，是佛教的古训，也是出家人的常谈。然而，历代受帝王或贵族礼遇的僧人中，真能身在魏阙、心怀江湖的人并不多。东晋的道安、隋代的智𫖮、唐代的玄奘等人，都能在浮华的环境与显赫的尊礼中守身自持，不为名利所迷。但是，像吉藏这样，虽然不曾明显地呈现出丑陋的市侩相，却也长期沉溺于统治阶层的眷顾里。他的特长是讲经说法与研究佛教教义，如果只怀抱这一单纯的理想而不涉遐思，实在不必仰仗国君的恩赐。道安之与统治阶层周旋，是为了奠定佛教的传播基础，玄奘是为了译经，而智𫖮则随时作高蹈远引的打算。然而，以研学及著述为世所知的嘉祥吉藏，对于帝王贵族的眷顾，却是随时可以远离而终其生未尝远离的。因此，除非他具有其他特殊的原因，否则是没能达到上述之高僧标准的。

宋初名僧赞宁，是一个博学善辩且显赫一时的僧人。他曾为僧侣之接近统治阶层的行径作辩解：

> 教法委在王臣，苟与王臣不接，还能兴显宗猷以否？……今之人情，见近王臣者则非之，曾不知近王臣人之心，苟合利名，则谢君之诮也。或止为宗教亲近，岂不为大乎！

赞宁这段话自是不错。问题是这种"止为宗教亲近"的行为，是否真系其人的唯一动机，或者只不过是他找来的堂皇借口而已。如果其人的内心动机隐晦不明，而一生的事业也并非必恃贵族的护持始能成就，那么对这种僧人的倚附权贵，历史家是不会轻易相信其确"止为宗教亲近"的。据近人陈援庵的研判，赞宁其人的行径即"沾染五代时多愿习气，以媚世为当"，陈氏并且说："若赞宁者，真可谓名僧也矣，以言乎高，则犹未也。"

上述名僧的主要特征是，虽然身为出家人，却仍然具有世俗的名利与权势心态。因此，不论他们的手段多高明，才情多敏捷，总让人觉得其行为与其所应具有的僧格不相称。清人陈其年（维崧）为《百愚净斯禅师语录》所作的序文，对清代这一类人的形态，颇有生动的描绘：

> 吾见今之执拂而踞上座者矣。其上者剽窃古德传灯……辄扬扬然诩于人曰：我临济嫡传也。是与王谢家不慧子弟，专以门阀上人者何异？甚或牵缀权势，凭借贵游，攫人之田庐而鱼肉之（作者按：此指乎夺寺产而言）……识与不识，无不从而呕哕之……

陈氏这段文字原意所要指责的，是清初显赫一时的名僧玉林通琇（即坊间所谓的"玉琳国师"）。但是历史上像玉林通琇这样的名僧，代有其人。因此，也可视之为历代名僧具体而微的缩影。

除了名利权势之外，男女之间的情欲也是我国僧人最忌讳的行为之一。一般世俗舆论对僧人这方面的行为也比较敏感。从佛教律藏的制戒因缘里，也可以看出出家人通不过这一关的人为数不少，可见情欲对一个出家僧侣而言，也是相当困扰的。

在我国历史上，僧人干犯淫戒的事例相当多，其为名僧的也大有人在。例如隋唐以前我国最伟大的翻译家——姚秦时代的鸠摩罗什，学养丰赡，志大才高，其翻译业绩及僧教育成果，对我国佛教有空前的影响，真正堪称为我国佛教中"改变历史的人物"。然而在戒行上，他却守不住淫戒一关，曾先后数次破戒。最初，他是被姚秦将领吕光"强妻以龟兹王女"，后来又被秦主姚兴"以妓女十人逼令受之"。依《晋书·艺术传》的记载，他也曾与宫女育有子嗣。

据《高僧传》所载，罗什后来已"不住僧坊，别立廨舍"，可见他已形同还俗。像他这种行为，是很让后人不忍心评断的。在当时的长安，他是全中国佛教界最尊仰的译经大师与佛学权威，然而遗憾的是，在私人行为上他却犯了我国出家人最忌讳的淫戒。而且，《晋书》里还有一段更不利于罗什的记载，说他曾经在讲经会上，忽然向听讲的国君姚兴说"欲障，须妇人"，而姚兴也果然"召宫女进之"。我们不敢贸然相信这种记载的真实性，但是由正史上的这种记载与其育有子嗣的传说，也使我们对《高僧传》上所说他受吕光"强妻"与姚兴"逼令受之"的说词感到怀疑。大体看，罗什冲不破女色一关应该是毋庸置疑的。

淫戒是佛教戒律中最重的波罗夷（pārājikā）罪，犯了这项戒律，是要被逐出僧团，而且要堕入地狱的。所以，尽管罗什在佛教史上的功业彪炳，在《高僧传》中也赫然有名，甚至直到现代，甘肃的武威县都还存有他的纪念碑，然而就僧格的标准来衡量，他实在只能预乎名僧之列。

罗什之外，西藏的达赖六世也是同类型的名僧。达赖六世名叫仓洋（Tshangs-dbyangs-rgya-mtsho），生在清康熙年间。虽然他被认为是转世而来的活佛，且是西藏的政教领袖，但却纵情声色，行为不事拘检。由于他的文学素养好，才分高，所作诗歌一直被后代藏人所传诵。其人之所以不是高僧，只要看看他所作的这两首诗，自可了然：

入定修观法眼开，启求三窦下灵台。

观中诸圣何曾见，不请情人却自来。

曾虑多情损梵行，入山又恐别倾城。

世间安得双全法，不负如来不负卿。

身为西藏佛教最高偶像的达赖活佛，居然有这么多情的诗句，要说他是高僧，恐怕他自己也不敢承当。以世俗的眼光来衡量，他可算是一位杰出的浪漫派诗人，然而，遗憾的是，他却是一位以严守戒律名世的西藏黄教(格鲁巴Dge-lugs-pa)的最高领袖。身居黄教的最高地位，而行为又干犯黄教的重戒，当然不能算是高僧。

除了达赖六世之外，清末民初的文坛名流苏曼殊(玄瑛)，也是同类名僧。苏氏在身份上虽然是出家人，其心态与世人却无二致。尤其对"情"之一字，执著甚重。其所作情诗，也颇为脍炙人口，传诵一时。在这些诗歌里，可以与达赖六世的情歌相媲美的名诗颇多，兹摘数句，以见一斑：

偷尝天女唇中露，几度临风拭泪痕。

——《寄调筝人》

遗卿一钵无情泪，恨不相逢未剃时。

——《本事诗》

像苏曼殊这种人，内心所持的行为标准显然与一般出家人大异。其非合格的僧人，自是有目共睹。然而有趣的是，到现在居然还有不少人称他为"曼殊大师"，而且还有人认为他是用文学在修行。这种误解，大抵由于相信传闻，未尝深究史实而来。

上举事例，只是为了说明方便所作的大略分类，将名僧分成上述两类，显然并不严格，但大体可以彰显此类僧人的行为特征——他们的地位（或事功、或才学）造成他们相当程度的声誉，但对释迦精神的服膺与践履，总是有所不足。也许他们并非生来如此，也许他们在初出家时也以高僧自许，然而遗憾的是，他们所表现在历史上的却是未能通过世俗欲望的考验。

尽管如此，这类人对佛教，或对社会并不因此而毫无贡献。事实上，他们所表现的有形成绩，往往不亚于高僧，甚至超过高僧。其所以如此，是有一定理由的。

第一类的名利（或权势）心重的名僧，大抵对佛教的舍离（尘世）精神都缺乏体验，因此，其内心与世人无甚分别，亦即世俗利益的追求欲望仍然不低于常人。在这种心理背景下，他们便缺乏高僧那种"有所不为"的狷介风范，显得长袖善舞、手段灵活，因此，就表面上的社会功能看起来，他们的成就有时会比高僧显著。

其次，名僧只是僧格不高，具有世俗利益的追求倾向而已，并不是为非作歹的坏人。他们的身份是出家人，为了达到他们内心的私人目标，他们当然只能用佛教的方式来表现。尽管这种表现方式并不是他们的本意，但多少总会产生一些正面的社会功能。譬如一个有名利心与权利欲的僧人，他为了达到拥有名利权势的目标，除了运用种种手段之外，当然也必须兴办各种能吸引信徒的佛教活动或社会慈善事业。虽然他的主要目的不全为佛教，也不全为社会，但是兴办这些事业之后，佛教或社会成员当然也可能蒙受到相当程度的利益。

明末大儒王船山在他的《读通监论》里，曾评及秦始皇为他自己的子孙所作的"废封建、行郡县"等措施。他认为秦始皇的行为动机虽然出自私心，但却利益了后世的中国人。他说这是"天假其私以行其大公"。其实，上述这一类名僧何尝不是如此。虽然他们怀抱着个人利益的企图，但是由于身为出家人，当然要做一些佛教徒所应做的慈善事业。想要达到"为自己"的最终目标，就必须表现一些"为别人"的事业成果。而佛教史的局面，至少有一部分也就借着他们这种"假私济公"的行径而打开。西哲黑格尔曾有"理性的狡狯"的说法，所表示的便是这种"假私济公"或"假恶为善"的概念。我国古代这些名僧的行为，又为黑格尔的说法增加一项新的例证。

第二类情欲心重的名僧，其对佛教或社会之可能有贡献，也是不难理解的。因为这类名僧本就是有扬名于时的条件，或者是才学、或者是地位等等。他们当然可能凭借着本身的条件而产生某些社会功能。至于恶劣影响方面，除了可能对佛教教会的名誉稍有妨碍之外，是不会有其他弊害的。因为依照我们的尺度，这类名僧必须维持一项行为标准，亦即其人虽然干犯佛教的淫戒，但却不能违犯世俗法律，也不能危害到他人。如果超过此一限度，则其人即使具有名僧的基本条件，也应置入恶僧之列。譬如唐代为玄奘《大唐西域记》一书执笔撰文的僧人辩机，相传曾与唐太宗的第十七女高阳公主有染，而被处以极刑。高阳公主是唐代名相房玄龄的儿媳妇。与有夫之妇私通是犯法的行为，也是道德上的大忌，世俗人尚且不可，何况是出家人。因此，如果史乘所载未诬枉，则尽管辩机在当时颇有名气，且文章作得相当好，但是仍然应该被视为恶僧。

凡 僧

凡僧是方外世界中"平凡的大多数"，按理并无特别论述的必要，然而，由于他们的数量大，其平均素质的高低与行为风尚的优劣，都可能影响到整个社会。因此，这一类僧人的整体社会性也值得注意。

南北朝以来，各时代的确定僧数，由于文献不足，目前还无法知道。但是从部分资料，多少也可以推知僧侣阶层在社会上所占的比重。如前所述，北魏末年，洛阳一地有一千三百六十七座寺院，全国寺院总数有三万余，僧尼约有两百万。北齐文宣帝时，北齐全境寺院约有四万座，僧尼约有四百万人。在6世纪中期的北方中国有这个数目，其在我国社会上所可能产生的影响力，是可想而知的。这些数以万计的僧尼之中，当然凡僧占大多数。又由于凡僧的成分不齐，素质参差，其社会功能也必然正反两面均有。

在正面功能方面，首先是凡僧的襄赞力量。尽管推动中国佛教发展的主要成员是高僧与名僧。然而，如果没有这些占大多数的"襄赞阶层"做助手，当然也不会有多大的效果。事实上，各寺院之各种有益社会或文化的活动，策划的人固然是高僧或名僧，但实际操作的人绝大部分是这些凡僧。

其次，尽管凡僧没有高僧的涵养与精神，也缺乏名僧的才能或地位，但是出家身份在社会上是"善"与"道德"的具体象征，加上"劝善弃恶，舍己为人"一类的德目，又是佛门中的口头禅，因此，凡僧虽然缺乏自觉或学养，但在那种宗教环境的熏陶之下，其平素所表现的外在行为，也必然是善的影响要比恶的影响大。简单地说，社会上有了象征"道德"的僧侣阶层存在，即使成员大都为不自觉的凡僧，然其对社会风气的影响，多少会有某些移风易俗的正面功效，是可以想见的。

在负面功能方面，凡僧由于成员良莠不齐，必然会有因缺乏出家人应有的自觉而引起的某些行为偏差；又因为数量庞大，对历代社会、政治所造成的恶劣影响也就颇为显著。

在古代社会里，出家人常可以免除纳税及服役等义务，甚至有时还可以享受到政府配给的农田及佣人。享有这种特权的僧侣阶层，数量如果达到某一程度，必然会影响到国家的经济力量，这也是显然可见的。我国历代的排佛事件，尽管也有宗教冲突等因素，然而僧侣阶层对国家经济力量的耗损，往往也是主事者所考虑的重要原因之一。

北周武帝灭齐排佛以前，北齐文宣帝对僧人道士之充斥，即颇有感触，曾诏曰："缁衣之众，参半于平俗。黄服之徒，数过于正户。所以国给为此不充，王用因兹取乏。"

唐武宗会昌五年的排佛诏书中，也指出僧人众多对国家经济的弊害："九有山原，两京城阙，僧徒日广，佛寺日崇……一夫不田，有受其馁者，一妇不织，有受其寒者。今天下僧尼，不可胜数，皆待农而食，待蚕而衣，寺宇招提，莫知纪极……晋宋齐梁，物力凋瘵，风俗浇诈，莫不由是而致也。"

上面这两段文字所指摘的都是经济上的弊害。而僧人造成这种弊害的主要原因，是由于数量庞大。主政者认为这些僧人不农不织，是消耗者，而非生产者。如果他们所付给社会的价值少于所承受的，则这些人在社会分工的意义上，便是应该排斥的。高僧名僧虽然也在不农不织之列，但他们在其他方面付出甚多，因此具有社会价值，而凡僧付出较少，在社会上所产生的当然是负面功能。

上述这种评价，是就凡僧的整体所作的判断。至于就某一部分凡僧而言，有不少人也是行为甚惹人厌恶的。他们的贪污钻营等俗态，不但世人不齿，教内清流更不以为然。隋僧彦琮在其《通极论》中，曾举出这类例子：

> 沙门而复纵无厌之求、贪有为之利。劝俗人则令不留髓脑，论口亲施则便无让分毫。或胜贵经过，或上客至止，不将虚心而接待，先陈出手之倍数。此乃有识者之同疾，海内之共知。

僧人在信徒面前鼓励他人"不留髓脑"地布施，一谈到信徒给自己的口亲施，却"无让分毫"。像这种嘴脸，即使不是什么十恶不赦的大罪，其必引人厌烦，并破坏僧侣的崇高形象，则是可想而知的。

此外，凡僧由于缺乏出家人的自觉与宗教精神，因此也常有人从事营利事业。这种现象，从南北朝以来，即不断出现。所经营的事业，有碾米制粉业、药铺、旅社、当铺、茶铺、纺织业、钱庄等。在古代社会里，出家人到社会上去与民争利，即使未曾干犯国法，却与其出家的本意相冲突，僧格的丧失也是必然的，而且也会破坏佛教在社会上所可能产生的道德提升作用与风俗净化作用。此外，另有一类公然娶妻养子而以经忏为其谋生手段的"职业僧人"，宋僧志磐的《佛祖统纪》中曾有描述。这种"应付僧"，当然更是等而下之了。

造成凡僧行为偏差的原因，固然甚为复杂，有一个属于佛教教团的因素则不能不提。这就是佛教组织的松散乏力。由于佛教的行政系统不谨严，寺院各自为政，缺乏像天主教那种能辖理全国教务的中央机构，因此教会行政效率便显得不佳。寺院的社会功能能否发挥，完全要看当时住持人选的好坏。如果住持得人，则寺院上轨道，反之，则必无功能可言。而且，组织力量不振，全体教会（或者各宗派）便缺乏应有的传教政策与方针，一切与弘法有关的事业，自然无法作适当的规划与推展。

由此而造成的现象是，僧教育没有制度，佛教学校迄未形成，私度徒众的风气盛行，教义的解释言人人殊，弘法的方式因人而异……我国佛教于是成为"明星僧人"表演的佛教，高僧名僧出，则其道大行；高僧名僧殁，则其道随师消失。凡僧就在这种情形下，无法作进一步的有效提升，甚至于因为所处的宗教环境对他们不能作适当的制约与辅导，也随时有堕落为恶僧的可能。

恶　僧

如果说凡僧的某些行为足以使人感到厌烦，则恶僧之所以为恶僧，必然是其人之行为已经超过厌烦，而达到危害社会的程度。关于恶僧的一般性描述，可以从唐高祖在武德九年（626年）所下的"沙汰沙门诏"中窥见端倪：

> ……京师寺观不甚清净，诏曰……（恶僧）进违戒律之文，退无礼典之训。乃至亲行劫掠，躬自穿窬。造作妖讹，交通豪猾。每罹宪网，自陷重刑……又伽蓝之地……错乱隐匿，诱纳奸邪。

出家人除了不守戒律，贪欲营利者外，居然也有人当起强盗小偷（劫掠、穿窬）来，而寺庙居然"错乱隐匿，诱纳奸邪"。恶僧如此猖狂，难怪历史上总有不少人厌恶佛教。上引的例子，是皇帝所颁布的全国性政令，可见这种事例必定不是少数偶发事件。北魏太武帝排佛运动的导火线之一，也是因为在长安佛寺内发现有酿酒具、弓箭武器，以及"（沙门）为屈室，与贵室女私行淫乱"。这种事件，在不少史料里都有记载，并不是小说的渲染之辞。

另外一类恶僧，是假借佛教的名义起来造反。这一类事例，自南北朝以来，时有所见。兹举二例，以见一斑：

> （隋末）有怀戎沙门高昙晟者……与其僧徒五十人拥斋聚而反。杀县令及镇将，自称大乘皇帝。立尼静宣为耶输皇后，建元法轮。

出家人造反，居然以尼姑为皇后，且自称"大乘皇帝"，建元为"法轮"，这种事让诚信的佛教徒听了真要哭笑不得。

> （隋炀帝时）桑门向海明，于扶风自称弥勒佛出世。潜谋逆乱……举兵反，众至数万。

历史上像这种假借佛教名义造反的例子，虽然时有所闻。但举事者多半不是佛教教团中的重要人物，在史料上，从未发现高僧或名僧有图谋不轨的事例。凡是这类假借"弥勒佛下生"等名义作乱的，大体都是对佛教教义不甚了解而带有神异色彩的出家人，多半不是正统佛教寺院的僧众。

历代恶僧行为不检，多半为统治阶层所厌恶。然而也有例外的，元朝即有不少恶僧为帝王所宠信。当时帝室所信的佛教，是西藏的密教（喇嘛教）。元世祖时，以西藏籍恶僧杨琏真加为"江南释教总统"。这位炙手可热的僧官，曾盗发宋朝帝室大臣的坟墓百余所，戕杀百姓，攘夺财物，"私庇平民不输公赋者二万三千户"。元武宗时，也有西藏恶僧公然凌辱官吏，甚至于殴打王妃。当时这些吐蕃恶僧气焰之嚣张，已经到了无法无天的地步。

元顺帝时，宠信西藏恶僧伽璘真。此恶僧传授顺帝以房中术，美其名为"双修法"、"演揲儿法"、"秘密大喜乐定"，并与其徒众广取良家妇女，在皇宫中公然行淫，号曰"事事无碍"。"君臣宣淫，而群僧出入禁中，无所禁止。丑声秽行，著闻于外，虽市井之人，亦恶闻之。"

当时西藏恶僧所以猖狂一世的原因，除了帝王（如元顺帝）的昏庸之外，也另有某些历史原因。其一、统治者为了推行"因其俗而柔其人"的政策去统治西藏，所以有意地提高西藏宗教领袖的地位。其二，西藏佛教系印度密教与西藏棒教（Bon，一种类似巫术的原始宗教）的结合，修行着重于神异的法术，较易为不谙佛法者所敬信。其三，西藏密教承印度左道密乘之流风，提倡一种男女交合的修行法，并且认为这是最上乘的"无上瑜伽法门"，因此，恶僧及淫欲信徒乃得以之为修法借口，而肆其行淫之实。

佛教的社会福利事业

　　佛教徒服务社会、济度世人的行为是有教义作理论基础的，并不只是一般宗教性的善行而已。佛教徒的主要修行德目是六波罗蜜（六度）与四无量心。六度是布施、持戒、忍辱、精进、禅定与般若（智慧）。四无量心是慈、悲、喜、舍四种心态的充量至极。这些德目包含两类内容：其一是促使个人解脱的智慧与修持；其二是对于众生的同情与救济。可见，"舍己为人"不只是一种泛泛的宗教情操，而且是完成其宗教目标的必经途径。《优婆塞戒经·庄严品》云：

　　　　菩萨为欲增福德，故施于贫苦……欲舍一切普因缘，故施于贫穷。

　　由这段经文可知：救济别人，是自他两利的事，并不是常人所以为的损己利人的行为。在现存的各种释迦传记资料里，最脍炙人口的当是释迦前生为尸毗王时，曾割肉喂鹰的故事。《大智度论》卷三十五《释奉钵品》：

　　　　尸毗王苦行奇特，世所希有……帝释自化为鹰，毗首羯磨化作鸽。鸽投于王，王自割身肉，乃至举身上称，以代鸽

命，地为震动。是时释提桓因等心大欢喜，散众天华，叹未
曾有。

为了救度一只鸽子，都可以割下身肉，更何况为了救济世人。这
种舍己救人的观念，在佛教徒心目中是日常行为的铁律，只要是虔
诚的佛教徒，没有不奉为最高道德标准的。观世音菩萨在我国也是
广受崇拜的佛教圣者，他的特征便是"寻声救苦，大慈大悲"。地藏
菩萨在晚近几百年也甚受国人尊崇，他的宏愿则是"我不入地狱，谁
入地狱"。在佛典里，这类事例相当多，因此在佛教徒心目中形成一
种"教度众生"的意识形态，对于世人急难的救济，也就成为历代
僧人的重要社会行为。

从两晋以来，佛教徒的社会福利事业不胜枚举，由于佛教教团
的组织不严谨，个别事业虽多，但规模都不太大。这些事业便显得
零散而无头绪，以下粗分数类，将若干史料略加铺排，以见佛教所
显现的社会功能之一斑。

贫病的救护

"矜寡孤独废疾者，皆有所养"，一直是中国固有的仁民思想，
我国佛教在这方面也颇为注意。这类赈济事业，历代多由官方出
资举办，而由佛教僧尼经营管理。如唐朝自武后长安年间（701～
704 年），即设置悲田院与养病坊两种半官半民的社会救济事业。
悲田院收容孤儿、老人及穷苦的人，养病坊则收容病患。所需经
费均由官府支给，管理和经营则由佛寺僧尼承担。以后，此种救
济事业一直由寺院僧尼担任，直到武宗会昌法难，勒禁佛教，逼
使僧尼还俗为止。

此外，也有出家人自办的救济事业。唐洪昉禅师以行乞所得的
净财，在陕州龙光寺建养病坊，收容的病人有数百位之多。

宋代也有政府专设的治病机构，叫做"安济坊"，以及专门收容鳏寡孤独的"居养院"。《宋会要辑稿》云：

> 兴元府言：窃惟朝廷置居养院，安养鳏寡孤独，及置
> 安济坊，医理病人。召有行业僧人管勾，外有见管薄历。

安济坊及居养院，皆派僧人管理。在乡间，居养院往往设于寺观之内。

医疗事业

生老病死是人生的四大苦难，而"应病与药"一向是佛教对人类病痛的救济方针。所以在佛教的经典中，有很多关于治疗疾病的医书，如《佛说佛医经》、《佛说咒齿经》、《佛说小儿经》、《佛说治痔经》等。

佛教传入中土后，自魏晋南北朝起，历代皆有僧侣孜孜于医疗治病工作。他们除医治一般病症外，对眼疾、脚疾、头风、难产妇科、癞病等诸种疑难杂症皆能救治，尤其对已染绝症的病恶，常能起死回生。例如在东晋时代，受北方后赵石勒、石虎迎请，尊为国之大宝的佛图澄，曾以不可思议的咒力，使石勒暴病而亡的儿子复活过来。

北天竺的那连耶舍，在北齐文宣帝时，在汲那西山建立了三寺，并在该处广收疠病患者，施以医护与疗养。唐朝的智严法师，常至疠人坊为病人说法，并吸吮脓血，洗涤秽物；志宽法师，凡是贫病无依者，皆抬至自己住所，亲为治疗，并为病患口吸腹痛的脓血。晋州大梵寺的代病，所以名为"代病"，系发愿一生之中愿代众生受病。甚至有僧人在传染病流行时，在都市设立医药中心来救济百姓，南朝末年沙门慧达，即于扬州设立"大药藏"

以济百姓。

佛教徒为人治病，常具有常人所不易有的耐心与仁慈，不分贫富道俗男女，一律为之医治，并且对于人人避之唯恐不及的疠疾、癞病患者，也能毫无惧色地亲近他们，为他们医疗与服务。这是他们宗教情操的高度表现，而他们在精神上所给予病患的安抚作用，有时要比实质上的疗效还要大。

丧葬的料理

佛教认为人死后，肉体虽然朽毁，但精神生命仍然存在，因此在人死后的四十九天内，或是死者的忌辰，其家人往往委托佛教寺院办理超荐事宜，使亡魂得以投生善道。其中以诵经或法会来为亡者超荐的活动为最普遍，常能给予死者家属精神上的安慰。

对于丧葬的料理，寺院也有不少具体的慈善措施。以宋朝为例，当时的寺庙，往往是贫苦无亲的人或旅客死后寄柩的地方，《宋史》卷一七八《食货志·上六》：

> 初，神宗诏开封界僧寺，旅寄棺柩，贫不能葬，令畿县各度官不毛地三五顷，听人安厝，命僧主之。葬及三千人以上，度僧一人。

可知寺院不但寄存棺木，也负责埋葬的工作。宋朝对出家为僧限制严格，出家必有度牒，而政府规定埋葬三千人以上，才可度僧一人、获一度牒，以奖励僧人积极从事此项工作。

宋时埋葬无主亡魂的公墓称为"漏泽园"。漏泽园旁往往有寺庙。僧人要负责管理及兴建漏泽园的工作《宋会要辑稿·食货》六○一○"绍兴十五年十一月六日"条：

措置修盖到漏泽园地段,及召募僧人,每月支破常平钱米。

宋朝还有请僧人守墓的风气,不但政府派遣僧人管理公墓漏泽园, 私人墓园也请僧人看守。《夷坚志》卷十四"汪氏庵僧"条:

徽州域外三里,汪朝议家祖父坟庵在焉,绍兴间,招僧惠洪住持。

僧寺与丧葬的关系延续到现代,仍有很多信徒及其家属将焚化的遗骸置存在寺院内。

罪犯的教化

基于对一切众生生命的悲悯,佛教也从事救助狱囚的工作。北魏时的"佛图户",就是一种免囚保护运动。由当时僧伽长官沙门统昙曜设立。《魏书·释老志》云:

又请民犯重罪及官奴以为"佛图户",以供诸寺扫洒, 岁兼营田输粟。

所以设置佛图户的目的,是在收容重罪的犯人,供寺院驱策,一方面使罪犯免于牢狱的监禁,并可使他们接受佛教的感化教育;另一方面,也可使寺院增加劳动力,对寺院也有帮助。

历代奉佛的天子及执政者,受佛教不杀生戒的影响,有时也会举行大赦、特赦、恩赦等释囚措施。如隋开皇五年(585年),由于文帝要受菩萨戒,遂大赦囚犯,当时获得灭罪与释放的囚犯,多达两万八千余人。

僧人自身,也有专门从事监狱布教及布施狱囚等工作的。隋代的智舜法师，常于冬天以衣服布施狱囚；僧顺法师，常常亲往监狱中为囚徒说法，从事感化教育的工作。

地方公益事业

僧人们对属于地方公益事业的修桥补路、井水开凿、树木种植等工作，也都热心地积极参与。例如隋代蜀郡的僧渊法师，目睹锦水江波溺死者众，曾在锦水之上造桥。唐武宗时的道遇和尚，因见洛阳附近的黄河天险龙门潭，船行至此，常遭翻覆，乃伙同白居易等发誓愿必打通此路，劝募两岸民众，共同出资出力，夷平此一险津。后晋西关净化院的道者禅师，也热心于修桥补路，《两浙金石志》卷四载：

> 道者……逢缘必作，随处立功。建濠河津要之桥梁，修府郭壅狭之歧路。

隋代的法纯法师，或为道俗洗补衣服，或洗厕担粪，而"或王路艰岨，躬事填治，因而励俗，相助平坦"，致力于修补道路。唐代的乾寿法师，对于崎岖的山路则加以剪拓修夷，对于枯涸的川原则疏泉汲引。

凿井以供民众饮用，植树则有水土保持的功用。隋通幽法师曾立四大井，并各施滤具供民众使用。唐慧斌法师，在汶水之阴，九达之会，造义井一区，为父母追福。又《洛阳伽蓝记》卷一记景乐寺北边有桑树数株，枝条繁茂，下有甘井一所，石槽铁罐供行人饮水，而桑树之阴可供行人小憩。唐明远法师，忧虑淮水及泗水的泛滥，遂策动郡守苏遇等人，种松杉楠桴桧等树苗一万株，以防止水灾造成的苦难。凡此种种，皆可窥见历代僧侣热心公益、造福百姓的情形。

住宿与娱乐

寺院或坐落于交通冲要，或位于人迹罕至的深山幽谷，往往成了旅人寄宿的地方，《唐会要》卷四八《议释教下》：

> 其诸县有户口繁盛，商旅辐辏，愿依香火，以济津梁，亦任量事，各置院一所……具有山谷险难，道途危苦，须暂憩留，亦任依旧基，却置兰若。

可见寺院也有便利往来行人止宿憩息的作用。

寺院有时也供官定应试举子止宿，《唐会要》卷七六"制科举"条：

> 元和三年勃制：举人试讫，有逼夜纳策，计不得归者，并于光宅寺止宿。

到宋朝，寺院也曾经是举子应试的考场。庞元英《文昌杂录》卷五：

> 开宝寺为礼部贡院，二月十八日火，凡本部贡笺与夫所考试卷，须史灰烬，略无遗者。

北宋以来大都市的寺院，也往往成为人民进行交易买卖与消遣娱乐的场所。这就是所谓的"庙市"，这是当时人民日常生活中重要的一环。依《东京梦华录》所载：宋代开封相国寺为百姓交易的场所，每月开放五次，各种珍禽奇兽、日用什物、笔墨纸张、绣花饰物、古玩图书、土产香药等等，应有尽有。

依宋人王木永《燕翼贻谋录》所述，相国寺规模甚大：

> 东京相国寺乃瓦市也。僧房散外，南中庭两庑可容万人。凡商旅交易皆萃其中。四方趋京师，以货物求售，转售他物者必由于此。

娱乐场所也常假借寺院，《南部新书》卷戊：

> 长安戏场，多集于慈恩，小者在青龙，其次荐福，三者皆寺。

可知当时戏场多集中于寺院。寺院又常因擅风景之胜，且常常有名花佳树，以独特栽培法或优良的品种而闻名，因此吸引大量游客，成为游览观光胜地。《酉阳杂俎》载，唐代慈恩寺以牡丹花名闻遐迩，长安兴唐寺有正倒晕牡丹，兴善寺素师院有合欢牡丹，皆能吸引游客。宋朝扬州兴龙寺的芍药、杭州吉祥寺的牡丹，皆曾入文人墨客的诗中，必定吸引了许多赏花的游客。

唐代士人也很喜欢在寺院读书，因为寺院较幽静，藏书也颇丰富，当时高僧又多为硕学之士，常有就彼问学者。同时寺院也供给食宿，所以贫士往往借寓寺院以为习业之所。如开元进士杨祯，为避烦嚣，借石瓮寺文殊院居住。元和时，京兆韦思恭与董生、王生三人，于嵩山嵩岳寺肄业，自春至七月均居其间。又如韦昭度，少贫，依左街僧斋粥，其后相昭宗。王播客寓扬州惠昭寺木兰院，遭"饭后钟"之辱，后相文宗。李绅肄业于无锡慧山寺，李端少时居庐山，依皎然读书。凡此皆因唐代佛教兴盛，寺院庄田不少，故有能力负起教育士子的责任，与私人讲学并起。

唐代赴京应考士人，亦多喜投宿寺院，准备课业。《南部新书》卷乙：

> 长安举子，自六月巳后；落第者不出京谓之过夏。多
> 借静坊庙院及闲宅居住，作新文章，谓之夏课。

宋人也喜读书寺院，文同《丹渊集·重过旧学山寺》中有"当年读书处，古寺拥群峰"之语。又《独醒杂志》卷二记吉水南华院，在山谷穷绝处，又有白云堂，在最高处。其后记曰："刘伟民未达时，馆于山前之富家，亦尝寓书剑于此。"可见一斑。

金融事业

自南北朝开始，寺院往往从事借贷的金融事业，设库融资。《南史》《甄法崇传》中记载，法崇之孙子彬，曾以一束苎作抵押品，向长沙寺库借银。又《南齐书·褚澄传》中，也记载褚澄持钱到招提寺赎物。寺库的作用，最初是一种救急的福利事业，帮助百姓度过急需用钱而缺钱的难关，所以抵押的物品，并不限于价值，即使是一束苎、一斗谷也可以告贷。

到了隋代，信行法师建立三阶教，依据佛经中"无尽藏"的思想，建立了作为布施的修行法则。唐代初年，三阶中枢的长安化度寺设置了称为"无尽藏院"的金融机构，贷款给贫苦的百姓应急。金钱借贷的手续非常简单，不要借贷字据，没有利息，也不需抵押物，到期自然偿还。《两京新记》卷三：

> 亦不作文约，但往至期，还送而已。燕、凉、蜀、赵，
> 咸来取给，每日所出，亦不胜数。

这种制度，并不只行于长安附近，普及的范围远至今四川、甘肃、河北等地，是一种无息的信用贷款，没有丝毫营业性质，完全

是一种福利慈善事业。

然而这种寺院借贷制度，逐渐由社会福利的慈善性质，演变而成营利性质，所以三阶教的无尽藏院，在唐玄宗时因"擅自专断，且多诈欺，事非真正，允宜禁断"而被勒禁封闭；宋代寺院的"长生库"更为时人所垢病，大违其创设本意。

上文所陈述的是我国历代佛教界的主要活动内容，大体可以看出有下列几点特质：

其一，不论僧侣阶层的内部活动或社会事业，我国佛教所显现的都与印度佛教不尽相同。有关僧人的衣食住行等仪节、禅的修习、念佛方法等，我国佛教多少都曾加以改革。而印度所盛行的某些宗教活动，如结夏安居、持午、诵戒等事，在我国并未普遍遵行。至于社会慈善事业，印度教之所为，其甚少见诸载籍，在这方面，我国僧人所做的似乎比印度僧人要热烈得多。

其二，我国佛教界没有统一的组织，教会的行政结构也不严密，因此，所有的宗教活动都由各寺院各自为政地实行。各种活动所表现出来的现象，零散而无系统，缺乏全盘的计划，所有活动是以寺院为主的，是地方性的。

其三，从这些活动的思想背景来观察，这些活动是儒家价值观以外的一种社会活动。所以，我国古代的佛教寺院，可以说是在以儒家思想为主导的社会里的一种非儒家的社会结构。在儒家思想及价值观弥漫的古代社会里，另有这一个非儒家的社会结构在频繁地、广泛地活动，这是研究古代社会史者所应注意的现象。

至于佛教寺院所显现的"功能"，大体而言，至少具有"宗教性的"与"社会性的"两种。但在所列出的各项具体事例之外，也不能忽略某些无形的影响。换句话说，佛教寺院对于信徒或一般社会人士的作用，本文所列，不过是其荦荦大端，有关信徒内心的安抚、道德意识的提高、生命价值的肯定，及对世道人心所可能有的潜移默化的功能等，则是巨大而无法衡量的。

外 交 谋 略

一、虚实术

外交之术，贵在不定。外交谋略，虚实术实为其首。《孙子兵法》十三篇，专有《虚实篇》论其详。孙子曰："善战者，致人而不致于人。"这是虚实术的核心。军事如此，外交亦然。外交斗争能"识虚实之势，则无不胜"。

"虚者实之，实者虚之"，这是常用的外交虚实术。17世纪时瑞典首相奥克生斯汀说，外交者，乃"将无作有，将有作无"，肯定不存在的事，否定已存在的事。美国前总统尼克松有一番绝妙的比喻："拿好牌的一般说话最少，声音也很轻；而那些投机的人往往讲得很响，实际是给自己泄底。"

韩信"明修栈道，暗度陈仓"，一举打败章邯，平定三秦，是中国古代军事史上的佳话。而外交上的"明修"、"暗度"是"以虚掩实"，这也每每为外交家所乐用。

我国古代《三十六计》中的第七计名为"无中生有"。此也是外交虚实术中的良策。所谓"无中生有"乃指："诳也，非诳也，实其所诳也。"就是说，以假情骗敌，但非弄假到底，最后要巧妙地由虚变实，给敌以不意的打击。

"谋莫善于不识"。外交术的精髓在于，"虚虚实实，实实虚虚"，让对方猜谜，不使对方摸到自己的底。

外交的虚实术，说到底，就是巧妙地利用人们熟视无睹、常见不怪的心理，通过"示形而我无形"，以达到"致人而不致于人"的目的。凡外交里手，无不既善对敌"示形"，又谙使我"无形"，在这无穷的虚实变换中，夺取外交的胜利。

二、"知止不殆"

"知止不殆"，这是老子的一句名言。《老子》第四十四章有言："知足不辱，知止不殆，可以长久。""知止不殆"不只是重要的军事谋略，也是重要的外交谋略。

人是容易被胜利冲昏头脑的，能"知止"者甚鲜。我国历史上著名的淝水之战是不"知止"而"殆"的实例。《资治通鉴》在描述淝水之战时写道：秦王苻坚锐意欲南下伐晋。其弟阳平公苻融谏曰："'知足不辱，知止不殆。'自古穷兵极武，未有不亡者。"苻坚自恃兵力雄厚，可投鞭断流，不听忠言，执意亲率一百多万大军取江东。淝水一战，八公山上草木皆兵，终遭惨败。

"知止不殆"是辩证法，外交官要懂得和掌握这个辩证法。马克思说："一切总归有个限度。""知止"就是"知"事物的"限度"。国际斗争，或观察，或筹措，或行动，一要毋忘"知止"，二要弄清什么是事物的"限度"，三要在这个"限度"内行事。

"知止不殆"是一种深谋远虑，这恰是外交斗争最可贵之处。弈林高手异于常人，其诀窍非他，只是比常人多看几步棋。杰出外交家不出帷幄而能决胜于千里之外，也全赖其站得高望得远的气质。外交斗争犹如弈棋，**善弈者谋势，不善者谋子**。论外交谋略，其极处，恐在于此。

三、"攻心为上"

两国相争，贵在"不战而屈人之兵"。这是孙子在两千多年前提出的一个十分重要的理论。如何才能做到"不战而屈人之兵"呢？孙子的回答是："上兵伐谋，其次伐交。"而所谓"伐谋"也者，"攻敌之心"也。据《通典》载："战国齐将孙膑谓齐王曰：'凡攻国之道，攻心为上，务先服其心。'"这恐怕是中国最早的"心理战"构想。

"心理战"是一个极富研趣的外交谋略。它是总体外交的一个重要组成部分。四川武侯祠前悬有赫赫对联一副曰："能攻心则反侧自消，从古知兵非好战；不审势则宽严皆误，后来治蜀要深思。"当年毛泽东主席来此一游时曾高度评价此联，并几番嘱咐来蜀工作的领导同志务以此联为鉴。这副对联颂扬了当年诸葛亮进军南荒，对当地土族首领孟获七擒七纵，终使其心悦诚服地降服，从而平定后方的盛事。据史载，诸葛亮在决策时，采纳了手中名将马谡所献的"夫用兵之道，攻心为上，攻城为下"的"攻心"战略。诸葛亮这次出师凯旋是"攻心"战略的胜利。

在当今世界上，实施"心理战"谋略的不乏其国，其当以美国为最。据统计，在1946年至1982年的三十六年间，全世界曾有过四十一次"威胁使用核武器"的恫吓，其中三十二次来自美国。

四、"以迂为直"

人们常言，外交是一门艺术。艺术之妙，妙在不直。开门见山，一览无余，终非艺术上品，而曲径通幽，柳暗花明，才能引人入胜。诗贵**曲笔道真情**，不画庙而画幡竿才是古画"深山藏古寺"的不朽名笔。艺术如此，外交亦然。外交之有"艺术"的美称，恐也在于这"不直"二字。"不直"之谓，套用外交术语，则称作"迂回"。若问何为外交之妙，回答应是：妙在迂回。

迂回之于外交，几乎有其必然性。外交之道，从某种意义上说，即是迂回之道。国际舞台，形势诡谲，错综复杂，强手如林，外交家为实现本国国家利益和外交目标而折冲樽俎，一般总是迂回图之，鲜有径情直遂的。

《孙子兵法》的《军争篇》曰："以迂为直。"这是极富辩证哲理的精辟之论，也是外交家必须铭记的信条。在外交上，"最漫长的迂回道路，常常是达到目的的最短途径"。筷子置于水中，其形若折，这在物理学中称为"折射现象"。外交迂回若要成功，就需在对手的思维判断中制造"折射"的错觉，使其判断失误。当年希特勒在发动侵苏战争前，外交上连连得手，相当程度上靠的就是这种手段。希特勒上台后，"内心想着战争，但口头上却大讲和平"。他缓和纠纷，签订公约，制造"德国需要四十年到五十年的彻底和平"的舆论，"借布尔什维主义的幻影"使凡尔赛体系势力相信德国确是"防止赤祸的最后壁垒"。希特勒这一手果然获得奇效，他把西方一直欺骗到最后。1938年英国首相张伯伦同希特勒举行慕尼黑会议后，一下飞机就得意地宣称："一代人的和平已经到来。"但不到一年，世界大战爆发。《战国策·魏策》曰："将欲取之，必姑与之。"这也是一个重要的外交迂回之法，为外交家所乐用。春秋战国时晋国"假途灭虢"，是此种迂回的典型实例。晋献公对虞、虢两国早存觊觎吞并之心，只是惮其唇齿相依，未敢贸然行事。后来献公采纳大夫苟息之策，利用虞公贪宝的弱点，贿以垂棘之璧和屈产之马，假道于虞，先灭了虢，接着又灭了虞。

强国争霸要迂回，弱国图强也离不开迂回，而当一国处于困境时，外交上就尤其需要迂回。弱国迂回，大异于强国。"尺蠖之屈，以求伸也"，这是弱国迂回之途，时髦的说法叫做"低姿态外交"。越王勾践，卧薪尝胆，十年生聚，十年教训，最后灭了吴国。列宁不惜同德国签订屈辱的《布列斯特和约》，割地赔款，终于拯救了新生的苏维埃国家。

当代日本，作为战败国，曾在二战后的数十年间乐此不疲地执行"低姿态外交"。大凡外交迂回，都有一个共同特点："从相反中求相成。"声东往往是为了击西，今天的联合可能旨在明日的吞并，空间上的让步意在时间上的争取，为了更好的一跃有时需要后退。然而，"一切总归有个限度"，外交迂回也不例外。对外交家来说，问题不在要不要迂回，而在要的是什么样的迂回。什么才是外交家应循的迂回的"限度"呢？一要不忘原则，二要不损国家的根本利益，三要不离最终的战略目标。外交家在这个限度内迂回，始能曲尽外交之妙，维护和增进国家利益。

五、"以夷制夷"

提起中国的外交战略，外国人总喜欢抬出"以夷制夷"这四个字来。已故的美国作家埃德加·斯诺在《漫长的革命》一书中就写道："'以夷制夷'，这是中国的一个古老的基本原则，可与罗马及其后继者奉若神明的'分而治之'原则相比拟。"斯诺的话是不错的。"以夷制夷"作为外交战略，中国确是自古有之。据认为，最先提出这个"以夷制夷"战略的可能是东汉的班超。班超在上疏汉明帝时写道："以夷狄攻夷狄，计之善者也。"这是一千九百多年以前的事。然而，若将"以夷制夷"谥之为中国所独有，这就难以苟同了。"以夷制夷"的实质非他，不过利用矛盾而已，国际斗争中人皆能为之，中国又何专之有？东汉的班超可谓是巧妙运用"以夷制夷"的楷模了。他借西域之兵，用西域之粮，以制西域之变，在三十一年中成功地使西域五十余国臣服汉朝，发展了同他们的友好合作关系，制止了匈奴的南侵，建立了赫赫功绩。而清朝李鸿章的"借夷制夷"是在出卖中国国家利益的基础上，"借俄以慑倭"，"联络西洋，牵制东洋"，却使中国一误再误，丧权辱国。什么是"以夷制夷"战略得以奏效的条件呢？我以为，条件有五：一曰：要有实力作后盾。二曰：

要把基点放在自力更生上。三曰：客观形势要有利于"以夷制夷"。四曰：在坚持"独立自主"的条件下既利用又斗争。五曰：要有得力的外交家来执行"以夷制夷"战略。

六、"深谋远虑"

外交谋略，贵在也难在深谋远虑。深谋远虑可谓是外交谋略的顶峰。古今中外，凡能载入史册的外交大手笔都属深谋远虑的精作。善深谋远虑者，始能算得上外交战略家。

《孙子兵法·虚实篇》有言："**故形兵之极，至于无形。无形则深间不能窥，智者不能谋。**"这里讲的是军事，外交又何尝不是如此呢？外交上的深谋远虑，文章往往要做在这"无形"二字上。"谋莫善于不识"。外交的最高技巧就是要让对手"猜谜"。而要达此境地，策略上善施虚虚实实、虚实结合就十分必要了。

《卫灵公第十五》是《论语》中堪称精彩的佳作。孔夫子在这篇著名的讲话中说了一些极富谋略和哲理的话，"小不忍则乱大谋"即是其一。外交家折冲樽俎于国际舞台，难免会遇到这样的挑战：在重大的得失取舍面前作出决定性的抉择。而此时精于深谋远虑的外交家就会以"小忍"来换取和确保"大谋"的最终实现。

外交上的深谋远虑，从来不是"量粟而舂，数米而炊"，它总是带有全局的战略的内涵。它不计较于局部的得失，而是孜孜以求全局的主动；它可能在战术上失分，有时甚至可能是故意失分，但在战略上却企求能收扭转乾坤的奇效。

我国古代越王勾践"卧薪尝胆"和汉末刘备学圃种菜，以为"韬晦之计"，已是妇孺皆知的了。勾践忍辱负重、卧薪尝胆二十二年，十年生聚，十年教训，最终得以复仇雪耻，灭了吴国。刘备暂寄曹操篱下，亲在住处后园种菜，故作胸无大志，韬光养晦，最后伺机逃脱樊笼，立国称帝，与魏、吴并驾齐驱，形成中国古代外交史上著名的"三国鼎立"。"卧薪尝胆"也好，"韬晦之计"也罢，其共同的深谋远虑之处是：在与对手交手而力量对比悬殊，形势不利于己时，只能暂时放低姿态，寻求妥协，甚至忍气吞声，以麻痹对手，暗中则励精图治，积累力量，以备有朝一日，扬眉吐气，大振国威。此种谋略，虽有策略考虑，但更具战略深意。两千多年前的吴国谋臣伍子胥说得好："虎卑其势，将有击也。"如此而已，岂有他哉！

外交上的深谋远虑都是外交大手笔。这里需要大气魄、大智慧、大勇气、大决心。舍不得芝麻者，是绝对得不到西瓜的。然而，做起来又必须慎之又慎。

七、谋势篇

古人曰："孙膑贵势。""故善战者，求之于势。""势者，因利而制权也。"所谓"谋势"，质言之，也就是争夺和掌握战略主动权。掌握战略主动权极为重要。毛泽东主席生前说过："失去了主动权，就等于被打败，被消灭。"

同军事斗争一样，外交斗争也是贵在"谋势"。外交上的"谋势"主要指：纵横捭阖，夺取主动，谋求一个有利于己的国际战略态势。

"谋势"应有法。什么是"谋势"之法呢？"谋势"之前，先需"知势"，"知势"是"谋势"的基础。孙子曰："**知彼知己者，百战不殆。**"宋朝著名诗人梅尧臣在注《孙子兵法》时写道："**定计于内，为势于外，以助成胜。**"外交家如欲"谋势"于外，必先内部"定计"得好，也就是说在"知势"的基础上制订出符合实际情况的正确的战略决策。三国时，刘备力量最小，但却谋得一个有利于蜀的三足鼎立的局面，这在相当程度上有赖于诸葛亮在《隆中对》中提出的战略决策。诸葛亮为刘备定的立国大计是：西取荆、益，东联孙吴，北拒曹操，兴复汉室。正是这个《隆中对》的正确决策，才使弱小的蜀国得以维持几十年之久。

　　"势"是靠外交家去"谋"的。出现有利于己的国际态势只是一种可能性，把这可能性转变成现实性，外交家就需善于"造势"。这恰是外交家叱咤风云之时。20世纪50年代末、60年代初时，我国曾面临十分严峻困难的局面，国内频遭严重的自然灾害和经济困难，国外又饱受美国侵略威胁和苏联妄图控制中国的压力，中印边境又爆发武装冲突，可谓是险象环生。为改变这一极为不利的局面，中国领导人异军突起，敢于"造势"，大力开展睦邻外交，先后与缅甸、尼泊尔、蒙古、巴基斯坦、阿富汗等国签订了边界条约或协定，极大地加强了我国同这些邻国的相互信任和友好合作关系。经过几年的努力，形势大变，一个对我国较为有利的周边形势造成了。

八、说"辩"

　　外交离不开"辩"。外交是"用笔和舌打文仗"。外交进程一般总是以"辩"开始复以"辩"告终的，"辩"也因此在外交谋略中占有重要的位置。外交家应具"三寸不烂之舌"。古希腊挑选"最好的雄辩家"任大使，而对大使的主要要求是"应能作一篇精彩的演讲"。古罗马培训外交人员的场所不是"外交学院"，而是"演说术学校"。

　　外交家的"辩"也应有术。而首要之术是善于说理。**有理在手，善于说理，以理服人，这是打开通向外交胜利大门的钥匙。**在这方面，已故的周恩来总理为我们树立了榜样。1955年周总理出席万隆会议时，针对会上出现的反华或对我误解的情况，果断地决定将原发言稿改为书面散发，亲自起草即席发言，强调：**中国代表团此次与会，是为求团结，而不是来吵架的；是为了求同，而不是来立异的。**周恩来总理的这篇发言掷地有声，通情达理，产生了极好的效果。

九、灵活善变变不离宗

古语云：“**兵无常势，水无常形**。”这是地道的辩证唯物主义。国际形势也是如此，它从来不具“常势”或“常形”，它总是不断变化的。理查德·尼克松一生讲过许多话，人们差不多都记不得了，但有一句话却因其极富哲理而常被引用，这就是**世界上“唯一永恒不变的东西”是“变化的必然性”**。面对这不断变化的国际形势，明智的外交家没有别的选择，只有采用灵活善变的外交谋略。可以不夸张地说，外交谋略贵就贵在灵活善变。

马克思有一句话道尽了“灵活善变”外交谋略的真谛，他说：“**在政治上为了一定的目的，甚至可以同魔鬼结成联盟，只是必须肯定，是你领着魔鬼走而不是魔鬼领着你走**。”当然，“灵活善变”也应有“度”，这个“度”就是维护自身的主权和领土完整。

十、“远交近攻”

据《史记·范雎蔡泽列传》载，魏国人范雎蒙秦昭王召见，进“远交近攻”策。范雎道：以往“大王之计有所失也”。“王不如远交而近攻，得寸则王之寸也，得尺亦王之尺也。今释此而远攻，不亦谬乎！”秦昭王闻之，连连称善，曰：“寡人敬闻命矣。”即定“远交近攻”为国策，并拜范雎为客卿，后又拜其为相。又据《读史方舆纪要·卷一》载，“秦用范雎远交近攻之策，先灭韩，次灭赵，次灭魏，次灭楚，次灭燕，并灭代，乃灭齐”，最后统一了全中国。

“远交近攻”乃公认良策，被列为著名《三十六计》中的“第二十三计”。该计曰：“**形禁势格，利从近取，害以远隔，上火下泽**。”此计之意是，在地理上受限制时，攻近有利，攻远有害。远敌暂不可攻，但可以利相结，便于各个击破。"远交近攻"是内涵丰富、用意深邃的谋略。在高科技和经济全球化迅猛发展的今天，世界已成为"地球村"，国际形势也大异于以往，外交上的"攻"与"守"不一定受制于地理上的"远"和"近"，有时很可能"近交远攻"反而更符合一国的利益。然而，即便如此，如若扬弃机械的地理概念，筛取其精神和核心，"远交近攻"仍不失为一有用和用得着的外交谋略。

十一、"结盟外交"

结盟外交是外交斗争中的一个重要谋略。外交上，若进攻，总要借他力，分敌势；若防御，总要寻求犄角之援，避免腹背受敌。这就需要结盟外交。诸葛亮在著名的《隆中对》中为刘备策划"外结好孙权"的大战略，即是结盟外交的一个范例。

结盟外交的历史几乎同整个外交史同样古老。春秋战国时，"朝聘盟会凡四百五十次"。齐桓公集几国诸侯，歃血为盟，盟词曰："凡我同盟，共翼王储，匡靖王室。有背盟者，神明殛之。"古希腊也盛行一种所谓"近邻同盟"，其中最古老、影响最大的是德尔菲·德摩庇里"近邻同盟"。名扬于外交史的结盟外交为数众多，战国时苏秦"合纵"六国抗秦，东汉末年蜀吴联盟抗魏，18世纪末19世纪初英国组建七次反法大联盟，第二次世界大战时美英苏联盟抗击德意日法西斯轴心等等，都是外交史上辉煌的篇章。

要说"结盟外交"的最妙处，当推"变更联盟"。19世纪时英国首相帕默斯顿有句名言，曰："**没有永久的联盟，只有永久的利益**。"外交家的才干有时就表现在善不善于因势利导地"变更联盟"。当年基辛格博士在外交舞台上叱咤风云，主要是"变更联盟"做得漂亮。他的"波罗行动"促成了尼克松总统对中国的"破冰之旅"，短短的一周"改变了世界"。基辛格认为，**敌友关系并非**

固定不变，昨天的敌人可以成为今天的朋友，而今天的朋友也可能变成明天的敌人。"变更联盟"是一种特殊的"结盟外交"，它可转化为极大的物质力量，它既是小国赖以生存的法术，又是大国相互争霸的伎俩。

道家思想中的理想人格

先秦道家，专指老子与庄子两人而言。世以老庄并称，始于《后汉书·马融传》。《老子》与《庄子》两书的作者及其成书年代，至今仍无定论。在此仅以今本《老子》及郭象注三十三篇本《庄子》为据，择其较为可信的资料，以讨论其理想人格，就现阶段的研究而言，这仍是较为有效的途径。

《老子》中的圣人、善人

老子痛斥无道的强盗政治，慨然思以其道救天下之溺，而治乱关键端在统治者——侯王，因此他寄望侯王"守"道以保身、治国、取天下。于是塑造了人间世的理想人格——圣人，这是道的拟人化，期使侯王效法圣人之治，源清而流清，天下即可大治。严几道说《老子》是"言治之书"，诚为的论。

《老子》书中称引圣人、善人、从事于道者、有道者、大丈夫、建言者、用兵者等先贤的言与行，以为侯王的言行典范，其中以圣人、善人最具代表性。这些人的言行即是超越价值的道的最佳诠释。侯王以这些人的言行为治道依凭，亦即以道的超越价值落实而为人间世的最高价值，则圣人、善人乃人间最高价值的转换者与创造者。

老子《道法自然》，这是根本义。其衍生义有二：一、无名；二、无为而无不为。其运作义即为"玄德"——"生而不有,为而不恃,长而不宰。"其呈现样态为"和"(大、中、平)。圣人经由对宇宙人生的观、阅功夫,为学、为道,损之又损,以至于无为,无为而无不为;此即"致虚极,守静笃",私念尽去,一任至公,直至与道为一,是为"向上的道"。圣人再以抱道之身回向人间世,"抱一为天下式",亦即以"玄德"为治道的最高准则,展现其自然无为的理想政治,此即向下的道。就这直贯上下的道加以考察,圣人是一位大和、大知、大仁的"人中人而人上人"。

1、大和。就《老子》书中道、德、常等重要字义加以分析,其特质都是"和",其具体表现即《系辞传》所谓"圆而神"的精神。《老子》第四十一章引建言说:"明道若昧,进道若退,夷道若类;上德若谷,大白若辱,广德若不足,建德若偷,质德若渝;大方无隅,大器晚成,大音希声,大象无形,道隐无名。"之所以如此,都因为"和"的特性的缘故。譬如"明道若昧",其道至明,容光必照,只因"和"的特性,外表显现好像(若)不明(昧)的样子,余可类此推知。道之所以无言、无名,都是因为此故。圣人以道保身、治国、取天下,则当一是皆以"和"为本,故"方而不割,廉而不刿,直而不肆,光而不耀",大成若缺,大盈若冲,大直若屈,大巧若拙,大辩若讷,"被褐怀玉",因此微妙玄通,深不可识,"不可得而亲,不可得而疏,不可得而利,不可得而害,不可得而贵,不可得而贱;故最为天下贵"。这是和光同尘——"玄同"的境界,而其呈现的样态就是"愚"——含藏的大智慧。就统治者而言,和治就是"辅万物之自然",其极致就是"大制不割";就被统治者而言,则是"甘其食,美其服,安其居,乐其俗,邻国相望,鸡犬之声相闻,民至老死不相往来","百姓皆谓我自然"的太上之世。和者,自然而已矣。

2、大知。始由为学(观、阅),进而为道(损、致虚极、守静笃)。亦即"学不学",由知人而自知,由胜人而自胜,则可"绝学无忧"，涤除玄览，明白四达，终而抱一、得一，与大道为一，故能"不出户，知天下；不窥牖，见天道"。为学乃为道的本基，学外无道。其知为大知，知周天地万物；其知为真知，真知乃众妙之门；其知非反知，而为超知。以其大知，故能不自见、不自是、不自伐、不自矜，能知足知止，能知雄守雌。大知者"明"，明则人见其人，物见其物。以其大知，故能知机、先机，"为之于未有，治之于未乱"，"图难于其易，为大于其细"；以其大知，故能"居善地，心善渊，与善仁，言善信，正善治，事善能，动善时"，这是无为而无不为的奥义。大知者如此，则可以无尤、"无死地"。

3、大仁。老子道法自然，"道生之，德畜之，物形之，势成之"，"生而不有，为而不恃，长而不宰，是谓玄德"，玄德深远，"与物反矣，乃至于大顺"。圣人即秉此玄德以为价值取舍判准，这是大仁。天道无亲，利而不害，善利万物而不争，因此"圣人之道，为而不争"，这是大公无私，大利天下。老子尤其强调"不争之德"，以为"不争，故天下莫能与之争"，是即"不争无敌"的理论。老子自称有三宝，而以慈为三宝之首，以战、以守、以卫，故"善者吾善之，不善者吾亦善之，德善；信者吾信之，不信者吾亦信之，德信"；"常善救人，故无弃人；常善救物，故无弃物，是谓袭明。故善人者不善人之师，不善人者善人之资。""人之不善，何弃之有？"嘉善而矜不能，无弃人，无弃物，是即把人当人，把物当物，这是对人的尊严价值的积极肯定，这正是大仁！玄德乃创造的冲动，充实而不可以已，"为无为，事无事，味无味"，不欲见贤，功成而不居，"既以为人己愈有，既以与人己愈多"，无待的全然奉献。圣人不积、无私、自然流行、德合天地，这是大仁。

由上可知，圣人是一位勤行有志、公、明、常、善、大和、大知、大仁的人格，融会了艺术家、哲学家、道德家三种性格；同时，由于强化圣人的"因"、"用"功能，因而更是一位博大高明的政治家——圣王。无弃人、无弃物、以百姓心为心，这是道德政治的崇高理想，更是千古圣贤念兹在兹的共同信愿。

《庄子》中的应帝王

庄子宏才命世，抱道高坚，"以天下为沉浊，不可与庄语，以巵言为曼衍，以重言为真，以寓言为广"；其思想"弘大而辟，深闳而肆"，应化解物，游刃有余。本节取材以内七篇为主，间亦旁及外、杂篇资料，对其理想人格当可体会一二。

庄子的思想系统可就内七篇的篇名——《逍遥游》、《齐物论》、《养生主》、《人间世》、《德充符》、《大宗师》、《应帝王》——窥见端倪，这正是《天下篇》所谓内圣外王的古道术，基本上乃以圣定王。此中关键在"应帝王篇"末的混沌寓言：南北两帝为混沌开窍，"日凿一窍，七日而混沌死"。混沌象征原始无知无识的状态，既非觉解的生命，因此也就没有意义可言。庄子宣称混沌死，亦即宣告原始状态已一去不复返，七窍成则民智已开，于是万窍怒号，日以心斗，无有底止；相应于庄子所处的时代而言，正是百家争鸣，福轻乎羽、祸重乎地的战国乱世。庄子以为治乱之道端赖大智慧者应世出而为帝王，以其虚、真、应、化，展现"明王之治"，"人相忘乎道术"，于是人间世乃可逍遥而游，而此理想人格即是应帝王。

道是庄子思想的重心，综合道的各种特性，其主要者有如下四端：一、创生天地万物；二、无所不在；三、道通为一；四、大利无名。相应于此，庄子以为人间世有两大戒，无所逃于天地之间，是即所谓不得已之道，而其道枢则在应帝王的无为应治——"正己化行"、"顺物自然而无容私"、"功盖天下而似不自己，化贷万物而民弗恃，有莫举名，使物自喜，立乎不测而游于无有者也"。于是道乃具体而微的充实人间世，道术流行的社会即为至德之世——"不尚贤，不使能，上如标校，民如野鹿。端正而不知以为义，相爱而不知以为仁，实而不知以为忠，当而不知以为信，蠢动而相使，不以为赐。是故行而无迹，事而无传"。

应帝王即是至德之世的缔造者，此种人格在《逍遥游篇》已明指为"无待"的人格，更直指"至人无己，神人无功，圣人无名"。所谓无己、无功、无名，如实而言，乃："必有己而无己，无己乃真我；必有功而无功，无功乃全功；必有名而无名，无名乃常名。"亦即是一位真我、全功、常名的人，在《大宗师篇》称为真人。这似乎是偏就内圣功夫（境界）而言，其具体的成圣法门即是丧我、心斋、坐忘、撄宁。而庖丁解牛、由技入道的进程，颇可体会其奥义。

1、第一境界："始时"，"所见无非全牛"，无知，混沌。

2、第二境界："三年之后"，"未尝见全牛"，官知，技。

3、第三境界："方今之时"，全牛，"官知止而神欲行"，道。

第三境界即是"依乎天理"、"因其固然"的道的境界，而"游刃有余"正是因、应、无为的实际。修道的过程即在熬炼一颗至人的心，由成心、师心而常心、道心。《大宗师篇》说："至人之用心若镜，不将不迎，应而不藏，故能胜物而不伤。"此中关键端在致"虚"，这是灵府、灵台、天府，从而人见其人，物见其物，"得其环中，以应无穷"。这类得道的人乃能"天地与我并生，万物与我为一"，此即道通为一、无所不在、通天下一气的天德流行，是超越而又内在的大慧命。于是万事万物得到最妥善的安顿，其价值也得到如实而完足的肯定，人的自宰义也充量实现，齐物的理趣在此。庄子对这类人物有许多浪漫的描述，在此且举《刻意篇》、《秋水篇》中的两段文字以见一斑：

> 若夫不刻意而高，无仁义而修，无功名而治，无江海而闲，不道引而寿，无不忘也，无不有也，澹然无极而众美从之，此天池之道、圣人之德也。
>
> 至德者，火弗能热，水弗能溺，寒暑弗能害，禽兽弗能贼。非谓其薄之也，言察乎安危，宁于祸福，谨于去就，

莫之能害也。

可知其绝非神仙怪诞人物，只是富于高度处世智慧，充实而不可以已，有实而无名，"与物有宜"，"与物为春"，随遇而安，无入而不自得的人而已。庄子特别强化这类人物的人间世意义，提其神于太虚而俯视，以期点化人间世为逍遥之墟，此即应帝王的道术——游刃有余之道、不得已之道。应帝王（至德者）德合天地，知周万物，唯其如此，故能"知不可奈何而安之若命"。这正是"知其不可为而为之"的典型之一。

再就混沌寓言以观，这是内七篇的终结妙窍，庄子宣告混沌死，正象征第一境界"运"、"化"为第二境界，是为大争之世，此正是应帝王应世而出的契机。至于应帝王何时始克"运"、"化"大争之世（第二境界）为至德之世（第三境界），亦即将内圣外王的道术具现在当下的人间世，则恰似《周易》终之以未济，妙透天机，诚为千古庄谜！于是应帝王的应治大业终究只是一个未济，而其济世的运作典型则常在人间。同时，"无用之用"的妙义卓绝千古，入世而超世，应帝王握此道枢，乃能因应无穷，为济润焦枯的人间世而作永无休止的奉献。

由上可知，庄子思想中的理想人格乃是至人、神人、圣人、真人，质言之，即逍遥无待、与物为春、德合天地、道济天下的应帝王。这正是先秦内圣外王思想的人间像。

儒家思想中的理想人格

儒家思想是中国思想的主流之一，孔子是儒家的开创者，而孟子与荀子则是阐述并弘扬孔学的两大使徒，因此本文论述先秦儒家思想中的理想人格，自然以《论语》、《孟子》、《荀子》等三书为主要论据。然而，《尚书》与《周易》两书对中国学术思想的影响无比深远，尤其与儒家思想更是水乳交融，一体通贯，而就本文所欲探究的理想人格的"基型"（keytype）而言，更有追根溯源的效果。因此，尽管这两书的作者与成书年代仍在争议当中，笔者仍审慎地将它们列为先秦儒家的重要典籍。

《尚书》中的圣王

《尚书》各篇大部分为古代的公文，先秦但称《书》，汉初始称《尚书》，后世又称为《书经》。首篇《尧典》，开宗明义就塑造了一位典型圣君——帝尧，他敬谨、明达、文雅、深谋、谦和，恭让推德，感通神明，并能光大其德，敦睦九族，明察官守，协和万邦，于是上下祥和，民生乐利。修德致和，成己而成人；内圣外王，终而和同天下。他把帝位让给贤明的舜，舜也不负所托，光大尧德："辟四门，明四目，达四聪"，惇厚品德，柔远能迩，以止于至善；其观人之明，勤政之志，君臣之和，在在都足以配尧。从此尧舜禅让，大公无私的至德，以及政通人和，万邦咸宁的至治，为历代帝王立下一个典范，为千古美谈。至于王道的极则，该推《洪范篇》的皇极——大中至正之道。洪范九畴是建国君民的根本大法，也是我国古代政治哲学中最具规范性的理念之一。其纲领是：一、五行；二、五事；三、八政；四、五纪；五、皇极；六、三德；七，稽疑；八、庶征；九、五福六极。就"五事"以言，态度则恭敬有仪，言谈则循理（礼）服人，眼光则明察中准，耳闻则守正善谋，思虑则通达圣明。智德兼修，善谋能断，这是治世的长才。皇极位居九畴之中，环中因应，可大可久。汉儒解为大中，可谓至当。以大中至正之道聚集"五福"——寿、富、康宁、攸好德、考终命，而普遍施予民众，这是人间世的至善美事。大中至正之道，"无偏无党，王道荡荡；无党无偏，王道平平；无反无侧，王道正直"；圣王之道，荡荡、平平、正直，内治五事以至于圣，秉持王道，致民五福，则庶几可作"民极"。

《周书》中特别标举文王之德，自有深意。早期的天命说，以为人间政权根源于天，天俨然以人格神的姿态君临天下，主宰一切。"殷人尚鬼"，祭祀也就是国家的要政。周在取殷之前，也承认政权系由天所命。然而综观天命的性格，赏、罚、爱、害，兼而有之，尤其是"天命不易"、"天命靡常"的观念，更是深入周人心中。"天命靡常"既已指出天命的不可信赖、不可捉摸，于是只得转而返求自身，经由人自身的慎行慎言，而自求多福，于是周初提出"敬"的观念，这是思想上的一大突破。"周人的哲学，可以用一个'敬'字作代表。周初文诰，没有一篇没有敬字。"从而周人塑造了道德性格的人文精神，由"敬德"、"明德"、"敬厥德"而挣脱条件式的对待，成为一个无待的"人"的存在，从而消解了天命的桎梏，人文的价值渐次彰显而肯定。在此天命的转化过程中，文王之德最为关键。周人相信他们所以能有天下，泰半归功于文王的德行，是由于"文王之德之纯"，而使上帝降天命给周。而文王之德相当简易朴实，是即"克明德慎罚，不敢侮鳏寡，庸庸，祗祗，威威，显民"，"卑服，即康功田功。徽柔懿恭，怀保小民，惠鲜鳏寡……不遑暇食，用咸和万民"，亦即《诗经》所谓"于缉熙敬止"、"刑于寡妻，至于兄弟，以御于家邦"。简言之，修己福民而已。德行与天命合一，则天命有常，且可以把握，而统治者只要以德施治，即可永保天命，咸和万民。夫如是，"天子作民父母，以为天下王"，则圣王的意义乃指大中至正的德治，而"敬"为其道枢。《尚书》中的理想人格即由"敬"的功夫中呈显、光大。

《周易》中的大人

《周易》一书大抵可视为孔门的共同心血结晶，广大悉备，范围天地，而其始源则造端于忧患意识。天地之大德曰生，乾道广生，坤道资生，生生之为易；天下之动贞夫一，"其为道也屡迁，变动不居，周流六虚，上下无常，刚柔相易，不可为典要，唯变所适"，这就是大化流行之义。圆道周流，乾坤对立而统一，阴阳相异而相感，"旁行而不流"。《系辞传》说："蓍之德，圆而神；卦之德，方以知。""圆"与"方"本不相谐和，由于彼此互相"感应"，互相为用，相辅相成，于是由有限而无限，形成一大和谐。推而扩之，人间世乃至全宇宙俱是一大谐和的存在，天人合一的思想由此可见端倪。尤其"圆而神"的智慧——普照万物，曲尽物性，与物宛转俱流，随机妙应——更是中国传统思想文化的一大特质。以此待人处世，观己论学，无不左右逢源，妙造自然。

大易由八卦重为六十四卦，在此六十四卦中，各卦都是吉凶互有消长，唯独谦卦六爻皆吉，可见谦德的独特意义，可大可久。《象辞》说："地中有山，谦。君子以哀多益寡，称物平施。"由"地中有山"体会"平"的意理，进而以"称物平施"实践人间世的至平——公，易简自然，这就是天地精神。人秉此谦德，则天人合一，是为"大和谐的人"，这正是中国人文精神的大发明、大成就。同时，

《周易》终之以"未济"卦，这是巧思，也是千古的大智慧。圣贤事业，辉丽万有，大愿大行，无有穷尽，鞠躬尽瘁，死而不已，因此"未济"的悲剧精神充沛天地之间。圣贤人物几乎都命定的顺受"未济"的洗礼，这也正是中国思想中理想人格的特质之一。

自另一角度观之，《周易》重视"时"、"应"、"中"、"位"诸义，尤其特重"时"义。在六十四卦中，孔子象传之文中以"大矣哉"礼赞的就有十二卦之多，同时又有"时中"、"时行"、"时升"、"与时偕行"、"与时消息"、"动静不失其时"等语，无怪乎孟子称孔子为"圣之时者"了。又从"时"义以断吉凶，得时而吉，失时而凶，安于时变亦吉。论"应"则贯串天、地、人、物，人与人相应。人与物相应，物与物相应，人与天相应，天与物也相应。夫如是，则天地之大，万物之多，而彼此相应为一，此应化的大势力乃"贞夫一"的妙窍。论"中"则主时中、得中、位中、正中、刚中、柔中、中正、中行等等，中国思想中的"中道"观念都根源于此，而其大用乃执中用权，建用皇极——大中至正的王道。论"位"则首立"天地之位"，再及正位、当位、得位等观念。《周易》言时位，盖易道变动不居，因此"位"也随"时"而变，于"时"中显立。《系辞下传》更予定"位"："天地之大德曰生，圣人之大宝曰位，何以守位？曰仁。"圣人德配天地，圣人之位以合天地生生之德，则此"位"乃天地之位，乃以生生之德定位；又说以仁守位，则仁德即是生生之德的实践。从此天地精神——生生之德乃具现为圣人之仁，而仁的哲学与仁的实践乃成为中国思想中的巨流。

《周易》中的理想人格乃指能对上述诸德见之行事，实际体证，始则为君子——进德、行德的人。再以其"自强不息"、"不易方"、"独立不惧，逊世无闷"的贞定与不懈，渐次净尽私欲，体现天地精神，上达于"大人"——成德的人。所谓大人，乾卦《文言传》的诠释最为传神：

> 夫大人者，与天地合其德，与日月合其明，与四时合
> 其序，与鬼神合其吉凶。先天而天弗违，后天而奉天时。天
> 且弗违，而况于人乎？况于鬼神乎？

大人德合天地——圆成上述诸德，知周万物，与时推移，穷神知化，人神共仰；大人与天地同其广大，同其博厚，同其悠久。同时，本其生生之仁，"冒天下之道"，开物成务，"以通天下之志，以定天下之业，以断天下之疑"，"吉凶与民同患"，"明于天之道而察于民之故，是兴神物以前民用"，"备物致用，立成器以为天下利"。《系辞下传》另记载伏羲氏、神农氏、黄帝、尧、舜及后世圣人制器取象以利民事的情节，充分表现圣人大利天下的德行。就《周易》而言，大人与圣人的指谓相同。大人者，正德、利用、厚生，德合天地，道济天下，天下无穷无尽，其德业亦圆神"未济"。

《论语》中的仁人

《论语》是一部言行录，以孔子为中心，兼及几位门人弟子的所见所闻。孔子说："圣人，吾不得而见之矣，得见君子者，斯可矣！"又说："君子有三畏：畏天命，畏大人，畏圣人之言……"大人与圣人该是理想人格，但已不得而见，《论语》中也未加以解释，但在《周易》中可见端倪，一言以蔽之，"仁"而已矣。至于君子之畏天命，"实即对自己内在的人格世界中无限的道德要求、责任，而来的敬畏"，"道德的普遍性、永恒性，正是孔子所说的天、天命、天道的真实内容"，质实而言，这正是"仁"。所以孔子说：

> ……君子去仁，恶乎成名！君子无终食之间违仁，造次
> 必于是，颠沛必于是。

君子之所以为君子，原于存仁、成仁，因此"造次必于是，颠沛必于是"，这是仁的落实与实践，终生行之而无违，"无求生以害仁，有杀身以成仁"。如此说来，君子即是行仁的人，君子之道即是仁道，而"君子上达"，则大人、圣人、天命、天道，俱在其中矣。孔学即是仁学，而君子即是"圣之凡者"，由此而旁通统贯，天下归仁。

《论语》中言君子、言仁之处特多，在此择其要者加以疏解，则书中的理想人格可知矣。孔子说："君子道者三，我无能焉！仁者不忧，知者不惑，勇者不惧。"君子者仁知勇兼备，不忧不惑不惧。孔子又称赞子产有君子之道："其行己也恭，其事上也敬，其养民也惠，其使民也义。"君子恭敬惠义，成己成人，这在子路问君子时，答得最为真切：

> 子路问君子，子曰：修己以敬。曰：如斯而已乎？曰：修己以安人。曰：如斯而已乎？曰：修己以安百姓；修己以安百姓，尧舜其犹病诸！

"敬"是周初强调的观念，孔子主张君子以敬修己，经由此番自觉自反的功夫，人始有担当，有能力负其应负的责任，人始成其为人，也才能广而充之，把人当人。这就是安人、安百姓的意义。孔子言忠信、行笃敬，其理由亦在此。因此子夏加以引申："君子敬而无失"，"四海之内皆兄弟也"。孔子之道，"一以贯之"，曾子以为即是"忠恕"。仲弓问仁，孔子说："出门如见大宾，使民如承大祭；己所不欲，勿施于人。"所谓"出门如见大宾，使民如承大祭"，就是敬己，就是忠；"己所不欲，勿施于人"，就是"恕"，就是成人。仁者成己成人。因此子贡问博施济众，"可谓仁乎"？孔子答称："何事于仁？必也圣乎！尧舜其犹病诸。夫仁者，己欲立而立人，己欲达而达人；能近取譬，可谓仁之方也已。"为仁的方法重在能够就近取譬于己，推而及于他人。立己达己与立人达人只是一事的两面，互相涵摄，但毕竟以立己达己的功夫为先、为重，而博施济众则偏于立人达人的外在效果，已失其本，故与仁相远。再看颜渊问仁，孔子的回答很有代表性：

> 颜渊问仁，子曰：克己复礼为仁，一日克己复礼，天下归仁焉。为仁由己，而由人乎哉？颜渊曰：请问其目，子曰：非礼勿视，非礼勿听，非礼勿言，非礼勿动。

克己即是"敬"的功夫，礼则是春秋时代一切道德的依归，甚至祸福生死都依礼而定。克己复礼乃克去一己之私以实践公——无障蔽的仁，于是可与天下通而为一，仁德流行天下，浑然交响，是为大仁。《述而篇》又说"我欲仁，斯仁至矣"，可知孔子是以仁为人所固有，仁的自觉（敬）展现为无限的责任——成己成物，永无止尽。因此曾子说："士不可以不弘毅，任重而道远，仁以为己任，不亦重乎！死而后已，不亦远乎！"死而后已，这是"未济"的悲剧性格。同时，"唯仁者，能好人，能恶人"！这是何等真切勇决的能断，直可并天地的生生之德、齐圣人的圆神方智，一言以蔽之，唯仁者为能"把人当人"。

《论语》既以孔子的言行为中心，则就夫子自道的部分加以理解，必有助于捕捉儒家理想人格的典型。道是孔子思想的终极价值，忧道，谋道，乐道，更直截了当地说："朝闻道，夕死可矣！"其最动人处则为文化关怀与淑世悲愿，亦即其道并不流于超绝，而是经由忠恕一以贯之，立己立人，达己达人，这就是他的仁学——学以成己，教（诲）以成人。"学而不厌，诲人不倦"，"有教无类"，这是他的至德，也是大仁。既具划时代的意义，更是万世师表的千古风范。他以"德之不修，学之不讲；闻义不能徙，不善不能改"为忧，自述其为人"发愤忘食，乐以忘忧，不知老之将至"。由于他的敬与学，故能"毋意，毋必，毋固，毋我"，不自居仁圣，无私无隐；"下学而上达"，故能"不怨天，不尤人"，"用行舍藏"，不忧不惑不惧，"无可无不可"，直登于天地境界。且看他自述为学的进程：

> 吾十有五而志于学，三十而立，四十而不惑，五十而
>
> 知天命，六十而耳顺，七十而从心所欲不逾矩。

"从心所欲不逾矩"乃大成、大通、大乐、天人合一的境界——"与天地合其德，与日月合其明"，因此他能视富贵如浮云，嘉许曾晰浴沂舞雩归咏之志，并欲法天之无言。就这层意义言，杜维明认为孔子已为中国知识分子树立了一个"极高明而道中庸"的楷模："有超越的本体感受但不神化天命，有内在的道德觉悟但不夸张自我，有广泛的淑世悲愿但不依附政权，有高远的历史使命但不自居仁圣。"孔子的形象隐然可见，但稍嫌消极而空泛。孔子的学、教、行，"造次必于是，颠沛必于是"，知其不可为而为之，这是满心的投注与自强不息的奉献。他自喻待价而沽，"鸟兽不可与同群，吾非斯人之徒与而谁与"，身处乱世，为解生民于倒悬，乃主张德治，无为而治，而以尧舜之治为政治理想，同时盛称吴泰伯的让德，并及周公之美，这是"天下为公"的理想价值的实践，亦即仁道的终极价值的实现。孔子自身就是典型的仁人，颜渊有一番至情至性的赞叹，子贡更说："仲尼日月也，无得而逾焉"，"夫子之不可及也，犹天之不可阶而升也"。于是这位不自居仁圣的人道主义者乃由凡入圣，被尊为天纵之圣了。

《孟子》中的圣人

孟子身处至化陵迟、处士横议、诸侯放恣、庶黎憔悴的乱世，他动心忍性，饱经忧患，洞察治乱的关键系乎人心，尤以君心为最，只

要"格君心之非"，"一正君而国定矣"。探本溯源，实皆由于邪说淫辞的惑害人心，而杨墨为罪魁祸首，其言盈天下，"无父无君，是禽兽也"，因此他奋起干云的豪情，慨然以平治天下为己任："欲正人心，息邪说，距　行，放淫辞，以承三圣者。"·他确信仁义是正君心、息邪说的唯一利器，而仁义亦即尧舜之道、孔子之道，因此"言必称尧舜"，私淑、愿学孔子。

孟子特严人、兽之辨，坚主性善。性善的性特指不忍人之心，亦即仁、义、礼、智四端之心，这是人之所以异于禽兽的"几希"。此为人所固有，由其充量存养推扩，则可成就圣神的人格，"上下与天地同流"，此即圣人的"践形"，是为超越的德行生命。他说：

> 尽其心者，知其性也；知其性，则知天矣。
>
> 可欲之谓善，有诸己之谓信，充实之谓美，充实而有光辉之谓大，大而化之之谓圣，圣而不可知之之谓神。

知天则可与天地参，圣神的人格境界即是至善，这是善端的造极，是仁义的理想造形。而由善端的扩充与落实，此即其仁者无敌的政治理想："人皆有不忍人之心。先王有不忍人之心，斯有不忍人之政矣。以不忍人之心，行不忍人之政，治天下可运之掌上。"尧舜之治即是典型，"尧舜之道，孝悌而已矣"，"由仁义行，非行仁义也"。简言之，尧舜的治世即是仁义流行的"善"的社会。相应于当时的天下大势而言，滔滔者皆以"利"言性，争之以力，以攻伐为贤，是以上下一日百战；孟子独持性善——"亦有仁义而已矣"，终生信守不渝，且秉持"不得已"的大愿行以说时君，与人为善，与民同乐——"乐以天下，忧以天下"。此就现实政治言，乃严课时君以施行仁义政治的应然而必然的责任，无尽且无所逃，也为暴政敲响丧钟；就中国文化历史言，则为人的尊严价值立下千古不磨的心记，亦即千圣相传的一滴骨血，善之时用大矣！

正君心为孟子治乱的焦点，而"惟大人为能格君心之非"，大人之事即是居仁由义。仁，人心也；义，正路也。万物皆备于我，"反身而诚"，"强恕而行"，资之深则左右逢源。易言之，此即大丈夫：

> 居天下之广居，立天下之正位，行天下之大道。得志，
> 与民由之；不得志，独行其道。富贵不能淫，贫贱不能移，
> 威武不能屈，此之谓大丈夫。

诚身行恕，仁义充沛，以德抗位，怀抱天下，这是刚健的典型。进而论之，孟子说："圣人，人伦之至也。"又说："圣人，百世之师也。"则圣人为理想人格，且以之为人师、帝王师，百世不易。《孟子》一书中，尧、舜、汤、文王等都当称圣，但其重心则在称述伯夷、伊尹、柳下惠、孔子等四圣，尤其是孔子，更为集大成：

> 伯夷，圣之清者也；伊尹，圣之任者也；柳下惠，圣
> 之和者也；孔子，圣之时者也。孔子之谓集大成，集大成
> 也者，金声而玉振之也。金声也者，始条理也；玉振之也
> 者，终条理也。始条理者，智之事也；终条理者，圣之事
> 也。智，譬则巧也；圣，譬则力也。由射于百步之外也，其
> 至，尔力也；其中，非尔力也。

孟子认为孔子是"圣之时者"，是集大成者，既圣且智，既力（至）且巧（中）；其他三人圣则圣矣，智则有所不逮。显然的，孟子以孔子为最尊——"大成"。尤其是"圣之时者"一义，可谓独步千古，至今不绝。宰我以为夫子贤于尧舜远矣，孟子同子贡、有若等一般，以为孔子出类拔萃，自有生民以来，未有盛于孔子者也。夫如是，则孔子为空前的至圣，百世之师，《孟子》书中的理想人格——圣人，自非孔子莫属。

又自另一角度观察，孟子自身为一领袖群伦的"士"。士以仁义为事，存心、养心、尽心、尽性，过化存神，这正是成圣的不二法门。孟子以圣人之徒自居，并自认知言、善养浩然之气；知言则诐辞、淫辞、邪辞、遁辞都无所蔽；善养浩然之气则至大至刚、配义与道、勿助勿忘、充沛天地之间，是则无异于自认最为老师，最足胜任"格君心之非"的重任。再就其五百年治乱循环的观点言之，论世、论地，名世者非己莫属，这是历史使命，因此慨然以平治天下为己任："如欲平治天下，当今之世，舍我其谁也？"孟子当仁不让，义贯古今。尧、舜、孔子俱为"古圣人"，则孟子显然以"今圣人"自居矣。

综合言之，《孟子》书中的理想人格乃是圣人。尧舜也好，孔子也好，孟子自己也好，俱为仁义的理想化身而已。

《荀子》中的圣王

荀子身处战国末年，在先秦诸子中，较为晚出，这对他的思想有很深远的影响。他博学多闻，持故言理，在《天论》、《解蔽》、《非十二子》等篇中，先后批判了十几位杰出的思想家，大抵还相当中肯。然而，由于临近强秦统一天下前夕，各种主、客观因素已明显的有一统趋势，尤以政治、经济、文化、军事等为然，相应于孔、孟的思想而言，荀子的思想为一不变。就内圣外王的古道术而言，前此的思想家均合内圣与外王为一，而特重内圣功夫，外王乃内圣的延长与推扩，有其应然与必然。荀子则显然着重王的礼制与功业，其尊君观念特别突显，圣与王一分为二，这是先秦圣王思想的一大转折。

礼义之统是荀子思想的重心，就教化的形式而言，本与孔、孟无异，但因其主张性恶，故荀子有而且只有客观的礼义，"隆礼义而杀诗书"。孔、孟则是主观的德行，诗书礼义同一统类。在此先指明荀子对善、恶、治、乱的定义，再及其性恶说、天论与礼义论，从而其理想人格也顺理而显。

> 凡古今天下之所谓善者，正理平治也；所谓恶者，偏险悖乱也，是善恶之分也已。礼义之谓治，非礼义之谓乱也。

治为善，乱为恶；礼义之谓善，非礼义之谓恶，则礼义乃衡量治乱善恶的中准。荀子以为人生而有好利、疾恶、耳目之欲、好声色，如果任由情性自然发展，必将争夺乱理，暴力相残，"用此观之，然则人之性恶明矣"！再者，荀子以为天只是"生"，只是一个"自然"，无知无识，亦无喜怒哀乐，根本与人间世的治乱祸福无关，因此"不可以怨天，其道然也"。从而以为圣人该"明于天人之分"，提出"天地生之，圣人成之"的人文化成思想架构：

> 天地者，生之始也；礼义者，治之始也；君子者，礼义之始也；为之、贯之、积重之、致好之者，君子之始也。故天地生君子，君子理天地。
>
> 性者，本始材朴也；伪者，文理隆盛也。无性则伪之无所加，无伪则性不能自美……天能生物，不能辨物也；地能载人。不能治人也；宇中万物主人之属，待圣人然后分也。

圣人"伪"礼义，起法度，以化人情性，理天地，这是圣人的天下之功。就此以言，圣人是顶天立地、功参造化的理想人格。必须注意的是，人之性恶乃人所一同，尧舜与桀纣同，圣人与众人同，而圣人的"伪"乃经由能思虑的心的择成。此心是认知心，是大清明——"虚壹而静"，其功全归诸积学功夫，是客观经验的学与事。因此圣人之"圣"尽皆落于外在的行为事功之中，并无内在道德心性的根基；圣人没有德行生命，其礼义教化也仅及于行为经验层次。这是牢不可破的拘限，则圣人的意义充其量仍只是一个有限的意义而已。

荀子以为"圣人者，道之极也，故学者固学为圣人也"，善学者要通伦类，一仁义，全之尽之，至乎道德之极——礼。这是永无休止的为学过程，所谓"学至乎没而后止"。换言之，为学的功夫即是积善的功夫。荀子以为"积也者，非吾所有也，然而可为也"，"涂之人百姓，积善而全尽，谓之圣人……故圣人也者，人之所积也"，真积力久则入，"习俗移志，安久移质，并一而不二，则通于神明，参于天地矣"。此类"积善而全尽"的圣人，乃就其教化功能或才能事功而言，《儒效篇》中的大儒周公、孔子，以及荀子所推尊的尧、舜，都是偏就事功（教化或政治）而称的，此为智达，其去仁显然远甚。进而论之，荀子思想中的理想人格厥为圣王，因为：

> 天下者至重也，非至强莫之能任；至大也，非至辨莫之能分；至众也，非至明莫之能和。此三至者，非圣人莫之能尽，故非圣人莫之能王。

圣人系指其至强、至辨、至明而言，这是纯指才能事功的意义，是知虑的明白四达，而与德行义的"圣"无涉。唯这类圣人始足以为王，则其所谓"圣王"显系就"王"义立论：

> 故学也者，固学止之也。恶乎止之？曰：止诸至足。曷谓至足？曰：圣（王）也。圣也者，尽伦者也；王也者，尽制者也；两尽者，足以为天下极矣！故学者以圣王为师。

尽伦为圣，尽制为王，荀子将圣与王分为二事，学的极致是至足的"圣王",亦即尽伦尽制的"两尽"。就形式意义言,与前此先秦诸子的圣王思想大异其趣。但究实论之,《儒效篇》说:"礼者,人主之所以为群臣寻丈检式也,人伦尽矣。"则所谓"尽伦"者,实即尽礼也,"尽制"更是直指尽礼而言。故两尽(尽伦尽制)者只是尽礼——全尽而已,盖礼为法之大分、类之纲纪、道德之极也。荀子所重于圣王者,只是要"以圣王之制为法,法其法,以求其统类,以务象效其人",则"以圣王为师"乃重其以礼义规范行为,以积学成就事功,而与尽心、知性、知天的圣贤功夫绝然异趣。顺此发展,尊君之义卓然矗立,以为天子道德纯备,智惠甚明,势位至尊,无敌于天下,同焉者是也,异焉者非也,从而置意于富国、强国、议兵,立王制,尊王霸,"仁眇天下,义眇天下,威眇天下"。圣王的理趣如此,以知言,可说是孔学的进一步发展;以仁言,则已名存而实亡。简言之,圣王意指群治的意义,而鲜少人格的意义。

中华民族融合的成就与因素

综观中华民族的融合，是一个既艰辛又痛苦的过程，是无数的代价所换来的。合合分分，分分合合，真是一组血、泪的凝聚体。自春秋时代的夷狄交侵，至战国的混战，而后才有秦汉的统一；自秦汉不断的奋战，再经魏晋南北朝的胡汉竞逐，然后有匈奴、鲜卑、羌、氐、羯的归宗；自隋唐的南北征讨，及五代宋元的长期拼战，才换得突厥、铁勒、高丽、吐蕃、党项、回纥、吐谷浑、契丹、女真及若干蒙古人的认同；又经明、清的对抗及努力，方才结合了汉、满、蒙、回、藏、苗的中华民族共和。

经过了几千年的酝酿与融合，今日的中华民族，已是一个整体的民族。随着民族的抟成，中华民族的文化，亦有了更大的发展。论民族，各族名称尽管有所不同，体质尽管稍有差异，但同为黄种，同向中华民族认同，则大体一致。论地域，北起黑龙江，南至南洋，东临大海，西至葱岭，自秦汉以下，虽大小略有变动，但东亚区域，自昔即为中华民族生息、繁衍之地，举世所共认。论文化，文字方面，则汉文一直是各族官场上的通用文字，迄无改变；历史记载，则自《书》、《诗》、《春秋》、《左传》以下，又接《史记》等二十五史，及《清史稿》，使中国历史绵亘不断，若加编年史、纪事本末史及政书等，则更为繁富，傲视寰宇；伦理习俗，容有差别损益，要之如敬天法祖、三纲五常、亲属称呼、婚丧节庆，都能普遍流行。至若典章制度，大起中央官制、地方行政，小至监察、考试、尊师祀孔，都能沿用不替。

以上各项，不全是华夏族的基本文化，更恰当地说，是各民族长期融合的结果。华夏族的中原文化固是主体，但其他边族的文化，亦不可等闲漠视。依姚从吾的分析，东北黑水白山区亦渔亦猎亦农的"女真满州文化"（包括拓跋魏）较重要，可为第一支流；其他北方大漠草原区的匈奴、突厥、回纥、契丹、奚、蒙古的"游猎民族的畜牧文化"（包括天山北路）较次，可为第二支流；而西部与西南高原区的吐蕃、南诏、西夏、西藏等"羌藏山岳文化"（包括天山南路），可为第三支流。

若从实质的表现而言，边族有下列贡献及影响。

先看版图。若干边族自动向中原政府认同后，即等于捐献了领土（如内蒙、东北），使得中国的领土扩张；而不愿自动认同的，经过征服王朝一番征讨与整治之后，也归属于内地（如西藏、新疆）。若无蒙古、满洲的努力，则上述地方是否会变为中国的一部分，没有一定的把握。

次言人种体质。内地民族一向较为文弱，边族则粗犷强劲，每当内地势力衰弱之时，就会引发边族的入侵，造成动乱。随之或因激励，或由通婚，然后产生新生的一代，发奋振作，重缔佳绩。春秋战国之后的秦汉，魏晋南北朝以后的隋唐，均是这种结果。

三论政治制度。在魏晋南北朝时代，北魏重视门下省，魏晋重视中书省，与东汉时代的尚书，至隋唐而演成三省并立、制衡的官制，可是到了金的手里，竟废除了中书、门下两省，独存尚书，使中国士大夫失去了较多表达意志的机会，而受制于专制君主。同时，这些征服王朝为了使士大夫就范，一方面继续办理科举，元朝甚至以朱子《四书》一家之言，以为牢笼；另一方面利用监察制度、文字狱、杖刑、禁止结社等手段，以为压制，降低士大夫的地位与尊严。

再看社会方面。边族于入主中原之后，常将土地分给宗室和贵族，造成阶级制度。如元魏社会先有国人、编民、奴隶及杂户之分，汉化之后，又效中原汉族门第，分姓区族，将差第阀阅，分为膏粱、华腴、甲、乙、丙、丁各级；元世有蒙古、色目、汉人、南人之别；清代之官制亦正副满汉不同。而在经济上，为了便利剥削，特重土地，忽略工商，常使中土正在发展中的工商业断线，不能造成气候。所有这些，除了加强中国的大一统工作之外，也促成了保守的趋势。

在文化方面，他们除了传布中国文化于中原以外的地域外，还输入了不少外面的事物，小自乐器、音乐、服装、家具、果菜，大至宗教、文学、医学、艺术不等。尤其宗教的输入最重要，魏晋南北朝和辽金时代的佛教，金元之际的全真教，以及元的喇嘛教，甚至唐代以后的 教、景教、摩尼教、回教等，无不依赖边族的推动而流行。佛教的流传影响最大，举译经事业的发达，中国佛教的产生，眼科、按摩、长生术等医学的介绍，天文历法的修订，以及建筑、佛雕、佛绘等艺术的发展等，在在脱离不了与佛教的关系。至戏曲在中国文学上成不祧之宗，则乃金元之伟大成就。

当然，每当文化调整之际，总难避免调适上的困难。例如魏晋南北朝时代，在北朝的社会里就一直存在着胡汉冲突的现象，而唐代胡化过甚的结果，引起韩愈的斥佛、恢复古文研究。影响所及，宋代特重《春秋》的研究，更严夷夏之防，宋末民族英雄慷慨抗蒙赴难，绝非偶然。及至明代，亦秉守此纲，继续与蒙、满周旋。宋代对外失和，尚能与外族讲和，而明代除武力攻击之外，则绝少变通。明思宗时，内有流寇，外有满洲之逼，国势异常危险，思宗曾愿与满州议和，但举朝反对，终而作罢，而造成亡国惨祸。没想到到了清朝，这种思想仍为一味汉化的满人所采纳，一味排斥外来文化，造成了中国进化上的缓慢。可见民族意识在运用的时候必须灵活，一旦僵化，终非是福。

尽管民族融合的过程有其艰难，但事实上，今天的中华民族已是一个多民族的融合体。这么多不同的民族，愿意共同生活在一块土地上，一个政府下，颇耐人寻味。综研各方意见，大致有下列几个因素。

一、地理物质。内地民族的生活空间宽裕，土地肥沃，地块完整，物产丰富，因而凭借雄厚。由于地块完整，交通方便，居民往来之间观念容易沟通，易于建立统一的国家。由于空间宽裕，土地肥沃，物产丰富，有余力容纳更多的人口，同时，也容易发展成农业文化的特殊性格，诸如宽大好客、朴实无诈、坚苦强韧、守望相助等等，不但可以接受外族，而且可以和好相处，使外族一进内地，即恋栈不想离去。

当然，地势的险要，也是免除中国被消灭的有力保障。由北而南，几道重要的国防要线——长城、黄河、长江，不但有效地防止了由北南下的入侵，由东而西渐形复杂的地形，也阻止了由东西进的攻势，并且封锁了自西东下的可能。秦汉利用长城防患匈奴，女真利用黄河阻止蒙古，东晋、南朝、南宋依赖长江与五胡、女真相周旋等，均是历史著例。

二、哲学道德。所谓哲学，乃是一种寻求宇宙真理和人生真理的思想。中国文化既发生于黄河流域的农业环境，而黄河又不时溃决，容易使人感到成事在天，谋事在人，因而特重人格修养，稍忽事功，凡事求其心安理得，不以成败论英雄，只要合乎人道，即是一善人，即是一有道德的人，至善即最高道德，人而至善，即等于达于神的境界、天的境界，也就是中国人所追求的理想境界。因此，中国的哲学重人生实践，强调以人际关系的调整来解决人世间的一切问题，与西方之重思辨，偏宇宙真理之寻求略有不同。

中国此一精神，即所谓人文道德精神，发生于远古时代，到春秋时代，天生圣哲，诞生孔子，赖以传延，遂成为中华传统文化之基本精神，也成为对待四裔民族的基本政策。《论语·季氏篇》云："远人不服，则修文德以来之，既来之，则安之。"《礼记·王制》所谓："修其教不易其俗，齐其政不易其宜。"均是明条。如举实例，则可以汉武帝、唐太宗为典范。

汉武帝伐匈奴，一般人咸以黩武视之，哪知事前亦曾经过一番激烈的廷议。主和派的韩安国固然以"圣人以天下为度，不以己私怒伤天下"之说，主张仁爱恤民，即使主战派的王恢，亦何尝不如此："士卒伤死，中国槥（小棺）车相望，仁人之所隐痛。"最后在武帝"边境数惊，朕甚悯之"的心情下，作了一个痛苦的决定。事行之后，短短二三十年间，中原与西域各族之间日益密切，汉之"威德遍于四海"。即唐太宗，亦以武功著盛，但他的基本态度也不离"信"、"爱"。如他对突厥的态度是："纵突厥部落叛尽，六畜皆死，朕终示以信，不妄讨之。"又如征高丽，禁部属劫掠："纵兵杀戮，虏其妻孥，朕所不忍也。将军（指李勣）麾下有功者，朕以库物赏之。"无怪乎清圣祖要赞美他说："三代圣王柔远安迩之道，惟唐太宗庶几能解。"此外，若边臣、百姓之有如此表现者，所在皆是，故特能令边族归感，融凝一起了。若说遗憾，则为元与清向采民族隔离政策，阻碍了融合的速度。

三、文化昌明。所谓文化，即人类社会由野蛮而至于文明，其努力所得之成绩，表现于科学、艺术、宗教、政治、法律、语言、文字、风俗、习惯等方面之综合体。易言之，即人类集体生活之总称。

论科学，在18世纪以前，中国的物质文明高于西方之上，边族更勿论。例如天文，因农业之需要，发展得很早，即以北京天文观象台建于元代，较丹麦在1576年首建天文台要早；蚕丝在两汉已不断传入罗马；造纸术发明于东汉，而在12世纪传入欧洲；罗盘在欧洲始用于航海是在1302年，较之11世纪北宋沈括记载制造方法晚了两百多年；印刷术雕版在中国首发明于9世纪，至11世纪毕昇又发明活字，比欧洲在1438年创活字印刷要早几百年；火药在中国早在北宋靖康时使用于火炮，而欧洲之德人至1350年始造火药，晚于中国。

艺术方面，中国的文学是属柔性的，与儒家偏重义务的刚性正好互为调剂。中国的文学，比较而言以诗歌、散文为中心，这是一种偏向同情慰藉的轻灵抒情小品。中国的书法既努力摆脱现实尘俗之沾染，而绘画亦因外形之单纯、调和，而具有可以洗净人世间杂乱冲突的作用。中国的宗教，以道教言，向来强调万流归宗，能够容纳各教派；以佛教言，则融合教养与实际人生于一炉，创为新的宗派，重视心智的自由发展，不同于印度佛教。

言政治，则行郡县制度，皇帝世袭，只为天下一统之象征，下由士人出身之宰相担负实际行政，为政府领袖，选贤与能，以救济专政之缺陷，而全国官吏亦由公开考选录用，既可奖掖人才，又不失公平。从法律看，其全部之精神，重人品、重等级、重责任、论时际、论关系、去贪污、定主从、定等次、重赔偿、重自首、避操纵，充分透露出礼教的精义。

中国的语言文字，由于文字具有形声的原则，遂使两者保存着密切的关系。一则得借文字的统一而使语言不致过远变动和分离；二则不论社会新事物如何增加，语言如何变动，只要把旧字另行分配，便等于增添新字，适应新的需要。因此，中国文字虽在追随语言，而仍能控制语言。如此，可使广大地区的中华民族同胞有一个表达思想的共同标准，有助一统的凝成。

至于风俗习惯，系指自古以来一种相习成风的观念和习俗，久为一个民族全体所遵守，而有意识或无意识支配这一民族构成成员的思想与生活，这些观念和习俗，包括食、衣、住、行的方式及祭祀、婚丧、社交的礼节等。由于中国文化源远流长，而又特重人文道德，早已成为礼仪之邦，凡事求其合乎情理，特具人情味、富世界性，容易为外来人所接受。本来风俗习惯就具有一种固定性，不易受外来因素的影响，大家而乐于同融此社会，当更增内部之团结。

文化昌明，不但使本身力量加强，强化对外的抗拒力，使不易被消灭，并能融化外来民族，扩大本身组织，即使不幸暂时失去政权的控制，亦可赖此昌明文化而复兴、而绵延。

中华民族文化的前瞻

回顾过去，中华民族的成长是极其艰苦坎坷的，单从若干类族称呼上的字形，已可窥见一斑。举凡加诸"非我族类"者，非犬羊如狄羌，即虫豸如蛮貊，尤有甚者，即广东"土著"对于自中原移粤之"客家"，亦以"猪"形回赠，故意在客边加上一个"犬"字的偏旁。前者是中原民族对待边族，后者则为边民之回敬。凡此，于今虽若无意识之恶作剧，但却正反映了当时各民族间血痕斑斑杀伐斗争之惨变，及仇恨敌视之偏差心态。不幸而幸者，是这般无谓的言行，在经过一番冲突格斗之后，均能化干戈为玉帛，和气了结，同化一起，共同创造美好的人生理想。

论同化，于今当然未臻理想，不少人口至今仍然未能享受中华民族的伟大成就，我们祖先所创造的辉煌业迹，有待他们的子孙继续发扬和普及。回顾过去，瞻望将来，我们的责任虽然重大，但我们的前途也是远大的。

中国的组成，由中华民族独力构成，而中华民族的历史，则以华夏、汉唐为中心而凝拧形成。这中间，虽也有不少因不同原因而离心分化者但更多的民族也因心慕中原高度文化而向心同化，即由于向心同化之力大于离心分化之力，才融合发展而成今日整合强大的民族。检讨融合的因素固然很多，而了解同化的过程，却更能带给我们深刻的体会。小族的同化于大族，容易进行，也容易成功，其不在内地建立政权，或即使建立，但规模不大，都可归于此类；若强大民族间，便常起争执，需要更长时间的调和，像鲜卑建北魏，女真建金，契丹建辽，蒙古建元，满洲建清，都属此类。

　　一般说来，融合可以分成两个连续的层次，即"文化的同化"与"民族的融合"，先须通过第一层次，才能达到第二层次，但只到第一层次并不等于就是融合，还必须连上第二层次，继续发展，才能完成。依此标准，可以观察中国历史上哪些民族已融合，哪些民族尚待加强。若鲜卑的北魏、满州的清，都可谓已融合；女真的金，虽也同化，但不如清之到后来连退路都没有；若契丹的辽，与蒙古的元，则只浅尝第一层次。这其中的关键，主要是在于人和文化两种环境的变化，尤其是人的因素最重要。

　　满清之融合，先是由于其有发展同中原民族一样的农业文化的地理环境，经过一个掳掠内地人为他们农耕的阶段后，该民族事实上已先习惯于农业生活，故当入主中原以后即能迅速与中原民族打成一片。同时，在其老家东北，也因为内地人不断的前往定居，至于喧宾夺主，内外不分，致使其在政权崩溃之后，无有退身之地。目前虽仍有满族存在，但不过是散落在嫩江省的少数村落，及新疆之少数前清防营之后裔而已。若拓跋鲜卑，政权崩溃前的融合过程一如满清，虽不像满清之有可以营农业生活之老家可以让汉人移植，但他们在政权崩溃后，所依赖的两个政权——东魏与西魏，一个是胡化的汉人，一个是汉化的胡人，均不允许他们重整旧家园。何况这两个地区，也早已充满了许多汉人。

　　至于蒙古及契丹，在政权被推翻之后，留在内地者固被同化，但他们因在统治中原期间尚能保持他们固有的个别民族形式，以至在崩溃后，仍能在漠北建立政权（契丹退出内地后，迁至中亚，另建西辽），免于如满清完全被同化的命运，是他们的融合过程只停留在第一层次。这种情况，主要是得利于他们没有适合于发展农业文化的老家，否则，恐亦不免满清、拓跋魏的命运。

　　然而时移境迁，至于今日，上述文化和人的因素并非不能解决，所以，瞻望未来，民族的进一步融合是乐观的。今日满、蒙、回、藏、苗各族，尽管他们的地理环境特殊，不能产生和内地一样的文化，但环境是可以克服的，何况今日的中国文化已大力地摆脱对农业的完全依赖，正努力地在寻求多元化的文化，农、工、商、渔、牧等，同时并需，正应各就环境所宜，妥当辅导发展，贡献国家，造福同胞。地理环境在人智低落的时代，也许对文化的发展有很大的决定作用，但在目前科技发达之时，只要人愿意，相信是可以突破的。

重要的是，我们今天开发边疆，不能以边民势弱而予鄙视，相反的，应以人道为出发点，出之以善意，待之以公平，遵守宪法，一视同仁，扫除满清时代所实行的分化政策——对汉"扬其文词，而抑其道器"；对蒙"用其力，而绝其智"；对回"轻其教，而离其人"；对藏"崇其教，而抑其政"——禁绝讹诈分化，免中彼豺狼诡计，影响民族的融合。

孔子的仁、礼观

礼的实践

　　孔子是个非常好礼的人。传说中他年轻时曾到洛阳去向老子请教礼。这也许是后人捏造的故事，但孔子好礼却是个不能否认的事实。《论语》里记载了这么一段故事："子入太庙，每事问。或曰：'孰谓鄹人之子知礼乎？入太庙，每事问。'子闻之，曰：'是礼也。'"（《八佾》篇十五章）太庙是祭开国之君的庙。鲁国的开国之君是周公，太庙是祭周公之庙。周公制礼作乐。太庙之礼想必十分繁复。孔子一入太庙，看到郁郁乎文哉的典礼，禁不住好学之心，便到处发问。有人看不顺眼笑他什么也不懂，浪得知礼之名。孔子听了，回答说："有不懂就问，这才是礼啊！"由此可见孔子年轻时（鄹人之子）就有知礼之名。这个故事也显示他好礼勤学的态度。

　　孔子知礼，《论语》上也有许多记载。他有次自夸："夏礼，吾能言之，杞不足征也；殷礼，吾能言之，宋不足征也。文献不足故也。足，则吾能征之矣。"（《八佾》篇九章）他还以充满了感情与献身决心的口吻赞扬周礼："周监于二代，郁郁乎文哉！吾从周。"（《八佾》篇十四章）孔子所了解的夏礼、殷礼以及他矢志追随的周礼，在内容上非常广泛。一方面它指古代传下来的宗教祭礼——礼的原意。《论语》里提到的旅、禘、祭等都是。其次，礼包括了社会政治制度。孔子说："天下有道，则礼乐征伐自天子出。天下无道，则礼乐征伐自诸侯出……"这段话很明显的是指周朝的封建制度。最后，礼指的是人伦规范。《论语》中这方面讨论得最多。譬如孔子的弟子问孔子孝顺之道，他回答："生，事之以礼；死，葬之以礼，祭之以礼。"（《为政》篇第五章）孝顺父母之道属于礼的范畴。

孔子对三代以来所累积的这套规范人生各方面活动的礼制不但有深刻而详熟的了解，他还致力于维护这套礼制。他的理想是这套礼制能继续生存下去，不致成为僵死消逝的传统。他的献身之辞前面已提到了，他的努力在《论语》中也处处可见。有一次，他的弟子子贡想废除行告朔礼所用的牺牲，因为鲁国国君有好几代已不亲自主持告朔之礼，每月到时，有司仍然供奉牺牲虚应故事。子贡也许觉得太不值得了，因此想把这个形式也免除。孔子为了保存古礼，使它不致因废除而亡失，就劝子贡说："赐也，尔爱其羊，我爱其礼。"（《八佾》篇十七章）

孔子一心要维护古礼，所以他才会爆出那段圣人少见的情绪激昂的话。鲁大夫季孙氏僭用了天子的八佾舞乐。孔子听了，气愤地说："是可忍也，孰不可忍也！"（《八佾》篇第一章）鲁国国君僭用了周天子的禘礼，孔子满心不高兴地说："禘自既灌而往者，吾不欲观之矣。"（《八佾》篇第十章）有人不识相，还向他请教谛礼，知礼的孔子这时就以"不知也"来表示他内心的愤懑（《八佾》篇十一章）。

孔子对礼的坚持有时儿近愚顽而不切实际。鲁国的邻邦发生政变，大夫陈恒杀了国君简公。孔子这时已告老还乡，听到这个消息，特地斋戒沐浴去见鲁哀公，责备陈恒弑君，请求哀公出兵讨伐。哀公一则或想推责，一则政在三家大夫之手，就要孔子去见三家大夫。孔子出来后，自言自语："以吾从大夫之后，不敢不告也……"孔子

见了三家大夫，都不肯出兵。孔子又说："以吾从大夫之后，不敢不告也。"（《宪问》篇二十一章）

当然，孔子对礼的坚持，最令人们印象深刻的是他对生活细节的一丝不苟。《乡党》篇记载了许多孔子的私生活。从这些篇章中，可见孔子对礼的坚持已到达最细微之处，有时简直是吹毛求疵。譬如他对吃就很挑剔，除了腐败的食物不吃外，烹调坏了，他也不吃；不到该吃食的时候，他也不吃；不是按正法切割的肉，他也不吃……最后，没有一定调味的酱醋，他也不吃（第八章）。其他在衣、住、行方面，孔子都有各种不同的态度与表现。读了这些记载令人不免怀疑，他怎能在不同的场合把礼掌握得那么精确而不感厌烦疲倦。

孔子好礼，自己又力行践礼。这种态度与行为为他带来许多烦恼。譬如上文说他入太庙，每事问，有人就笑他浪得知礼之名。在这种情况下，他还可反讥别人不知礼，因为谨慎地把礼搞清楚，这正合乎礼之道。但在另一场合，他却不免感叹道："事君尽礼，人以为谄也。"（《八佾》篇十八章）春秋时代是个礼崩乐坏的时代。当时的人不再遵守礼的约束，有的僭越行礼，有的根本废礼不顾。孔子却仍孜孜以"行礼、复礼"为念。他劝人要"富而好礼"（《学而》篇十五章），孝顺父母要依礼而行（《为政》篇五章），劝国君使臣以礼（《八佾》篇十九章）。他对管仲襄助齐桓公称霸天下，保存中原礼教文化的功业赞不绝口："如其仁！如其仁！"但对管仲本人僭礼的行为丝毫不假辞色："管氏而知礼，孰不知礼？"（《八佾》篇二十二章）他对自己儿子伯鱼的教诲也是"学礼"（《季氏》篇十三章）。总而言之，孔子常挂在口头的话就是"执礼"（《述而》篇十八章）。

孔子这么狂热地爱好古礼，为的是什么？他自称"述而不作，信而好古"（《述而》篇第一章）。难道他是因好古而好礼吗？在文化变迁的时代里，往往有些人不能舍弃旧传统，接纳新价值。他们固执地认同旧传统，在感情上染上了对传统的思乡病

(nostalgia)。难道孔子就是这样一个传统主义者(traditionalist)吗？

孔子不是个不思考的传统主义者。他对礼作过相当深刻的反省。他对礼的坚持是经过理性判断而作的抉择。首先，他认为礼有维系社会、政治秩序的功效。礼界定人生各方面生活的规范，因此人人守礼，整个人文秩序就可建立。他说："上好礼，则民莫敢不敬。"（《子路》篇四章）"上好礼，则民易使也。"（《宪问》篇四十一章）这两章都是劝在位者以身作则，推广礼仪。人民习得礼仪，恭敬易使，人文秩序就可建立。但孔子并未完全就功利立场来讨论礼。他认为礼除了可用以建构社会、政治秩序外，还有其他的功能。譬如礼可以培养人的宗教情操。尽管孔子对鬼神抱存疑的态度，但他祭祀祖先时，就好像祖先真的在那儿一般虔敬，祭神时也是如此（《八佾》篇十二章）。孔子所注重的是虔敬的宗教情操。礼还可以美化人生。孔子认为一个人只具本性，缺乏文化上的修养，是件很野蛮的事。他希望人人都能接受文化的熏陶，成为文质彬彬的君子（《雍也》篇十八章）。礼乐是培养人文质彬彬的资具，所以孔子看到周礼内容的文采缤纷，兴奋地大喊"吾从周"（《八佾》篇十四章）。

孔子对礼最深刻的反省是礼可以培养一个人的道德人格。孔子要求人人践礼，最终目的不在政治、社会、宗教、美学上的原因，而在于借礼的潜移默化，使人的内在道德理性日渐呈现，最后成就一个完整自主的道德人格。这也是孔子不赞成以法律（刑法）治国的原因。刑法只触及人生罪刑的部分，罪刑以外人生还有很多活动的空间。如果只有刑律，人类只知避罪，其他方面的生活没有获得满足。有了礼乐道德，人懂得羞耻，道德人格就可建立（《为政》篇第三章）。孔子称这样完整自主的道德为仁。《论语》中仁字出现一百零五次。《论语》可说是本讨论仁的书。书中孔子提到培养仁德之道很多，但以他对颜渊之问最切要，孔子说："克己复礼为仁。"（《颜渊》篇一章）人能克制自我，使自我的展现一一合乎礼，这样就能成就完整自主的道德人格——仁。践仁之道的初步是使自我完全依循礼的规范。所以颜渊请问克己复礼的条目时，孔子的回答是："非礼勿视，非礼勿听，非礼勿言，非礼勿动。"（《颜渊》篇一章）

仁的意境

孔子思想中，仁占据最重要的地位，这可由下面两段孔子的话中看出："君子去仁，恶乎成名？君子无终食之间违仁，造次必于是，颠沛必于是。"（《里仁》篇五章）"志士仁人，无求生以害仁，有杀身以成仁。"（《卫灵公》篇九章）那么仁究竟是什么呢？归纳《论语》一书，发现仁（一百零五次）包含了许多德行。首先是孝、悌和笃厚于亲属等家族道德。其次仁包括了许多社会德行，像恭敬、宽恕、忠、信、敏、惠等。有些私德，像刚毅、木讷也是仁的表现。爱人的一般德行也是仁。最后政治上的让国也属仁的范畴。由此可见，仁包含了许多德行，仁可说是这些德行的综合，这些德性都是仁的不同表现。但仁不仅是德行量的总和，更是质的提高，是人类道德实践的极致，它指涉一个完满一贯的道德人格。因此，徒具某一类德行或很多类德行，不必是仁。孔子说过："仁者必有勇。勇者不必有仁。"（《宪问》篇四章）有人称赞仲弓有仁德，但却惋惜他没有口才。孔子却说"不知其仁"（《公冶长》篇五章）。孔子称赞楚国令尹子文"忠"、齐国大夫陈文子"清"，但也认为他们没有获得仁（《公冶长》篇十九章）。仁象征着一个无止境的道德实践过程，所以划地自限者也不算仁。原宪问孔子："克、伐、怨、欲不行焉，可以为仁矣？"孔子的回答是："可以为难矣，仁则吾不知也。"（《宪问》篇一章）孔子的学生把孔子看成圣人（《孟子·公孙丑上》二章），孔子辩解说："若圣与仁，则吾岂敢？抑为之不厌，诲人不倦，则可谓云尔已矣。"（《述而》篇三十四章）学不厌、诲不倦正是无限的过程，也是仁的终极境界——己立立人，己达达人（《雍也》篇三十章）。仁者不但要求自己人格的完满统一，更要求天下人同臻于至善之域，人人都具备完满统一的道德人格。仁的心量无限，仁的负担沉重，所以曾子鼓励世人："士不可不弘毅，任重而道远。仁以为己任，不亦重乎？死而后已，不亦远乎！"（《泰伯》篇七章）

这种完满统一的道德人格要如何获致呢？前面说过孔子要求视、听、言、动都须合乎礼的规范，只要能做到这点，就达到仁的意境了（《颜渊》篇一章）。但孔子这个要求的意思不是无思无虑地奉行礼仪，把礼仪习熟了，再丝毫不假思索地展现出来。孔子不是要人们成为礼的傀儡。孔子要人们"克己复礼"，是希望借礼的潜移默化，点活人们的良知良能，因而得以培养完满的道德人格。换言之，就培育仁德这一面说，礼是工具，仁德是目的。因此，孔子要求世人在践礼的过程中，不只是一心一意地注意礼仪的形式，更要掌握礼意。内心掌握了礼意而践礼，就是掌握了行仁之方。这样在践礼的过程中，仁德也就呈现了。所以，《论语》中谈礼意的篇章很多，像："礼之用，和为贵……"（《学而》篇十二章）"礼，与其奢也，宁俭。丧，与其易也，宁戚。"（《八佾》篇四章）"为礼不敬，吾何以观之哉？"（《八佾》篇二十六章）"能以礼让为国乎，何有？"（《里仁》篇十三章）"祭如在，祭神，如神在。"（《八佾》篇十二章）和、俭（约）、戚、敬、让、虔敬等都是礼意，也都是仁德的表现。践礼时，掌握这些礼意，才能培养仁的精神与行为，所以践礼时最重要的是掌握礼意。孔子特别强调，礼不只是呈献玉帛等礼物，乐也不只是敲钟打鼓（《阳货》篇十一章）。因此，徒具礼仪之形式，缺乏践礼的真精神，这样的践礼根本不算礼。孔子对鲁国三家公室僭用天子之礼所发的感叹就指出了这点："人而

不仁，如礼何？人而不仁，如乐何？"（《八佾》篇三章）

礼之所以能培养道德人格，实在是因为人的内在包含了实践道德的倾向。孔子并未把这种倾向点明，是因肯定人性之中有善质。但孔子曾言："仁远乎哉？我欲仁，斯仁至矣。"（《述而》篇三十章）孔子不轻易以仁许人，却又强调仁易得。这其中似有矛盾实无矛盾。本文前面探讨仁字源起时说过：仁的本意是指人的特性。到了孔子，仁指道德人格。孔子认为人的特性是有道德倾向，因此仁——道德人格代表人的特性。仁德的呈现正是顺着人的特性而产生的。所以"为仁由己"（《颜渊》篇一章），而道德实践的最高极——仁——也正是顺着人的特性无限发展而产生的。仁是人之所以为人的终究本质。仁是完满自主的道德人格。

仁的实践是个无限的过程，仁的意境也是个无限的意境，因此人应该时刻地"克己复礼"，以培养道德人格。相反的，在我们道德人格日渐呈现后，也不可一日忘礼。孔子所成就的道德人格不是沉思冥想的对象。孔子哲学也没有提倡禁欲主义、离世主义。道德人格是要具现在人间的道德行为之中。在不同的情况下，道德人格要表现于不同的道德行为，而界定这些道德行为分际的就是礼。因而仁德的显示以礼为范围。徒有内在的仁德，仁德呈现不依礼，仍然不可说成就了道德人格。在这种条件下，礼是仁通往外界的资具，礼是仁的表现，没有礼也就没有仁。这样的观念在《论语》中一再出现："孟懿子问孝。子曰：'无违。'……'生，事之以礼；死，葬之以礼，祭之以礼。'"（《为政》篇五章）孝是仁德的呈现，孝的实践必须以礼为规矩。"信近于义，言可复也。恭近于礼，远耻辱也。因不失其亲，亦可宗也。"（《学而》篇十三章）在孔子思想中，义就是礼的本质（《卫灵公》篇十八章），所以义礼是一辞。信、恭、依亲都是仁德的表现，但也要依礼而行。徒有内在仁德，不依礼而实践，往往得到负面的结果，反而泯灭了仁德。子曰："恭而无礼则劳，慎而无礼则葸，勇而无礼则乱，直而无礼则绞。"（《泰伯》篇二章）因此孔子虽然责备不仁而行礼者,他也"恶勇而无礼者,恶果敢而窒者"(《阳货》篇二十四章)。他说:"礼乐不兴,则民无所措手足。"(《子路》篇三章)他告诫儿子要学礼,因为"不知礼,无以立"(《尧曰》篇三章)。

在《论语》中,将内在仁德必须依礼而呈现这个观念阐释得最清楚的是下面两章:

> 有子曰:"礼之用,和为贵。先王之道,斯为美;小大由之, 有所不行,知和而和,不以礼节之,亦不可行也。"
>
> ——《学而》篇十二章

> 子曰:"……知及之,仁能守之。不庄以莅之,则民不敬。知及之,仁能守之,庄以莅之,动之不以礼,未善也。"
>
> ——《卫灵公》篇三十三章

仁与礼的关系

以上分析可以看出,仁与礼相辅相成。践礼以培养仁德,而仁德在礼中呈现,两者缺一不可。一个盲目机械地奉行礼,不顾内在仁德的人,是孔子所痛恨的"乡愿,德之贼也"(《阳货》篇十三章)。相对的,如果一个人盲目地施展仁德,而不依礼规范,这样非但徒劳无功,仁德也泯灭了。所以仁与礼之间存在着互相依赖的关系。一个人在道德实践的过程中时时刻刻要注意仁与礼之间的平衡。这样完满的境界是道德生活的终极目标。孔子一生力行实践,直到七十岁才能达到这种境界——"从心所欲不逾矩"(《为政》篇四章)。

道德实践的最高境界是仁与礼的和谐与平衡。但如果现存的礼与仁不能达成和谐时,最后抉择的标准是仁而非礼。前文说过践礼的目的在于培养仁德,并作为内在仁德向外展现的通道。当现存的礼不足以培养仁德，或不足以作为内在仁德的表现时，礼是必须被废弃或更改的。事实上，在道德实践的无限过程中，固然必须时时刻刻以礼来培养仁，但更须时时刻刻就已培养的仁德来检讨礼。在仁与礼创造的紧张性中，即仁有最后的决定权。所以孔子的最高道德意境是"从心"而非"从礼"，君子所不可终食之间违弃的是"仁"而非"礼"。在孔子的思想中，礼后于质（《八佾》篇八章），礼是可被改变的。

孔子认为夏、商、周三代的礼，其间传承的关系不是无条件的全盘接纳，而系有条件的损益（《为政》篇二十三章）。并且他本人对礼也有所损益选择。颜渊请问孔子治国之道，孔子说："行夏之时，乘殷之辂，服周之冕，乐则韶舞，放郑声……"（《卫灵公》篇十一章）在另一个场合，他也显示了礼的抉择："麻冕，礼也；今也纯，俭，吾从众。拜下，礼也；今拜乎上，泰也。虽违众，吾从下。"（《子罕》篇三章）

孔子特别用了一个"权"的名词来指称改变礼的行动。他说："……可与适道，未可与立。可舆立，未可与权。"（《子罕》篇三十章）适是培育仁德，立是依礼而行。朱熹注权："称锤也，所以称物而知轻重也。"孔子说能立于礼，还不是道德实践的极致，最后必须懂得权衡轻重，作最适当的判断，这才是从心不逾矩的境界，才可显示人的道德自主。

权衡轻重的标准何在？即礼的损益尺度何在？后人不免惋惜孔子讲三代礼之损益时，没有把尺度讲出，但他很显然知道，他说百世以后的礼也可预知（《为政》篇二十三章）。从前面的讨论中，可以想见权衡轻重的最后标准是一己的仁心。但是，如果各人仁心的抉择有所冲突时，要怎么作最后的决定呢？孔子不是没有碰到过这样的难题：

叶公语孔子曰："吾党有直躬者，其父攘羊，而子证

之。"孔子曰："吾党之直者异于是；父为子隐，子为父隐，
直在其中矣。"

——《子路》第十八章

在同样的情况中，直道的反应是不同的。这里孔子似乎没有意
思把彼此之间的冲突化解，他只是把自己的看法说出。孔子是个道
德相对主义者吗？在另一个情况中，孔子却不赞许不同的反应。

宰我问："三年之丧，期已久矣。君子三年不为礼，
礼必坏；三年不为乐，乐必崩。旧谷即没，新谷即升，钻
燧改火，期可已矣。"子曰："食夫稻，衣夫锦，于女安
乎？"曰："安。""女安，则为之！夫君子之居丧，食旨
不甘，闻乐不乐，居处不安，故不为也。今女安，则为
之！"宰我出。子曰："予之不仁也！子生三年，然后免
于父母之怀。夫三年之丧，天下之通丧也，予也有三年
之爱于其父母乎！"

——《阳货》第二十一章

宰我举了许多理由反对三年之丧，认为一年即可。孔子只反问
他这样做心安否？宰我回答心安，孔子也只有由他去了。因此，依
据前文讨论，礼的抉择全依仁心的判断。宰我心安，孔子应该承认
他的看法。但孔子接着谴责宰我不仁。因为三年之丧，是天下的通
丧，是天下人所认可的。子女生下后，要三年才能脱离父母之怀，所
以子女应为父母守三年之丧。孔子的回答显然不能令人满意，三年
之丧难道真是因为三年之养而产生的吗？难道天下的每一个人都受
到过父母三年的抚育吗？如果有人受到父母的抚育不到三年或超过
三年,他应如何守父母之丧呢？最后孔子似乎诉诸了大众的要求(天
下之丧)，这违背了他不从众的原则（《子罕》篇三章）。所以林毓生

认为："就三年之丧而言，仁与礼之间的平衡或和谐是任意设定的。孔子为了保存三年之丧的礼，依据了现有的礼来界定人的内在道德判断。他因此宣称内在的道德判断与三年之丧相应。"林毓生的结论是："孔子思想认定仁与礼间具有创造的紧张性，但这个理论架构因孔子本人的保守倾向，在实践的层次上崩溃了。"礼战胜了仁。

在此，还可补上另一个鲜明的例证。孔子说："郁郁乎文哉！吾从周。"周礼的主要内容是宗法制度与封建制度。孔子衷心拥护周礼的实现，但历史的潮流——人心的趋向——却是另一种大一统的体制。孔子内在的道德判断为他选择了一个不合时宜的礼。仁与礼之间的和谐并未获致，紧张并未化除。仁与礼乃分头发展。

新儒学对中国社会的影响

新儒学兴起于北宋知识分子的自觉，知识分子自觉人的庄严与对社会文化的使命，以上续民族慧命、重振"内圣外王"之学为己任，外辟佛老而建立起民族的真正文化。他们讲明心性与天道，使人生理想有个深远的源头；主静主敬，以收敛翕聚生命而有力外抗物欲；注重道德修养，作为人群的表率和模范；四处讲学，鼓舞民族生命；建立"家规"、"乡约"、"学规"等，使中国人小而日常生活，大而进德修业，都有宗旨和途径可循。他们努力的结果，儒家思想成为社会的正统思想，"良心"、"天理"超越法律习俗成为人心的主宰，伦理纲常成为维系社会秩序的中心力量。他们的工作确是"为天地立心，为生民立命，为往圣继绝学，为万世开太平"的工作，理想极崇高，成果也极伟大。如果说，北宋以后的中国社会是以新儒学为思想基础的社会，一点也不过分。

新儒学的人物也极精彩动人。有光风霁月的周濂溪，有隐逸深远的邵尧夫，有物来顺应的程明道，有严毅不苟的程伊川，有民胞物与的张横渠，有博大精深的朱晦翁，有专提本心的陆象山，有自然自得的陈白沙，有功德不朽的王阳明。他们无不尽自己的性情，成就一种典型，使后人每一思之，振奋不已。今人很难想象，中国历史上没有这些人物，会失去多少光彩。即令次要的人物，如赤手搏鲸的王门弟子，冷风热血的东林君子，也莫不独立特行，他们虽近

147

狂近侠，但皆有气概，为中国历史添了不少声光。如果产生怎样的人物是评论一派学术思想的重要参考，则新儒学人物之盛，品质之高，真可算是中国文化的最佳结晶。

当然，新儒学也不是没有缺失，笔者认为，第一失之于隘，第二失之于迂。

新儒学者专宗孔孟，抵斥佛老，然而在修养方法上得之于禅佛不少，在形而上学上得之于道家也多，新儒学者阴纳而阳攻之，在争法席、免流弊上，或有不得不然之势，然在态度上大可光明磊落，在学理上深入研究后，明指其失。可是新儒学者攻击禅佛，只及皮相，反倒自己在"某人是禅"下纠缠不已，尤其不该墨守孔孟，把荀子与先秦诸子一概摒弃在外，这样自隘自限的结果，使新儒学纯净似乎纯净了，但吸收异学以滋养加厚变为不可能。这与中华文化素有包容力大的特质相违背，也忘了先秦诸子也是"六经之支与流裔"。而程朱一派的末学尤甚，连文学、艺术、音乐等也排斥，生命得不到滋润，此思想观念得不到扩充更易僵化。

狭隘的结果是故步自封，迂阔的结果则是忽略实际、不通人情。这点正是清儒颜元、戴东原等人指责新儒学的地方。虽然新儒学者旨在提升民族生命，建立民族文化，不能以照顾现实社会人生为满足，但学术思想过分重理想，忽略现实社会人生，终是弊病。有人问程颐："学者志于大何如？"他答："志无大小，且莫说道将第一等让于别人，且做第二等。才如此说，便是自弃。"这样自励勉人没有错，错在程朱末流把人的最高理想和成就，强求于人人，忽略人人气质有异，环境有别，闻道有先后，术业有专攻。因此，必导致苛责贤者，使天下无好人，君子无完行；导致有权有势的人"以理杀人"，无真学问的人作伪自饰。其实，成圣成贤固然是人的最高理想，但社会上惇一行、守一节的人，也有他的地位，甚至于守一业、敏一事的人也该受到敬重，如此整个世界才宽平起来，人人才得以自立自守。新儒学者泥古太甚，把现实看得太简单，也是迂阔的表现，像张载说："井田至易行，但朝廷出一令，可以不笞一人而定。"便是很好的例子。

如今，若反省一千年来新儒学的发展历史，会觉得当初北宋诸子对民族文化的使命感与人的庄严的自觉，仍然在今日有极重大的意义。今天我们要建立民主政治，吸收西方的科学技术，如果没有人的庄严的觉悟，自觉与周围的人痛痒相关，民主政治很难脱出庸俗、物欲、盲从的陷阱。如果没有民族文化作基础，则随科技而来的种种弊害也必弄得人人无法生存。做一个知识分子，尤其不可忽略宋明新儒学者重道德心的自觉，从而化解个人生命中非理性与反理性的成分，以仁心覆育群伦的努力，这样的知识分子，不论从事哪门哪业，都将是民族文化复兴的动力。

中国传统家庭的长幼之伦和礼法秩序

家庭是中国社会的基础，也是中国社会的骨干。自古以来，中国人就相当重视"家"，家不仅抚养培育个人成长，也是个人精神情感的寄托，更常是个人奋斗的目标，甚至有些人对国家、社会的观念较为淡薄，只有家才是他的思想、行动的中心。既然家庭在中国社会中占有这么重要的地位，家庭中的人伦关系自然受到普遍的重视。在家庭中，讲求的是"父慈子孝，兄友弟恭，夫义妇顺"等，每个人与不同的家人相处时，都应恰如其分地谨守一定的礼节。这不但古有明训，也是每个中国人深切了解的道理。

自古以来，中国人就相当重视伦常关系，常将"伦理"和"道德"并称，似乎不讲"伦理"的人，其道德即有所欠缺。事实上，社会上也常以一个人是否孝顺父母、友爱兄弟或敬老尊贤，来评判他的品德好坏。而教导人们要如何谨守"伦理道德"的文句，所在多有。例如朱熹《白鹿洞书院学规》一开头就揭示：

> 父子有亲。君臣有义。夫妇有别。长幼有序。朋友有信。右五教之目。尧、舜使契为司徒，敬敷五教，即此是也。学者学此而已。

又如《礼记·礼运》："何谓十义，父慈、子孝、兄良、弟恭、夫义、妇德、长惠、幼顺、君仁、臣忠，十者谓之十义。"又如林逋《省心录》："君容而断，臣恪而忠，父严而慈，子孝而敬，兄爱而训，弟恭而劳，夫和睦而庄，妇守正而顺，人伦之道尽矣。"还有一首前人所写的"四箴"诗，用以劝诫父子、夫妇、兄弟、朋友应如何相处，读来很有意思，兹录于下：

> 子孝宽父心，斯言诚为确。
>
> 不患父不慈，子贤亲自乐；
>
> 父母天地心，大小无厚薄。
>
> 夫以义为良，妇以顺为令；
>
> 和乐祯祥来，乖戾灾祸应。
>
> 举案必齐眉，如宾互相敬；
>
> 牝鸡一晨鸣，三纲何由正？
>
> 兄须爱其弟，弟必恭其兄；
>
> 勿以继豪利，伤此骨肉情。
>
> 周公赋棠棣，田氏敢紫荆；
>
> 连枝复同气，妇言慎无听。
>
> 损友敬而远，益友宜相亲；
>
> 所交在贤德，岂论富与贫。
>
> 君子淡如水，岁久情愈真；
>
> 小人口如蜜，转眼如仇人。

一般说来，"五伦"是包含君臣、父子、夫妇、兄弟、朋友五项。就家庭来说，父子、兄弟、夫妇三项是家庭中最基本、最主要的人伦关系。

不过，在谈到家庭亲属间实际的交接之礼以前，有一些观念必须先加以说明澄清。

由于古书中所谈到的家庭礼节和应对进退之道十分繁琐，让人感觉中国家庭里的"规矩"很多，于是有人认为，只有在大家庭中，因人口众多，且成员复杂，才需要这么多的礼节和规矩，以界定彼此的关系，约束个人的行为，而使家庭和谐、有秩序。但也有许多学者指出，中国历史上实际存在的家庭形态，应以一对夫妻和其未婚子女所组成的小家庭占多数。至多不过是折中式家庭（即由父母、未婚子女与一名已婚儿子和其妻小组成），大家庭的存在应是少数例子。有人甚至怀疑，传统中国家庭所规定的应对进退之道，在实际生活上并不普遍实行。姑不论中国历代实际的家庭形态是大是小，至少大家庭制度是中国人的理想，为儒家所赞许，也是历代政府所提倡奖励的。这种代表大家庭精神的谦和有礼，克己忍让及讲求长幼有序等的规矩礼节，早已深植人心。即或生长在小家庭中，不需要那么复杂繁琐的礼节，也不会否定这套礼节的价值。何况，中国人安土重迁，看重家庭的力量，中国社会往往是一个宗族聚居于同一个村里，即或是每家都维持小家庭的形态，其父系亲属也常是住在同一地区，且彼此往来密切，有关亲属间进退应对的规矩，在这样的宗族中，还是很需要的。以下所谈家庭亲属间的亲疏关系，交接之礼，应有相当的实际性，而不只是士人儒者嘴里说说的理想而已。

父子关系与伦序

此处所谓父子，只是个泛称，包括父母和子女的关系，也包括翁姑与儿媳的关系。此外，大凡长一辈与幼一辈的关系，如伯叔和侄儿之间，阿姨、舅舅和外甥之间等，也都包含在内，有时还由父推至祖，由子推至孙。

子女对父母最主要的表现就是要"孝"，这是因为父母对儿女有生养之恩，儿女对父母有孺慕之情。儒家讲究"亲亲而仁民"，故对至亲的父母要竭力尽孝。《孝经》"开宗明义"第一章就说："夫孝，始于事亲。"因此，首先讨论日常生活中，子女应如何事奉父母。

《礼记·曲礼》："凡为人子之礼，冬温而夏清，昏定而晨省。"这是说子女对父母，要冬日温之御其寒，夏日清之致其凉；晚间要替父母安置床铺，早晨则要向父母请安问好。另外，在《礼记·内则》中，对事父母之礼讲得尤为详细。其大意为：凡子事父母，妇事舅姑，鸡初鸣即起，漱洗完毕，穿戴整齐，到父母舅姑之住处，下气怡声，问父母穿得冷暖，有无疾痛不适，并为之纾解。出入则或先或后，而敬扶持之。三餐要请问父母舅姑想吃什么，然后去准备、奉上，待父母舅姑尝过之后，子妇方得各退就食。在父母舅姑之所，要恭敬应对，进退周旋慎齐，且不敢随意喷嚏、咳嗽、欠伸、跛倚、睇视、唾哕。同时，父母舅姑不命之坐，不敢坐；不命之退，不敢退。

　　由以上这段叙述，可知子女对父母应侍奉得极其周到，且对父母的态度要极其恭谨。虽然以上所言是出自《礼记》，且有人认为其仅为儒家的理想，但儒家经典对后世影响颇大，事实上，也真有人是如此实行的。如宋代张存"家居矜壮，子孙非正衣冠不见"（《宋史》卷三二〇《张存传》）。又如三国时的司马防，其"诸子虽冠成人，不命曰进不敢进，不命曰坐不敢坐，不指有所问不敢言，父子之间肃如也。"再如唐河东节度使柳公绰，每平旦诸子皆束带晨省于中门之北，至归寝时，诸子复昏定中门之北，凡二十余年，未尝一日变易。以上诸例，都十分符合《礼记》所载的事项。可见我国古代的父子关系较为严肃。

　　此外，《礼记·曲礼》和司马光《涑水家仪》中都说："为人子者，出必告，反必面。"其意类似今日国民生活须知中的"出门必敬告父母，回家必面见父母"。为什么要有"出告反面"之礼？根据司马光的解说是："为人亲者无一念而忘其子，故有倚门倚闾之望；为人子者无一念而忘其亲，故有出告反面之礼。"因为为人之子的，常常惦念着父母，而且唯恐父母悬念，所以出必告，反必面。这样说来，事亲之礼的产生，应是源于子女对父母诚挚的情感。

　　子女对父母除了情感外，更重要的是尊敬。在传统的中国家庭里，父母是高出子女一等的，子女绝不可逾越父母。《涑水家仪》中即谓"凡事不敢自拟于其父"；《礼记·曲礼》也说："父子不同席。"郑玄注："异尊卑也。"这意思是说父子不并排坐，这种父子尊卑相异、不处一席的想法，在国家社会都受到承认。如《吴录》中载：景皇时纪亮为尚书令，其子纪骘为中书，"每朝会，诏以屏风隔其坐"。隋时杨玄感与其父杨素俱为第二品，朝会则齐列，"其后高祖命玄感降一等，玄感拜谢曰：'不意陛下宠臣之甚，许以公廷获展私敬。'"（《隋书》卷七十《杨玄感传》）而汉时杜延年被征为御史大夫，居其父之官府，"不敢当旧位，坐卧皆易其处"（《汉书》卷六十《杜周传》）。这些都是子不敢与父并驾齐驱的例子。因子尊崇其父，认为父亲是高高在上的。

至于父母方面，按理讲，是应对子女慈爱，且应以身作则的。如《颜氏家训》谓："夫风化者，自上而行于下者也，自想而施于后者也。是以父不慈则子不孝……"又刘宋颜延之的《庭诰》云："欲求子孝必先慈，将责弟悌务念为友；虽孝不待慈，而慈能植孝，悌非期友，而友亦立悌。"但因中国是一个父权社会，父亲有绝对的权威，因此一般多只要求儿女要"孝"，很少要求父母应有相对的"慈"。如林逋《省心录》谓："父慈子孝，兄友弟恭，相须之理也。然子不可待父慈而后孝，弟不可待兄友而后恭。"又如前人在《魏孝文论》一文中云："母虽不慈，子不可以不尽子道……母生之身而母杀之死者，且不敢怨……孝子之于亲，纵受其虐，不敢疾怨。"这是因强烈的父尊子卑观念而造成。因此纵然父母有不是之处，子女也须顺从，最多是和颜悦色地相劝，《论语·里仁》就说："事父母，几谏；见志不从，又敬不违，劳而不怨。"而不能稍减其孝敬之心。宋《袁氏世范》对父子关系也有所说明：

　　子之于父，弟之于兄，犹卒伍之于将帅，胥吏之于官曹，奴婢之于雇主，不可相视如朋辈，事事欲论曲直，若父兄言行之失，显然不可掩，子弟止可和颜几谏，若以曲理而加之，子弟尤当顺受，而不当辩。为父兄者又当自省。

有句俗话"天下无不是的父母"，正反映了这种父尊子卑的观念。

既是如此，在家庭中，一个孩子常自幼就得学习孝顺父母、恭敬长上，年幼者常要遵守很多的规矩限制，若有不是之处，还要被教训责打。由司马光《涑水家仪》中可见小孩从开始会讲话，就教导他尊亲敬长："子能言，教之自名及唱喏万福安置；稍有知，则教之以恭敬尊长；有不识尊卑长幼者，则严诃禁之。"所谓唱喏，即作揖时口称颂词，万福为妇人裣衽时口道万福，都是恭敬问候的举动。另外，在《郑氏家范》中也可见到很多规范年幼子孙的条文，如："子弟未冠者，学业未成，不听食肉。""子弟未冠者不许以字行，不许以第称。""子孙年未二十五者，除绵衣用绢帛外，余皆用布，除寒冻用蜡屐为，其余遇雨皆以麻屐从事，三十里内并须徒走。""子孙饮食，幼者必后于长者，言语亦必有伦。""子侄年非六十者，不许与伯叔连坐，违者家长罚之，会膳不拘。""毕幼不得抵抗尊长，其有出言不逊，制行悖戾者，姑诲之，诲之不悛者，则重棰之。""子孙受长上诃责，不论是非，但当俯首默受，毋得分理。"可见年幼的子孙不得太过享受，凡事都要礼让尊长，尤其不可冒犯顶撞尊长，否则就要受到责骂训诲。

其实，也不只是年幼的子孙才受管教，只要是辈分低的，即使已长大成年，犯了错，仍有可能受到责罚。晋代孙盛"性方严有轨宪，虽子孙颁白，而庭训愈峻"（《晋书》卷八二《孙盛传》）。元代郑大和"家庭中凛如公府，子弟稍有过，颁白者犹鞭之"（《元史》卷一九七《孝友》）。

经由如此严格的管教，常使子孙辈自幼即颇知礼数，懂得长幼有序，恭谨不敢逾分，成年后即使功成名就，在社会上很有地位，在家里仍谨守子弟之礼，不敢托大。如《厚得录》上有一例：

> 陈泰国公省华三子已贵，泰公尚无恙。每宾客至其家，尧佐及仲季子侍立左右，坐客不安，求去，泰公笑曰："此儿子辈尔。"后天下皆以泰公教子为法，而以陈氏世家为荣。

由以上看来，似乎父子间的关系，笼罩着厚厚的礼教与规矩，而看不出其间的情感。的确，由表面看来，中国传统家庭似乎人人都依规矩行事，彼此没有浓烈的情感表现，有人就会批评中国的大家庭是"礼胜于情"。这一方面也许是因中国人不习惯当众抒发自己的情感，尤其不喜欢露骨地表达情意；另一方面，若生长于大家庭或大宗族中，人口众多，关系复杂，就不得不压抑约束自己的情感，依礼法行事，以维持家族的和谐。因此，或许史上较少记载的一般家庭（指非官宦世家，或累世同居之家），因受礼教的约束较小，遂使家庭内规矩没那么严格，父子亲情可能较易表露出来。

不过，事实上，家庭内规矩礼法的形成，也都有"情"的成分在内。《礼记·丧服四制》说："凡礼之大体，体天地，法四时，则阴阳，顺人情。"可见礼是顺乎人情的。何况家庭本是由至亲骨肉所组成，人总有人的天性，天下没有不爱子女的父母，也少见不爱父母的子女，我们由欧阳修《泷冈阡表》，蒋士铨《鸣机夜课图记》与归有光《先妣事略》等文章中，都可感受到父母与子女间的骨肉至情。因此纵然有规矩，也常富含着情意。如对父母的昏定晨省、出告反面，都是一种关怀父母的表现；谨遵父教、不敢与父并列，也是一种尊崇父母的行为，只是或许形式化后，反而不将其背后的情感层面表露。下面举一个例子，可见人之真情。后汉第五伦以奉公无私出名，有人问他："公有私乎？"他回答说："……吾兄子常病，一夜十往，退而安寝；吾子有疾，虽不省视，而竟夕不眠。若是者，岂可谓无私乎？"（《后汉书》卷四一《第五伦传》）由此可见，虽然外表上宥于礼法或其他缘由，常使父子间不甚亲近，但彼此内心中总还充溢着亲情。

有时家范中也表露出通情达理之处，如宋《袁氏世范》说："为父兄者通情于子弟，而不责子弟之同于己；为子弟者仰承于父兄，而不望父兄惟己之听，则处事之际必相和协，无乖争之患。"又说："高年之人作事有如婴孺，喜得钱财微利，喜受饮食果实小惠，喜与孩童玩狎，为子弟者能知此而顺适其意，则尽其欢矣。"可见其孝思之深，对老年人的尊崇是出于体谅与包容，而不是遵循呆板的形式，这是何等的祥和温馨！

接着要特别谈一下母亲的地位与母子间的关系。通常以父母连称，其实母亲的形象与地位，与父亲略有不同。就中国礼法上来讲，"家无二尊"，因此父亲至上，母亲则略逊一等。由我国的丧服制中，也可看出亲属间亲疏远近的关系。父与母的不同，在丧服制中也很明显地表现出来。在《礼仪·丧服》中，子为父固定服斩衰三年，但子为母守丧须视父的情况而定：父卒，为母服斩衰三年；父在，仅为母服斩衰杖期。由此可见父与母地位的不同，而母处于较疏一层的关系上。后来在唐代和明清，对母亲的丧服才有所改变。不过，就母子关系而言，通常较父子关系亲密，这可能因自小母亲照顾子女的时间较多，另一方面，传统家庭里父母的形象常是"严父慈母"，故母亲较易亲近。于是在情感的倾向上，母子关系常较亲密，超过父子关系。由此也可看出，在礼法和情感两方面，常会有不一致处。

在中国的旧家庭中，子女对父母的敬爱，也扩及与父母同辈的伯、叔、姑、舅、姨等人身上。因"伯叔，父所同出；母舅，母所同出"，故亦尊崇敬礼之。唐代姚栖云"方三岁，其母再嫁，栖云养于伯母。既长，事伯母如其母"（《宋史》卷四五六《孝义传》）。《小学外篇》载：

及（柳）公绰卒，（子）仲郢一遵其法，事（叔）公权如事公绰。非甚病，见公权未尝不束带。为京兆尹监铁使，出遇公权于通衢，必下马，端笏立，候公权过乃上马。公权莫归，必束带迎候于马首，公权屡以为言，仲郢终不以达官有小改。

可见事伯、叔或伯母、叔母之礼，是可比拟于事父、母的。

舅甥之间的关系尤为特殊，虽然在丧服制中，为舅舅所服的丧不算很重，这是因为我国是父系社会，而舅舅是母方的亲属；但在民间的习俗中，舅舅的地位是很高的，甚或超过伯伯、叔叔等父方亲属。这一方面可能是我国初民时代母系社会所遗留下来的风俗，另一方面可能因子女与母亲较亲近，故对母亲的兄弟也产生较密切的情感，同时舅舅又是母亲合法保护人的递补者，因此有着较特殊的地位。

至于祖孙之间的关系，是较为有趣的。祖父母在家中的地位相当崇高，因祖父母为较父母更高一辈的直系血亲，且常为一家家长，故加倍受到儿孙之敬爱与侍奉。南齐江教"庶祖母王氏老疾，教视膳尝药，七十余日不解衣"（《南齐书》卷四三《江教传》）。宋代戚同文"幼孤，祖母携育于外氏，奉养以孝闻。祖母卒，昼夜哀号，不食数日，乡里为之感动"（《宋史》卷四五七《隐逸传上》）。又杨懋春在描写山东某一小城的风俗时，曾说到"婴儿在出生的第三天，由一家之家长给取个小名，假如没有祖父母，这任务就落在婴儿的父母身上。"可见若祖父母健在，则新生婴儿的命名大事，是要由祖父母来决定的。

祖父母虽在家中有着崇高的地位，但由于老人家多疼爱孙儿，因此对孙儿较为纵容，不似父亲对儿女较有威仪，且严格管教。举例来说，在《红楼梦》中随处可见，宝玉姐妹都到前面贾母房里用饭，且和老祖母同桌而食，可见未成年的少爷小姐可以陪着老人吃，不像父子之间有"父子不同席"的规矩，而是充满着慈爱气氛的。又如贾宝玉见着父亲贾政，总十分畏惧，谨守礼仪，贾政对贾母也恭谨有礼，独宝玉在贾母跟前，则不太讲求规矩，由此也可看出父子关系与子孙关系的差别。

兄弟关系与伦序

本节所谓的"兄弟"，也是泛称，不仅指兄弟，还指姊妹、叔嫂、伯与弟媳、妯娌等的关系。总之，包括除夫妻外，家中一切同辈人之间的关系。

兄弟之间讲求"兄友弟恭"，也就是一个"悌"字。兄弟是手足，且辈分相同，因此情感较浓，繁琐的规矩较少。但因我国讲究"长幼有序"，常言道："不可以没大没小的。"做弟弟的须对哥哥恭敬有礼，而做哥哥的要友爱弟弟，并为弟弟树立好榜样，教导弟弟。

金华《郑氏家范》说："子孙须恂恂孝友，见兄长，坐必起，行必以序。"可见弟弟对兄长应恭谨。有时弟弟甚且待兄如父，如宋张炎"事（兄）揆如父，理家必咨而行，为乡党矜式"（《宋史》卷三三三《张炎传》）。北魏杨播"家世纯厚，并敦义让，昆弟相事，有如父子"。杨播有两弟，杨椿较长，杨津较幼，且看他们兄弟是如何友爱，长幼秩序分明：

> 椿年老，曾他处醉归，津扶持还室，仍假寐阁前，承候安否。椿、津年过六十，并登台鼎，而津尝旦暮参问，子侄罗列皆下，椿不命坐，津不敢坐。椿每近出，或日斜不至，津不先饭，椿还，然后共食……椿命食，然后食。
>
> ——《魏书·杨播传》

另外，北魏的崔挺诸子也充分表现出兄友弟恭的情感：崔挺子孝演、孝政先亡，其兄弟哭泣哀恸，容貌损瘠。此外，诸弟奉兄长孝芬尽恭顺之礼，坐食进退，孝芬不命则不敢。家内共财，一钱尺帛，不入私房。诸妇亦相亲爱，有无共之。(《魏晋》卷五七《崔挺传》)

有时弟弟为了顾全大局，甚且肯代兄死。如明代卢宗济，父兄并有罪，吏将逮治，宗济谓其兄曰："父老矣，兄冢嗣（即嫡长子），且未有后，我幸产儿，可代父兄死。"乃挺身诣吏，白父兄无所预。这不但是悌道的最高表现，也可反映出中国人重嫡长子与重子嗣的观念。

中国自周代宗法社会以来，就重视嫡长子，把嫡长子看成主要的延续世系和继承香烟的人，因此嫡长子在家中的地位特别重要。《礼仪·丧服》中规定，父亲为众子和未出嫁的女儿服不杖期的丧服，但若父亲本身是长子，就要替他自己的长子反服斩衰，因其长子继承祭祖的责任与义务。由此可见，长子与众子有很大的差别。再者，当父亲过世后，长子常继为家长，主持家政，因此诸弟对长兄自然敬礼有加了。

兄弟间要维持浓密的情感与悌道，亦非易事。通常兄弟本来友情甚笃，但各自结婚生子后，常逐渐疏远，一因各人专注于自己的家庭，二因受妻子影响。《颜氏家训》云："兄弟者，分形连气之人也，方其幼也，父母左提右擎，前襟后裾，食则同案，衣则传服，学则连业，游则共方，虽有悖乱之人，不能不相爱也。及其壮也，各妻其妻，各子其子，虽有笃厚之人，不能少衰也。娣姒之比兄弟，则疏薄矣，今使疏薄之人，而节量亲厚之恩，犹方底而圆盖，必不合矣。"这的确为实情，但非我国礼教观念所愿接受，因传统讲究的是男尊女卑，丈夫要教化妻子，绝不可因夫妻的私情而损害手足之爱。事实上，历代也还是有一些抱这种观念而行的人。如宋代张存，"性孝友，当为蜀郡，得奇绘文锦以归，悉布之堂上，恣兄弟择取。常曰：'兄弟，手足也，妻妾，外舍人耳。奈何先外人而后手足乎？'"（《宋史》卷三二〇《张存传》）后汉缪肜"少孤，兄弟四人，皆同财业。及各娶妻，诸妇遂求分异，又数有斗争之言。缪肜深怀愤叹，乃掩户自挝曰：'汝修身谨行，学圣人之法，将以齐正风俗，奈何不能正其家乎！'弟及诸妇闻之，悉叩首谢罪，遂更为敦睦之行"（《后汉书》卷八一《独行列传》）。此外，还有特立独行之士，为恐兄弟相疏，而不娶妻，如唐代阳城兄弟（见《新唐书》卷一九四《卓行传》）。由此可见，依我国传统礼教，应先兄弟而后夫妻，但在情感方面，往往夫妻较兄弟更为亲密，这也是礼法与情感不相合的地方。

　　一般来说，夫妇是一体的，妇在家中的长幼辈分随夫而定，因此弟妇要如其夫一般恭顺兄嫂，而兄嫂对弟弟、弟妇也要待之以礼。此外，又因男女防嫌，伯与弟妇、叔与嫂之间更须讲求礼法，而更显得客气。东汉的马援，年十二而孤，后其兄马况卒，"援行服期年，不离墓所，敬事寡嫂，不冠不入庐"（《后汉书》卷二四《马援传》）。由此看来，马援必衣冠整齐，才与寡嫂相见，此一可见其恭谨，一可见其严男女之防。梁代范云"性笃睦，事寡嫂尽礼，家事先咨而后行"（《梁书》卷十三《范云传》）。明代张帮奇"性笃孝友，事寡嫂如其母"。可见事嫂之道与事兄之道并无二致，甚至更谨守于礼。

　　而大伯与弟妇的关系，则更为拘谨有礼。杨懋春在描写中国北方家庭亲属关系时提到："一女子和她丈夫的哥哥之间的关系是基于尊敬，而有防嫌的距离，就像父亲一样，哥哥不能进已结婚的弟弟的卧房，除非是有绝对的必要……只有在家人聚集或在年老父母房中，一家人都在场并自由交谈时，大伯才能开玩笑，而不致令弟妇局促不安。"

　　至于兄弟之妻间的关系，也就是妯娌之间，又如何相处呢？妯娌古称娣姒，《尔雅·释亲》："长妇谓稚妇为娣妇，娣妇谓长妇为姒妇。"值得注意的一点是，娣姒的分别，是依妇的长稚，而非夫之大小，不过她们在家中的地位，还是依其夫之嫡庶长幼而定。因为嫡长子在兄弟间的地位特别高，责任也特别重，连带地，长妇的地位与责任，也要高出其他妯娌。《礼记·内则》中提到冢妇和介妇的差异，冢妇即嫡长子之妻，介妇即众妇，其他诸子之妻。其内容大略如下：公公亡故，则婆婆传家事于长妇，长妇虽受传，犹不敢专行，富祭祀宾客等每事必禀问婆婆，而众妇则每事问于长妇……众妇与长妇分有尊卑，故不敢比肩而行，不敢并受命于尊者，不敢并出命于卑者，且座次亦必异列。由此可看出，众妯娌虽并听命于翁姑，但长妇较众妇为尊，且地位高出一等。

夫妇关系与地位

《易经·序卦传》说："有天地，然后有万物；有万物，然后有男女；有男女，然后有夫妇；有夫妇，然后有父子；有父子，然后有君臣；有君臣，然后有上下；有上下，然后礼仪有所错。"可见夫妇是人伦之始。

夫妇相处之道，理想上是应相敬如宾，但因中国社会以男子为中心，自古即有男尊女卑的观念，因此夫妇关系并不平等。《白虎通》说："夫为妻纲。"又说："夫妇者，何谓也？夫者扶也，以道扶接也；妇者服也，以礼屈服。"（《白虎通》卷三《三纲六纪》）可见妇屈居于夫之下，从属于夫，其荣辱尊卑都依夫的地位来决定。《礼记·郊特牲》就说："共牢而食，同尊卑也，故妇人无爵，从夫之爵，坐以夫之齿。"

妇人即从属于夫，则事夫要周到恭谨。后汉梁鸿与孟光夫妇被认为是夫妻"相敬如宾"的典型，传诵千古。其实"举案齐眉"代表的是妻对夫恭谨有礼，不敢仰视于夫，遂将食具高举至眉奉上，可谓敬之极也（《后汉书》卷八三《梁鸿传》）。妇人除了要敬夫从夫，还要与夫共尽子媳之孝，料理家中大小琐事，并协助丈夫管教子女，因此"诸妇必须安详恭敬，奉舅姑以孝，事丈夫以礼，待娣姒以和"。所谓"男主外，女主内"，家庭的和谐兴旺与否，常与主妇有很大的关系。如程颐母侯氏，正是贤淑主妇的典型，依《伊川先生文集》所载：

> 侯夫人事舅姑以孝谨趁改，与先公相待如宾客，先公赖其内助，礼敬尤至，而夫人谦顺自牧，虽小事未尝专，必禀而后行。仁恕宽厚，抚爱诸庶，不异己出，纵叔幼姑，夫人存视，常均己子，治家有法，不严而整……先公凡有所怒，必为之宽解。

这样的妇人，真是标准的"贤内助"，虽然当家主事，但不掌权握权，无怪乎其夫对她"礼敬尤至"。

其实，夫妇之间的关系最为亲密，妻子固然应敬夫从夫，丈夫也常受妻子的影响，尤其在家务事方面，但男子从不承认这一点。因为在他们的意识中，他们是要做一个男人，一个孝子，一个好兄弟和一个威严的丈夫，因此他们不能听从妻子的话，尤其不能相信他妻子对家人的抱怨。在另一方面，虽然家务事可能是妻子负责掌理，但她不会因此而减少对丈夫的尊敬，也不会不承认丈夫是一家之主。由此益发可见"男主女从"的观念深植人心。

虽然夫的权利地位皆凌驾于妻子之上，但毕竟妇与夫是互相匹配，可等量齐观的。有一种人在家庭中的地位却相当低，那就是妾。古时男子可因子嗣问题或其他原因，除了正妻外，再纳别的女子为妾。妾或可受夫爱宠，但她在家中是没什么地位的，这是因为我国重宗法，讲名分，所以妾无法和妻相比拟。《吕氏春秋·慎势篇》说："妻妾不分则室家乱，适（即嫡）孽无别则宗族乱。"故妻妾间有很大的分野。一般来说，娶妻要行大礼，要找门当户对的女子；纳妾则较随便，或用钱财买得，或纳家中的婢女，或纳妻子的陪嫁丫头，在《红楼梦》中就有这类例子。另外，读《红楼梦》还可清楚地感觉到，妾的地位极低贱，甚至比未嫁的丫头及年老的佣人还差一截。

历史上也有个例子，可说明妾之地位。唐代严挺之独厚其妾英，其子严武由母处知悉其情，愤然以铁锤就英寝，碎其首。左右惊白挺之曰："郎戏杀英。"武辞曰："安有大臣厚妾而薄妻者，儿故杀之，非戏也。"父奇之，曰："真严挺之子！"（《新唐书》卷一二九《严挺之传》）儿子故意杀死宠妾，父亲却无责怪之意，可见妾的不受重视。

继室的情形则和妾不同。正妻亡故或被出，丈夫又再续弦，这也是明媒正娶，因此继室的地位与原配差不多，此由儿子的丧服形式或可看出。《礼仪·丧服》云："继母如母。"传曰："继母何以如母？继母之配父与因母（因母意为亲母）同，故孝子不敢殊也。"又据《续辑明刑图说》看来，孝子服丧对继母和对嫡母一样，要服斩衰三年。而在日常生活上，子女对继母也是很恭顺的。隋代房彦谦事所继母有逾本生，后丁所继母忧勺饮不入口者五日（《隋书》卷六六《房彦谦传》）。唐代柳公绰事后母薛谨甚，虽姻属不知非薛所生（《新唐书》卷一六三《柳公绰传》）。

由以上所述的一般家庭中父子、兄弟和夫妇之间的关系，可以认识到在人伦关系上，因辈分、年龄、性别等的不同，而区分出尊卑、上下。而这种长幼有序的现象，在中国传统的大家庭中表现得特别明显。

礼仪之邦的始创人

周公的"制礼作乐"是他对西周和中国封建社会作出的最大贡献。

所谓礼，就广义言，指上自典章制度，下至民间风俗等物事。周公在摄政的第六年，始行制礼作乐的盛典，目的在于经国安邦，垂范后世，为百代开太平。周公所制的礼，是西周初期的典章制度，包括周官六职政治制度与生活方式、宗教仪节以及由此而形成的种种民风民俗，这是规范人们行为举止的准则。

所谓乐就是包括乐曲、诗歌、舞蹈多方面内容的艺术，用以引导思想、抒发情感、激励意志、调节生活。周公的礼乐是依据夏殷的礼俗文化加以损益而创造的，是西周一代的政治思想与精神文明的产物。

周公的礼是一种社会等级制度的代名词。如君臣上下、父子兄弟，甚至到衣食住行，无礼不定，各人皆有相应的仪礼。周公的目的是力求将西周宗法制度所规定的各宗封建贵族通过等级来构成王、卿、大夫、士的等级地位。周公制订了一套完整而严密的君臣、父子、兄弟、亲疏、尊卑、贵贱的仪礼制度，还运用这套制度来保证周天子的天下共主的世袭地位和平衡诸侯以下封建贵族之间的权力分配。因此，周公对祭祀、出征、会盟、饮宴、婚配等等，也都规定了相应的仪式和各异的乐舞。

传统把礼划分为吉、凶、军、宾、嘉五类，称为五礼。这一说法的起源，就是《周礼》一书。

吉、凶、军、宾、嘉五礼都有具体的内容。

吉礼，据《周礼》讲，即祭祀的典礼。周公认为祭祀是"国之大事"，因而把吉礼列为五礼之首。当时的祭祀种类繁多，《周礼》书中开列的有对上帝、日月星辰、司中司命、风师雨师、社稷、五祀、五岳、山林川泽以及四方百物的祀典，都归为吉礼。周公在《周礼》中还规定了君、臣、父、子等不同等级和不同关系的人，只能依照他所规定的规范仪礼去祭祀。比如天子祭天地；大夫祭五祀；士祭其先人。按照周公规定的仪礼只有周天子才能登名山大川祭天，诸侯能祭在自己封地内的名山大川，卿大夫以下无资格祭山川。

凶礼，普通的理解是指丧葬。《周礼》规定，天子七日而殡，七月而葬；诸侯五日而殡，五月而葬；大夫、士、庶人三日而殡，三月而葬。但是，据《周礼》所载，除丧事外，凶礼还应该包括对天灾人祸的哀吊。比如饥馑、战败、寇乱，当时皆有哀悼的仪式，也应列入凶礼。

军礼，除了指战争外，还包括许多需要动员大量人力的活动，如田猎、建造城邑等。《春秋会要》所列举属于军礼的事例有，校阅、搜狩、出师、乞师、致师、献捷，献俘等，即将田猎合计在内。古代的大规模狩猎常常是由军事组织进行的，实际起训练和检阅武力的作用，因此军礼包括田猎是很自然的。

宾礼，比较容易理解，是指诸侯对王朝的朝见、各诸侯之间的聘问和会盟等等。这在实行分封制的周代出现相当频繁，就如《春秋会要》所记，有朝聘周王、王聘诸侯、锡命、公朝大国、大夫出聘或来聘及诸侯间的会、盟、遇等类事例。

嘉礼，其内容比较复杂。以《春秋会要》所记载的事例论，有婚礼、冠礼、飨燕、立储等类。其中的冠礼，是古代男子到二十岁时一定要举行的一种成年礼。根据《周礼》所述，在上述各项外，诸侯间的庆贺、朋友间的宾谢，也皆属于嘉礼。

由此可见，古代的礼，不仅是社会生活中的规定和仪式，还包括国家政治上的制度在内。从种种史实考察，在当时礼和法律、官制之间并没有分明的界限，许多政治、法律方面的规定都见于礼的内容。如著名学者章太炎在《检论》一书所言："礼者，法度之通名，大别则官制、刑法、仪式是也。"

众人都听过"礼不下庶人，刑不上大夫"这两句古话。这两句话出于《礼记·曲礼上》，可见在周代，存在着礼与刑的对立现象。

唐代孔颖达在《礼记·正义》中针对这种现象讲道："礼不下庶人者，谓庶人贫，无物为礼，又分地是务，不服燕饮，故此礼不下与庶人行也。"庶人贫苦，又整日从事农业劳动，不能依照当时礼制举行或参加各种典礼，礼制也不把他们包括在内。《正义》又说："刑不上大夫者，制五刑三千之科条，不设大夫犯罪之目也。所以然者，大夫必用有德，若逆设其刑，则是君不知贤也……都不刑其身也，其有罪则以八议议其轻重耳。"大夫是统治者，是贵族，如果有罪，专有特殊的规定，即《周礼》所谓八议，而刑书则不把它们包括在内。由此可见，周代的礼和法律同样，是公开不平等的。这也表明了周公制礼时所考虑的就是维护当时社会的贵族阶级，把礼作为维护等级和阶级的有力工具。

因为周代礼制在社会生活中非常重要，又极其繁复，所以设有专门管理礼制的官职。按照《周礼》的说法，礼制的管理属于大宗伯，由宗伯这个官职管理礼制。《周礼》的宗伯一职，后世逐渐转化成为礼部。

据《周礼》所说，人宗伯有副职称的小宗伯。在宗伯以下，有肆师等管理乐舞的官，有大卜、大祝、司巫、大史等专门人员，有巾车、司常等管理车舆旗帜的官员，等等。

为什么要有这样多的礼官呢？这是因为周代的礼制非常复杂，没有各种专职就不能执行和管理。所谓礼经三百、威仪三千，即使是从小受礼的训练的人，有时也难于娴熟掌握。礼的训练，不只是礼的各种仪节，还要包括站立行走的样子，叫作容。《周礼》记载对国子的教育，有六仪，即祭祀之容、宾客之容、朝廷之容、丧纪之容、军旅之容、车马之容。可谓一举一动，都有限制和规定。

以上这一切，实际上就是周公为西周不同等级的人所划定的不同的做人准则。如果当时西周所有等级的人皆能遵循周公所制定的准则去做，那么西周社会上下不同等级的人就能够安分守己，各求其业，各尽其职，各献其能，各得其所。这样天下就会相安无事，西周封建秩序自然就会稳定下来，至于以往人与人的勾心斗角，欺诈、勒索、掠夺、战争等也将一去不复返了。此外，诚如孔子所说：如果当时没有周公制订礼乐(规定华人必须蓄发、戴帽、穿衣等)，那么那时的人正在过着衣不遮体、蓬头垢面的原始野人生活呢!这就是周公为西周强大和中华民族生活走向正轨而树立起来的精神丰碑。

周公不只在政治、思想方面才华卓著，而且也是我国传统文教事业的开创者，中国之所以被称作文明礼仪之邦，是与周公的重大贡献密不可分的。孔子是中国古代伟大的思想家和教育家，而他平生对周公推崇备至，且频频见之于梦寐梦见周公，后代把周公、孔子并尊为"先圣先师"。

周公在文教方面的创举主要是：提倡敬德保民，强调立政任贤以及实行六艺之教。

敬德保民是周公提倡的基本思想。周公从"小邦周"灭"大邑商"的严峻现实中深刻体会到敬德的重要性。周公曰："我不可不监于有夏，亦不可不监于有殷。不敢知曰有夏服天命，惟有历年。我不敢知曰，不其延，惟不敬厥德，乃早坠厥命。我不敢知曰有殷受天命，惟有历年，我不敢知曰不其延，惟不敬厥德，乃早坠厥命。"。他还谆谆告诫："皇天无亲，惟德是辅，民心无常，惟惠之怀。不善不同，同归于治；为恶不同，同归于乱。"

周公认为西周立国一定要借鉴夏和商的兴亡史。夏商两代承天命经历了数百年，但是终于短祚绝祀（不其延），未竟天禄。其根本原因就在于夏商两朝后期的统治者不敬其德，背弃天命。周公郑重地指出：敬德如何，关乎天命的得失，国运的隆替，这当然取决于人心的向背。周公从政治高度论述了道德对国家兴亡的重大意义，由此肯定将德治教育应放在无与伦比的地位。

《夏书》上说："民为邦本，本固邦宁。"周公在理论与实践的结合上充分发挥了这一观点。他在《酒诰》一文中指出："人无于水监，当于民监。今惟殷坠厥命，我其可不大监抚于时！"这是说水只能鉴别一个人的美与丑而已，不若民心的向背可以鉴别政治的得失、国家的安危。商朝由于失德无道而落了个自取灭亡的下场，我又怎能不以失败为大鉴戒以抚安民心民情呢！

周公提倡敬德保民的思想，也是因为周初有殷商遗民时时起来反抗，扰乱社会秩序，使周公深感不安，觉得必须以德怀服，而不能仅靠武力，这一点千万不能疏略。周公在《君奭》篇里郑重地告诫朝廷的大臣和百工："我受命无疆惟休，亦大惟艰。"这是说承受大命，虽然无限喜悦，但也有很多的艰难。可见守成是非常不容易的。怎样对待这些艰难，除了采用政治、经济、军事上的各种对策外，周公着重提倡德治，强调要加强敬德修德。他说："我道惟宁王德延，天下庸释于文王受命。"意思是说我们只要将文王的美德予以推广，上天就不会废弃文王所接受的福命。

《周书·多方》中也记载了关于周公注重美德教育的事例。周刚建立之时，除了殷商遗民多次反抗，扰乱社会安宁外，其他还有奄、徐戎、淮夷等小国也纷纷起来响应。周公率军果断地镇压了这些动乱，镇之以威，之后又怀之以德，谆谆叮咛告诫，安抚他们，让他们顺应天意，不能生事。经过周公的美德教育，终于使他们断了复商的念头，一心一意跟随周王，共同建设美好家园，社会秩序也终于得到了安定。

敬德保民是周公在政治上十分成功的措施，敬德保民的思想是周公留给后人的优秀的教育遗产。"为政以德"是我国美好的传统，仅此一点，周公和孔子一样，都可谓是"道德之祖"。

周公十分重视文教创设上的立政任贤。因为在任何朝代里，教育总是服从并服务于政治的。而"为政在人"，因此立政与任贤这两点也就成了教育的基本问题。

何为立政？政者正也，正即长立政，就是建立长官。周公在绥平了殷商遗民的叛乱之后，干的第一件大事就是建立官制，分管庶政，使国人遵奉礼教，各循其职，尽力于本职工作，以此达到百业蒸蒸，天下太平，国家长治久安。

在周公对成王的诰词《立政》篇中，他主要阐述了设官理政的法则，详尽说明了夏商两代的设官经验，告诫成王必须奉行文王、武王设官理政之法，用贤任能之道，慎重处理讼狱，增强军事力量，效法大禹巡行全国，使普天下人臣服，从而显扬文王的耿光、武王的鸿烈。

周公教导成王立政任贤的办法，主要是发现和识别人才，而选拔并使用人才的标准是要"各忱恂于九德之行"，就是知道诚实地遵循九德的标准。所谓九德，指的是宽而栗，柔而立，愿而恭，乱而敬，扰而毅，直而温，简而廉，刚而塞，强而义，这九种相反相成的道德品质是这之前一千年皋陶对大禹所讲的。既审其心，又察其行。为了更好地审心察行，周公提出了后世所称赞的"三宅考吏法"。宅是度量、考核，三宅是"宅乃事、宅乃牧，宅乃准"——治事的官，要考核他们办理事务的能力如何；牧民的官，要考核他们能否使老百姓安居乐业，过上好的生活；执法的官，就要考核他们在执行政策法令时是否客观公正，不徇私情。这样就能正确地辨别官吏的贤与不贤，才与不才，从而选拔官吏也就准确可靠。但在任用人才时，则要放心大胆，敢于用人，不乱猜疑，不乱加干涉，要像文王那样"庶狱庶慎，文王罔敢知于兹"。

周公在文教方面最重要的一项创设就是六艺之教。周公自己曾经说过："予仁若巧，能多才多艺。"孔子也曾赞颂周公："周公之才之美。"周公作为太师，主要的职责就是负责教育工作。在他所作的《周礼·大司徒》中，有这样的记载："以乡三物教万民，一曰六德：知仁圣义忠和；二曰六行：孝友睦姻任恤；三曰六艺：礼、乐、射、御、书、数。"礼、乐属政治思想教育，射、御属军事武备教育，书、数属文化技术教育。既称教万民，意思就是普通教育的教学内容，让全国全民都要学会这六德、六行、六艺，这样才能成为一名合格的周国臣民。六经即《诗》、《书》、《易》、《礼》、《乐》、《春秋》，又称高级六艺，是中国古代高等学校传授的经典教材。而这些典籍的编著大部分起源于西周，大多是周公创制文教的精华所在，经过长时间广泛的传播、修订然后编成书。这些珍贵典籍几乎都与周公直接有关。

历来经学家都认为《诗经》中的《豳风·七月流火》是周公陈王业以教成王的，使成王懂得稼穑之艰难，体察老百姓的艰辛。这和《书·无逸》的思想基本上是相同的。此外，《鸱鸮》章可与《书·金縢》篇互相印证；《东山》是周公东征胜利凯旋慰劳归士和戍人思乡之作，诗意缠绵悱恻，感人至深；《小雅》中的《常棣之花》是周公对管叔和蔡叔丧失道德、发动叛乱的伤感作品。《周颂》是祭祀典礼演唱的歌曲，是歌颂之辞。作为太师的周公，有资格和职责创作制订这样的诗篇。《周颂》中许多歌词的内容，完全符合周公教成王兢兢业业、恪守文武之德，以昌大周王朝的主旨。

关于《书经》。《周书》共三十二篇，其中大概三分之二的文章，或者是周公的诰诫，或者是史官记录周公的言行，像《无逸》、《立政》、《召诰》、《康诰》、《酒诰》等篇语词恳挚、周详，立意正大、深远，确实系周公所作无疑。

关于礼经。包含了《周礼》、《仪礼》、《礼记》，即三礼。以往学者都确定《周礼》为周公所著，也有人认为《周礼》成书于战国时代，乃儒家学者根据史料撰写的，而其所保存的礼制则与周公制礼有密切联系。朱熹指出："大抵说制度之书惟《周礼》、《仪礼》可信，《礼记》便不可深信。《周礼》毕竟出于一家，谓是周公亲笔做成，固不可；然大纲却是周公意思。某所疑者，但恐周公立下此法，却不曾行得尽。"朱熹还说："看来《周礼》规模皆是周公做，但其语言是他人做。""周礼是周公遗典也。"不管怎样说，《周礼》完全体现了周公的思想，代表了他的观点。

至于《乐经》，由于现在已经失传，其中详细情况无法知晓。但是周公作乐却是众所周知的事实，后世历代都对周公作乐予以肯定和褒扬。对于乐教，周公的确曾经大力提倡过。根据《庄子·天下篇》及《吕氏春秋·古乐》记载，周公作《大武》，可征信。今《诗·周颂·武》即《大武》乐章之一"成"。《大武》是为赞颂武王克商的大功而演奏的颂歌，规模宏伟，气势磅礴，有舞容，有歌词，是《周颂》中的代表作。及春秋时期，吴国的公子季札到鲁国访问，观看了《大武》的表演之后，激动地赞叹道："美哉！周之盛也，其若此乎！"《大武》也是主要的乐教内容。六艺中的书、数也和周公有直接关联。

《尔雅》是我国最早研究文字的书籍，据说也是周公所作。张揖进所著的《广雅·表》称"周公著《尔雅》一篇"。《尔雅疏叙》中也说"周公倡之于前，子夏和之于后"。这些说法都表明了周公在书数方面的成就是完全可以令人信服的。

周公的数教怎样？《礼记·大则》篇记载对儿童的教育："六年，教之数与方名。"数就是一至十、百、千、万等。"九年，教之数日。"数日即朔望六甲等。这可谓是我国基础教育的最初教学大纲。

周公的研究也涉及到天文历算方面。明代黄吟龙写的《算法指南》一书称："周公作九章之法，以教天下。"也有人认为《周髀算经》为周公的遗书，为"成周六艺之遗文也"。这就是说，《周髀算经》是周公六艺之教的教材。有关种种推测虽然不尽属事实，但这位多才多艺，致力于文教事业的周公，对天文历算等方面一定有卓越的贡献，这一点是可以断言的。周公在文教方面的贡献，开启了一代教育之先河，为后世人树立了光辉的榜样。

周公有自己的一整套完整的教育思想。周公的教育思想，就其形成而言，可谓源远流长；就其实质而言，可谓博大精深；就其影响而言，可谓深远悠久。

周公教育思想的起源是，追念、继承并发扬光大其先祖勤劳为民、艰苦奋斗、团结友爱、先人后己的种种美德。周人的祖先后稷为帝尧农师，他"教民稼穑，树艺五谷，五谷熟而民人育"。为了赞颂他，《诗·周颂·思文》篇这样写道："思文后稷，克配彼天。立（粒）我烝民，莫匪尔极。贻我来牟，帝命率育。无此疆尔界，陈常于时夏。"诗颂扬了后稷教会了人民，使他们知道以米粮为食，人们都来效法，留给我们小麦和大麦，不分亲疏，一同养育，对后世的恩德是用语言无法说尽的。

公刘复修后稷之业，笃实勤劳，艰苦创业，实施富民之策，使"行者有资，居者有积，民赖其庆，多徙而保归焉，周道之兴自此始。故诗人歌乐思其德"。周公的曾祖父古公亶父，后来被追赠为太王。"太王复修后稷公刘之业，积德行义，国人皆戴之。"由于狄人屡次入侵，给周人的生命财产安全带来严重威胁，为了免遭灾难，太王带领周人全部迁徙到岐山之下。在这里，太王"贬戎狄之俗而营城郭室屋，作五官有司。民皆歌乐之，颂其德"。"王季修太王遗道，笃于行义，诸侯顺之。"文王把周国治理得秩序井然，国泰民安。文王"遵后稷、公刘之业，则太王、王季之法，笃仁、敬老、慈少、礼下贤者，日中不暇食以待士，上以此多归之。太颠、闳夭、散宜生……大夫之徒皆往归之"。文王善于培养人才，《诗》曰："周王寿考，遐不作人！""岂悌君子，遐不作人！""成人有德，小人有造。"等等，可见文王用人之道。及武王姬发时，他更是兢兢业业地继续着太王、王季、文王的功业，伐纣灭商，建立周王朝，显示了一代英明之主的雄才大略。《书》曰"丕显哉，文王谟！丕承哉，武王烈！"更为难得的是周室三母：太姜、太任、太姒。《思齐》诗颂扬她们和悦婉顺，庄敬诚笃的优良品质，而太任还能实行胎教及童蒙教育，因此才使得她生的儿子文王的德慧才智胜过常人，超迈时贤。在这一点上，太任的功劳值得后人很好地学习。记谓"太任教之一而认百，卒为周宗"，号为明圣，表明了胎教的作用是很大的。"周公制礼，尊后稷以配天；宗祀文王于明堂以配上帝。"周公追念先祖们的懿德善行、嘉谟芳规，于世家教育的直接影响下，奠定了他的敬德保民、制礼作乐、大兴六艺之教的思想基础。

其次，周公成为不朽的思想家、教育家的重要原因是继承并发扬了传统优秀文化道德。《墨子·贵义》篇说："周公朝诵书百篇。"这里的书，包括西周以前的历史经籍文献，比如殷之先人有册有典，以及夏后氏的谟、训等。孟子曰："禹恶旨酒，而好善言。汤执中，立贤无方。文王视民如伤，塑道而未之见。武王不泄迩，不忘远。周公思兼三王，以施四事；其有不合者，仰而思之，夜以继日；幸而得之，坐以待旦。"这是说周公十分认真学习先圣明王的种种美德，切实反省自身的作为，对自身的不足之处，便仰天深思，多方检查。幸而有获，便迫不及待地坐到天明。这是何等谦虚谨慎，奋发向上的精神啊！

由于周公能与诸臣百工同心同德、积极努力，虚心吸取历代的优秀文化成果，酝酿制作，不断增加好的、优秀的东西，而淘汰那些不好的，施于行改，所以能文采焕发，嘉惠后世，光耀千秋。正如孔子所说："周监于二代，郁郁乎，文哉！"

至于谦恭下士、虚心向人学习，不断积累、充实知识才德，更是周公成功的道路。成王封伯禽于鲁，周公及时告诉自己的儿子伯禽曰："往矣，子无以鲁国骄士！我，父王之子，武王之弟，今王之叔父也，又相天子。我于天下而亦不轻矣。然一沐三握发，一饭三吐哺，犹恐失天下之士。我闻：德行宽裕，守之以恭者荣；土地广大，守之以俭者安；禄位尊盛，守之以卑者贵；人众兵强，守之以畏者胜；聪明睿智，守之以愚者善；博闻强记，守之以浅者智。夫此六者皆谦德也。"这段发自肺腑的话，意思是指，我的身份在天下已经不低了，但是我却曾在沐浴时多次握着头发，吃饭时多次吐出口中的食物，起身接待士人。即使这样，我还怕因怠慢而失去天下的贤人。德行宽大而能保持恭敬，必然荣盛；地大物博而能守住险要，可保安全；位高禄厚而能谦卑自守，会更高贵；人众兵强而能保持戒备，定会胜利；大智若愚者知识增加越多；博闻强记而自视浅薄者，更会见多识广。从这段话可以看出周公具有谦恭谨慎、力戒骄傲的品德，成为儒家推崇的"以能问于不能，以多问于寡，有若无，实若虚"的典范，也可谓是周公的中庸思想的体现，也是周公教育思想的一个基本方面，是他制定政策、建立制度、实施教育、处理军国大务无往而不胜的重要保证。

周公重视教育的思想在建国、巩固政权、培养人才等方面发挥了伟大的作用。周公深刻了解教育对社会政治的作用与影响，即古训"建国君民，教学为先"。周公提倡彝教，认为这是修身、齐家、治国、平天下不可须臾离开的政治工作。彝教即对庶民百姓进行日常道德行为规范教育，通过这种教育以达到化民成俗。《尚书·周书》中有多篇训诰就是开导、叮嘱、训示和禁止人们应行取舍从违的文字。一般的平民百姓按照这个规范去做，遵循教导，勿逆勿怠，因此就会身修、家齐、国治、天下平，以达到理想的做人标准。

周公教导人们唯土物之爱，勤稼穑，服田亩，厥心藏聪，听祖考之彝训，特别要求人们孝顺、尊敬双亲及长辈，与别人和睦相处，相亲相爱。他严禁酗酒，并对罪大恶极的人进行严厉的打击。

当国家处在危难之时，周公为了提高并统一诸臣百工的认识，使他们能同心同德，共同效力于王室，他同样借助于教诫训诰。在《大诰》里，周公阐明了当时的情况，提出了面临的任务，鼓舞人们的斗志，希望他们夺取胜利。教育的作用在这里是很突出的。比如在周公摄政之初，管叔、蔡叔由于不满周公而四处散布流言蜚语，说周公摄政将对成王不利，对周王朝不利。在管、蔡的教唆下，许多小国及宫里的大臣也不免对周公起了疑心，老百姓更人心浮动，莫辨真伪。在这关键的时刻，周公充分利用教育舆论的作用，到处向人们做思想工作，使人们明辨是非，认清形势。周公的说教，很快端正了视听，先声夺人，扩大了影响，使他能集中力量开始东征平叛的战斗，而不必为百姓们的疑虑而担心了。"有文事者必有武备；有武事者必有文备。"周公东征是关系到周王朝社稷存亡的大事，因此必须动员一切力量做好宣传教育，也就是文备方面的工作，是完全必要、十分及时的。

中国文化历史悠久，英雄哲人辈出。虞夏之际像皋陶，殷商之世如伊尹、傅说等，其教育思想可谓已经达到了比较完善的境地，直到今天仍值得我们学习和借鉴。但是，这些宝贵的教育思想只如片玉散珠一般，还没有形成系统，也缺乏连贯性。而周公的教育思想则体现在许多方面，分门别类，各适其用，而又浑然一体，自成系统，实在是我中华民族文化宝库中非常难得的珍品。

周公的教育思想在中国具有深远的影响。第一、对国家社会方面，他制礼作乐，设官分职，使教育有专职机构和官吏；选贤任能，开启两汉魏晋选举人才的先河；实行六艺之教，完善教育内容，使接受教育者在德智体技能等方面得到全面的发展。第二、作为教育者，周公自己道德品行崇高，做到了孝敬、仁爱、谦恭、勤劳，多才多艺，以身示仪。孔子称颂周公："载己行化而天下顺之，其诚至矣。"第三、善于学习，虚心吸收先代圣哲之长。他对殷商时期许多贤明君主的德行才智以及典册非常熟悉，继承了后稷、公刘、太王、王季、文王、武王的德行道义，同时受到文王、武王诸臣佐的砥砺熏陶，性格坚定，思维敏锐，因此才使他处事接物左右逢源，择善固执。

《韩诗外传》对周公善于学习、兼收并蓄的美德作了如下概括："周公事文王，行无专制，事不由己，可谓文；成王幼，抱而立朝，诛赏无所顾问，可谓武；成王壮，北面而言，请而后行，可谓圣。"孔子说："周公一人之身能三变者，所以应时也。"儒家学习和发扬了周公之学，因此兴盛。

《淮南子·要略》曰："孔子修成康之道，述周公之训，以教七十子，使服其衣冠，修其篇籍，故儒者之学兴焉。"

周公不愧是我国古代教育大业的先圣先师。

山河岁月

农业文明的起源与环境之适应

我国文化之起源，以往的说法不是推到盘古开天辟地，即是溯自黄帝之制作百器文物。这些传说连汉代的太史公司马迁也感到为难，故近代学者改用考古学上发现之材料，印证古籍，来推测中国历史文化的起源。自从北京人于1926年发现以后，学者虽热衷于中国旧石器时代文化之研究，但因为年代太久远及资料之限制，究竟各处陆续发现之旧石器时代人类是否我们的祖先？当时的文化与今日中国文化间传承的关系又如何？委实难以论断。故谈论早期的中国历史文化，应在新石器时代开始，因为只有从这时期开始，才有足以征信的资料。新石器时代华北出现的蒙古人种，据步达生（Davidson Black）研究，与今日华北中国人体质上是同源的，而出土遗物与历史时期的文化也能表现出传承关系。新石器时代，除了早已为人熟知的仰韶、龙山文化外，近年各地又有遗址出土，如山东、苏北之大汶口文化，江浙之河姆渡、马家滨文化，湖北之屈家岭文化，而东南沿海闽、粤、台湾也有史前文化分布。这些考古上的新发现，使学者渐渐相信，中国新石器时代文明的起源是多元的。

新石器时代在人类文明发展史上之所以重要，是因为开始了农业活动，使人类脱离了耗费时间精力去采集追逐食物的渔猎经济阶段，开始生产粮食，免于饥饿匮乏，有余裕来创造较高的文明。中国早期的农业生产，充分反映了人类对自然环境的适应性。在仰韶文化区的西安半坡村窖穴中，发现成堆的小米，这是目前所知人类最早的小米栽培纪录，其他遗址如陕西宝鸡县斗鸡台、华县柳子镇泉护村，山西万泉县荆村，也陆续发现小米的痕迹，由其囤积之数量可以判断这是当时的主食。在北方一般粮食作物中，小米蒸散的水分少，水分利用的效率高，也就是说，小米是最耐干旱的农作物。仰韶文化分布区主要是黄土高原。黄土高原乃数十万年来，由戈壁吹来的黄沙覆盖而成。这些黄土叫风成黄土或初生黄土，组织很特别，内多孔隙，地质学上称为"柱状节理发育"，意思是它有许多脱胎于草根及树根的圆形细管，圆径自0.2公厘以上不等。根有多枝，和主根每成尖角形，成一律朝下的细管，管的四周富具石灰质（$CaCO_3$）。由于其松软，有高度渗水性，吸起水来如海绵一般，因此一遇到水，全部变成泥浆。黄土另一特性为风化程度微弱，颗粒中所含矿物质大都尚未溶解流失，呈碱性，故肥分相当高。仰韶文化所在之黄土高原，年雨量为250～500公厘，相当稀少，且雨季集中于七八月。在这种干旱环境下，当时的人就以小米为主要作物，因为它耐旱、产量多、成熟期短，且能久藏不坏，故当夏季短暂的雨期来临时，立即用简单农具松土下种。黄土吸收的水分渗入深处，蒸发十分缓慢，能长期保存，在雨过的干季中，再由地下经毛细管作用渐渐上升，不但补给了作物根部的水分，而且溶解的矿物质等肥分也随水分的上升带到地上来，为根部提供养料，故到秋后，小米即可收成。由上可知，当时的人们对大自然是如何巧妙利用的。

仰韶的小米文化并非中国新石器时代农业的唯一代表。华东沿海之河姆渡文化，也发现人工栽培之籼稻，距今约有七千年，是全世界已发现的最早水稻栽培纪录。较河姆渡晚的江汉流域新石器文化遗址，如安徽肥东大陈墩、江苏南京庙山、无锡仙蠡墩、浙江吴兴钱山漾、杭州水田畈及湖北京山屈家岭、朱家嘴、天门石家河、武昌放鹰台，均有史前稻谷出现，可见较黄土地区湿热的江汉流域，早已孕育出不同于仰韶小米文化的稻米文化。当时尚无灌溉技术，稻米即粗放式的点种在沼泽边的低湿地，不耕、不锄、不耨，更没有育秧移植。值得注意的是，新石器时代是稻作并不仅限于南方江汉流域，仰韶村出土的陶罐残片，其上有明显的稻壳印痕，已断定为人工栽培的稻谷。但黄土区域的气候，若在灌溉未发明之时，应不大适合水稻之发育，故仰韶村所发现的大概不是原生稻，或是由江汉地区传来，再在黄土区域排水较差的低湿地种植。除稻米的传播外，屈家岭出土的陶器也带有彩陶的风格，因而实在无法否认黄土地区与江汉流域有文化交流之可能性。

新石器时代人们对居住环境的选择，也十足表现了对环境之适应性。从小地理环境讲，他们的居址，多位于地势较高的地方。如仰韶文化遗址，多在河流两岸的土丘上，或河流切割黄土所留下高出河面数十公尺的河阶上，或离河较远的源泉边。龙山文化众遗址不在小河边台地，即是小冈丘，或两条小河交汇间之三角台地。即便淮水及长江流域之新石器时代遗址也都如此。这种选择是趋吉避凶，只要近水而无水患，又有沃土可种植，使生活便利即可。就大地理环境而言，华北各地新石器时代遗址之分布，除甘肃、山西沿着黄河中上游有数处外，其余大多数遗址都位于黄河的支流，或比支流的更小的支流边。西方学者过去常将近东两河流域及埃及尼罗河流域的经验套过来，推论中国文明的起源是人类与自然的搏斗，克服了黄河的水患而造成的。如汤恩比（Toynbee）认为这是"挑战与反应"，华夏文明在黄河下游诞生，接受沼泽、丛林、洪水与严酷气候之考验，而引发创造才能；威特弗格（K·A·Wittfogel）也将中国文明之起源归因于水利事业的发展，主张灌溉是中国农业的必要条件，而治水事业则为中国专制君主国家社会经济的根据所在。若弄清了当时的地理环境，这些论点均难以成立。因为从遗址的分布看来，大都不是在泛滥大河——黄河边上，而是在支流或其他小河旁的高地，在地势上根本受不到水患威胁，也没有利用河水的泛滥从事原始性的灌溉。即使是在甘肃、山西黄河中上游的遗址，也因黄河此段仍在高原谷中切割，根本未具备泛滥大河的条件，故中国古代早期文化，在华北是小河流域的旱地农业，而非大河流域的灌溉农业。南方稻米农业也仅利用低湿地区，直到商代还不见有灌溉之利用。

欲了解中国早期农业之性质，尚不能不注意其与气候之关系。远古之气候是否一如今日？过去学者据《诗经》、《尚书》等古籍所载之动植物资料判断，以为当时华北气候必较今日温暖而潮湿，正如今日长江流域一般，地表植被（vegetation）也是森林密布，现代许多学者仍宗此说。何炳棣氏以《诗经》及其他古籍中所述及之植物，与近代所作古代地层中遗存之孢粉分析（pollen analysis）比较，认为由史前至今天，黄土区域的树木种型没有显著不同，森林分布也只限于山岭、阪、麓，及平原上较低湿的地方，一般黄土高原和黄土冲积而成的黄淮平原，植被主要是草甸——耐旱耐碱的蒿属草莱分布，这反映了当时也是干凉的气候。何氏并列举了历代对砍伐森林之禁令，说明中国自古以来对森林之珍视，不致滥伐，来反驳一些人认为黄河流域原来林木茂密，因久经滥伐而成光秃一片的推想。何氏之论证固可修正"古代气候较今湿热"的臆断，但其所举历代伐林禁令，也可解释为当时对森林之滥伐，已令政府难以坐视。黄土地区气候虽大体干旱，但《禹贡》、《职方》均载当时黄河下游南北岸有很多湖泊，一如今日江汉流域，而且关中（渭河盆地）今日仍有不少湿地，如果我们不忽视湖泊对气候的调节作用，虽不必认定当时黄土地区"森林密布"，但其分布当较今日广阔得多，应是可以相信的。至于古代江汉地区之暖湿多林，即在今日仍然如此，可毋庸置疑。

中国农业文明之起源，是适应着黄土区域与江汉流域两种各异的气候地理状况，而分别产生以小米与水稻为主的不同文化。前者气候严厉、半干旱、植物资源较缺乏，但黄土质松，相当肥沃，易于耕掘种植，故利用集中夏季的雨量种植小米；后者雨量较多，冬旱不如前者明显，则择种适应湿热的水稻。中国与其他世界古文明一样，均发源于温带，然农业起源的特征与近东两河流域、尼罗河流域及印度河流域利用大河泛滥后留下的沃土，再加灌溉、栽培小麦的农业特征不同，完全是气候地理相异而导致的差别。但中国农业文化之起源也有与其他古文明相通之处，即同样的从事于粮食谷物的生产，不似热带地区之农业，最初皆建立在芋、薯等根块植物及香蕉、面包果之类富淀粉的果实上。人类史上没有例外，唯有建立在谷物粮作基础上的农业才会产生高等文化，因为谷物提供之营养远较根块植物及热带果实完整，并且前者之播种、耕耘、收获，不像后者在热带、亚热带之随时可种植收获，而须遵守一定的节气。故原始时代耕作者不得不留心生活规律，观察四季、气候、日、月、星辰之自然现象，使得天文、历法、算术、符号、文字能够发明进步，而产生高等的文化。

上古文明的发展与地理背景

自从甲骨文大量出土后，学界多认为商代是信史的开端。1959年河南偃师二里头遗址挖掘后，其底层文化可能属于夏代，相信传说中的夏王朝，不久也能确切证明。上古史中的夏、商、周三代，以往认为是三个前仆后继的朝代，像被野蛮包围的文明孤岛一样发展起来。但近代的考古证明愈来愈使人相信，三代文明是平行而并进的，即新石器时代晚期以来，华北与华中有许多国家形成，其发展不但是平行的，而且是互相冲击、互相刺激而彼此助长的。夏、商、周在历史上固然是相继的时代，同时也是三个政治集团，即在三代时夏、商、周可能都是同时存在的，只是其间势力之消长各代不同：

夏的王室在夏代为华北诸国之长；商的王室在商代为华北诸国之长；而周的王室在周代也为华北诸国之长。

夏、商、周三代的疆域到底如何？今日仍难断言。但依其都邑位置知各代统治中心之范围，大致是周人处于西，夏人在中，商人在东。夏人大概起于山西西南隅汾河下游之地，再渡河南下，由豫西迁豫东、鲁西，北及冀南，西至陕东，在黄河两岸活动。商人可能起于东方，由始祖契至成汤间的先公先王时代，曾八次迁都，其地不外今豫中迤东，以及鲁西河济二水南北之地，汤之后至盘庚凡六迁，也不外在晋南、鲁西、豫境及苏北、皖北，即黄河下游两岸之地。周人则起于陕西之泾水、渭水流域，以后东向扩展，灭殷、奄之后，才发展及整个黄淮平原。当然，上述三代活动范围只是依其都邑位置的推论，实际上其文化圈可能要大得多，如考古上发现属于殷商型的文化遗址，曾北越长城，东及山东，西至陕西，南抵湖南、江西，但这些地方是否直属王畿，或为封国，或系方国，与中央关系如何？则不得而知。

新石器时代虽以农业生产为主，但渔猎采集也扮演着重要的经济角色，以补充食粮之不足。商周时代当然是农业社会，过去一些学者鉴于商代多次迁都，及甲骨文中关于畋猎的记载特多，以为商代还停留在渔猎或游牧社会。但是商代的迁都所在，都在黄淮平原洪水徙移不定的老黄河道上，可能与避洪有关，并不是逐水草而居。爱好田猎可能是王者的娱乐，也是以野兽为对象来训练武力，因为卜辞记载农事之多，在此可以肯定殷代确是农业社会。周的始祖后稷虽善植五谷，但后世久处陕甘高原与戎、狄为伍，可能农业仍相当幼稚，过着半农半牧的生涯。翦商及东征以后，走出黄淮平原，在广袤的土地上建立了许许多多的殖民城邦，这种地理环境的改变才使农业易于发展。

从三代文化的发展看来，黄土高原与黄淮平原是当时的历史舞台。这两个平原一西一东，地形上有很大的区别。黄淮平原乃由黄河、淮河、海河三大水系冲积而成，相当平坦，由偏西的郑州至海岸，落差也不过 150 公尺。经黄土高原、豫西山地，挟大量黄沙奔腾东下的黄河，到了平原之后，即流无定状，成为历史上由海河口至淮河口间，南北不断摆动的水道。其原因是黄河为世界上挟沙量最大的河流，夏季骤雨，洪峰挟黄土而下，至平原后流速减缓，原先在高原冲刷的侵蚀作用，到了平原却成堆积作用，大量泥沙淤积下来，使河床垫高，水行屋脊之上。黄河旧道出豫西后也不若今之东注于海，而是东北奔流，由天津之南入海，春季融冰时，南方的河段已解冻，北方海口依然冰封，河水无法宣泄，也易泛滥成灾。历史上的洪水传说，反映的就是以上所的自然现象。不过在远古时黄河下游两岸，冀、豫、鲁之交，尚多泽渚可为调节水量之用，故能避洪患的水边高地——丘，就成为农业聚居点。黄河冲积的黄土，叫次生黄土，沃度高，原始植被是繁茂的草原（prairie）。焚草后以简单农具松土即可耕作。该地区年降雨量在500～750 公厘左右，虽不丰裕，却正好集中于生长季节的夏天，故不必灌溉也可靠天雨发展农业。至于黄土高原，雨量更少，在500 公厘以下，但其泾、渭、汾、洛河谷，由于黄土肥沃，也可利用夏秋之间的雨期耕作，且其地不易受水患，更具生产潜力。

中国新石器时代文化的起源既然是多元的，为什么中国早期的文明容易在黄土区域发展？这里必须略作说明。首先在气候上，世界主要古文明发展地区都在暖温带草原上。因为寒带太冷，冬季又长，热带高温多雨，密林广布，疫疠流行，均不适于培育文化。只有暖温带地区气候适中，四季又多变化，对于人生活动富于刺激力。当然同属暖温带者尚有长江流域，但气温较高，雨量在750～1500公厘间，水泽密布，森林遍长，虽然史前即有农业萌芽，但新石器时代尚无锐利之铜铁工具使用，伐林辟田，甚为艰难。东南、岭南两地丘陵年雨量更在1500～2000公厘以上，素为蛮荒瘴疬之地。塞外如热河山地、桑干盆地、塞北高原等均属寒冻期长而过于干燥的贫

瘠草原 (steppe)，其气候地理条件也不如华北，故这些地方的发展，不如华北黄土区域来得快。

周王朝建立之后，摧毁了商及其东方属邦的残余势力，疆土急速膨胀。为了对付敌意未消的异邦人，周人推行了一套有效的统治方式，即封建制度，除大封姬姓子弟及姻戚外，尚有商的后裔——宋，及商代以前的属国。其实周人封建的本质就是武装殖民运动，分别在战略、经济、交通要点上建立起镇压原住民的基地，以这些据点彼此掩护支援，达成控制的目的。这些城邑的分布主要仍集中于黄土高原的汾、渭河谷，豫西、鲁西一带，江汉流域较少。周的都城原在关中之镐京（长安），号称"宗周"，又在豫西山地间的雒阳营建东都，号为"成周"，也为控制东方的前进指挥中心，十足反映了当时东西仍然对立的紧张情势。此又牵涉到我国上古史上一个有趣的问题，即是东部平原区与西部山区的地理差异，引起东西对立而交战的现象。夏人兴起于汾河流域，常与东方夷人作战，夏王朝之建立，是西方胜过东方；商人发源于东方，代夏而有天下，是东方胜过西方；周人崛起于渭、泾流域，东进翦商灭奄，是西方胜过东方；以后秦并六国是西胜东；楚汉亡秦是东胜西；绿林赤眉对新莽也是东胜西；曹操破袁绍是西胜东。不过到两汉之统一，东西混合很深了，对峙之势不如三代时明显，加上东汉以降对长江流域的开发，这种多雨、多沼泽、多森林的湿热地区与黄河流域显见的地理差异，就远较黄淮平原与黄土高原间的分野来得大了，故从此历史上东西的差异为南北的对立所取代。

时代愈古，部落愈分立，国族愈众；时代越后，则兼并越激烈，故夏禹时号称万国，商汤时称三千余国，西周之初也有千余国。周之封建诸侯，国土最初并不广，一般不过方百里，以城廓为中心，住在城中的为国人，由周人及商遗民之旧统治阶层组成；城外广大田土称为野，野上小聚落称为邑社；土田及放牧草地之外植林为界，称为封疆；此外为瓯脱地带，各国间有广大隙地。故所谓"国"，差不多是一个农庄大小，加上四周田园、牧场和树林而已，此即老子"小国寡民，老死不相往来"之历史地理背景。这种疏疏散散分布的国，当然不能以后世领土国家之观念来衡量。散布华北地区大大小小的国，是古代社会的基础与文化传播中心，随着时日而渐渐拓展。至周室不堪高原地区狄戎压迫而东迁时，靠近山东丘陵之齐鲁，成为文化经济的重心，代表新兴的正统。春秋时代，兼并盛行，封建城邦只剩百余国，而先后受各霸权的左右。西周封国中，位于中原者密集而封地狭窄，发展反而受到限制，不如封于边地之齐、晋、秦、楚。齐位在山东丘陵之北，由此至封于蓟（北平）的燕国间，因为正位于黄河下游出海的九河区域，为水患威胁最大之荒地，齐东又为莱夷、嵎夷文化较低民族，故有开疆拓土机会；晋以汾河流域为核心，并有山西高原及豫西山区之狄地；秦人在周室东迁后，向陕甘高原发展，称霸西戎；楚人并淮上与江汉间之姬姓等小国。这些国家能称霸春秋，有足够的生活空间供发展当为重要因素。至于中原各国，特别是宋、卫、曹、郑等正好位在历史上黄河不断泛滥改道而形成的数条天然河堤上，这些东西向的河堤又是古代豫西山地、太行山麓至山东丘陵间的交通要冲，故中原成为历史上有名的四战之地，立国其上的各邦无怪乎要成霸权争衡下的牺牲品，受到最多的战祸。春秋霸主们在"尊王攘夷"的口号下取代周天子维持国际秩序，是一种变相的封建制度，一方面也激发了中原各国对华夏文化的认同感，使得文化落后的渔猎或半农耕民族——戎、狄、蛮、夷渐渐同化。当时与中原华夏系统颉颃的最大外敌，即是南方的楚。楚之始祖虽发迹于中原，逐渐南移后，仍受商文化之影响，同时崛起于水泽山林密布的江汉淮水流域，自异于中原文化，被视为蛮夷，故北上与中土列强抗争，历数百年不息。至于长江下游东南丘陵上的吴越，春秋末年虽一度崛兴，但随即没落。战国列强间之兼并较春秋尤为惨烈，能在历史舞台露头的只剩七雄。黄淮平原相当平坦，加上秋后干旱，河川水浅，冬季又有长达数月之冰封期，故春秋时代流行车战，车乘之多少成为武力消长的关键。战国时代各国又自胡人习得骑射之术，兵队移动极快，更加重了战争的惨烈与各国之兼并。在此情况下，只有楚人感受到较少之威胁，因南方的山岳、森林、河川、沼泽使车骑无用武之地。长江今日虽利于航运，但当时舟楫尚不足克服河川之险阻，长江水道上下尚无交通，故秦人东侵所向无敌，唯对楚之征伐，感觉十分艰辛。

春秋至战国，由于铁制器具的使用，利于山林草莽之拓垦，加上灌溉方法的应用，农业有相当的进步，可以养活较多的人口。当时的人力资源较土地更为重要，故各国不断劫夺对方人口，或迁徙人民开发荒地，因之封疆日坏，各国间已紧密相逼，无隙地为缓冲，摩擦更为激烈，助长彼此兼并之势，也使国族日益混合成一体，使统一成为自然的趋势。秦由三晋（韩、赵、魏）引入灌溉方法，在关中大修沟洫，如郑国渠使渭、泾流域成沃野。以往冬季休耕的土地，也因渠水灌溉使小麦可以栽种，一年作物可以两获，大大提高了土地生产力，加上巴蜀之归入版图，成都平原也筑都江堰灌田，使秦的富庶跃居天下第一。东方黄淮平原上各国分据黄河或其他支流的某断，不成完整的水系，故水利设施无法整体规划，不是壅川自利，不留滴水，就是以邻为壑，决堤灌敌，彼此纠纷迭起，自无法合作与秦竞争。加上秦国占有黄河、长江上游之关中、巴蜀，均为山脉环绕之盆地或河谷平原，关中东出有崤函之固，巴蜀东下备三峡之险，占尽高屋建瓴的形胜，退足自保，进可争霸中原，这种地理位置的优越，是秦终能统一六国的原因。

士人与士风

莫谓书生空议论

头颅掷处血斑斑

　　这两句诗是邓拓游罢东林书院之后，发抒心中的感慨，歌颂东林党对抗权奸、凛然不屈的风骨，和慷慨牺牲的精神。邓拓也像他的先驱——东林党一样，只因直言不讳、为民请命而遭受迫害，以致丧失宝贵的生命。东林党人和他们的追随者的遭遇虽然是中国知识分子的悲剧，但从这个悲剧之中，正透露出中国知识分子"为天地立心，为生民立命"的艰苦卓绝的风骨；从这个悲剧之中，正显示出中华民族所以屹立在人类历史舞台，万古奔流的因素。

　　历史的发展脱离不了人，没有人就根本没有历史可言，所以说人是历史发展的中心、历史发展的动力。虽然，芸芸众生对于整个人类历史的发展都有或大或小各个不同的贡献，但是在历史发展之中，不容讳言，某些人群团体，或某些个人往往是历史发展的主导力量。我国在春秋战国时代，就把社会上的人们分成士、农、工、商四大群，称之为四民。传统中国称"士"为四民之首，事实上，在中华民族历史的发展过程中，"士"这一阶层，毫无疑问，居于主导的地位。由于"士"这一阶层居于中国历史发展的主导地位，因此，在中国历史发展中担任了最重要的角色。中国历来也就特别重视"士"的教育，特别重视培养士人的气节与风骨。

中国知识分子的特质是一个层面广大、内容复杂的问题，本文仅以鸟瞰方式，对中国知识分子的渊源、演变和发展作一个初步的探索。

任职供事的多士

历史学者都很注意中国知识分子的性质和特性，因此就有许多历史学者探索中国知识分子的原始。由于既无古代文献可稽，而出土的甲骨文字与铜器铭文又不足征，因此，大家全凭汉字构造的特征——象形构字之本，按照字体的形状，去推测"士"的原始意涵。

现存我国最早的字书《说文解字》对于"士"字的解释是："士，事也。数始于一，终于十，从十一。孔子曰：'推十合一为士。'凡士之属皆从士。"段玉裁注释这段文字说：

> "引申之，凡能事其事者称士。《白虎通义》曰：士者事也，任事之称也。故《传》曰：通古今，辨然否，谓之士。"

王国维则从甲骨文中的"𡈼"字，为《说文》的说法作了补充。基本上，王氏认为"士"字是"从一十"构成的会意字，"士"字的意义是"男子之称"。

但对于这种以"士，从一十"为会意字的说法，后来的学者颇有异议。由于"士"的原始意义，得不到一致的意见，杨树达遂有《释士》之作。然而杨氏这篇《释士》，主要是保存他的亡友吴承仕的遗说，而加以补充。《说文》："士，事也。"吴氏的解说为："士，古以称男子，事谓耕作也。"认为："男字是从力田，依形得义，士则以声得义也。"杨氏认为这样解说"士"字是"精确不可易",并且拿甲骨文的"⊥"字补充说明。杨氏说:"按士字甲文作⊥,—象地,∣象苗插入地中之形,检斋(承仕)之说与古文字形亦相吻合。"

吴、杨两氏的说法,颇为当今学者接受采用。徐复观略加修正,提出"士本为国人中的精壮农民"的说法。余英时认为:"这一原始意义的'士'恐怕是存在于非常古远的时代,因为就现存的古代文献而言,一方面我们很难证明'士'字可以单独地解为农夫,而另一方面,远在商、周的士,如文献中的'多士'、'庶士',已可能指'知书识礼'的贵族阶级而言了"。徐复观采取了农夫作为'士'的原始义。杜正胜则认为"士本来就是耕农",并提出"士、国人、自耕农三者一致"的看法。

我认为,除非有很确凿的证据,就不该否认"士"字为"从一十"的会意字。"从一十"虽不必为"举一知十"、"推十合一"、"以简驭繁"的意思,但至少可为"知数知书"的意思。由此推论,"士"的原始意义就与知识发生了关系。从殷代士人的性质,更能证明这一点。陈梦家在《西周文中的殷人身份》一文中,推测殷士是知书识礼的,同时也是殷代的贵族阶层;他们是统治者,拥有土田宅邑。直到周朝灭亡了殷朝之后,周人对于殷的士人仍采取妥协政策,即使是迁居洛邑之后,有的殷士仍然保有土田居邑,有的殷士则依靠他们的礼乐知识,服事于周的王室。《诗经·大雅·文王》:"殷士肤敏,祼将于京,厥作祼将,常服黼冔,王之盖臣,无念尔祖。"正是记载殷士戴了殷人的帽子为周王行灌尸之礼。到了春秋之后,这些殷士就沦为民间的相礼者。由殷士是知书识礼的人来看,更可相信中国最初的士人即与知识脱离不了关系。关于我国古代士即武士之说,则不足采了。

蝉蜕旧习的志士

周人克商之后,建立起一套封建的典章制度,在这个制度中,士和庶人的地位有很大的区别。祭祀上，士人有庙，而庶人只能祭于寝，士人可食以鱼炙而祀以特牲，而庶人却食以菜而祭以鱼。彼此在宗教上是不平等的。庶人以下的卑隶，命运更是悲惨，似乎没有祭祀的权利。

由武王克商经周平王东迁，到赵、韩、魏三家灭智伯，其间经过将近六个世纪。在这五百多年间，周朝的社会、政治、经济、文化等方面都在不断地演进。到了春秋中期，产生了上层的贵族下降和下层的庶人上升的现象。春秋晚期之后，这种变动的情况加速加剧。公元前509年，史墨对赵简子说："社稷无常奉，君臣无常位，自古已然。故诗曰：'高岸为谷，深谷为陵。'三后之姓，于今为庶，主所知也。"（《左传》昭公三十二年）在这里，史墨指出：自古以来，国家有兴有亡，君臣的位置也不是永恒不变。并举出历史上唐虞、夏和商三代圣王的后人，至今全成了庶民的具体事实为例。事实上，在春秋晚期，晋国公室和贵族中人，就有乐、郤、胥、原、狐、续、庆、伯八姓，"降在皂隶"（《左传》昭公三年）了。

"由于士阶层适处于贵族与庶人之间，是上下流动的汇合之所，士的人数遂不免随之大增。这就导致士阶层在社会性格上发生了基本的改变。"士阶层在社会性格上发生了基本的改变，固然与人数的增加有关，但是与孔子的出现也有极大的关系。冯友兰认为："孔子是中国第一个使学术民众化的，以教育为职业的'教授老儒'；他开战国讲学游说之风；他创立，至少亦发扬光大，中国之非农非工非商非官僚之士之阶级。"换句话说，孔子曾经在中国历史上掀起了一次社会革命，至少对发生在春秋战国之际的社会革命，孔子有推波助澜之功。

在周代封建制度中，社会的等级森严，是一个"君子劳心"、"小人劳力"（《左传》襄公九年），"恃手而食者不得立宗庙"（《荀子·礼论》）的不平等社会。这个不平等社会又是"礼不下庶人，刑不上大夫"（《礼记·曲礼》），"由士以上则必以礼乐节之；众庶百姓则必以法数制之"(《荀子·富国》)，一般的人民是不能，也无法受到礼乐的教化的。孔子虽然未曾主张把刑推及于贵族，但他明确地主张把礼下及于庶人。孔子说："道之以政，齐之以刑，民免而无耻；道之以德，齐之以礼，有耻且格。"(《论语·为政》)这两句话的前一句，是当时贵族阶层所推行的传统办法；后一句，是孔子所提出的改革方案。孔子认为民也要有"德"，所以对民可以用"德"来领导，用"礼"来整齐。孔子这种主张，实际上就是"礼下庶人"，打破了"庶人"和贵族之间的主要界限。

孔子对于当时的社会也提出了一些改造的意见。当时人数众多的士阶层是茫茫然毫无目标不知所措的。孔门的弟子也不例外，他们纷纷问孔子什么是士的行为规范：

> 子贡问曰："何如斯可谓之士矣？"子曰："行己有耻，使于四方，不辱君命，可谓士矣！"
>
> ——《论语·子路》

> 子路问曰："何如斯可谓之士矣？"子曰："切切偲偲，怡怡如也，可谓士矣。朋友切切偲偲，思弟怡怡。"
>
> ——《论语·子路》

> 子张问："士何如斯可谓之达矣？"子曰："何哉，尔所谓达者？"子张对曰："在邦必闻，在家必闻。"子曰："是闻也，非达也。夫达也者，质直而好义，察言而观色，虑以下人。在邦必达，在家必达。夫闻也者，色取仁而行违，居之不疑。在邦必闻，在家必闻。"
>
> ——《论语·颜渊》

这些都是孔子因材施教，按照每个人不同的性格、不同的条件所作的回答。

　　孔子努力提高士人的行为与情操，他一再勉励士人说："士志于道，而耻恶衣恶食者，未足与议也。"（《论语·里仁》）"士而怀居，不足以为士矣！"（《论语·宪问》）由"不耻恶衣恶食"与"不可怀居"来看，士人要耐得住清苦的生活。孔门弟子颜回就因为"一箪食、一瓢饮，居陋巷，人不堪其忧，回也不改其乐"，被孔子称赞为："贤哉！回也。"（《论语·雍也》）同时，孔子更为士人提出崇高的目标，那就是："志士仁人，无求生以害仁，有杀身以成仁。"（《论语·卫灵公》）孔子的"杀身成仁"影响了孟子。孟子提出"舍生取义"的口号。此后，成仁取义一语一直影响着中国的知识分子。中国的知识分子敢于面对强横，追求真理，全因"杀身成仁"、"舍生取义"的理想给了他们勇气与力量。

　　孔子对于中国士人阶层的性格塑造有很大的贡献。孔子打破原属贵族阶层的"士"，泯除了阶级的畛域，注入新的血液，产生新的生命，使"士"在中国历史上担任了更重要的角色。

位尊养优的游士

　　自孔子开创讲学游说之风以后，战国时代成为游士的黄金时代，也是游说的鼎盛时代。战国时代的游说风气鼎盛，有其特殊和时代背景，即在国内与国际的重重政治危机之中，各国国君为求生存，不得不励精图治，礼贤下士。他们希望借用这些贤士的智慧为他们出谋划策，在国际的政治斗争中，以最小的牺牲换取最大的利益；另一方面，希望借重这些人的力量来压抑国内贵族的势力。不少的贵族公子为了维护他们自己的利益，也招养食客，与国君对抗。

　　战国初期，魏文侯是礼贤下士最著名的国君。魏文侯"师子夏，友田子方，敬段干木"（《吕氏春秋·举难》），"过段干木之闾而轼之"（《吕氏春秋·期贤》）。因此，魏文侯手下人才鼎盛，有季成子、翟璜、李悝为相国，西门豹治理邺郡，吴起防守西河之地，乐羊攻伐中山国（《史记·魏世家》），这些人都是一时之选。魏文侯也完成了基本的政治改革。其中，李悝所制定的《法经》尤其重要，后来商鞅把《法经》携入泰国，协助秦孝公完成变法运动。赵烈侯也由相国公仲连引进贤士牛畜、荀欣、徐越三人，推行了"选练举贤，任官使能"、"节财俭用，察功度德"的政治改革（《史记·赵世家》）。楚悼王起用吴起为相国，吴起"明法审令，捐不急之官，废公族疏远者"，推行变法，结果"南平百越，北并陈蔡，却三晋，西伐秦。诸侯患楚之强"（《史记·孙子吴起列传》）。韩昭侯起用申不害为相国，"内修政教，外应诸侯，十五年。终申子之身，国治兵强，无侵韩者"（《史记·老庄申韩列传》）。齐威王封即墨大夫万家，而烹阿大夫及左右曾称誉阿大夫的人，于是"齐国震惧，人人不敢饰非，务尽其诚，齐国大治"（《史记·田敬仲完世家》）。邹忌以鼓琴见齐威王，威王用之为相国，邹忌教威王"谨修法律而督奸吏"；威王又用种首防备盗贼，达到"道不拾遗"（《史记·田敬仲完世家》）的境地。秦孝公即位之后，下令求贤。公元前356年卫公子商鞅携带李悝《法经》入秦，协助孝公变法，奠定了泰国吞并六国、统一天下的基础。公元前311年，燕昭王于燕破之后即位，以谦卑重币招纳贤士，又以师礼对待郭隗，并为他改筑房舍。于是乐毅从魏国来，邹衍从齐国来，剧辛自赵国来，各地游士，争相前来燕国。苏秦也由周入燕，成为燕昭王的亲信，为燕出谋划策，奔走于齐、赵、魏等国之间，并为燕入齐从事反间工作。公元前284年，六国合兵攻齐，苏秦的反间工作被识破，遭车裂之刑而殉于市。

战国之世，不唯国君竞相延揽人才，集权中央，各国的贵族巨室为了维护本身的利益，也以养士为急务。齐国的孟尝君、赵国的平原君、魏国的信陵君、楚国的春申君、秦国的文信侯都是以养士而著名的。孟尝君田文劝他父亲田婴善待门下之士的动机便是"将门必有将，相门必有相"（《史记·孟尝君列传》），以维护其家族的势力于不坠。

战国时代，列国交战，各国的国君与其卿大夫之间也互相斗争。不论是列国交战，或是国君与卿大夫间的斗争，都需要人才协助，因此网罗人才就成了他们的当急要务。为了网罗人才，这些君主与卿相，不惜卑躬屈节，谦恭有礼。在中国历史上，没有一个时期的士人比战国时代的士人来得趾高气昂，也没有一个时期的士人比战国时代的士人更为养尊处优。

比如孟子就根本瞧不起当时的"大人"，也瞧不起"大人"的行为。当他见过梁襄王之后，出来便对人说："望之不似人君，就之而不见所畏焉。"（《孟子·梁惠王上》）孟子不但事后有这样的批评，就是当着国君的面，他也毫不保留他的态度。齐宣王就不知道当面遭受了孟子多少次的难堪。孟子虽然有"说大人则藐之"的行为与"民贵君轻"的学说，却还能"后车数十乘，从者数百人"以"传食于诸侯"（《孟子·滕文公下》），当时国君礼贤下士的风气，和士人养尊处优的情况，由此可见。

孟子并非当时的特例，士人受到礼遇是普遍的情况。如颜斶就能在朝廷之上，大声对齐宣王叫道："王，前来。"齐宣王问他："王者贵乎？士贵乎？"颜斶坦然答道："士贵耳！王者不贵！"又说："生王之头不若死士之垄也。"（《战国策·策四》）由颜斶呼叫"王，前来"，足见当时士的意气昂扬，而齐宣王居然还"愿请受为弟子"，又可见士在当时社会上地位的尊贵。齐宣王虽然要以禄用颜斶，颜斶却愿"得晚食以当肉，安步以当车，无罪以当贵，清净贞正以自虞"而辞去（同上）。

当时的庄子也拒绝过楚威王之聘。庄周笑对楚威王的使者说：

　　千金，重利；卿相，尊位也。子独不见郊祭之牺牲乎？养食之数岁，衣以文绣，以入太庙。当是之时，虽欲为孤豚，岂可得乎？子亟去，无污我。我宁游戏污渎之中自快，无为有国者所羁，终身不仕，以快吾志。

——《史记·老庄申韩列传》

庄子不为楚相，乃是不愿被国家的行政事务所羁绊。像鲁仲连则以为"与其富贵而诎于人，宁贫贱而轻世肆志"（《史记·鲁仲连列传》），因而不事王侯，高尚其志。

战国时代的才智之士，一说之合，一策之用，即由布衣而卿相。如秦孝公求贤，商鞅入秦，以霸王之道说秦孝公，孝公"不自知膝之前于席也"（《史记·商君列传》），且数日而不厌，结果以商鞅为相颁布变法之令。张仪、范雎、蔡泽、吕不韦均以游说而为秦国之相。

战国时代的游士，虽然多为富贵则来、贫贱则去的利禄之士，但其中或有气象伟大如孟子，志高品洁如颜斶、庄子、鲁仲连，或有"一饭之德必偿，睚眦之怨必报"如范雎（《史记·范雎列传》）者。不论他们地位的高低，都是个顶天立地的人物。由于他们个个顶天立地，独立自主，因此，他们在学术思想上也能取得震古铄今的辉煌成就。总之，战国时代的游士位耸而养优，中国其他时代的士人是难望其项背的。

通经致用的儒士

自孔子讲学授徒，儒家很快发展成为显学，再后来便成为各家攻击的目标。战国初期的墨子认为儒家"繁饰礼乐以淫人，久丧伪哀以谩亲，立命缓贫而高浩居（浩居即倨居，不从事生产），倍本弃事而安怠，贪于饮食，惰于作务，陷于饥寒，危于冻馁，无以违之。"（《墨子·非儒》）。战国晚期，集法家之大成的韩非对于儒家也是深恶痛绝，把儒士和游侠等量齐观，认为两者都是破坏国家法律、危害社会秩序的捣乱分子。等到秦始皇统一中国，焚书坑儒，儒家更是备受摧残。而汉朝的开国君主汉高祖，也是个溲溺儒冠、粗鄙无礼、慢辱儒生的人。汉朝初年，儒学的发展环境并不良好。

虽然汉初的政治环境对于儒学的发展并不是很有助益，然而，儒学却日盛一日地发展开来。聪明睿智的汉武帝刘彻洞烛先机，看出儒学发展的情势，因而因势利导，打出"独尊儒术，罢黜百家"的旗号，终使儒家取得正统的地位。

西汉的儒者有一个很显明的特色：他们不把儒学当作虚空的理论，而把儒学当作一剂可以改善风俗、建设国家的良方。西汉的儒者大多数是学以致用，身体力行，不知巧变的人物。如汉景帝时，辕固生和黄生在景帝面前放言高论汤武桀纣受命放杀的敏感问题。汉昭帝元凤三年（公元前79年），有一些怪异的事情发生：泰山南边出现了一块大石头，昌邑和上林苑中有枯柳树复生新芽。眭弘便以平日所学去琢磨这些事情。他根据《春秋》发现了这些事物的原因："泰山者岱宗之岳，王者易姓告代之处。今大石自立、僵柳复起，非人力所为，此当有从匹夫为天子者。"眭弘确实相信自己的发现是真实的，于是他使友人内官是赐上书皇帝，说道："先师董仲舒有言，虽有继体守文之君，不害圣人之受命。汉家尧后，有传国之运。汉帝宜谁差天下，求索贤人，禅以帝位，而退自封百里，如殷周二王后，以承顺天命。"（《汉书·眭两夏侯京翼李传》）结果，这两个不识时务、以身行道的人，被加上"妖言惑众，大逆不道"的罪名给杀了。

距眭弘殉道后十九年的汉宣帝神爵二年（公元前60年），司隶校尉盖宽饶"为人刚直高节"，看到汉宣帝好用刑法，信任中尚书宦官，便上奏说道："方今圣道寖废，儒术不行，以刑余为周、召，以法律为诗书。"又引《韩氏易传》说："五帝官天下，三王家天下，家以传子，官以传贤，若四时之运，功成者去，不得其人则不居其位。"汉宣帝认为盖宽饶有怨恨毁谤之意，下廷议，廷臣认为他"意欲求禅，大逆不道"。于是，汉宣帝把他交付狱吏，盖宽饶引佩刀自刭（《汉书·盖宽饶传》）。这又是一位要皇帝让位，被逼迫自刭的殉道之士。

汉成帝的时候，月食地震频频发生，当时的人把这些自然现象视为灾变。元延元年（公元前12年），汉成帝刘骜与群臣讨论这些灾变，询问北地太守谷永。谷永在回答成帝的话时说：

> 臣闻天生烝民，不能相治，为立王者以统理之。方制海内，非为天子；列土封疆，非为诸侯；皆为民也。垂三统，列三正，去无道，开有德，不私一姓，明天下乃天下人之天下，非一人之天下也。
>
> ——《汉书·谷永传》

在汉成帝刘骜的面前，谷永明确地指出天子、诸侯所以存在的道理，是为人民而存在；天下不是一姓的天下，乃是天下人的天下。充分发挥儒者轻身弘道之伟大抱负。

西汉儒生主张天子禅让，不单单仅止于上述几人。当时儒生普遍主张禅让。因此，也可知道汉儒把儒家学说认为是一种可以推行，能够落实的理论。

的确，自孟子发出"民贵君轻"、"闻诛一夫纣矣，未闻弑君也"的呼声之后，西汉儒者还能发出"汉帝宜谁差天下，求索贤人，禅以帝位"、"五帝官（公）天下，三王家天下，家以传子，官（公）以传贤"、"方制海内，非为天子；列土封疆，非为诸侯；皆为民也"、"不私一姓……天下乃天下人之天下"的回响，并且付诸实行。但这些西汉儒者的回响，却成了千古绝唱，西汉以后，几乎不复可闻。

中流砥柱的名节之士

王莽能够代汉而立，一方面得力于西汉儒生主张的禅让说，一方面也由于王莽在取得政权之前，谦恭下士，守法谨度，获得了当时士大夫的拥戴。等到新室倾覆，光武中兴，为了收拾残局，扭转士风，便极力提倡节操、奖励名节。

东汉光武帝奖励名节，虽有他的特殊用心，但确实发生了效用，养成了徇人刻己、然诺不欺，看重名节的风俗。到了东汉末年，外戚、宦官当权，国家政治黑暗混乱的时候，东汉的士大夫依仁蹈义，不怕牺牲，充分发挥了看重名节的风操。

桓帝时，外戚梁冀杀贤臣李固、杜乔，将他们的尸体暴露城北，并且下令不许收尸。李固的弟子，十五岁左右的郭亮，左手提着奏章，右手拿着斧锧，到皇帝的宫阙上书请愿，乞收殓李固的尸体，但得不到许可，"郭亮就在尸前守丧不去"。另有董班听到李固遇害，日夜奔驰，赶到洛阳，也在尸前守丧。杜乔的老部属杨匡一听到杜乔遇害，流着眼泪，不分昼夜赶到洛阳，装扮为城门的门卒，守卫尸体，驱逐蝇虫。然后带着斧锧到皇帝的宫阙上书，请求收葬李、杜二公的骨骸，总算得到梁太后的允许。于是郭亮、董班、杨匡分别奉李固、杜乔的灵柩回乡。后来这三人隐居不仕，莫知所归（《后汉书·李固杜乔传》）。从李固、杜乔之死，和郭亮、杨匡的带斧锧上宫阙请求收葬的举动，我们看到东汉时代的士大夫不惧权威，不怕死亡威胁，和"意志相尚、然诺不欺"的大无畏精神。在李固和杜乔遇害之后的十九年，发生了党锢之祸。

在宦官滥捕党人的时候，党人有许多可歌可泣的表现。当时范滂正在他的故里汝南征羌（今河南郾城县东南）。督邮吴导来到征羌县，抱着诏书，关闭驿站，趴在宿舍床上哭泣。范滂听到这件事，心想吴导一定在为他的事痛苦，于是自投县狱，请求拘禁。县令郭揖大吃一惊，准备弃官和他一起逃亡，并对范滂说："天下大得很，你为什么一定要到这里来呢？"范滂说："我死则俸祸，怎么能连累你们呢？又怎能让我老母随我逃亡呢？"他母亲和他诀别，他对母亲说："弟弟仲博很孝顺，足以奉养您。我就到黄泉追随父亲去了。活的、死的各得其所。虽然您老人家要和亲生骨肉分离，希望您不要过度悲伤！"他母亲说："你能和李膺、杜密齐名，死后了无遗憾。既有美名，还想求长寿，能两全吗？"范滂跪在地上接受他母亲的教诲，又磕了头拜谢母亲的养育之恩，然后从容赴义。(《后汉书·党锢列传》)

东汉经过两次党锢之祸的滥捕、滥杀之后，朝廷之中尽是趋贵附势、奴颜婢膝之徒。自光武帝以来逐渐养成之崇节尚义的社会风气，遭受破坏。范滂在辞家之前对他的儿子说："我要教你们做坏事，坏事是做不得的；要教你们做好事，可是我这辈子没做坏事，却落得这个下场。"(《后汉书·党锢列传》)对道德多少起了一点疑惑。由此看来，党锢之祸对于后来魏晋士风的转变，是有重大影响的。

生活放诞的清谈之士

党锢之祸以后，名士渐渐缄默下来，不再"危言核论"(《后汉书·郭泰传》)，不再"上议执政，下讥卿士"(袁宏《后汉纪》桓帝延熹九年)。有的人开始追求明哲保身的生活，有的人却开始怀疑名教，发出轻诋名教的言论。孔融说："父之于子，当有何亲？论其本意，实为情欲发耳。子之于母，亦复奚为？譬如寄物瓶中，出则离矣。"(《后汉书·孔融传》)简直给两汉标榜的以"孝"治天下来了个佛头着粪，并为魏晋以后的清谈之风启开了序幕。

东汉光武帝奖励名节，虽然在政治上、社会上起过正面的作用，但是这个由皇帝提倡起来的名节也发生了极大的流弊。当时的民谣唱道："举秀才，不知书；举孝廉，父别居。寒素、清白浊如泥，高第、良将怯如鸡。"(葛洪《抱朴子》外篇《审举》)由于在上位的人提倡，不免有许多矫情虚伪的事情发生。另外，由于过度崇尚名节，也造成了徒有德操而无办事能力的缺点。这就是孔融为什么轻诋名教的原因。

在魏晋南北朝时代，汉人政权的转移从曹丕篡汉开始到陈霸先篡梁为止，都经历过所谓"禅让"的仪式。究其实，每一次禅让，都经历了卑鄙无耻、丑陋残酷的权力斗争。

在这个政治黑暗、社会混乱、经济萧条的时代，自汉武帝以来，独尊于世的儒家思想动摇了，"自然"、"无为"，对于命运不作反抗的老庄思想开始抬头。

魏晋清谈之上虽然祖尚玄虚，推崇老庄，然而并非菲薄儒学，不亲世事，而是仍然关心世事。早期清谈的代表人物，首推何晏与王弼，而两人均有经世志向与能力。

高平陵政变发生后，司马氏逐渐专权，政权争夺比以往更加尖锐，对异己分子也更加残酷。最先是族诛何晏、桓范、丁谧、邓扬等人，接着又杀王凌、夏侯玄、李丰、毋丘俭、诸葛诞等人。所谓"魏晋之际，天下乡故，名士少有全者"（《晋书·阮籍传》）的时代开始了。在这一过程中，有些名士向当时的权势靠拢了，有些名士在政治的压力下消沉起来了，而有些名士却采取了撕灭名教的消极反抗行动。他们藐视名教，主张达生任性，把自然和名教对立起来，其代表人物为阮籍与嵇康。

司马氏夺权的成败，在于当时豪门世族的拥护，在于当时有声望的名士的舆论支持。当时知识分子的清谈，关心的是政治上的实际问题，关心的是知识分子出处进退的问题，这些问题在在与名教问题息息相关。当时的知识分子可分为两派，一派崇尚名教，一派标榜老庄、主张自然。阮籍、嵇康属于后者。当时所谓崇尚名教者，实际上是一批卑鄙无耻之徒，如何曾、苟颜、王祥之辈。他们靠拢司马氏，鬼鬼祟祟，协助司马氏篡位夺权。

阮籍和嵇康这些旷达名士，感到政治上扮演的舜、禹禅让的怪剧名又要重演，又要亲见"天下名士，少有全者"了。对此，他们一方面要表示自己的政治态度和意见，一方面又要避免因此招来的政治灾祸，便假借老庄的放达和老庄的政治社会学说以抨击当权派虚伪的名教和政治。嵇康的"非汤武而薄周孔"，表示他不满意当时司马氏的政治阴谋，只以消极的讽刺表示软弱的抗议。阮籍也作《首阳山赋》，以伯夷、叔齐自况。他认为司马氏代魏和武王伐纣差不多，同样都只是"以暴易暴"而已。

阮籍、嵇康等人，虽然在表面上作出了一些超越名教的行为，但他们内心里还不肯纵欲恣肆，自甘堕落。阮籍自己行为旷达，却不许他的儿子学他的"旷达"。嵇康教导幼子的做人道理，尽是一些儒家的中庸之道。从阮籍和嵇康的教子，正可看出他们不甘心堕落，因此他们的放纵恣肆也还是有限度的。

司马炎篡魏之后，并无开国新气象，政治上的混浊变本加厉，社会上的放荡、荒淫、无耻、奢侈、残酷到达了极点。这时候的清谈之士的放荡，与阮籍、嵇康的旷达已经完全不同。阮、嵇等人的旷达是对于政治威权的讽刺与抗议，而他们并不甘心堕落，所以他们的放纵行为还有个限度，而西晋时代清谈之士的放荡行为则没有限度了。这种腐化的政治和放诞的社会，很快导致了西晋政权的灭亡。

东晋渡江人士对于中原沦亡痛心疾首，经常检讨原因，追究责任。如范宁以为中原倾覆要归咎于王弼、何晏，认为他们"二人之罪，深于桀纣"（《晋书·范宁传》）。桓温也说："遂使神州陆沉，百年丘墟，王夷甫（王衍）诸人，不得不任其责"（《世说新语·轻诋篇》）。虽然有这样的检讨，但整个东晋和南朝的政治、社会风气，虽然不再像西晋时代那般奢侈腐败，却也并没有革新与振作，仍然是相当败坏萎靡。这种腐朽萎靡之风，到了萧梁时代达到了顶点。颜之推在他的《颜氏家训》中说道："梁朝全盛之时，贵游子弟，多无学术，至于谚云：'上车不落则著作，体中何如则秘书。'无不熏衣剃面，傅粉施朱，驾长檐车，跟高齿屐，坐棋子方褥，凭斑丝隐囊，列器玩于左右，从容出入，望若神仙。明经求第，则顾人答策；三九公议，则假手赋诗。"（《颜氏家训·勉学篇》）又说："梁世士大夫，皆尚褒衣博带，大冠高履，出则车舆，入则扶持，郊郭之内，无乘马者……及侯景之乱，肤脆骨柔，不堪少行，体羸气弱，不耐寒暑，坐死仓猝者，往往而然。建康令王复，性既儒雅，未尝乘骑，见马嘶喷陆梁，莫不震慑。乃谓人曰：'正是虎，何故名为马乎？'其风俗至此。"（《颜氏家训·涉务篇》）从《颜氏家训》这些话中，我们看到当时的士大夫不学无术，身着薰衣，脸傅脂粉，足登高履，弱不禁风，胆小如鼠，竟无丝毫男子气概。当时南朝士大夫的萎靡不振可想而知。

经过长期的分裂，最后是建国北方的隋朝统一了全国。而北方之所以能统一南方，结束数百年分裂混乱的局面，并不是偶然的，这和当时的学术文化、士大夫的风气有密切关系。永嘉之乱，过江而南的世家大族，大多数是当年的清谈玄学之士，清谈玄学也跟着他们渡江而南；留在中原的大半是些次等的门第，他们所学所奉的多是儒学。在北方建国的胡族政权，需要与汉人合作，因此，各个胡族政权都很用心提倡儒学和保护儒学，南北学术与士大夫风气因而大异。

心存魏阙的浮华之士

隋统一中国之后，南方的社会风气很快地弥漫天下。唐朝初年，士人的浮华风气与南朝并无二致。唐太宗为一代英主，而他的文章依然脱不了南朝的风气。宋神宗时翰林学士郑獬批评道："唐太宗功业雄卓，然所为文章纤靡浮丽，嫣然妇人小儿嘻笑之声，不与其功业称，甚矣淫辞之溺人也。"（王应麟（《困学记闻》卷十四）唐初的文人学士甘心居于弄臣之列。非但这些文士诗人如此，就是儒学大师颜师古、崔义玄也都依附权势、贪污纳贿。当武则天向狄仁杰求"一好汉任使"，狄仁杰答道："岂非文士龌龊，思得奇才用之，以成天下之务乎？"（《旧唐书》卷八十九《狄仁杰传》）从武则天的求"好汉"，正表示她对那些在她面前逢迎阿谀的文士的轻视，狄仁杰所说"文士龌龊"，更是看透了文士的人格。

科举制度的进士科，为隋炀帝于大业三年（607年）创立的。隋大业三年，炀帝定十科举人，其中有"文才秀美"一科，即为进士科。这是种专凭文才来竞争高低、取得入仕的途径，打破了魏、晋以来凭借门阀高低作为入仕的条件限制。到了李唐创业初期，在高祖武德四年（621年），高祖即下诏恢复进士科的贡举。到了贞观、永徽之际，由于太宗、高宗对进士的尊重与荣宠，于是进士科的地位大为提高。在这样的风气之下，产生了"缙绅虽极位人臣，不由进士者，终不为美"（王保定《唐摭言》卷一《散序进士》）的现象。唐高宗晚年身患风眩，乃由武则天当家主政。武则天主政后，特重进士科。

武曌出身寒门，想要缔造武家天下，必须破格用人，以文取士，拔擢平民，以推倒魏晋以来的世族门第。至此而后，进士科的声价愈形崇高。到了玄宗开元、天宝时期，进士科便成为士人出仕的最佳途径。自此之后，历代因袭不改，为我国社会开辟了社会阶层上下流通的管道。

进士既以词科出身，而不出于经术，于是生活浮华、举止放荡，史载"长安有平安坊，妓女所居之地，京师侠少，萃集于此。兼每年新进士，以红笺名纸，游谒其中，时人谓此坊为风流薮泽"（王仁裕《开元天宝遗事》）。自武曌当政之后，有唐一代特重进士科。科举出身的进士以出入妓院、狎游妓女为生活的常事，这就把当时整个社会导入了浮华、放荡的风气。虽如大诗人李白、李商隐、杜牧等人亦在所不免，都有许多以娼妓生活为主题的诗篇。

唐朝士人的主要出路是在朝做官，在朝做官的主要门径是进士及第。由于科场竞争日趋剧烈，于是举人（应考人）"干投行卷"之风大盛。举人在考试之前，把自己所写的诗文，设法呈献给朝中的显要，取得他们的赏识，由显要替他宣传，增加声誉，并替他向知贡举（考试官）推荐，达到进士及第的目的。这种行为，就称为"干投行卷"。及第后，新进士再以诗文呈献给朝中显要，以求得适当的官位，这种行为也称为"干投行卷"。由于举子"干投行卷"风气的影响，就是已成名的文士，往往也把他的作品投献权贵之门，或邀名誉，或希结托，这也是"干投行卷"。

正因为唯有经过科举，始能出仕，举人干谒之风同时兴起。天授三年（692年）薛登上疏说："今之举人，策第竞喧于州府，祈恩不胜于拜伏。或明制才出，试遗搜场，驰驱府寺之门，出入王公之第；上启陈诗，唯希咳唾之泽；摩顶至足，冀荷提携之恩。故俗号举人，皆称觅举。"（《旧唐书》卷一一〇《薛登传》）由此可见，武后时代举人干谒风气已相当盛行。开元、天宝以后，干谒的风气更为盛行。这种"干投行卷"的风气，一直流行到五代的时候。

虽说这种"干投行卷"全凭自己的作品以求知音，在今日看来，是一种夤缘奔走的陋俗。但在唐朝，这种干谒的行径是社会上认可的风俗，唐代士人对于干谒的行为，视为当然，毫不奇怪。如中唐大诗人孟浩然应考进士不第，本不合为官，但孟浩然与张九龄为知交，所以上书求荐。当时张九龄由宰相左迁为荆州大都督府长史，遂以孟浩然为从事。有"诗仙"雅号的李白，也曾上书干谒荆州刺史韩朝宗。自命身负周孔道统的韩愈，年轻时参加京师礼部试凡四次，皆不及第，于是投书权贵，得宰相郑余庆为他邀誉，因此知名于时。贞元八年（792年）陆贽主持贡举考试，韩愈方登进士第。大诗人白居易也因干谒而遭受揶揄。白居易初次赴京师应举，以诗干谒著作顾况。顾况看到白居易的名字，揶揄说道："长安百物贵，居大不易。"待读到"离离原上草，一岁一枯荣；野火烧不尽，春风吹又生"（《赋得原上草送友人》）时，立刻改颜嗟赏道："有得此句，居天下有甚难？老夫前言戏之耳。"（《唐摭言》卷七）遂为白居易四方延誉。晚唐时期，牛李党争的牛党领袖牛僧孺由家乡到达京师之后，立刻干谒韩愈、皇甫湜，也是一例。

唐代的士人投书干谒，虽是一种陋俗，但究竟还是一种"露才扬己"的行为，投书干谒究竟还需有才可露方能办得到。为了展露才华，就必须读书。唐代科举的士人，依其出身及经济情况，大抵可分为两类：一类是世族豪富子弟；一类是寒门贫家子弟。前者由于读书环境的优越，都是长期居留家中攻习举业。但是贫家子弟由于经济的贫困，家中无法大量购置藏书，又缺师友可供指导研习，因此多往山中读书。这些山林幽邃的地区，本来就是文人吟咏诗篇、陶冶灵性的好所在。更何况当时佛教盛行，山林之中，寺院林立，这些寺院有许多学问名僧以及经籍藏书，正是举人习业的胜地。所以开元、天宝以后，许多贫寒子弟都负笈入山，借寺庙托庇风雨，过着贫俭的读书生活。

白居易得到顾况的赏识之后，顾况"为之延誉，声名遂振"（《唐语林》卷三"赏誉"条）。牛僧孺得到韩愈、皇甫湜的赏识之后，他们探得牛僧孺不在客馆，故意造访，在其门上留下"韩愈、皇甫湜同访几官先辈不遇"几个大字，来提高牛僧孺的声望。顾况为何要为白居易"延誉"呢？韩愈、皇甫湜二人为何要提高牛僧孺的声誉呢？因为声誉大小与登进士第、寻官觅职息息相关。"唐人读书山林之目的，本是希望学成以后，下山应试，以谋取仕宦。因此我们可以说这些读书士子是怀着功名利禄的心理，而暂时住在深山之中习业。"唐代避名高蹈的隐士，大多数是"身在江湖之上，心游魏阙之下，托薜萝以射利，假岩壑以钓名"的利禄之徒（《旧唐书》卷一九二《隐逸传序》）。于此可见，唐人的隐居山林往往是假隐求名，以谋仕禄。终南山靠近长安，易为时君所征召，所以卢藏用说"此中大有嘉处"，而司马承祯毫不隐讳地说终南山乃是"仕宦之捷径耳"，一语道破了唐代隐逸者的心事。欧阳修对于唐代这样的隐逸之士有严厉的批判："放利之徒，假隐自

名，以诡禄仕。肩相摩于道，至号终南、嵩少为仕途捷径，高尚之节丧焉。"(《新唐书》卷一九六《隐逸传序》)

唐代士风除"干投行谒"和"托薜萝以射利，假岩壑以钓名"之外，还有一种"婚娶高门"的风气。唐代士人"婚娶高门"，除了是致身通显的捷径之外，也受了南北朝风气的影响。南北朝时"婚姻苟不结高门第，则其政治地位、社会阶级即因之而降沦"。因此，高门女子就成为唐代寒士梦寐以求的对象。在唐代的传奇小说中就反映了这种现象。文人寒士以色艺俱全的青楼女子为恋爱的对象，一旦论及婚嫁，则非高门女子不娶，成了负心儿郎。如《霍小玉传》中的李益即为一例。

唐代的文士大致说来，生活浮华，举止浪漫，不重视操守，而以利禄为生活的目的，但是，他们并非一无可取，他们仍有其蓬勃的创造力。唐代文化是中华民族文化的鼎盛时期，在许许多多方面都创造出新的境界。

继往开来的理学之士

五代是中国历史上的黑暗时代。除了战争残酷、政治苛暴之外，最严重的是道德沦丧。武夫则抢劫掠夺，残暴好杀；文士则寡廉鲜耻，卖身求荣。经过有宋一朝，一扫五代的恶风恶习，转成彬彬守礼的社会。宋朝士人在这一方面对中国历史的贡献，应该肯定。

五代时期道德沦丧的事例，史不绝书。如唐宣宗时曾任礼部尚书的苏循，为朱全忠（后梁太祖）的篡唐出了很大的力气，便自以为促成禅让有功，觊觎后梁宰相之位。不料，梁太祖认为苏循是唐朝的鸱枭，卖国求荣，不可立足新朝，因而强迫苏循等辈唐朝大官辞官退隐。苏循被斥出朝，投靠河中节度使朱友谦。后唐龙德元年（921年），李存勖准备做皇帝，苏循就从朱友谦处跑到魏州，投奔李存勖。苏循一入牙城（主将驻节之城），望见王府，立刻跪拜，叫做行拜殿礼。见晋王（李存勖），呼万岁，行舞蹈礼，涕泣称臣，表示忠诚。第二天，又献大笔三十枝，叫画日笔。李存勖看到这样的排场，非常欢喜，立刻任他做河东节度副使。为梁太祖所不齿的苏循又找到了出路（薛居正《旧五代史》卷六十《苏循传》）。

像苏循这类人物在五代的时候很多，最有名的当然首推那位历事五朝八姓十一君，位居将、相、三公、三师高位而自命"长乐老人"的冯道。他所以能在乱世之中全身远害，长享富贵，不仅在善于揣度形势、见风转舵，更在不惜自我污辱、卑躬屈节（欧阳修《新五代史》卷五四《冯道传》）。

如今看来，冯道是个只图个人荣华富贵而毫无气节的人，但在他的时代和北宋初年，却不以冯道为恬不知耻之徒。五代时，范质称赞冯道："厚德稽古，宏才伟量，虽朝代迁贸，人无间言，屹若亘山，不可转也。"北宋初年薛居正在《旧五代史·冯道传》中赞道："道之履行，郁然有古人之风；道之宇量，深得大臣之体。"这些言论正反映出五代和北宋初年的社会风气。

宋朝开国皇帝太祖（赵匡胤）、太宗（赵光义）见到唐代自安史之乱以后藩镇割据的祸害，鉴于武夫握权的危险，厉行强干弱枝、重文轻武的政策。首先削夺各镇节度使的兵权、财政权和司法权，改以文臣出任州郡长官。同时，又解除禁军首领石守信等人的职务，改由文人执掌枢密院。压抑军人，不让军人操握政权，就成为宋朝皇室历世相传的祖训。

优待士大夫，也是宋朝皇帝代代相承的既定政策。宋太祖曾对赵普说："五代方镇残虐，民受其祸。朕今用儒臣，分治大藩，纵皆贪浊，亦未及武臣十分之一也。"又有"不杀士大夫"的誓约。而宋代进士登科的名额，也远比唐代为多。唐代进士科取士，最多时每年不过七八十人，而以每年三四十人为常度。宋朝开国之初，每年进士登科也不过十多人，但到太宗时进士一科中第者竟多达三四百人，后来就成为取进士的惯例。唐时进士及第之后，尚须再试于吏部，即使通过吏部考试，未必就能走入仕途。宋朝则一登科第，即行释褐（脱去旧衣，改换官服），分派大小不同的官职。在当时，状元及第更是士人无上的光荣，竟有"状元及第，虽将兵数十万，恢复幽蓟，逐出强寇，凯歌劳旋，献捷太庙，其荣无以加"的说法。充分显示出当时社会重文轻武、重视科举之风气。

宋朝优待进士，是想转移社会风气，把当时积习相沿骄兵悍卒的世界，渐渐转换成一个文治的局面。宋代朝廷对于士大夫的优渥待遇，并没有白费，终于引发了士大夫对于社会和政治担负责任的自觉，不再以登科及第、求得个人的荣华富贵为人生的目标，而以天下的忧乐为己任。其中，范仲淹就是那时士大夫中自觉的先锋和榜样。范仲淹年轻时家境清寒，苦读于寺庙之中，培养出他内心深处对社会和政治的使命感。他还在做秀才的时候，便以"先天下之忧而忧，后天下之乐而乐"自许，并以此期待整个士大夫阶层。

这种精神上的自觉，并非只是范仲淹等少数人所独具，而是一种新的时代精神。在这种新的时代精神下，产生了新的政治、文学和思想运动。政治运动是指宋仁宗庆历改革与宋神宗时代的熙宁新政。文学运动是指古文运动。思想运动是指新儒家运动。大致说来，政治运动的成果不彰，古文运动和新儒家运动则影响了以后的中国历史。

在宋仁宗时期，由于辽和西夏交侵，国内财政达到即将崩溃的程度，北宋君臣都已经感觉到不进行政治改革，政府的统治就不能维持。庆历三年（1043年），宰相范仲淹提出十项改革方案：一、明黜陟；二、抑侥幸；三、精贡举；四、择官长；五、均公田；六、厚农桑；七、修戎备；八、减徭役；九、覃恩信；十、重命令。这些改革方案，主要是整顿政府人事：一、按时考核官吏，对于腐朽不能任职的官吏限制迁升，甚至加以淘汰。二、对于恩荫制度严格加以限制，使官位不至被已经掌权得势的集团所垄断。三、改革科举制度，废除糊名的办法，主张"先策论而后诗赋"，并在各州郡设置学校，讲授"经济之业"，培养"经济之才"；四、慎选各路和各州的长官，对于"不才者一笔勾之"。另外还有发展生产、兴修水利、整顿军备的一些措施。范仲淹的这些政策，触犯了当时官僚集团的利益，官僚集团群起攻击范仲淹和其他的改革者。不到一年，范仲淹只得仓皇求去，其他主张改革的官吏如富弼、欧阳修等人也被排斥出去，"新政"被一一废除。范仲淹失败不到三十年，王安石又继起变法。王安石的新政，虽然有一套高远的理想，但是"一方面既忽略了基本的人的问题，一方面又抱有急功速效的心理"，终于引起党争，招致失败，也为北宋后半期带来了动荡不安的局面。范仲淹、王安石革新政治的抱负虽然"相继失败了，他们做人为学的精神与意气，则依然为后人所师法"。

两宋的古文运动和恢复儒学道统运动（新儒学运动），则给予后世巨大的影响。中唐时代，韩愈、柳宗元提倡古文，主张用明白朴质的古文来替代当时流行的骈俪之文。到了晚唐，由于李商隐等人骈俪文风的兴起，韩愈、柳宗元领导的古文运动就遭受了挫折，骈俪文风占据了整个文坛。宋朝初年所盛行的也是讲求形式、注意雕镂的骈俪文体。由于这些骈文只注意对偶工巧、音调和谐、字句美丽，却不能顾及文学的内容与艺术的感情，当宋仁宗时士大夫自觉之际，他们自然不满当时的文坛风气。王禹偁、范仲淹、柳开、寇准等人以平浅质朴的表达方式，为文为诗，一扫浮艳之气。石介则对骈俪之文大张挞伐，而推崇韩愈。自石介推崇韩愈之后，宋代文人一致发出尊韩的论调，被晚唐、宋初的文风压抑了百年的韩愈的思想与作品，又开始复活。但是，真正能复兴韩、柳的功业，传布石介、柳开诸人的理论，在文坛上引起巨大变动者，不得不归功于欧阳修。欧阳修对古文运动的贡献，在于他有杰出的作品，而不专发理论。无论赞成或反对他的，都对他的作品表示钦佩。他在政治界和学术界都有崇高的地位，有尹洙、梅尧臣等朋友切磋，又乐于提拔青年，史称他"奖引后进，如恐不及，赏识之下，率为闻人"（《宋史·欧阳修传》）。苏洵、苏轼、苏辙父子和王安石、曾巩等人，都受到他的栽培和鼓励。古文运动在这种此呼彼应的情况下成功了。唐、宋八大家的散文系统由此建立，成为后人散文的典范，对于后世有深远的影响。

宋代理学的影响比古文运动更大。古文运动虽影响宋元明清四朝的文学和写作文字的运用，但宋代理学的影响遍及于整个社会的各个层面，和每个人的行为方式与思想途径。宋代理学的发展，主要是因为宋代知识分子的觉醒。因此在宋仁宗庆历年间以后的四五十年，宋代理学"像千丘万壑间忽有崛起的高峰，像蓬蒿萧艾间忽有惊眼的异卉"，展现在历史舞台上。

宋代理学的先锋人物，首推胡瑗、孙复、石介、范仲淹四人。胡瑗最大的功绩，是在教育方面。他先后担任苏州、湖州府学教授二十多年，在湖州教学时，首创分科教学，分为经义和治事两斋。大致说来，经义斋重学理，讲的是纯粹的儒学；治事斋重实际，注重的是经世致用的实学。孙复作《春秋尊王发微》，奠定了宋代理学"重纲纪、严名分"的基础。石介著《怪说》，排斥佛、老，讥刺宋初的轻薄浮华的文风；又著《中国论》，提出中国固有的道统，要求建立以中国为本位的文化。范仲淹则居官贵显，不忘讲学，对矫厉士节，有很大贡献。

紧接胡、孙、石、范诸人之后，有欧阳修、王安石、司马光诸人，他们在政治上有很大的功业，有很崇高的地位，在学术上也有很大的成就。欧阳修的《新五代史》和司马光的《资治通鉴》都是中国史学上不朽的著作。欧阳修的《易童子问》开启了怀疑经书的风气。王安石的《三经新义》，不再墨守过去的章句训诂，而展开了以大义解说经书的新途径。除此而外，他们个个都是有节有守的正人君子。

这些北宋前期的儒士，都有一个共同的目标，就是重整中国旧传统。但宋代理学确实成为一种学问，实际上是从周、张、二程开始。他们虽然都穷探宇宙根源、心性本体，但他们的根本目的是在建立一套行为的规范、人生的理想。他们把知识的追求和行为的实践，看成一体，把知识应用在日常生活的出处、进退、应对上。从他们的生活中，不但能体会到他们的人格和气象，同时也能看出他们的学问。

宋明理学，固然可以追溯到韩愈的"原道"、李翱的《复性书》，以及北宋初期的胡瑗、孙复、石介等人，但真正确立宋明理学的是周敦颐。周敦颐最大的贡献是他的《通书》和《易太极图说》。这两本书阐明世界之由来，和人所以自处之道；由宇宙观而建立人生观，阐发了心性义理的精微，建立了宋明理学的"型范"。周敦颐不但在纯粹的思辨上有卓绝的成就，他个人生活也有极高的境界。北宋大诗人黄山谷形容他说："濂溪先生（周敦颐）胸怀洒落，如光风霁月。"他教导学生不只重在纯粹的思辨，更注重行为的实践。程颢、程颐兄弟二人在十五六岁从学于周敦颐的时候，周敦颐就教导他们要"寻仲尼、颜子乐处"，体认孔子和颜渊"所乐何事"。

张载是宋代理学家中规模最宏阔、行为最坚卓的一人。他与王安石意见不合，而归横渠，屏居南山下，终日端坐一室，左编右简，俯读仰思。每当冥心妙契，虽夜半，必取笔疾书，丝毫不懈怠。他说："吾学既得诸心，乃修其辞；命辞无失，然后断事；断事无失，吾乃沛然。"（《宋元学案》卷十七《横渠学案上》）他认为秦汉以来学者之大蔽是只知"求为贤而不知求为圣"。他确实以 "学必如圣人而后已"（《宋史》卷四二七《张载传》）来期许自己。听说人有善行，便喜形于色。自己虽然贫穷，要是门人生活无助，一定把自己的粗食淡饭分给他们共用。张载讲"合天地万物一体"的学说，他确实是个以"民胞物与"为怀的仁者。他曾说："为天地立心，为生民立命；为往圣继绝学，为万世开太平。"（张载《张子语录》卷中）。这是何等胸襟！何等气魄！

程颢、程颐虽然是兄弟，但两人的学说不同，性格与行为也不同。大程的个性广厚宽和，跟他在一起就如沐浴在春风之中。他的一位学生描述他说："先生德性充完，粹和之气盎于面背，乐易乡恕，终日怡悦。未尝见其忿厉之容。"（《宋元学案》卷十四《明道学案下》）看他的诗："年来无事不从容，睡觉东窗日已红。万物静观皆自得，四时佳兴与人同。道通天地有形外，日照风云变态中。富贵不淫贫贱乐，男儿到此自豪雄。"（《明道文集》卷一）可以想见他的为人"满腔快乐，生趣盎然"。反之，小程则态度严肃，处事认真。有一次，他看见宋哲宗在园中折柳，便正色说道："方春万物发生，不可无故摧折。"（《宋元学案》卷十五《伊川学案上》）他的学生游酢、杨时去看他，正碰到他瞑目静坐，二人立侍不敢离去，直到天黑，门外大雪已积了一尺多深，方才离去。程颢说过："异日能使人尊严师道者，吾弟也。若接引后学，随人才而成就之，则予不得让焉。"正可见出兄弟两人的不同风貌。

南宋的朱熹是集周、张、二程的理学之大成的人。他把张载所说的"气"和二程兄弟所说的"理"加以改造、融合，继续发展，并将生生之"仁"置于"理"的基础上，使得宋代理学得以完成。他又集注《论语》、《孟子》、《大学》、《中庸》，合为《四书》，建立了新儒学——宋明理学传承的道统。朱熹建立的儒学新面貌，支配了中国、韩国、日本思想界长达七百年之久。这样的一位伟大人物，却过着"箪瓢屡空，晏如也……诸生自远而至者，豆饭藜羹，率与共之"（《宋史》卷四二九《道学传》），安贫乐道的生活。

姑且不论赞同宋儒的学术思想与否，但不能否认这样一个事实：宋儒不仅影响了近八百年来中国人的思想，还支配了中国人的信仰和道德，以及日常生活的礼仪。宋代的儒者以其精微的性理之学、崇高的品格操守，为中国传统士人塑造出一番崭新的风貌。

束书高阁的狂禅之士

明代，是中国政治制度中君主专制正式恶化的时期。中国君主专制制度的恶化与中国知识分子的命运息息相关。在君主专制的淫威之下，中国知识分子不是陷入艰苦悲惨的境地，便是遁入歧路，不再担负起社会与政治的责任，苟且偷安，终使神州陆沉，明室倾覆。

明朝君主专制的恶化，始于明太祖。洪武十三年（1380年），明太祖以胡惟庸案，罢中书省，废除宰相制度，集大权于皇帝一身。为了扫除君主集权的障碍，明太祖更大肆屠杀功臣，仅胡惟庸与蓝玉两案被株连者，便多达四五万人，严苛暴虐，为历史上所罕见。

为了巩固君主的权势，明太祖对于知识分子更是严加防范，离间、恐吓、侮辱、监视，乃至残酷屠杀，无所不用其极。如宋濂是明太祖最为礼遇的知识分子，但明太祖对他仍不放心。宋濂"尝与客饮，帝密使人侦伺。翌日，问濂昨饮酒否，坐客为谁，饮何物。濂俱以实对。"（《明史》卷二一八《宋濂传》）。再如廷杖是汉光武帝创制的，到了明朝才发挥到极致。廷杖的执行，是"五杖易一人……喊声动地，闻者戁觫"（沈家本《寄簃遗书》），受刑者"露股受杖，头面触地，地尘满口中，受杖者多死，不死，必去败肉斗许，医治数月乃愈"。士大夫的尊严、体面，在明太祖的专制淫威之下，扫地无遗；知识分子所受的侮辱、摧残达到极点。

明太祖以严刑酷罚来对付士大夫，他的儿子成祖继承他的衣钵，更是变本加厉。名士方孝孺即因辅佐惠帝，而遭到"诛十族"的酷刑，真是知识分子前所未有的浩劫。在这样的高压之下，知识分子不敢关心现实政治，纷纷走向玄虚空谈的道路。宋元以来的理学，遂产生一番新的转折。

元朝的统治者是来自大漠北方的蒙古部族，但在这些蒙古人的统治之下，北宋以来新儒学的发展并没有受到太大的阻碍。元世祖忽必烈在即位之前，就设立幕府，笼络北方的士大夫。当时著名学者刘秉忠、赵璧、姚枢、许衡等人均入帐中，为忽必烈出谋划策。由于这些士大夫的协助，忽必烈在与阿里不哥争夺大汗宝座的斗争中，取得了胜利。因此，忽必烈对于汉人士大夫的治国方针，更加信赖。忽必烈即位之后，更标榜文治，学习汉法，随之定朝仪、制礼乐、设学校、建官制、奖励农桑、兴修水利，接踵而来。更命令一批蒙古园子生跟从许衡学习程朱的理学。在宋明理学的传统之中，元朝的理学似较宋理学或明理学远为逊色，但这不足证明元代理学不发达。元代的理学没有超出宋代理学的范围，主要在于元朝儒者"偏于经世务实，因而不欲从事于玄思，形而上，或上达之学"，所以许衡等人能够为元朝制定一套"中枢政权，集中于宰相"，因而"很接近前汉"的宰相制度。此外，元朝于仁宗皇庆二年（1313年）制定科举。这次科举的特色在于以《四书》取士，这是我国科举以《四书》取士的开端。从此相承，直到清末。这不能不说是元儒的一项重大事业。其次，宋代以来兴起的书院讲学制度，在元朝得到发展，元朝的书院较宋为盛，因此到了元代，世乱虽和北朝相差不远，"但民间并不争趋宗教，亦因各地有书院传播学术之故"。

明代早期的新儒学，皆承"朱子门人之支流余裔，师承有自，矩矱秩然"（《明史》卷二八二《儒林传》）。然而，学术思想的发展，多多少少受到时代的影响，而产生了变化。明朝早期的新儒学，"已对形而上学及格物穷理诸论题之知性方面较少兴趣，而于心之存养与居敬诸功夫，则较多关注"。尤其方孝孺的殉难对于明儒思想的方向起了很大的影响。"孝孺之殉难，使诸儒不得不寻求精神上之自检。孝孺之正义精神，亦使诸儒感动。诸儒深以为，此其时不宜再做干枯与高远之理性探讨，而应作道德之抉择与个人之果断。在如此气氛之下，心学实为一不可抗拒之发展。"

"有明学术，白沙开其端，至姚江而始大明。"（《明儒学案》卷十《姚江学案》）明代的学术思想，到陈献章而堂堂正正打出了新的旗帜，到王守仁而把明代思想带上高峰。王守仁反对朱子的"性即理"说，是因为一方面受儒家影响，一方面也受到禅宗的浸润。他的"知行合一"，主要是反对"知行分离"及"知先行后"的理论。不过，王守仁的"知行合一"，不是指客观事物的理论与实践的合一，而是指道德实践上理论与行为的合一。另一方面，王守仁的"致良知"，以"良知"涵万有，而反对朱子"格物致知"之说，在摆脱程朱学派的束缚和启发后学大胆思想这两方面，起了很大的作用。有一次，他的学生侍坐，王守仁说："你们用扇。"弟子说："不敢。"王守仁便说："圣人之学不是这等捆缚苦楚的，不是妆做道学的模样。"（《传习录》卷下）他并对当时的教育也认真批评道："若近世之训蒙稚者，日惟督以句读课仿，责其检束，而不知导之以礼；求其聪明，而不知养之以善；鞭挞绳缚，若待拘囚。彼视学舍如囹狱而不肯入，视师长如寇仇而不欲见；规避掩覆以遂其嬉游，设诈饰诡以肆其顽鄙，偷薄庸劣，日趋下流。"（《传习录》卷中《训蒙大意》）

王守仁的弟子，受"致良知"之说的影响，思想比较大胆，比较敢于摆脱传统的束缚。他们的思想颇趋向于放任和自由，他们的行为有时也逾越规矩。因为他们无视于当时社会的规范，朝廷的官吏往往认为他们的学说为邪说异端，就连东林党的领袖顾宪成也痛斥他们不守孔子之教。

到了李贽，思想更为解放。他把"良知"学说更向前发展，认为人人皆具有良知，只是所见的道理各不相同；就个人的观点来说，个人是真理的最后权威。他说："道之在人，犹水之在地也。人之求道，犹之掘地而求水也。然则水无不在地，人无不载道也审矣。"（《藏书》卷二四《德业儒臣论》）同时，李贽对于儒家有很深刻的批评，他说："千百余年而独无是非者，岂其人无是非哉？咸以孔子之是非为是非，故未尝有是非耳。"（《藏书》卷一《世纪列传总目前论》）又说："夫天生一人，自有一人之用，不待取给于孔子而后足也。若必待取足于孔子，则千古以前无孔子，终不得为人乎？故为愿学孔子之说者，乃孟子之所止于孟子。"（《焚书》卷一《答耿中丞》）李贽的这种言论，在当时专制势力炽盛，而欧洲文化尚未大量输入的时候，称得上是"石破天惊之议论"。他的言论冲破一切藩篱，他的行为也如同他的言论一样，丝毫不受礼教的束缚。他曾告诉他的友人，说他"到麻城然后游戏三昧，日入于花街柳市之间，始能与众同尘"（《李贽文集》卷三《答周三鲁书》）。难怪有人告他："寄居麻城，肆行不简，与无良辈游庵院，挟妓女白昼同浴，勾引士人妻女入庵讲法，至有携衾枕而宿者……后生小子喜其猖狂放肆，相率煽惑。至于明劫人财、强搂人妻，同于禽兽，而不之恤。"（顾炎武《日知录》卷二十"李贽"条）

明朝晚期，王学末流已经堕落，产生"今日之事髡头也，手持数珠也，男妇宾旅同上床而宿"（同上）的放荡淫风，形成"满街皆圣人"的怪现象。再加上当时政治上的险恶，大半的士人沦为"狂禅"，提倡他们的"酒色财气不碍菩提路"的论调，把个人道德、社会道德的一切藩篱全冲破了。国家的前途也就断送了。

顾炎武在明朝覆灭之后，曾痛心论道："昔之清谈谈老庄，今之清谈谈孔孟。未得其精已遗其粗，未究其本而先辞其末，不习六艺之文，不考百王之典，不综当代之务，举夫子论学论政之大端一切不问，而曰一贯，曰无言。以明心见性之空言，代修己治人之实学，股肱惰而万事荒，爪牙亡而四国乱。神州荡覆，宗庙丘墟。"(《日知录》卷九《夫子之言性与天道》)他明白指斥王守仁的学说:"以一而易天下,其流风至于百有余年之久者,古有之矣!王夷甫(衍)之清谈,王介甫(安石)之新说。其在于今,则王伯安(守仁)之良知是也。"(《日知录》卷二十"朱子晚年定论"条)并认为李贽的言论行为,"皆出于阳明、龙溪禅悟之学。后之君子悲神州之陆沉,愤五胡之窃据,而不能不追求于王(守仁)、何(心隐)也。"(《日知录》卷二十"李贽"条)顾炎武把明朝亡国的责任归咎于王学末流的士人,虽非持平之论,亦可窥知士人风习与国家兴衰之密切关系了。

捕苴罅漏的饾饤之士

晚清学者龚自珍在嘉庆二十二年(1817年)曾写给友人江藩一封私人书信,对其所著《国朝汉学师承记》一书提出若干商榷。在信中,龚自珍一语道破乾嘉之学的特色,指出乾嘉之学是"以名物训诂为尽圣人之道",而缺乏思想深度的"琐碎饾饤"之学(《定庵文集补编》卷三《与江子屏笺》)。虽然梁启超曾把清代的考据学与欧洲的文艺复兴相提并论,但也不得不承认"清代学派的运动,乃'研究法的运动',非'主义的运动'也;此其收获所以不逮'欧洲文艺复兴运动'之丰大也欤"。

清代是怎么发展出这种缺乏思想深度的"琐碎饾饤"的考据学呢?促使清代考据学发达的因素相当错综复杂,大约可以概括为两种主要的因素:一是思想学术的传统,二是时代的背景,而这两种因素也相互交织相互影响。

明朝亡国之后,学者痛定思痛,纷纷追究造成国家灭亡的原因。顾炎武指斥王学与"清谈"同是"流祸"天下之学(《日知录》卷九《夫子之言性与天道》);黄宗羲严厉批判专制政治(《明夷待访录·原君》);王夫之则攻击王学尤力。他说:"侮圣人之言,小人之大恶也……姚江之学，横拈圣言之近似者，摘一句一字以为要妙，窜入其禅宗，尤为无忌惮之至。"（《船山遗书·俟解》）又说："姚江王氏阳儒阴释诬圣之邪说，其究也，刑戮之民、阉贼之党皆争附焉。"（《张子正蒙注·序论》）至于颜元则更进一步全盘否定了宋明的理学。他认为那些"无事袖手谈心性"的学者，无补于国计民生，充其量不过"临危一死报君王"而已，并打出"必破一分程朱，始入一分孔孟"（《颜习斋年谱》卷下）的讲学宗旨。

明末清初之际的大思想家，除黄宗羲因师承关系外，几无不反对空谈心性的明代理学，改而提倡"实事求是"的经世之学，为中国学术思想的发展别辟蹊径。然而，王夫之匿居边陲蛮荒之地，他的思想对于清初没有太大的影响；颜元又是个穷乡僻壤的乡野村夫，没有显赫的功名，再加上他提倡身体力行的"实学"与传统的"四体不勤"的士大夫格格不入，所以他的"实学"不能发扬光大而逐渐消失。黄宗羲的"贵民"学说，正面攻击专制政治，在清初严酷高压的统治之下，也得不到发展的时机，自然不能茁壮光大。只有顾炎武的学术思想得到部分的发展，形成被龚自珍称作"琐碎饾饤"的考据学。

顾炎武生逢明季乱世，目睹阉党、狂禅、降将的无耻行径，为了砥砺知识分子的节操，他提倡"行己有耻"；同时又针对明末士人高谈心性、废书不观的风气，起而提倡"博学于文"，以矫时弊。

由于顾炎武反对空疏不学，因此他特别注重"圣人之经典、先儒之注疏与前代之史"（《亭林文集·生员论》）的阅读。此外，顾炎武虽然反对王守仁的学说，却十分尊崇朱熹的学说，朱子的治学方法对他起了很大的影响。早在北宋中期，欧阳修、王安石等人整理古代儒家经典时始鉴别材料的真伪，并取得了很高的成就。南宋的朱熹继承了这个传统，于经典的考订尤为精审。晚明的程朱学派更在与陆王学派的争辩中，发展出考据之学。顾炎武的考据学就是把这个学术传统发扬光大，为清代学术开一生面。他的《音学五书》、《日知录》和那还没有定稿的《天下郡国利病书》都成了清代考据学的典范之作。然而，考据学只是顾炎武学术的一部分，从《日知录》和《天下郡国利病书》就可知道，顾炎武有他更大的抱负，他的学术宗旨在于"拨乱反正，移风易俗，以驯致乎治平之用"《亭林文集》卷六补遗《答友人论学书》)。顾炎武讲求的是经世致用之学，至于考订名物、补缀遗文的琐碎工作，实非亭林学术的重心所在。

乾嘉时代的考据学，表面上承续顾炎武的端绪，实则与他的学术精神大相径庭。所以如此，与清初康熙、雍正、乾隆三朝的文字狱有密切关系。

我国的文字狱有段很长的历史，自西汉杨恽以报孙会宗书中语多怨谤，而遭腰斩之刑（《汉书》卷六十六《杨恽传》）以来，几于无代不有。随着君主专制的日益强化，文字之狱也愈演愈烈。

等到满清入主中原，为了巩固满人的异族政权，加强皇帝的威势，乃大肆采用高压手段，屡兴文字狱，其次数之多、规模之大，更属空前。如康熙时的庄廷珑《明史》狱、戴名世《南山集》狱，雍正时的吕留良案，乾隆时代的王锡侯《字贯》狱，都是株连甚广，屠戮极酷的大狱。

清初的高压统治固然给中国政治带来了专制独裁的祸害，而文字狱的威胁，更使得当时的知识分子人人自危，致使知识分子不敢议论朝政、不敢讲求经世致用、不敢著书立说，甚至不敢放胆思考。"琐碎饾饤"的考据学就在这种时代背景之下，发展，壮大。梁启超曾指出这一点。他说："文字狱频兴，学者渐惴惴不自保。凡学术之触时讳者，不敢相讲习。然英拔之士，其聪明才力，终不能无用也。诠释故训，究索名物，真所谓'与世无患，与人无争'，学者可以自藏焉。"

在文字狱的重压之下，考据学者虽然承继了顾炎武的部分学术，却也乖离了顾炎武学术的主要路径。乾嘉时代，只钻入故纸堆中的"琐碎饾饤"的考据学兴盛了，却造成中国学术思想的停滞不前。与乾嘉同时代的欧洲，启蒙运动、革命性的科学发现、浪漫主义、工业革命接踵而来，欧洲的文化像野马脱缰一般，向前奔腾。中国今天落后的局面，康、雍、乾三朝的文字狱，不能不承担一部分责任。

乾隆、嘉庆年间虽是一个太平盛世，却也是有清一代由盛转衰的关键。嘉庆时代，有识之士已经洞察先机，看出中国将衰的征兆，于是在学术上发出改革的呼声，并转而讲求经世致用的实学，流风所致，逐渐形成一个学派。由于他们以《春秋公羊传》作为变法维新的根据，因此称为"公羊学派"。"公羊学派"中第一位讲求改革的是龚自珍。龚氏除了抨击乾嘉之学"琐碎饾饤之外，更明白指出："无八百年不夷之天下……一祖之法无不敝，千夫之议无不靡，与其赠来者以劲改革，孰若自改革？"（《定庵文集·乙丙之际箸议第七》）但是，改革何尝是一件容易的事？他去世的那年，正是鸦片战争中英交手而中国失败的那年。中国三千年未有之大变局，于焉展开。

道光二十二年（1842年），清廷与英国签订《南京条约》。这个条约标志了中国历史上一大变局。自鸦片战争以降，中国成了列强宰割的对象，处于"人为刀俎，我为鱼肉"的阢陧局面。中国的知识分子，本着古圣先贤 "修、齐、治、平"的教诲，奋起自振，自强运动、维新运动接踵而兴。但是这些改革，都没有达到救亡图存的目标。另外一批知识分子则看出问题的症结所在，他们认为不推翻君主专制的政体，便无法改善中国的处境，更无法挽救亡国灭种的惨祸。在这批知识分子抛头颅、洒热血的牺牲奋斗之下，辛亥革命终于成功，一举推翻两千多年的君主专制政体，建立了亚洲第一个民主共和国。

自清朝道光、咸丰年间以后，中西文化的交流、专制政体的推翻、社会经济的急剧发展，使中国知识分子的性格也随着时代转变。在过去，绝大多数的知识分子都不看重医药、种树这一类的"雕虫小技"，对工商"末业"也抱着轻视的态度，而今日社会中的知识分子，本身就从事于农林、工矿、医药和商买的行业。在现代的中国知识分子中，正在酝酿着一种新的风貌。这一代中国知识分子究竟是什么样子呢？只有等待历史来判断了。

化尘俗而归自然

　　面对着苍茫的宇宙，人是何等的微不足道？且人类往往不能充分觉知他所生存的境况以及自身的能力，遂使生命陷溺于茫昧的偏执之中，其"衣带渐宽终不悔"的执迷，也就会落入"为伊消得人憔悴"的感伤了。然而人生的茫昧不是必然的，在特殊的机缘，诸如生离之哀、死别之恸、贬谪之苦、富贵之幻等生活中突来的激荡下，往往能扯断生命与俗情间的脐带，使自己于天地寥廓、四顾茫然中有重新谛视生命的机会，而一场大梦，乃有醒觉之时。于是，在这种澄澈的心境照射之下，"生命之路"已不再是痛苦之源。

　　历代散文中，有很多描述这种从人生的茫昧、忧患中超转出来，向淡泊虚灵的境地移转，在宁静之地求得精神安顿的佳篇。由于这些散文都受到《庄子》超脱的人生智慧之莫大影响，所以有必要探讨《庄子》作为这类散文之根源的特色，并了解其影响力千古不坠的原因。

　　《庄子》本身就是最能表达超脱智慧之智与美融合的散文。《天下篇》讨论其他诸子时，只涉及思想层面；谈到庄周时，却大半是评论文辞的话：

　　　　以谬悠之说，荒唐之言，无端崖之辞，时恣纵而不傥，不以𰷹见之也。以天下为沉浊，不可与庄语，以卮言为曼衍，以重言为真，以寓言为广。……其书虽瑰玮，而连犿无伤也。其辞虽参差而諔诡可观……其理不竭，其来不蜕，芒乎昧乎，未之尽者。

可见《天下篇》作者对《庄子》的文学色彩，已异常注意；如果该篇是出于庄周自己的手笔，那更是他本人对其作品的艺术性流露出不容自已的欣赏之情了。试看《逍遥游》中，不外是要标举"至人无己，神人无功，圣人无名"的人生理想，期使众人闻风兴起，以超拔于人生迷境，而达精神解放、怡适自得的境地。但全文却看不到平铺直叙的说理痕迹，而是借助寓言的形式，将隽永的谐趣与奇肆的想象打成一片，以形成超妙神奇的理趣。再如《秋水篇》中，也不外由价值判断的相对性，阐明"齐物"的道理，但全文却借寓言的问答形式，奇幻的设想，一步一步地引领读者敲启智慧的殿堂。于是，本为枯燥乏味的说理文字，在庄子手中却转化为天下的至文、文坛的奇葩。李白《大鹏赋》谓其："开浩荡之奇言。"凌约言谓："庄子如神仙下世，咳吐谑浪，皆成丹砂。"实非过誉。

然而，这里出现了一个极度"吊诡"的现象——庄子的美文是在他对文字抱持不信任的态度下造成的。庄子对言说本身的局限性有相当深刻的体认，有名的筌蹄之喻就是主张"得意而忘言"，以破除语言文字的黏滞。甚至，言说所表达的"意"仍不可执著，因为"意"仍然不是终极的。他最后的目的，是要以言泯言，由"天府"、"葆光"之主体境界，以彻底消融言说的问题，而归于境界的"无言"。庄子对于文字既然采取这种不信任的态度，那么，他自然要反对用心在语言文字上显露文采，耸动众人，使是非更加淆乱，大道更加隐晦。《齐物论》云：

道恶乎隐而有真伪，言恶乎隐而有是非。道恶乎往而不存？言恶乎存而不可？道隐于小成，言隐于荣华。

那么，荣华的"言"似乎将为庄生所摒弃了。但事实却又不然，对于文字、文采抱持不信任态度的庄子，分明造就了震铄千古的美文，其原因何在呢？

由于对文字表意功能之局限性的体认，庄子为了不使文字的表意功能僵化，使世人执著于此一"糟粕"，而认为"庄语"的表意方式是不适合的，《天下篇》云："以天下为沉浊，不可与庄语。"就是表明最能化除黏滞的表意方式是"寄言以出意"的狂言。所以该篇接着说：

> 以卮言为曼衍，以重言为真，以寓言为广。

"卮言"、"寓言"、"重言"，也就是同篇所说的"谬悠之说、荒唐之言、无端崖之辞"。这是以比喻、象征等手法，打断世俗的思维模式，使人从习以为常的小知小见中超拔出来，以窥见智慧之境。而这种表意方式，却正可使他的散文跻入美的领域。徐复观先生说：

> 与庄语相反的话，乃是无道德地实践性的话，无思辨地明确性的话，正是纯艺术性的，其本质是属于诗的这一类的话……这种谬悠荒唐之美，是超凡脱俗的艺术、超凡脱俗的美。

由是，对文字的积极功能抱持不信任态度，对语文的华美加以鄙弃的庄子，却创造出了天下至高无上的美文，而庄子的人生智慧亦可借着卮言、寓言、重言的方式，消融于谬悠、荒唐、无端崖的茫忽恣纵之描述中。如此，既可怯惑去执，化除语言文字的黏滞，其人生智慧亦可借着美的语言形式而表露，而表现超脱智慧之智与美融合的散文，也就在这位谜样的人物慧心独运中诞生了。

《庄子》对美文形成的影响

《庄子》既是我国第一部表现超脱智慧的美文，更重要的，它也影响了这一系智与美融合的散文之形成。

经过先秦时代儒道两家圣哲的努力，中国人已意识到从浮面的生理现象中沉潜下去，以昭露出道德之心或虚静之心的可贵。但是走儒家的圣贤之路，须要有坚强的毅力，承担成己成物的道德实践，却没有现成的宗教信仰可供作颠沛、困顿时的慰藉，所以若非自己能不断地作道德反省，就很不易撑持下去。而一般人若是历尽过人世的沧桑，了解了祸福相倚，计较无益，则在剥落一切机心之后，却会自然而然地走入道家虚静恬淡的世界。因为只要一念放下，则尘俗的烦忧立可洗涤净尽，而使精神当下获得憩息。这里真是人间的桃源胜境，而庄生的生命风姿既然"典型在夙昔"，则当人们阅世既深，于一念醒转之间，自然很容易触动内心深处"曷不归去"的弦音了。以前的士大夫浮沉宦海后，往往有"晚年独爱静，万事不关心"的倾向，正可说明庄学的虚静智慧已浸入了每个中华儿女的肌髓。而当人们自觉地想摆脱俗情的困扰，以纾解疲困的生命时，就是庄子虚静超脱的智慧发挥它指引人生妙用的时机了。明乎此，则显现当境拔起、飘然脱俗之了悟的散文，都具有十足的庄味，也就不足为奇了。

在显现当境拔起、飘然脱俗的了悟的散文中，尚可发现另一个现象：这类作品往往与山水田园结有不解之缘，作者每借着对大自然的观赏欣趣，在山岚水雾之中，寄托他们对生命的了悟。固然，由于中国文化平和中正的人间性格，使人与自然容易保持和谐的关系，且这种亲和关系，在《诗经》时代已表现得很清楚。但是，将表现超脱之情的文学与自然间的关系更密切地连结在一起，使二者由透过比兴而来的偶然关系，变为追寻自然、归向自然的紧密关系，庄学无疑曾发挥了很大的影响力。

　　就外貌而言，庄书中多山林皋壤之言，富欣赏自然之趣，所以庄学的玄虚高远之理与山林隐逸之趣合流，在庄书中可谓已经有了初步的雏型。但这种现象似乎不只是庄生个人的偏好，而是他思想发展的必然归宿。须知，庄子逍遥游的人生理想，虽说是要求主观精神的不执不著，超乎流俗，以呈显绝对冲虚的主体自由，但他决无意排斥人间世，对于沉浊的现实世界，仍然抱持着"不谴是非，以与世俗处"之涉俗盖世、和光同尘的态度。但是面对着沉浊的人间世，这种态度在观念上容易做到，在实际生活中则有困难，于是在不知不觉中，他便会超越尘俗而归向自然，在山水田园中安顿他的生命。更何况在虚静之心呈现时，自然景物本来就容易在其映照之下呈现美的意味，庄书中多山林皋壤之言，富欣赏自然之趣的原因便在于此。

　　表现当境拔起、飘然脱俗之了悟的散文，在精神上是与庄子要求超越世俗之上的思想一脉相通的，甚至可以说是受了庄学的影响。那么，庄子的思想既然在不知不觉中会有超越尘俗而归向自然的要求，同理，表现超脱智慧这一系的散文往往借大自然以展示他们对生命的了悟，也就不足为奇了。

美文的特征

　　谈完了《庄子》对这一系散文的影响，再来看看此系散文的特征。其一，这种当境拔起、飘然脱俗的了悟，并非经由精密思辨而得的"理"，而是在追求精神安顿的过程中所获得的生命洞见力，是深重的叹息之后的真正的精神的解脱，所以作者往往会以抒情之笔将他这种生命悸动表现出来，并且也会将自然景物在其虚静之心映照下所呈现的美的意味表现出来，而不会倾向于玄理的表达，以形成说理文字。其二，由于这种"智"是当境拔起、飘然脱俗的了悟，所以文中所表现出来的，便是一种超然的观照态度，在抒情中仍不会完全陷溺于感情世界里，不像一般抒情作品之沦于往而不返的自我倾诉。其三，文学作品的高下常随生命境界之高下而升降。表现生命之了悟的"智"，是剥落了生命的一切渣滓后所呈现的澄澈之境，作者的生命境界既高，自可触处生春，而使作品的境界水涨船高。历代诗评家、文评家所刻意标举、追求的清、淡、远等境界，都可在这一类作品里寻得。陶渊明的《归去来兮辞》，柳宗元的山水游记，苏东坡的《超然台记》、《记承天寺夜游》、前后《赤壁赋》等作品之所以特受读者钟爱，其原因便在此。

柳宗元被贬到永州后，便浪迹于山水之间，希望借着大自然来慰藉远谪后的愤恨。虽然他并不能完全忘怀遭到斥逐的伤痛，以达到心灵的真正解脱，而使作品有"怡旷气少，沉至语多"的表现——此即元遗山"朱弦一拂遗音在，却是当年寂寞心"所描述的那种寂寥的气息——但在大自然的陶冶之下，在他要求从尘世的变迁、感慨中超转出来，以在宁静之地求得安顿的心情下，却往往能借着山水之奇的洗涤，而有心灵澄化的经验。以山水游记典范之作《永州八记》的首篇《始得西山宴游记》为例，看看柳宗元是如何开始他化尘俗以归于自然的新生活。

该篇全在"始得"二字着笔，篇首的"自余为僇人，居是州，恒惴栗"，显示作者已落在层层的世网之中，须要有所突破，才能掌握自己的命运。接着叙述他"幽泉怪石，无所不至"的游踪，则表示作者已努力将他在现实生活中无可奈何的生命，用力向山水之上扭转，期能获得安顿。"望西山，始指异之"以下，叙述他如何发觉西山、如何攀援上山，以及其宴游之乐，重点则在导出"心凝神释，与万化冥合"的境界。这时，"是山之特出，不与培塿为类。悠悠乎与灏气俱而莫得其涯，洋洋乎与造物者游而不知其所穷"的感觉，无非是作者自己的写照了。这是《庄子·逍遥游》中，大鹏翱翔于九霄的境界。作者既已自我认同于此境界，那么，尘世的是非、得失又算得了什么？小人的猖狂、得势又算得了什么？他本来就是"不与培塿为类"的啊！由是，在他澄澈、超脱的心境中，就可以"引觞满酌，颓然就醉，不知日之入"，可以"苍然暮色，自远而至，至无所见，而犹不欲归"，而达于"心凝形释，与万物冥合"的境界了。末尾的"然后知吾向之未始游，游于是乎始"，不仅意味着作者对西山之奇特的欣赏，更意味着作者已能突破层层的世网，与大自然冥合为一的新经验，正待他去开拓呢！

苏东坡的美文珍品

与柳宗元相较，苏东坡晚期淡泊超脱的心灵是更少夹杂的，请先品赏他那脍炙人口的短文《记承天寺夜游》：

> 元丰六年十月十二日夜，解衣欲睡，月色入户，欣然起行。念无与为乐，遂至承天寺，寻张怀民，怀民亦未寝，相与步于中庭。庭下如积水空明，水中藻荇交横，盖竹柏影也。何夜无月，何处无竹柏，但少闲人如吾两人耳。

这篇短文是东坡谪居黄州后的作品。这时的东坡，历经人生的种种风暴后，已洞彻世情，心灵转为超脱与旷达，前后《赤壁赋》、《念奴娇》、《水调歌头》等名作，都是此一时期的作品。而上文所传达的，也不外是超脱、旷达的心境——一种生命的了悟。但他却不是将这种生命的了悟直捷地陈述出来，甚或是架构逻辑谨严的论证，以说明他所达到的境界，而是捕捉到瞬间的佳境，使他的超脱智慧自然地流露出来，由于其中含有作者极强烈的人生感悟，全文也就更耐人咀嚼了。

《前赤壁赋》中，作者所表达的，不外是在"哀吾生之须臾，羡长江之无穷"的感伤，自此情境中超拔出来，领悟到"自其变者而观之，则天地曾不能以一瞬；自其不变者而观之，则物与我皆无尽也，而又何羡乎"的洒脱，与"惟江上之清风，与山间之明月，耳得之而为声，目遇之而成色，取之无禁，用之不竭，是造物者之无尽藏也，而吾与子之所共食"的娱悦。这种面对生命的态度，是中国传统读书人在庄学浸润下，要求在有限的生命中超转出来，以求取无限的共同基调，而东坡的笔力也够把他那超脱、旷达的澄澈心境化为文学的恬淡空灵之美。全文之中，不仅前后照应有条不紊，更善用骈散参用的长处，使之既有骈文对仗、音律之美，也有散文"理融而辞畅"的气势。更重要的，作者的思想完全透过感性的方式而寄寓于优美的意象之中，如篇中言泛舟之乐，则有"白露横江，水光接天。纵一苇之所如，凌万顷之茫然；浩浩乎如冯虚御风而不知其所止，飘飘乎如遗世独立羽化而成仙"之纵浪大化的舒畅；言人生的悲感，则有"其声呜呜然，如怨、如慕、如泣、如诉，余音袅袅，不绝如缕；舞幽壑之潜蛟，泣孤舟之嫠妇"之具象化的奇想；面对"赤壁"的山川风云、历史人物，则有"固一世之雄也，而今安在哉"、"哀吾生之须臾，羡长江之无穷。挟飞仙以邀游，抱明月而长终。知不可乎骤得，托遗响于悲风"的低徊慨叹；而其独抒襟怀之处，亦借着对水、月的观察，清风、明月的赏玩而流露。由是，作者超脱、旷达的智慧透过妙笔的经营，其作品遂能表现出一个脱却人世烟尘，充满恬淡空灵之美的新世界，引领读者慢慢地去思索、品味。生命有限、无限的问题，本来就是每个人所关切的，作者又能将他的生命了悟融入艺术化的语言结构之中，而开辟出令人向往的新境界，难怪此篇要令人爱不释手了。

《后赤壁赋》中所表达的，大抵与《前赤壁赋》无别，也是领悟变与不变为一，能够"放乎中流，听其所止而休焉"的旷达与超脱。全文通过一个完整的"动作"，将作者追寻生命智慧的心路历程，寄寓于探寻"不可复识"的江山之象征中。由"摄衣而上，履巉岩，披蒙茸，踞虎豹，登虬龙，攀栖鹘之危巢，俯冯夷之幽宫"后，所带来的"高处不胜寒"之寂寞，经过"划然长啸，草木震动，山鸣谷应，风起水涌。予亦悄然而悲，肃然而恐，凛乎其不可留也"的惊骇后，却顿然开悟——原来若能适情顺物，则"无何有之乡，广漠之野"的桃源胜境，就在当下的种种风光之中。于是乃有"反而登舟，放乎中流，听其所止而休焉"的恬淡与安宁。末尾以醒时见孤鹤，梦中见道士的幻想作结，就是对这种化解生命偏执的智慧更具象化的描述。道士化鹤，鹤化道士，其实为一，然各可在前无所凭、后无所依的虚无之上自适其乐，那么，我们又偏执什么呢？文中最后留下"开户视之，不见其处"的空荡之感，更足以发人深省了。

对于生活在纷纭扰攘中的世人来说，这种化尘俗而归于自然的境界，无异是睽违已久的空谷跫音；而表现当境拔起、飘然脱俗之了悟的散文，也就不啻为炎炎仲夏中的一泓清泉。加以作者对语言艺术的巧妙运用，更使人能有具体的感受，故此这类智与美融合的作品能够在我国文学史上获得崇高的地位，实非偶然。

纯美趣的天地

这一类作品是作者在要求脱却俗网的重浊，别寻一纯美趣之天地的心境下，对人物与生活的艺术性、趣味性所作的品鉴。它与表现超脱之了悟的散文的最大的区别，在于双方虽同有超脱尘俗的要求，但后者是经历深重的叹息后，因洞彻世情而来的真正解脱；前者则仅是生命无可奈何地从现实中游离出来，硬把生活情趣扭转向不带人间烟火之境的自我陶醉。唯鉴赏、欣趣所表现的审美观照力，却也能开拓人类智慧另一层的领域，所以这类散文所展现的纯美趣天地，依然是人类智慧所迸出的奇光异彩，弥足珍贵。

对人物、人文之美的欣赏，古已有之，但求能摆脱道德、实用的观点，直就人物本身的风姿予以品鉴、观赏，则必待乎东汉以降，而尤以魏晋最盛。当时的人伦鉴识，就是除却外在之种种事功德业，专依被品评者的个性所表现之特质，外形之神采风貌，以作纯趣味性的鉴赏。而此等心态的转变，具有重大的意义。钱穆先生谓：

> 将人物德性、标格，以自然界川岳动植相譬，亦可见
> 当时人之情调兴趣，转向于文学与艺术的一种趋势。

这种时代心灵的转向，当然有现实上的因缘，诸如政治的杀戮，使士人不敢碰触现实问题，而逃避于此；察举取士、九品官人的"知人官人之术"，使月旦人物、品鉴人伦流为俗尚。而玄风的兴起，在本质上更有推波助澜的功用。此因东汉末季以降，士人在玄风之下所培养的玄、远、清、虚之生活情调，基本上就是一个观赏生命、注重美趣的艺术心灵之表现，故其对于人物风姿、生活情趣的鉴赏力也跟着提升，而表现这种智慧的智与美融合的散文也就在这种艺术心灵下诞生了。现存的《世说新语》一书，所辑皆高士名流之音容笑貌、清言瑰行，文字清俊简丽，正可为此类作品的代表。如：

> 郭林宗至汝南造袁奉高，车不停轨，鸾不辍轭；诣黄
> 叔度，乃弥日信宿。人问其故？林宗曰："叔度汪汪，如万
> 顷之陂；澄之不清，扰之不浊，其器深广，难测量也。"

林宗此言，以具体的意象作譬喻，摹写人物之神采风韵，以寄托玄远之趣，极富文学趣味，同时也表现了他独具匠心的艺术心灵。此种批评方式，不但影响日后的人物评论，且转用于文学，造成后世之文学批评中以具体之意象，比喻抽象的风格之评论性与艺术性合一的特色，影响可谓深远。而叔度器度深广之无与于前人之"德行"标准，林宗之能有相契的了悟，都表示了一个新时代的来临。

王子猷居山阴，夜大雪，眠觉，开室，命酌酒，四望皎然。因起彷徨，咏左思招隐诗；忽忆戴安道。时戴在剡，即便夜乘小船就之。经宿方至，造门不前而返。人问其故？王曰："吾本乘兴而行，兴尽而返，何必见戴！"

本篇是描写名士所系缚的生命最典型的佳作。牟宗三先生曾以"惟显逸气而无所成"、"此是天地之逸气，亦是天地之弃才"描述士的生命形态观。本篇所载，则王子猷的行径，恰为这种"惟显逸气而无所成"的生命最具体的表现。"乘兴而行，兴尽而返"则可造门不入，然则子猷已超脱出事务的规矩、机括，而特显飘逸之风神矣。魏晋玄风引发了此种独特的生命，亦唯在当时的时代风气下，人们才能真正欣赏此种"逸气"、"弃才"，而有相契的了悟。该文以清丽之笔，抓住生活的细节，不经意间勾勒出名士飘逸的神采，殊为不易。

魏晋以降，有关人物风姿、生活情趣之鉴赏的散文，写得最多、最具特色的，要数明、清的小品文了。由于从《世说新语》到明、清的小品文，叙述观点已从第三者的追述，变为第一人称的自我抒感，所以文章的重点也自然由人物风姿的品鉴，转为生活情趣的赏玩了。

这类文章，表现的是作者对种种讲究、雅致的生活情趣之追求，以挥洒他们闲适、高雅的生命神采。且不拘形式，上至宇宙，下至茶酒，随兴而写，使文章与生活打成一片，是生活的文学化，也是文学的生活化。于是，在彼等清新轻盈的笔下，读者更易与作者沉浸于闲情逸趣下的生命风姿直接照面。

小品文的兴起及流行

小品文骤兴于晚明。它的兴起，显然与当时流行的"独抒性灵，不拘格套"之文学理论大有关系，但更根本的原因，则是当时的知识分子在弥天盖地的政治高压与诈伪鄙俗的社会风气下，为自绝于卑污流浴，所挣扎出、开拓出的一片纯美趣天地。所以在他们雅致的生活情趣背后，更可以发现这个时代知识分子的苦闷。袁宏道有诗云："书生痛苦倚篙篱，有钱难买青山翠。"正可道出此辈人士彷徨苦闷的心境。

然而，这些知识分子既不能、不愿正面担当人间的苦难，所以他们的生命也就不受扭曲、不致破裂，而其作品也自然缺乏一份撼人心弦的悲壮之美。在他们孤芳自赏的人生态度下，其作品的内容虽无所不包，无所不谈，却不外以观赏人生的态度，表现他们的闲情雅致，而形成机趣横溢、清丽可喜的文字。试看袁宏道的《雨后游六桥记》：

> 寒食后雨，予曰："此雨为西湖洗红，当急与桃花作别，勿滞也。"午霁，偕诸友至第三桥，落花积地寸余，游人少，翻以为快。忽骑者白纨而过，光晃衣，鲜丽倍常。诸友曰："其内者皆去表。"少倦，卧地上饮，以面受花，多者浮，少者歌，以为乐。偶艇子出花间，呼之，乃寺僧载茶来。各啜一杯，荡舟浩歌而返。

这种文字，不讲究形式，不装作修饰，也不寄寓大道理，信笔拈来，即成佳趣，而作者不系不缚的生命情趣，就在不经意的点染下，毫无滞碍地传达出来。这正应了他自己所说的话："句法、字法、调法，一一从自己胸中流出，此真新奇也。""多本色独造语。"但不可忽视的是，信笔拈来之所以能成佳趣，正因为在作者高情逸趣的心境观赏下，才能捕捉生活的韵致啊！

再看佚名文人所写的"冬"：

> 冬虽隆寒逼人，而梅白松青，装点春色；又或六花飞絮，满地琼瑶。兽炭生红，蚁酒凝绿。狐裘貂帽，银烛留宾；龙尾兔毫，彩笺觅句，亦佳事也。至如骏马猎平原，孤舟钓浅濑，豪华寂寞，各自有致。

寒气凛冽的冬季，冰封雪飘，本是大地枯寂、万物黯然的季节，但在这位作者眼中，却处处充满了生机，似乎宇宙的奥妙，人生的佳趣，在在等待着我们去领受哩！在闲适的心境观赏下，触目所及，人生的黑暗面已化为一片纯美趣的天地了。这就是讲究闲适的生命情调的小品文作者所展现的天地！

然而，物极弊生，明、清小品文所标榜的讲究、雅致之生活情趣，本为脱却世网而表现为对俗情之超拔，后学却往往浮慕此种雅致的生活方式，故作姿态，附庸风雅，则其矫情又成另一种陷溺，令人不忍卒读。小品文的优劣，当可由此分判。

从《世说新语》到明、清小品，可以发现先人在面对人生困局时所表现的另一种人生智慧。他们以超脱浊世的艺术心灵，抚慰了生命中的深刻矛盾，也创造出了不染人间烟火而机趣横溢、韵致十足之美文。他们所开拓的这种纯美趣天地，在人类生活逐渐物化、僵化的现代社会中，无疑更会引发人们无限的遐思！

文学固然是以艺术性的呈现为最后的归宿，但艺术性是要顺着题材的内涵而展开的，智与美融合的散文，绾合了作者超越凡俗的洞察力，和纯熟运用语言文字的能力，使道理的表达不流于抽象的声明陈述，也使艺术想象力的发挥，不流于幽邃幻思的迷漫泛滥，因而这种"智"与"美"融成的有机体，不仅具有深远的旨趣，更具有形式的魅力。于是在表达一般性人生智慧与体验，或是具体性的历史、社会之透视的散文中，作者得由内容的把握，进而走向艺术性的把握，使这些作品在闳大博富的深情至言中，别见山高水深的艺术性；而在表达当境拔起、飘然脱俗之了悟人物风姿、生活情趣的鉴赏之散文中，也能因作者生命境界的提升，得以触处生春，使作品的境界水涨船高，以表现出化尘俗而归自然与纯美趣的天地。这样作者的睿智、情思在这种艺术性的文字引导下，就更具有说服的力量，使读者乐意透过这一粒粒的细沙，去窥见大千世界的真相了。

从侍讲侍读到经筵日讲

所谓侍讲侍读或经筵日讲，是指廷臣入禁中在皇帝或太子面前讲授而言。或认为西汉昭帝以八岁即位，因年幼，辅政大臣选名儒韦贤、蔡义、夏侯胜等人入授于御前，及至宣帝诏诸儒讲五经于石渠阁，为侍讲经筵制的嚆矢。实则西汉帝王教育，尤其是教授太子为东宫官师傅之责，廷臣入内殿讲经乃偶而行之于君主，不是常制，且无侍讲之名。

侍讲之名始于东汉，指朝臣入授太子，而不是官名。光武帝立阴后子为皇太子（明帝），并未仿西汉置保傅设官僚，改由朝中儒臣负责教授太子。但太子储君无外交之义，于是乃由廷臣入禁中教授太子。最初由虎贲中郎将何汤以（尚书）授太子，后来又诏拜何汤的老师、通欧阳尚书的一代名儒桓荣为议郎，使入内教授太子，并经常让他留宿太子宫中。经过五年，桓荣荐举门生胡宪侍讲，方才得以离开东宫，只须每日早晨进入侍讲一次即可。明帝即位后，也常与桓荣子郁居中论经书，问以政事，并亲自制定五家要说章句，令桓郁校定于宣明殿。又数召张酺讲《尚书》，相互论难经义，甚能符合明帝的旨意，被认为郎，令人授皇太子（章帝）。张酺为人正直，执守经义，每趁侍讲间隙，屡有匡正之辞，以严见惮。日后章帝说："张　前入侍讲，屡有谏正，妖妖恻恻，出于诚心，可谓有史鱼之风。"继位后降意儒术，特别喜欢古文《尚书》及《左传》，尝诏买逵入讲北宫白虎观、南宫云台。建初四年（79年），因感于经学有今古之分，且章句繁多，拟加减省，乃召集群儒于白虎观讲论五经异同，亲自称制临决，如西汉宣帝石渠故事，作白虎议奏。明章为东汉治世，二帝都是博贯五经六艺、尊师崇儒的君主，其学识德行的养成，毫无疑问是得力于儒臣的侍讲。

章帝之后东汉政局日非，进入中衰时期。和帝以后太子教育实已废而不存。皇帝教育，则是采取选召廷臣入禁中侍讲的方式。除殇、少、冲、质四帝因即位时年龄过幼，在位皆不足一年，未有侍讲之事外，其余和、安、顺、桓、灵、献诸帝都行侍讲之制。侍讲制的产生，在君主教育的演变上实具有极重要的意义：一、入宫禁侍讲多由低品阶官兼任，以典司著述的议郎为最多，而不由东宫师傅重臣专司辅导，显示了皇帝对太子的控制防范加强，盖唯恐东宫自成势力，威胁皇权。二、"侍"乃身份低卑者立于尊者之侧的意思，纵是一代大儒桓荣，亦称之为侍讲禁中。侍讲之名，反映了在东汉帝师地位较西汉为低。所幸，由于累世经学的出现，造成了父子兄弟代作帝师，门生弟子亦多任讲职，帝王教育几为桓荣一家一姓包办的现象。侍讲者有其学术社会的地位，加以特殊的家庭背景，故仍有帝师之名，尚受尊重。

后汉以朝臣兼领侍讲之制，为三国魏吴及十六国之胡人政权所承袭。此外，南朝齐梁又有侍读之名。南朝东宫组织日益庞大且具独立性，教育储君的工作又由官僚负责，以东宫官说经于太子之前，谓之侍读，与东汉之侍讲有异。侍读侍讲并置，始于北魏孝静帝天平年间，以崔㥄为侍读，对隆为侍讲。唐初，旷世英主太宗勤政好学，于弘文殿旁置弘文馆，精选天下文学之士虞世南等人，以本官兼学士，令更日宿直，听政之暇引入内殿讲论典礼，讽诵诗书，然未用侍读侍讲之名。玄宗时，复行侍读之制。开元三年（715年），集贤院侍读学士、侍读直学士，皆以他官兼之，不为定阙，与东汉侍讲之制类似，为后世侍读讲学士官名之雏型。

宋代是我国君主教育发展过程中的重要阶段,侍读侍讲已成定制,为教育君主的最主要方式,真宗朝又有崇政殿说书之制,凡此皆概称之为经筵,经筵之名从此确立。讲官的身份亦异于往昔,前代多由朝廷庶官入禁中讲经,宋代两省台端以上之官兼充讲读则被视为殊命。讲职由近侍之臣翰林学士担任,或侍从以上如殿阁学士乃得兼任。宋世翰林学士不领他局,实为正阙,若任讲读,虽得以翰林系衔,其实是入侍经筵之官,并不在学士院供职,亦即专任讲读之事。宋制,凡侍读学士、侍讲学士、侍读、侍讲,及崇政殿说书,皆称之为经筵官。为儒臣之荣选,乃至清要显美之官。盖其品秩虽卑,但能利用进讲的机会,借解说经义向皇帝陈说对政事的看法,影响君主施政,偶尔亦能蒙待以师傅殊礼。宋代名臣吕夷简、王安石、曾公亮、司马光、吕惠卿诸人,皆曾任讲职。经筵讲官常在皇帝面前论辩政事得失。神宗熙宁三年(1070年)十一月庚辰,司马光讲《资治通鉴·汉纪》,至曹参代萧何为相一遵何之故规,因言守成勿变之道,影射王安石变法之不当。至壬午日,吕惠卿讲《尚书·咸有一德》,又言法不可不变,并谓司马光前日之论为非。于是神宗召司马光前来,与惠卿在神宗面前论辩新法得失。最后,吕惠卿竟谓司马光备位侍从,见朝廷事有未便即当论列,今在经筵中论新法不当,是失官守未尽言责,当去职。司马光立刻表示早已上疏指陈新法弊害,并问神宗是否已经见到奏疏。神宗表示已见到。司马光遂谓其言不蒙采用而不去,诚为有罪,请罢官。一时气氛颇僵,神宗见讲官争执,乃谓:“相与共讲是非耳,何至乃尔!”经筵进讲,臣相互讲明经义,论辩政事,其于君主之德行学识及对政事的认识,自有莫大的裨益。

　　经筵之制虽于宋代已经形成,唯形式并未固定,非但历代有异,即一代之中不同君主实行之情形亦不尽相同。以明代为例,初无定日,亦无定所。明初诸帝自制力甚强,勤政好学,讲学虽未制度化,然于圣学犹无大碍。迨英宗以冲龄即位,三杨(杨士奇、杨荣、杨溥）柄政，感于身负幼主教育之重责大任，上疏请开经筵。始制定经筵仪注，每月二日、十二日、廿二日三次进讲，帝御文华殿，遇寒暑则暂免。开经筵为朝廷盛典，由功臣一人知经筵事，内阁学士或知或同知经筵事，六部尚书等官侍班，翰林院春功等官及国子祭酒两员进讲，另有展书、侍仪、供事、赞礼、举案、侍卫。除每月三次的经筵外，尚有日讲。每日皇帝御文华穿殿，只用讲读官内阁学士侍班，不用侍仪执事等官，讲官或四或六，每伴读十余遍后，讲官直说大义，唯在明白易晓。日讲仪式较经筵大为简略，或称小经筵、小讲。经筵讲学自此制度化，每日一小讲，每旬一大讲，为帝王接受儒臣教育的主要方式。

经筵的制度化，其用意在使帝王的讲学不致间断，以收持之以恒的功效。明人十分注重经筵，视为讲学第一事，认为经筵一日不废，则圣学圣德加一日之进；一月不废，则圣学圣德加一月之进。盖人之心思精神有所繁属，则自然强敏。经筵讲学，正人主开广心思，耸励精神之所也。

唯讲学一旦制度化后，便宜缺乏弹性。尤其每月三次的大经筵，臣僚列侍、陈仪卫、设酒肴、典礼隆重。若遇不喜学问的皇帝，或幼主与老臣情不相浃，便思逃避，使进讲成为具文。明代君主常以圣躬违和，或隆寒盛暑为由暂免经筵日讲。每有帝王怠惰不愿讲学，百官总会上疏谏诤，他们基于"帝王大节莫先于讲学，讲学莫要于经筵"，坚持经筵绝不可一日稍废。有些大臣站在保育圣躬的立场，不免将顺君主之意，主张可令讲官进讲章于燕闲之时，从容玩索，不必一定要开经筵。但经筵进讲，百僚侍班，实有深意，盖"正以人主面与贤士大夫相接，则君臣之间有聚会精神之美，有意谕色授之益，气质不期变而自变，德性不期成而自成"。其立论与汉儒置保傅的主张类似。明代东宫制度废而不存，经筵日讲几乎成为儒臣接近皇帝，影响其行为、涵养其德行的唯一机会，自然特别受到重视。

太子教育方式与君主相似的，也是讲读制。英宗天顺二年（1458

年），定东宫出阁讲学仪。每日早朝退后，皇太子出阁升座，不用侍卫等官，仅侍班侍读讲官入值。讲毕，侍书官侍习写字。凡读书，三日后一温，背诵成熟。温书之日，不授新书。凡写字，春夏秋日百字，冬日五十字。一如帝王经筵讲学，凡朔望节假及大风雨雪，隆寒盛暑，则暂停。定制之时，对皇太子出阁讲学的年岁，并无明文规定。穆宗隆庆四年（1570年），大学士张居正以皇太子年已八岁，远稽古礼，近考祖制，皆以八岁就学，请出阁讲学。穆宗不允，必待皇太子十岁才令讲学。居正希望太子早日出阁讲学，有汉初贾谊早论教之意，是使皇太子早日受儒臣教导熏陶，降低宫中妇寺影响的程度

清袭明制，仍以经筵日讲为教育帝王的方式，康熙帝最重视此制度。康熙好学出于天性，自五岁便知读书，问。年十七八尤笃于学，尝因勤学过劳而咳血，犹不少辍。康熙十六年（1677年），改隔日进讲为日日时讲，虽避暑瀛台，未尝间断。三藩乱起，京师不安，机务繁重，翰林院请隔日进讲，但康熙深切了解日讲之重要，认为军事或数日一至或数日连至，无法以日限计，仍令每日进讲，以免荒疏学问。康熙学识超迈千古帝王，清代君主能有相当的学问水平，都是得力于儒臣的进讲教授。

经筵日讲制的产生，使居于九重深宫的帝王储君每日能接受儒臣的教育，增进君主品学的功用是可确定的。唯就师道而言，经筵制的进讲儒臣已无帝师之名，官秩又卑，实无尊严可言。宋初，经筵讲读官皆坐，然自仁宗以十三岁幼龄即位，坐读不相闻，于是讲者立侍者坐，形成故事。神宗熙宁元年（1068年），翰林学士兼侍讲吕公著等请赐讲者坐，而侍者可立。神宗交付礼官考议，诏太常礼院详定。韩维等主张应赐坐讲臣，使能敷畅经艺以明先王之道，道之所存，礼则加异。恢复旧制，在彰稽古重道之意。龚鼎臣等则以为今之讲臣不过解说旧儒章句之学耳，非有为师之实，岂可专席安坐，以自取重？因众议不同，神宗问曾公亮，公亮但言侍仁宗书筵

亦立。后赐王安石坐讲，安石不敢坐，立讲遂成故事。明代经筵仪注，皇帝御文华殿，三师三少尚书都御史及学士讲读执事等官，均于丹墀上行五拜三叩首礼。太子出阁讲学，侍讲侍读等官入见，亦行叩头礼。明代中叶以下君主多不好学，更有凌辱讲臣者。景帝景泰元年（1450年）诏开经筵，景帝每临讲幄，辄命中官掷金钱于地，任讲官遍拾之，号为恩典。君主待讲臣如此，讲臣地位之低落可知。语云："师臣者帝，实臣者霸。"似明代君主遇讲官若说书之奴，其多昏庸荒怠之主，政治黑暗，良有以也。

《周易》：人文思想的精粹

自从春秋之世孔子提出"未能事人，焉能事鬼？""未知生，焉知死"的名言后，"知生事人"已经成为中国人文思想的精粹所在。一入战国，中国历史文化更急遽地全盘大变动，有识哲人反省过去，批评现状，展望未来，纷纷发表各自见解，一时繁花绽放，多彩多姿。虽然百家争鸣，思想各异，但人文思想则为战国诸子所同具。战国时代是一个"人"的时代，神已退隐。

孔子敬天爱人，以人的行为和人间世界为终极关怀之处，孔子以后的儒家学者在这方面有更进一步的发展。孟子依然敬天，他对滕文公说，君子创业垂统，为的是代代相继，至于能不能成功，那还得依靠天命。他也认为舜有天下是"天与之"。但是敬天之外，人的行为本身才是最重要的，所以他接着对滕文公说，至要者努力实行仁政罢了。至于天使舜有天下，亦非"谆谆然命之"，而是"天不言"，通过人的德行和政事来表示而已，所以天理在人间。孟子的人性论就是在这个基础上扩展出来的，他说："充分扩张善良的本心，就是懂得人的本性，懂得人的本性，就懂得天命。保持人的本心，培养人的本性，就是对待天命的方法。短命也好，长寿也好，我都不三心两意，只是培养身心，等待天命，这就是安身立命的方法。"他还说："无一不是命运，但顺理而行，所接受的便是正命。"孟子依然把眼光投注在人间，此即中国人文精神的精粹。

荀子在这方面的看法更进一步，他把天视为一种规律（天行有常），以合理的行动去对待则吉，以错乱的行动去对待则凶，所以人不可以怨天，能够明天人之分的，才可以算是"至人"。君子只是认真做着可由自己作主的事，却不去追求那属于天道范围的事；小人正好相反，弃其在己者，而慕其在天者。他还认为，把天看得非常伟大而仰慕它，不如把天当作一种物来畜养它；顺从天而颂扬它，不如掌握和控制天的变化规律来利用它，要是放弃了人的力量而指望天道，那是不符合万物之情的。荀子这种看法可说是人文思想的极致。

孔子"祭如在，祭神如神在"的宗教人文思想也被后代儒者更加发扬。荀子认为天旱而雩，卜筮然后决大事，并不是以为真会求得什么东西，不过是国家表示重视灾害、顺应人情的一种文饰罢了，如果把这些行为看作是一种文饰则吉，要是认为当真有神则凶。《礼记》说："万物本乎天，人本乎祖，此所以配上帝也。郊之祭也，大报本反始也。"《大戴礼》也说："率而祀天子南郊，配以先祖，此所以教民报德不忘始也，率而祀于太庙，所以教孝也。"这都是把祭祀赋予绝对伦理意义的表现，也是人文思想的重要内涵。

强调自然的道家，则把"天"哲学化了。老子、庄子的天都是没有意志力、自自然然的天，所以"天地不仁，以万物为刍狗。"完全摆脱了宗教的意味。即使百家之中最具有宗教性，最重视鬼神的墨家，也依然是站在事鬼神的目的实在于事人的立场而立论，墨子讲"尊天事鬼"，乃因天和鬼都是赏善罚恶，所以他不迷信命运，反对宿命论，而所谓祭祀，那更是"古者圣王事鬼神，祭而已矣"，祭祀绝非求百福于鬼神。这种宗教情操也是一种人文精神。

《周易》的思想深植中国人心，其书是经过长时间集体创作而成。《易》原是卜筮之书，从每卦卦辞及卦的各爻爻辞，演进到充满哲理的易传十篇（即十翼），恰可作为中国人文思想从萌芽到成熟的具体表征。关于《易经》的写成，《系辞（下）》说："易之兴也，其于中古乎？作易者其有忧患乎？"又说："易之兴也，其当殷之末世，周之盛德耶？当文王与纣之事耶？"这两句话已点出《易经》所包含的忧患意识，而忧患意识下的戒慎之心正是人文思想发展的一个基础。这种忧患意识与戒慎心理并非对神发生恐惧，与西方基督教传统的原罪观念大不相同，引发出来的是畏天修德。卦爻辞中所说的"亢龙有悔"，"履霜坚冰至"，"无平不陂，无往不复"，"劳谦君子，有终吉"，"有孚改命吉"，"不恒其德，或承之羞"等等，都是在卜筮之外更注入了深刻的人文精神。至易传十翼，原有的忧患意识更加发扬，成于战国的《系辞》说：《周易》这部书人们是不可以离开它的，只有适应它的变化，"其出入以度，外内使知惧。又明于忧患与故。无有师保，如临父母。"又说："君子安而不忘危，存而不忘亡，治而不忘乱，是以身安而国家可保也。"这已经很明显地指出人的行为决定吉凶祸福，戒慎之心就是要养成"临事而惧"的行事态度。易传十翼更重要的地方是，把以论天道为主的《易经》，加上了人道，也就是把世人的眼光从天上拉回人间，所以易传虽明天人一贯之道，但下手处必从人事说起。《序卦》也是战国时人的作品，旨在说明天地万物化生以及六十四卦的次序为什么那么安排的理由，其中所透露的消息，一言以蔽之：人的行为造成卦的变化。此外，《系辞》上、下是假托"子曰"来讲说各卦爻辞的，上系有七处，下系有十一处，谈的都是人事，根据爻辞来说明人的行为应当如何。伏羲始作八卦，以通神明之德，以类万物之情，所以《易经》原在"弥纶天地之道"，至易传，所论重心全在人道。由天道而人道，正代表着中国人文思想的发展，也深合"知生事人"之义。

至于如何知生事人？至要功夫全在修德，这也是中国人文思想的主要内涵。孔子以仁为人自作主宰的基本条件，所谓做人就是实践仁。他说："我欲仁，斯仁至矣。"人只要通过行为的修炼，是可以接近真理的，这又与"原罪"意识下的宗教虔信大异其趣。孔子以降，战国诸子在道德哲学上都有所创新，即以《周易》而论，《系辞（下）》在"作易者其有忧患乎"句下，列举九个基本卦，都以修德为主。《象》的作者在解释各卦时，屡屡以德为言，修德所以防患，所谓读《易》可以无过，可以"乐天知命，故不忧"。总之，易传十翼的作者以"德"义来发挥《易》的真谛，建立《易》的道德体系。而道德哲学的丰富，也构成了中国思想的一个特质。

爱民思想是中国人文思想的另一内涵，也是"知生事人"所要落实之处。战国各大学派除法家外，均以爱民为念。墨子主兼爱交利，非攻伐奢侈，倡国家百姓之大利。老子说"治大国若烹小鲜"，至高理想为"甘其食，美其服，安其居，乐其俗"。庄子说："顺物自然而无私容焉，而天下治矣。"主张自由、平等。他们的爱民之思都油然而生。儒家的肯定人民，更是明显。孟子认为统治者应当省刑罚、薄赋敛，不夺民时，为民治产，使民养生丧死无憾。他更肯定人民对于残暴的统治者有革命的权力，所言"民为贵，社稷次之，君为轻"，把爱民思想带到了顶峰。荀子亦然，他说："天之生民，非为君也，天之立君，以为民也。"因此君主必须重视民意。上述种种，均奠定了中国爱民、重民、利民的政治思想传统，充满了人文主义的精神。

从商、周，以迄春秋，中国人文思想由萌芽而成熟，至孔子作一总结，下入战国，终于放出灿烂的人文之光。中国思想之所以为中国思想，就是以人文思想作为最主要的根基，最牢固的磐石。

国可灭，史不可灭

唐高祖武德年间，国家正值草创之际，一切举措以对外征服扩张为主，在制度方面并无新举，多因隋旧，所谓"随时署置，务从省便"。然而，对于思想的统一工作，却被认为是刻不容缓，亟须解决之事。在历史方面的着眼点仍是政治的，而非史学的，其目的在表彰李唐王室祖先的丰功伟业。正如令狐德棻所说的："国家二祖，功业并在周时，如文史不存，何以贻监古今。"与唐高祖武德五年（622年）的《修前代史诏》云：

> 司典序言，史官记事，考论得失，究变穷通，所以裁成义类，惩恶劝善。自有魏至乎陈隋，莫不自命正朔，绵历岁祀，各殊徽号，删定礼仪。然而简牍未编，纪传咸阙，炎凉已积，护俗迁讹，余烈遗风，泯焉将坠，顾彼湮落，用深轸悼。

此诏与令狐德棻所言都相当具有代表性，成为唐以后历代官修前代史的先驱。其显示的意义主要在：一、借修史的机会提高本朝王室的地位；二、肯定本朝已统一天下的正统地位；三、删益前代"自命正朔"的众家史书；四、建立赓续不断的历史编纂工作。今人杨联升先生更明确地指出，官修史书不但具有宣传价值，能建立与前朝的继承关系，还可以显示本朝的宽宏大量，吸收前朝的士大夫，利用正史的编纂可以让他们有对先朝作最后效忠的感觉。

唐室既然基于以上诸般考虑，决定重修前代史，首先就要抨击以往史书的讹滥不实，记事阿曲。如《晋书》原有三十九家之多，但是太宗却在贞观二十年（648年）下诏重修，重修的理由是："虽存注记，而才非良史，书亏实录。绪烦而寡要，思劳而少功。"（《修晋书诏》）等到重修题名御撰的《晋书》完成之后，诸家并废，史料也自此湮灭、散佚，究其实情，恐怕还是李唐王室以政治力量所造成的。统治者对史书褒贬记事的恐惧感，可以上溯到唐以前一千年，由秦帝国首肇其端，《史记·六国年表》曰：

> 秦既得意，烧天下诗书，诸侯史记尤甚，为其有所刺讥也。诗书所以复见者，多藏人家，而史记独藏周室，以故灭，惜哉！惜哉！

两个朝代表现出来的心态与做法，并没有什么两样，此与再经一千年后，满清王朝焚毁禁书、大兴文字狱的举动仍然相同。

> 从唐朝以后，后朝修前朝史成为历代的传统，如五代时修唐史（《旧唐书》），宋修五代史（《旧五代史》），元修宋、辽、金史，明修元史，清修明史，乃至于民国肇建后修清史，莫不沿用唐代成规，开馆纂修，事毕则罢。这一点已被学者承认是中国史学史上的一项优良传统，和前四史出于史家私人或半私人性质截然不同。

最重要的是"史"的观念普遍存在于全国上下，而史官在褒贬之笔直接、间接受制于政治势力之后，不得不退而求其次，以直书、存史为努力的目标。即使在异族王朝入主中国的时期，史官仍为保持其独立的史权而奋斗。如元灭金后，汉人刘秉忠上书说："新君即位，颁历改元……国灭史存，古之常道，宜撰金史，令一代君臣事业不坠于后世，其有利也"。元世祖至元元年（1264年），王鹗更提出："自古有可亡之国，无可亡之史。盖前代史册，必代兴者与修，是非予夺，待后人而后公故也。"至元十三年（1276年）元灭南宋时，元将董文炳入临安城，首先收取宋朝的乐礼彝器与图籍等，他再一次重申：

> 国可灭，史不可没……宋十六主有天下三百余年，具
> 太史所记具在史馆，宜悉收以备典礼。

至元亡明兴，明太祖在洪武二年（1369年）谓廷臣曰："近克元都，得元十三朝实录。元虽亡国，事当记载，况史纪成败，示劝惩，不可废也。"于是诏修元史，以李善长为监修，宋濂、王祎为总裁，并征召山林遗逸之士十六人，开局纂修。当诸儒毕集时，太祖又论之曰：

> 自古有天下国家，行事见于当时，是非公于后世，故
> 一代之兴衰，必有一代之史以载之……今命尔等纂修，以
> 备一代之史，务直述其事，毋溢美，毋隐恶，庶合公论，以
> 垂鉴戒。

上自帝王，下至武将，他们都抱持同样的观念。更确切地说，他们继承了唐朝以来的尊史观念，这点才是历朝开国之后便立即成立修史机构来纂修前朝史的精神维系。

清初修《明史》时，尽管清室对史官屡有箝制，指摘与政修的意图也屡见于事实，但是圣祖仍不得不尊重"史"的存在与功用，时时诏示说：

作史昭垂永久，关系甚大，务宜从公论断。

史书永垂后世，关系甚重，必据实秉公，论断得正，始无偏颇之失，可以传信后世。

作史之道，务在秉公持平，不应谬执私见，为一偏之论。他之所以能给予史官直笔修史的指示，就是体认到"史"之存在的意义，感觉到史权的力量，并非一朝一代的统治力量所能比拟、抗衡的。正如同明朝遗老黄宗羲与万斯同一样。黄宗羲寓孤臣孽子之情怀，内心之中对明室有着无限怀念与忠忱，他不愿意在异族王朝下修史，但又不希望明朝史被满清所任意删益、污蔑，于是让他的儿子黄百家和弟子万斯同赴北京纂修。万斯同从康熙十八年（1679年）到康熙四十一年（1702年）二十余年中，"以布衣参史事，不置衔，不受俸"，致力于《明史》的修纂，黄宗羲遗诗赞扬他："四方声价归明水，一代贤奸托布衣。"又一诗曰：

> 史局新开上苑中，一时名士走空同。
> 是非难下神宗后，底本谁搜烈庙终。
> 此世文章推婺女，定知忠义及韩通。
> 凭君寄语书成日，纠谬须防在下风。

以一代贤奸相托付，师生期许之殷，故国之思及为前代存信史的精神，跃然纸上，并将史官精神寄寓在他的身上，足以显现独立于政治势力之外之史权的力量。

一直到甲午战败，乙未割台之后，连横（雅堂）犹撰写《台湾通史》，在《序》中说道：

> 夫史者，民族之精神，而人群之龟监也，代之兴衰，俗

之文野，改之得失，物之盈虚，均于是乎在，故凡文化之国，未有不重其史者。古人有言，国可灭，史不可灭。

他虽然不是史官，但是爱祖国，爱乡土，保华族，以"汝为台湾人，不可不知台湾事"的胸怀，直追历代史官，以著史为己任，有其渊源所自。

无穷的魅力

最近,英国广播电台面向公众举办评选全球最伟大哲学家活动,马克思最终荣膺榜首。

"他首先是一个革命家"

马克思,全世界无产阶级和被剥削被压迫群众的伟大导师、科学社会主义的创始人和国际共产主义运动的奠基人。

卡尔·马克思,1818年5月5日诞生于德国莱茵省南部特里尔市一个犹太族律师家庭。1835年秋在特里尔中学毕业后,先后在波恩大学和柏林大学法律系学习,参加青年黑格尔派活动,接受了黑格尔哲学。1841年3月,大学毕业时写作哲学博士论文《德谟克里特的自然哲学和伊壁鸠鲁的自然哲学的差别》,显露了初步的革命民主主义思想和无神论思想,含有唯物主义思想的萌芽。1841年夏,接受费尔巴哈唯物主义哲学。

1842年4月,马克思为《莱茵报》撰稿,同年10月任该报主编,著文抨击普鲁士专制政府,开始接触社会经济问题。1843年3月退出《莱茵报》编辑部,10月移居巴黎,参加了工人运动,广泛研究历史、哲学、政治经济学和社会主义理论。在与卢格合办的《德法年鉴》上发表了《论犹太人问题》和《〈黑格尔法哲学批判〉导言》

等文章，表明他开始从唯心主义向唯物主义、从革命民主主义向科学共产主义的转变。

　　1844年8月底，马克思与恩格斯在巴黎会见，从此他们开始了终身的合作。1845年2月，他们的第一部合著《神圣家族》出版，该书清算了青年黑格尔派的唯心史观，阐述了人民群众是历史创造者的观点。同年11月至次年5月，他们又合写《德意志意识形态》，批判了黑格尔的唯心主义哲学和费尔巴哈的唯心史观以及"真正的社会主义"，论述了历史唯物主义的基本原理。这表明马克思和恩格斯已经完成从唯心主义到唯物主义、从革命民主主义到科学共产主义的转变。1846年初，马克思和恩格斯在布鲁塞尔建立共产主义通讯委员会，为创建无产阶级政党做准备。1847年1月，他们加入正义者同盟，努力清除同盟内部的魏特林主义和"真正的社会主义"思潮，以科学共产主义理论指导同盟的改组工作。6月，共产主义者同盟在伦敦召开第一次代表大会（马克思因经济困难未能出席）。8月，马克思当选为布鲁塞尔共产主义者同盟支部主席和区部委员。11月底，马克思和恩格斯出席在伦敦举行的共产主义者同盟第二次代表大会，受委托起草同盟纲领。1848年2月中旬，国际共产主义运动的第一个纲领性文件《共产党宣言》问世。《宣言》全面阐述了科学共产主义的基本原理，标志着马克思主义的诞生。

　　1848年2月，席卷欧洲大陆的资产阶级民主革命爆发，马克思和恩格斯指导同盟投入革命洪流。8月初，马克思被比利时政府驱逐出布鲁塞尔到达巴黎，当选为新组建的共产主义者同盟中央委员会主席，与恩格斯共同制定了《共产党在德国的要求》，确定了同盟在德国资产阶级民主革命中的政治纲领和策略原则，提出为在德国建立一个统一的、不可分割的民主共和国而斗争。4月，马克思与同盟骨干回到德国，在科伦创办《新莱茵报》，并参加科伦工人联合会和民主协会的领导工作。8月中旬，马克思参加第一届莱茵民主主义者代表大会，当选为科伦民主团体的中央委员。8月下旬，他去柏林和维也纳进行宣传和联络活动。9月，马克思参加由《新莱茵报》编辑部、科伦工人联合会和民主协会召开的民众大会，并被选入安全委员会。11月，又当选为科伦人民委员会委员，组织和武装群众，以抗击反革命政变阴谋。

由马克思主编的《新莱茵报》于1848年6月1日创刊。该报号召无产阶级和其他劳动群众武装起来，推翻德国封建专制制度，实现德国的统一，建立民主共和国。该报还揭露德国资产阶级的妥协和背叛，批评小资产阶级民主派的动摇，号召农民参加到反封建的斗争中去。《新莱茵报》坚持无产阶级国际主义原则，支持和维护巴黎工人六月起义，声援波兰、匈牙利等被压迫人民的解放斗争，揭露沙皇俄国充当欧洲宪兵的角色。恩格斯写道："没有一家德国报纸——无论在以前或以后——像《新莱茵报》这样有威力和影响，这样善于鼓舞无产阶级群众。而这一点首先归功于马克思。"1849年5月16日，普鲁士政府下令驱逐马克思。19日，《新莱茵报》被迫停刊，用红色油墨印刷了最后一期。

1849年6月初，马克思及其一家流亡到巴黎。8月，又被法国政府驱逐，迁居伦敦。在他的领导下同盟中央委员会重组，恢复和整顿组织。1850年3月和6月，先后两次与恩格斯一起起草《中央委员会告共产主义者同盟书》。1852年11月，根据马克思的建议，共产主义者同盟伦敦区部宣布解散，其他地方的同盟支部也相继停止活动。1850年，马克思写作《1848年至1850年的法兰西阶级斗争》，1851年底至1852年春，写作《路易·波拿巴的雾月十八日》，总结了欧洲、特别是法国1848年革命的经验，指出打碎旧的军事官僚机器是欧洲大陆上任何一次真正的人民革命的先决条件，阶级斗争必然要导致无产阶级专政，这个专政不过是达到消灭一切阶级、进入无阶级社会的过渡，不断革命是无产阶级的战斗口号，农民是无产阶级的天然同盟军。

五六十年代，马克思及其一家经历了流亡生活的种种艰辛，生活非常困苦，一度濒于绝境。为此，马克思夫妇付出了沉重代价。他们先后生有七个子女，在50年代死去四个。在这种境况下。马克思仍潜心研究政治经济学，写作《资本论》。在为《纽约每日论坛报》撰写的政论和通讯中，马克思抨击了英国殖民者对中国的侵略行径，歌颂了中国人民不屈不挠的反抗精神，肯定中国太平天国革命运动的伟大意义，认为中国人民解放斗争的高涨将会推动欧洲工人运动的兴起。

1864年9月28日，马克思应邀出席在伦敦圣马丁堂举行的国际工人协会成立大会(即第一国际)，当选为协会临时委员会委员，兼任德国通讯书记。10月，他受托起草协会的成立宣言和临时章程，为国际工人协会规定了符合科学社会主义精神的政治纲领、策略原则和组织形式。从1866年在日内瓦举行的代表大会起，马克思连续当选为国际总委员会委员。他主持协会繁重的组织和宣传任务，起草了协会的大部分重要文件，是公认的国际总委员会的"灵魂"和"首脑"。

在马克思的指导下，国际工人协会组织各国工人在反对资产阶级的斗争中相互支援，交流情况和经验，声援波兰和爱尔兰人民争取民族解放的斗争。在国际内部，广泛联合受各种社会主义思潮和流派影响的各国工人群众。马克思引导他们在反对各国资产阶级的斗争中，加强国际主义团结，逐步清除蒲鲁东主义、马志尼主义、工联主义和巴枯宁主义的思想影响，扩大科学社会主义的思想阵地。1867年9月，《资本论》第一卷出版。1868年9月举行的国际布鲁塞尔代表大会作出决议，指出"马克思的功绩是不可估量的"，号召各国工人学习和宣传《资本论》。60年代后期，马克思已经成为欧美各国先进工人和社会主义活动家公认的领袖，享有很高的威望。但他一向反对突出个人，制止在国际内宣扬他自己，"厌恶一切个人崇拜。"

1871年3月18日，巴黎工人起义后，马克思以一个实际参加者的身份全力以赴支援公社革命。他密切注视巴黎局势的进展，通过各种办法与公社的领导人弗兰克尔、瓦尔兰和赛拉叶等取得联系，就公社的斗争策略、社会经济措施、军事防务和内部团结等问题向他们提出建议和忠告。马克思还在欧美各国进行了大量的宣传，动员各国国际支部和民主力量声援巴黎起义者。他热烈称赞巴黎工人的历史首创精神和自我牺牲精神，指出："工人阶级反对资本家阶级及其国家的斗争，由于巴黎人的斗争而进入了一个新阶段。"

公社失败后，马克思挺身而出捍卫公社的事业，尽力援救公社战士，总结公社经验。1871年5月30日，马克思在国际总委员会会议上宣读了题为《法兰西内战》的宣言，指出巴黎公社实质上是工人阶级的政府。公社的经验证明，工人阶级必须建立自己的革命武装，打碎资产阶级军事官僚机器，建立无产阶级专政，实行无产阶级民主制，用自由的联合的劳动条件去代替劳动者受奴役的经济条件，消灭一切阶级和阶级统治，使工人阶级获得解放。他强调指出："公社的原则是永存的，是消灭不了的；在工人阶级得到解放以前，这些原则将一再表现出来。"

公社革命以后，欧美各国工人阶级面临的任务是，在各国建立无产阶级的独立政党，组织和训练无产阶级和劳动群众为夺取政权做准备。在1871年9月的国际工人协会伦敦代表会议和1872年9月的海牙代表大会上，马克思和恩格斯团结各国革命者，作出了工人阶级参加政治斗争、建立与一切旧政党相对立的独立政党的决议，并粉碎了巴枯宁集团篡夺国际领导权的阴谋。1872年9月国际总委员会迁往纽约后，马克思不再担任国际总委员会委员。1876年7月，根据马克思的提议，国际工人协会宣告解散。第一国际在马克思一生中，占有重要地位。恩格斯说过，第一国际对于马克思就好比钻石戒指上的那块钻石。

马克思在晚年以主要精力研究和写作《资本论》第二、三卷，同时与欧美工人运动保持密切的联系，指导各国社会主义政党的建设。

1875年春天，德国社会民主党的一些领导人为了追求同拉萨尔派控制的全德工人联合会合并，放弃革命原则，制定了一个充满机会主义观点的党纲草案。马克思坚持两派合并只有以科学社会主义的理论原则和纲领路线为基础，才能推动工人运动的发展。5月，他写了《对德国工人党纲领草案的意见》(即《哥达纲领批判》)，进一步发展了无产阶级革命和无产阶级专政的理论，首次提出共产主义社会两个发展阶段，指出"在资本主义社会和共产主义社会之间，有一个从前者转变为后者的革命转变时期。同这个时期相适应的也有一个政治上的过渡时期，这个时期的国家只能是无产阶级的革命专政"。1878年俾斯麦政府颁布《反社会党人法》后，马克思和恩格斯帮助德国社会民主工党克服党内"左"倾盲动和右倾投降倾向，采取合法斗争与秘密斗争相结合的斗争策略，巩固和发展了党和工人运动。

1880年5月，马克思和恩格斯指导法国工人党领导人制订党纲，口授了纲领的理论部分。马克思揭露了英国工人运动中占统治地位的工联主义，严肃批评以海德门为首的民主联盟的教条主义和宗派主义错误，支持联盟内部的革命派在工人中宣传科学社会主义、组织工会。马克思还帮助北美社会主义工人党内以左尔格为首的革命派，要求该党从美国的实际情况出发宣传和应用科学社会主义理论，加强同当地群众的联系，批评了该党领导人的宗派主义、教条主义。他也十分注重研究俄国的历史和现状，与当时俄国的小资产阶级民主派组织"民意党"和"土地平分社"的活动家保持联系，肯定他们反对沙皇专制的革命精神，指出了他们脱离群众的密谋策略和农业社会主义的幻想。马克思在指导国际社会主义运动时从不把自己的意见强加于人，"由于他在理论上和实践上的成就已经赢得了这样的地位，各国工人运动的最优秀人物都充分信任他。他们在紧要关头都向他请教，而且总是发现他的建议是最好的。"

1883年3月14日，马克思积劳成疾，躺在安乐椅上溘然长逝。3月17日，在海格特公墓举行的葬仪上，恩格斯发表讲话，指出这位科学巨匠创立了唯物史观和剩余价值学说，使社会主义由空想变为科学。恩格斯还指出，他首先是一个革命家，参加推翻资本主义社会的现代无产阶级解放事业，是他毕生的使命。他的英名和事业将永垂不朽。

马克思与燕妮的恋情

卡尔·马克思1818年5月5日出生于摩塞尔河畔特里尔的一个普通市民家庭，出生贵族的燕妮·冯·威斯特法伦的家离马克思的家只有几分钟的路程。

1836年晚夏，在波恩大学攻读法律的一年级学生马克思回特里尔向自己热恋的姑娘求婚。燕妮于是和十八岁的马克思约定了终身。按照当时的习俗来说，这是前所未有的。贵族出身、年华似锦的燕妮，被公认为是特里尔最美丽的姑娘和"舞会皇后"，许多英俊的贵族青年为之倾倒，求婚者不乏其人，毫无疑问可以缔结一门荣华富贵的婚姻。但是她却蔑视封建社会和资产阶级社会的一切传统观念，瞒着父母把自己许配给一个市民阶级的子弟，虽然她完全不能预计和马克思共同生活的前途如何。当时马克思认为暂时还不能在身为枢密顾问官的燕妮的父亲面前正式向燕妮求婚，因此，起初他只能向自己的父亲吐露秘密。他相信，他父亲会在燕妮的双亲面前为一次成功的求亲做好各种准备。

1836年10月，马克思从离家不远的波恩大学转赴离家很远的柏林大学读书，这意味着他们之间要忠诚等待一段漫长的时间。在柏林，由于心灵激荡的感情和"倾心思慕"的爱情以及带来的悬念和焦虑，曾一度影响了马克思全心全力地投入学习。他曾向他父亲坦率吐露说，由于远离摩塞尔河谷，远离他的"无限美好的燕妮"，他已"陷入了真正的不平静之中"。困扰他的绝不是什么猜忌心，因为他对燕妮的爱情从未有过丝毫的怀疑，只是由于想到不得不和她在漫长的岁月里长期分离，使他感到心情沉重。

于是，十八岁的马克思就执笔写诗，用诗抒发自己的感情和心声。马克思的诗大多是歌颂燕妮和倾吐自己对她的思慕，但其中也有不少是表白自己的思想志愿和渴望有所作为的心情。

1841年4月15日，马克思提前获得了哲学博士学位。年轻的哲学博士刚刚回到特里尔，就赶忙去他最心爱的人的家，把博士论文亲手送到燕妮的父亲手里。燕妮和马克思在多年分离之后，本来打算立即结婚的，但光有一篇博士论文并不能作为维持生计的基础，因而他和燕妮不得不打消结婚的念头，继续互相等待。从1842年4月起，马克思开始为《莱茵报》撰稿；1842年10月，《莱茵报》的股东们委任马克思为编辑；1843年3月，马克思被迫退出《莱茵报》编辑部。接着，又与阿尔诺德·卢格磋商了关于共同从事著作出版的计划。此后他才到克罗茨纳赫（燕妮在她父亲于1842年3月去世后就和母亲迁居到这个地方），与燕妮举行了婚礼。

从他们私自约定终身到真正结合，燕妮等待了漫长的七个年头。在这七年中，她除了曾与未婚夫马克思有过少数的几次相聚之外，就只能从远处用自己的思念和书信陪伴他了。她在给马克思的一封信中写道："你的形象在我面前是多么光辉灿烂，多么威武堂皇啊！我从内心里多么渴望着你能常在我的身旁。我的心啊，是如何满怀喜悦的欢欣为你跳动，我的心啊，是何等焦虑地在你走过的道路上跟随着你……处处有我在陪伴着你，走在你的前头，也跟在你的后面。但愿我能把你要走的道路填平，扫清阻挡你前进的一切障碍。"同时，她还不得不同她的几个贵族亲戚进行十分折磨人的斗争。

婚礼举行后，马克思和燕妮随即动身作了一次短途的新婚旅行。

1843年10月底，马克思和燕妮一起来到巴黎，同比他们早两个月来到这里的卢格筹办并出版《德法年鉴》杂志。至此，他俩拉开了充满困苦和自我牺牲的生活序幕。由于马克思对共产主义事业的卓越贡献和对地主、资产阶级的无情揭露和批判，使得一切反动势力诅咒他，驱逐他。他不得不携持家小四处转移，其生活困难有时达到难以想象的地步。1850年3月底，随马克思一起流亡伦敦的燕妮写信给好朋友约瑟夫·魏德迈时，描绘了她当时的生活情况："因为这里奶妈工钱太高，我尽管前胸后背都经常疼得厉害，但还是自己给自己孩子喂奶。这个可怜的孩子从我身上吸去了那么多的悲伤和忧虑，所以他一直体弱多病，日日夜夜忍受着剧烈的痛苦。他从出生以来，还没有一夜能睡着两三个小时以上的。最近又加上剧烈的抽风，所以孩子终日在死亡线上挣扎。由于这些病痛，他拼命地吸奶，以致我的乳房被吸伤裂口了，鲜血常常流进他那抖动的小嘴里。有一天，我正抱着他坐着，突然女房东来了，要我付给她五英镑的欠款，可是我们手头没有钱。于是来了两个法警，将我的菲薄的家当——床铺衣物等——甚至连我那可怜孩子的摇篮以及比较好的玩具都查封了。他们威胁我说两个钟头以后要把全部东西拿走。我只好同冻得发抖的孩子们睡光板了……"马克思和燕妮共生了四女二子，由于上述原因，只有三个女儿长大成人。在这种境况下，燕妮还是深深地爱着马克思。她除了负起母亲和主妇的责任，除了为每天的生活操心之外，还担负了许多其他工作。燕妮是马克思不可缺少的秘书，马克思的几乎所有手稿——其中大部分是很难辨认的——在送到印刷厂或出版社去以前，总得由她眷写清楚。跟出版社和编辑办交涉，一些繁琐的手续，很难处理的事务，必须写的信，不少由她代办。马克思不是那种轻易在口头上流露心情的人，但当燕妮因母亲垂危离开了他几个月时，他便在给她的信中写道："深挚的热情由于它的对象的亲近会表现为日常的习惯，而在别离的魔术般的影响下会壮大起来并重新具有它固有的力量。我的爱情就是如此。只要我们一为空间所隔，我就立即明白，时间之于我的爱情正如阳光雨露之于植物　一使其滋长。我对你的爱情，只要你远离我身边，就会显出它的本来面目，像巨人一样的面目。在这爱情上集中了我的所有精力和全部感情……我如能把你那温柔而纯洁的心紧贴在自己的心上，我就会默默无言，不作一声。我不能以唇吻你，只得求助于文字，以文字来传达热吻……"

马克思与燕妮的黄昏之恋更加强烈。1880年，燕妮可能患了肝癌，她以惊人的克制能力，忍受着极大的疼痛。在这胆战心惊的岁月，马克思照料妻子，不离左右。为了要让她快活些，马克思于1881年七八月间，陪着她到法国去看了大女儿和几个外孙。1881年秋天，由于焦急和失眠，体力消耗过度，马克思也病了。他患的是肺炎，有生命危险，但他仍然忘不了燕妮。他们的小女儿在谈到双亲暮年生活的时候说："我永远也忘不了那天早晨的情景。他觉得自己好多了，已经走得动，能到母亲房间里去。他们在一起又都成了年轻人，好似一对正在开始共同生活的热恋着的青年男女，而不像一个病魔缠身的老翁和一个弥留的老妇，不像是即将永别的人。"

1881年12月2日，燕妮长眠不醒了。这是马克思从未经受过的最大打击。燕妮逝世那天，恩格斯说："摩尔（马克思的别名）也死了。"在以后的几个月里，他接受医生的劝告，到气候温和的地方去休养。可是不论到哪儿都忘不了燕妮，止不住悲痛。他写信给最知己的朋友说："顺便提一句，你知道，很少有人比我更反对伤感的了。但是如果不承认我时刻在怀念我的妻子——她同我的一生中最美好的一切是分不开的——那就是我在骗人。"他的这些话是多么令人感动啊！

1883年1月11日，传来了大女儿突然去世的噩耗，马克思的病情加重了。1883年3月14日中午，马克思安详地、毫无痛苦地与世长辞了。1883年3月17日，马克思被安葬在海格特公墓燕妮的坟墓旁。

假如没有马克思

一部进步史乃是一部忘恩负义史。后生者只是一味地捞取和享用好处，至于曾为好处所付出的代价连想也没去想。掺和在这种忘恩负义之中的还有愚蠢、无知以及理论家、知识分子通常所具有的蔑视。工人运动、社会主义这样的词语甚至使人连哈欠也打不起来。人们几乎不知道，这些词语意味着什么，只是想象，这大概是某种红的左的东西，因而这已足够令人怀疑的了。须知，没有工人运动，没有社会主义者，没有他们的思想家，他的名字叫卡尔·马克思，当今六分之五的人口依然还生活在半奴隶制的阴郁的状态之中，没有斗争，没有起义，没有罢工，而这需要发动，需要引导，资本家是连半步也不让的。西方世界理应感谢卡尔·马克思，尽管东方世界宣布信奉卡尔·马克思，不过，似乎有一种远比争取如下的远景更为复杂的想法：维护卡尔·马克思，不要让我们的子孙认为他是可怕的幽灵。

　　无论是在西方还是在东方，似乎马克思都在被论证为是荒唐的。打着他的旗号的为数众多的派别，对其学说的数不清的篡改，使得他的名字成为激进派淑女聚会时的谈资，抑或成为绅士们的玩物——这些绅士们就像知道普鲁斯特一样知道马克思。世界上有三分之二的人在挨饿，这个世界还在散发着被剥削者的汗酸气，它似乎不再需要马克思。有可能，一百年之后，在今天世界上饥饿的地区，也不得不遏止消费，也不得不对经济增长刹车——要求企业家"牟利不可过分"，也许现在就已经这样做了。西方世界——它此外也在宣布信奉基督教——至今还像马克思提出他的理论的一百多年前一样，除了乐善好施和私有财产神圣不可侵犯而外还没有别的回答。

　　在一个大多数人渴望吃饱的世界上，有人为了吃得过饱而发愁。这个世界——当然是在理论上——取消了贫穷，贫穷这一字眼对这个世界不再具有神秘的意义。贫穷一词已被无社会能力所取代——该词词义不断变化，多种意思混合在一起是疾病、犯罪、不卫生的混合体。贫穷原是基督和其所有圣徒的神秘的故乡，有着完全不同于社会意义的意义。抽去贫穷的社会意义，从而也掩盖了剥削，剥削才是贫穷的原因。面对世界上的被剥削者,而今基督和其圣徒又陷于何等样的境地呢?

看来他们的境况似乎是极其辩证的:他们为饥饿者带来乐善好施,带来福音。这是一种具有历史特色的福音——因为在基督诞生之前,这个世界上还没有哪种势力关心到穷人——他们向穷人宣告这种福音。他们向他们的孩子宣布卡尔·马克思为反基督者,难道他们能够完全放弃这样的马克思吗?抑制经济增长,调节福利,以及"牟利不可过分"这样美丽的话语正如同阶级斗争那种严肃而又阴暗的字眼一样,很少是基督教的词汇。阶级斗争明确无误地意味着革命,而革命意味着流血。

马克思期望革命,希望革命。从二十四岁到去世,他就一直献身于他的革命思想,以及这种思想的不可抗拒的力量。他的同时代的人认识到了他的伟大,种种遗留下来的材料毫无疑义地证实了这一点。莫塞斯·赫斯在给他的朋友奥伊尔巴赫的信中曾谈到青年马克思:"在这里结识了一位男子,你将会感到高兴,他也属于我们的朋友,虽则他住在波恩,在那里他不久便会讲授哲学。你对此要有思想准备,也许你是在结识一位唯一在世的哲学家。他很快便会在公众中崭露头角,他将把全德国人的眼睛吸引到自己身上来——我的偶像名为马克思博士,他还是一个青年,可他要给中世纪的宗教和政治以最后的一击。他将最深刻严肃的哲学和最辛辣的幽默结合在一起。想想看,他集卢梭、伏尔泰、费尔巴哈、莱辛、海涅和黑格尔于一身,但并非胡乱混在一起。这就是马克思博士。"

青年马克思就已唤起了希望,焕发出伟大而又令人敬畏的光辉,这从同时代人所遗留下来的材料中可以清楚地看到。有人怕他,有人敬他,可大家都一样觉得他伟大。

年长几岁的马克思给英国人海恩德曼留下的印象是:"我们离开了马克思的家,陪同者问我,我对马克思有何想法。我说,我想他是19世纪的亚里士多德。话刚一出口，我就已觉得这个比方不妥。首先无法想象的是，他会是亚历山大大帝陛下的廷臣。此外，他决不会为了能够以冷峻枯燥的方式去把握事实以及它们之间的联系而脱离人类的直接利益，而这正是这位古希腊最伟大的哲学家的特点。毫无疑问，马克思对包围着他的剥削和雇佣奴役制度的憎恨并非仅仅是知识分子和哲学家的憎恨，而且也是一种强烈的有着个人色彩的憎恨。"

如果把这位同时代人的说法当真，那么要问，马克思的憎恨怎么会是个人色彩的憎恨呢？从其出身，从其成长道路来看，他没有任何理由为了个人的缘故而去憎恨周围的充满着剥削的世界。卡尔·马克思并不愤世嫉俗，他在成长阶段没有亲身经历过任何压力和困苦。在他心中没有滋长或者出现过仇恨。他和父亲志同道合，铁足够用，享受着他的大学生活，并且写诗。在他十八岁时，便和特里尔城里最美的姑娘燕妮·冯·威斯特法伦订了婚。后者是特里尔市府顾问路特维希·冯·威斯特法伦的女儿，对卡尔·马克思来说，市府顾问正是他自己父亲的补充。熟识卡尔·马克思的人都坚信，年方二十六岁的马克思博士，他在官方的文件上被称为"文学家"，和他年轻美丽的妻子有着远大的前程。人们不由自主地将马克思想象成一位求教者盈门的年轻的教授，一位年轻进步的部长。在一幅当时流行于资产阶级圈内的油画上，可看到衣着华贵的马克思阁下胸前的勋章琳琅满目，妻子在旁，儿女绕膝——这是一幅德国全家福。

在特里尔、在科隆、在波恩的博物馆里都可看到这幅可爱的油画。然而他的伟大使他别无选择，他接受了摆在那里的前途：几乎长达四十年的流亡生活，四十年的拼命工作，四十年的贫困和牺牲；他成了一个求乞者，他接受朋友们的馈赠。思想战胜了他的智慧，征服了他的信念，理智以思想锻造他的良心。这是一串链条，他无法挣脱它；这是不可抗拒的力量，只有屈服于它，然后才能战而胜之。二十四岁的马克思所写的，用于四十岁、五十岁的马克思身上，听起来有点像神秘的预言。预言已经应验，在接连不断的惊怖中，这预言发挥着《旧约》的作用。在西方思想史上，为追求纯粹，不仅使自身，也使全家像受到诅咒一般蒙受匮乏和困苦，牺牲自己的儿女的，也只有极少数几个人物。只要卡尔·马克思对现实作出小小的让步，他们就会得到拯救。可马克思相信的是，一个与时代流行的现实格格不入的现实。马克思也像他那个世纪的另外三个伟大的德国人——克莱斯特、荷尔德林和尼采一样，不知道什么叫妥协。克莱斯特开枪自裁，荷尔德林和尼采都发了疯。马克思是完全清醒地走向他生存的悲剧。他的第三个孩子夭折之后，他在给拉萨尔的信中写道："培根说，真正杰出的人物，同自然界和世界的联系是这样多，他们感到兴趣的对象是这样广，以至他们能够经受任何损失。我不属于这样杰出的人物。我的孩子的死震动了我的心灵深处。我对这个损失的感受仍像第一天那样的强烈，我可怜的妻子也是万分悲痛。"这就是马克思，他每天要在大不列颠博物馆度过十个小时，为写作《资本论》而进行研读；他作为理论家，诅咒没有尊严的乞讨现象，可他对乞讨的孩子却无法抗拒。卡尔·李卜克内西曾这样描述他："马克思像所有坚强健康的人一样，特别喜欢孩子。他是一个最最慈爱的父亲，他可以和他的孩子一玩就是几个小时，自己也成了孩子。不仅如此，那些陌生的、陷于困苦之中的、特别无助的孩子如若向他走来，他就会被他们所吸引。他在穿过贫民区时，会突然离开我们，走向坐在门槛之上的衣衫褴褛的孩子，抚摸他的头发，并将一个或半个便士塞进他们的小手之中。他对于乞丐则疑虑重重，因为乞讨在伦敦已变成有利可图的行当，并且成了金饭碗，尽管讨到的是铜币。可是如果一个男乞丐或一个女乞丐领着一个抽泣的孩子来到他的面前，那么马克思就会无可救药地输掉，尽管在乞丐的脸上可明显地看出他（或她）是在欺诈。

马克思无法抗拒孩子乞求的目光。"但同一个马克思却渴望经济危机，渴望饥荒到来，他在理论上要使成千上万的工人及其家庭陷入比目前业已陷入的更大的困苦，为的是期望革命的到来。他赞成巴黎公社的残酷，这使得他不为人们所喜欢。

19世纪是一个残酷的世纪，可其残酷的程度远逊于20世纪，一个20世纪的马克思没有可能度过长达十年多的流亡生活。19世纪在恐怖、剥削和压迫方面，在进行冷酷地、有计划地杀戮方面也逊于20世纪。社会和社会主义者对着干，马克思肯定是对这种对抗感到是一种光荣，因为它认同了他。争吵、妒忌、权力斗争层出不穷，锋芒毕露而又固执的马克思也不无过错。如果是与斯大林历次清洗的那种冷酷的、在大多数情况下于事业毫无意义的残暴和杀戮相比，与即使是逃至国外也不得不生活于胆战心惊之中的那种恐惧相比，这些马克思不得不与之斗争的敌意是不足挂齿的。如果是将19世纪的监狱和20世纪的强制劳改营相比，将19世纪的警察恐怖和20世纪的社会恐怖相比，那就几乎没有人敢于有这样的观点：研究马克思是多余的。他人和马克思斗，马克思和他人斗，在论战的文字中、在报刊文章中、在讨论会上进行无情的斗争，毫不留情。可是没人会想到论事之外对人进行斗争。

对思想运动及其后果加以推断，连最后一个细节也不放过，或者是对它们加以表达，这可能是想象力极具吸引力的工作，不过也可能是想象力的无用功。人们想象，如果没有某一位杰出人物，比如说没有马克思，会有什么样的后果——这简直是难以想象。在拉萨尔、蒲鲁东和在争夺国际社会主义领导权斗争中最后一位可能的竞争者巴枯宁死后，卡尔·马克思无可争议地成了国际的首领。马克思对上述的对手曾激烈地斗争过，有时刻骨地仇恨过。马克思死后，恩格斯取代了他的位置，从此真正斗争的时代，直接政治斗争的时代才算开始。没有马克思的理论，没有马克思为未来斗争所制定的路线，几乎不可能取得任何的社会进步。

后代人享受这些社会进步心安理得，想也不去想一想马克思的事业、马克思的生活。女售货员没有马克思是不可想象的。女售货员没有马克思，至今还得为其八小时工作制，为其自由的下午，也许也为其自由的礼拜天，为其在工作时间偶尔坐坐的权利而斗争。

然而不仅是在女售货员的床的上方，而且在大学生的床的上方也悬挂着浑浑噩噩散播者的图像。对公众来说，在寻找所谓榜样的过程中，任何模式都可用而再用，都算不上低俗。公众一方面崇拜"理想的新婚夫妇"，同时也崇拜"理想的情妇"。但那位来自特里尔的卡尔·马克思博士和燕妮·冯·威斯特法伦所缔结的姻缘却没有希望成为样板，然而正是卡尔·马克思的这种坚贞不渝也许才使他免遭与他同一世纪受到误解的其他三个伟大的德国人克莱斯特、荷尔德林和尼采的命运：自杀或发疯。当然也有一些别有用心的人，尽管他们也出身于基督徒，他们在马克思死后还是急切希望马克思遭到上述三人的命运；他们对那位女性不予尊重，因为她将其贞操献给了这些别有用心之人意欲将其从19世纪一笔勾销的那个男人；他们也拒绝尊重在德国思想史上举世无双的友谊，卡尔·马克思和弗里德利希·恩格斯之间的友谊。后者也像燕妮·冯·威斯特法伦一样，为有别于他所出身的那个阶级而斗争。这三个人中每一个人的生活和事业离开任何其他一个人都是无法想象的。年轻的马克思在以后的数十年的不倦的细小工作中，受到恩格斯的支持，为构筑他的理论收集材料，天才地加以阐发。没有年轻的马克思，没有和年轻的马克思的相遇，恩格斯即使再有天才和睿智，也有可能停留于他所出身的那个阶级。没有恩格斯，马克思就不会有勇气坚持下去。恩格斯在英国工业基地曼彻斯特为马克思而工作，给他以物质上的支持；在马克思流亡伦敦的整个期间恩格斯都给他以金钱上的支援，在马克思与国际内部各种思潮进行令人厌恶的长期的斗争中，恩格斯总是站在马克思的一边。卡尔·马克思如果没有这个不倦的朋友肯定也会失去勇气。像卡尔·马克思和燕妮·冯·威斯特法伦之间的婚姻一样，马克思和恩格斯之间的友谊，可谓举世无双。

马克思逝世时，他的学说还没有在战术的意义上发挥政治作用，它还在发酵：许多东西尚未发酵充分。但有些已经爆炸：交到政治家手中，他的学说成了血腥的工具。也许只是因为这个世界对马克思尚未回答，利用他的失误，用来掩盖他的真理。他的学说在其手中成了政治工具的那些人利用他，以便掩盖他们的罪行和错误。马克思是革命者，是憎恨者，他要将人从其自我异化中解脱出来，使其回归自身，可他却被人伪造成没有人性的偶像。

马克思从未出卖过自己，他与自己的家庭和他朋友恩格斯的生活以及他所描述的金钱的魔力绝然对着干。马克思的父系和母系皆出身于一个古老的犹太教经师家族。他的敌人嘲笑他，并非嘲笑他是犹太人，而是嘲笑他是一位枯燥无味、自以为是的杰出的德国教授，嘲笑他是一个德国典型的理想主义者。他不得不流亡国外，因为他不想委曲求全，伪装自己。马克思既不是犹太人，也不是德国人，也不是英国人。他是卡尔·马克思，一位学者，生活得像个无产者。

传灯的人

一、家世之奇

东晋康帝建元元年（343年），西域龟兹国的一户贵族家中，诞生了一位智子。刚刚出生的婴儿，如何能说他是智子呢？说来话长，这还得从他的父母讲起。

这一贵族之家的男主人名叫鸠摩炎。他原是印度人，其父名叫达多，是一人之下万人之上的相国，权倾朝野，名重全国，连皇帝也怕他三分。这也难怪，一方面达多的祖上一直是国家的望族，连续好几代都担任相国之职，因此，也算是名臣之后，有功于国家；另一方面，达多又能继承代代相习的家风，好学善思，也是全国著名的大学者，文治武功，样样精通，所以，全国上下没有人不尊敬他的。可宫廷之中，免不了有你争我斗之事，要真正做到出污泥而不染，在其他行业还可以，在这个政治斗争的漩涡中就很难了。尽管由于达多的权力与地位无人能比，可那些阿谀之辈隔三岔五地登门拜访，又是"求救"，又是"邀请"，弄得达多时常感慨清静难得，知音难寻。这种情况对其子鸠摩炎来说不能不受些影响。眼看着鸠摩炎一天天地长大了，其父达多总算有了指望。因为按先朝早已定下的规矩，达多家的相国之位是世袭的，鸠摩炎长大成人，当然可以承继其父的相国之职。达多心里想着早点让位于儿子，以便早日享受清静之乐。可他哪里知道，随着鸠摩炎一天天长大，宫廷之中的污浊之风却使他逐渐厌烦起来。那时，人们分析达多让位鸠摩炎只是迟早的事情，所以谄媚者蜂拥而至，公子长公子短地奉承，今日请吃，明日送礼，有的人甚至把自己的千金小姐推到前边，真是为权利故，不惜丢人现眼，丑态百出。其实，这些人并不了解鸠摩炎，他们的做法，不仅没有得到好感，反而让鸠摩炎感到恶心。

鸠摩炎十八岁这年，其父达多向王室提出辞职隐修的请求。因为按当时印度人的风俗，人到五六十岁的时候，就要出家到野外某个清净的地方，如森林、山洞等隐居修行。对于达多这种名士型相国来说，隐修的欲望比一般人更强烈。皇帝虽然再三挽留，可还是说服不了达多，只好发下一道圣旨，由鸠摩炎继任相国之职。

消息一传开，达多家族的男女老少皆大欢喜，因为这标志着他们家族的相国之职又延续了一代。朝廷上下的大臣小将也纷纷出马，有上表相贺的、有送礼结缘的，有登门求救的，还有以美女相送盼望与之结亲的。国中的老百姓听说鸠摩炎要当相国，也很高兴，因为这位前相国之子的聪明与仁慈早已享誉全国，他们正盼着这位年轻的相国能推行仁政，为他们带来一些衣食之惠。

可不久他们都失望了。原来，皇上圣旨一下，达多便兴高采烈地要去隐居清修，谁知鸠摩炎竟然也要随父同行。达多不免大吃一惊。这也难怪，他以前很少与儿子促膝相谈，所以，也不理解儿子的内心世界。他认为让位给他儿子，给他一个一显身手的机会，是很具诱惑力的，所以，他便没有与儿子商量。谁知，事到如今，儿子却对出任相国之职不感兴趣，年轻轻的竟要出家清修，弄得达多哭笑不得。怎么办？达多想来想去，左右为难。他并不可惜相传数代的相国之职毁弃于他的手里，更不会为儿子的决定而遗憾，但身为相国的他，一人之下万人之上，什么时候食过言？什么时候忘过恩？在皇帝面前答应的事情怎能改口呢？何况，皇恩浩荡，数代相承，又怎能忘恩负义？不仁不义之事，达多是做不出来的。万般无奈的他，只好苦口婆心地劝儿子。但是一向听话的鸠摩炎，在这个问题上竟毫不让步，没有丝毫动摇的余地，使得达多毫无办法。最后，他只好摆出两条路，让儿子选择：要么继承相位，要么断绝父子关系，离开天竺之土。达多以为，这一招儿会起作用的，因为别说断绝父子关系，就这离开天竺之土，还不等于开除了他的印度国籍，剥夺了他做印度人的权利。

鸠摩炎明确告诉父亲，这两条路他一条也不选择，他要走的是第三条路，即只是出家修行。父亲一听，顿时火冒三丈。而鸠摩炎依然无动于衷，他稍作准备后，独自一人离家而去。父亲达多已顾不得以前的温文尔雅，大骂道："你辜负皇恩，你没有资格在天竺这块土地上生存，你给我滚得远远的！"就这样，鸠摩炎放弃了相位，离家出走了。那时，恒河中下游的笈多王朝已日益强大起来，各小国尽管都自称为天竺之主，但危机四伏，大部分是勉强维持。鸠摩炎所在的国家虽说稍好一些，但也不可能高枕无忧。在这种形势下，佛教却得到了迅速的发展，特别是小乘的说一切有部和大乘的中观学派，更是风靡全印，在中印与西北印度一带特别盛行。鸠摩炎出家后，一路向西，云游巡礼，拜师求学，慢慢成为一名虔诚的佛教徒。鸠摩炎不知是命中注定，还是临走时其父那句"滚出天竺"的训斥，他在印度云游多年之后，听说龟兹（今新疆库车）佛教兴盛，便不远万里，翻越海拔四五千米的葱岭，来到西域，从此便离开了天竺的国土。龟兹，在有些史书和佛教文献中也作丘兹、归兹、鸠兹、俱支囊、屈茨、屈支、拘夷、俱支等，位于今新疆塔里木盆地的北侧，是古代中国西北沟通中外交通的天山南麓的北道中心。自3世纪初期以后，龟兹即成为西域各国中最强大的国家之一。据《魏书》记载，当时西域的姑墨（今新疆阿克苏）、温宿（今新疆乌什县）、尉头（今新疆阿合奇县东）等国皆役属于龟兹。

自东汉永元三年（91年）班超废龟兹王尤利多而立白霸以来，龟兹国王一直由白家世袭。鸠摩炎来龟兹时，白家统治正处在鼎盛时期。此时，龟兹城里外三重，巍峨坚固，壮丽辉煌。国王有一个妹妹，名叫耆婆，长得花容月貌，清纯娇媚。白皙的皮肤，红红的嘴唇，水汪汪的大眼，黑黝黝的头发，修长而婀娜的身姿，甜美而纯净的笑颜，不但是王室的明珠，也是西域各国人人尽知的一代佳丽。多少个公子王孙爱在心头，长夜相思，望眼欲穿。可这位耆婆小姐却就是一个也看不上。转眼间，耆婆已到了二十岁。说来也奇，原来不爱学习的她，突然间喜欢上习文弄墨了。更奇的是，她竟能过目必解，一闻则诵，具有非凡的记忆力和理解力。这一下，她的名声就更大了，"识悟明敏"的赞誉传遍远近：人们把她视为女中奇士，国中一宝。这时，有一位罗汉，名叫达摩瞿沙，奉敕来王宫作内道场，于是有幸见到了耆婆。这罗汉有很多神通，一看便知道耆婆身上有一颗赤色的痣，这是一种少有的吉相，有此痣者必定颖悟超群，证成正果。若其怀孕，则必能生出像佛的十大弟子之一舍利弗那样的大智慧之子。后来一问，耆婆身上真的有这么一颗赤痣，只是罗汉说的其他事情，人们总是半信半疑。

　　时光的穿梭，岁月的流逝，不但没有洗去耆婆的美丽，反而日渐妩媚。因为，昔日的清纯娇媚又增添了几分丰满与温柔，真可谓国花怒放，香艳至极，只可惜有人欣赏，却无人敢摘，一朵诱人的花儿，就这样孤独地摇曳在芸芸众生之中。

　　正在此时，鸠摩炎来到了龟兹。如前所述，鸠摩炎乃豪门望族之后，如今弃相位之荣华富贵，行沙门之清修苦炼，浪迹林泉，云游天涯，加之聪慧超人，修行有道，很快便扬名远近，誉满天下。龟兹王早就听说过这位希世奇士的传闻，所以对他也是早就仰慕在心。这时，听说鸠摩炎来到龟兹，心里十分高兴，当即领了一班人马，来到城外迎接。

　　那时，龟兹佛教极为兴盛，光三重城廓之内，就有佛塔寺庙近千座，僧尼达万人以上，成为葱岭以东地区佛教的中心。各国出家者云集这里，诸国王也纷纷出钱在此建寺，龟兹王更是崇佛虔诚。据史载，他建的佛寺"修饰至丽"，连他的王宫，也到处"立佛形像，与寺无异"（《出三藏记集》卷十一）。如今来了一位"相国僧人"，龟兹王更是恭敬供奉，顶礼膜拜。很快，龟兹王宣布礼请鸠摩炎为国师，敕住王宫，礼遇优厚。

鸠摩炎自有一股望族的超群气度，不仅身材魁梧，面容坚毅冷峻，而且那悬河无碍的辩才和满腹经纶，确实使人折服。如此风流的男人，天下哪个女子不爱呢！可鸠摩炎心在佛法，志求超世，终生以悟道为至高目标，一向把男欢女爱之事视作风欲俗流，所以，对娶妻成家之事毫无兴趣，对前来提亲的人也拒之千里。但是事情的发展有时并不完全以人们的意志为转移。姻缘到时避不开，姻缘去时追不来。鸠摩炎一到龟兹，缘法在他面前却发生了质变。

却说耆婆这位绝代佳人自鸠摩炎到来之后，封闭了多年的少女之心，这时却慢慢地苏醒了。对男人一向不屑一顾的她，为什么一见到鸠摩炎就变得殷勤起来。幸好她是王妹，自有很多机会接近鸠摩炎。随着时间的流逝，耆婆便越来越离不开鸠摩炎了，这位倾国倾城的佳丽，终于有了自己的意中人。

可事情并不这么简单。当耆婆向鸠摩炎害羞地表达了少女的一片纯情后，鸠摩炎非但不珍惜，不庆幸，反而如遇洪水猛兽，无情而生硬地拒绝了。耆婆这位情窦初开的非凡女子怎么能承受得了。她好比坠身冰窖，茶饭不思，日夜不宁，失魂落魄，度日如年。

可鸠摩炎却像从未发生一样，继续着内道场中的法化事业。他登坛说法，授徒传道，咨议国事，神辩异教，依旧是一位洒脱飘逸的沙门奇士。但是，越是这样，越让耆婆牵肠挂肚，这位痴情女子已经被爱情之火煎熬得瘦了一圈。

妹妹的心事终于让皇兄知道了。这还了得，妹妹之苦就是哥哥之忧，鸠摩炎虽说是可尊可敬的俊杰之士，可身为皇上，总不能让心爱的妹妹受委屈。如此一来，又演出了一系列曲曲折折的故事。最终，还是皇权大于一切，鸠摩炎虽潇洒半世，还是不得不在龟兹王指定的日子里，无奈地与耆婆举行了结婚仪式。

不知是因为耆婆的美丽动人，还是因为鸠摩炎的俗心复活，不久这个小家庭便充满了柔情蜜意，进而开始了正常的生活历程。随之，本文的主人公就在其母亲的腹中孕育了。

再说自耆婆有了身孕之后，鸠摩炎对爱妻体贴温存，照管得十分周到。耆婆更是爱意如醉，笑颜灿烂。当时，龟兹城北四十里有座高山，山上有座佛寺名叫雀离大清寺，简称雀离寺，或雀离大寺，有人也称之为致隶伽蓝。这里住有六十多位和尚，个个都是大德名僧。前文提到的曾应邀入宫作法事的达摩瞿沙罗汉就住在这里。因为龟兹王宫上下崇信佛法，这批高僧当然成了龟兹王族的礼拜对象。

耆婆过去常来这里礼佛，自有身孕后，更是定期前来，焚香祷祝，虔诚有加。史载，耆婆自怀罗什之后，"慧解倍常"（《梁高僧传》卷二，以下引文未注者均出于此），所以，她在雀离大寺所闻高僧说法，便能很快体悟其中的深刻蕴涵。如果说过去她只是对一般世间学术技艺一点即通，那么现在她却完全进入了一个新的精神世界。佛法的博大精深使她逐渐地陶醉了。

随着对佛法理解的慢慢加深，耆婆对佛法的信仰就越来越虔诚。三四个月后，耆婆便联络了一批王宫贵族出身的妇女和一些有德行的尼姑，前往雀离大寺，"弥日设供，请斋听法"，就是整天在那里供奉高僧，听他们讲经说法。这些高僧有许多都是从天竺过来的，他们精通梵语，学识渊博，这对耆婆产生了深刻影响。不久，她便掌握了梵语，理解了佛法的基本理论。

这天，达摩瞿沙罗汉又对耆婆讲述舍利弗在胎之证的故事。据说释迦牟尼佛的大弟子舍利弗还在娘胎之时，他的母亲忽然变得极善辩论，那时有位大师给她看了一相，知道她必生智子，最终都要出家学佛，成就正果。当年，达摩瞿沙罗汉在王宫作法时，就对耆婆说过，此后必怀智子。现在，罗汉对这一看法更加坚信，因为他发现耆婆已呈现出舍利弗之母的迹象。

达摩瞿沙罗汉还给耆婆详细讲述了此子以后的情况，耆婆听在耳中，记在心头。与当年不同，她如今是百分之百的信服。

二、神童降生

十月怀胎，一朝分娩。罗汉预言中的智子终于出世了。家人为其起名叫鸠摩罗什，意为"童寿"，后世人一般简称为"罗什"、"什"，尊之为"什公"。

罗什降生之后，果然与众不同，浓眉大眼，脸圆额宽，高鼻长耳，头大发密，啼声浑厚，双目传神。刚生下来不久，便知道用手取物，又过了两三个月，竟能呀呀学语，再过两三个月，就可以自己行走。小小的孩童，颇知大人的喜怒哀乐。因其既懂事又听话，很快得到了大家的宠爱。

鸠摩炎不但喜欢这个儿子，而且更加喜欢他的妻子。他现在可真是变了一个人，不知是上升到最高的道果境界，还是下降到凡俗之流的暗昧之情，总之，他对这个家已太迷恋了。但是耆婆自有了罗什之后，一方面全身心哺育爱子成长，另一方面继续诵经礼佛，见地不断提高。当罗什稍大，她可以脱身之后，便整天和一班王宫妇女们泡在佛寺之中，听法、供佛、作道场，把个佛寺当成了自己家一样，痴恋于其中，不得自拔，弄得鸠摩炎好不伤心。

人间的事有时真怪。当初鸠摩炎死活不想与耆婆结婚，"王乃逼以妻焉"，可现在，他倒是一心一意地过日子，耆婆却轻家重道，一步步地跨进佛门中去，使这个充满柔情的家面临着解体的危险。

鸠摩炎的担心实在是有道理的。耆婆真的爱上了佛法，她开始向往自由自在的出家生活。因此，她便把这一想法告诉了丈夫鸠摩炎。鸠摩炎哪里肯依，他太爱耆婆了，他不愿耆婆离开自己半步。可不管他如何晓之以理，动之以情，耆婆把当初的爱已忘得一干二净。

这样，在耆婆的出家问题上双方便陷入僵持之中。

耆婆又想起了皇兄。是啊，当初不正是皇兄出面干预才使鸠摩炎就范的吗？皇兄有万夫不当之强权，皇兄不会委屈自己的妹妹。于是耆婆又找到了龟兹王，请求他出面说服鸠摩炎，如果不行，就再采取强制手段。可龟兹王并没有答应妹妹的请求。这一方面是由于他的确不支持妹妹出家，另一方面，也觉得鸠摩炎对其妹妹如此多情，自己当初以强权逼其成婚，已属过分，现在再以王权相压，未免在国人面前失信。况且鸠摩炎名声在外，对自己的王朝的确也出了不少力。

没有王兄的支持，丈夫又是侍奉周到，千般体贴。人心总是肉长的，何况耆婆又是一位贤淑仁慈的女人。这样，日子又勉强维持了下来。

不久，耆婆发现自己又怀孕了。这一次，她不像怀罗什时那么激动兴奋，反而如添重负，心里更加烦躁起来。她想，现在又要怀胎生子，一耽误就是两三年，何日才能出家静修呢？对于一个视家庭为牢笼的人来说，滞身一年、两年的确是万分难受的事情。耆婆就是如此。

鸠摩炎非常理解妻子的心情，所以，他千方百计地感化妻子。如今，对耆婆来说，既为人母，只好既来之，则安之。好不容易熬了十个月，耆婆产下一子，取名叫弗沙提婆。对于这个儿子，耆婆尽管不像对待罗什那样身心全部投入，但还是尽母亲之责，哺育他成长。

一眨眼，弗沙提婆已快一岁了。这一天，耆婆在家中闷得慌，便走出那座高宅大院，走出高大的城堡，来到郊外散步。一走出城门，郊外的清风扑面而来。耆婆顿觉舒坦了许多，抬头望去，天高云淡，鸟儿飞翔。远处的高山，巍然耸立，山巅上的积雪白皑皑一片，把群山妆扮得飘逸洒脱。山麓间那座座佛塔、处处寺庙清晰可辨。耆婆的心一下子便飞到那肃穆庄严的佛像面前。她想起了大师的说法，人生无常，苦海无边，生命脆弱，人性昏昧，只有在佛法的海洋中才可求得灵魂的净化，才能找回本性。

　　耆婆一边想着大师的说法，一边漫无目的地向前走着。忽然，耆婆被什么东西拌了一个趔趄，她回过神来，定睛一看，不禁大吃一惊。原来，她走到一处荒坟跟前。一些穷人或异地无主之人去世后，无钱火化，就随便掩埋起来。可天长日久，风吹日晒，纷纷暴骨于野，横七竖八地散落在各处。目睹这一惨相，耆婆的心一下子被震撼了。大师说得多对啊，人生真苦，生命真是脆弱啊！他们当初或许是爱中情人，或许是清纯美女，或许是父母的掌上明珠……可苦本难消，终归一死，世世轮回，世世受苦，永无止息，真是太可悲了！

　　耆婆匆匆赶回家中。高宅大院之内，自然是洁净幽雅，笑语欢天。丈夫的殷勤，儿子的乖巧，侍者的顺从，百姓的敬仰，这一切却怎么也消除不了她在荒坟中看到的那一幕悲凉景象。夫妻恩爱，富贵荣华，终究逃脱不了生老病死的定佛。佛陀应机现世，将度脱苦海的良方带到这个苦难的世界，只可惜仍有那么多人依然沉溺于苦海而不知觉醒，这些人，虽说贵为国主，美若天仙，与那荒坟中的枯骨相比又有何两样呢？耆婆再也坚持不下去了，她要走出这个家庭，她要剃度为尼，她要以佛法求得生命的超越。史载耆婆"因出城游观，见冢间枯骨，异处纵横，于是深惟苦本，定誓出家"。

　　娇妻出走，对于沉溺于爱河之中的鸠摩炎来说当然是难以接受的，于是，他又是百般地劝说。可耆婆此意已决，誓不再改。而鸠摩炎也是态度坚决，强行阻止。万般无奈之下，耆婆只好以绝食相抗争。"若不落发，不咽饮食。至六日夜，气力绵乏，疑不达旦，夫乃惧而许焉。"耆婆绝食六天，以至气力将竭，连天亮都活不到了。鸠摩炎这才害怕了，只好同意妻子削发为尼。可耆婆还不放心，她怕丈夫同意她出家只是为了应一时之急，待自己吃了饭，恢复了气力，就不见得还同意她出家。因而，她"以来剃发故，犹不偿进"。耆婆倒想得很周到，发誓只有剃掉头发，才肯进食，弄得丈夫无法，只好请人马上为她剃发。

眼看着那一头美丽的乌发被剪落在地上，鸠摩炎彻底地失望了。而对耆婆来说，精神顿时高涨了许多。剃完发后，她特地大吃了一顿，第二天一大早，便请来传戒法师受了戒，从此成为一名正式的比丘尼。

此时，龟兹国内佛教寺院极多，但供比丘尼修行的尼寺并没有多少，毕竟女子出家者还占少数。耆婆出家后，先投达摩瞿沙罗汉学法，三个月后又去阿丽伽蓝居住。这里共有尼僧一百八十多人，她们原来大多是葱岭以东各王侯的女子，所以，寺院规模宏大，布施丰富，香火极旺。在这里耆婆遇到一位有道高尼，她是佛图舌弥的弟子。耆婆从她那里得到佛图舌弥的佛法，深爱不已，修持不辍。后来，她又按龟兹佛教之规定，三月换住一寺，便来到了轮若干伽蓝。这里住有尼僧五十余人，也多是王侯之女，虽说寺院不大，但大家修持还都十分精进。同前寺一样，这里的尼僧也都是接受佛图舌弥的法戒。此后，耆婆还相继换住了许多僧寺，其中阿丽跋伽蓝是她最留恋的一个清修之所。那里只有几座房子，但林木环绕，花草清新，溪水流淌，飞鸟盘旋，环境十分幽静，尤其是寺中有几位像她这样的王宫之女，个个修持精严，见地非凡，对她的帮助极大。

自从耆婆剃度出家之后，鸠摩炎一蹶不振，整日沉默寡言，没精打采。幸亏有两位爱子还在身旁，日子还一天天地过着。尤其长子罗什，明敏过人，智慧非凡，从三岁开始便识文读字，进步神速，五岁时，便将一般人整个学习阶段的课程全学完了。从六岁开始，接触佛教经典，哪知这一读，便是个没完没了。从此，小小的罗什竟然也迷上了佛法。

随着时间的流逝，罗什对佛教的兴趣也越来越大。由于其母是王妹，他便成了国王的外甥，因而有机会接触到国内的一些高僧大德。那时，曾预言其为智子的达摩瞿沙罗汉已隐居于雀离大寺，再没有来城中弘法。时常出入宫廷的大法师是佛图舌弥。

佛图舌弥对罗什十分赏识，便经常给他以指点，因此，罗什在佛学方面进步极快。东晋永和六年（350年），鸠摩罗什七岁，他说服了父亲鸠摩炎，出家修学，成为一个小沙弥。父亲对罗什的选择给予了很大支持，也许是父亲从现实中苏醒了重新笃信佛法的缘故吧。鸠摩炎将罗什托付给作为当时全国佛教界领袖的佛图舌弥。佛图舌弥如获至宝，全力培育，诲而不倦。罗什一入佛门，也是乐此不疲，师徒二人配合默契，教学相长。很快，罗什的才华便发挥了出来。据僧传记载，罗什当时"从师受经，日诵千偈，偈有三十二字，凡三万二千言"。这样过人的记忆力，使当时人无不震惊。加上他的勤学苦练，不久，罗什便能将许多大部头的经典背得滚瓜烂熟，连其师佛图舌弥也自愧弗如。罗什的智慧并不仅仅表现在记忆力上，史载"师授其义，即自通达，无幽不畅"。佛图舌弥当时是位小乘法师，精通四部《阿含》和说一切有部的《阿毗昙》。罗什随其学习，很快便基本掌握了这些经典。

《阿含经》共有四部：《长阿含》、《中阿含》、《杂阿含》、《增一阿含》。除《长阿含》稍短，有十二卷外，其他各部均为五六十卷之多。它们是原始佛教最根本的经典，也可视为整个佛教教义的根本。《阿毗昙》，也叫《阿毗达磨》，是对佛经的注释和论说，佛图舌弥所传授的《阿毗昙》则是小乘说一切有部的论典，它以有部的立场论说佛的说教，体系宏伟，论述精微，成为当时小乘佛教的经典之作。罗什随佛图舌弥所学的，正是佛教的基础理论和小乘的核心思想。虽说当时大乘佛教已产生了两三百年，但在西北印度和西域一带，小乘的势力依然很大，尤其是龟兹国内，更是小乘的一统天下。

罗什在佛法修学方面的成就使他迅速便脱颖而出，成为佛门的一位名僧，虽然因为年纪幼小，他还只能作为一个小沙弥。加之其父母早有赫名在外，所以，人们对罗什也格外敬重，那些虔诚的佛教徒们更是悉心供奉，极尽恭敬。于是，罗什所住的寺院，每日都会有大批信士前来上供、礼拜，至于求法的、问难的更是络绎不绝。那时，罗什年轻气盛，竟是来者不拒，有问必答，纵横经论，驰骋法海，一派法门龙象之势。

耆婆对儿子的进步当然深感欣慰，可对儿子的处境却并不乐观。一方面，人们以其为王妹之子，敬礼有加，自然会使一部分僧人反感，另一方面，大家对他不断吹捧，也不利他的进步。特别是整天忙于接受供奉，接待来客，这怎么能有时间精进修持呢？要知道佛法如大海，穷尽不易，探底更难，龟兹国虽说是西域诸国的佛法中心，但山外有山，天外有天，何况缘法微妙，哪知他国就不是藏龙卧虎之地？想来想去，她决定带罗什远走他乡，云游求学，既避开本国内的过分供养，也好让罗什见见世面。

东晋永和八年（352年），耆婆领着刚满九岁的罗什离开龟兹，寻着鸠摩炎当年的路线，翻越葱岭，再渡辛头河（今印度河上游），到了天竺西北部的罽宾国（今南亚克什米尔地区）。

罽宾位于南亚次大陆的西北部。《魏书》卷一〇二记载："罽宾国都善见城，在波路西南……其地东西八百里，南北三百里。"这里群山环抱，地处高岭。据说这里原来是一个巨大的龙池，后来有个罗汉名叫末田底迦，来到这里的一座山中显露神通，龙王见了以后，特别崇信，便问罗汉有何需求。罗汉就说希望在龙池中有一个打坐的地方就行了。龙王便收缩水域，留出一块干地给罗汉，谁知罗汉以神力不断增大自己的身躯，龙王只好拼命缩水，最后池水快要尽了，罗汉才给龙王留下一个水池居住。罗汉以神力在其辽阔的地域上建起了五百座寺院。罗汉死后，寺院中许多的仆役们便拥立了自己的君主，组成了一个国家。如此繁衍生息，人口不断增加，佛教也很兴旺。贵霜王朝的迦腻色王在位时，这里成为贵霜帝国的属地，但佛法仍是兴旺发达，高僧辈出，佛典会集。后来，迦腻色迦王在这里举行了历史上著名的第四次佛典大结集，对当时佛教内流行的经典进行了一次全面的整理与编纂，对后世产生了深刻的影响。

罗什来到罽宾国时，贵霜帝国业已瓦解，但这里的佛教依然不减当年。突出表现为"三多"，即高僧大德多、各类经典多、寺院圣迹多。可谓佛、法、僧三宝应有尽有。耆婆领着罗什，首先朝拜了罽宾境内的各处圣迹。如城北大山南麓的佛牙伽蓝，供奉着佛的牙齿，长约一寸半，呈黄白之色。礼拜佛牙舍利，好像礼佛一样，功德不小。接着，母子俩便在国内诸寺寻访名师，采集诸经，求教问疑，共究法义，其进步之快，可谓一日千里。罗什眼界大开，不免感慨万千。

一年后，罗什找到了一位有名的学者。此人名叫槃头达多，是罽宾王的从弟。据说他"才明博识，独步当时，三藏九部，莫不该博，从旦至中，手写千偈，从中至暮，亦诵千偈，名播诸国，远近师之"。罗什"即崇以师礼，从受《杂藏》，中、长二《阿含》，凡四百万言"。智子遇圣僧，名师出高徒，罗什随其习法，刻苦努力，很快便记诵了几百万字的大部头经典，这对于一个十岁的孩童来说，真有点不可思议。这恐怕是因为他具有擅长背诵的印度人的血统的缘故吧。古时，印度人传授佛经以口耳相传为主，没有极强的记忆力，大部头的经典如何传得下来？

罗什的老师槃头达多是名振天竺的佛学大师，他对罗什的聪慧过人从内心里佩服，时常赞扬罗什"神俊"脱俗。如此一来，罗什的大名便传遍全国。

罽宾国王一听，哪里肯信。可待他把罗什召进王宫一试，才不得不连连称赞，呼之为神童。那时，国内一些外道学者本来就对佛法兴旺怀恨在心，一听佛门又捧出个十岁孩童张扬欺人，更是心口不服。于是，他们联合提出非难，向小小的罗什发起攻击。国王一看无法收场，只好按过去相习的传统办事，这就是辩论。

古代印度各教之间及同一教派内各不同学派之间，常有争执，公开辩论十分盛行。这种辩论并不像现在所说的那种辩论。当时辩论一般都要由当地最高行政长官或最有权威的人士主持，稍有名望的人士之间的辩论或一些重要议题的辩论，常常还要由国王亲自主持。而且双方在辩论前要立好协议，包括输了如何惩罚，如杀头、割舌、杖笞等等。不但如此，败方的所有信徒都要放弃旧说，改宗胜者一方的学说。而对获胜一方的物质奖赏，那就更是十分丰厚了。

国王下令，由全国各外道学者联合同罗什辩论。此令一出，耆婆大吃一惊，心想："儿子只有十岁，怎能同佛国高人对垒呢？万一失败……"她不敢往下想。罗什对对方底细不清，人地两生，所以也有点担心。幸亏槃头达多一再鼓励，并指点辩论的方法，才使罗什稍微镇定下来。正式辩论开始了。国王亲自主持，辩台就设在王宫之中。双方刚一出场，台下人便纷纷地议论开了，因为罗什的确太小了。乳臭未干的孩子对垒饱经风霜的学长，二者之间可谓天壤之别。外道论师们一看罗什，哪能把他放在眼里。史载"王即请入宫，集外道论师共相攻难，言气始交，外道轻其年幼，言颇不逊。什乘隙而挫之，外道折伏，愧惋无言"。常言道"智者千虑，必有一失"，何况这班外道论师不见得就是智者，至少在罗什面前，已证明他们不是智者，虽然他们年高学长，可辩台上只认学识，不认长幼。

罗什大获全胜，外道伏首归伏，全场欢呼雀跃，耆婆悬着的心终于落了下来，从此"王益敬异，日给鹅腊一双，粳米面各三斗，酥六升。此外国之上供也。所住僧寺，乃差大僧五人，沙弥十人，营视扫洒，有若弟子"。国王不仅给予最高规格的供养，而且派大和尚五人、小和尚十人侍奉罗什，端水扫地，任其使唤，如同自己的弟子一般。一个小小的孩子俨然一位花甲高僧！

耆婆害怕重犯当年在龟兹的老病，所以，时时提醒，处处教诲，再三叮嘱罗什要谦虚谨慎，继续深造。罗什也不负众望，随师学法，精益求精。这样，他们在罽宾又过了一年。

东晋永和十一年（355年），罗什十二岁，母亲带其离开罽宾，准备返回故国。

三、留学沙勒

罗什随母亲就要走了。槃头达多对罗什这位年纪最小的弟子十分满意，所以当罗什要走时，他实在是依依不舍。多少年来，他走南闯北，收徒传法，还从来没有遇到罗什这样神俊颖悟的弟子。现在，这位弟子已是名声远播，雅誉遍传，邻近诸国纷纷遣使以重爵相聘，罗什清净自守，唯以修法为务，因而一一拒绝了各国的礼请，可这样一来，罗什的名声却更大了。他这个做师父的为能有这么一位弟子而感到自豪。可现在，弟子却要离他而去了。

罽宾国王也是舍不得让罗什离开的，可罗什母子执意要走，国王只好忍痛割爱。临走这天，罽宾国王率领朝中官员前来饯别。各寺院的高僧、尼师们也来了许多。槃头达多紧紧握着罗什的手说："今日相别，天各一方，望能精进不息，畅游法海，光大我佛法门。倘若有缘，来日再会！"罗什合十致礼道："恩师的教诲，弟子自当铭记在心。他日弟子一定再来拜谒师父，还望师父善自珍重！"大队人马将罗什母子送出郊外。由于罗什此行还带着搜集抄写来的大量经典，国王便派一队人马随同护送。罗什再三拜谢了之后，踏上了返国的路途。

这一天，罗什母子途经月支（今巴基斯坦白沙瓦一带）北山，遇到了一位罗汉。这位罗汉一见罗什，大为惊奇，再三打量之后，对耆婆说："此儿生具慧根，不同凡响，可还有一特殊因缘，将决定他的一生。"耆婆急忙询问其中缘由。罗汉只是说："你应经常守护这位沙弥，如果到三十五岁还没有破戒，那么，他就会大兴佛法，救度无数的众生，与当年的沤波掬多并无差异。可如果在三十五岁前破了戒，他这一生就不会有任何作为了。切记！切记！"

耆婆知道，沤波掬多是释迦牟尼佛之后的第五代师，曾改治律藏为《十诵律》，促使护法大王阿育王奉佛建塔，广设教化。传说他每度一夫妇就用一个竹片记下，后来竹片竟塞了满满一个石洞，可见其救度众生之多。耆婆在想，自己的儿子尽管聪睿好学，但能否成为像沤波掬多那样的祖师呢？可这位罗汉说得那么严肃认真，自然引起她的重视。

翻过月支北山，穿越一望无际的戈壁滩，罗什母子最终抵达沙勒国（今新疆喀什一带）。沙勒是从魁宾国通往龟兹的必经之地，这里地域辽阔，绿洲处处。因为靠近天竺，所以受天竺文化的影响很深。正在此时，沙勒佛教流传甚广，人民都笃信它。国王每五年还要举办一次盛大的斋会供养四方沙门，并大举施舍。沙勒当时以小乘佛教为主，但因为其地处交通要道，不光西连天竺，东连温宿、龟兹，而且向南，还可抵达莎车（今新疆莎车县）、于阗（今新疆和田）、子合（今新疆叶城）等国。这些地方皆盛行大乘佛教，因而沙勒受他们的影响，也有大乘佛教流行。

罗什到沙勒时，已近隆冬，寒风不止，冰天雪地，行走极为困难。因此他与母亲决定暂时住下来，待开春天气暖和之后再走。罗什借宿于城郊的一个寺院。由于天寒地冻，法事活动不多，罗什便从所带的经典中找出一部《发智论》，专心地研读起来。

《发智论》全称《阿毗达磨发智论》，又译作《阿毗达磨八犍度论》，共三十卷，是古代印度说一切有部著名论师迦多延尼子所著的论书，全面论述了有部佛学的基本观点，是小乘佛教的代表作之一。罗什日诵夜思，两个月下来，《发智论》已背得烂熟。

这一天，罗什与其他僧人谈起有部学识，便以《发智论》为准，阐发自己的体会，众僧一听，甚是钦佩。这样，消息便传到寺中的一位大德和尚那里。

这位和尚名叫佛陀耶舍，意为觉明，本是罽宾国人。十七岁出家后，宗习小乘佛教，对法藏部、有部佛学有深刻研究。传说其每日诵经两三万言，悟解超群，四方归服。后度岭北游，来到沙勒。此人赤髭红颜，又善解佛学内毗婆沙义理，因此在沙勒都称他为"赤髭毗婆沙"。佛陀耶舍把罗什找来，问其对《发智论》的理解。罗什也不保留，便如其所思，向这位大师作了表述。佛陀耶舍认为罗什对其中的"十门"、"修智"诸品见解独到，而且十分切合原意，其他诸品虽然也能理解，但尚未深入其玄秘之处。

如此，罗什便拜佛陀耶舍为师，学习《发智论》。有了名师指点，加之他对此论业已熟背在心，所以一个月后，便完全精通了此论，同时对解释此论的另外"六足论"，即：《集异门足论》、《法蕴足论》、《施设足论》、《识身足论》、《界身足论》、《品类足论》，也一一通晓无碍，受到佛陀耶舍的夸奖。不多时候，罗什便名声在外了。这时，有个沙门名叫喜见，向沙勒国王建议道："此沙弥不可轻，王宜请令初开法门。凡有二益：一、国内沙门耻其不逮，必见勉强；二、龟兹王必谓什出我国，而彼尊之，是尊我也，必来交好。"

国王一听，认为言之有理。那时，沙勒国内修学佛法的出家人（即沙门）很多，虽然也有许多名振四方的高僧，但多是罽宾等天竺诸国来的僧人，本国高僧很少。许多僧人修学不力，学识不足，国王早就不太满意。如今借罗什这位十二岁的小沙弥激励大家，倒是个很好的办法。至于这样还能收到与龟兹国交好的效果，这也是沙勒求之不得的美事。于是国王下诏，命即日设立讲坛，礼请罗什升座，为大众宣讲《转法轮经》。《转法轮经》本属《阿含经》内的一部单品，介绍释迦牟尼佛成道之后在鹿野苑为五比丘宣讲的四谛八正道。这是佛学的精髓，是整个法门的理论核心。但许多人或者只知其名，或者是理解肤浅，从而使佛法妙义失去了应有的光彩。罗什熟读《阿含》，体悟幽微，升座之后，便口若悬河，层层分析，条条阐释，讲得既深刻又通俗易懂。座下听众无不心悦诚服，他们在这位小沙弥面前，深感愧疚，立志用功修习，以续佛慧命，传佛法灯。

讲经法会持续了很长时间。罗什之名便又越出沙勒，传向附近各国。龟兹王一听，十分高兴。果然像喜见预计的那样，龟兹王以为沙勒王礼敬自己的外甥，就是友好的表示，于是他马上派遣使臣，带着交好的国书和大批礼物，送往沙勒，表示感谢，并永结友好。

罗什在说法之余，还寻访佛教以外的各种书籍，这一点，或许也受其师佛陀耶舍的影响。据说佛陀耶舍曾学穷五明诸论，对世间的各种法术奇技也大加学习。罗什自幼出家即以佛学为主。当时，他接触到印度传来的大量外典，便非常好奇地研读起来。此时学习的主要外典有：《韦陀舍多论》、《梨俱吠陀》、《娑摩吠陀》、《夜柔吠陀》、《阿达婆吠陀》。这些典籍是古代印度最权威的正统学说，就好比中国儒家的四书五经一样。除此之外，"五明诸论，阴阳星算，莫不毕尽，妙达吉凶，言若符契"。五明是古代印度流传最广的五种学科，即语言文学的声明、医学的医方明、工艺技术的工巧明，还有咒术明和符印明。每一明均有著作论书。罗什博览群书，精通各类奇术，不仅为深入佛学奠定了更好的基础，而且也为以后适应各种场合需要提供了应变的能力。

佛陀耶舍对罗什的影响还不止这些。史载佛陀耶舍少年时代便性情高傲，不为诸僧所重，自以为是，为所欲为，受到其他僧人的攻击，这或许也是他后来远走他乡的一个重要原因。没想到在沙勒遇到罗什，一下子找到了知音。因为罗什不仅智力超群，而且言行亦不受俗间各种环境的支配，史载其"为姓率达，不厉小检"，颇有点我行我素、不注重仪表与戒规的风格，所以"修行者颇共疑之"。这也难怪，佛门自古以来就是要严守戒律，清净自守，古来高僧哪个不是以戒为本。但是罗什却是个不注重戒律的高僧。

罗什的母亲耆婆发现儿子自从随佛陀耶舍学法以后，性情变化很大，昔日那种谨慎的作风在他身上已日益消失了。想起在月氏北山那位罗汉所说的话，她深感自己责任的重大。耆婆暗下决心，一定要随时教诫儿子，至少不要让他在三十五岁之前破戒。

这一天，耆婆领着儿子巡礼沙勒境内的一处圣迹。这里供奉着释迦牟尼佛当年用过的一个佛钵。那时佛与僧众一样，每到食时，即手持自己之钵，亲自步行乞食，吃毕之后，自己收拾钵具，再与众说法。佛钵成了佛严于律己，谨持净戒的象征。耆婆领罗什来这里瞻礼，是别有用心的。罗什母子夹杂在巡礼佛钵的人群之中。人们礼拜佛钵之后，都要触摸佛钵，以表示亲近佛陀，蒙佛加持。其中有些人还把佛钵捧了起来。实际上，这具佛钵也不见得就是当年佛使用过的，从它那巨大笨重的样子来看，也许是后人为了纪念佛陀而仿制的。总之详细情况已不得而知。罗什拜完佛钵之后，也用手触摸了一会儿。他还觉着不过瘾，便又双手举起佛钵，顶在自己的头上。这时，他心中在想，佛钵并不重呀，怎么有些人举佛钵时显得如此吃力呢？正想着，他却感到佛钵变得越来越重，终于支撑不住了，罗什不禁摇摇晃晃，随之尖叫一声，抛下佛钵。

耆婆一看，禁不住笑了起来。她问罗什道："该知道佛的威力了吧。只要是不严持佛的戒律的人，就会感到佛钵的分量，你可要……"

不等母亲说完，罗什便抢先回答道："儿心有分别，故钵有轻重，万事在心，而不在外，钵之轻重与持戒无关。"看来罗什早已为自己的不羁行为找到了理论根据，气得耆婆直摇头。

那时，罗什登坛讲法，听众极多。尤其随着天气一天天地变暖，南来北往的僧人也日益增多起来。这一天，从南方的莎车国来了两位僧人。他们是兄弟俩，哥哥名叫须利耶跋陀，弟弟名叫须利耶苏摩。他们是莎车国参军王的儿子，舍弃荣华，出家修行。当时，莎车国盛行大乘佛法，莎车以南诸国也以大乘为主。受此影响，两位王子也都皈依大乘佛法。须利耶苏摩虽然年纪不大，但才技绝伦，"其兄及诸学者皆其师焉"。他听说罗什在沙勒集众说法，可沙勒与龟兹一样，均盛行小乘佛教。罗什所讲之法是大还是小呢？

一打听，果然不出须利耶苏摩所料，罗什登坛所讲，全是小乘的东西。罗什尚在幼年，能有如此超群智慧，实在是难得之奇才。可如果只限于小乘，终难有大的作为。须利耶苏摩甚感惋惜，他准备亲自教化罗什。这一天，苏摩同众人一起前来听罗什讲经。当轮到听众问难之时，苏摩连发数问，罗什虽然引经据典，多番阐释，但苏摩据理辩析，步步相逼，罗什渐感吃力，他知道，对方一定是位高手，自己辩不过他的。还好苏摩适时退却，为罗什留了个台阶。于是，双方皆大欢喜，罗什虽然在众人面前风光不减，但他心里清楚，苏摩绝非等闲之辈。讲经法会结束后，他立即找到苏摩，虚心求教。苏摩也不推让，便拿出一部《阿耨达经》，向罗什演讲起来。

《阿耨达经》亦名《弘道广显三昧经》，经中记述释迦牟尼佛应阿耨达龙王之问宣讲般若义的经过，层层释疑，步步深入，将大乘佛教的核心理论全盘托出。这种理论认为世间的万事万物及所有一切名言概念，都不是真实的东西，也就是所谓万法皆空、无相无住的思想。法即一切事物、一切现象、一切概念。佛教对法的分类很多，主要有"五阴"、"十八界"、"十二人"等等。《阿耨达经》即以"阴"、"界"和诸"人"为例说明诸法性空假有的道理。

罗什自出家以后，不管是在龟兹，还是在罽宾，所学的佛法都是小乘的学说，特别是有部的学说。这种学说的核心便有"三世实有、法体恒有"的理论。即认为一切事物、现象从时间上看一直存在（三世即过去、现在、未来），从法体本身看也是实实在在的"有"。这种"法有"的理论同苏摩现在讲的"法空"的理论是相对的。史载："什闻阴、界、诸人皆空无相，怪而问曰：'此经更有何义，而皆破坏诸法？'答曰：'眼等诸法非真实有。'"

眼等诸法指十八界，十二人。十二人即眼、耳、鼻、舌、身、意等六感官及其所对应的六种外境：色、声、香、味、触、法。十八界则是在十二人外另加眼识、耳识、鼻识、舌识、身识、意识。

双方至此可说是针锋相对。"什既执有眼根，彼据因成无实。于是，研核大小，往复移时。"罗什以视觉器官"眼根"入手说明一切为"实"，而苏摩也从分析眼根入手说明一切"无实"。双方以此展开了大小乘谁优谁劣的辩论。经过认真研讨，认真评核，反复辩难了好长时间，"什方知理有所归，遂专务方等。乃叹曰：'吾昔学小乘，如人不识金，以瑜石为妙'"！罗什终于意识到方等教

（即大乘）的微妙。

因此，罗什便拜须利耶苏摩为师。苏摩诲之不倦，教以大乘中观学派的基本论书《中论》、《十二门论》。中观学派是大乘佛教两大派别之一，另一派名叫瑜伽行派，是专识法相唯识之学的，但也以中观派的核心理论——法空思想为理论基础。中观派的最大特色就是一切皆空、毫不执著，连空都不能执著，既不肯定绝对有，也不肯定绝对空，不执两边，而取中道，故名中观学派。《中论》、《百论》、《十二论》都是论述这种学识的。这三部论书后来由罗什译成中文，并大加弘宣，尊定中国佛教八大宗派之一的三论宗的基础。

罗什万万没有料到，自己曾拜过那么多的高僧，甚至远涉葱岭，在天竺巡礼求法，竟然没有闻听过大乘的法音，现在在这西域小国沙勒，却有幸遇到一位大乘高僧，从而改变了他的信仰，使他迷上了中观，迷上了大乘。

四、重返龟兹

东晋升平元年（357年），罗什与母亲告别沙勒，再一次踏上返回故乡龟兹的旅途。从沙勒到龟兹大约有一千七百多里的路程。罗什与母亲走走停停，沿途经过了许多小镇，三个月后到达龟兹西北部的温宿国（今新疆乌什县一带）。这里是返回龟兹的必经之地。

罗什来到温宿的消息迅速传到国王那里。国王十分高兴，马上派人接罗什入宫。罗什以为又要请他讲经，可到了王宫中才知道国王请他是另有打算。原来，"温宿有一道士，神辩英秀，振名诸国。手击王鼓，而自誓言：'论胜我者，斩首谢之'"。这位道士敢击响王鼓挑战，表明其自有"神辩"之才在胸。因为早有"英秀"之名在外，吓得一般沙门竟无人敢来应战。当时，温宿国王崇信佛法，可经这位道士一搅和，国人信仰受到动摇，国王正急得一愁莫展，听说在沙勒大展辩才的罗什来到温宿，于是急召进宫，请其出面与外道决一胜负。

罗什本不想在此逗留。出游数载，思乡之情难免，加之这里离本国龟兹已不太远了，他想早点回去，看望父亲、弟弟和以前的恩师。但是外道嚣张之极，身为一名虔诚的佛家弟子，岂可视若无睹呢？罗什立即答应了国王的请求。他用新学的大乘义理，对付这位外道的论点，仅仅用两条原理便驳得外道乱了方寸，迷乱自失，惨败下来。外道只好放弃自己的学说，皈依罗什，做了沙门。国王大喜，敕令重奖。国中沙门扬眉吐气，奔走相告，温宿国的佛法再度勃兴起来。此番辩论的得胜，使罗什一下子"声满葱左，誉宣河外"，四方皈从者纷至沓来。盛情难却，罗什只得暂住下来，为前来求学的沙门讲经说法，切磋义理。

消息不久便传到龟兹。龟兹国王马上带了一班人马，不远数百里，赶往温宿，恭迎罗什母子回国。罗什也未拒绝，因此母子二人随着大队人马，浩浩荡荡返回故乡。一到龟兹，四方沙门无不归顺，无不崇仰。罗什此时已是满腹经纶，便为大家广说诸经，人们听了之后，深感法义清新，理趣幽邃。

这时，有位尼姑名叫阿竭耶末帝。她是国王的女儿，天生聪慧，从小好学善思，博览群经，尤其擅长禅法。据说已证得二果，即小乘四种果位中的第二种斯陀含。就是说，她已断灭了与生俱来的烦恼，只须再转生两次，即一次生天上，一次生人间，便可最后解脱。可见，这位王女的修行是很有成效的。但她听了罗什说法之后，颇觉法义奇特，论旨玄秘，久已平静的内心一下子又激荡起来。因此，她亲自出面组织，筹设讲席，招集众僧，恭请罗什为大众讲解大乘经典。

自回国后，罗什为众僧讲经，虽不太正规，但三五成群，时断时续，倒也灌输了许多大乘的思想。此时王女亲自出面邀请，让其专讲大乘，罗什便不在乎有啥遮掩，以阴、界等诸法范畴为例，辩析说明一切皆空、假名非实的道理。罗什因循善诱，分析透彻，说理清晰，听众心服口服。史载："听者莫不悲感追悼，恨悟之晚矣！"大家对过去偏信小乘的做法深感惋惜和悲哀，对于罗什传来的大乘佛法则是相见恨晚。讲经弘法获得了成功，这对龟兹佛教来说是一件十分重要的事情。此前，龟兹佛教以小乘为主，极少有大乘流行。此后，大乘佛教逐渐在龟兹取得主导地位。过去崇信小乘佛法的沙门、居士纷纷改宗大乘。罗什便成为龟兹国内最著名的大乘法师。

如此，罗什一边广为四众讲经说法，一边继续搜寻、研读大乘经典。法海游心，道场施化，四方敬仰，名被西域，一转眼便是几年过去了。

东晋兴宁元年（363年），罗什年满二十岁。在母亲的精心管教下，罗什总算一直没有破戒。可月氏北山那位罗汉说的是三十五岁以前绝对不能破戒，还有十五年的时间，都需随时小心谨慎。作为母亲，耆婆对儿子有守护的义务。作为一名普通的佛弟子，为了确保罗什以后大益于佛门，她更应该铭记那位罗汉的叮嘱，想尽办法，保持罗什的律仪无亏。不过，耆婆也有自己的难处。一方面，儿子已慢慢长大成人，母亲既不能随时跟在他的身边，也不能像对待小孩那样指东画西；另一方面，她随着修学的日益提高，越来越虔诚地向往佛国，她已不愿在龟兹继续呆下去了。

恰在这时，龟兹王宫中又来了一位魁宾国的高僧，此人名叫卑摩罗叉，意为无垢眼。史载其生性"沉静"，"出家履道，苦节成务"，可见是一位沉稳、静默、戒行精严的苦行高僧。他精通律藏，熟悉戒条，专以弘律为务，时人称其为"青眼律师"。怀着整肃律仪、严净佛门的宏愿，卑摩罗叉度岭北上，一路传律布戒，来到了龟兹。龟兹王礼请入宫，主持传戒法事。

耆婆得知这一消息，如释重负。她感到自己多年来守护罗什的担子终于可以交付出去了。可不是，有了这位善解律藏、深明律戒的大师，不怕罗什不虚心领教，进而明理于心，守戒于身。况且听说国王还要亲自主持传戒大法会，由卑摩罗叉向龟兹沙门传律授戒。罗什一旦由大师授戒，她更可以放心地走了。

　　不久，卑摩罗叉在王宫中演讲律藏，全国沙门代表数百名亲临法席，罗什也参加了听讲。毕竟是律学大师，一个十分枯燥的问题经他一讲，变得有滋有味，有理有据。他分析透彻，表述明白，深入浅出，循循善诱，座下听众无不佩服。罗什更是心领神会，感触良多。

　　王宫的讲律活动因政事的冲击而时讲时辍，但律学却成了一股剪不断的风吹遍了龟兹全国。罗什至此才真正了解到戒律的含义，律作为佛法三藏之一，它的重要性罗什真正地明白了。因此，罗什虚心拜卑摩罗叉为师，随他学律。卑摩罗叉最推崇《十诵律》，于是他便把此律传给罗什。罗什细心玩味，深得意旨。此后，他便将此律经常带在身边，以至屡经战火，受尽艰辛之后，最终在长安将其译成汉文，传之神州大地。后又邀其师卑摩罗叉同至长安，共弘此律。罗什圆寂后，罗叉又将罗什所译的《十诵律》汉译本五十八卷增补为六十一卷。师徒二人热爱此经之情可见一斑。当然，这都是后来的事情了。

　　却说自罗什随卑摩罗叉学律之后，罗什深感受戒之重要。正好他已够了受圆满无缺的具足戒的年龄，于是，便请师父为其授戒。卑摩罗叉一口答应。这时，龟兹王又从政事纷扰中抽出身来，决定在王宫中举办授戒法会，由卑摩罗叉担任传戒大法师，向国中沙门授戒。这样，罗什便在年满二十岁的时候，于龟兹王宫受了具足大戒，由此才成为一名正式的比丘。

　　罗什精研律藏，领受大戒，这对耆婆来说正是求之不得的。看到儿子这样重视戒律，耆婆终于可以放心地走了。于是，她叫来罗什，对他说："我们母子相伴整整二十年了，现在你已长大成人，领受具足之戒，为娘也已修行证得二果。人生在世，难免一别，何况我们都是学佛修法之人。"罗什一听，赶紧问道："母亲又想往何方去？什儿自可随您一同前往，为何说此伤别之词？"

耆婆平静地说道："为娘已得高人指点，天竺有我之缘，何况我早已向往佛国圣地，为娘乐意选择这条道路。可你就不同了。"

"儿又有什么不同呢？"罗什急切地问道。

耆婆避免直接回答此问题，以防泄露天机。她不紧不慢地说："如今龟兹国大乘佛法十分兴盛，东来西去的传教大师川流不息，可佛教济世并不限于一隅之地，普度众生，才是大乘佛法的本义。听说东方有一真丹大国（指中国），乃千古神州之地，人口繁多，文化昌盛。大乘佛法将大行于东土。"

罗什不明所以："母亲，东土国我早就知道了，许多高僧都去了那里。听说那里战乱不宁，佛法亦遭挫折。不过您说这些与儿有什么关系呢？"

耆婆郑重言道："大乘深教，应大行于真丹，然法在人弘，东传之事，唯你之力，方可胜任。但对你个人来说，东行却无益处，不知你意下如何？"

罗什知道母亲此言必含神谕，绝非胡乱之词。于是他沉思片刻，回答道："大士之道，利他忘躯。只要能使大法流传，从而洗蒙悟俗，那么，即使身处炉火，也会苦而无恨！孩儿当铭记母亲之言，还请母亲放心！"

耆婆一听，十分高兴。她又叮嘱道："你与东土有缘，然因缘之成并非易事。不管遇到任何挫折，你都要耐心等待，切不可失去信心。"

不久，耆婆便挥泪告别罗什，独自前往天竺学法，据说后来证得第三果位——阿那含。而罗什则继续在龟兹，等待东去的因缘，哪知这一等，竟拖延了二十多年。

送走母亲后，罗什便搬到龟兹王新近修建的一座佛寺。此寺因为是国王新修，所以人称王新寺。按龟兹佛教的规矩，僧人三月须换住一寺，但罗什是皇亲国戚，又是名振西域的高僧，常常要为众僧讲经释疑，所以往往难以严守这种习惯。罗什住进王新寺之后，尽量减少讲经活动，而把主要精力放在研读大乘经典方面。探玄究微、清修静悟成为他最大的兴趣。这一天，罗什在王新寺旁的一座古室之中，意外找到了一部《放光般若经》。罗什这几年一直注意搜寻各种新经秘典，手头业已搜集到上百部近万卷的佛教经籍，可《放光般若经》还从未见过。罗什好像获得宝贝一样，欣喜万分，马上研读起来。

《放光般若经》是大乘佛教般若类经典中非常著名的一部，共九十品，两万五千颂，在印度特别是印度南方尤其盛行。后来越过葱岭，传到西域一带，在于阗等地十分流行。早在一百年前的公元260年，中土颍川人朱士行由于汉地流传的第一部般若经《道行般若经》品类不足，义理不全，故发誓西行求法，在于阗找到了《般若经》九十章六十万言，后派弟子弗如檀送回，由无叉罗和竺叔兰译成《放光般若经》三十卷，从此，该经盛行于中土各地，掀起一股般若风潮。一百年后，罗什在龟兹的一座古屋中发现此经，可谓与中土有缘。后来，他到长安之后，便参校此本，重译该经，形成了最完整而优质的译本——《摩诃般若波罗蜜多经》。

罗什翻开此经，逐章研读。经中记述释迦牟尼佛以各种随机应变的方便法门向弟子们讲述般若的义理。所谓般若就是佛向众生开示的一种神圣的智慧，有了这种智慧，就可以看透世界人生的真相，也就是万法本性空寂，外相假有，从而无住生心。此心即清净无染的觉悟之心，以此心来指导行动，则一切行皆是妙行。此行内涵极广，常称作六度万行，即以出世之心行人世之事，教化众生，普渡众生，在人间实现涅槃、把彼岸融于此岸之中。后来中国禅宗讲直指人心，见性成佛，都是从般若思想这里来的。将《放光般若经》的思想与过去学过的《中论》、《百论》等相互对比，罗什发现，那些论典都是进一步阐释般若经的义理的。经出自于佛说，当是最权威的教导。因此，罗什在王新寺中洗手焚香，恭敬诵读起来。罗什有日诵千偈的功夫，《放光般若经》不到三万偈，不到一月就可全部记下。可这一次，他却接连遇到麻烦。史载他诵此经时"魔来蔽文，唯见空牒。什知魔所为，誓心愈固"，最终战胜魔挠，于是"魔去字显，乃习诵之"。

又过了几天，他正在读诵之时，"忽闻空中声曰：'是智人，何用读此？'什曰：'汝是小魔，宜时速去！我心如地，不可转也！'"

在佛教史上，大凡圣者接近极重要的经典或作重要的修行之时，总会出现魔挠现象。如释迦牟尼佛当时坐禅静思、觉悟成佛之时便屡遭魔挠。但是圣人毕竟是圣人，小魔终究奈何不了他们。罗什读《放光般若经》而遭魔挠的传说，也正反映了罗什与般若学说有极深渊源。史实也是如此，罗什终生以般若为宗，盛传般若学说，成为中国般若学派最重要的祖师。

罗什在王新寺一住就是两年。在此期间，他除了读诵《放光般若经》外，还仔细研读了其他各类般若经典，特别是《金刚般若婆罗蜜经》，他更是昼夜持诵，四处弘说，极为推崇。

严持净戒，深究般若，神悟大乘，福慧俱增。此时的罗什已非昔比，藏智慧于内，现威仪于外，精于方便法门，巧于神通之技，成为一位名副其实的大乘高僧。

此时的龟兹王名叫白纯。为了表达对高僧的崇敬，也为了进一步推广法化，他特地为罗什建造了一个非常豪华的狮子座，以黄金制成，再铺以大秦（今意大利）出产的名贵锦褥，金光闪烁，富丽堂皇。狮子座是佛说法的座位，所以佛的说法也被称为"狮子吼"，后来高僧们的法座也时称狮子座，而狮子吼则被喻为一切弘法之举。龟兹王为罗什特建狮子座，用以表达最殊胜的礼遇。

罗什对升座说法是有兴趣的，可近期以来，另一心事却每每缠绕着他，使他很难静下心来。原来，罗什想起了自己在罽宾时的恩师槃头达多。那时，他随师学法，师父像父亲般地关怀他、呵护他、欣赏他，他们之间结下了浓厚的感情。可使他感到难过的是，师父滞于小乘佛法，如此淳美的大乘甘露却无缘领受，岂不可惜！于是，罗什对龟兹王白纯说："大王皈心佛法，如此抬举贫僧，罗什自当奉旨弘法，利益群生。可家师身处天竺，却未能领悟大乘。什对此甚感不安，故欲亲赴天竺，化导恩师，以共享大法之美，同登佛果之境。还望大王恩准。"龟兹王白纯只得答应。

这一天，白纯正在宫中为罗什安排西行之事，忽有侍卫来报，说是有一天竺沙门求见。白纯一听，十分高兴，心想正可借此机会打探一下罗什之师槃头达多，或许还可免去罗什亲自西行的麻烦。于是他立即传令接见。

来人走进王宫。罗什一见，不由得大吃一惊，他急忙趋步向前，跪倒便拜，合十言道："恩师在上，请受弟子一拜！"

一见此情此景，白纯的心里登时明白了。

来人正是罗什之师、罽宾王从弟槃头达多。槃头达多扶起罗什，向白纯合十施礼，正要开口，罗什抢先一步向国王介绍道："大王，这位高僧正是贫僧在罽宾求学时的恩师，我们是心有灵犀，佛缘作合啊。"

白纯忙向槃头达多施礼，十分恭敬地问道："大师千里迢迢，振锡敝国，不知有何具体打算？"

达多回答说："此番远道而来，出于两种原因。一是听说弟子所悟非常，四方崇仰，却不知所悟之理到底为何。二是听说大王弘赞佛道，万民归信，也想一睹法化之盛，所以才不顾艰险，远奔神国。"白纯哈哈大笑，合起双掌，对达多说："好！好！大师一路辛苦，还请于王舍安歇，明日由罗什大师陪同，参观敝国佛业，多多指教！"

可对达多和罗什来说，他们都等不到明日。告别白纯之后，师徒二人来到王舍，刚一坐定，达多便开口问道："听说你改宗大乘，只是不知大乘有何真理可言，竟能让你如此崇尚？"罗什问答说：

"大乘深奥微妙，清净幽远，叙述万法皆空，无一执著，而小乘固步自封，偏执法有，多滞名相，难得超脱。"

二人相交甚深，不必拐弯子，彼此开诚布公地谈了起来。"罗什啊，你说一切皆空，真是太可怕了，为师不明白，你为何会舍弃有法而受空法呢？为师听说过这样一个故事，从前有一位狂人，让织锦师为他织极细的线，以使所做锦缎更加细密柔软。织锦师使出浑身解数，严格选料，精心制作，最后织出细如微尘一样的丝锦。可这位狂人还嫌太粗。织师以为，自己殚精竭虑，织出了细得不能再细的丝锦，主人不但不夸奖，反加指责，还嫌其粗，因此十分生气，便顺手指着空中说：'哈！细丝在这儿。'这位狂人不知织师在说气话，照着空中看了半天，什么也看不见，便问道：'这种丝我怎么看不见呀？'织师说：'这种丝极细，我乃织工中之良匠，尚且看不见，何况其他人呢？'狂人一听大喜，马上付给工钱。于是，这位织师便继续如此欺骗他，竟然每次都获得优厚的赏赐。其实，他什么也没织，所以也不会拿出什么丝来的。你所说的空法，与此有什么两样呢？"

罗什一听，知道其师对般若之空成见甚深，要改变他的看法，还得下一番功夫。于是他没有正面反驳师父，而是拿出一部《德女问经》，给师父逐章逐节地讲了起来。这是一部专门阐释因缘空假的经典。罗什以大小乘佛教公认的缘起论出发，说明了万物皆由各种因素在一定条件下，在一定时间内相聚而成，此即所谓"众因缘生法"，离开任何一缘，此物均不可成，而众缘时时刻刻都在变化，"无常"是一永恒的法则。无常之缘聚合成法，因此，法的内部并无永恒主宰，此即"无我"理论。因缘生法，无我无常，故一切法空。

罗什不仅据理剖析，而且还频频举例说明："往复苦至，经一月余日，方乃信服。"可见，此番解释伴随着师父的不断反问，使得罗什也确实吃了不少苦头。但不管双方如何反复辩解，也不管罗什如何苦苦阐说，最终，槃头达多还是信服了大乘般若之法。

槃头达多不免感慨万千，他叹息一声，对罗什说："《瑞应本起经》上说过：'师不能达，反启其志。'此话今天又应验了。"

"师父……"罗什想安慰达多，可话刚出口，达多却抬手制止道："我只是你的小乘师，你可是我的大乘师啊。当年你拜我为师，今日我当拜你为师。"说着，便俯身下拜，连叩三下。

罗什赶快扶起达多，谦虚地说："为师能回小向大，不愧大智之人，从今以后，我们就共修大乘之法，共证成佛之果吧！"

达多欣喜万分地点了点头，算是答应了。

听说罗什已使家师改宗大乘，白纯十分高兴。他立即礼请罗什升座说法。消息一传开，远近僧尼蜂拥而来，讲堂内座无虚席，群情振奋。罗什口若悬河，法音清扬。一时间，龟兹王宫成为西域各国大乘佛法的弘播中心，各国僧尼纷至沓来，连王公大臣们也自远来皈，都盛赞罗什的神俊超拔。

法化如此成功，龟兹王便决定每年定期举办讲经法会。据史料记载，当时"西域诸国咸伏什神俊。每年讲说，诸王皆长跪座侧，令什践而登焉。其见重如此"！这简直是把罗什当成了神，在罗什面前，连国王们也愿意做俯首听命的奴仆。

五、出兵邀请

罗什升座说法，声振西域，四方咸皈。当时，恰有两位汉地僧人留学西域，所以慕名前来听法。他们是僧纯和昙充。

僧纯和昙充留学西域，主要是为求取戒法，尤其是有关比丘尼的戒本。后来，他们在龟兹国云慕蓝寺从高僧佛图舌弥（即罗什出家时的师父）那里得到《比丘尼大戒》、《教授比丘尼二岁坛文》等律典。此时，佛图舌弥已改信大乘，但所奉戒律仍旧是小乘有部的戒本。后来，他们又到王新寺巡礼，认识了罗什。据他们说："王新伽蓝（九十僧）有年少沙门字鸠摩罗什，才大高，明大乘学。"于是他们多次亲临罗什讲席，对罗什极为推崇。苻秦建元十五年（379年），僧纯、昙充从龟兹返回长安，将西域诸国尤其是龟兹的佛教情况以及罗什的学识与才智向名僧道安作了汇报。道安是前秦皇帝苻坚刚刚请来的贵客，便又将这一情况告知苻坚，劝苻坚邀请罗什到长安弘法。这样一来，罗什"道流西域，名被东国"，中国佛门随时盼望他的到来。因此道安以僧界领袖的身份又多次劝苻坚设法邀请罗什。

那时，苻坚已建立大秦国，并屡经征战，统一了整个北方，国势处于繁荣时期。苻坚屡胜而骄，便欲垂芳千载，效汉武之功，打通西域，平定诸戎。因此，他一方面遣使前往西域，宣扬自己的盛德，另一方面积极做出兵的准备。前秦建元十七年（381年）二月，鄯善王、东师前部王及康居、于阗及海东凡六十二国的国王到长安朝贡。西域鄯善王及车师前部王劝苻坚西征，以使西域诸国内附。第二年九月，车师前部王、鄯善王入朝，"请为向导"西伐。

因此苻坚派氐族人吕光任都督西讨诸军事，率兵七万西进。并任鄯善王休密驮为都督西域诸军事、宁西将军，车师前部王为平西将军、西域都护，率其国兵为吕光向导，一起西征。临行前，苻坚故意在长安建章宫为吕光饯行。他对吕光说："古来帝王应天而治，以爱民为本。这次西伐并非为贪他人之地，而仅仅是为了一位怀道之人的缘故啊。朕听说西域有一位高僧，名叫鸠摩罗什，深解法相，精通阴阳，为后学之法师，朕十分想得到这位高人。常言道，贤哲者，国之大宝。你此番西征，如果攻克龟兹，就立即飞骑驰驿，送罗什到长安来。"

苻坚崇尚佛法，敬重高僧。可吕光历来不言佛法，所以对苻坚的用意很不理解。但位居人臣，屡蒙皇恩，只能满口答应。因此，大军于建元十八年（382年）九月从长安出发，开始了万里之遥的西征。

那时的龟兹，升平之象一如往昔。可罗什却感到了国运的不妙。他对龟兹王白纯说："国运将衰，强敌将至。"

白纯大惊，赶快问道："如今天下太平，诸国依附，四方来皈，哪里来的强敌呢？"

罗什回答说："太阳底下的人，将从遥远的东方而来。"

白纯道："大师是说中土又要来收附西域？"

罗什点头言道："你应当恭顺相迎，万万不可抗拒其锋。"

龟兹王相信罗什所言不会有差，可是让其拱手让国，他却很难做到。

前秦建元二十年（384年），吕光一路西进，兵锋直指龟兹城下。龟兹王白纯及附近诸国救兵联合抵抗，但终被吕光战败。白纯出逃，王侯降者三十余。吕光立白纯之弟白震为龟兹王。

攻破龟兹之后，吕光马上派人找到鸠摩罗什。

吕光一见罗什，甚感意外，心想这位名振天下的奇士，原本不过是个年轻的和尚，普普通通，与一般和尚并没有什么两样，为什么会让我家皇帝如此着迷。吕光尚不知罗什的才智，加之不信佛法，因此，对罗什非常无礼。罗什应机而处，就势周旋。不料又过了几天，吕光便使出一个怪招，他要把龟兹王的女儿强行嫁给罗什为妻。

"什拒而不受"，可吕光却说："你的操行不会超过先父吧，先父当年被迫娶王女为妻，后来不也是恩爱和睦，从而生下大师的吗？你又为何这样坚决拒绝呢？"

罗什羞得无言以对。后来，吕光设计将罗什灌得酩酊大醉，与龟兹王女一同锁在一个幽闭的密室之中。史载："什被逼既至，遂亏其节。"罗什由此便破了淫戒。幸亏这已是三十五岁的事了。

不仅如此，吕光还想方设法戏弄罗什。有一次，吕光让人牵来一头牛，强迫罗什骑上去，然后，鞭子一抽，牛便东拐西歪地乱跑起来。牛一颠一簸地来回走动，罗什在上面不免东倒西歪，乐得吕光哈哈大笑。他还嫌不过瘾，又叫人拉来一匹马，让罗什骑上。

谁知这马是是一头狂马，刚一骑上马便狂怒不止，急驰而去。罗什从马背上摔了下来，痛苦得说不出话来。想起母亲临别时说的话，知道东去弘法，自有诸多苦难，这才是开始，往后的路还长，没有忍辱之心，不可能完成弘法东土之大任。史载，罗什待吕光的戏弄，"常怀忍辱，曾无异色"。这样受辱而无异色，真不愧一代高僧！

罗什的风度终于使吕光意识到自己的蛮俗无礼，他感到万分惭愧，再也不去作弄罗什了。相反，他一反常态，对罗什敬重起来。如此，罗什便被带在身边，成为吕光的军事顾问。

那时，吕光想留在西域称王称霸。鸠摩罗什从当时的形势分析，劝他马上东归，他说："此凶亡之地，不宜久留，中路自有福地可居。"（《晋书·罗什传》）吕光听从其劝告，便于当年率军东返。

本来，吕光如果按苻坚之令，破龟兹后，快马送罗什去长安，那么，罗什在苻秦时期就可来到长安。可吕光想让罗什留在自己身边充作军师，因此没有执行苻坚的命令。如此可苦了罗什，更阻挠了佛教在东土的传播历程，因为经此一阻，便使罗什东去长安的时间整整延误了十六年。

晋太元十年（385年），苻坚被杀，前秦灭亡。而此时，远在西域的吕光终于率兵开到河西，在此战败前秦凉州刺史梁熙后，进入姑藏（今甘肃武威），自领梁州刺史。第二年，苻坚遇害的消息传来，吕光令三军缟素，齐集城南，遥向长安致哀，而后便自称凉州牧、酒泉公，建元太安。后来又改称三河王，大凉天王，史称后凉。

凉州在今甘肃河西地区，是中西交通的要道，州中重镇有敦煌、张掖、姑藏。自东汉以来，印度和西域的传教士时经此地，前往内地。东晋时的前凉王朝（314～376年）统治这里时，境内比较安定，经济文化有了一定的发展，佛教十分盛行。《魏书·释老志》说："凉州自张轨（255～314年）后，世信佛教。敦煌地接西域，道俗交得其旧式，村坞相属，多有塔寺。"但是，如今后凉王朝的吕氏家族均不信佛教，所以也不鼓励罗什从事传教译经，而仅仅是把他当作能占卜吉凶、预言祸福的方士。

太安元年（386年）正月，凉州突起大风，吕光心神不定，于是来咨询罗什。罗什对他说："此乃不祥之风，当有奸叛作乱，然不劳将军征伐，自可定矣。"不久，梁廉、彭晃相继反叛，但马上便失败了。此事的应验，使吕光对罗什更加崇拜。想起当年罗什说他在中路有福地可居，现在占据凉州，不正在中路吗？还有那次山中行军，他在山下扎营，罗什认为不可，说会出现狼狈之事。夜里果真突来暴雨，死者数千人。罗什真是神机妙算啊。

后凉龙飞二年（397年），张掖卢水胡沮渠男成与其从弟沮渠蒙逊反叛，推建康太守段业为凉州牧、建康公。吕光派庶子太原公吕纂率兵五万征讨。当时，人们普遍认为段业等人属乌合之众，而吕纂素有声威，必能全胜。大军走后，吕光又请教罗什的看法。罗什对他说："观察此行，未见其利。"不久，吕纂果然败于合梨。之后，郭馨作乱，吕纂再次大败，仅以身免。吕光悲痛不已，只恨自己没有听取罗什的正确意见。

后来，中书监张资生病。吕光十分器重此人，便多方求医。这时，有一外国道人名叫罗叉，声称能治此病，吕光大加赏赐。但是罗什却对吕光说，此人乃诳诈之徒，让他施治是徒劳无益的。为了证实这一点，罗什当场用五色丝结成绳，再烧成灰末，投放水中，说："若是灰末浮出水面还原成绳，那么此病就不可治愈。"过了一会儿，灰末聚集一起，浮出水面，恢复到绳的本形。不几天，张资果然病死。

就在罗什滞身凉州之时，关中出现了又一大国，此即羌人姚苌于386年建立的后秦。姚苌崇信佛法。当听说罗什之名后，便"虚心请要"，派使者来到凉州，与吕光交涉。但吕光认为罗什足智多谋，深恐为姚苌所用，于己不利，便拒绝放行。后秦建初九年（394年），姚兴即位。此人虔信佛法，再次遣使凉州，邀请罗什，可吕光又一次断然拒绝。姚兴不禁大怒，马上决定效前秦故事，发兵邀请。

后秦弘始元年（399年），吕光死，子吕绍继位。不久，吕光庶子吕纂杀绍自立，建元咸宁。咸宁二年（400年），流传有某猪生子，一身三头；又听说东厢井中飞出一龙，来到殿前蟠卧。吕纂认为这是祥瑞，便将大殿改名为龙翔殿。不久，又有一黑龙升于当阳九宫门，吕纂便改九宫门为龙兴门。

鸠摩罗什进谏道："现在潜龙出游，猪妖表异。大王应知，龙者阴类，出入有时，而今屡见，则为灾兆。必有下人谋上之变，还望大王克己修德，爱臣护民，以答天戒。"

此后又有一次，罗什与吕纂下棋。吕纂杀罗什的棋子时开玩笑说："斫胡奴头！"罗什答言："不斫胡奴头，胡奴斫人头。"胡奴是吕光之侄吕超的小名。可惜吕纂没有明白其中含意，后来吕纂果真为吕超所杀，由吕超之兄吕隆即位。

再说长安方面，姚兴于弘始三年（401年）五月派陇西公姚硕德率大军西伐凉州，吕隆大败，于当年九月上书归降，并送子弟及文武旧臣五十余家人质于长安。凉州破后，姚硕德马上找到罗什，顶礼膜拜，极尽恭敬。随之又派人备好马车，送罗什去长安。那时，罗什业已五十八岁。

六、译经长安

弘始三年（公元401年）十二月二十日，北风呼啸，雪花飘飘，整个长安都沐浴在雪海中。

年近花甲的罗什坐在朝廷的马车之中，随着欢迎的队伍，浩浩荡荡地开进长安城，母亲的重托，数十年的向往，最终在今天实现了。望着车外的长安城，宽阔的街道，高耸的佛塔，雄伟的殿宇，巍峨的城墙，罗什心潮澎湃，感慨万千，弘法的热情立刻高涨起来。

东晋时期，北方先后出现了十六个少数民族建立的国家。其中后秦是国力兴盛的王朝之一。姚兴统治时期，后秦的版图曾囊括今陕西省的大部分和甘肃、宁夏、山西诸省的一部分。姚兴在天水大族、尚书仆射尹纬的帮助下，留心政事，政局比较稳定。他不但精于武功，还善于文治，虔信佛教，重视文化事业。还在罗什来长安前，天水姜龛、东平淳于岐、冯翊郭高等"耆儒硕德"，已在长安教授儒学，各有门徒数百人，诸生自远而至者一万数千余人。姚兴"每于听政之暇，引龛于东堂，讲论道艺，错综名理"，长安成为当时的一个文化中心。这样的文化氛围，对于佛教义学的弘扬是非常有利的。姚兴"少崇三宝，锐志讲集，以佛道冲邃，其行唯善，信为出苦之良律，御世之洪则，故托意九经，游心十二"（"九经"、"十二"泛指佛经、佛法）。姚兴对佛法有这么深的感情，因此上台以后便大力提倡和扶植佛教。对于罗什这样的超级大师，姚兴更是倍加优待。史载罗什被迎入长安后，姚兴即"待以国师之礼，甚见优宠。晤言相对，则淹留终日；研机造尽，则穷年忘倦"。可见，姚兴对罗什的崇敬不光是帝王对佛法的利用，简直就是情投意合，心灵默契，以至终日相谈不知归，终年习法不知倦。有这样的好道之君，罗什的才华便有了用武之地，一生中最光辉的时期到来了。

长安城北有一条宽敞的河流，由西向东，直通黄河，这便是渭水。渭水之滨有一座著名园林，名叫逍遥园。这里流水涓涓，湖泊澄清，杨柳依依，风景迷人，亭台楼榭随处可见，真可谓人间天堂。园内广开殿堂阁亭，最漂亮的要算逍遥宫、西明阁和澄玄堂。

罗什到长安不久，姚兴便把他安置到逍遥园中，居于逍遥宫内。跟着又下敕创设国立译场，召募名僧大德，由罗什任译主，开始翻译佛典。这是中国历史上首次由国家提供资金、组织人力而开展的译经事业。译场地点先在逍遥园，后来又迁至长安大寺、中寺等地，参与的人员达五百人或八百人。规模之宏大，前无古人。长安的译经事业刚一开始，消息便迅速传向全国。大江南北的四众弟子听说那位名振四海的大师已到了长安，于是不远万里，纷纷拥向长安，拜罗什为师，随其学法修道。弟子最多时达三千余人，其中比较优秀者，有所谓"十哲"、"八俊"、"四圣"等。"十哲"是指僧肇、僧睿、道融、道生、昙影、慧睿、慧严、慧观、道恒、道标。"八俊"即上述"十哲"中的前八位。"四圣"一般指僧肇、僧睿、道融、道生四人。

罗什门徒中影响最大、声望最高的是僧肇。罗什还在凉州时，僧肇便慕名由长安千里迢迢从之受学。罗什来长安后，僧肇也与他同行。僧肇俗姓张，京兆长安（今陕西西安）人，出身贫苦，幼时以代人抄书为业，精通中国传统文化，喜爱老庄学说。后来见到《维摩经》，"欢喜顶受，披寻玩味，乃言始知所归矣，因此出家"，苦读三藏，精通法义，二十岁已"名振关辅"。师从罗什后，常常咨禀，所悟甚多，尤其是对罗什所传的般若法空学说领会最深，并有独到见解，写下了一系列在中国佛教史乃至整个中国思想史上产生了巨大影响的重要论文，后人将其中最主要的四篇汇集在一起，名曰《肇论》。此四篇文章是《不真空论》、《物不迁论》、《般若无知论》、《涅槃无名论》。因为僧肇思想深邃，文辞优美，在阐发佛理时大量融合吸收了传统思想，特别是当时盛行的老庄学说的思想与方法，因此受到广泛的欢迎和高度的评价，被视为中土僧人中的"解空第一"、"精难第一"、"玄宗之始"。

僧睿，魏郡长乐人，十八岁出家，二十二岁后游历各邦，到处讲说，尤精禅法。后秦国司徒姚嵩将僧睿推荐于姚兴，赞其为"邺、卫之松柏"。姚兴召见僧睿后，认为他"乃四海之标领，何独邺、卫之松柏"，因此，给僧睿以优厚待遇，让其协助罗什译经。史载"什所翻经，睿并参正"。有一次，罗什译《法华经》，参照过去竺法护的旧本。有一句说"天见人，人见天"，罗什翻译至此，认为过于直译，总觉不太合适，但又不知如何表述为好。僧睿提议说："可否说人天交接，两得相见？"罗什一听，高兴地说："是这样！是这样！"僧睿在这方面对罗什的帮助是非常多的。罗什叹道："我和你一起翻译经论，蒙你处处提点真是我的大幸！"

道融，汲郡林虑人（今河南林县）。十二岁出家，年至三十岁已是才华英绝，穷究内外经书。罗什入关后，前去咨禀。不久，受姚兴之命，进住逍遥园，参与罗什译经，出力甚多。罗什曾慨叹道："佛法之兴，融其人也。"罗什还夸奖他为"奇特聪明释子"，是第一个能理善辩的人。传说来自狮子国（今斯里兰卡）的一个外道，来长安与汉僧角逐辩论，关中僧众竟无人敢于应战。罗什即动员道融出面，在姚兴的亲自主持下，登坛辩论，取得胜利。

道生本姓魏，河北巨鹿（今河北平乡）人，寓居彭城（今江苏徐州）。"幼而颖悟，聪哲若神"，后随竺法汰出家学佛，进步神速。至年二十，"讲演之声，遍于华夏（指中国），王公贵胜，并闻风造席；庶几之士，皆千里命驾。"罗什入关后，道生慕名北上，远投罗什门下受学，并奉王命帮助罗什译本。道生的聪明才智、妙解经论给长安僧众留下了深刻的印象。"关中众僧，咸谓神悟。"

除了上述"四圣"之外，罗什门下的众多弟子均在某一方面为罗什的译经弘法事业作出了贡献。如弟子道恒，"游刃佛理，多所通达"。弟子道标也"神气俊朗，有经国之量"。弟子昙影思维敏捷，条理清晰，被罗什称为"此国风流标望之僧"。弟子慧睿，阅历丰富，"殊方异义无不知晓"。弟子慧严博读诗书，精严佛理。弟子慧观在罗什门下"访核异同，详辩新旧"。时人称"通情则生（道生）、融（融道）上首，精严则观（慧观）、肇（僧肇）第一"。弟子昙无成宗奉师说，善谈实相之理。弟子僧导奉命协助罗什译经，"参议详定"，深得师传。即使鲜为人知的慧仪，在当时的表现也很不寻常。南朝宋僧镜编写《实相六家论》，就是以慧仪的解答为根据的。而实相问题正是罗什学说的中心。

总之，罗什门下，高僧荟萃，人才济济。他们各有所长，同宗一师，合作共事，形成一个以罗什为领袖的庞大的弘法集团。这些弟子大部分是"学兼内外"的。"内"指佛学,"外"指佛教以外的各家学说,主要指中国传统的诸子百家。因此,罗什弘法集团就能将书本上的理论消化转换成可以满足当时社会需要的理论。他们不像南北朝时期的僧侣那样,限于专弘一经一论,或一家一言,加之罗什本身的传译范围也比较广泛,所以,这个弘法集团的弘法是极为成功的。同时,罗什的门徒分别来自全国各地,他们把全国的学风带到了长安的罗什译场,又把罗什传译的佛学思想,传播到全国,因此对中国佛教、中国思想产生了巨大的影响。

有皇上的鼎力支持,以及各个弟子的全力协助,罗什一门心思都扑在了译经上。

后秦弘始四年(402年)一月五日,译出《坐禅三昧经》三十一卷(弘始九年重加校订)。二月八日,译出《可弥陀经》十卷,此为专讲阿弥陀佛的净土功德庄严而劝念佛往生的经典,至今为佛门每日功课之必修。三月五日,译出《贤劫经》七卷。当年开始译《大智度论》,至弘始七年(405年)十二月完成,共成一百卷。该书为印度龙树菩萨所著的般若经释论,是大乘中观学派的主要论书之一,涉及面很广,相当于一部佛教的百科全书,也是罗什最推崇的论书之一。十二月一日,译《思益梵天所问经》四卷,《弥勒成佛经》一卷。

弘始五年(403年)四月二十三日,译《摩诃般若波罗蜜经》四十卷,与罗什在龟兹王新寺古屋中看到的《放光般若经》是同本异译。姚兴亲临译场,协助翻译,同年十二月十五日译完,次年四月二十三日校完。此经为般若类精华,译出后流传很广,影响很大,现在依然盛行于佛门。

弘始六年(404年)十月十七日,与罽宾僧弗若多罗、西域僧昙摩流支合译《十诵律》五十八卷。后来,罗什的戒师魁宾僧卑摩罗叉又在寿春增译成六十一卷。同时,后秦司隶校尉安城侯姚嵩聚集了沙门与罗什开始翻译《百译》,共两卷。此论为印度提婆菩萨著,与龙树的《中论》、《十二门论》全称"三论",是中观学派的根本论著，也是罗什视为心要、极力弘宣的重要著作，中心内容就是般若学的"空"观理论。

弘始七年（405年）六月十二日，译《佛藏经》四卷。十月又译《杂譬喻经》一卷，《菩萨藏经》三卷，《称扬诸佛功德经》三卷。

弘始八年（406年）夏，应安城侯姚嵩之请译《妙法莲华经》八卷。此经以般若性空学说为基础阐述佛法三乘归于一乘的理论，包含着许多大乘教义，译出后流传很广，影响巨大。与此同时，罗什还应姚嵩之请译《维摩诘所说经》三卷。据说，当时参译人员多达一千二百人。此经一出，即广为流行，成为后世中国佛教最主要的几部经典之一。该年夏，罗什还开始翻译《华手经》十三卷，《梵网经》两卷。后者是中国佛教最重要的大乘戒律，出家在家佛徒均可受持，所以流行甚广。

弘始九年（407年）译《自在王菩萨经》两卷。

弘始十年（408年）二月初至四月底译《十二般若波罗蜜经》十卷、《十二门论》一卷。《十二门论》是大乘空观的入门之作，以十二章阐释空义，言简意赅，理趣幽邃。

弘始十一年（409年），译《中论》四卷。此为般若"三论"中最重要的论书，根据并发挥般若学说，对佛教的缘起学说进行论释，借助"世俗谛"和"胜义谛"，论证"缘起性空"和"八不中道"的思想。这种思想是罗什弘法的重点所在，对中国佛教影响极大。

弘始十三年（411年）九月八日，应后秦尚书令姚显之邀译《成实论》二十卷，次年九月十五日完成。"实"指佛教基本理论"四谛"之实。"成实"即成立四谛。全书对四谛作新的解释论述，在佛门十分流行。

除上述经典外，罗什还与弟子合力译出《诸法无行经》两卷，《首楞严三昧经》三卷，《十住经》五卷，《持世经》四卷，《弥勒下生经》一卷，《金刚般若经》一卷，《遗教经》一卷，《禅法要解》两卷，《十住毗婆沙论》十四卷，《大庄严经论》十五卷，《十诵比丘戒本》一卷，《马鸣菩萨传》一卷，《龙树菩萨传》一卷，《提婆菩萨传》一卷。

黄叶村感怀

曹雪芹，名霑，号雪芹，又号芹溪。曹雪芹的生年为康熙五十四年（1715年）前后。这时的曹家已经"不及先前那样兴盛"，但曹雪芹赶上了家庭最后一段繁华时期，领略到了前辈的流风余韵。他这个家庭不仅有着世家的排场，同时也是世代书香，藏书有数万册之多。曹雪芹的少年时期就是在一个具有浓厚艺术、文化氛围的家庭度过的，这为他日后成为一个文化巨人准备了优良的文化素质和艺术素质。

家庭的抄没对曹雪芹的打击太突然。他在惊怖惶恐中结束了自己炊金馔玉的少年生活，离开江南佳丽地。可以想见，这位文学上早熟早慧的少年，伫立在北去的舟中，依依望着几代人曾经往来其间的秦淮河、玄武湖、燕子矶，望着他朝夕生活在其中的织造署及署中的西园西池，他心里该会涌起多少激愤和伤感！"无限江山，别时容易见时难。"故园花草，秦淮风月，此后就只能出现在他的梦里和记忆之中了，也将永不消逝地留在他的梦里和记忆之中。

大约雍正六年三四月间，曹雪芹一家到达北京。他们最初的安身之地当是绥赫德拨给的崇文门外蒜市口地方十七间半房。但曹雪芹并没有在蒜市口地方十七间半房长期定居。大概是生活一天比一天穷困潦倒，家庭内部的矛盾也越来越多，他不得不流落于城内外各处，有时甚至栖身于寺庙。曹雪芹曾在右翼宗学担任差事，并与皇族子弟敦诚、敦敏等人朝夕相处，剪烛谈心，他那傲岸不羁的态度和高谈雄辩的才华，得到敦诚、敦敏等人的赏识。敦诚、敦敏兄弟是乾隆九年（1744年）以后在右翼宗学读书的。曹雪芹在宗学是以才子、诗人的形象出现在众多皇族子弟的面前。当时宗学里有吟诗结社的活动，曹雪芹是诗社的活跃人物。

曹雪芹工诗善画，博学多才，但他非常厌恶走科举仕途之路，他曾教过书和经历"悲歌燕市，卖画为生"的日子。他从曹家败落的剧变中，看到了统治阶级盛衰轮替无可挽回的命运，心中开始孕育着"醉余奋扫如椽笔，写出胸中块垒诗"的宏大意愿。后在其好友敦诚的劝导下，曹雪芹因生活所迫而离开北京城，全家迁到香山脚下，过着"举家食粥酒常赊"的艰苦著书生活。

曹雪芹大概在四十岁前后移居北京西郊傍近西山的荒村。黄叶村者，本非实名，只因乾隆二十二年丁丑（1757年），敦诚自喜峰口寄诗与雪芹，其诗云："……感时思君不相见，蓟门落日松亭蹲（喜峰口古为松亭关）。劝君莫弹食客铗，劝君莫叩富儿门，残杯冷炙有德色，不如著书黄叶村。"盖暗用清初王苹"黄叶林间自著书"之句意也。复因东坡早有"家在江南黄叶村"之语，故绾合而巧用之。西山多黄柿红枫，秋来漫山绣谷，未尝实指何林何地也。雪芹何时由京城而远徙西郊山村？敦氏此诗，已透露大概的年月：至晚，乾隆丁丑年。

宗学这小差事的微薄俸饷没有了，生活必然更加困顿。乾隆二十六年秋天，敦敏、敦诚到西郊看望过曹雪芹，两人各写了一首七律留赠雪芹。敦敏的诗题为《赠芹圃》：

> 碧水青山曲径遐。薜萝门巷足烟霞。
>
> 寻诗人去留僧舍，卖画钱来付酒家。
>
> 燕市哭歌悲遇合，秦淮风月忆繁华。
>
> 新愁旧恨知多少？一醉氍毹白眼斜。

敦诚的诗题为《赠曹雪芹》：

满径蓬蒿老不华。举家食粥酒常赊。

衡门僻巷愁今雨，废馆颓楼梦旧家。

司业青钱留客醉，步兵白眼向人斜。

何人肯与猪肝食？日望西山餐暮霞。

两首诗描写了雪芹的住地和处境。他住在"满径蓬蒿"的茅椽衡木之下，过着"举家食粥"的贫苦生活。他经常依靠卖画维持生活来源，有时也依赖亲友们的周济。"举家食粥"是用颜真卿《与李太保帖》中语，"司业真钱"是唐代苏源明（国子监司业）送钱给才人郑广文买酒的故事。从朋友们的描写和使用的典故上，可以想见曹雪芹生活的窘况。他靠卖画，或者依赖朋友的周济，自然只能勉勉强强糊口。

曹雪芹是有些阔亲戚的。如他的姑表兄福彭（讷尔苏长子，曹寅女生），在雍正年间袭王爵，授定边大将军；乾隆即位后，协办总理事务，擢任议政大臣。曹雪芹拥有这样重要的社会关系却穷困潦倒如此地步，大概同他孤傲的性格有关。他穷困无可奈何的时候，可能也会求告亲友，会得到富儿们的周济，但他受不了轻蔑的冷眼，咽不下残杯与冷炙。他始终保持着傲世的态度。敦敏《懋斋诗钞》里有一首《题芹圃画石》：

傲骨如君世已奇，嶙峋更见此支离。

醉余奋扫如椽笔，写出胸中块垒诗。

这是题写在曹雪芹画上的诗，说曹雪芹酒后挥毫画出的奇峭峻嶒的石头，犹如自己的的傲央。曹雪芹另一位也比他年龄小的诗友张宜泉，其《题芹溪居士姓曹露，字梦阮，号芹溪居士，其人工诗善画》写道：

> 爱将笔墨逞风流。庐结西郊别样幽。
> 门外山川供绘画，堂前花鸟入吟讴。
> 羹调未羡青莲宠，苑召难忘立本羞。
> 借问古来谁得以？野心应被白云留。

诗中说曹雪芹不羡慕李白（青莲居士）曾受到皇帝调羹赐食的宠幸，不忘阎立本应召到御前画画所留下的羞耻，乐意在山野与悠悠白云为伴。看来，工诗善画的曹雪芹是有机会往高枝上爬的，但他不肯"摧眉折腰事权贵"，甚至连皇帝的恩赐也不希冀。他对庸俗的利禄之辈，常常以白眼相待，"步兵白眼向人斜"，"狂于阮步兵"。这样的傲世性格决定了曹雪芹必然愈来愈贫困。曹雪芹在北京西郊寂寥的荒村度过了十个春秋冬夏，饥寒疲惫时时困扰着他，直至生命的最后。

中外文学史上的伟大作家，几乎都是尝尽人世间的痛苦之后才成就辉煌的文学事业的。文学，同苦难似乎有不解之缘。曹雪芹的祖父曹寅安慰、勉励洪昇、赵执信的诗，有一句是："穷愁天亦厚虞卿。"说虞卿（战国时人）的"穷愁"是老天爷的厚意——正由于穷愁，虞卿才得以发愤著书，自见于后世。这就是苦难造就文学的道理，也就是古人说的，诗"穷而后工"。中国历史上的思想家、文学家大都懂得这个道理。司马迁在《史记·太史公自序》和《报任安书》里，列举周文王、孔子、屈原、左丘明、孙膑、韩非等人处在困厄之中"发愤"（发抒忧愤）著书的故事，并指出："此人皆意有郁结，不得通其道，故述往事，思来者……以舒其愤，思垂空文以自见。"这里所谓"意有郁结"，就是因经历、体验了穷苦和忧伤而产生的精神痛苦。"发愤"、"舒愤"，近似于现代人讲的"宣泄"。文学的历史表明，伟大的文学作品往往是作者宣泄其痛苦的经历、体验、感悟而产生的。虽然痛苦并不一定会产生伟大的作品，但只有经历和体验过人生的辛酸和苦痛的作家，才有对人生和历史的深入思考与悲剧性感受，才会感悟到民族和人类所面临的忧患与危机，也才能打开艺术灵感的闸门，激起艺术创作的冲动，创作出真正伟大的文学作品。在痛苦中孕育的文学作品，最富于感情，最能打动人心，也最令人深思。

曹雪芹由富贵坠入贫困之后，往日繁华靡丽的生活，恍如"一番梦幻"留在他的忆想中。由于往事成了梦境，他便有了冷静的回味与反思，有了一种"愧则有余，悔又无益"的怅恨；他对人生和历史也就有了很多的领悟，对世人的真面目也就看得较为清楚。他痛苦地意识到，自己的家庭存在着许多无法治愈的弊病，许多无法弥合的矛盾，衰败是不可避免的；而那一潭死水的生活中，只有"行止见识皆出于我之上"的裙钗们，值得怜惜，不应当"一并使其泯灭"。曹雪芹的朋友经常说到雪芹的"梦"与"忆"："秦淮风月忆繁华"。雪芹自己也说他"曾历过一番梦幻"。往日繁华生活及其卓尔不凡的女子，留给他的无尽回忆、思考和爱与恨，是他一生永远解不了的情结，是他创作激情与灵感的来源。

曹雪芹住地西山一带，名刹古寺很多。这些佛寺里，有名僧，有隐于佛门的高人。雪芹常栖止于佛寺，肯定会同这些方外的人物研讨蕴藏着极深智慧的禅理，并和他们建立起深厚的友谊。又有人传说曹雪芹"放浪形骸，杂优伶中，时演剧以为乐"。他是否真的曾粉墨登场参加演出，还很难说，但他肯定有演戏的（优伶）朋友，而且对戏曲艺术和各种通俗文艺有很深的感情和理解。

曹雪芹获得了广泛接触社会、深入认识社会人生的机会。当时的中国社会号称"盛世"，维持着相当安定的局面，农业、手工业、商业、对外贸易以及科学文化的发展，都超越了明朝后期最繁盛的时期。远离江南繁华地区的北京城，这时也是"商贾云集"，店铺林立，货行会馆遍布于城内外。然而，延续了两千多年的封建专制社会，已经累积了厚厚的历史污垢。随着社会经济的发展和特权的膨胀，上层社会必然要放肆聚敛财富，骄奢腐败。在曹雪芹生活的"盛世"年代，从皇帝、满族亲贵到文武大臣，以及享有种种特权的旗人，均失去开国之初一定的俭朴淳厚。骄奢淫逸相习成风，腐败气息日益蔓延。这不仅妨碍了农业、手工业、商业和新的经济因素更大的发展，加深了君主专制和地主阶级剥削制度下所固有的社会矛盾，而且一些贵族世家也因之衰败没落。雍正皇帝在雷厉风行整顿吏治、稽查亏空的同时，也有意整治旗人的颓靡奢侈之风，曾多次指斥旗人"备极纷华，争夸靡丽，甚至沉湎梨园，傲游博肆，不念从前积累之维艰，不顾向后日用之难继"。但是，在专制制度的格局下，旗人社会的腐败风气不可能逆转。雍正皇帝所有剔除积弊的努力，都没有多大成效，只能不了了之。曹雪芹置身于这种社会现实，耳闻目睹社会各个层面的人与事。他身为八旗的一员，接触到八旗的上层与下层，对八旗子弟的腐败与困窘尤为熟知。这样，便使他从自己家庭衰败的切身感受中，进而感悟到社会的贫富悬殊，感悟到整个上层社会日甚一日的腐朽没落，也感悟到荣华富贵不能"永保无虞"。

明朝后期和清朝前期，伴随着商业、手工业的发展和城市经济的繁荣，社会风尚、价值观念逐渐发生变化，在文学艺术和哲学领域兴起以鼓吹自然人性、肯定人的价值和个性自由为主题的人文主义思潮。曹雪芹从广泛的社会联系中，从戏曲、小说、通俗文艺以及各种杂学中，更多地接触到了背离正统观念的"异端邪说"和人文主义思潮，产生了某种蒙眬而强烈的人生追求。这不仅为他的小说创作奠定了思想、艺术的基础，也调动了他的创作激情，引发了他的灵感，以至不惜耗尽后半生心血创作《红楼梦》。

《红楼梦》是中国人民引为骄傲的文学名著，也是世界文化宝库中光彩夺目的瑰宝。它成书于18世纪中叶，先以手抄本形式流传，

1791年（乾隆五十六年）开始有印刷本。在印刷本刚刚流行二十多年的时候，北京城就有了这样的俗谚："闲谈不说《红楼梦》，读尽诗书是枉然。"那时的北京人已经认识到，《红楼梦》是中国人不能不读的一部书。此后，中国社会经历了地覆天翻的震荡与变化，而饱经沧桑与离合悲欢的中国人民，对于《红楼梦》这一艺术精品的珍爱，一直是有增无减。同时，《红楼梦》也传到海外四方，言语不同、风俗殊隔的异国读者一旦接触到这部代表中国文学水平的小说，无不为之叹服，为之倾倒！中外的文学爱好者、研究者，透过《红楼梦》酣畅、醇美的文学语言，风采卓异的人物形象，如诗如画的情韵，不仅得到美的享受、情的陶冶，也可以从中领悟人生和历史的真谛，可以从中看到博大辉煌的中国传统文化的奇观。《红楼梦》的蕴涵和艺术丰采所给予人的启示，是无穷的，是说不完、道不尽的。人们说，英国有个说不完的莎士比亚。我们中国，则有一个说不完的曹雪芹，有一部读不厌、说不尽的《红楼梦》。

《红楼梦》出自天才作家之手，而且是作者带着血泪写成的。书的第一回有作者题的一首绝句："满纸荒唐言，一把辛酸泪！都云作者痴，谁解其中味？"早期抄本甲戌本上的批语也说作者"哭成此书"，"书未成""泪尽而逝"；又说"字字看来皆是血，十年辛苦不寻常"。一部《红楼梦》，是天才、痴情、血泪和人文主义思想的结晶。

《红楼梦》的作者是曹雪芹。这个名字已经郑重、明白地记载在书的第一回。18世纪的中国出现曹雪芹这样一位天才的文学巨人，既得力于中国传统文化的哺育，也是那个特殊时代及新兴的启蒙思潮所造就。此外，还有曹雪芹个人的原因，这就是他那特殊的家世、身世和他的勤奋、博学。

传说曹雪芹写《红楼梦》的办法很奇特，他随身携带文房四宝，只要文思一动，或听到有用的传闻，便就地大写起来。他这样执著地写啊写啊，至乾隆十九年（1754年），《脂砚斋重评石头记》一书的文稿就在近亲密友之间和庙会之中传开了。他为这部书"披阅十载，增删五次"，耗枯了心血，以致年未五十，书未成，便泪尽而逝世了。据民间传说，《红楼梦》一书原已写完，曹雪芹死后，邻居老妪见他家里连买祭奠纸的钱都没有，便在柜桌中找出一些写满字的纸剪作纸钱烧了。所以后四十回珍贵的遗稿，就被这样化为乌有，实在可惜。

曹雪芹是小说家，又是诗人、画家，对戏曲、园林、医药及传统文化的广阔领域也都有很深的了解。他虽然衣食不给，穷困潦倒，但始终保持着诗人、艺术家的本色，在友朋中间始终是一位倜傥不羁的诗客。敦敏曾以"诗才忆曹植"来推崇曹雪芹。敦诚称赞雪芹"诗胆如铁"，"堪与刀颖交寒光"。所谓"诗胆"，是指诗人表达思想见解的胆略和艺术创造上的勇气。曹雪芹作起诗来，挥洒自如，具有冲破一切的气势，所以敦诚说他的诗胆放射出与宝刀锋芒交相辉映的寒光。敦诚《寄怀曹雪芹》诗里说："爱君诗笔有奇气，直追昌谷披篱樊。"在《挽曹雪芹》诗和与荇庄联句中，敦诚又说雪芹"诗追李昌谷"、"牛鬼遗文悲李贺"。唐代李贺（昌谷）的诗，多诉说怀才不遇的痛苦和对现实的愤懑，想象奇特，构思精巧，不蹈袭前人。敦诚一再将曹雪芹比作李贺，说明曹雪芹的诗有李贺那种奇幻的境界和卓尔不群的精神。同时，敦诚又称赞曹雪芹突破李贺的"篱樊"。曹雪芹的诗工巧自然，富有韵味，绝无李贺某些诗雕琢、险怪和形象不完整之类的毛病。

曹雪芹一生写的诗，除了《红楼梦》里面的诗以外，流传下来的就只有《西郊信步憩废寺》一个诗题，和题敦诚所作《琵琶行》传奇的"白傅诗灵应喜甚，定教蛮素鬼排场"两句了。敦诚《鹪鹩庵笔尘》记曰：

> 余昔为白香山《琵琶行》传奇一折，诸君题跋，不下数十家。曹雪芹诗末云："白傅诗灵应喜甚，定教蛮素鬼排场。"亦新奇可诵。曹平生为诗大类如此，竟坎坷以终。

曹雪芹工诗善画。他的画现在一幅也看不到，不知人世间还有无留存。

曹雪芹在三十岁左右开始《红楼梦》的写作。今传甲戌本第一回有"至脂砚斋甲戌抄阅再评，仍用《石头记》"字样，同时又有"曹雪芹于悼红轩中披阅十载、增删五次"的话。虽然今传甲戌本过录时间较晚，但其祖本应是脂砚斋甲戌年（乾隆十九年）"抄阅再评"的本子。既然在乾隆十九年（1754年）左右，曹雪芹即开始写作《红楼梦》，那么其时曹雪芹大约三十岁，正当而立之年。

由于《红楼梦》这部小说是以神话故事开头，假托全书是空空道人从大荒山无稽崖青埂峰下一块曾经幻形入世的石头上抄来的，为了与这个神话故事相适应，曹雪芹当然在小说正文中要说自己的工作是"披阅"、"增删"以及"纂成目录、分出章回"。不难看出，曹雪芹就是创作者。甲戌本上还有针对"批阅"、"增删"的一则眉批：

> 若云雪芹批阅、增删，然则（原误作"后"）开卷至此这一篇楔子，又系谁撰？足见作者之笔狡猾之甚！后文如此处者不少，这正是作者用画家烟云模糊处。观者万不可被作者瞒蔽了去，方是巨眼。

明确指出"披阅"、"增删"是小说作者的"狡猾"之笔。脂砚斋等人亲眼看到曹雪芹写作《红楼梦》，他们在批语中多次明确指出，《红楼梦》作者是曹雪芹。小说不是"纪实"，千万不能呆看，曹雪芹说的"披阅"、"增删"，意思就是执笔写作。

曹雪芹大约用近十年时间写出《红楼梦》的初稿。现今所见的甲戌本虽然仅残存十六回（一至八回，十三至十六回，二十五至二十八回），但它的祖本应该是八十回左右的脂评抄本。这个本子是脂砚斋"抄阅再评"的，书名题作《脂砚斋重评石头记》，既称"再评"、"重评"，那便还有"初评"，只是如今没有发现而已。"初评"的时间至少比"甲戌抄阅再评"早一两年。这就是说，在甲戌年（乾隆十九年）的前一两年，曹雪芹已经写出了《红楼梦》的初稿，估计前面八十回已大致定型。

《红楼梦》第一回曾列举这部小说一连串的题名。按书中所写，这部小说本名《石头记》，空空道人易名为《情僧录》，至吴玉峰题曰《红楼梦》，东鲁孔梅溪则题曰《风月宝鉴》，曹雪芹又题曰《金陵十二钗》，至脂砚斋甲戌抄阅再评，仍用《石头记》。这一连串的演变过程及题名的人物，仍是"小说家言"，不能完全信以为真。但这些书名的出现，可能反映了作者创作的某些过程和某些思考，也不可忽视。甲戌本在"东鲁孔梅溪则题曰《风月宝鉴》"一句之上有一则眉批：

> 雪芹旧有《风月宝鉴》之书，乃其弟棠村序也。今棠村已逝，余睹新怀旧，故仍固之。

这条批语透露了一个很重要的信息：曹雪芹先曾写过一本题名为《风月宝鉴》的小说。现在我们看到的《红楼梦》中的一些"风月"故事，可能原本就是属于《风月宝鉴》的。

《红楼梦》由脂砚斋于甲戌年（乾隆十九年）"抄阅再评"并"仍用《石头记》"书名之后，在乾隆二十一年有一次对书稿"对清"的工作。庚辰本第七十五回前另页上抄有一则附记：

> 乾隆二十一年五月初七日对清。缺中秋诗，俟雪芹。

这是对新写的或修改的稿子抄好对清的意思，可说是《红楼梦》写作过程中留下的雪泥鸿爪。

再过三年，即乾隆二十四年（1759年），《红楼梦》前八十回有一次"定本"。现存的《红楼梦》己卯本在第三十一回至四十回的总目页的书名下注："己卯冬月定本。""己卯"是乾隆二十四年。现存的己卯本是过录本（怡亲王弘晓府上的抄藏本），它的原底本则是己卯年冬天的定本。

乾隆二十五年，《红楼梦》前八十回又有一个新的"定本"。现存的《红楼梦》庚辰本，在第四十一回至五十回、第六十一回至七十回两册的总目页的书名下均注："庚辰秋月定本"；在第五十一回至六十回、第七十一回至八十回两册的总目页的书名下均注："庚辰秋定本"。"庚辰"是乾隆二十五年。现存的庚辰本是过录本，它的祖本则是庚辰年秋天的改定本。庚辰年离曹雪芹去世只有两三年时间，就目前所知《红楼梦》版本情况，这是曹雪芹生前最后一个改定本。至此，《红楼梦》前八十回基本写定，八十回以后亦写有初稿，只是没有"定本"。

从乾隆十年（1745年）左右曹雪芹开始写作《红楼梦》，经过"披阅十载、增删五次"，到乾隆十九年脂砚斋"抄阅再评"，乾隆二十一年有一次"对清"，再到乾隆二十四年"冬月定本"、乾隆二十五年（1760年）"秋月定本"，其演变轨迹约略可见。如果将甲戌本、己卯本、庚辰本三个本子的文字作些比较，可以看出作者修改的某些痕迹。就是仅仅从回目的修改来看，也很耐人寻味。从这些改动中不难看出，被改的回目或语意欠明（如"立新场情传幻境情"），或用词不够确切（如"收养林黛玉"），或词句显得生硬（如"金陵城起复贾雨村"），或与正文内容不相符合（如"叹英莲"的是周瑞家的，却作"周瑞叹英莲"），等等。经过改动后的回目，对仗工整，大都明白晓畅，且有十分传神之笔（如"黛玉半含酸"等）。这只是从甲戌本仅存的十六回回目中所见到的修改情况，至于甲戌本佚失的几十回回目在己卯、庚辰本中的修改情况，据此，便可推想而知了。《红楼梦》艺术上空前的成就和永久性魅力，与这种字斟句酌的辛苦的修改工作是分不开的。

　　曹雪芹将自己大半生的精力倾注在《红楼梦》的创作上。由于他的生活条件和写作条件太艰苦，由于他写得太精细、太费时日，也是由于他离开人世太早太急，以至于没有最后完成全书。

　　八十回以后，曹雪芹写了约三十回初稿，而且写到了最后一回《警幻情榜》。可惜这些书稿早在曹雪芹生前就开始被借阅者"迷失"了。庚辰本第二十回有一则署为"丁亥夏畸笏叟"的批语（括号内的文字为引者注）：

　　　　茜雪至《狱神庙》方是（原抄作"呈"）正文。袭……（"袭"字后原有脱漏）正文标目（原误抄作"昌"）"花袭人有始有终"。余只见有一次誊清时，与《狱神庙慰宝玉》等五、六稿被借阅者迷失。叹叹！

　　曹雪芹于乾隆二十七年十二月三十日（1763年2月12日）去世。甲戌本第一回有一则脂砚斋的眉批：

　　　　能解者方有辛酸之泪，哭成此书。壬午除夕，书未成，芹为泪尽而逝。
　　　　余尝哭芹，泪亦待尽。每意觅青埂峰再问石兄，奈（原抄作"余"）不遇癞头和尚何？怅怅！

　　"壬午年"为乾隆二十七年，除夕（十二月三十日）当公历1763年2月12日。雪芹去世以后，张宜泉在北京西郊雪芹故居写下《伤芹溪居士》：

　　　　谢草池边晓露香。怀人不见泪成行。
　　　　北风图冷魂难返，白雪歌残梦正长。

琴襄坏囊声漠漠，剑横破匣影铓铓。

多情再问藏修地，翠叠空山晚照凉。

《春柳堂诗稿》中这首诗的诗题下有张宜泉自注："其人素性放达，好饮，又善诗画。年未五旬而卒。"由此得知，曹雪芹去世时还不到五十岁。诗的颔联"北风图冷"是喻指曹雪芹绘画的精美。相传东汉刘褒画的《北风图》，令观赏者觉得寒气逼人。曹雪芹的绘画也具有这类特异的审美效果，可惜他过早地去世，魂魄再难返回了。"白雪歌"出自宋玉《对楚王问》，向来作为高雅作品的代称。这里是说，曹雪芹的"梦"还悠悠漫长的时候，却被迫停止了歌吟，停止了文学创作。曹雪芹的"梦"，就是他为之呕心沥血的"红楼"之"梦"。

曹雪芹生前，《红楼梦》前八十回抄本已悄悄流传。他去世以后，这些抄本更是不胫而走，辗转传抄。"好事者每传抄一部，置庙市中，昂其值得数十金。"然而，读者每以"无全璧"为憾。乾隆五十六年（1791年），程伟元将数年苦心搜集的不知何人所作的后四十回，与社会上传抄的前八十回"合成完璧"，并邀约高鹗共同予以整理，然后用木活字排印发行，这是《红楼梦》的第一个印刷本（程甲本）。初印后，程伟元、高鹗又进一步对全书"详加校阅、改订"，于乾隆五十七年再用木活字排印，这个改印本即所谓程乙本。

穷其一生为《聊斋》

《聊斋志异》是一部很神奇的小说，而《聊斋志异》作者本人的出生就带有几分神奇的色彩。明代崇祯十三年，公元1604年，农历四月十六日夜间，山东淄川蒲家庄的商人蒲磐做了一个奇怪的梦：他看到一个披着袈裟的和尚，瘦骨嶙峋的，病病歪歪的，走进了他妻子的内室，和尚裸露的胸前有一块铜钱大的膏药……蒲磐惊醒了。他听到婴儿在啼哭，原来是他的第三个儿子出生了。"抱儿洗褥上，月斜过南厢。"在月光的照耀下，蒲磐惊奇地发现，新生的三儿子胸前有一块清痣，这块痣的大小、位置，和他梦中所见那个病病歪歪的和尚的膏药完全相符。病和尚入室，这是蒲松龄四十岁的时候对自己出生的描写。我国古代作家很喜欢把自己的出生说得很神秘。大诗人李白说他是母亲梦到太白金星入怀而生，而蒲松龄是他的父亲梦到病和尚入室而生。他还解释，我一辈子这么不得志，这么穷困，很可能就是因为我是苦行僧转世。苦行僧转世，是蒲松龄在《聊斋自志》当中杜撰的故事，但是我们看蒲松龄的一生，确实很苦。他生活很贫苦，他始终在贫困线上挣扎，他为了温饱挖空心思；他一辈子用了几十年的时间参加科举考试，屡战屡败，屡败屡战，非常痛苦；他为了写《聊斋志异》，受了很多的苦。所以说蒲松龄三苦并存——生活苦，考试考得苦，写书写得苦。

蒲松龄年轻的时候，生活不是很苦，因为他的父亲弃儒经商，家里是小康之家。在父亲的保护下，年轻的蒲松龄可以安心读书，跟朋友们搞诗社。但是好日子没过多久，他分家了。蒲松龄的两个哥哥都是秀才，但是两个嫂子都是泼妇。蒲松龄曾经在他的书里面说过这样的话："家家床头，有个夜叉在。"他这两个嫂子真是典型的夜叉，为了一点儿鸡毛蒜皮的小事，经常把家里闹得鸡犬不宁。蒲松龄的父亲只好给儿子分家。分家又分得很不公平，因为这两个嫂嫂又能打又能叫又能抢，而蒲松龄的妻子刘氏非常贤惠，沉默寡言躲在一边。分家的结果是蒲松龄分到农场老屋三间，破得连门都没有，蒲松龄只好借了门板安上。他分到了二十亩薄田，二百四十斤粮食，只够吃三个月。这样，蒲松龄就要自谋生路了。他于是开始了长达四十五年之久的私塾教师生涯。

私塾教师就是乡村小学教师，而且是到私人家里教书，待遇非常低微。做私塾老师每年最多八两银子的工资。在当时的农村，一个四口之家维持一年的生活要二十两，这个账是《红楼梦》里刘姥姥算大观园的螃蟹宴时算出来的。所以说，蒲松龄辛辛苦苦教一年书，挣的钱不够大观园半顿螃蟹宴。到了三十岁以后，因为父亲去世了，蒲松龄还要赡养他的老母，他穷到"家徒四壁妇愁贫"。他有一首诗，叫《日中饭》，写到快收麦子的时候，家里没有粮食，只好煮了一锅稀饭。他那时候有三个儿子和一个女儿，大儿子一看煮好了稀饭，抢先把勺子抢到手里面，到锅底下找最稠的往自己的碗里边放；二儿子不干了，上去跟哥哥抢；蒲松龄的女儿就很可怜地、远远地站在那儿看着自己的父亲。蒲松龄非常心疼，我怎么样养活我这些可怜的孩子啊！蒲松龄还写了一篇文章叫《祭穷神文》。他说："穷神穷神，我和你有什么亲，你怎么整天寸步不离地跟着我，我就是你一个护院的家丁，我就是你护驾的将军，你也得放我几天假呀，但是你一步不放松，好像是两个缠热了的情人？"这就是蒲松龄的生活之苦。

蒲松龄一生不得志，他这个不得志恰好从少年得志开始。蒲松龄十九岁的时候，参加秀才考试，他在淄川县济南府山东省，三试第一，成了秀才。录取蒲松龄的是山东学政施闰章。施闰章是个大诗人，清初号称诗坛的"南施北宋"，"南施"就是安徽人施闰章，"北宋"是山东人宋琬。施闰章给山东秀才考试出的第一道考题叫《蚤起》，这个题目是从《孟子》"齐人有一妻一妾"来的。科举考试考八股文，要求你得揣摩圣贤语气，代圣贤立言。既然题目叫《蚤起》，顾名思义，你就要阐述孟子在《蚤起》里面所讲的那种修身齐家治国平天下的大道理。蒲松龄是这样写的："我曾经观察过那些追逐富贵的人，君子追求金榜题名，小人追求蝇头小利。至于那些本身并不富贵、但是经常迫不及待地守在富贵人家门前的，也大有人在。而对功名不感兴趣的，只有那些深闺的女子，她们才可以悠然自在地睡个懒觉，不去追名逐利。"蒲松龄的描写非常生动，像是一篇描写人情世态的小品文。接下来，蒲松龄走得更远，干脆虚构起来，他写齐人之妇如何夜里辗转反侧，琢磨着跟踪丈夫，其中有人物心理描写，也有人物独白和人物之间的对话，很像小说。这样的写法，当然不符合八股文的要求，但是蒲松龄遇到的考官是爱才如命的大文学家施闰章，他非常欣赏蒲松龄的文章，拿起笔来就写批语，说蒲松龄的文章"将一时富贵丑态毕露于二字之上"，把人们那种追名逐利的丑态通过"蚤起"这两个字写绝了，写活了。接着又写了八个字的评语："观书如月，运笔如风。""观书如月"，就是看前人的作品，看得明明白白、透透彻彻；"运笔如风"，就是写起文章来轻松愉快，非常流畅。施闰章大笔一挥，蒲松龄山东秀才第一名。县、府、道三试第一以后，蒲松龄名气很大。他踌躇满志、义无反顾地踏上了进一步求取功名的道路，下一步要考举人了。

史料记载，蒲松龄三试第一后，连续四次参加举人考试，全部落榜。蒲松龄文章写得这么好，为什么他还会四次落榜？因为蒲松龄并没有按照八股文那种严格的要求来写文章，施闰章因为爱才而把他录取为第一名。蒲松龄因此以为，这样写就能够取得更高的功名了。但是蒲松龄没有想到，其他的考官是些什么样的人。这些考官是拿着那种刻板的、腐朽的、毫无文采、绳捆索绑的八股文，当个敲门砖，取得了功名，他自己只会写这样的文章，他喜欢的也是这样的文章。像蒲松龄那种写法的文章，他怎么会欣赏呢？所以蒲松龄从考秀才一开始就偏离了跑道。

蒲松龄做了半个多世纪的秀才。秀才是科举考试当中最低的功名。但是秀才最辛苦，年年考试。根据朝廷制度，一个省的学政任期三年，学政一到，先把秀才组织起来考试，这叫岁试。岁试成绩分成几等，考到第一等可以成为廪生。廪生还是秀才，但朝廷每个月给你一定的钱，补助你的生活。但考到了一等并不一定就是廪生。因为廪生是有名额限制的，要等空了名额，才可以补廪。所以蒲松龄考中秀才之后，在一等考了很多次，差不多等了二十年，才成为廪生，朝廷才给他那点补助。秀才岁试以后第二年，要进行科考。科考就是给举人考试做准备。科考把秀才的成绩分成六等，考前两等可以参加举人考试，考后两等就得降成青衣。蒲松龄参加乡试，三年一次，考了十次左右。这样一来，蒲松龄有三十年的时间年年都考。他四十八岁那年，又参加考试。他觉得自己文章写得非常好，写得也很快，拿到考题"刷刷"就写下来了。但是写完后，回头一看，坏了坏了，越幅了。"越幅"是一个科举名词，就是违反了书写规则。科举考试对文字形式有非常严格的要求，一页只能写十二行，一行只能写二十五个字，而且得写完第一页写第二页，写完第二页写第三页。蒲松龄写得快，第一页写完，飞快一翻，把第二页翻过去了，写到第三页上了，这就隔了一幅。越幅，就不仅要取消资格，还得张榜公布。这次"越幅"，蒲松龄自己是什么感受呢？他在词中说："得意疾书，回头大错，此况何如，觉千瓢冷汗沾衣，一缕魂飞出舍"——吓呆了。

蒲松龄在科举这条路上拼搏到五十岁之后，他的妻子劝他说：算了，别考了，如果你命中注定有功名，连宰相都做上了，何必一定得去考呢？咱们在村里住着，不也挺好吗？何必一定得像县官一样去听那个打着板子催老百姓缴税的声音呢？蒲松龄觉得他妻子说得很有道理。就在他妻子劝了他之后，他还参加过考试，仍然失败了。

蒲松龄十九岁成为秀才，到七十二岁，成为贡生。贡生相当于举人副榜。贡生有几种，蒲松龄是"岁贡"，又叫"挨贡"。就是做廪生时间长了，排队挨号挨上了贡生。做了贡生以后理论上可以当官了，蒲松龄得到一个虚衔"儒学训导"。当时封建社会的学校分好几级，国家一级是国子监，省里面是府学，县里面是县学。这个儒学训导就是县学的副长官，相当于现在一个中学副校长了。但是蒲松龄这个儒学训导前还加了两个字"候补"。就是你虽然有这个资格，但是还得看山东省除了淄川县以外，其他县有没有空出名额来。对于七十二岁的蒲松龄来说，没有任何的价值了，贡生只是给他带来一点安慰，一点很实际的利益：朝廷要给贡生四两银子。而县官偏偏既不去给蒲松龄树匾、树旗，也不发给他银子。蒲松龄不得不一次一次写呈文、打报告去要。这就是蒲松龄在科举考试当中所受的痛苦。现在看觉得他非常可笑，非常可悲，非常可怜。但是在当时他只能求这么一条出路。因为科举制度是蒲松龄这样的穷知识分子改变命运的唯一的出路，所谓"朝为田舍郎，暮登天子堂"。

蒲松龄为什么总考不上？这和他一直在艰苦地写《聊斋志异》有关系。蒲松龄是山东淄川人。淄川离齐国故都临淄数十里，有很多优美的民间传说。蒲松龄五岁的时候，适逢改朝换代。满清入关，在扬州屠城，在山东镇压农民起义，也产生了很多稀奇事，这些都影响到《聊斋志异》。蒲松龄大概在分家以后，做私塾教师时，就开始写《聊斋志异》。他的好朋友张笃庆发现蒲松龄因为写《聊斋志异》影响到考举人，就写了一首诗劝他"聊斋且莫竟谈空"，别写小说了，专心去考试吧。但是蒲松龄不听，还是写，不管哪个朋友听到什么奇闻轶事，他都要了解一下，写到自己的作品里头。

传说蒲松龄为了写《聊斋志异》，在他的家乡柳泉旁边摆茶摊，请过路人讲故事，讲完了回家加工，就成了《聊斋志异》。无论此说确否，蒲松龄不管听到什么人说，听到什么稀奇的事，他都收集来写小说，这是肯定的。他还有一个取材途径，就是到古人的书里边找素材。《聊斋志异》里大概有一百篇小说，就是改写自前人作品。前人作品有时候记得非常简单。比如说，在六朝小说和唐传奇当中，记了三个小故事，叫《纸月》、《取月》、《留月》。是讲有一个人，能够剪个纸的月亮照明；另一个人取月，能够把月亮拿下来放在自己怀里，没有月亮的时候照照；第三个人留月，把月光放在自己的篮子里边，黑天的时候拿出来照照。都很简单，一百来个字，几十个字。蒲松龄拿来写了《崂山道士》。这是大家很熟悉的聊斋故事。

　　蒲松龄的妻子非常贤惠。蒲松龄外出给人当家庭教师的时候，他妻子在家里上养老，下育小，住在荒凉的农场老屋里面。夜里狼都可能跑进院子里，她就整夜不睡觉在那儿纺线。如果有一点好吃的，给蒲松龄留着，有时留的时间长了，都坏了。这么好的一个妻子，但是个柴米油盐的妻子、糟糠之妻。蒲松龄白天教完了学生，晚上自己坐在那个荒凉的书斋里，外面是月色蒙眬，树叶在那儿哗啦哗啦响，远处传来狐狸的叫声，那个时候狐狸很多。这时候蒲松龄就很容易产生幻想了。他就想象有一个书生，就和他一样，是一个很穷困很不得志的，但是又很有才华，情感很丰富的书生，坐在一个荒斋里面，这个时候有个美女推门而入。你在这儿读书吗？我和你一块儿读书，我和你一块儿写诗、填词，我跟你下围棋，我安慰你这个贫困、寂寞当中的书生。你需要功名吗？我帮助你金榜题名。你家里老婆不是不生孩子吗？我给你生个传宗接代的孩子。而且这个女子不需要父母之命，不需要媒妁之言，不要妻子的名分，也不要这个书生的金钱，甚至还倒过来给你钱。在蒲松龄生活的那个社会，男女结合那是要经父母之命媒妁之言的，像这个什么都不要的，对男人无条件奉献的女人有吗？不可能有。她只能是脑子里想出来的，只能是作者的想象。她是从天上掉下来的，她是从海底浮出来的，她是从深山洞府钻过来的，她甚至是从阴曹地府里冲出来的；她可能是小鸟变的，她可能是鲜花变的，甚至可以是书本里的。书生不是在那儿看书吗？从书架上搬下一本《汉书》摆在这儿，翻开第八卷，里边夹着一个小美人，纱帛剪的，背后写了四个小字："天上织女"。突然，这个纱剪的小美人，折腰而起，飘然而下，来给书生当妻子，长得花容月貌，善解人意，向书生自我介绍，我叫颜如玉。《汉书》出来的颜如玉，这真是"书中自有颜如玉"。

弗洛伊德说："梦是愿望的达成。"《聊斋志异》里面这些花妖狐魅变成的美女就是穷秀才蒲松龄的白日梦。他做这种梦，就是表达那种一厢情愿的男性的幻想，穷秀才的幻想。雨果曾经说过："想象是伟大的潜水者。"一个作家，一个小说家能写出引人入胜的作品，虽然要有一定的生活基础，但是更要靠他的想象。蒲松龄虽然那样贫困，那样不得志，他也写了和自己生平有关的一些东西，但是他特别善于想象，《聊斋志异》就是一个作家天才的想象才能和艺术才能的集中表现。

蒲松龄就这样苦了一辈子，就这样在贫困线上挣扎了一辈子，在科举考试的路上落魄了一辈子，在写小说的路上奋斗了一辈子。到了康熙五十四年，正月二十二日酉时，这位大作家坐在他清冷的聊斋的窗前永远地离开了人世。蒲松龄这个穷秀才出将入相飞黄腾达梦想终于成为泡影，而用中国优秀的文化哺育起来的，又成为中国文化在世界上的代表的《聊斋志异》却光芒四射。历史是公正的。

"读书破万卷，下笔如有神。"蒲松龄以人神之笔"写鬼写妖高人一等，刺贪刺虐入骨三分"，又岂是无源之水、无本之木？蒲松龄的精神与古代文化传统血肉相连，息息相通。书籍是传统文化的主要载体。蒲松龄格外重视读书，曾称："天地间第一人品还是读书。"其中魏晋南北朝的书就是蒲松龄爱读和熟读的书籍。由蒲松龄诗文小说中所涉及到的魏晋南北朝时期的著名人物，就可以推测他的精神与魏晋风流是如何的千丝万缕地联系在一起。这些人物有曹操、关羽、孔融、祢衡、蔡琰、刘桢、曹丕、曹植、甄氏、王粲、孙登、阮籍、嵇康、刘伶、向秀、张华、裴逸民、王敦、石崇、陈寿、鲁褒、韩寿、陆机、陆云、潘岳、左思、苏若兰、荀聚、桓温、陶侃、卫玠、王济、温峤、孙楚、孟嘉、支遁、干宝、王羲之、谢安、孙绰、谢道韫、谢鲲、王献之、王徽之、慧远、王弘、陶渊明、谢灵运、鲍照、刘义庆、谢朓、沈约、江淹、孔稚圭、吴均、谢超宗、杨衒之、庾信等。他们当中既有建安风流人物，又有竹林放达名士；既有西晋清英，又有东晋名流；既有权臣豪杰，又有闺中才女；既有文人雅士，又有玄佛高僧，可谓将魏晋（南北朝）风流人物囊括殆尽。

蒲松龄念念不忘"病瘠瞿昙"转世的奇梦，用"少嬴多病，长命不犹。门庭之栖寂，则冷淡如僧；笔墨之耕耘，则萧条似钵"的坎坷寂寞的人生体验，来印证"面壁人果吾前身"。蒲松龄没有南北朝佛陀雕像显示得那么洒脱，但他的"病瘠瞿昙"情结与南北朝"美的最高标准"中"清嬴示病之容"何其相似！美是人的本质力量合乎规律的显现，蒲松龄的"病瘠瞿昙"情结隐含着他与魏晋风流间深层而隐秘的潜意识联系。而事实上，蒲松龄对于"越名教而任自然"的精神有深刻的体会和创造性的发展。

蒲松龄一生简直就是痴心不改的一生。科举考试坚持考了一辈子，《聊斋志异》坚持写了一辈子，前者主要代表对功名的追求，后者主要代表对事业的执著。尽管有妻子劝他"山林自有乐地，何必以肉鼓吹为快哉"？尽管有朋友劝他"稍以敛才攻苦"、"聊斋且莫竟谈空"，他本人也明白劝他的人的苦心，但很难从自我的"痴心"中自拔出来。蒲松龄更为痴心的是对真善美理想的执著，对于做人，他坚持心地的纯洁和真诚，认为"洁己方能不失己"，"勿以妄心践真心"。而对于社会，他憎恶世道黑暗，鞭挞不遗余力，向往公正与合理的社会秩序。认真做人处世，关注社会民生，一时做到并不奇，奇的是终生持志不移，激情不减。蒲松龄就具有这种精诚如一的"痴心"。蒲松龄深得痴中三昧，他动情地说："性痴则志凝，故书痴者文必工，艺痴者技必良。世之落拓而无成者，皆自谓不痴者也。"众痴之中，"痴于情"是蒲松龄人格构成之中最深层的基础。蒲松龄"痴于情"，表现在生活中，即是对友情、恋情、夫妻情、兄弟情、父子情等人伦情感的执著：

> 恨无奇术能招影，可有新诗续悼亡。
>
> 何人作赋怀王粲，此日登临忆孟嘉。
>
> 始知信有关情处，奉倩当年未是痴。

蒲松龄对魏晋人痴情的吟咏和叹息心有灵犀，频繁地借来抒发自己的伤逝之情等真挚情思。

蒲松龄的"痴情"灌注到《聊斋志异》的创作中，就产生了带有作者本人性情特质的不朽的人物形象。可以说痴男痴女形象是《聊斋志异》中最为可爱和刻画得最为成功的形象中的一类。如被蒲松龄爱称为"我婴宁"的婴宁即是。婴宁的性格特点，人们往往迷惑于她的爱笑，而忽略她的绝痴。在别人眼中，婴宁是痴女，王子服的母亲说婴宁"此女亦太憨"。"憨"即是"痴"。同样是痴情难匹的男主人公王子服也"恨其痴"。婴宁的"痴"与她的绝顶聪慧和对世俗尘染的一无所知紧密相联，这是一个只适合生存于理想真空的可爱的"痴女"形象，所以当世俗利害无情地强加于她之后，便"矢不复笑"。爱笑的性格特点消失了，而永不再笑却保持了"痴"的一贯性。王子服为了婴宁而生相思病，迷于相思至于相信吴生的谎言，已经可以称为"痴男"了，孰料还有痴于王子服的，他就是《阿宝》中的孙子楚。孙子楚痴于情色，世无其双，为了梦寐以求的阿宝，将阿宝的戏言当成真理　"以斧自断其指"，直至魂不守舍，变为阿宝喂养的一只鹦鹉。变为鹦鹉犹不尽痴，鹦鹉亦能衔走爱情信物，返魂为人。另一个痴男形象非郎玉柱莫属了。《书痴》中塑造的这位书痴是一个被封建读书观念严重"痴化"的人物形象。但与《儒林外史》中的迂腐读书人不同，郎玉柱有"傻得可爱"的一面。这一面也是所有痴男痴女共有的积极的性格特点，那就是真诚无伪、持志如一，绝少受到世俗人情的污染。这类艺术形象还有以身殉石的"石痴"邢云飞，为知己而粉身碎骨的石清虚，癖嗜于琴的温如春，"少喜琴筝"而死犹痴嗜的宦娘，一考不中，"冥然遂死"的蠹鱼询九，"惟有痴情可献知己"的贺生和瑞云，"父子良缘，皆以梦成"的王桂庵和王孙，等等。他们的痴心都是超拔于世俗之上的绝对纯真，而这是最具有历史穿透力的人性。蒲松龄栩栩如生地刻画了富有这种人性美的痴男痴女。这种拔俗的痴情痴性与魏晋风流在根本上一脉相承。孙子楚的名字很得益于东晋名士孙楚（字子荆），孙楚为死去的朋友学驴鸣，受到吊客的嘲笑，他不怕他人的愤怒，举头相讥说："使君辈存，令此人死！"孙子楚的超俗之痴很容易让人联想到孙楚的拔俗举动。而其他魏晋之人痴绝拔俗的逸事就更加不胜枚举了。如嵇康的锻铁嘲客、王羲之的袒腹东床、陶渊明的醉酒遣客等等。蒲松龄对拔俗的痴情的赞扬和发展可谓得了魏晋风流的真传了。

蒲松龄还体味和发展了"越名教而任自然"的自我层面的"狂"，使"狂"具有了审美的浓厚意味，并塑造了一系列狂生形象，肯定了越出名教的爱情与行为。

"狂"首先是对自我才能高度自信的表现，蒲松龄常常自称"狂生"，自诩"千古文章赖我曹"。这种自信是从小就树立起来的，蒲松龄"天性颖慧，经史皆过目辄了"，得到长辈的钟爱。十九岁时，他以县、府、道试为第一，得到当时文章宗师施闰章的赏誉，"名籍籍诸生间"。施闰章的赏誉对蒲松龄影响甚大，后来，他在《折狱》小说中还深情地回忆此事。可以说施闰章等师友亲朋的称誉奠定了蒲松龄高度自信的基础。因此，在科举考试中，他虽然屡战屡败，未免垂头丧气，但仍然昂昂自信，不少屈挠，决不认为是自己文章写得不好，而是由于试官昏聩，世道黑暗，命运作怪。

蒲松龄的"狂"如果是目空一切，自以为是，那么也无足称道。蒲松龄的狂乃是"狂于世"，即以高扬的自我精神傲视不合理的一切世态人情。他的狂是不合理的黑暗现实激发出来的。如果说自信是内因，是干柴，那么现实就是外因，是火种，干柴遇到火种就爆发出烈烈不已的狂火怒焰。因此蒲松龄说："遍阅人情始识疏狂足贵。"面对鬼脸逢迎的世道，蒲松龄突破了中庸之道，采取了进取的"狂"态。蒲松龄的"狂"在精神上是多源的，从庄子、李白、苏东坡等人那儿都可以找到影子，他的诗文也多次引他们为同道。但最足以令聊斋先生动容的还是以阮籍为代表的魏晋风流之"狂"，正是这种"狂"契合了蒲松龄终生难以释怀的孤愤之情：

歧路惆怅将焉往，痛哭遥追阮嗣宗。
疏懒嵇叔夜，佯狂阮嗣宗。
潦倒年年愧不才，春风披拂冻云开。
穷途已尽行焉往？青眼忽逢涕欲来。

在上引诸例中，蒲松龄表现狂愤之情涉及到魏晋时期的阮籍、陶渊明等人物的典故，而阮籍最得蒲松龄青睐。阮籍身上有许多"狂"的生动典故，如途穷而哭、醉卧酒家少妇旁、善为青白眼等都是《世说新语》和《晋书·阮籍传》中记载的，也是被历代文人吟咏所用的熟典。这些典故中所给予蒲松龄的，不仅仅是"狂"态中的惊世骇俗的举动，更多的是"狂"态背后的痛苦与愤懑。阮籍本有济世之志，生逢天下多故，壮志不伸，为了明哲保身，不得不违心做事。有才如阮籍者，其悲愤之情可想而知，他的种种佯狂怪诞行为都可以从找不到人生出路的痛苦中作出解释。"骥老伏枥壮心死……坟起五岳填满胸。"可以说阮籍身上那股悲愤无告与狂放不羁拧合而成的郁郁不平之气，深深感动了一生潦倒、困顿场屋的蒲松龄。世俗人情"颠倒青白眼"，而蒲松龄一生执著的却是阮籍那种不与流俗妥协、流露真性情的"青白眼"，也难怪他对世事"狂老为愤激"了。他"自笑癫狂与世违"，竟与大佛开玩笑说"我辈自狂君莫讶"。他虽然似乎后悔年轻时"多为狂拙误"，年老了"渐添白雪狂怀减"，但仍然自诩"落拓癫狂在"。自称"弟素不达时务，惟思世无知己，则顿足欲骂，感于民情，则怆恻欲泣，利与害非所计及也"。他狂的是世道，世道如何？"花面逢迎，世情如鬼。嗜痴之癖，举世一辙。"蒲松龄耿耿一生，世道有多黑，他便有多狂，"魔高一尺，道高一丈"，"狂"的姿态永远高昂着俯临黑暗的世道！

阮籍狂兴淋漓，临广武涧而叹世无英雄，登苏门山而啸声如风。阮籍诗旨遥深，境界宏放，创造了顶天立地的"大人"形象。蒲松龄的狂愤之情借助美的形式表现出来时，就是狂兴。狂兴的直接抒发在现实中往往借助狂歌、饮酒、大笑、大叫、游览等等。蒲松龄"磊落平生，癫狂意致"，把一腔孤愤难耐之情、一股郁郁不平之气都寄寓到作品中，其作品往往起于狂兴，而狂愤之情，不可遏抑。这形成蒲松龄许多文学作品的一大特点。

当蒲松龄把这种狂情、狂兴寄寓到小说中时，《聊斋志异》便产生了"狂生"这一类富于艺术魅力的文学形象。对于《聊斋志异》中的人物形象，人们往往青睐于花妖鬼狐变幻的女性形象，而实际上，其中的男性形象"狂生"也可以分其秋色。《聊斋志异》最为生动和富有活力的艺术形象中的一类就是"狂生"和带有狂态的男性形象。刻画得比较成功的有耿去病、朱尔旦、张于旦、展先生、秦生、戚生、安幼舆、狂生、霍桓、宋生、席方平等。他们的性格往往"狂放不羁"，行为不囿常规。尤其是对待爱情的态度，"狂生"们大胆狂放，超越礼法，表现出积极追求的勇敢姿态。如耿去病对待青凤先是"瞻顾女郎，停睇不转"，继而"隐摄莲钩"，最后至于"神志飞扬，不能自主"，拍案狂言；安幼舆在花姑子父亲的眼皮底下"注目情动"，得寸进尺，至于"暴起要遮"；霍桓为了爱情居然敢对老丈人"作色"动怒；戚生不畏女郎为鬼，要

"强解裙襦";狂生欲平交刺史,惹怒被逐;宋生恃才傲世,坎坷场屋;朱尔旦不畏神明;酒兴不减刘伶的秦生甘饮毒酒……所为虽有不同,但狂态一致,都表现出对礼法规范的超越性格。

蒲松龄体味了"越名教而任自然"超我层面的旷达自然,为其理想的境界加入了和谐浪漫、平凡而又超凡的爱情因素。"鹤映雪夜霜天,想见屈大夫醒时之激烈;鸥眠春风暖日,会知陶处士醉里之风流。""狂"与"痴"往往密切相联,《聊斋自序》云:"遄飞逸兴,狂固难辞;永托旷怀,痴且不讳。"将兀傲自高的"狂"和精诚专一的"痴"两者并举,就是因为它们都属于"进取"的性情状态,都具有执著情事而不能自拔的特点。但它们仍然无奈命何,无法从根本上消解人生的矛盾和情绪的动荡,无法让生命自然和谐地流淌。因此,蒲松龄并不总是沉浸在"狂"与"痴"的情绪状态中。他常常将狂与痴当中过于入世的"情"淡化或者抽掉,让生命进入淡泊的放旷境界。如果说狂是利剑,痴是意志,那么"旷"就是用剑克服艰难险阻之后要营建的桃源。

放旷的精神渊源也是多方面的。有先秦的老庄,有东晋后的佛禅,也有历代文人雅士的人生实践。魏晋时代以陶渊明为代表的一代名士的旷达风度就深深影响了蒲松龄。在现实交往中,蒲松龄往往借助魏晋名士传达脱俗旷怀,在他的书信和婚启类实用文中,频频程式化地用到魏晋名士的典故,如以王谢子弟褒称对方子女,以陶潜之子谦称己子等。在用诗词表达对于理想田园生活的向往时,蒲松龄俨然陶渊明再世,其《齐天乐·山居乐》云:"三杯酩酊醉去,又却教花上鸣禽唤起。携子看禾,抱孙扑枣,日日蓬头拖履。此乡乐矣,恨闲处无人,短布独倚。欲载妻孥,僦居彭泽里。"蒲松龄"穷途返后名心死",狂态和痴心暂时在人生反思中变得淡泊而萧然,并遥遥地从陶渊明那儿获取精神家园的花草树木。蒲松龄在《清韵居记》中说:"清不必离尘绝俗也,一无染著即为清;韵不必操缦安弦也,饶有余致则为韵。陶元亮不屑以五斗米折腰,清矣;而蓄无弦琴一张，宁遂不韵乎？"他从陶渊明身上吸取到的正是不受俗染、饶有雅趣的清韵风度。清韵正是蒲松龄所解读的一种理想的审美人生。

不同于陶渊明的是，蒲松龄为他的审美人生中大胆地加入了浪漫的爱情因素。魏晋时期有两个影响深远的桃源：一个是陶渊明的《桃花源记》中的桃源，里面充满天伦之乐，而爱情隐约幕后；一个是刘义庆《幽明录·刘晨阮肇》中的桃源，里面是爱情的仙国，天伦之乐隐约幕后。在后世流传的过程之中，这两个桃源渐渐合流，蒲松龄在他的桃源型故事中把《桃花源记》中平凡的天伦之乐和《幽明录》中浪漫的爱情奇遇水乳交融地统一在了一起。其中最为成功和动人的就是《翩翩》。在《翩翩》中，既有凡人罗子浮与仙女翩翩的浪漫爱情故事，又有翩翩和女友的谈笑风生以及翩翩戏儿而歌的天伦之乐，而其中奇异而富于生活情趣的细节描写更是深得平淡自然和真醇隽永的意趣。如翩翩掇拾白云为絮、蕉叶为布为罗子浮剪裁衣裳，所用材料甚为奇异，而为人缝衣却甚为平凡，奇异与平凡妙合无间，在精神上实在得陶渊明《桃花源记》的精髓。而描写的细致生动、情节的曲折多变和形象的丰满又超越了《桃花源记》和《刘晨阮肇》。此外如《巩仙》、《贾奉雉》、《粉蝶》等也体现了蒲松龄的桃源情结。蒲松龄在他的诗词中不止一次用到桃源典故，或者喻写风景，或者吟咏情爱，都寄寓理想的因素。桃源中的生命是自由自足的，他们摆脱了人世的矛盾和苦恼，却有人世的生活和欢乐，人们尽可以自然无伪地任凭生命之树春华秋实，随风摇曳，生活是如此超凡而又平凡，它达到了魏晋风流的自然状态。

有人在论到《聊斋志异》和古籍典故的关系时，曾以"酿得蜜成花不见"称誉蒲松龄熔铸古人典故语词的本领之高。从"古语直引"、"濯去旧见，化为己言"和"滥觞于古籍的行文"三个方面论析了蒲松龄是如何汲取古籍营养的。一是蒲松龄善于窥旧意象而运斤以斫成新意象，即将人物形象遗形取神和脱胎换骨。遗形取神就是用魏晋人物敷衍成新故事。二是蒲松龄还善于在魏晋艺术母体上养育出崭新的宁馨儿，母子貌似而实为异体。《聊斋志异》在艺术上最大的一个特点就是"出于幻域，顿入人间"、"偶见鹘突，知复非人"。这与桃源故事不知不觉地"进入仙境——走出仙境——迷失仙境"的模式很相似，只是《聊斋志异》将此模式普遍化了、复杂化了。三是蒲松龄对魏晋风流的艺术借鉴也是继承中有创新，其借鉴大多如盐溶水中，无迹可求，与自己创造的艺术世界构成有机的整体，而且如花酿成蜜，壳蜕成蝉，已经完全化为新质，洋溢着鲜活的个性风采。

德艺双馨的国粹大师梅兰芳

中国京剧旦角第一派——"梅派"的鼻祖梅兰芳，是闻名中外的表演艺术大师，在他五十多年的舞台生涯中，共排演四百多出京戏，塑造了许多艺术形象，为繁荣发展祖国的京剧艺术和国际文化交流作出了卓越的贡献。

1915年，美国人在华北创办的几所学校的俱乐部联合召开会议，讨论联欢会的议程，会上推荐了中国京剧。不久，梅兰芳被邀演出新剧《嫦娥奔月》，观看演出的有美国驻华大使芮恩施。他看后被梅兰芳的袅娜靓美的几十种舞姿深深吸引，一再称赞梅兰芳的表演细腻动人，表示一定要去梅宅登门拜访。

此消息不胫而走，美国驻菲律宾总督闻讯后，打电报给美国驻华大使馆，提出要来北京看梅剧，英国安南总督也要求来北京看梅剧，于是外交部邀请他们前来观看，并设宴招待。后来印度大诗人泰戈尔闻之，也来北京看了京剧。这样中国京剧开始向世界进军，而第一个邀请国家是日本。1919年，梅兰芳和高庆奎、姚玉芙等一行二十余人，东渡扶桑，在日本演出了《嫦娥奔月》等剧，受到空前好评。后来分别在1924年和1956年，梅兰芳又两次率团赴日本演出。

1925年，美国组织了一个访华旅行团来中国考察梅兰芳艺术，看后他们被京剧高超的艺术所打动，回国后到处宣传中国京剧。从此，愈来愈多的欧美人对中国京剧发生了兴趣。

1926年，意大利大使维多里奥·赛鲁蒂的夫人，偕同美国、西班牙、瑞典三国大使及其夫人、子女等十八人，在北京梅宅畅谈京剧艺术两个多小时。谈论中，美驻华大使约翰·麦克慕雷提出，希望梅兰芳去美国演出，让美国人一饱眼福，并表示愿在这方面尽力协助。梅兰芳答应了这一要求，也表示需要作些准备。

梅兰芳对出访美国演出十分兴奋，但他担心古老京剧词曲不是西方人所能聆悉，于是日夜思虑，最后确认，只有用五线谱录出，才能使京剧艺术为世界所接受。经人介绍，他请通晓中西音乐且学养深厚的国乐大师刘天华译成初稿。刘天华根据梅兰芳琴师和笛师提供的各戏唱腔的工尺初稿，用三四个月的时间将梅赴美拟演的十九出京、昆剧目，包括《贵妃醉酒》、《天女散花》、《霸王别姬》、《嫦娥奔月》、《木兰从军》、《洛神》等五十三个京剧唱段和四十一个昆曲唱段，一一翻译成世界通行的五线谱。根据外国人认为中国京剧、昆曲都属于歌剧的观点，命名为《梅兰芳歌曲谱》。这在当时算得上是梨园的一道绝佳的风景线。

1929年冬，梅兰芳正式得到赴美演出的邀请。经过行前准备，梅兰芳于1930年2月8日率领中国京剧团二十一人，从上海登轮，首次漂洋过海，访问美国。访问演出团第一站是美国大都会纽约，在百老汇大剧院公演了三周，举城轰动，美国总统威尔逊夫人也临场观看。

梅兰芳在美演出十分成功，带去的《梅兰芳歌曲谱》很快被抢购一空，远远供不应求，许多未买到曲谱的听众都感到十分遗憾。梅兰芳嗓音清亮、柔美，给人以回肠荡气、绕梁不绝之感，唱到激越处，使人感觉窗上玻璃都为之微微颤动，获得观众的普遍好评。为此，美国洛杉矶加利福尼亚大学和玻摩拿学院，分别授予梅兰芳"文学博士"学位。经过在美国历时半年之旅，他把深蕴东方文化传统的京剧介绍给新大陆，成功地完成了一次极有利于中美两国人民亲善外交的活动。

1935年春，梅兰芳应邀率团访问苏联。他随带了齐如山撰写的《梅兰芳艺术一斑》。此书分为"京剧的发声与动作"、"梅兰芳的发声与动作"、"演员全身的各种姿态"、"手指姿势专论"等四章，还有许多附图。

　　苏联文化协会、外交人民委员会和戏剧家协会联合组成了接待委员会，成员包括苏联各派艺术大师斯坦尼斯拉夫斯基、聂米罗维奇、爱森斯坦、特烈杰亚柯夫等。当梅兰芳一行于3月12日到达莫斯科后，他们举行了欢迎宴会，发表了热情洋溢的欢迎词。3月23日首演，在莫斯科和列宁格勒共演三周，演出剧目有《宇宙锋》、《打渔杀家》、《贵妃醉酒》等，还有一些京戏里的"拂尘舞"、"袖舞"、"双剑舞"等。在莫斯科演出的最后一场，斯大林、高尔基都前来观看，兴致勃勃地与观众一道热烈鼓掌。

　　在苏联访问演出期间，苏联对外文化协会举行了纪念梅兰芳旅行演出的座谈会，出席座谈会的有俄罗斯所有著名导演，有苏联各派的艺术大师，他们纷纷发表观感，对梅兰芳的精彩表演给予极高的评价。梅兰芳最后发言，对艺术家的褒奖表示衷心感谢，并表示："今后我将根据在莫斯科的所见所闻和大家的期望，在京剧表演上进行新的创造和新的发挥。"

　　在苏联历时三周的访问演出结束后，梅兰芳于4月13日送走剧团先期回国的其他成员，便取道巴黎、柏林、伦敦、威尼斯，沿途考察了欧洲的戏剧，对西方的油画、雕塑、歌剧、交响乐等各门艺术作了深入研究，同卓别林、萧伯纳等大家名流建立了深厚的友情，还带回许多外国朋友赠送的原版西洋唱片。梅兰芳回到祖国后，更热心中华国粹的研究，把京剧旦角艺术推向了巅峰。

　　梅兰芳在八年抗战期间，隐居上海，蓄须拒演，以此向日伪的邪恶统治抗争，民族气节凛然，为世人所敬仰。他在成名以后颇为富有，可从来不乱花钱，保持节约俭朴，而遇到需要救济的人，则从来都是慷慨帮助。他性情温和，待人接物总是与人为善。

新中国成立后，梅兰芳历任中国京剧院院长、中国戏曲研究院院长、中国文学艺术联合会副主席、中国戏剧家协会副主席。梅兰芳率剧团在上海演出时，时任上海市长的陈毅同他促膝长谈，希望他做一名"党员艺术家"，他听后十分感动。回到北京，周恩来亲切地对他说："你应该入党了，党需要人民艺术家，我表示个人的态度吧，我愿意做你的入党介绍人。"梅兰芳谦虚地说："总理，我还做得很不够。我们当演员的，生活上有些散漫，要不断地改正呢。"周恩来笑着握住他的手说："生活方面的事尚属小节，主要是看一个人的政治品质。"这席话，使梅兰芳大受鼓舞。

1959年初春，连续十多个夜晚，他伏案撰写《入党申请书》和思想汇报材料。他写道："本人已过花甲之年，却时刻自问：我为什么要申请入党？其实早在建国初期，我就在心中立誓，要为建设新中国努力工作，也就是要为共产主义事业奋斗终生。同时，我由衷感激周恩来、陈毅、周扬等同志对我在政治上的亲切关怀。"党组织将他的《入党申请书》立即打印几十份，分发有关党员同志审阅。1959年7月1日，梅兰芳参加了入党宣誓大会。《人民日报》立即在头版报道了梅兰芳入党的消息。毛泽东闻讯，当即派秘书给国务院机关党委打电话并转告文化部党委，向梅兰芳致以热烈祝贺，同时嘱咐梅兰芳要以一名普通党员的姿态出现，不要特殊化。梅兰芳当即表示："永远铭记毛主席的教诲。"

1961年5月31日，梅兰芳应中国科学院院长郭沫若之邀，抱病率剧团到西郊中关村为科学家们演出《穆桂英挂帅》，这是受到毛泽东赞扬的大戏。梅兰芳带着病痛为科学家们作了精彩表演，使许多知名的老中青专家学者们看后心驰神往，如痴似醉，场内爆发出一阵又一阵雷鸣般的掌声。郭沫若在台后紧紧握住梅兰芳的手，赞叹说："唉，中关村的礼堂实在太小了，可你在台上的表演，却使这小小礼堂变成了无限广阔的宇宙。在这儿真是充满了快乐，充满了肃静，充满了自豪，充满了生命，充满了美感，科学家们的热烈掌声，简直要把中关村的礼堂震破了啊！"

1961年7月，梅兰芳终因病情严重，难以支持，住进了医院，经医生诊断为突发性心脏病。梅兰芳在重病弥留之际，依然念念不忘为之奋斗终生的戏曲事业，念念不忘京剧艺术的发扬光大。8月8日，梅兰芳病情突然加重，溘然去世，年仅六十七岁。

作为大师级的戏剧艺术家，梅兰芳的情感生活也受世人注目。

梅兰芳娶的第一位妻子叫王明华，与他可谓门当户对。她出生于一个京剧家庭，父亲王顺福工花旦，胞兄王毓楼是著名的武生。王明华刚嫁过来时，梅家还不富裕，她毫无嫌贫之意，而是尽心尽力操持家务。王明华与梅兰芳十分恩爱，结婚的第二年就生了个儿子，取名大永；隔了一年又生了个女儿，唤作五十。儿子女儿都很乖巧。那时梅兰芳每当散戏回家，总是一边与媳妇说起演出的情况，一边与儿女嬉戏，沉醉在天伦之乐中。

王明华不仅在生活上妥帖照料梅兰芳，甚至于在他的事业上也能给他很多有益的建议。为了长伴在梅兰芳身边，王明华在与梅兰芳生了一双儿女之后，一时考虑不周，贸然做了绝育手术，却不料过后大永和五十两个孩子却因为当时的医疗条件太差而相继夭折了。从此，梅兰芳每晚散戏回家，再也听不见两个孩子欢快的笑声，心中的伤痛是难以言表的，但他看到妻子因怀念儿女形容憔悴不思饮食，整日里卧床叹息萎靡不振，他又不得不强打精神，掩盖起自己的悲伤，反过来安慰妻子。夫妻俩就是这样互相安慰着支撑着度过了那些悲苦的日子。

梅兰芳的第二个妻子名福芝芳。福芝芳生在北京的一个旗人家庭，父亲去世很早，与母亲相依为命。福母福苏思以削卖牙签等小手艺维持生活，当她听说梅兰芳已有一个妻子，便道：我家虽然贫寒，但我女儿不做姨太太。梅家得到回话后急忙商议，再至福家禀报：说明梅兰芳是兼桃两房，福芝芳入门后，梅家将把她与前边那位太太等同看待，不分大小。如此一番周折，福母这才允诺了这门亲事。1921 年冬，梅兰芳与福芝芳结为秦晋之好。

王明华原知梅兰芳对梅家香火所负责任，只是深悔自己当时的冒失及叹息命运的作弄，并不反对梅兰芳与福芝芳的婚事，更没对梅兰芳抱有怨言。她也知道梅兰芳是有情有义之人，不会嫌弃她，因此对福芝芳也很友善，两人相处得颇为融洽。细心的梅兰芳很是洞察王明华的复杂心理，为不使她难过，新婚之夜，他先在王明华的房里陪着说了些话，而后说："你歇着，我过去了。"王明华本就是个通情达理的人，又见梅兰芳如此体察她的心情，自然很是感激，便道："你快去吧，别让人等着。"

福芝芳对王明华很尊重，当她生下大儿子后，立即提议过继给王明华，还亲自把儿子抱给王明华。王明华给婴儿缝了顶小帽子，又将孩子送回给福芝芳，她对福芝芳说："我身体不好，还请妹妹多费心，照顾好梅家后代。"王明华因肺病久治不愈，身体很弱。后来为养病，她独自去了天津，最终病逝于天津。当福芝芳得悉后，叫儿子赴津迎回其灵柩，将她葬于北京香山碧云寺北麓万花山。

1926 年，也就是梅福结婚五年后，又一个女人介入了梅兰芳的感情生活，她便是唱老生的孟小冬。

孟小冬虽然比梅兰芳出生晚了十三年，但她风头很健，尤其是 1925 年她参加北京第一舞台举办的盛大义务戏，与裘桂仙唱《上天台》之后，声名更是了得。说她"名满京华"，绝非过誉之辞。

梅孟之恋终归于无果，个中缘由众说纷纭，最富戏剧性色彩的当属收录在《京剧见闻录》中的一篇文章，据说作者曾与梅兰芳交谊深厚，文中这样写道："当时梅跟孟小冬恋爱上了，许多人都认为非常理想，但梅太太福芝芳不同意，跟梅共事的朋友们亦不同意。后来梅的祖老太太去世，孟小冬要回来戴孝，结果办不到，小冬觉得非常丢脸，从此不愿再见梅。有一天夜里，正下大雨，梅赶到小冬家，小冬竟不肯开门，梅在雨中站立了一夜，才怅然离去。所以梅孟二人断绝来往，主动在孟。"又有人说两人分手是因为震惊京城的一桩"血案"——富家子弟王惟琛因为单恋孟小冬，认为是梅兰芳抢了他的心上人，于是有天持枪到梅家论短长，混乱中将做客梅家的《大陆晚报》的经理张汉举打死，他自己也随即被赶来的军警击毙。还有一个说法是梅兰芳在访美期间，孟小冬不耐寂寞，又生出新的恋情。梅兰芳得知后，斩断了情丝。

毛泽东钟爱京剧，解放后，他几乎看遍了登台演出的京剧名角。1953年3月，梅兰芳参加第三次赴朝慰问团演出结束后回京，在怀仁堂的一次招待晚会上演出昆曲《游园惊梦》。毛泽东为了看好这场戏，提前三天派秘书钟灵到梅家去借阅汤显祖的原著《牡丹亭》。钟灵说明来意后，梅兰芳说："《牡丹亭》传奇故事经过几百年艺人和昆曲爱好者的修改剪裁，和汤显祖的原著已有很大的不同。我用的是流行的《遏云阁曲谱》，没有单本。"钟灵说："请您把《遏云阁曲谱》交我带回，等您唱过了送回。"过了几天，在怀仁堂的宴会上，毛泽东对梅兰芳说："你扮演的杜丽娘深刻有诗意。"

1959年10月，毛泽东在京观看了梅兰芳向国庆10周年献演的新编历史剧《穆桂英挂帅》。这是梅兰芳解放后参与编演的（包括唱腔设计）唯一新剧目。

穆桂英是梅兰芳艺术生涯中创造的最后一个艺术形象。这年梅兰芳光荣地参加了中国共产党，他以六十五岁的高龄豪情满怀地驰骋在能容纳万人的人民大会堂的舞台上，面对敬仰的领袖和支持他的观众，手捧帅印，引吭高唱"为国为民一片忠心"，"我不挂帅谁挂帅，我不领兵谁领兵"，这绝非仅是剧中人的唱词，已完全是梅兰芳发自肺腑的心声。

毛泽东观完此剧后对梅兰芳说："这个戏很好。看得出是你舞台生活五十年的集中表演，也是你老年的代表作。"

毛泽东通晓中国历史，深谙艺术创作规律，根据历史真实和艺术真实的辩证关系，他向梅兰芳提出了剧中人物"安王"改为"西夏王"的建议。对此建议，梅兰芳立即采纳，作了改动。一代伟人毛泽东与一代宗师梅兰芳亲密无间的友谊成为梨园佳话,流传人间。

1924年5月,泰戈尔应邀来华访问讲学,抵达北京时正赶上他六十三岁生日。5月10日那天,北京著名的文学团体新月社特意在东单三条协和医学院礼堂,用英文演出了泰戈尔创作的著名话剧《齐德拉》,以庆祝他的寿辰。5月19日,梅兰芳和他的朋友又应泰戈尔的要求特意在开明戏院专门为泰戈尔演出了一场《洛神》。次日,大家为泰戈尔饯行。席间,泰戈尔两次高度赞扬了梅兰芳的精湛表演,并即兴赋诗一首,赠给梅兰芳留念。原诗是用孟加拉文写的,写好后他又亲自把它译成英文,并用毛笔写在了一柄纨扇上。随后,泰戈尔还兴致勃勃地朗诵给大家听。当时在场的诗人林长民又根据泰戈尔的英文,把诗歌译成古汉语骚体诗记在纨扇上。1961年春,梅兰芳又请吴晓铃和石真两位教授根据泰戈尔的孟加拉文原作,将这首诗译成白话体:"亲爱的,你用我不懂的/语言的面纱/遮盖着你的容颜/正像那遥望如同一脉/缥缈的云霞/被水雾笼罩着的峰峦。"

梅兰芳先生之所以成为中国京剧史上成就最为辉煌的表演艺术大师,是与他在艺术上的勤学苦练、虚心求教分不开的。他向齐白石学画,并与之建立了终生友谊就是一例。

早在1913年,梅兰芳才十九岁,首次去上海在丹桂第一舞台演出,即一举成名。在此期间,梅兰芳结识了名画家吴昌硕,接受了吴翁赠送的花卉图,从而开始对研习书画有了兴趣。随之,梅兰芳越来越感到研习书画,不仅对戏剧服装的色彩、图案有直接的帮助,而且可以提高自己的艺术修养,提升气质,从画中去吸取养料,以运用到戏曲舞台中去。因此梅先生先后向著名画家王梦白学画花卉虫草,向姚茫父学画人物与神仙佛像。也是在这期间,梅兰芳结识了齐白石,并与之订交。齐白石比梅兰芳年长三十岁,时正寓居北京。梅兰芳向齐白石学画,为齐磨墨铺纸、舒笔取砚,执弟子礼甚恭……

梅兰芳因习艺而爱牵牛花的艳丽色彩，在宅中种植牵牛花数百种。齐白石常到梅宅观赏、写生，曾记："梅家植牵牛花百种，花有极大者，巨观也，从此始画此花。"齐白石并特地精心画了一幅牵牛花赠梅兰芳，题曰："畹华仁弟尝种牵牛花数百本，余画此赠之，其趣味较所种者何如！"梅一直将此画悬挂于自己起居室内。

有一次，齐白石应邀到一位贵人家作客。这天所到宾客多是达官贵人，衣团锦绣、光彩耀人，只有齐白石布衣粗服，在客厅坐下后被冷落一旁。不一会儿，主人满面喜色地领着梅兰芳走进客厅，满座宾客见他到来，一下子都站起来欢迎，争先恐后地与他握手。梅兰芳在满座喧腾声中，突然瞥见齐白石孤单单地坐在一旁，立即挤出人群，向齐白石走来，恭恭敬敬地叫了一声："老师！"然后同齐白石亲切交谈起来。这场景令在座者大为惊讶。齐白石也深为感动，事后特地画了一幅《雪中送炭》图赠给了梅兰芳。

还有一次，梅兰芳在一个堂会上演出时，发现齐白石坐在后边，就立即亲自将他搀扶到前排。别人不识齐白石为何人，此时，梅兰芳则大声地向别人介绍说："这是名画家齐白石先生，是我的老师！"于是大家见此情景都一哄而起，将齐白石拥簇到前排的位子上，对齐白石都另眼看待。齐白石为此很受感动，回去后并为此事作诗留念：

> 曾见先朝享太平，布衣蔬食劝公卿。
>
> 而今沦落长安市，幸有梅郎识姓名。

梅兰芳与当时世界著名的戏剧家交往密切。在访美期间，梅兰芳与美国"影坛三杰"的交往最为人称道。"影坛三杰"指的是以演武侠片而闻名全美的道格拉斯·范朋克和有"美国的大众情人"之美誉的他的夫人玛丽·璧克馥以及喜剧大师卓别林。

梅兰芳与卓别林的见面因为事先不知情而颇有点戏剧性。那是在梅兰芳抵达洛杉矶的当晚，他应剧场经理之邀到一家夜总会参加酒会，刚刚坐下，便看见不远处走过来一个人似曾相识，正思量着在哪儿见过此人时，剧场经理过来向他介绍说："这位是卓别林先生。"梅兰芳恍然大悟，立即起身。这时，经理又向卓别林介绍说："这位是梅兰芳先生。"两位艺术大师的两双手紧紧相握。卓别林说："我早就听到您的名字，今日可称幸会。啊！想不到您这么年轻，就享有这样的大名，真可算世界上第一个可羡慕的人了。"梅兰芳则说："十几年前我就在银幕上看见您。您的手杖、礼帽、大皮鞋、小胡子真有意思。刚才看见您，我简直认不出来，因为您的翩翩风度和舞台上判若两人了。"

于是，这次的酒会成了梅兰芳和卓别林的私人聚会。他俩一边品着美酒，一边畅谈戏剧。梅兰芳说他在卓别林的无声电影里学习到了如何依靠动作和表情来表现人物内心，卓别林则向梅兰芳请教京剧中丑角的表演艺术。这虽然是他俩的第一次见面，却由于有对戏剧的共同追求而彼此毫无陌生感，反而无拘无束相谈甚欢。

一别六载，两人再度见面是在上海。当时，卓别林的《摩登时代》刚刚杀青，又逢新婚，便携妻子宝莲·高黛（在《摩登时代》里扮演女主角）蜜月旅行到达上海。梅兰芳欣然参加了由上海文艺界人士在国际饭店举行的招待会。老友重逢分外亲热，卓别林丝毫不见外地搂住梅兰芳的双肩，感慨道："记得六年前我们在洛杉矶见面时，大家的头发都是黑色的，你看，现在我的头发大半都已白了，而您呢，却还找不出一根白头发，这不是太不公道了吗？"他的话语中不免幽默调侃，但梅兰芳还是从中感受到卓别林颇为不顺达的坎坷境遇，便安慰道："您比我辛苦，每一部影片都是自编、自导、自演、自己亲手制作，太费脑筋了。我希望您保重身体。"当晚，梅兰芳陪同卓别林夫妇先观看了上海当时十分流行的连台戏，又马不停蹄地带他们到新光大戏院观看了马连良的《法门寺》。

卓别林只在上海停留了短短的一天，梅兰芳几乎陪了他们一天。

也仅仅是这一天，中国永远留在了卓别林的记忆中，以至他回国后在范朋克的招待晚宴上，完全用汉语与范氏家的华裔仆人交流，着实令人震惊。

梅兰芳也难忘卓别林。当他于抗战期间退避香港后，经常以看卓别林的电影打发难挨的日子，一部《大独裁者》，他居然陆续看了六次，仍意犹未尽，又催促着两个儿子葆琛和绍武也去看。过后，他还耐心地分析场景，以使孩子们了解其中的政治含义。

1954年，周恩来出访日内瓦时宴请了正在此地的卓别林，还请他观看了电影《梁山伯与祝英台》。卓别林盛赞中国传统文化，当然特别提到了中国京剧和梅兰芳。梅兰芳闻讯，盼望着与卓别林再有见面畅叙的机会，却因两人先后离世而未能如愿。

把衣服变成艺术

1997年7月15日，代表当时前卫时装艺术的设计大师詹尼·范思哲在两声枪响后，倒在他在美国迈阿密的私宅门前。这一谋杀案引出了关于他的一连串谜团。但无论如何，他在时装界的创业经历仍是非同寻常的。

小裁缝出身的设计师

范思哲1946年12月2日出生在意大利南部的雷焦卡拉布里亚，他是个从小裁缝成长起来的世界服装设计大师。范思哲小时候就在母亲的缝纫店里干活。九岁时，在母亲的帮助下设计了他有生以来第一套礼服，一种用丝绒做的单肩礼服。上中学之后，范思哲对于学校的课程并不感兴趣，中途辍学继续帮助母亲搞服装。范思哲小时候的另一个爱好就是音乐，他喜欢意大利南方的民歌、现代流行音乐和古典歌剧。1972年，米兰的一家服装制造商看中了范思哲的作品，并且打电话给他母亲，要求范思哲能够北上米兰。范思哲兴奋异常，立刻登上了列车到米兰去开创他的服装事业，这时他年仅二十三岁。

不久，一个成衣商登门请他合作几套服装，范思哲初试身手，便一举成功，他设计的服装极为畅销。合作人高兴之余奖给他一辆大众甲壳虫型轿车。待到条件成熟，范思哲便把全家接到米兰，以传统的家族联合方式创立家业。不甘居人下的范思哲于1978年创立了第一个以他的名字命名的系列服装。

80年代，热爱音乐的范思哲看到摇滚音乐在青年中的影响正不断扩大，便抓住这一契机，与摇滚乐明星搞联合，推出了摇滚服，这是他事业的一大转折。

家乡的山山水水和文化传统为范思哲成长为服装设计大师提供了坚实的基础。故乡有罗马、希腊古文化的遗址，社会风气中古典文化的影响很深，从范思哲的作品中可以看出他青少年时代所受到的艺术熏陶。经过二十多年的努力，范思哲成了可与意大利另外三位时装大师乔治·阿玛尼、古奇和瓦伦蒂诺比肩的奇才。范思哲帝国的标志是希腊神话中的蛇发女妖玛杜莎，美女的头发由一条条蛇组成，发尖是蛇的头。她代表着致命的吸引力，她以美貌诱人，见到她的人即刻化为石头，这种震慑力正是范思哲的追求。

兄妹联军

范思哲的朋友曾经说过："当我们与范思哲在一起的时候，我们总是谈论家庭。范思哲是对家庭最有感情、最有责任心、最爱护备至的服装设计大师。"

1978年，范思哲的事业刚起步时，是他的哥哥圣·范思哲和妹妹多纳泰拉·范思哲帮他开办了第一个时装设计商店。多纳泰拉负责范思哲公司的大宗商品——妇女时装的生产和销售。沉默寡言的哥哥圣学的是会计专业，他是公司的财务总管。妹夫保罗·贝克十年前就活跃在时装业，当过多年的时装模特儿，后来担任了公司男装部的主任。

多纳泰拉在范思哲的时装帝国中起着举足轻重的作用。她凭着高挑的身材，别具一格的头发，善于公关的手段，在世界各地到处奔忙，尽心尽力辅助两个哥哥的事业。实际上，在1993年范思哲患了耳道癌以来，范思哲公司的业务大权已经到了多纳泰拉手中。尽管大哥圣在公司中仍然担任总经理的职务，但是公司内部不少职员暗地里都称多纳泰拉为范思哲时装帝国的"第一女神"。

哥哥圣在意大利时装界有"谦谦君子"的美名。虽然名气、才气、地位都不如弟弟，但是依靠着长者风度使家庭团结在一起。挥霍无度的范思哲究竟白白浪费了多少钱财，局外人难以知晓，范氏的时装帝国在财物上能够保持良好状态，运行正常，多亏了哥哥圣。

在意大利，至今还保留着企业家族化的传统。实际上范思哲的服装帝国就是他们一家人的财产，范思哲家族的资产的45%归范思哲所有，35%归他的哥哥圣所有，余下的20%归他的妹妹多纳泰拉。

在谈到家族企业的主要特点时，范思哲说："我们意大利是一个以家族为基础组成的国家。家族企业有优点也有缺点，如果家族企业内部发生争执和动乱，甚至互相残杀的话，事情就会很难办。意大利古奇服装帝国就因为家族之间的仇杀使帝国达到崩溃的边缘。但是，如果家族帝国和睦相处的话，它的优点就相当多了。"

着着出奇，步步领先

在激烈的市场中，广告的作用绝不可低估。范思哲在广告事业中花尽了心思。首先是与广告业的人士交朋友，尤其是那些摄影师，他们经常是范思哲的座上宾。他通过这些人了解服装业的动态和趋势。其次就是开展宣传活动，调动一切手段宣传自己公司的产品。精美的产品介绍手册是范思哲搞公共活动的强有力的工具，这些手册印制精美，把现代卡通片、美术创作、古典文化和漂亮的模特儿结合在一起，产生出白马王子和无数的白雪公主，赢得了顾客。

应对严酷的竞争，范思哲有他的秘密武器，能够在最短的时间内以最快的速度形成判断、组织设计和生产销售。时装业大多数公司从设计、预售到成批生产至少花六个月的时间，而范思哲经常采用闪电行动来适应市场需求的变化。比如，有一种用高技术PVC织物做成的售价二百元的牛仔裤，在范思哲的亲自督促下，在五周的时间里完成了设计、制造和运输上市的全过程，创下了服装史上的新纪录。

范思哲设计顶峰的标志是1989年巴黎推出"Afelier"系列。这是范思哲不满足称霸意大利而毅然决定打入法国高档时装界的第一步。此举顿时引发了意大利时装进军巴黎的风潮。

品牌也是范思哲最关注的问题。范思哲很早就发现，商品的品牌有异常的力量。范思哲在女装方面的成功使他越来越意识到，要想方设法保证自己的品牌，依靠品牌来获取利润，同时也要适合年轻消费者的购物心理，生产出质地并不太讲究，成本并不太大，但是有明显品牌装饰而周转很快的产品。1994年，范思哲又推出了有范思哲标牌的床上用品和家庭器皿。范思哲还准备在1997年秋季开辟一条化妆品生产线，专门生产与范思哲服饰相配套的产品。

在意大利的各服装帝国中，在后勤管理方面，范思哲公司占有领先地位。范思哲早就在纽约、伦敦和巴黎这些大城市建立了公司和零售商店，使公司的产品直接与顾客见面而不用通过中间商，这样就把设计、制造和零售有机地结合在一起。美国《商业周刊》的文章认为："范思哲在时装市场的激烈竞争中几乎每一步都占据了优势，在零售方面优势更强。"

善打名人牌的高手

范思哲是戴安娜所青睐的众多时装设计师中一个可称之为朋友的人。英国式的设计过于保守和严谨，虽然能很好地衬托出戴安娜的大家风范，但也不可避免地淡化了戴安娜的个性。范思哲为戴安娜设计的晚装则不同，戴妃的活力和热情呼之欲出。范思哲给戴安娜设计过一套蓝色单肩晚装，选用的是很娇艳的蓝色绸缎，身着此装的戴安娜像夏日阳光下一泓流动的海水。裸露单肩的设计，有一种装饰味很深的建筑美。

在西方国家，演艺界的名人是范思哲注目的对象，一旦这些名人穿上范思哲的服装参加奥斯卡的颁奖仪式，电视台把各位大明星的形象向全世界一转播，范思哲的作品自然而然就传向了全世界。在影视明星中，澳大利亚打入好莱坞的妮可·基德曼是范思哲的明星人物之一。在奥斯卡的颁奖仪式上，一头金发的基德曼一身金色套服，再加上金色的带链小手包，虽然没有任何袒露，但是把苗条的身材完全地衬托了出来。这一套服装很快就引起了不少人的注意，成为范思哲公司的畅销货。

另一位举世闻名的电影明星就是史泰龙。史泰龙长得结结实实，肩宽体壮，但是按照美国人的标准体形来衡量，史泰龙就显得有点身材不够尺寸，双肩宽度过大。范思哲在1991年2月和10月先后为史泰龙精心设计了两套服装，一套深蓝色的西装加上牙白色的衬衣，把两肩过大的缺陷掩饰下去了，使史泰龙的身条顿时挺拔了许多。至今范思哲为史泰龙设计的这套西装仍为美国演艺界和时装界所推崇。

90年代初，麦当娜为范思哲拍的一系列宣传照是其中的经典之作。麦当娜的野性与范思哲的明艳被称为天衣无缝的组合。

范思哲在与名人交际方面保持了不忘旧，和不嫌弃一时失意之人的风格。咬掉霍利菲尔德一块耳朵并吐到拳击台上的"拳王"泰森对服装大师范思哲早就尊崇备至，在泰森犯法被关进班房之后，泰森很想念范思哲设计的短裤，范思哲闻讯后特意给他送去了一些服装，这使泰森感激涕零。泰森出狱之后重登拳坛，当他连战连胜时，泰森的短裤也变成了美国青年喜欢的名牌。

名模是无价宝

在范思哲发达之前，世界时装业只是由时装公司临时雇用一些模特儿参加表演，并没有靠时装业本身造就的超级模特儿。

巧用模特儿是范思哲时装艺术的一种创作手法。范思哲把世界上那些个子最高、最为漂亮的女模特儿都搜罗在他的帐下，经过适当的培养，让这些模特儿发挥出无穷潜力。模特儿在范思哲的时装走向世界方面发挥了极其重要的作用，同时她们也随着范思哲的时装走向了世界。

范思哲认为，最能体现他心中女性所具有的诱惑的美的模特儿是凯特·摩斯。他认为她是真正"永恒的女性"。凯特·摩斯瘦小、单薄，在T台上有弱不禁风、让人爱怜之感。她的肤色永远苍白，眼神永远有让人捕捉不到的迷离。她的美，体现在每一根神经都充满渴望。她穿上衣服不是为了掩饰什么，而是表达。穿着一袭深绿、果绿、草绿、淡绿色系，上面缀满银色饰物无袖紧身拖地长袍的凯特·摩斯，是范思哲设计风格最精确的诠释。

英国的超级时装模特儿纳奥米·坎贝尔也是范思哲扶植起来的明星。在时装业界，像坎贝尔这样的黑人女子当超级模特儿的现象并不多见。过去，无论是大家闺秀，还是小家碧玉，都不愿去当模特儿，认为模特儿是属于道德上可能误入歧途的行业。现在，超级模特儿的声誉与影视明星齐名，经济收入更是达到非常可观的地步。一般性的表演出场一次要四千美元，拍一天广告也收费四千美元。作为黑人名模的坎贝尔具有火辣辣的表演性格，她充满活力的身材和在舞台上的快步扭动，增加了范思哲服装的魅力。范思哲去世之前，坎贝尔每次登台表演都可以从范思哲那里拿到成千上万的美元。范思哲去世之后坎贝尔回忆说："十一年来，范思哲的服装表演没有一次我没有参加过。我将永远不会忘记范思哲对我的事业和我个人生活慷慨无比的支持。"纽约第五大道最有名的萨克斯时装公司的总经理马雷·布拉沃认为："范思哲的成功之处在于，他能够通过传媒手段和明星人物把影响扩大到消费者的家。"范思哲的崛起促使时装业本身的精神实质得到了升华，把普通的衣服变成了艺术。这是范思哲对世界时装业的巨大贡献。

身后的绮梦

在纽约的曼哈顿,沿着中央公园向东再向北,繁嚣燠热的城市气息忽然而止,偶尔有亮可照影的黑色房车无声无息地滑过,妆扮华贵的女子优雅地牵着修饰整洁的小狗,偕同小孩和保姆一起漫步中央公园。

这里是著名的上东区,第五大道与公园大道,无数人穷其一生梦想驻足的地方。有时,他们会踌躇满志地搬来,却也可能悄无声息地消失,或不过如肥皂泡爆裂,发出轻微的一声"扑",人潮呼啸涌过,抹平一切旧痕。

正如第五大道的一名业主唐纳德·川普所说:"纽约,它可以送你上天堂,也可以活生生地把年轻的孩子吞噬掉。"

而对于上东区第五大道647号的主人,这句话可能会灼痛耳膜,说不准什么时候,这幢在全世界最昂贵地皮上竖立起来的五层华厦,就得割舍。一度已有不动产公司为其估价三千两百万美元,但到底没有下文。

现在能确定的是,"647号"里的大部分名画珍品,已在索思比高级拍卖师的槌下被瓜分一空。可这区区千万美元,未必就能抚平多纳泰拉·范思哲紧锁的眉头。她领军的家族公司一度拖着上亿欧元的庞大债务,而已故兄长詹尼·范思哲当年置下的豪华不动产,也并不止这一处。

或许第五大道647号,最终将成为多纳泰拉·范思哲生命中的一抹绮梦。

第五大道647号始建于1905年。这里的第一任主人,是美国铁路大亨乔治·范德比尔特。该仁兄口味独特,如他位于巴尔的摩的庄园水池里,养满了莫奈式的睡莲。

多年以后，范氏的巴尔的摩庄园作为全美最大的私家园林开放，每人收费四十美元。而第五大道647号，则经过希腊船王奥纳西斯等主人，于上世纪90年代中期落入詹尼·范思哲囊中。

彼时范思哲正如日中天。这座位于纽约顶级地块、面积达一千一百多平方米的五层豪宅，自带车库，林木幽深的私家花园里喷泉潺潺，与这位炙手可热万众追捧的设计师正合衬。

为了更合衬一些，他还花费巨资，从奥地利的一座古堡里拆下了全木地板，远涉重洋运来，统统铺进了"647号"。

詹尼·范思哲热爱新古典主义装饰。在他被枪杀的迈阿密寓所里，到处泼满了浓烈的色块，即使是卧室，也色彩艳丽，足以令人感觉烈火焚身，直至熔化。

但是在"647号"，范思哲的想法陡然一转。整间大厦依然走磅礴大气的新古典主义路线，深色大理石材、铜锌锡合金与桃花心木，不是颜色深沉，就是机械之光耀眼。而贴脚线上描的浓重金漆，配合四下散布的镀金家具部件，华丽庄严又古典。

但这一切，绝不喧宾夺主，全部努力都是为了突出专为"647号"搜罗的各色艺术品。在迈阿密，各色藏品百花齐放，什么撞色就收什么。但在"647号"，范思哲有风格清晰、明确的规划。

在他眼里，纽约这个城市带有冰冷的宁静与理性，而又不失温暖平衡的古典美感。所以，他挂毕加索、马蒂斯，也收现代波普艺术家的大作，其中就有号称"波普艺术教父"Andy Warhol的作品。只要想想教父先生那些鳞次栉比的玛丽莲·梦露头像，大概也可依稀想象出"647号"的现代派艺术风格了吧。

而这数十名家名画，大多由范思哲个人订制。那些名画家们简直就是比着"647号"空白墙面的大小，来描画他们的最新杰作。

詹尼·范思哲筹划了一切。

他唯一没有想到的是，刚刚呕心沥血把第五大道647号装修完毕，他便被两粒10mm的子弹夺去了才华横溢的灼热灵魂。

同样，他未始料到，没有了他的范思哲公司举步维艰。在纪念詹尼·范思哲诞生50周年的回顾展上，他的妹妹甚至请不起超级模特，只能用活动的衣服架子代替，场面相当凄凉。

　　2005年5月与6月，在索思比的两次拍卖会上，第五大道647号里的大部分艺术珍藏被拍卖殆尽。而这已不是"647号"第一次被迫为钱敞开大门。早在1999年，就有二十五幅珍藏于此的毕加索名画走上伦敦拍卖台，换得约一千五百万美元的收入。

　　2001年，迈阿密寓所中的所有藏品，连同那座费尽心血设计的建筑本身，都被打包大甩卖，卖出近四千万美元。

　　如今，那里已被新房东打着"范思哲故宅"的招牌，改造成一间名流会所。荣光或耻辱，都不再与范思哲家族有关。

天 赋 风 流

  司马相如是我国古代文学史上最著名的赋家。他是汉赋的奠基者。他的赋左右了两汉四百年的赋坛，成为赋家们学习的榜样，对以后历代作家，也产生过巨大的影响。

  蜀地有得天独厚的自然地理条件，这里土地肥沃，气候温和，雨量充沛，人类很早就在这里休养生息。从公元前316年起，蜀被秦所灭，秦移民万户入蜀。秦昭王时，范雎把商鞅的新法推行于蜀。张若、李冰又相继守蜀。尤其是李冰，这个中国历史上著名的水利专家在守蜀时，修筑了举世闻名的都江堰等水利工程，从而大大促进了蜀郡农业生产的发展，使蜀郡发展成为比当时六国更进步的地区。后来，秦又一再迁人入蜀。《史记·项羽本纪》说："秦之迁人皆居蜀"。《汉书·高帝纪上》注引如淳说："秦法：有罪，迁徙之于蜀汉。"吕不韦有食客三千，吕不韦迁蜀忧惧自杀，他的门下食客也有许多因而随迁。宦官嫪毐被秦始皇处死后，"舍人夺爵迁蜀四千余家"（《史记·秦始皇本纪》）。司马相如的岳父祖籍是赵国，秦破赵后，也把他们强迫迁到蜀郡去。在这些被迁徙的人们中，有大量的知识分子。如吕不韦的门客中，有许多就是帮他撰写《吕览》的文士。又如司马相如岳父的先辈入蜀时，别人都怕走远路，纷纷向押迁的官吏行贿，要求就近落户，但他们夫妇却愿意就远。他们走到临邛时，看到那里产铁，即留下来铸铁，很快成为蜀郡最著名的富翁。所有入蜀的这些文士、大产业家和像李冰这样的郡守，他们把自己的文化科学知识扩散到社会上去，从而促进了蜀郡科学文化的进步和提高。正是蜀郡这种坚实深厚的社会基础，成就了司马相如这样的大赋家。

《史记·司马相如列传》说，司马相如"少时好读书，学击剑，故其亲名之曰犬子。相如既学，慕蔺相如之为人，更名相如"。这段话非常重要，可以窥见司马相如青少年时的志向、为人。

由于相如的家境很富裕，因而给他提供了优越的学习条件，他可以专心致志地去读书练剑。到二十岁左右时，他已学完了先秦主要经籍，可以说是学富五车，而且练就了一手好文章，身体也很强壮，可以做官为国效劳了。按当时朝廷规定，有家产五百万钱以上的，可以做郎官，但得自备车马服饰到京师长安（今陕西西安），等候政府任用。这些条件相如都具备了。他极踌躇满志，准备做官去。这时相如二十岁左右。

东晋常璩《华阳国志》说："蜀郡城北十里有升仙桥，有送客观。司马相如初入长安，题市门：'不乘赤车驷马，不过汝下。'"相如这个题辞，除了出人头地、光宗耀祖、青史留名的世俗观念外，更深深地隐含着其建功立业、报效朝廷（代表国家）的思想。司马相如出城北入长安，第一站当是梓潼（今四川梓潼）。相如再往北走经过的第一道关隘是剑门关。这是极为险要的军事要地，自古就有"一夫当关，万夫莫开"的说法。秦惠王就是从这里攻入蜀国的，所以相如也当从这里出关。出剑门不远就到了葭萌（在今四川广元市）。随后相如一路攀天梯，步石栈，来到褒斜道，这是人们横越秦岭的关键道口。《史记·货殖列传》说，关中南至巴蜀，"栈道千里，无所不通，唯褒斜绾毂（控制）其口。"在这里往上看，高峰插天，松木倒挂；向下望，深渊万丈，飞瀑湍流，险阻无比。不远的太白山，是中原地区的最高峰，古代神话说，羲和坐着一辆车子，驾着六龙，载着日神，在天空中由东向西遨游，碰到这座高峰飞不过去，只好掉过头来往回走。这个古代神话传说说明，这里地势十分险要。相如入长安只能从这里经过。而这一路上美不胜收的祖国壮丽山河景色，也正好为他后来写作《天子游猎赋》提供了极好的素材。如果没有这段惊险的旅途生活，他可能写不出《天子游猎赋》里那些奇形怪状险恶万分的山势。大约经过一个多月充满神奇欢快和劳累的旅途生活，他终于来到了大汉帝国的国都长安。此时此刻，相如自然是十分激动的。他满怀信心，正想一步步去实现自己的理想。但万料不到的是，当景帝看到他那高大的身躯，强壮的体魄，一表人才，而且还能击剑时，在表示好感之后，却要他做自己的武骑常侍。据《史记·司马相如列传》索隐引（北魏）张揖说，武骑常侍是"秩六百石，常侍从格猛兽"。原来是陪皇帝游猎玩耍，给皇帝当保镖。但这对于一个少有大志的司马相如来说，却未免是一个巨大的打击。他不甘心把自己的时间精力消耗在这种武夫便能完成的小事上，不愿担当这样的武职。还有一个问题令相如不快，就是景帝不喜欢辞赋这种新兴的文学，而司马相如在这方面却有特殊的专长和偏爱。

也正在这个节骨眼上——景帝前元七年（公元前150年），梁孝王进京朝见景帝。随行的还有邹阳、枚乘、庄忌等一帮谋士文人赋家，司马相如很喜欢这一帮人，因而就托病辞去武骑常侍职，而到梁孝王的门下去做游士。梁孝王集中了一大批谋士、文人赋家，给他们提供从事政治活动和写作的条件，他本人也喜欢赋，又能尊重赋家，在客观上推动了汉代文学艺术的代表形式——汉赋的发展。如西汉前期的主要赋家枚乘、邹阳、庄忌、公孙乘等人，都集中在梁孝王门下。现存西汉前期的主要赋篇，也多是在梁孝王门下写的。司马相如看到梁孝王这样尊重文士赋家和他们的写作，自然很羡慕，所以他就借口身体不好，辞去了景帝的武骑常侍一职，而到梁孝王门下来游学。梁孝王友好地接待他，安排他与枚乘等住在一起，给他们提供了很好的政治活动和写辞作赋的环境。

相如在梁期间，曾发生了一桩严重的政治事件：梁孝王因袁盎等大臣的反对，他继承景帝的帝位无望了，于是便与谋士羊胜、公孙诡等谋划，派人杀了袁盎等议臣十余人。事情败露后，梁孝王很恐惧，羊胜、公孙诡自杀，景帝因而疏远了孝王。梁孝王死后，梁国被分成几个小国，相如只好回到蜀郡成都去过家居生活。大约景帝中元六年（公元前 144 年）底，相如就由梁国回到成都。这次宦游前后计有八个年头。这时相如约二十八岁。

相如回到成都时，父母早已谢世，家道也已中落，老家只剩下几间破屋，其余产业财物已荡然无存，实在没有办法生活下去了。所幸他过去的好友王吉这时在临邛做县令，这人很重友情，也肯帮助人，他说：长卿（相如的字）啊，你在宦海浮沉了多年，既然不成，生活又没有着落，就搬到临邛来住吧！相如没有办法，只好走这条路。临邛在成都西南百里，相如一天时间就赶到了。老朋友相见，自然十分高兴。对相如的才气、文章，王吉本来就很钦佩，经过几年游学的锻炼，相如更加老练，更令人敬重了。但就是怀才不遇，穷困潦倒了。而且年过二十九，仍孑然一身，实在可叹。嗟叹之余，王吉心生一计，计划如此如此…… 相如当然愿意。于是在王吉的导演下，中国历史上有明文记载的有姓有名的第一出"窃妻"——私奔——实是冲破封建罗网而实行自由婚姻的喜剧就正式开幕了。

先是王吉假装着对相如的恭敬，每天去相如居住的都亭问候相如起居。开始，相如还勉强相见，随后，就推托有病回避了，让小童出来传达消息。这时王吉表现得愈加谨慎恭敬。临邛是个地下资源十分丰富的地方，这里有火井——也即我们今天所说的油气井，有盐井，利用火井煮盐水，一石水可得五斗盐；又有丰富的铁矿，炼铁业很发达，汉文帝时就曾将这里的铁矿赐给诗郎邓通，所以这里的富人很多。卓王孙有家童（多是从少数民族那里买来的奴隶）八百人，程郑也有奴隶数百人。这些富人看到县令如此殷勤迎候相如，十分吃惊，就商量说，县令有贵客，我们也应该设宴招待他才是。于是就向相如发出邀请，并请县令来作陪。这一天宴席就设在卓王孙的府上，赴宴的主客济济一堂，县令也如期赴宴。但等到中午，司马相如还不来，派人去迎接，回报称相如有病不能来。临邛县令不敢先吃，赶快亲自去迎接。到这时，相如才装出不得已的样子，勉强前来赴宴。相如的一表人才，由于有深厚的文化修养和丰富的宦游阅历而自然流露出来的雍容闲雅的风采，一下子令参加盛宴的主客惊呆了。大家都贪婪地看着相如，频频点头，啧啧称赞，都为能与相如共席、一睹相如之丰采而感到荣幸、满足。相如也开怀痛饮。酒过三巡，王吉奉上一把琴说："听说长卿喜欢操琴，请自己消遣一下吧（不敢说弹给大家听）！"相如辞谢了一番，也就不客气地把琴接过来，略为拨弄，即左手按弦，右手弹奏起来。

琴声婉转悠扬，低回返复，这是在倾诉自己的志向和对异性的爱慕和追求。相如为何要弹这样的歌曲呢？这里有王吉的一番苦心。原来王吉之所以装着对相如敬重，就是为了引出富人卓王孙对相如的宴请；而宴请的目的，却是为了使相如得以与文君接触，从而成全他们之间的秦晋之好。王吉为什么这样热心呢？一则相如是他的好友，他自当帮忙；二则文君是个绝色的女子，可惜十六岁出嫁后丈夫随即死去，现回到娘家寡居。如果把相如与文君撮合在一起，不正是天生的一对吗？且相如的穷困生活也可以得到解决。王吉的意图，其实也正中卓文君的心意，当相如到达时，她就在屏后窥看，不由被相如的风流倜傥所吸引。心想，如果能同这样的人比翼齐飞，也不枉我一生一世了。

当卓文君正在屏风后激动而失神地偷看相如时，相如的第一支琴曲传来了。这琴声像一杯蜜，比蜜还甜；像一团火，比火还热，一下子令她的心陶醉了，融化了，她简直听得如醉如痴。这不明明在倾诉对自己的爱慕吗？正在她心旌摇动不定的时候，接着，相如弹奏了第二支歌。

文君听到这支歌曲，消除了原先的一切疑虑。她深信相如在热恋自己，在暗示自己中夜私奔。想到这里，她又喜惧参半了。像相如这样的风流才子，能爱上自己自是令人心醉的。但一想到"中夜相从"，她却又有点犹豫了。那些讲究礼教的经典《礼记》、《仪礼》也似乎一下子在她眼前显现了出来。这些书都规定，男女的婚姻要经过纳采（送礼求婚）、问名（询问女方名字和出生年月）、纳吉（送礼订婚）、纳征（送聘礼）、请期（议定婚期）、亲迎（新郎迎新娘）等繁多的步骤。做女子的还要讲究"三从"、"四德"，"妇人之义，傅母不在，宵不下堂"（《春秋·谷梁传》卷十六）。老人不在身边，妇女夜里连堂阶都不能下，怎么可以深夜私奔呢？况且《诗经》里有许多诗，如《鄘·桑中》、《王风·大车》，据说就是讽刺淫奔的。这些诗文卓文君都是熟读过的。私奔相如，这是多么严重的违反礼教的事啊！但文君随后又想到，婚姻当是男女双方感情的结合，自然应由男女双方自己来选择，如果让父母包办，不就可能重走一年前的老路吗？那时，根据父母之命，媒妁之言，她被嫁给一个半死不活的阔少爷，结婚不到几个月，丈夫就病死了……想到这里，她脑子一下子豁然开朗，心里也踏实多了。正在这个时候，她的贴身丫头急急忙忙走进来，递上了相如派人送来的亲笔信。文君看了又羞又喜。她与丫头慌忙地换了一身衣服，连首饰都顾不得收拾，踏着月色，便急急往临邛都亭奔去。从卓府到都亭有十多里，文君从小娇生惯养，哪里走过这么多路。在丫头的搀扶下，她深一脚，浅一脚，好歹跑到都亭，这时已是满身汗湿，气喘吁吁了。相如早已在那里等候。他迅速扶文君上车，即令车夫挥起鞭子，急速向成都奔去。

第二天午后，他们就回到了成都老家。前面说过，相如的父母早已谢世，家境已一贫如洗。这时迎接他俩的，还只是父母唯一遗留下来的那间破屋子，果真是"家徒四壁立"。相如与文君只好简单地收拾一下，安了一张破床，便开始了他们清苦的生活。这时约在景帝后元六年（公元前143年），相如约二十九岁，文君十七岁。

卓文君到底是在富裕家庭中长大的，生得十分娇弱，对粗茶淡饭实在难于适应。文君知道相如这里无亲无故可投靠，也难于得到友人的资助，但这样坐等下去，苦难哪有个尽头。她想了想，对相如说：咱们一起到临邛去吧，只要到了那里，向我叔伯兄弟——他们都是一些富翁——借一点钱就够咱们吃喝了，何必这样苦熬下去！相如也实在没有其他办法可想，只好同意文君的意见，一起又到临邛县来。他把自己的车马全部卖掉，买了一爿小酒店，文君亲自坐在垆边卖酒。相如也系上围裙，与仆役们混杂在一起，在店门口洗涮杯盘碗筷，宛如一个地地道道的酒保。

话说回来，文君夜奔相如的当晚，卓王孙就发觉了。他怒道："女至不才，我不忍杀，不分一钱也。"也即是说，文君没有出息，不知廉耻，他本可加以追杀，只因好歹是自己的骨肉，才不忍下此毒手，但决心不给她一分钱。这时相如文君因穷困又回到临邛来开酒店，干杂役，他认为这是件奇耻大辱，给他大丢面子，所以关起门来不见人。但王孙的兄弟们却都来劝他：你只有一个儿子两个女儿，欠缺的不是钱财，而是子女。现在文君已委身于司马长卿。长卿不愿再在官场混下去，虽家境贫寒，但人才很出众，是完全可以靠得住的，而且还是县令的客人，你为什么要这样侮辱他呢？卓王孙想来想去也没有更好的办法，只好分给文君奴仆百来人，钱百余万，还让她带走初嫁时的全部妆奁。文君便和相如相携回到成都，买田地，盖别墅，转眼间成了成都的富翁。以上事件，《史记·司马相如列传》都有约略的记载。

相如在住宅旁筑一琴台，日与文君饮酒弹琴作乐。小两口日子过得十分惬意，只是相如在生活上失于检点，酒色过度，以致最终为此而送命。这事《西京杂记》有记载，它说："长卿素有消渴疾，及还成都，悦文君之色，遂以发痼疾，乃作《美人赋》欲以自刺，而终不能改，卒以此疾至死。文君为诔传于世。"《西京杂记》的这个记载《史记》、《汉书》里的相如本传也都说过，相如"常（尝）有消渴疾，与卓氏婚，饶于财……"这是比较隐晦的说法。但也由此可以推定，《美人赋》当作于这一次回成都。因为头次由临邛回成都是所谓携艳潜逃，生活穷困，家徒四壁，文君郁郁不乐，那时相如是没有纵情取乐的条件的。而这一次回成都约在景帝后元二年（公元前142年），相如约三十岁，文君约十八岁。

在《美人赋》里，相如叙说了自己两次在女色的引诱下不起淫心，证明自己不好色："臣之东邻，有一女子，云发丰艳，蛾眉皓齿……恒翘翘而西顾，欲留臣而共止，登垣而望臣，三年有兹矣。"但"臣弃而不许"。后东出郑卫，又遇一艳女，频频向他挑逗："女乃弛其上服，表其亵衣（内衣）；皓体呈露，弱骨丰肌；时来亲臣，柔滑如脂。"但"臣乃脉定于内，心正于怀；信誓旦旦，秉志不回；翻然高举，与彼长辞"。这篇赋与宋玉的《登徒子好色赋》有许多相似之处，所写都是子虚乌有之事。其中有一首歌写得很好："女乃歌曰：'独处室兮廓无依，思佳人兮情伤悲，有美人兮来何迟，日既暮兮华色衰，敢托身兮长自私。'"

相如写这篇赋想自刺，但实际上并没有达到自刺的目的。他最后因纵欲过度及糖尿病加剧以致送命即是证明。这里，只需了解相如写这篇赋的用意就是了。所以，章樵在《古文苑·美人赋》题下注说："美人者，相如自谓也。诗人骚客所称美人，盖以才德为美。相如乃托其容体之都冶，以自媚于世，鄙矣！"章樵这样厌弃相如，是不体察相如的用心。因为，假如相如不是一个美男子，怎么会有那么多佳人倾慕他呢？既不倾慕，又何以表现他在丽人面前的端庄自处、不好色呢？又如何达到自刺的目的呢？对相如这等托辞设喻，似没有指责的必要。

相如与文君在成都大约舒舒服服地过了四五年，兴致来了就吟诗作赋，弹琴弦歌，或相携到风景秀丽的锦江饱尝春色，颇为自在！

公元前140年，汉景帝病逝，汉武帝继位。汉武帝是一个有雄才大略的帝王，一登位即有诸多改革，改变了汉初以来以道家思想为指导的清静无为政治，代之以儒家学说为装饰的多欲政治。汉武帝也有文才，喜欢辞赋，自己也会写诗作赋，这种新出现的形势，是很吸引相如的。尽管目前逍遥自在的生活过得很惬意，但他还是希望在事业上能有所建树，能为国为民做一番事业。恰逢汉武帝读到《子虚赋》而大加赞赏，以为作者已不在世，听狗监（负责管理猎犬的官吏）杨得意说是他乡人司马相如写的，便诏问相如。于是相如马上承认，并迫不及待地向武帝讨好，要求献技。他说：《子虚赋》的确是我写的，但那是写诸侯的事，没有什么看头，让我给您写《天子游猎赋》吧！汉武帝当然会满足他的要求，武帝让掌管文书章奏的尚书官给相如提供笔墨和木简，让他去写赋。相如虽是才思横溢的赋家，但他的文思甚迟，有所谓"相如含笔而腐毫"的说法。为了写好这篇赋，他摈除一切杂念，充分利用形象思维，专心致志地进行艺术构思，有时迷迷糊糊像睡，忽然醒悟又惊叫起来，前后花了几百日才写成，真是费尽了心血。在赋里，相如设计了子虚、乌有先生、亡是公三个人，分别代表了各自的主子——楚、齐王和天子三方。他先让子虚把楚王的游猎场所的辽阔富饶和游猎队伍的排场夸饰了一番，再让齐王的代表乌有先生出场，说明齐王比楚王还要排场阔绰得多呢，只因为位在诸侯，不敢公开炫耀罢了。最后亡是公登台，他把子虚、乌有先生都狠狠地教训一通，指出：你们家的主子如果像你们说的那样，那可就不是个好君王了。要知道天子虽也曾有过无边无际的苑囿和浩浩荡荡的游猎队伍，但他觉得这样做不对，很快就改正了自己的错误，推倒苑囿围墙，让老百姓进去耕作；停止游猎，回到朝廷上去处理国家大事。该赋最后以天子代表的胜利而结束，从而歌颂了天子的德政。这篇赋写成后，即送给武帝看。武帝只觉得满纸琳琅，美不胜收，赞叹了一番，即拜相如为郎官。这时约是武帝建元四年（公元前137年）左右，因为《史记·司马相如列传》说："赋（指《天子游猎赋》）奏，天子……以为郎……相如为郎数岁。"

紧接着，大约在元光二年（公元前133年），司马相如又写了《大人赋》。据《史记·司马相如列传》称："相如见上（指武帝）好仙道，因曰：'上林之事，未足美也，尚有靡者；臣尝为《大人赋》，未就，请具而奏之。'"从字面看，相如写《大人赋》也好像是为了满足汉武帝的好仙欲，其实那是在说反话，就像他写《天子游猎赋》那样，他听说武帝喜欢《子虚赋》，便说："然此乃诸侯之事，未足观也，请为《天子游猎赋》。"表面上是为了迎合汉武帝的淫奢，实则在对武帝进行委婉的劝诫。

《大人赋》的描写也正是这样，先道："世有大人兮，在于中州；宅弥万里兮，曾不足以少留；悲世俗之迫隘兮，　轻举而远游。"这里的大人，实指武帝。武帝虽富有天下，但他仍感到区域狭小，欢乐无多。因而赋随后写大人离开中州，浮游仙乡天国，足迹遍及天上地下四面八方。可是哪里有理想的地方呢？他见到长生不死的仙人西王母，但见他"睅然白首，戴胜而穴处，亦幸有三足鸟为之使"。他无限感慨地喊着："必长生若此而不死兮，虽济万世不足以喜。"像西王母这样野居穴处，孤独寂寞，虽长生不死，又有什么乐处？后来大人又转到"寒门"，但哪里还有什么可留恋："下峥嵘而无地兮，上寥廓而五天；视眩眠而无视兮，听惝恍而无闻。"这种道家追求的空寂的至高境界，也不是真正的乐土。"相如以为列仙之传，居山泽间，形容甚跃，此非帝王之仙意也，乃遂就《大人赋》。"（《史记·司马相如列传》）由此可以看出，相如是有意这样来亵渎贬抑神仙，以为神仙还不如我大人自己，这不就把神仙批评、否定了吗？谁知武帝读后，反而"飘飘有凌云之气，似游天地之间意"。

大约在元光五年（公元前130年），相如的老家蜀郡发生了一件震惊朝野的大事：鄱阳令唐蒙奉命以中郎将（《史记》、《汉书》均作郎中将）身份设法谋取夜郎、莋中。唐蒙在巴蜀征集了一千来名的官员和两万余人的转运粮饷的民工，还运用军兴法——战时的军事法令——诛杀了一些少数民族的首领。唐蒙的这些做法并非自己独出心裁，他基本上是按照汉武帝的旨意行事的（参见《史记》、《汉书》中的《西南夷列传》）。可是，当这些做法一旦引起了巴蜀人民不可避免的恐惧和骚动时，汉武帝就把责任推到唐蒙身上，派司马相如去责备他，说唐蒙的作为违背了皇上的原意，并要巴蜀人民放心。汉武帝这样做，其实也正是最高封建统治者所一贯使用的手法，有功归自己，有过罪他人。司马相如当然知道其中的奥妙，所以他到巴蜀后，即写了一篇《谕巴蜀檄》来晓谕朝廷的旨意，以稳定民心。全文有四百多字，但其中指责唐蒙的只有下面几句："今闻其（指唐蒙）乃发军兴制，惊惧子弟，忧患长老，郡又擅为转粟运输，皆非陛下之意也。"而其他四百字却全是教训、指责百姓："今（唐蒙）奉币役至南夷，即自贼杀，或亡逃抵诛；身死无名，谥为至愚；耻及父母，为天下笑。人之度量相越，岂不远哉！然此非独行者之罪也，父兄之教不先，子弟之率不谨也！寡廉鲜耻，而俗不长厚也；其被刑戮，不亦宜乎！""陛下患使者（指唐蒙）有司之若彼，悼不肖愚民之如此，故遣信使（相如自指）晓喻百姓以发卒之事，因数之以不忠死亡之罪，让三老孝弟以不教诲之过。"这篇檄文真有点杀气腾腾的味道，它正准确地传达了汉武时期开边拓土的进取情势和要老百姓作出必要牺牲的严厉政策。当然，汉武帝并没有说可以肆意杀戮，相如也不赞成这样做。但要百姓忍受一些必要的牺牲，为国家作出应有贡献却无疑是这篇檄文的主旨。

相如回京汇报，唐蒙已谋取夜郎，并征发巴、蜀、广汉三郡士卒数万人去修筑道路。但连修两年，还是未能修通，士卒多有死亡，而且耗资巨万。巴蜀人民和朝廷公卿如公孙弘等都说这事不合算。也正是在这个时候——元光六年（公元前129年），邛都夷（分布在今四川西昌县一带）、笮都夷（分布在今四川汉源县一带）的君长听说南夷归顺大汉后，得到很多赏赐，十分羡慕。他们也愿效法南夷那样入朝称臣，并请汉王朝派官吏去帮助治理。汉武帝拿不定主意，征求相如的意见。相如回答说：邛都夷、笮都夷、冉（口宗）夷（分布在今四川茂汶羌族自治县一带）都靠近蜀郡，道路也容易修通，秦时曾经设立郡县，到汉兴后才断了关系，现在如果同意他们归顺，设立郡县，那将比在南夷设郡县要更为有利。汉武帝认为司马相如的意见很有道理，就拜他为中郎将，持符节出使西夷。又派王然于、壶充国、吕越人为副使。于是相如乘坐四马驾的传车，气宇轩然地入蜀。蜀郡守百官都到郊外远迎，县令亲自为他背箭做前导。这可是应了相如出蜀时的誓愿：不乘赤车驷马，不回蜀郡！的确是荣耀无比。这时老丈人卓王孙和临邛诸公当然改变了对相如的态度，都到相如下榻的地方献牛酒庆贺。卓王孙赞赏女儿有眼力，叹息自己没有及早把女儿嫁给相如。随后，他又分给文君许多钱财，让她和兄弟享受同样的待遇。

司马相如招抚西夷的工作进行得很顺利，邛、笮、冉（口宗）、斯榆的君长都归顺了汉王朝，成为王朝的内臣。这样，西至沫水（即今大渡河）、若水（即今雅砻江），南至牂柯江（即今贵州的北盘江），也即今四川的西南部和贵州省的大部地区，一下子并入汉王朝的版图。为便于与内地联系和加强治理，又凿通了零关道（在今四川庐山），架起孙水（今四川安宁河）大桥，官道可以直通邛都（今四川西昌东南）。相如回京把上述情况向武帝作了汇报。武帝听了当然很高兴，嘉奖了他一番。

在司马相如出使时，蜀郡长老不但说通南夷不上算，通西夷也是得不偿失。朝廷大臣也多持此种看法，一时弄得满城风雨。为此，相如就写了一篇《难蜀父老文》，批评了蜀郡的反对派，讲明了自己的使命，让百姓知道汉武帝的意图。这篇文章写得很有气魄，文章采用使者的口气训斥耆老大夫、荐绅先生说："盖世必有非常之人，然后有非常之事；有非常之事，然后有非常之功。非常者，固常（人）之所异也。故曰：非常之原，黎民惧焉；及臻厥成，天下晏如也。"这就是说，伟大人物的作为，开始往往不为人们所理解、所接受，可是当他的事业成功以后，天下就共享其福了。文章指出，作为一个"贤君"，他就不能因循守旧，而要"创业垂统，为万世规"；他应该"驰骛乎兼容并包，而勤思乎参天贰地"。如果天地间没有得到他的恩泽，他就要感到耻辱。现今，西南夷"政教未加，流风犹微；内之则犯义侵礼于边境，外之则邪行横作，放弑其上"。所以武帝要通西南夷："使疏狄不闭，阻深暗昧得耀乎光明；以偃甲兵于此，而息诛伐于彼；遐迩一体，中外待（平安）福，不亦康乎！……斯乃天子之急务也，百姓虽劳，又恶可以已哉？"文章批评了什么"仁者不以德来，强者不以力并"，"割齐民以附夷狄，弊所恃以事无用"等陈词滥调和自私保守思想。这篇文章又一次准确地表达了汉武帝的开边拓土、经营边陲四夷的雄心壮志。这也正是司马相如得意之时的得意之作。从文章开场白"汉兴七十有八载"一句，可以推断这篇文章是元光六年（公元前129年）写的。因为从公元前206年汉高祖刘邦开始当皇帝算起，到这一年正好七十八年。

但好景不长，随后有人弹劾他出使西南夷时接受贿赂，因而被免官。此后，相如与文君便闲居长安西郊的茂陵县。这时约在元朔元年（公元前128年）。

一年以后，武帝觉得像司马相如这样一个有文才的人物弃置不用，也委实可惜。他可以给自己写诗作赋，歌功颂德，点缀升平，还可以满足自己的耳目之欲呢！于是武帝决定把相如召回来，让他挂一个空衔——郎官。这事大约发生在元朔二年（公元前127年）。

元朔四年（公元前125年）前后，武帝又改拜相如为孝文园令，就是充当汉文帝陵墓的守墓人。这个官职与司马相如最早的一个职务——景帝的武骑常侍一样，是位卑禄薄的六百石的小官。从这里再一次清楚地表明，汉武帝根本无意重用相如，让他参与军国大事。这事也不能全怪武帝。这实际上是由相如所从事的活动——写赋——也即赋家的地位所决定的。在两汉，赋家们虽生活在帝王身边，但他们的社会地位却是极低下的。如枚皋就说过："皋……自言为赋不如相如；又言为赋乃俳，见树如倡，自悔类倡也。"（《汉书·枚皋传》）枚皋的赋多为奉命而作。这种赋要符合帝王的口味，满足他们的需要，让他们从中得到欢快，因此往往要追求更多的趣味性。枚皋在这方面可能走得更远些，这里有他自己的弱点。但关键还是人们瞧不起赋家，把他们视为俳优——古代杂戏、滑稽戏一类演员，看成倡——古代的歌舞演员。而倡优自古就被人们瞧不起。《国语·越语下》说："今吴王淫于乐，而忘其百姓，乱民功，逆天时，信谗，喜优，憎辅，远弼，圣人不出，忠臣解骨。"这里把国君喜欢倡优和听信谗言看成是同样的大坏事，并置优人于辅弼大臣的对立面，以为国君如果喜欢倡优，就必然会厌弃疏远大臣，就必将导致贤才忠臣的逃离，不能为国所用。

司马相如还积极参加汉武帝建立乐府机构的活动，为乐府机构写诗，成为这个机构的台柱。《汉书·礼乐志》说："至武帝……乃立乐府，　诗夜诵，有赵代秦楚之讴，以李延年为协律都尉，多举司马相如等数十人造为诗赋，略论律吕，以合八音之调，作十九章之歌。"现存汉乐府有《郊祀歌》十九章，这十九章中必有司马相如的作品。当然，这些诗思想性都不高，文字也很晦涩，《史记·乐书》说："通一经之士不能独知其辞，皆集会五经家，相与共讲习读之，乃能通知其意，多尔雅之文。"这与相如等赋家在赋里表现出来的比较艰深晦涩的文辞是一致的。《资治通鉴·汉纪十一》把汉武帝立乐府系在元狩三年（公元前120年）："是岁（指元狩三年），得神马于渥洼水中，上方立乐府，使司马相如造为诗赋……"

大约在元狩四年（公元前119年），也即相如去世前一年，他终于完成了自己的一桩宿愿，写了一篇《封禅文》。所谓"封禅"，就是在泰山的山上和山下祭祀天地，以报答天地的功德。刘勰在《文心雕龙·封禅篇》里给司马相如的《封禅文》以极高的评价："观相如《封禅》，蔚为唱首；尔其表权舆，序皇王，炳元符，镜鸿业，驱前古于当今之下，腾休明于列圣之上，歌之以祯瑞，赞之以介邱，绝笔兹文，固维新之作也。"这也即是说，《封禅文》是汉代最早出现的佳作，它说明了封禅的渊源，叙述了帝王的事迹，显示了美好的符瑞，反映了盛大的功业，把古代帝王都比下去，让汉武的光辉腾耀于列圣之上，是一篇绝好的文章，是一篇崭新的文字等等，可以说是吹捧到家了。但刘勰这样说，也正适足让我们看到这篇文章的致命伤。《封禅文》的确为汉王朝、为汉武帝大唱赞歌，且看它称颂汉王朝："大汉之德，逢涌原泉，沕潏漫衍，旁魄四塞，云布雾散，上畅九垓，下溯八埏，怀生之类，沾濡浸润……"汉武帝呢？"陛下义征不惠，诸夏乐贡，百蛮执贽，德侔往初，功无与二，休烈浃洽，符瑞众变……"相如通过写作《封禅文》，委婉地向汉武帝表示，他也有"帮忙"的本领，他有经国的才能，说得更明白一点，就是他可以做大官，参与管理军国大事。但汉武帝终不加任用。

相如大约写完了这篇《封禅文》，由于用思太剧，加上糖尿病的长期折磨，这时身体已很坏了，所以就辞官回茂陵家居治病。但糖尿病这种顽疾是难于治疗的，所以病越来越重。汉武帝得知这种情况，就说："相如病重了，应该快去把他的书全部拿来，要不然，以后就会散失了。"等武帝派所忠赶到相如家时，相如已经死了，家里已经没有书了。所忠问文君，文君说：长卿从来就没有存书，因为他时时写书，又时时被人取去，所以家里空空。但长卿生前，曾写过一卷书，还吩咐说：等皇上派使者来求书时可把这卷书奏上去。其他书就再也没有了。这一卷遗书就是上面提到的那篇《封禅文》。所忠把这篇《封禅文》上奏武帝，武帝读后很惊异，对相如又有一番赞叹。武帝没有料到相如看得那么远，想得那么周到，而且很符合自己的心愿，他早就想举行封禅，把自己的武功文治宣扬一番，只是时机还不成熟，还没有足够举行封禅的政治资本，怕人家议论，怕大臣阻挡呢！直到相如逝世以后八年，也即元封元年(公元前110年)，武帝才正式举行封禅大典。

班固在《汉书·艺文志》中说，司马相如还有讲解文字的《凡将篇》一篇，"赋二十九"篇，《史记·司马相如列传》说他还有《遗平陵侯(即苏建)书》、《与五公子相难》、《草木书》等，但现在除了上述征引的诗赋文檄之外，其他文章都已遗失了。《史记·司马相如列传》说相如"善著书"；又引用文君的话说："长卿固未尝有书也。时时著书，人又取去，即空居。"可见他有许多著作在他生前就已散失，文君都说不出个题目来。与相如基本同时代的人司马迁以及后百年的班固，自然更无法知道了。班固《汉书·司马相如传》之所以照抄《史记》相如本传，也可能同他看不到一些新材料有于作为东西两汉最著名的赋家司马相如，至今只给我们留下寥寥几著作，实在是很遗憾的，这是一个无法弥补的损失。

一代红颜

水光潋滟晴方好，山色空濛雨亦奇
欲把西湖比西子，淡妆浓抹总相宜。

这是北宋诗人苏轼的《饮湖上初晴居雨》一诗。诗中"淡妆浓抹总相宜"的西子指的便是春秋末期的越国美女西施，她位居我国"四大美女"之首，因貌美被越国将军范蠡献给吴王夫差。西施到吴国之后，乱吴国政，让吴王沉湎酒色，不理朝政；同时离间吴王夫差与吴国大将伍子胥，削弱吴军事力量，为越国复兴和吴越战争越国的胜利作出了巨大贡献。

吴越战争之后，西施回国，与越国大将范蠡一起隐居，泛舟五湖。西施的一生，充满了传奇色彩。一个山野浣纱女，担起了复国的重任，最终不辱使命。同时凭着自己的美貌与才识，赢得了美满的爱情。关于西施，千百年来传说太多，对于这样的一代红颜，后人在她身上寄寓的理想也总是那么完美。

西施是春秋末期越国人，父亲以在苎萝山上砍柴为生。苎萝山下有东、西两个村子，西施家住西村，因为村子里的人大都姓施，所以有了"西施"称谓，意思是西村姓施的女孩子。

因为家境贫寒，所以西施很小就开始帮着家里干活，平时经常在溪边浣纱，同时也是在溪边认识了郑旦。郑旦也是个很美貌的女子，两个女孩一边浣纱，一边嬉耍打闹。虽是贫困，倒也自得其乐。

但是很快，平静的生活就被打破了，国家的灭亡也影响到了这两个生长在偏僻小山村的女孩子。她们大概怎么也不会料到，自己会成为"美人计"的主角，被派去吴国执行任务。

不过西施的美倒是有目共睹的。"东施效颦"的故事就讲了西施的美是其他的人难以企及的。西施的美貌远近闻名，但她的身子却有些弱，有心口疼的毛病。每次病发她都皱着眉头，捂着心口，缓步前行，人们管这个姿势叫"西施捧心"，可见西施生病也楚楚动人。不巧这事让东村的丑女东施知道了，她想："人人都说西施美，怎么就没注意我呢？还不是她会装样，谁不会呀？"于是她也学着西施的样子走路，但走起来十分难看，比她平时的样子还要丑很多，这下子东施成了大家的笑料。

后人咏西施之美的诗也有很多，宋代有《响屧廊》、还有张羽《苏了歌》等。西施之美，闭月羞花、沉鱼落雁。令人炫目的美丽把她推到了历史的前台.这么一位单纯的浣纱女被卷入国家间的战争，真是应了"天生丽质难自弃"的话。此前的一场吴越战争，越国大败，越王勾践被吴王夫差俘虏，在吴国过了十年奴隶的生活。勾践回国后，励精图治，一心要打败吴国。于是，他一方面训练军队、发展农业，一方面想从吴王夫差那里寻找缺口，于是在全国大肆搜罗美女，打算送给吴王夫差。吴王夫差虽胸怀大志，但又异常好色，所以 "美人计"在他那里应该是非常奏效的。而想出这个"美人计"的人是范蠡。范蠡是春秋末年越国大夫，曾随越王勾践到吴做人质三年。针对吴王夫差好色的特点，范蠡便想到了施以"美人计"。

范蠡被越王勾践派往民间寻觅美女，经过千挑万选，选定了西施和郑旦。从一开始，西施的美貌与纯真便打动了范蠡，但是为人一向机智冷静的范蠡出于对国家利益的考虑，压抑住内心的感情，带着西施和郑旦回京了。国都的人听说来了两位艳冠全国的姑娘，纷纷想要一睹芳容。据说范蠡还曾利用他们的心理为国库积聚了一笔不小的财富。他对着那些人说，想要见美人的，先交一文钱。顷刻之间，装钱的梳妆盒就满了。

勾践亲自把西施和郑旦送到土城，让她们师从老乐师学习歌舞，并让一些人教她们化妆和礼仪。过了三年，西施和郑旦已是才艺俱佳了。勾践决定把她们送往吴国。

恰逢吴王夫差要在苏州建一个高台用于赏军取乐。利用这个机会，勾践派人从深山采伐了两百株大树，带上精心妆扮过的西施、郑旦，令范蠡送往吴国。本来好色的吴王自然十分欢喜，伍子胥"妲己误国"之类的劝谏他根本充耳不闻，立刻将两位美女纳入后宫，对她们宠幸有加。特别是西施，越来越受夫差宠爱。不久，受冷落的郑旦便郁郁而终。"美人计"的主角只剩下一个西施了。

西施这个苎萝村的浣纱姑娘虽然没读过什么书，但她为人聪明伶俐，而且颇具爱国情怀，从来也不敢忘记自己来到吴国的使命，她用尽浑身解数让吴王宠爱她并听信她的话。吴王夫差命令王孙雄在灵岩山为她建了馆娃宫，又修了响屧廊，就是在地上凿一个大坑，把一口大缸放进坑里，然后在上面铺上木板，再铺平。夫差让西施穿着屧在上面走，锤铺有声，所以叫响屧廊。如此挖空心思的玩乐，可见吴王夫差此时的心思已不在朝政社稷上了。

吴王夫差还命人在馆娃宫附近修了玩花池、玩月池、吴王井、琴台，还有采香径、锦帆径和打猎用的长洲苑，以及养鱼的鱼城、养鸭的鸭城、养鸡的鸡陂和造酒的酒城。

春天到了，夫差就和西施到采香径、玩花池游玩，四周百花吐艳，夫差还亲手摘花给西施戴。到了夏天，夫差就和西施在洞庭的南湾避暑。南湾有十多里长，两面环山，吴王将此处取名消暑湾。并令人在附近凿了一个方圆几丈的白石池子，引来清泉，让西施在泉中洗浴，起名为香水溪。秋天两人一起攀登灵岩山。到冬天下雪的时候，夫差与西施披着狐皮大衣，令十多个嫔妃拉车寻梅，尽兴后方才返回。吴王夫差对西施是越来越喜爱，而西施时刻想着怎样让吴王高兴，怎样让吴王把更多的心思放在自己身上，好让吴王能成"无道之君"。庆幸的是，她有一个得力的助手伯嚭。伯嚭是吴国的大夫，深得吴王宠信，为人奸诈贪婪。越国利用他的这一弱点，经常给他送些金银珠宝，有时也给他送美女，因而他对越国也是死心塌地，与西施两个一道说越国的好话。

而夫差自从得了西施，就一直住在姑苏台，一年四季享乐游玩，不理政事。朝中大臣有劝谏的，都被训斥驱逐，大家渐渐也就不敢说了。只有老臣伍子胥，见吴王如此无道，就在姑苏台下进谏劝阻，但吴王也是不理。伍子胥觉得吴王如此势必取祸，劝谏又不听，于是称有病不再上朝。西施使吴王不问朝政的目的是达到了，但要吴王与伍子胥交恶，必须要自己与吴国宠臣伯嚭联合才行。后人说："吴之亡，应由昏君夫差，奸佞伯嚭负责"。

当时，越国在勾践的治理整顿下，国力日益增强，军队也已训练有素。吴王夫差感到威胁，想要征伐越国，被伯嚭巧言阻挠。后齐与吴交恶，夫差想要攻打齐国。伍子胥认为，越国才是心腹大患，不宜远征齐国。但伯嚭却力主攻打齐国，并保证出师必捷。由于平日里西施和伯嚭一起，总是讲越国的好话，说越王是如何地恭敬吴王，必无二心等等。此时的吴王夫差也就放松了对越国的警惕，一心要攻打齐国，但伍子胥坚决反对。一向与伍子胥有矛盾的伯嚭置国家安危于不顾，乘机挑拨吴王和伍子胥之间的矛盾。

伍子胥在攻打齐军的途中称病先归，伯嚭以此事借题发挥，让吴王杀了伍子胥。吴王于是将伍子胥赐死，晋升伯嚭为相国，还要给越国增加封地，被勾践谢绝了。至此，西施出使吴国的任务已经完成。越国伐吴战争即将拉开帷幕。

听说吴王已出兵攻齐，越王勾践与将军范蠡就计划出兵，但考虑到时机尚未成熟，就暂时放弃了。

公元前482年夏初，越国伐吴之师在浙水誓师后，从北海出发。驶在前面的是勾践所乘楼船，紧跟其后的是范蠡和舌庸所在的翼船。经过两昼夜航行，船队到达江水入海处，勾践率领满载着音师、楚女师甲兵的船队，由海上进入吴江，再溯流而上，至姑苏城外抛锚停泊。此前，畴无余、欧阳己率师同吴都留守的太子友、王子地接战。勾践到后，把英勇无比的君子兵投入战斗。按照范蠡事先的谋划，把吴都守兵引出城外，包抄合围，弓弩齐发，剑戟相逼，呼啸厮杀，势如风雨。吴军大败，太子友身中数箭，自刎而亡。吴王夫差亦兵败自杀。越军大胜。

范蠡终于和自己的心上人见面了，长期的相思之苦化作了重逢的喜悦。想当年，范蠡对西施动情的时候，西施的心里对这位年少英雄、气概不凡的将军也是一见倾心。当时范蠡在心里展开了斗争：是将西施留在身边，还是将她献给吴王，成就一番大事？最终他选择了后者。他向西施说明了选美的原委，西施被他的那份爱国热情感染了，为了自己的爱人，她愿意作出牺牲。范蠡和她约定，吴灭亡后，自己定要娶她为妻，白头偕老。

三年歌舞礼仪训练之后，范蠡送西施去吴国。两个相爱的人终于有机会在一起了。一路上两人备尝爱的滋味，由于难分难舍，范蠡有意拖延，送亲竟然送了一年多。等他们走到嘉兴县南一百里的时候，西施生的儿子已经能呀呀学语了。后来在这里建造了一个"语儿亭"，用来纪念西施与范蠡的爱情结晶。只可惜孩子已经送人，不知何时才能相见。

如今西施终于回到了自己的越国。为了表彰这位对国家有功的女子，也为了嘉奖范蠡以国家为先的精神，越王勾践亲自为他们举行了婚礼。

这一年范蠡三十五岁，西施二十五岁。这两位对越国复兴作出很大贡献的人，并没有在越国享受越王赏赐的荣华富贵，而是选择了归隐。

　　长期的相处，使范蠡明白勾践可以共患难，但不可共富贵，自己只能选择功成身退。于是他带着西施，趁勾践不备，在夜里乘一叶轻舟，逃入五湖之中。西施这个一代红颜，此后的命运就不得而知了。

跋

国 风

《文心夜耕》是从三十多年来我写的一些散文、随笔、读书札记中选辑出来的，其中绝大部分已在报刊上发表过。今天重新读来，就像久别的稚子回到身旁，倍感亲切，不禁感慨系之。我的心思不由自主地离开了眼前的书稿，神游于遥远的过去和与文章无关的一些其他事情……

这是一个真实的故事：

一个农民的儿子，从小生长在农村，在刚刚懂事的时候，就学会了跟大人一起下地干农活。孩子一天天长大，会干的农活一天天多起来，后来啊，孩子到了上学的年龄，便白天去上学，放学后和节假日照样干农活，耕地、锄草、播种、收获，样样无一不会。他读书和种田一样认真，学过的每一个字就像在田里播下的一粒粒种子牢牢记在心里，写作业就像锄草，一题不漏，端端正正；背课文就像耕地，滚瓜烂熟。他的地种得好，书也读得非常好。因为他把种地的方法都用在如何读书上。再后来啊，这个农民的孩子考上了大学，这时他已经是一个种田能手了，但他却从此不能再种田了，而要去城里上大学。

在上大学的时候，他常常想起种地的事，想着每年把地翻熟，一粒粒播上种子，春天长出一根根嫩绿的幼苗，秋天收获一石石粮食，看到自己的劳动果实如此丰盈，那是何等的喜悦啊！于是他常常闷闷不乐，望着书本发呆。实在烦闷得不行，他就努力去读书，然后再把自己的心得写下来，如此一天又一天。有一天他翻着自己写的一本本读书笔记，突然闪现一个念头，读书、思考、写作和种田的道理不是一样吗，这就像耕地、播种、锄草、收获，他顿悟了。

于是他不再烦恼，便把自己的心思和精力放在读书、思考和写作上，当他在啃着一大本一大本的书籍的时候，就像在田里翻耕着大块大块的土地，书中的智慧就像泥土的芳香使他陶醉，读熟了的书就像耕熟了的地一样使他惬意。他完全把耕田的经验放在做学问上，他知道只有精耕细作，才能有好的收成。

这就是我写作的缘由和方法，也许，别人写作是出于使命感或什么天才的激情和灵感，这我不反对，个人有个人的情况。但对我来说，写作确实是一种生活方式的延续，一种原始生活方式的新的实现形式。我只有在不断地读书，不断地写作着，心里才觉得踏实，心情才感到快慰，不然会惶惶然而不安，就像一个农民不种田时的不安而无所适从一样。同样，写作也给了我快乐、充实，使我的心灵得到慰藉。当手中的笔在纸上留下一行行蓝色的文字的时候，犹如犁锄走过一行行田垄，使我觉得没有虚度人生。

难道这就算真的不是虚度人生了吗？我在住笔稍憩的片刻，常常独步室外，抬起头来思考这个问题。望着满天星斗的苍穹，我感到天宇是多么的深不可测，而人类又是多么的渺小，于是我感到无奈的茫然。人生的意义究竟是什么？可能不是一个答案，也可能没有一个标准答案。这个世界就像鲁迅先生所说的，自古以来就有为民请命的人，有舍身求法的人，有拼命硬干的人，有埋头苦干的人。有的人春风得意，有的人时乖命蹇，命运的不公正是正常的，公正才是偶然的。人们崇拜英雄，崇拜领袖，崇拜名人，并把他们奉为人生的楷模。项羽见秦皇驾，喟然长叹曰：大丈夫当如是也。舞台上的明星令年青的追星族趋之若鹜，"讲坛"上的各种"大师"们倾倒莘莘学子。而那在田野上辛勤耕耘的牛，给了我们大米白面，却还常常遭受鞭笞；那面朝黄土背朝天的父老乡亲，给了我们锦衣玉食，却忍受着贫困甚至饥饿的煎熬，可又有谁能想起他们，又有谁尊重他们的劳动呢？世事越想越复杂，不知其所以然也！

小时候，已记不清楚在哪里读过这样一个故事：一个善良的人经常做好事，但是却得不到好报，多年来仍然默默无闻、一贫如洗，而那些经常作恶多端的人却得到了财富万贯，位至公卿。这个人很不服气，于是他就去找上帝说理，他给上帝一件件陈述了他所做的各种好事，然后希望讨个公道，得到上帝的奖赏。上帝听完他的话后，沉默良久，然后只淡淡地说了一句：让你做一个好人，这就是对你最大的奖赏。这个故事经常在我的脑海中浮现，给了我坚定良知的信心和勇气。是啊，并不是人人都能做一个好人。一个真正有信念的人应该削尽浮华，追求更高的境界。

德国哲学家黑格尔说，一个民族有一些关注天空的人，他们才有希望；一个民族只是关心脚下的事情，那是没有未来的。中国也有句古话"只问耕耘，不问收获"。其实对于一个真正的谋道者来说，耕耘本身就是收获。正如惩罚本身就是一种奖赏一样。有一个关于西西弗的神话：说的是西西弗因为泄露了天神的秘密来帮助河神，而被宙斯处罚。当时人类因为找不到水源而受苦，于是西西弗帮助河神，让河神告诉人类水源所在。西西弗使人类得以存活下去，自己却必须接受天神宙斯的惩罚。宙斯罚西西弗不停地把一块巨石推上山顶，但是石头只要被推到山顶，由于自身的重量又滚下山去，

西西弗只好重新走下山来又把巨石推上山顶，如此日复一日，永无止境。宙斯认为再也没有比进行这种无望的苦役更为严

厉的惩罚了。许多人会认为，西西弗是个荒谬的英雄。他之所以是个荒谬的英雄，是因为他所经受的磨难。他藐视神明，仇恨死亡，对生活充满激情，这必然使他受到难以用言语尽述的非人折磨，他以自己的整个身心致力于一种没有效果的事业，而这是因为对大地的无限热爱必须付出的代价。如果说，这个神话是悲剧性的，那是因为它的主人翁是有意识的，是自愿下地狱的，正应了那句名言："我不下地狱，谁下地狱。"西西弗推石上山的每一步都依靠成功的希望所支持。西西弗是诸神中的无产者，这个进行无效劳役而又进行反叛的无产者，他完全清楚自己所处的悲惨境地，在他下山时，他想到的正是这悲惨的境地。造成西西弗痛苦的清醒意识同时也造就了他的胜利，不存在不通过蔑视而自我超越的命运。西西弗告诉我们，最高的虔诚是否认诸神并且搬掉石头。他也认为自己是幸福的。这个从此没有主宰的世界对他来讲既不是荒漠，也不是沃土。这块巨石上的每一颗粒，这黑黝黝的高山上的每一颗矿砂唯有对西西弗才形成一个世界。他爬上山顶所要进行的斗争本身就足以使一个人心里感到充实。应该认为，西西弗是幸福的。雄辩的真理一旦被认识就会衰竭。因此，古希腊神话中的俄狄浦斯认为，顺乎命运就是幸福。因此，他经常不知不觉首先屈从命运。而一旦他明白了一切，他的悲剧就开始了。

与此同时，两眼失明而又丧失希望的俄狄浦斯认识到，他与世界之间的唯一联系就是一个年轻姑娘鲜润的手。他于是毫无顾忌地发出这样震撼人心的声音："尽管我历尽艰难困苦，但我年愈不惑，我的灵魂深邃伟大，因而我认为我是幸福的。"

"人生到处知何以，应似飞鸿踏雪泥。泥上偶然留指爪，鸿飞哪复计东西。"人生苦短，命途多舛。世上有许许多多的人就像西西弗一样在没有结果、没有回报中终其一生。西西弗看到被自己双手推到山顶的巨石在几秒钟内又向着下面的世界滚去，而他则必须把这巨石重新推向山顶，复又向山下走去一样，许多人都以沉重而均匀的脚步走向那无尽的苦难。他们也不知道自己悲剧的命运，有的也许知道，但也甘于命运。就像西西弗总是把巨石推上山巅后自觉地毫不犹豫地又走下山去一样。他的命运是他自己创造的。如果一个人能从命运中体验到悲剧的意义，并从悲剧中得到快乐，那他也就等于掌握了命运。

陈寅恪先生在为他的老师王国维撰写的碑铭中说："士之读书治学，盖将以脱心志于俗谛之桎梏，真理因得以发扬。思想而不自由，毋宁死耳。斯古今仁圣所同殉之精义，夫岂庸鄙之敢望。先生以一死见其独立自由之意志，非所论于一人之恩怨，一姓之兴亡。呜呼！树兹石于讲舍，系哀思而不忘。表哲人之奇节，诉真宰之茫茫。来世不可知者也，先生之著述，或有时而不章。先生之学说，或有时而可商。惟此独立之精神，自由之思想，历千万祀，与天壤而同久，共三光而永光。"这不单是写出了一个大师对另一个大师的理解，也是寅恪先生对自己胸臆的直抒，道出了作为中华文化的托命之人"为天地立心，为生民立命，为往圣继绝学，为万世开太平"的神圣使命和古道热肠，道出了历尽沧桑，"虽百死其犹未悔"的中国知识分子"威武不能屈，富贵不能淫，贫贱不能移"的高尚气节和宝贵情操。每一个当今的中华儿女都应该具有这样的风骨，它是真正的民族魂。

感谢章仲锷先生劳神焦思为本书写了序言。张先生是著名编辑和作家，他的鸿篇华章识可铄金、力透纸背，是对我莫大的鞭策和鼓励。著名出版家和书法家张守义先生不吝给本书题写书名，那苍劲古朴、奥义深长的墨宝，使拙作生辉，让人爱不释手。中国文联出版社及本书编辑朱晓岭、王堃、胡殷红同志为本书的付梓出版付出辛勤的劳动。诸位先生们的厚爱使我诚惶诚恐，感激涕零之至，也给了我继续努力的信心和动力，唯有不懈勤学补拙，以报栽培之恩耳！

图书在版编目（CIP）数据

文心夜耕 .（一、二）／国风著；－北京：中国文联出版社，
2007.2

ISBN 978-7-5059-5434-2

Ⅰ.文… Ⅱ.国… Ⅲ.文学－作品综合集－中国－当代

Ⅳ.I217 .2

中国版本图书馆 CIP 数据核字（2007）第 016986 号

书　　名	文心夜耕（一、二）	
作　　者	国　风	
出　　版	中国文联出版社	
发　　行	中国文联出版社	发行部（010-65389152）
地　　址	北京农展馆南里 10 号（100026）	
经　　销	全国新华书店	
责任编辑	王　堃	
特约编辑	朱晓岭　胡殷红	
责任校对	朱晓岭	
责任印制	李寒江　王　堃	
印　　刷	广东省博罗县园洲勤达印务有限公司	
开　　本	787 X 1092　1/16	
字　　数	615 千字	
印　　张	49.25	
插　　页	6 页	
版　　次	2007 年 6 月第 2 版第 1 次印刷	
书　　号	ISBN978-7-5059-5434-2	
总 定 价	80.00 元（共二册）	

您若想详细了解我社的出版物
请登陆我们出版社的网站 **http://www.cflacp.com**